ÜBER DEN AUTOR

L. Ron Hubbard wurde am 13. März 1911 in Tilden, Nebraska, USA, geboren.

Seine 12jährige Forschungsarbeit über den Menschen und den menschlichen Geist, finanziert durch seinen Erfolg als Romanschriftsteller in den 30er und 40er Jahren, resultierte im Jahre 1950 in dem Werk *Dianetik*, das in der Zwischenzeit über 16 Millionen Mal gekauft wurde.

Hubbard ist der Autor von 530 veröffentlichten Werken in den Gebieten Lebenshilfe, Philosophie, Esoterik, Gesundheit, Erziehung, Drogenrehabilitation und Belletristik.

Mit über 125 Millionen Gesamtauflage und Vertrieb seiner Bücher in über 100 Ländern gilt Hubbard als einer der meistgelesenen Autoren aller Zeiten. Für sein Schaffen erhielt er zahlreiche Auszeichnungen. U.a. verlieh ihm die Universität Moskau im Februar 1992 postum den Ehrendoktortitel für Literatur.

L. RON HUBBARD

DIANETIK

Der Leitfaden für den menschlichen Verstand

new·era®
Publications International ApS

Herausgegeben von

NEW ERA® Publications International ApS[1]
Store Kongensgade 55
1264 Kopenhagen K - Dänemark

Herausgeber der DIANETIK®-Bücher und -Materialien

Ins Deutsche übersetzt für
NEW ERA Publications International ApS

Titel der amerikanischen Originalausgabe:
DIANETICS®: The Modern Science of Mental Health

Dieses Buch ist Teil der Werke von L. Ron Hubbard, der die DIANETIK, eine Technologie zur Befreiung des geistigen Wesens, entwickelte. Es wird dem Leser als eine Aufzeichnung von Beobachtungen und Erkenntnissen über Verstand und Geist des Menschen sowie über die 4 Dynamiken der menschlichen Existenz (das Überleben für sich selbst, die Familie, die Gemeinschaft und der Menschheit im Universum vorgelegt. DIANETIK, der Leitfaden für den menschlichen Verstand, eröffnet neue Dimensionen des geistigen Überlebens, losgelöst von den Quellen von Leid, Unvernunft und Tod.

DIANETIK bedeutet »durch die Seele« (aus den griechischen Wörtern DIA, durch, und NOUS, Seele). Ihre Ausübung zeigt dem Menschen einen Weg auf, sich als geistiges Wesen zu befähigen, größere Harmonie in seiner Beziehung zu seinem Körper und seinem geistigen Leben zu schaffen. Ein weiterer Teilaspekt von DIANETIK lautet daher: was die Seele ihrem Körper zufügt.

Das Ziel von DIANETIK ist nicht die Behandlung psychosomatischer oder sonstiger Krankheiten, sondern die Befreiung von den selbstgeschaffenen Quellen des Leids. Die Befreiung von körperlichen Beeinträchtigungen ist allenfalls eine Folge geistiger Befreiung. Um die Authentizität des ursprünglichen Werkes zu bewahren, erfolgt der Neudruck unverändert.

ISBN 87-7336-938-1

Gedruckt in Dänemark.

1. ApS ist die Abkürzung für einen rechtlichen Ausdruck in Dänemark (Anpartsselskab) mit dem eine Art eingetragene Gesellschaft mit Anteilsinhabern bezeichnet wird.

Will Durant
gewidmet

Wichtiger Hinweis

Achten Sie beim Lesen dieses Buches sehr sorgfältig darauf, daß Sie niemals über ein Wort hinweggehen, das Sie nicht vollständig verstehen.

Der einzige Grund, warum jemand ein Studium aufgibt, verwirrt oder lernunfähig wird, liegt darin, daß er über ein nicht verstandenes Wort hinweggegangen ist.

Die Verwirrung oder die Unfähigkeit, etwas zu begreifen oder zu lernen, entsteht NACH einem Wort, das man nicht definiert und verstanden hat.

Haben Sie je die Erfahrung gemacht, an das Ende einer Seite gelangt zu sein und zu bemerken, daß Sie nicht wissen, was Sie gelesen haben? Nun — irgendwo vorher auf dieser Seite haben Sie ein Wort übergangen, für das Sie keine Definition oder eine unrichtige Definition hatten.

Hier ist ein Beispiel: »Da im Radio gemeldet wurde, daß die Före heute ausgezeichnet sei, machten sich Zehntausende in ihren Autos auf, um diese lang erwartete Gelegenheit zu nutzen.« Sie sehen, was passiert. Sie glauben, den ganzen Gedanken nicht zu verstehen, aber die Unfähigkeit zu verstehen stammt ausschließlich von dem einen Wort her, das Sie nicht definieren konnten, nämlich »Före«, was die Eignung des Schnees zum Skisport bedeutet.

Wenn der Stoff beim Lesen dieses Buches verwirrend wird oder Sie ihn anscheinend nicht begreifen können, wird es kurz davor ein Wort geben, das Sie nicht verstanden haben. Gehen Sie nicht weiter, sondern gehen Sie *vor* den Punkt zurück, wo Sie in Schwierigkeiten gerieten, finden Sie das mißverstandene Wort, und sehen Sie zu, daß Sie seine Definition bekommen.

Fußnoten und Glossar

Als Hilfe für den Leser sind Wörter, die am ehesten mißverstanden werden könnten, bei ihrem ersten Auftreten im Text durch Fußnoten definiert worden. Wörter haben manchmal mehrere Bedeutungen. Die Definitionen in den Fußnoten dieses Buches geben jeweils nur die Bedeutung an, in der das Wort im Textzusammenhang verwendet wird. Andere Definitionen des Wortes kann man in einem Wörterbuch nachschauen. Am Ende des Buches finden Sie ein Glossar, in dem sämtliche Fußnoten-Definitionen zusammengestellt sind. Dieses Glossar ist nicht als Ersatz für ein Wörterbuch gedacht.

Inhaltsverzeichnis

Wie Sie dieses Buch lesen sollten

Die Dianetik ist ein Abenteuer. Sie ist eine Entdeckungsreise in eine *Terra incognita*[1], in unbekanntes und bisher kaum erforschtes Land, in das weite Reich des menschlichen Geistes, einen Zentimeter hinter unserer Stirn.

Die Entdeckungen und Entwicklungen, die die Formulierung der Dianetik ermöglichten, nahmen viele Jahre exakter Forschung und sorgfältiger Erprobung in Anspruch, Jahre des Erkennens und des Festigens. Der Weg ist gebahnt, die Straßen sind ausreichend vermessen, so daß Sie nun sicher in Ihren eigenen Geist reisen können, um dort Ihr volles, ursprünglich vorhandenes Potential wiederzugewinnen. Wir wissen jetzt, daß dieses Potential nicht gering, sondern sehr, sehr groß ist. Während Sie in der Therapie voranschreiten, genießen Sie das Abenteuer, zu erkennen, *warum* Sie taten, was Sie taten, als Sie es taten. Sie werden wissen, *was* diese dunklen und unbekannten Ängste, die in der Kindheit als Alpträume auftraten, verursachte; Sie werden wissen, *wann* Sie Schmerz und Vergnügen empfanden. Es gibt vieles, was ein Mensch über sich selbst oder über seine Eltern und über seine Motive nicht weiß. Einige der Dinge, die Sie entdecken werden, dürften Sie in Erstaunen versetzen, denn die wichtigsten Daten Ihres Lebens sind wohl nicht so sehr Erinnerungen als vielmehr *Engramme*[2], die sich in den verborgenen Tiefen

[1] *Terra incognita* (lat.): unbekanntes Land; (übertragen auch für) unerschlossenes Wissensgebiet.

[2] *Engramm:* ein Augenblick der »Bewußtlosigkeit«, der körperlichen Schmerz oder schmerzliche Emotion und alle damit verbundenen Wahrnehmungen enthält und der dem bewußten Teil des Geistes als Erfahrung nicht zugänglich ist.

Ihres Geistes befinden. Sie treten nicht deutlich hervor, wirken aber ausschließlich destruktiv.

Sie werden viele Gründe finden, weswegen »es Ihnen nicht besser gehen kann«, und sobald Sie die von den Engrammen ausgehenden Zwänge entdecken, werden Sie schließlich wissen, wie belustigend jene Gründe, die Sie am Wohlergehen hindern, sind – ganz besonders für Sie selbst.

Die Dianetik ist kein hochfeierliches Unternehmen. Soviel sie auch mit Leiden und Verlust zu tun hat, indem sie sich dagegen wendet, steht am Ende doch immer befreites Lachen; so dumm, so völlig falsch eingeschätzt waren die Dinge, die das Elend verursachten.

Durch dieses Buch wird Ihre erste Reise in Ihre eigene *Terra incognita* ermöglicht. Sie werden beim Lesen finden, daß hier viele Dinge zur Sprache kommen, von denen Sie »immer schon wußten, daß sie so sind«. Sie werden erfreut sein zu erfahren, daß Sie in vielen Ihrer Auffassungen über das Dasein nicht Meinungen, sondern wissenschaftliche Tatsachen vertraten. Sie werden auch viele Fakten finden, die längst allgemein bekannt waren, und Sie werden diese Fakten möglicherweise überhaupt nicht als Neuigkeiten betrachten, weshalb Sie auch geneigt sein werden, sie zu unterschätzen. Lassen Sie sich versichern: Obwohl diese Daten zum Teil schon lange bekannt waren, verhinderte Geringschätzung die Entdeckung ihres wahren Wertes, denn eine Tatsache ist nur dann von Bedeutung, wenn sie angemessen eingeschätzt und ihre genaue Beziehung zu anderen Tatsachen bestimmt wird. Sie verfolgen hier ein umfangreiches Geflecht von Fakten, das, weiterentwickelt, den gesamten Bereich des Menschen in all seinen Tätigkeiten umfaßt. Glücklicherweise brauchen Sie sich nicht damit zu belasten, den einzelnen Gedankengängen besonders lange nachzuhängen, bevor Sie mit dem Buch fertig sind. Und dann werden sich die Horizonte erweitert haben, und jeder Leser wird zufrieden sein.

Die Dianetik ist ein weitgespanntes Sachgebiet, was jedoch nur daran liegt, daß der Mensch selbst ein umfangreiches Thema ist; die Wissenschaft seines Denkens muß natürlich sein ganzes Handeln in sich schließen. Durch sorgfältige Gliederung und Verknüpfung des Stoffs wurde das Gebiet eng genug gehalten, daß jedermann leicht folgen kann. Vor allem wird Ihnen dieses Handbuch, ohne dabei Namen zu nennen, von Ihnen selbst, Ihrer Familie und Ihren Freunden erzählen – denn hier werden sie Ihnen begegnen und verständlich werden.

Wohlklingende oder bombastische Redewendungen und weltfremd hochgestochene Professorensprache wurden in diesem Buch vermieden. Wenn man einfache Antworten liefert, braucht man die Formulierungen nicht schwieriger zu machen, als notwendig ist, um die Ideen zu übermitteln. Es wurde eine einfache Sprache bevorzugt; ein großer Teil des Wortschatzes entstammt der Umgangssprache, und Pedantisches wurde nicht geduldet. Dieses Buch wendet sich an Menschen verschiedenster Gesellschafts- und Berufsschichten; von keiner wurde die übliche Nomenklatur benutzt, da Sach- und Fachwörter die anderen nur am Verstehen hindern. Haben Sie also Nachsicht mit uns, Herr Psychiater, wenn Ihr Strukturgefüge nicht benutzt wird, denn das können wir hier nicht brauchen. Haben Sie Nachsicht mit uns, Herr Doktor, wenn wir eine Erkältung eine Erkältung nennen und nicht eine katarrhalische Störung des Respirationstraktes. Denn dies hier ist in der Hauptsache Ingenieurarbeit, und Ingenieure pflegen zu reden, wie ihnen der Schnabel gewachsen ist. Und da Sie, werter Geisteswissenschaftler, es auch nicht gern hätten, mit Formeln der Mathematik oder Physik, mit Lorentz-Fitzgerald-Einstein-Gleichungen[3] belastet zu werden, so werden wir die weniger vorbelasteten Leser auch nicht mit der wissenschaftlich unmöglichen Hegelschen Grammatik[4] bemühen, die darauf besteht, daß Absoluta tatsächlich existieren.

Der Aufbau des Buches könnte durch einen Kegel dargestellt werden, der mit einfachen Grundtatsachen beginnt und sich nach unten hin zu immer breiter werdender Anwendung erweitert. Dieses Buch folgt mehr oder weniger den tatsächlichen Entwicklungsschritten der Dianetik. Zuerst gab es das dynamische Prinzip des Daseins, dann seine Bedeutung, dann die Ursache der *Aberration*[5] und schließlich die Anwendung des Ganzen als Therapie sowie die Techniken der Therapie. Sie werden nichts davon besonders schwierig finden. Die Schwierigkeiten hatte der Urheber: Sie hätten die ersten Formeln und Grundannahmen der Dianetik sehen sollen! Mit fort-

[3] *H. A. Lorentz*, 1853-1928, holländischer Physiker; *G. F. Fitzgerald*, 1851-1901, irischer Physiker; *A. Einstein*, 1879-1955, deutschamerikanischer theoretischer Physiker. Lorentz und Fitzgerald stellten unabhängig voneinander eine Hypothese über die Natur des Lichts auf; auf ihr beruht ein Teil der Arbeit Einsteins.

[4] *G. W. F. Hegel*, 1770-1831, deutscher Philosoph.

[5] *Aberration* (lat. *ab* = weg, fort, *errare* = wandern, schweifen; *aberrare* = abirren, fortwandern): ein Abweichen vom vernünftigen Denken oder Verhalten. Im wesentlichen bedeutet es, sich zu irren, Fehler zu machen oder fixe Ideen zu haben, die nicht wahr sind.

schreitender Forschung und der Weiterentwicklung des Gebietes begann sich die Dianetik zu vereinfachen. Das ist eine ziemlich gute Garantie dafür, daß man sich auf einem geraden Weg der Wissenschaft befindet. Nur Dinge, die nicht richtig erkannt sind, werden stets komplizierter, je länger man an ihnen arbeitet.

Es empfiehlt sich, dieses Buch einfach durchzulesen. Wenn Sie zum Anhang kommen, sollten Sie das Gebiet ausgezeichnet kennen: das Buch wurde entsprechend aufgebaut. Jede Tatsache, die mit der dianetischen Therapie zusammenhängt, wird auf verschiedene Art dargestellt und wird immer und immer wieder eingeflochten. Auf diese Weise werden Sie auf die wichtigen Tatsachen aufmerksam gemacht. Wenn Sie das Buch beendet haben, können Sie zum Anfang zurückkehren, es durchschauen und das studieren, was Sie Ihrer Meinung nach zur Beherrschung des Stoffs wissen müssen.

Fast alle grundlegenden Thesen der Philosophie und sicher alle abgeleiteten Wissenszweige des Hauptgebiets der Dianetik wurden hier ausgeklammert, weil einerseits dieses Buch nicht zum riesigen Wälzer ausarten durfte und weil sie andererseits in einen gesonderten Text gehören, in dem man ihnen voll gerecht werden kann. Dennoch bietet Ihnen dieses Buch die ganze Reichweite der dianetischen Wissenschaft und dazu die Techniken der Therapie.[6]

Sie beginnen ein Abenteuer. Behandeln Sie es als Abenteuer. Und mögen Sie nie wieder derselbe sein.

[6] Die Fußnoten in diesem Buch stammen, sofern es nicht ausdrücklich anders vermerkt ist, von den Übersetzern. Dianetische Definitionen sind den Werken L. Ron Hubbards entnommen.

Erster Teil:

Das Ziel des Menschen

Die Reichweite der Dianetik

Die wissenschaftliche Erforschung des menschlichen Geistes ist ein Ziel, das in Tausenden von Menschheitsgenerationen zu erreichen versucht wurde. Armeen, Dynastien und ganze Zivilisationen sind am Fehlen dieser Wissenschaft zugrunde gegangen. Rom hatte sie nicht; es zerfiel in Schutt und Asche. China hatte sie nicht; es wurde in jüngerer Zeit von blutigen Revolutionen erschüttert. Und unten in den Arsenalen lauert die Atombombe, die jederzeit gezündet werden kann, weil man nichts von dieser Wissenschaft weiß.

Nichts auf der Welt wurde hartnäckiger und leidenschaftlicher gesucht. Kein primitiver Stamm selbst der Naturvölker, wie unwissend er auch war, hat das Problem als Problem übersehen oder es unterlassen, wenigstens eine Formulierung zu versuchen. Die Eingeborenen Australiens ersetzen noch heute eine Wissenschaft über den Geist durch einen »magischen Heilkristall«. Der Schamane[1] von Britisch-Guayana behilft sich anstelle von wirklichen geistigen Gesetzen mit seinem eintönigen Gesang und seiner geweihten Zigarre. Die dröhnende Trommel des Goldi-Medizinmannes[2] wird anstelle einer geeigneten geistigen Technik geschlagen, um den verwirrten Geist seiner Patienten zu besänftigen.

Sogar das erleuchtete goldene Zeitalter Griechenlands hatte in seinen führenden Sanatorien für Geisteskranke, den Tempeln des Asklepios[3], nicht mehr anzubieten als Aberglauben. Das Äußerste, was die Römer für den Seelenfrieden der Kranken tun konnten, war

[1]*Schamane:* zentrale Gestalt des Schamanismus, einer bei verschiedenen Religionen Nordostasiens, ähnlich auch bei einigen Indianer- und Eskimostämmen anzutreffenden magisch-ekstatischen Praxis, die auf einem Glauben an gute und böse Geister beruht, die ihrerseits nur von dem Schamanen, einer Art Medizinmann, beeinflußt werden können.

[2]*Goldi:* eine Gruppe mongolischer Volksstämme, die am Fluß Amur leben (der im Nordosten Chinas größtenteils die Grenze zwischen China und der UdSSR bildet).

[3]*Asklepios:* griechischer Gott der Heilkunde.

der Anruf der Penaten, der Hausgötter, oder ein Opfer an Febris, die Göttin des Fiebers. Und viele Jahrhunderte später konnte man durchaus einen englischen König in den Händen von Exorzisten[4] finden, die sein Delirium durch Austreibung der Dämonen zu heilen suchten.

Von den frühesten Zeiten bis zur Gegenwart, als Glied des ungebildetsten primitiven Stamms und als Teilhaber der verfeinertsten Zivilisation, fand sich der Mensch in ehrfürchtiger Hilflosigkeit, wenn er den Anzeichen seltsamer Leiden oder Aberrationen gegenüberstand. Seine Verzweiflung bei den Bemühungen um die Behandlung des einzelnen Kranken hat sich in seiner ganzen Geschichte kaum geändert. Bis zur Mitte des 20. Jahrhunderts ist die Erfolgsquote der Heilung oder Linderung von individuellen Geistesstörungen auf dem Niveau der Erfolge der Schamanen, die sich den gleichen Problemen gegenübersahen, stehengeblieben. Nach einem modernen Schriftsteller bestand der einzige Fortschritt der Psychotherapie in der Schaffung von sauberen Unterkünften für die Geisteskranken. Was die Brutalität bei der Behandlung von Geisteskranken betrifft, so sind die Methoden der Schamanen oder der Bedlam-Anstalt[5] von den »zivilisierten« Techniken bei weitem übertroffen worden. Hier wird gewaltsam Nervengewebe durch Schocks und chirurgische Eingriffe zerstört, also mit Behandlungsmethoden, die sich durch die Ergebnisse nicht rechtfertigen lassen und die in der allerprimitivsten Gesellschaft nicht geduldet worden wären, da sie das Opfer zu einem bloßen Automatendasein herabwürdigen, den größten Teil seiner Persönlichkeit und seines Ehrgeizes vernichten und von ihm nicht mehr als ein gefügiges Tier übriglassen. Diese Tatsachen, die hier nicht der Anklage gegen die Praktiken des Neurochirurgen[6] dienen (der im Gehirn geisteskranker Menschen mit einem Stocher zu Werke geht), werden in diesem Zusammenhang nur vorgebracht, um die Tiefe der Verzweiflung zu zeigen, in die der Mensch geraten kann, wenn er dem anscheinend unlösbaren Problem der Geistesstörung gegenübersteht.

[4]*Exorzist:* Teufelsaustreiber.

[5]*Bedlam-Anstalt:* frühere Anstalt für Geisteskranke in London; berüchtigt wegen ihrer brutalen Methoden.

[6]*Neurochirurg:* Facharzt für chirurgische Eingriffe am Nervensystem, einschließlich Gehirn.

In dem weit größeren Rahmen von Gesellschaften und Nationen ist das Fehlen einer solchen Wissenschaft über den Geist offensichtlicher denn je. Denn die Naturwissenschaften, die der Fähigkeit des Menschen, den Menschen zu begreifen, gedankenlos weit vorausgeeilt sind, haben ihn mit schrecklichen und gründlichen Waffen versehen, die nur auf einen abermaligen Ausbruch jenes gesellschaftlichen Wahnsinns, des Krieges, warten.

Das sind ernstzunehmende Probleme. Sie liegen auf dem Weg eines jeden Menschen, sie erwarten ihn in seiner Zukunft. Seit der Mensch erkannt hat, daß seine Überlegenheit über das Tier vor allem in seinem Geist begründet ist, seit er begriffen hat, daß allein sein Geist seine Waffe ist, hat er gesucht und nachgedacht und Annahmen aufgestellt in dem Bemühen, eine Lösung zu finden.

Wie ein von achtloser Hand verstreutes Puzzlespiel wurden die Formeln, die zu einer Wissenschaft über den Geist und darüber hinaus zu einer übergeordneten Wissenschaft vom Universum führen könnten, um- und umgedreht. Mitunter wurden zwei Stücke vereint; mitunter wurde, wie im goldenen Zeitalter Griechenlands, ein ganzer Abschnitt aufgebaut. Philosophen, Schamanen, Medizinmänner, Mathematiker – jeder schaute sich die Teile an. Manche meinten, sie würden alle zu verschiedenen Puzzlespielen gehören. Andere dachten, sie gehörten alle zum selben Puzzlespiel, und wieder andere sagten, es lägen eigentlich sechs Puzzles darin, während noch andere sagten, es wären zwei. Und die Kriege gingen weiter, die Gesellschaften kränkelten oder wurden zerschlagen, und man schrieb gelehrte Wälzer über die unaufhörlich wachsenden Scharen von geistig gestörten Menschen.

Mit Bacons[7] Methoden, mit Newtons[8] Mathematik schritten die Naturwissenschaften voran, sicherten und erweiterten ihre Grenzen. Und wie ein pflichtvergessenes Bataillon, dem es gleichgültig ist, wie viele Reihen von Verbündeten es der Vernichtung durch den Feind ausliefert, blieben die Studien über den Geist zurück.

[7] *F. Bacon*, 1561-1626, englischer Philosoph; Begründer der »induktiven Methode«, d.h. der wissenschaftlichen Erkenntnis, indem von einem Einzelfall auf eine allgemeine Regel geschlossen wird.

[8] *I. Newton*, 1642-1727, englischer Mathematiker, Physiker und Astronom; er entwickelte die Grundgesetze der Mechanik und der Schwerkraft sowie in der Mathematik die Differentialrechnung (eine Methode, mit der sich Berechnungen über Größen anstellen lassen, die einer ständigen Veränderung unterworfen sind).

Doch schließlich hat jedes Puzzlespiel nur eine begrenzte Zahl von Teilen. Vor und nach Francis Bacon, Herbert Spencer[9] und einigen wenigen mehr hatte man viele der kleinen Abschnitte zusammengesetzt und viele gute Beobachtungen gemacht.

Um sich an die Tausende von Variablen zu wagen, aus denen dieses Puzzlespiel bestand, mußte man nur zwischen Richtigem und Falschem, Wahrem und Verkehrtem unterscheiden und Mensch und Natur im ganzen als Reagenzglas benutzen.

Was müßte eine Wissenschaft über den Geist umfassen?

1. Eine Antwort auf die Frage nach dem Ziel des Denkens.
2. Die einzige Ursache aller Geisteskrankheiten, aller Psychosen[10], Neurosen[11], Zwänge, Verdrängungen und sozialen Störungen.
3. Den gültigen wissenschaftlichen Beweis für die Grundnatur und die Wirkungsweise des menschlichen Geistes.
4. Das Handwerk der Anwendung, also Techniken, mit deren Hilfe die entdeckte einzige Ursache ausnahmslos beseitigt werden kann; davon ausgeschlossen natürlich die Störungen mißgebildeter, zerstörter oder pathologisch geschädigter Gehirne oder Nervensysteme, insbesondere auch die iatrogenen (durch Eingriffe von Ärzten verursachten) Psychosen, die mit der Zerstörung des lebenden Gehirns verbunden sind.
5. Methoden der Vorbeugung von Geistesstörungen.
6. Die Ursache und Heilung aller psychosomatischen[12] Leiden, die, wie manche Sachverständige sagen, 70 Prozent der bekannten Krankheiten des Menschen ausmachen.

[9] *H. Spencer*, 1820-1903, englischer Philosoph; er sah es als Aufgabe der Philosophie an, alles Wissen zu einem Ganzen zusammenzufassen, was voraussetzt, daß Prinzipien erkannt werden, die allen Erscheinungen gemeinsam sind. Ein solches Prinzip war die Entwicklung: alles entwickelt und verändert sich. Um eine Erscheinung verstehen zu können, muß man Einsicht in deren Entwicklung zur heutigen Form haben.

[10] *Psychose:* jede stärkere Form geistigen Leidens oder von Geisteskrankheit. Ein Psychotiker ist jemand, der mit sich selbst oder seiner Umgebung nicht gut genug fertig werden kann, um zu überleben, und um den man sich kümmern muß, um andere vor ihm zu schützen oder um ihn vor sich selbst zu schützen.

[11] *Neurose:* eine Störung der geistigen Funktion, bei der jemand infolge seiner Aberrationen (Abweichungen vom vernünftigen Denken oder Verhalten) hauptsächlich sich selbst schadet, aber nicht in solchem Maße, daß er Selbstmord begehen würde.

[12] *psychosomatisch:* durch den Gemütszustand des Patienten verursacht oder in beträchtlichem Maße beeinflußt (von griech. *psyche*, Seele, und *soma*, Körper).

Eine solche Wissenschaft würde die strengsten Anforderungen übertreffen, die jemals in der Geschichte für eine Geisteswissenschaft festgelegt wurden. Alle Denkarbeit zu diesem Thema müßte jedoch zu der Erkenntnis führen, daß eine Wissenschaft über den Geist genau die oben aufgeführten Ergebnisse bieten und bewirken können muß.

Um ihres Namens wirklich würdig zu sein, müßte diese Wissenschaft über den Geist in ihrer experimentellen Genauigkeit mit Physik und Chemie auf gleicher Ebene stehen. Ihre Gesetze dürften keine »Sonderfälle« zulassen, und sie dürfte sich nicht auf Autoritäten stützen. Die Atombombe explodiert, ob Einstein es erlaubt oder nicht; die Explosion dieser Bombe wird von Naturgesetzen geregelt. Die Techniker können durch Anwendung von Techniken, die sich von entdeckten Naturgesetzen herleiten, eine oder eine Million Atombomben bauen, die alle einander gleich sind.

Nachdem die Gesamtheit der Grundgesetze und die Techniken der Dianetik geordnet waren und sich in ihrer Funktionsfähigkeit jenen der Naturwissenschaften als ebenbürtig erwiesen, waren Übereinstimmungen mit fast jeder Lehre vom Denken zu erwarten, die es je gegeben hat. Das ist wiederum ein Vorzug, nicht ein Fehler.

Bei all ihrer Einfachheit ist und bewirkt die Dianetik folgendes:

1. Sie ist eine systematisch aufgebaute Wissenschaft vom Denken, gegründet auf eindeutige Axiome, d. h. auf Aussagen über Naturgesetze im gleichen Rang wie jene der Naturwissenschaften.
2. Sie umfaßt eine therapeutische Technik, mit der alle nichtorganischen Geistesstörungen und alle organischen psychosomatischen Leiden mit der Gewißheit völliger Heilung in beliebigen Fällen behandelt werden können.
3. Sie ermöglicht dem Menschen eine Ebene der Fähigkeit und Vernunft, die ihn weit über den gegenwärtigen Durchschnitt hebt, und sie zerstört nicht seine Lebenskraft und Persönlichkeit, sondern erhöht sie.
4. Die Dianetik verleiht vollständige Einsicht in alle Möglichkeiten des menschlichen Geistes und erweist, daß diese wesentlich umfangreicher sind als früher angenommen.
5. In der Dianetik wurde die Grundnatur des Menschen entdeckt, nicht nur vermutet oder angenommen. Das wird dadurch erhärtet, daß diese Grundnatur bei jedem einzelnen vollständig zur Wirkung gebracht werden kann. Und diese Grundnatur erweist sich als *gut*.

6. Die einzige Ursache geistiger Störungen ist von der Dianetik unter strengen Versuchsbedingungen experimentell entdeckt und nachgewiesen worden.
7. Die Dianetik hat Umfang, Speicherkapazität und Erinnerungsfähigkeit des menschlichen Gedächtnisses endgültig bestimmt.
8. Die Dianetik hat die vollen Aufzeichnungsfähigkeiten des Geistes entdeckt, mit dem Ergebnis, daß sie sich von früheren Annahmen sehr unterscheiden.
9. Die Dianetik legt die Theorie der nicht von Keimen verursachten Krankheit vor und ergänzt damit die Biochemie[13] und Pasteurs[14] Werk über die Verursachung von Krankheiten durch Krankheitserreger, so daß das ganze Gebiet abgedeckt ist.
10. Mit der Dianetik endet die »Notwendigkeit«, das Gehirn durch Schocks oder chirurgische Eingriffe zu zerstören, um bei geisteskranken Patienten »Fügsamkeit« und »Anpassung« zu erreichen.
11. Die Dianetik liefert eine brauchbare Erklärung für die physiologischen Wirkungen von Drogen und endokrinen[15] Substanzen und beantwortet viele Probleme der Endokrinologie[16].
12. Verschiedene Bereiche der Erziehung, Soziologie, Politik, des Militärwesens und anderer Wissensgebiete über den Menschen werden durch die Dianetik bereichert.
13. Das Gebiet der Zellenlehre wird ebenso wie noch andere Forschungsgebiete durch die Dianetik gefördert.

Das also ist ein grober Abriß, welchen Umfang eine Wissenschaft über den Geist haben sollte und welchen Umfang die Dianetik tatsächlich hat.

[13]*Biochemie:* der Zweig der Chemie, der sich mit Pflanzen und Tieren und ihren Lebensprozessen befaßt.

[14]*L. Pasteur,* 1822-1895, französischer Chemiker und Bakteriologe, Begründer der Keimtheorie.

[15]*endokrin:* von Drüsen erzeugt, die ihre Produkte direkt in den Blutstrom abgeben, damit sie zu anderen Teilen des Körpers transportiert werden, deren Funktion sie regulieren oder bestimmen.

[16]*Endokrinologie:* die Lehre von der Funktion der Drüsen mit innerer Sekretion (d.h. Absonderung ins Körperinnere).

Der Clear

In der Dianetik wird der optimale Mensch ein *Clear* genannt. Diesem Wort wird man im vorliegenden Buch oft begegnen, und zwar in der Verwendung als Hauptwort wie auch als Zeitwort (*klären*). So ist es hier am Anfang wohl angebracht, genau festzulegen, was unter einem *Clear*, einem Menschen am Ziel der dianetischen Therapie, zu verstehen ist.

Man kann einen *Clear* auf alle Psychosen, Neurosen, Zwänge und Verdrängungen (alles Aberrationen) testen und ihn auf alle selbsterzeugten Krankheiten, die man psychosomatische Leiden nennt, prüfen. Das Ergebnis wird immer sein, daß der Clear von solchen Störungen oder Aberrationen völlig frei ist. Tests seiner Intelligenz ergeben einen Intelligenzquotienten hoch über dem heutigen Durchschnitt. Seine Handlungen zeigen, daß er das Dasein voller Tatkraft meistert und Befriedigung aus seinem Leben zieht.

Diese Ergebnisse kann man auch durch Vergleiche erhalten. So kann man einen Neurotiker, der außerdem noch psychosomatische Leiden hat, auf seine Aberrationen und Krankheiten hin testen und damit deren Existenz beweisen. Man kann ihn dann mit der Absicht, diese Neurosen und Leiden zu beseitigen, dianetischer Therapie unterziehen. Bei der anschließenden Untersuchung wird man die oben beschriebenen Ergebnisse finden. Übrigens sind solche Experimente oftmals, und zwar mit konstanten Ergebnissen, durchgeführt worden. Der Nachweis, daß alle Menschen mit organisch vollständigen Nervensystemen in dieser Weise auf das dianetische Clearverfahren ansprechen, kann unter wissenschaftlichen Testbedingungen erbracht werden.

Ferner besitzt der Clear bestimmte grundlegende und ihm innewohnende, doch im ungeklärten Zustand nicht immer verfügbare Eigenschaften. Von diesen im Menschen nicht vermuteten Eigenschaften war in früheren Erörterungen seiner Fähigkeiten und Verhaltensweisen nicht die Rede.

Betrachten wir zunächst die *Wahrnehmungsfähigkeit*: Selbst sogenannte normale Menschen sehen nicht immer in voller Farbe, hören nicht immer in vollem Klang, oder ihr Geruchs-, Geschmacks- oder Tastsinn oder auch ihre Organempfindungen lassen zu wünschen übrig.

Dies aber sind die wesentlichen Kommunikationskanäle zur meß- und bestimmbaren Außenwelt, die die meisten als Wirklichkeit anerkennen. Frühere Beobachter hielten zwar das Sehen der Wirklichkeit für absolut notwendig, wenn der aberrierte Mensch geistig gesund werden wollte, gaben aber interessanterweise keine Erklärung ab, wie das geschehen solle. Um in der Gegenwart der Wirklichkeit ins Auge zu sehen, müßte der Mensch natürlich imstande sein, sie durch jene Kommunikationskanäle wahrzunehmen, von denen er in der Praxis am häufigsten Gebrauch macht.

Jede menschliche Wahrnehmung kann durch psychische Störungen verfälscht werden, die es nicht zulassen, daß die empfangenen Sinneseindrücke vom analytischen Teil des menschlichen Geistes (vom Bewußtsein) erfaßt werden. Ein Beispiel: Obwohl in den Mechanismen des Farbempfangs kein Fehler vorliegen mag, können im Geist unbewußte Schaltkreise bestehen, die die Farbe tilgen, bevor dem Bewußtsein das Anschauen des Gegenstands gestattet wird. Man wird entdecken, daß Farbenblindheit relativ sein kann oder in Abstufungen vorkommt, und zwar in der Art, daß Farben weniger leuchtend wirken oder trüb erscheinen oder, im schlimmsten Fall, völlig fehlen. Jeder von uns kennt Leute, die grelle Farben verabscheuen, und solche, denen sie nicht grell genug sein können. Diesen unterschiedlichen Grad von Farbenblindheit hat man keineswegs auf einen bestimmten psychischen Faktor zurückgeführt, sondern man hat einfach verschwommen angenommen, er hänge irgendwie mit der Gemütsverfassung zusammen – wenn man ihn überhaupt bemerkte.

Es gibt Menschen, für die Geräusche recht störend sind, für die beispielsweise das anhaltende Gewimmer einer Geige eine ziemliche Attacke auf das Trommelfell bedeutet. Es gibt Leute, für die fünfzig fortissimo[1] spielende Geigen beruhigend klingen, und es gibt andere, bei denen eine Geige Gleichgültigkeit und Langeweile auslöst, und wiederum gibt es Leute, für die der Klang einer Geige, wie kompliziert die gespielte Melodie auch immer sein mag, monoton wirkt. Diese Unterschiede in der akustischen Wahrnehmung hat man eben-

[1] *fortissimo* (Musik): sehr laut, sehr stark.

stark erweitert oder beeinträchtigt sein, so daß es für die eine Person normal ist, Schritte einen Häuserblock entfernt zu hören, während eine andere nicht einmal eine auf der Veranda dröhnende Pauke hört.

Daß die verschiedenen Wahrnehmungen sich durch Aberration und wegen psychosomatischer Störungen von Mensch zu Mensch stark unterscheiden, ist eine der geringeren Entdeckungen der Dianetik. Die Fähigkeit des *Rückrufs* (sich Vergangenes zu vergegenwärtigen) ist in ihrer Unterschiedlichkeit von Person zu Person weitaus eindrucksvoller.

Im Zuge der Beobachtung von Clears und Aberrierten kam ein ganz neuer Vorgang des Zurückrufens ans Licht. Er war zwar dem menschlichen Geist von Natur aus eigen, war jedoch nicht bemerkt worden. Diese Form des Rückrufs ist nur wenigen aberrierten Menschen in vollem Maße gegeben. Beim Clear aber ist sie ganz normal. Daß diese Fähigkeit vorher nicht bemerkt wurde, soll natürlich nicht heißen, daß die Gelehrten früherer Zeiten nicht über Beobachtungsgabe verfügten. Wir haben es hier mit einer ganz neuen und vorher nicht verfügbaren Untersuchungsperson, dem Clear, zu tun. Was ein Clear leicht schafft, konnten zwar auch früher schon eine ganze Reihe Menschen vollbringen, doch nur sporadisch und teilweise.

Eine von Natur aus vorhandene, nicht erworbene Fähigkeit der Erinnerungsmechanismen des Geistes kann als *Rückkehr* bezeichnet werden, was in der Dianetik als ein technischer Ausdruck zu verstehen ist. Dieses Wort wird entsprechend der Wörterbuchbedeutung gebraucht, allerdings mit dem Zusatz, daß der Geist diese Fähigkeit der Rückkehr als eine normale Erinnerungsfunktion besitzt. Der Mensch kann einen Teil seines Geistes in eine vergangene Periode »senden«, und zwar auf einer rein geistigen oder auf einer kombiniert geistig-körperlichen Grundlage, und er kann Geschehnisse, die damals stattgefunden haben, in der gleichen Weise und mit den gleichen Empfindungen wie früher wiedererleben. Früher praktizierte man in der Hypnose die sogenannte »Regression«, wobei der Hypnotiseur die Versuchsperson zu Geschehnissen in ihre Vergangenheit zurückschickte. Dies geschah mittels Hypnosetechniken, Drogen und beträchtlichem Aufwand, und es gab zwei verschiedene Methoden: Erstens einmal konnte der Hypnotisierte »vollständig« in eine frühere Zeit zurückversetzt werden. Er erweckte dann ganz den Anschein, sich in dem Alter zu befinden, in das er zurückversetzt worden war, ausgestattet scheinbar nur mit den Fähigkeiten und Erinnerungen, die er zu jenem Zeitpunkt hatte. Das nannte man »Revivifikation«.

(erneutes Erleben). Dagegen ist die Regression im engeren und eigentlichen Sinn eine Technik, durch die ein Teil des Ich der betreffenden Person in der Gegenwart bleibt und ein Teil in die Vergangenheit geht. Man vermutete aber, daß diese Fähigkeiten des Geistes allein in der Hypnose aktiviert werden konnten, und benutzte sie daher nur in der Hypnose. Diese Technik ist sehr alt, sie geht einige tausend Jahre zurück und existiert heute in Asien wie offenbar schon seit Urzeiten.

»Regression« (im engeren Sinn) wird hier durch *Rückkehr* ersetzt, denn diese beiden Begriffe sind nicht miteinander vergleichbar. Schon als Wort ist »Regression« mit einigen negativen Bedeutungen belastet, die seine Anwendung stören würden. Anstelle von »Revivifikation« steht in der Dianetik *Wiedererleben*, denn in der Dianetik kann man die Prinzipien der Hypnose erklären, aber Hypnose wird in der dianetischen Therapie nicht benutzt, wie später noch ausgeführt werden wird.

Der Geist hat also noch eine andere als die bekannte Erinnerungsfähigkeit. Ein Teil des Geistes kann »zurückkehren«, auch wenn der Mensch hellwach ist, und frühere Geschehnisse vollständig wieder durchleben. Wenn Sie das erproben möchten, so versuchen Sie es mit verschiedenen Menschen, bis Sie einen gefunden haben, dem es leichtfällt. Hellwach kann er zu Momenten in seiner Vergangenheit zurückkehren. Bis zu dem Zeitpunkt, an dem man ihn dazu auffordert, wird er vermutlich gar nicht wissen, daß er eine solche Fähigkeit besitzt. Sollte er gewußt haben, daß er sie hat, dann dachte er wahrscheinlich, jeder habe diese Fähigkeit (das ist die Art Annahme, die so viele solcher Tatsachen daran hinderte, früher ans Licht zu kommen). Er kann z.B. zu einer Zeit zurückgehen, in der er schwamm – mit vollem Rückruf des Gehörten, Gesehenen, Geschmeckten, Gerochenen, Berührten, organisch Wahrgenommenen usw.

Ein »studierter« Herr verbrachte einmal einige Stunden damit, einer Gesellschaft darzulegen, daß beispielsweise der Rückruf eines Geruchs als Empfindung ganz unmöglich sei, da »die Neurologie bewiesen habe, daß die Geruchsnerven nicht mit dem Thalamus[3] verbunden seien«. Zwei der anwesenden Personen entdeckten ihre Fähigkeit zur Rückkehr; aber trotz dieses Beweises behauptete der gelehrte Herr weiter, daß Geruchsrückruf unmöglich sei. Eine Nachprüfung unter den Anwesenden der Gesellschaft brachte, unabhän-

[3] *Thalamus:* Teil des Gehirns, der als wichtigste unbewußt arbeitende Sammel-, Umschalt- und Integrationsstelle der Sinneswahrnehmungen angesehen wird, wo die Impulse, die zum Bewußtsein gelangen sollen, vorsortiert werden.

gig vom Phänomen der Rückkehr, die Tatsache ans Licht, daß sich rund die Hälfte der Leute an einen Geruch erinnern konnte, indem sie ihn wieder roch.

Rückkehr ist das volle Erleben der erinnerten Situation. Die komplette Erinnerung kann die betreffenden Organbereiche dazu bringen, die Reize aus einem früheren Geschehnis wiederzuempfinden. Teilrückruf ist üblich; nicht üblich genug, um als normal zu gelten, doch sicher üblich genug, daß umfangreiche Studien am Platz sind. Denn hier handelt es sich wieder um eine weitgespannte Variable.

Die Gegenwart wahrzunehmen wäre einer der Wege, der Wirklichkeit ins Auge zu sehen. Doch wenn einer die Wirklichkeit von Vergangenem nicht anschauen kann, dann sieht er einen Teil der Wirklichkeit nicht. Und wenn man übereingekommen ist, daß es wünschenswert ist, der Wirklichkeit ins Auge zu sehen, dann müßte das auch die Wirklichkeit von gestern betreffen, wenn man in Übereinstimmung mit der heutigen Definition als vollständig »geistig gesund« betrachtet werden soll. Dem Gestern ins Auge zu sehen verlangt, daß ein bestimmtes Vermögen zum Rückruf vorhanden ist. Man müßte imstande sein, sich zu erinnern. Doch wie viele Arten von Erinnerung gibt es?

Erstens gibt es die *Rückkehr*. Das ist neu. Sie bietet den Vorteil, die sich bewegenden Bilder und alle anderen Sinneswahrnehmungen prüfen zu können, die zur Zeit des Ereignisses aufgenommen wurden. Man kann auch zu seinen früheren Schlußfolgerungen und Vorstellungen zurückkehren. Die Fähigkeit, wieder dort zu sein, wo die gewünschten Informationen ursprünglich in Augenschein genommen wurden, ist eine erhebliche Hilfe beim Lernen, bei der Forschung und im Alltagsleben.

Dann gibt es die üblicheren Rückrufe. Der optimale Rückruf erfolgt durch die *Rückkehr* eines einzelnen Sinnes oder mehrerer Sinne, wobei die Person selbst in der Gegenwart bleibt. Manche Leute sehen, fühlen und riechen wirklich eine Rose, wenn sie an eine denken. Sie sehen sie in voller Farbe, ganz leuchtend, mit dem »geistigen Auge«, um eine alte Redewendung zu benutzen. Sie riechen sie lebhaft. Und sie könnten sogar ihre Dornen fühlen. Sie denken an Rosen, indem sie sich wirklich eine Rose zurückrufen.

Wenn diese Menschen an ein Schiff dachten, würden sie ein bestimmtes Schiff sehen und, wenn sie im Geiste an Bord sind, seine Bewegung fühlen. Sie würden den Kiefernteer oder auch weniger würzige Gerüche riechen. Sie würden das Schiff in voller Farbe und

Bewegung sehen und alle vorhandenen Geräusche mit voller Klangfarbe hören.

Bei aberrierten Personen variieren diese Fähigkeiten sehr. Manche können eine Rose nur visuell erfassen, wenn man sie auffordert, an eine zu denken. Andere können eine riechen, sie aber nicht sehen. Wiederum andere sehen sie ohne Farbe oder in sehr blasser Farbe. Wenn man sie veranlaßt, an ein Schiff zu denken, sehen manche Aberrierte nur ein flaches, farbloses, unbewegliches Bild, ähnlich einem Gemälde oder der Fotografie eines Schiffes. Manche sehen ein Schiff in Bewegung, zwar ohne Farbe, aber mit Geräusch. Andere hören das Geräusch eines Schiffes, können aber überhaupt kein Bild sehen. Wieder andere denken nur an ein Schiff als Begriff, daß Schiffe existieren und daß sie davon wissen, können aber in der Erinnerung eigentlich nichts sehen, fühlen, hören, riechen oder sonstwie empfinden.

Manche früheren Beobachter haben dies als »bildliche Vorstellungen« bezeichnet, doch ist der Ausdruck derart ungeeignet für Geräusch und Berührung, Organempfindung und Schmerz, daß in der Dianetik einheitlich als Fachwort *Rückruf* benutzt wird. Der Wert des Rückrufs in unserem täglichen Leben hat derart geringe Aufmerksamkeit gefunden, daß dieser ganze Begriff niemals zuvor formuliert worden ist. Deswegen wurde hier eine ziemlich ausführliche Beschreibung gegeben.

Es ist ganz einfach, Rückrufe zu testen. Wenn man seine Bekannten nach *ihren* Möglichkeiten fragt, sich etwas zurückzurufen, wird man eine sehr gute Vorstellung davon bekommen, wie sehr diese Fähigkeit von Person zu Person verschieden ist. Manche haben die eine Art des Rückrufs, manche eine andere, und wieder andere haben überhaupt keinen Rückruf, sondern arbeiten nur mit der Vorstellung eines Rückrufs. Wenn Sie nun einen Test in Ihrer Umgebung machen, dann denken Sie daran, daß jede Wahrnehmung im Gedächtnis aufgenommen und gespeichert wird und darum zurückgerufen werden kann. Und dieser Rückruf würde Schmerz, Temperatur, Rhythmus, Geschmack und Gewicht enthalten wie auch die oben erwähnten Seh- und Geräuscheindrücke, Tast- und Geruchsempfindungen.

In der Dianetik unterscheiden wir den *optischen Rückruf* (auch »Visio« genannt), den *Geräuschrückruf* (»Sonik«), den *Rückruf von Berührung*, den *Geruchsrückruf*, den *Rückruf von Rhythmus*, den *Rückruf von Gewicht und Bewegung*, den *Schmerzrückruf*, den *Temperaturrückruf* und den *organischen Rückruf* (für innere Empfindungen und, gemäß neuer Definition, Emotionen).

Eine weitere Reihe geistiger Vorgänge läßt sich unter den Stichwörtern *Phantasie* und *schöpferische Phantasie* zusammenfassen. Hier ist wiederum reichlich Material vorhanden, das genauer erforscht werden kann.

Phantasie bedeutet Neukombination von Dingen, die man empfunden, gedacht oder durch intellektuelle Schlußfolgerungen geschaffen hat, die aber nicht unbedingt existieren. Phantasie ist die Methode des Geistes, sich wünschenswerte Ziele vorzustellen oder die Zukunft vorauszuplanen. Phantasie ist unschätzbar wertvoll beim Gestalten der wesentlichen Lösungen sowohl eines jeden geistigen Problems als auch des Alltagslebens. Daß es sich nur um Neukombinationen handelt, nimmt ihr auf keine Weise ihre ungeheure und wunderbare Vielgestaltigkeit.

Ein Clear macht von seiner Phantasie in vollem Umfang Gebrauch. Es gibt Phantasieeindrücke des Gesichts-, Geruchs-, Geschmacks-, Gehörsinns – kurz, für jede der möglichen Wahrnehmungen. Diese Eindrücke werden hergestellt, indem Modelle aus den Gedächtnisbanken (Speicherbanken) mit Hilfe von Ideen kombiniert und zusammengebaut werden. Neue materielle Strukturen, das Morgen von heute aus, das nächste Jahr vom letzten aus gesehen, zukünftige Freuden, Taten, die es zu tun gilt, Unfälle, die vermieden werden sollten – all dies sind Funktionen der Phantasie.

Der Clear verfügt über unbehinderte Phantasie mit farbigem Sehen, vollklanglichem Hören, Tastgefühl, Geruchsempfindung sowie mit Gefühl für Rhythmus, Gewicht und Bewegung, Temperatur und Organempfindung. Wenn man ihn auffordert, sich in einer vergoldeten vierspännigen Kutsche fahren zu sehen, »sieht« er das sich bewegende Gefährt in voller Farbe, »hört« er alle Geräusche, die dazugehören müßten, »riecht« er die Gerüche, die nach seiner Meinung damit verbunden sein müßten, »fühlt« er die Polsterung, die Bewegung und sich selbst in der Kutsche.

Neben der gewöhnlichen Phantasie gibt es die *schöpferische Phantasie* – eine sehr weitreichende, an keine Dimensionen gebundene Fähigkeit, die von Mensch zu Mensch recht unterschiedlich ist und die manche Menschen in sehr großem Maße besitzen. Sie wird hier nicht als ein Teilbereich der geistigen Funktion angeführt, der üblicherweise in der Dianetik behandelt wird, sondern nur um aufzuzeigen, daß sie eigenständig vorhanden ist. Bei einem Clear, der bereits als Aberrierter, wenn auch gehemmt, schöpferische Phantasie besaß, ist sie vorhanden und nachweisbar. Sie ist angeboren. Sie kann nur durch Hemmung ihrer allgemeinen Ausübung aberriert werden, d.h. indem die Beharrlichkeit ihrer Anwendung aberriert oder der gesamte Geist abgekapselt wird. Jedoch kann man schöpferische Phantasie – diesen Besitz, durch den Kunstwerke geschaffen, Staaten errichtet werden und die Menschheit bereichert wird – als geistige Sonderfunktion betrachten, die in ihrem Wirken unabhängig ist und deren Vorhandensein überhaupt nicht von einem aberrierten Zustand der Person abhängt. Denn wenn man die Tätigkeit der schöpferischen Phantasie bei einem Clear, der sie besitzt, beziehungsweise den Gebrauch, den er von ihr macht, untersucht, so zeigt dies ausreichend, daß sie dem Menschen innewohnt. Sie fehlt selten bei jemandem.

Und schließlich kommen wir auf die letzte, aber gleichzeitig wichtigste Tätigkeit des Geistes zu sprechen. Der Mensch ist ein bewußt empfindendes, vernunftbegabtes Wesen. Dieses Merkmal beruht auf seiner Fähigkeit, Probleme zu lösen, indem er Situationen wahrnimmt oder gestaltet und sie versteht. Diese seine *Vernunft* ist die primäre, übergeordnete Funktion desjenigen Teils des Geistes, der ihn zum Menschen macht, so daß er nicht bloß ein Tier unter Tieren ist. Mit Erinnerung, Wahrnehmung und Phantasie hat er die hervorragende Fähigkeit, Schlüsse zu ziehen und, auf vorliegenden Schlußfolgerungen aufbauend, Weiteres zu schlußfolgern. Das ist der vernunftbegabte Mensch.

Von Aberration freie Vernunft kann man nur bei einem Clear studieren. Dem Aberrierten geben seine Aberrationen den Anschein von Unvernunft. Zwar kann man solche Unvernunft auf mildere Weise als »Exzentrizität« oder »menschliches Irren« oder gar »persönliche Eigenart« bezeichnen, sie bleibt indes Unvernunft. Die Persönlichkeit eines Menschen hängt nicht davon ab, wie unvernünftig er handelt. Es ist beispielsweise kein Ausdruck von Persönlichkeit, betrunken am Steuer zu sitzen und am Zebrastreifen ein Kind zu töten – oder auch nur zu riskieren, durch Fahren im betrunkenen Zustand ein Kind zu töten. Unvernunft ist nichts anderes als die Unfähigkeit, aus vorhandenen Daten richtige Antworten zu erhalten.

Es ist nun eine merkwürdige Tatsache, daß – obwohl »jedermann weiß« (und welch eine schreckliche Menge von Fehlinformationen bringt *diese* Art Behauptung in Umlauf), daß »Irren menschlich ist« – der bewußt empfindende, vernunftbegabte Teil des Geistes, der die Lösung von Problemen wie ein Computer errechnet, indem er denkt, und der den Menschen zum Menschen macht, *völlig unfähig ist zu irren.*

Das war, als es festgestellt wurde, eine verblüffende Entdekkung, aber das hätte es gar nicht sein müssen. Man hätte diese Tatsache schon einige Zeit früher folgern können, da sie ganz einfach und leicht verständlich ist. Die eigentliche Fähigkeit des Menschen, Berechnungen anzustellen, unterliegt niemals einem Irrtum, auch nicht bei einem sehr stark aberrierten Menschen. Wenn man einen Aberrierten bei seinem Tun beobachtet, könnte man gedankenlos annehmen, daß die Berechnungen dieses Menschen verkehrt seien. Doch das wäre ein Beobachtungsfehler. Jeder einzelne, ob aberriert oder geklärt, stellt *auf der Grundlage der gespeichterten und wahrgenommenen Daten* perfekte Berechnungen an.

Nehmen Sie irgendeine gewöhnliche Rechenmaschine (und der Geist ist ein außergewöhnlich gutes Instrument, das jeder Maschine, die der Mensch bis in die ferne Zukunft hinein erfinden wird, weit überlegen ist), und geben Sie dieser ein Problem zur Lösung auf: multiplizieren Sie sieben mit eins. Sie wird richtig mit sieben antworten. Multiplizieren Sie jetzt sechs mit eins, halten Sie aber weiterhin die Sieben unten. Sechsmal eins ist sechs, aber die Antwort, die Sie bekommen werden, ist zweiundvierzig. Halten Sie die Sieben weiterhin unten und geben Sie der Maschine andere Probleme auf. Das Ergebnis ist falsch – nicht die Aufgabenstellung, sondern die Lösung. Befestigen Sie nun die Sieben, so daß sie immer unten bleibt, gleichgültig, welche Tasten berührt werden, und versuchen Sie die Maschine wegzugeben. Keiner wird sie mögen, weil die Maschine offenbar »verrückt« ist. Sie sagt, zehn mal zehn sei siebenhundert. Doch ist der Rechenteil der Maschine wirklich kaputt, oder werden ihm lediglich falsche Daten eingegeben?

Ebenso fällt der menschliche Verstand unrichtigen Daten zum Opfer. Ihm wird tausendmal in der Stunde die Aufgabe gestellt, Probleme zu lösen, die so groß und so sehr mit Variablen geladen sind, daß sie jede Rechenmaschine durcheinanderbringen würden. Falsche Daten gelangen in die Maschine, und die Maschine gibt verkehrte Antworten. Unrichtige Daten gelangen in die menschlichen Gedächtnisbanken, und der Mensch reagiert auf »abnormale« Weise. Im Grunde besteht also das Problem, Aberration zu lösen, darin, eine »heruntergehaltene Sieben« zu finden. Doch davon später sehr viel mehr. Für den Augenblick haben wir unser unmittelbares Ziel erreicht.

Das sind die verschiedenen Fähigkeiten und Tätigkeiten des menschlichen Geistes, angesichts der ständigen Aufgabe, eine Fülle von Problemen zu bearbeiten und zu lösen. Er nimmt wahr, er ruft sich etwas zurück oder kehrt zurück, er stellt sich etwas vor, denkt sich etwas aus und gibt dann eine Lösung. Unser Geist bringt mit Hilfe seines »Zubehörs« – den Wahrnehmungen, den Gedächtnisbanken und der Phantasie – Antworten hervor, die ausnahmslos genau sind und die nur durch Beobachtung, Erziehung und Gesichtspunkt modifiziert werden.

Und die Grundabsichten dieses Geistes sowie die Grundnatur des Menschen, wie sie beim Clear feststellbar sind, sind konstruktiv und gut, ausnahmslos konstruktiv und ausnahmslos gut, wobei die Lösungen nur modifiziert werden durch Beobachtung, Erziehung und Gesichtspunkt.

Der Mensch ist gut.

Entfernen Sie seine Grundaberrationen, und mit ihnen verschwindet das Böse, das die Scholastiker[4] und die Moralisten so gern hatten. Der einzige Teil, der vom Menschen abgetrennt werden kann, ist der »böse« Teil. Und wenn er abgetrennt wird, steigern sich Persönlichkeit und Lebenskraft des Menschen. Und er ist froh, den »bösen« Teil gehen zu sehen, denn er war *körperlicher Schmerz*.

An späterer Stelle folgen Experimente und Beweise dafür, und sie können mit der Präzision, die dem Naturwissenschaftler so am Herzen liegt, gemessen werden.

Der Clear ist also keine »angepaßte« Person, die durch ihre verkapselten Verdrängungen zur Aktivität getrieben wird. Er ist ein Mensch ohne Verdrängungen, der auf der Basis der Selbstbestimmung arbeitet. Seine Fähigkeiten der Wahrnehmung, des Rückrufs, der Rückkehr und Phantasie, des Gestaltens und Berechnens sind oben im Umriß dargestellt worden.

Der Clear stellt das Ziel der dianetischen Verfahren dar, ein Ziel, das mit etwas Geduld und ein wenig Studium und Arbeit erreicht werden kann. Jeder Mensch kann ein Clear werden, sofern er nicht das Unglück hatte, daß ihm ein großer Teil seines Gehirns entfernt oder daß er mit einem stark mißgebildeten Nervensystem geboren wurde.

Wir haben hier das Ziel der Dianetik gesehen. Betrachten wir nun das Ziel des Menschen.

[4] *Scholastiker:* Sammelbezeichnung für die traditionsgebundenen und an theologischen Dogmen orientierten Gelehrten des mittleren und späten Mittelalters, besonders in Philosophie und Theologie (etwa 10.-15. Jahrhundert).

Das Ziel des Menschen

Man hat lange nach dem Ziel des Menschen, nach dem kleinsten gemeinsamen Nenner all seines Schaffens, dem dynamischen Prinzip seines Daseins, gesucht. Sollte man eine Antwort darauf finden, so würden daraus unvermeidlich viele weitere Antworten erfließen. Sie würde alle Erscheinungen des Verhaltens erklären, sie würde zur Lösung der Hauptprobleme des Menschen führen – und sie müßte vor allem praktisch brauchbar sein.

Nehmen Sie an, daß alles Wissen über oder unter einen Trennungsstrich fällt. Alles, was oberhalb liegt, ist zur Auflösung der Aberrationen und allgemeinen Unzulänglichkeiten des Menschen nicht notwendig und nur ungenau bekannt (wie etwa Metaphysik[1] oder mystische[2] Glaubensfragen). Unterhalb des Striches, nehmen Sie an, liegt das endliche Universum. Alles im endlichen Universum, ob bekannt oder bisher unbekannt, kann gefühlt, erlebt oder gemessen werden. Die bekannten Daten im endlichen Universum lassen sich als *wissenschaftliche Wahrheit* werten, wenn sie gefühlt, erlebt und gemessen worden sind. Alle Faktoren, die man zur Aufstellung einer Wissenschaft des Geistes brauchte, fanden sich in diesem endlichen Universum und wurden entdeckt, gefühlt, gemessen und erlebt und sind wissenschaftliche Wahrheit geworden. Das endliche Universum enthält ZEIT, RAUM, ENERGIE und LEBEN. Weitere Faktoren erwiesen sich in unserer Formel als unnötig.

Zeit, Raum, Energie und Leben haben einen einzigen gemeinsamen Nenner. Vergleichsweise könnte man sich vorstellen, daß sie alle an irgendeinem Ursprungspunkt begannen und angewiesen

[1] *Metaphysik:* der Teilbereich der Philosophie, der die letzten Gründe und Zusammenhänge des Seins oder der Wirklichkeit zu erklären versucht; er befaßt sich mit dem, was hinter der sinnlich erfahrbaren, natürlichen Welt liegt.

[2] *mystisch:* die Mystik betreffend, zur Mystik gehörend. – *Mystik*: Form der Religiosität, bei der auf dem Wege der Versenkung, Meditation und Liebe eine unmittelbare Verbindung mit der Gottheit bzw. mit dem Göttlichen gesucht wird.

wurden, einem nahezu unendlich fern liegenden Endziel zuzustreben, und daß ihnen nur gesagt wurde, *was* zu tun sei. Sie gehorchen einem einzigen Befehl: »ÜBERLEBE!«

DAS DYNAMISCHE PRINZIP DES DASEINS IST ÜBERLEBEN.

Das Ziel des Lebens kann als unendliches Überleben betrachtet werden. Wie sich beweisen läßt, gehorcht der Mensch als eine Lebensform in all seinen Handlungen und Absichten dem einen Befehl: ÜBERLEBE!

Es ist kein neuer Gedanke, daß der Mensch überleben will. Neu ist der Gedanke, daß er *nur* durch den Drang zum Überleben motiviert ist.

Daß sein einziges Ziel Überleben ist, bedeutet nicht, daß er der bestmögliche Überlebensmechanismus ist, den das Leben erreicht hat oder noch entwickeln wird. Das Ziel der Dinosaurier war ebenfalls Überleben, gleichwohl sind sie ausgestorben.

Dem Befehl »ÜBERLEBE!« gehorsam zu sein, bedeutet nicht, daß jeder Versuch, ihm nachzukommen, stets erfolgreich ist. Veränderungen der Umgebung, Mutation und viele andere Dinge wirken dagegen, daß irgendein Organismus unfehlbare Überlebenstechniken oder eine unfehlbare Überlebensform erreicht.

Ebenso sicher, wie die Lebensformen sich verändern und aussterben, während sich neue Lebensformen entwickeln, schafft ein einzelner Lebensorganismus, der in sich selbst keine Unsterblichkeit besitzt, andere Lebensorganismen, um danach als Einzelorganismus zu sterben. Wenn man erreichen wollte, das Leben als solches eine sehr lange Zeit überdauern zu lassen, so wäre es eine ausgezeichnete Methode, Mittel und Wege zu finden, durch die das Leben viele Formen annehmen könnte. Der Tod selbst wäre dann notwendig, um das Überleben der Lebenskraft selbst zu erleichtern, da nur Tod und Verfall ältere Lebensformen wegräumen können, wenn geänderte Umweltverhältnisse neue Formen notwendig machen. Da das Leben als eine Kraft über einen nahezu unendlichen Zeitraum existiert, müßte es in seinen einzelnen Organismen und Formen ein zyklisches[3] Erscheinungsbild annehmen.

Was wären für die verschiedenen Lebensformen die bestmöglichen Überlebensmerkmale? Sie müßten verschiedene Grund-

[3] *zyklisch:* in einem Kreislauf regelmäßig wiederkehrender Dinge oder Ereignisse erfolgend.

eigenschaften haben, die von einer Art zur anderen ebenso abweichen, wie sich eine Umwelt von der anderen unterscheidet.

Das ist wichtig, denn früher hat man sich kaum überlegt, daß eine Reihe von Überlebensmerkmalen der einen Art für eine andere Art keine Überlebensmerkmale darstellen würde.

Die Überlebensmethoden lassen sich unter den Begriffen Ernährung, Erhaltung (Schutz im defensiven und offensiven Sinn) und Fortpflanzung zusammenfassen. Es gibt keine Lebensformen, die einer Lösung dieser Probleme entbehrten. Jede Lebensform irrt auf die eine oder andere Weise, indem sie zu lange an einem Merkmal festhält oder Merkmale entwickelt, die zu ihrem Aussterben führen können. Doch die Entwicklungen, die eine erfolgreiche Lebensform hervorbringen, sind weitaus eindrucksvoller als die, die fehlschlagen. Naturforscher und Biologen sind ständig damit beschäftigt, die Merkmale der einen oder der anderen Lebensform zu erklären, indem sie entdecken, daß es eher die Notwendigkeit als eine Laune ist, die solche Entwicklungen steuert. Die Scharniergelenke der Auster, das Schreckensgesicht auf den Flügeln des Schmetterlings sind Merkmale, die dem Überleben dienen.

Nachdem man entdeckt hatte, daß Überleben für jede Lebensform der einzige Grundantrieb ist, der alle ihre Aktivitäten zu erklären vermag, war es notwendig, eingehender zu studieren, wie überlebt wird. Dabei wurde entdeckt, daß allein die Begriffe Schmerz und Vergnügen ausreichten, um die Maßnahmen, die das Leben in seiner Überlebensanstrengung unternimmt, systematisch zu formulieren.

Wie aus der nebenstehenden graphischen Darstellung hervorgeht, haben wir uns vorgestellt, daß sich ein Lebensspektrum von Null, dem Tod oder der Auslöschung, bis zur Unendlichkeit der potentiellen Unsterblichkeit erstreckt. Dieses Spektrum sollte eine unendliche Anzahl von Linien enthalten, die ähnlich einer Leiter bis zur potentiellen Unsterblichkeit aufsteigen. Je weiter wir auf dieser Skala steigen, desto größer ist der Abstand zwischen den einzelnen Linien; er nimmt in geometrischer Progression[4] zu.

Der Überlebensdrang strebt fort vom Tod und hin zur Unsterblichkeit. Man kann davon ausgehen, daß der äußerste Schmerz kurz vor dem Tod liegt und daß das höchste Vergnügen die Unsterblichkeit ist.

[4] *geometrische Progression:* eine Zahlenreihe, bei der man durch Multiplikation mit einem gleichbleibenden Faktor zur jeweils nächsten Zahl gelangt: z. B. 1, 3, 9, 27, 81, wo jedes einzelne Glied dreimal so groß ist wie das vorhergehende; oder auch 1, 1/2, 1/4, 1/8, 1/16, wo jedes Glied mit dem Faktor 1/2 multipliziert wurde.

Wenn man den Einzelorganismus oder die Art betrachtet, dann könnte man sagen, daß Unsterblichkeit eine anziehende und der Tod eine abstoßende Kraft besitzt. Doch je höher und höher das Überleben hin zur Unsterblichkeit ansteigt, trifft man auf immer weiter werdende Zwischenräume, bis die Abstände nicht mehr mit endlichen Maßstäben überbrückbar sind. Es besteht der Drang weg vom Tod, der eine abstoßende Kraft besitzt, und hin zur Unsterblichkeit, die Anziehungskraft hat. Die Anziehungskraft ist Vergnügen, die abstoßende Kraft ist Schmerz.

Man könnte es so sehen, daß ein langer Pfeil, der in die vierte Zone reicht, für das Individuum ein hohes Potential bedeutet. Das *Überlebenspotential* wäre hervorragend, und der betreffende Mensch würde das Dasein genießen.

Von links nach rechts könnten auf der graphischen Darstellung die Jahre eingezeichnet werden.

Das Streben nach Vergnügen ist dynamisch. Vergnügen ist der Lohn, und das Streben nach dem Lohn – den Überlebenszielen – ist eine Handlung, die Vergnügen vermittelt. Und um sicherzustellen, daß das Überleben gemäß dem Befehl »ÜBERLEBE!« auch erreicht wird, wurde offenbar dafür gesorgt, daß die Verminderung der Überlebenschancen Schmerz hervorruft.

Schmerz ist dazu da, den Menschen vom Tod zurückzutreiben, Vergnügen, um ihn zum optimalen Leben hinzusteuern. *Nach Vergnügen zu streben und es zu erreichen ist fürs Überleben nicht weniger wirksam, als Schmerz zu vermeiden.* Manchen Beobachtungen zufolge scheint Vergnügen tatsächlich im kosmischen Plan einen weit größeren Wert zu haben als Schmerz.

Nun wäre es angebracht zu definieren, was mit *Vergnügen,* abgesehen von seinem Zusammenhang mit Unsterblichkeit, gemeint ist. Laut Wörterbuch versteht man unter Vergnügen »Zufriedenstellung; inneres Wohlbehagen, angenehme Empfindung geistiger oder körperlicher Natur; Freude, Spaß, amüsanter Zeitvertreib«. Vergnügen erfließt aus so vielem, was der Mensch hat, tut oder als erfreulich betrachten mag, daß erst ein ganzer Katalog all dieser Dinge und Tätigkeiten das gesamte Feld der Definition wirklich ausfüllen könnte.

Und was verstehen wir unter *Schmerz?* Laut Wörterbuch bedeutet dieses Wort »körperliches oder seelisches Leiden«.

In diesen beiden Definitionen zeigt sich übrigens eine Art Intuition, die die Sprache durchdringt. Hat man erst einmal etwas entdeckt, das zur Lösung bisher ungelöster Probleme führt, so stellt man

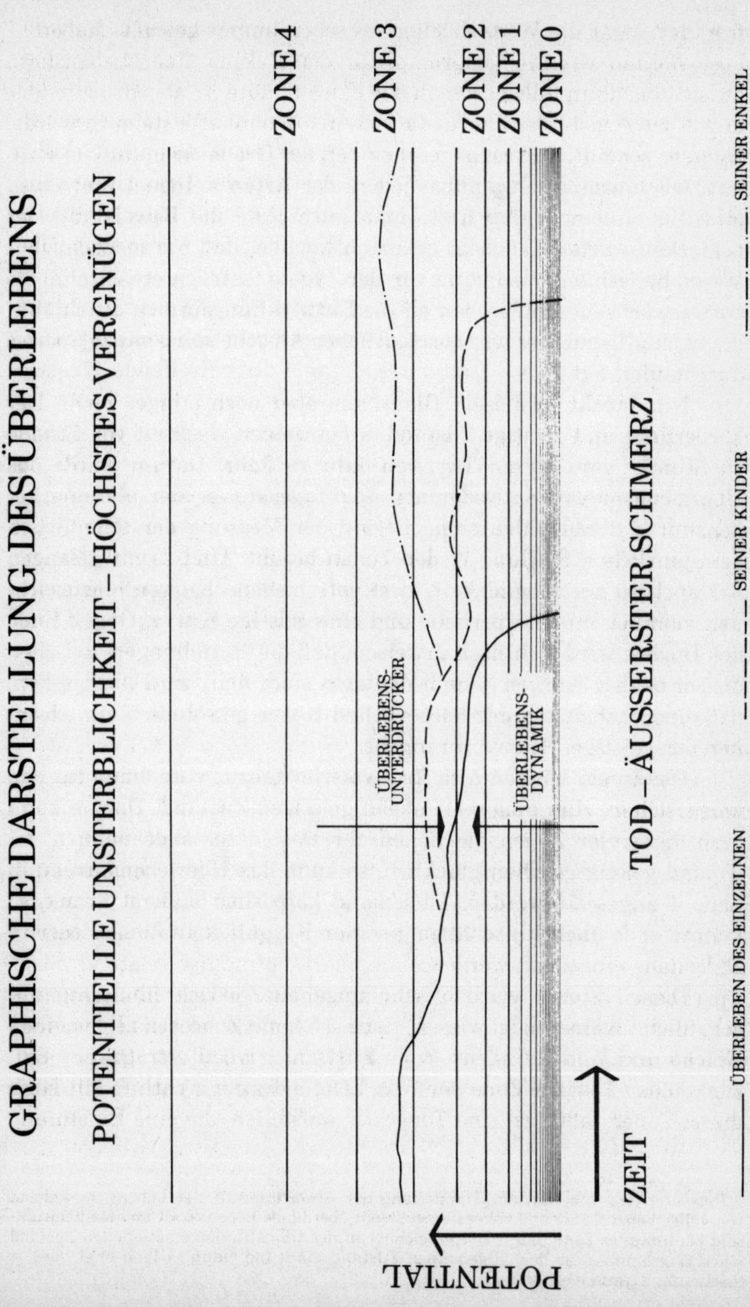
GRAPHISCHE DARSTELLUNG DES ÜBERLEBENS
POTENTIELLE UNSTERBLICHKEIT – HÖCHSTES VERGNÜGEN
ZONE 4
ZONE 3
ZONE 2
ZONE 1
ZONE 0
ÜBERLEBENS-UNTERDRUCKER
ÜBERLEBENS-DYNAMIK
TOD – ÄUSSERSTER SCHMERZ
ZEIT
POTENTIAL
ÜBERLEBEN DES EINZELNEN
SEINER KINDER
SEINER ENKEL

fest, daß sogar die Wörterbücher »es schon immer gewußt« haben.

Wollten wir ein Diagramm für den Zyklus einer Lebensform anfertigen, dann fiele es genau wie das auf Seite 37 abgedruckte aus, außer der Anzahl der Jahre, die sich ins Äonenhafte steigern würde. Denn es scheint, daß es, abgesehen von der Größenordnung, im Rahmen des einzelnen gegenüber jenem der Arten keinen Unterschied gibt. Zu diesem Schluß hätte man auch ohne die Beweiskraft der bemerkenswerten Tatsache gelangen können, daß ein menschliches Wesen bei seinem Wachstum von der Zygote (befruchtete Eizelle) bis zum erwachsenen Menschen all die Entwicklungsformen durchläuft, die nach allgemeiner wissenschaftlicher Ansicht seine ganze Spezies durchlaufen hat.

Nun steckt in diesem Diagramm aber noch einiges mehr. Der körperliche und geistige Zustand des einzelnen wechselt von Stunde zu Stunde, von Tag zu Tag, von Jahr zu Jahr. Darum würde das Überlebensniveau entweder als eine Tageskurve oder als eine Lebenskurve darzustellen sein, die auf der Messung der stündlichen bzw. jährlichen Stellung in den Zonen beruht. Und damit gelangen wir auch zu der Möglichkeit, zwei verschiedene Kurven einzuzeichnen, nämlich eine körperliche und eine geistige Kurve. Gegen Ende des Buches wird sich noch erweisen, daß die Beziehungen zwischen diesen beiden Kurven sehr bedeutsam sind; man wird auch sehen, daß einem Absinken der körperlichen Kurve gewöhnlich ein Absinken der geistigen Kurve vorangeht.

Die Zonen können also für zweierlei gelten: zum einen für den körperlichen, zum anderen für den geistigen Zustand. Darum kann man diese vier Zonen die Zonen der Daseinszustände nennen. Ist jemand geistig gesehen glücklich, so kann das Überlebensniveau in Zone 4 angesetzt werden. Ist jemand körperlich äußerst krank, so könnte er je nach Einschätzung seiner Krankheit in Zone 1 oder in Todesnähe eingestuft werden.

Diesen Zonen wurden sehr ungenaue, jedoch immerhin anschauliche Namen zugewiesen. Zone 3 ist die Zone des allgemeinen Glücks und Wohlbefindens. Zone 2 ist ein Niveau erträglicher Existenz. Zone 1 ist die Zone der Wut, Zone 0 die der Apathie. Mit Hilfe dieser Zonen läßt sich eine *Tonskala*[5] aufstellen, die eine Einstufung

[5] *Tonskala:* eine tabellarische Darstellung der Abwärtsspirale des Lebens, ausgehend von voller Lebenskraft und vollem Bewußtsein über halbe Lebenskraft und Halbbewußtsein bis hinunter zum Tod. – *Ton* bezeichnet in der Dianetik den emotionellen Zustand eines Engramms oder den allgemeinen Zustand eines Individuums (von engl. *tone* = Stimmung, Gemütsverfassung).

der Gemütsverfassung erlaubt. Genau über dem Tod, der bei 0 liegt, läge bei 0,1 die tiefste geistige Apathie oder schwächstes körperliches Leben. Zone 1, wo sich der Körper gegen physischen Schmerz oder Krankheit wehrt oder sich geistig ein wütender Kampf vollzieht, könnte unterteilt werden von Tonstufe 1,0 bis 1,9; Stufe 1,0 wäre Groll oder Feindseligkeit, Stufe 1,5 entspräche rasender Wut, Stufe 1,9 lediglich einer Neigung, sich zu streiten. Von Tonstufe 2,0 bis 3,0 bestünde steigendes Interesse am Dasein, usw.

Es ist nun so, daß weder der körperliche noch der geistige Zustand lange genau derselbe bleibt. Es gibt Schwankungen. Während eines einzigen Tages kann sich ein Aberrierter im Hinblick auf seinen geistigen Zustand zwischen 0,5 und 3,5 unserer Skala auf- und abbewegen. Unfall oder Krankheit könnten eine ähnliche Schwankung an einem Tag verursachen.

Es gibt also vier Möglichkeiten, diese Zahlenwerte zuzuweisen: Man kann sie dem geistigen Zustand im Augenblick oder dem geistigen Zustand im allgemeinen, also im Durchschnitt, und auch der körperlichen Verfassung, wie sie im Augenblick ist, oder der körperlichen Verfassung im allgemeinen zuweisen. In körperlicher Hinsicht wird die Tonskala in der Dianetik kaum benutzt, dagegen ist sie in geistiger Hinsicht von außerordentlicher und entscheidender Wichtigkeit.

Diese Abstufungen für Glück, erträgliches Dasein, Wut und Apathie sind nicht willkürlich. Sie wurden von der Beobachtung des Verhaltens in bestimmten emotionellen Zuständen abgeleitet. Der Clear pendelt an einem Durchschnittstag gewöhnlich um Tonstufe 4,0 – mal etwas mehr, mal etwas weniger. Er hält sich im allgemeinen bei Stufe 4 – was für den Zustand des Clearseins kennzeichnend ist. In unserer gegenwärtigen Gesellschaft liegt die allgemeine Norm wohl etwa bei Stufe 2,8.

In diesem zweidimensionalen Diagramm sind die wesentlichen Daten für die Lösung des Problems der Lebensdynamik praktisch brauchbar zusammengestellt. Die waagerechten Linien sind in einer geometrischen Progression angeordnet, die – von der Nullinie ausgegangen – unmittelbar oberhalb vom Tod beginnt. Es gibt zehn Linien für jede Zone, und jede Zone bezeichnet, wie schon erwähnt, einen geistigen oder körperlichen Seinszustand. Durch die geometrische Progression entstehen immer größere Zwischenräume zwischen den Linien. Die Breite des Zwischenraumes, in den der Überlebensdynamik-Pfeil hineinragt, entspricht dem Überlebenspotential, das im gegebenen Augenblick vorhanden ist. Je weiter die Spitze des Pfeils der Überlebensdynamik vom Tod entfernt ist, um so besser ist die Überlebenschance der Person. Die geometrische Progression strebt aufwärts der selbstverständlich nie erreichbaren Unendlichkeit entgegen. Der Organismus überlebt durch die Zeit von links nach rechts. Das Überlebensoptimum – die Unsterblichkeit – liegt, zeitlich gesehen, rechts. Nur das Potential wird senkrecht gemessen.

Die *Überlebensdynamik* existiert im Organismus als Erbe der Art. Der Organismus ist in ähnlicher Weise als ein Teil der Art anzusehen, wie eine Bahnschwelle von einem im Zug fahrenden Beobachter, der sich stets in der Gegenwart befindet, als Teil des Gleiskörpers gesehen werden kann – obschon dieser Vergleich vielleicht etwas hinkt.

Der Organismus besitzt in sich eine abstoßende Kraft gegen Quellen des Schmerzes. Die Schmerzquelle ist ebensowenig eine Triebkraft wie der Dornbusch, der die Hand aufreißt; der Organismus, der den potentiellen Schmerz eines stechenden Dorns zurückweist, hat die abstoßende Kraft in sich.

Gleichzeitig ist im Organismus eine Kraft am Werk, die ihn zu den Quellen des Vergnügens hinzieht. Es ist nicht das Vergnügen, das den Organismus magnetisch anzieht, es ist der Organismus, der die Anziehungskraft besitzt; sie wohnt ihm inne.

Das Fortstreben von Quellen des Schmerzes und das Hinstreben zu Quellen des Vergnügens wirken Hand in Hand als ein Drang, der sich vom Tod entfernt und der zur Unsterblichkeit hinstrebt. Der Drang weg vom Tod ist nicht mächtiger als der Drang zur Unsterblichkeit. Mit anderen Worten, im Hinblick auf die Überlebensdynamik hat das Vergnügen ebensoviel Wirksamkeit wie der Schmerz.

Man sollte hier nicht herauslesen, daß das Überleben immer nur darauf beruht, ein Auge auf die Zukunft zu richten. Die geistige Betrachtung dessen, was Vergnügen ist, reines Genießen und die Vergegenwärtigung früherer Freuden verbinden sich zu Harmonien, die durch ihre physische Auswirkung innerhalb des Organismus automatisch zur Hebung des Überlebenspotentials führen. Die Zukunft als aktiver Teil der Erwägung ist bei solchen Betrachtungen jedoch entbehrlich.

Bei Vergnügungen, die dem Körper physischen Schaden zufügen, wie dies im Falle von Ausschweifungen zutrifft, besteht ein Verhältnis zwischen dem körperlichen Effekt (der in Richtung Schmerz hinuntergedrückt wird) und dem geistigen Effekt des erlebten Vergnügens; als Ergebnis sinkt die Überlebensdynamik ab. Im ganzen gesehen drückt schließlich die Möglichkeit künftiger Überbelastung aufgrund der betreffenden Handlung, in Verbindung mit dem Seinszustand, der im Augenblick der Ausschweifung vorhanden war, die Überlebensdynamik noch weiter hinab. Verschiedene Arten von Ausschweifungen haben daher für den Menschen im Lauf seiner Geschichte immer einen unerfreulichen Beigeschmack gehabt. Das ist die Formel des »unmoralischen Vergnügens«. Und jede Handlung, die zur Minderung der Überlebenschancen führte oder führen kann, wenn als Vergnügung betrieben, ist auch irgendwann im Laufe der menschlichen Geschichte angeprangert worden. Bestimmte Handlungen werden ursprünglich als unmoralisch gebrandmarkt, weil sie das Niveau der Überlebensdynamik hinabdrücken. Später mag dann die moralische Brandmarkung weitgehend von Vorurteil und Aberration geleitet sein, und infolgedessen gibt es dauernd Streit darüber, was *moralisch* ist und was *unmoralisch* ist.

Weil gewisse angebliche Vergnügungen in Wirklichkeit Schmerzen sind – Sie werden mit Leichtigkeit den Grund dafür finden können, wenn Sie dieses Buch beendet haben – und wegen der oben erwähnten *moralischen Formel*, kann in jeder aberrierten Gesellschaft das Vergnügen an sich in Verruf kommen. Eine bestimmte Art des Denkens (die an späterer Stelle ausführlicher behandelt wird) läßt Raum nur für mangelhafte Differenzierungen. Ein Beispiel dafür wäre, wegen eines unredlichen Politikers alle Politiker für unredlich zu halten. Der Römer schwärmte für seine Vergnügungen, und manches, was er Vergnügen nannte, war für andere schwer zu ertragen, beispielsweise für die Christen. Als die Christen den heidnischen Staat stürzten, fand sich die alte römische Ordnung in der Rolle des Bösewichts. Alles Römische war deswegen böse. Das ging so weit, daß wegen der bekannten römischen Vorliebe für das Bad das Baden als so unmoralisch galt, daß Europa etwa fünfzehnhundert Jahre lang ungewaschen herumlief. Die Römer waren zu einer so allgemeinen Schmerzquelle geworden, daß alles Römische *böse* war und noch lange nach dem Untergang des römischen Heidentums böse blieb. Unmoral wird auf diese Weise am Ende zu einer verworrenen Sache. In diesem Fall wurde sie derart verworren, daß Vergnügen an sich gebrandmarkt wurde.

Wenn aber das halbe Überlebenspotential von der Liste des Erlaubten gestrichen wird, erfolgt in der Tat eine erhebliche Herabsetzung der Überlebenschancen. Betrachtet man unser Diagramm im Hinblick auf eine ganze Rasse, so würde die Einschränkung des Überlebenspotentials um die Hälfte vorausahnen lassen, daß für diese Rasse Schlimmes zu erwarten wäre. Da der Mensch ja schließlich

Mensch ist, können keinerlei Gesetze, wie hart sie auch aufgezwungen werden, die Anziehungskraft des Vergnügens völlig zerstören. Im obigen Fall *wurde* jedoch genug beseitigt und verboten, um genau das zu erreichen, was eintrat: das finstere Mittelalter mit dem Rückschritt der Gesellschaft. Die Gesellschaft lebte erst in jenen Zeiten wieder auf, in denen Vergnügen als weniger gesetzwidrig galt, wie in der Renaissance.

Wenn eine Rasse oder ein einzelner Mensch in die zweite Zone unseres Schaubildes absinkt und sich die allgemeine Stimmung in dem Bereich von der ersten Zone bis gerade nur in die dritte bewegt, dann folgt ein geisteskranker Zustand. Geisteskrankheit ist Unvernunft. Sie ist auch ein Zustand, in dem man dem Nichtüberleben ständig so nahegekommen ist, daß sich die Rasse oder der Organismus auf irrige Lösungen jeder Art einläßt.

Im weiteren Studium unserer graphischen Darstellung stößt man auf den *Überlebensunterdrücker*. Das ist, wie man sehen wird, ein Stoß aus der potentiellen Unsterblichkeit herab gegen die Rasse oder den Organismus, die beide durch die *Überlebensdynamik* dargestellt sind. Der Überlebensunterdrücker ist die Summe der wechselnden Bedrohungen des Überlebens für die Rasse oder den Organismus. Diese Bedrohungen gehen von anderen Arten, von der Zeit und von anderen Energien aus. Sie sind ebenso an dem Überlebenskampf um potentielle Unsterblichkeit beteiligt, und zwar für ihre eigene Art oder das Einzelwesen; es gibt also einen Konflikt. Die *Überlebensdynamik* jeder anderen Form von Leben oder Energie könnte genauso in einem solchen Diagramm dargestellt werden. Würden wir die Überlebensdynamik einer Ente einzeichnen, so sähen wir die Ente ein hohes Überlebensniveau anstreben, der Mensch aber wäre ein Faktor ihrer *Unterdrückung*.

Das Gleichgewicht und die Natur der Dinge erlauben nicht, daß die Unendlichkeit des Unsterblichkeitsziels erreicht wird. In sich ständig veränderndem Gleichgewicht und in fast grenzenloser Vielfalt verhalten sich das Leben und die Energien wie Ebbe und Flut, wobei aus dem Nebelhaften Formen entstehen, die durch Verfall wieder ins Nebelhafte entschwinden[6]. Es ließen sich dazu viele Formeln aufstellen, doch liegt dies außerhalb des Rahmens, für den wir uns gegenwärtig interessieren.

Für die Zonen unseres Schaubilds ist es von Bedeutung, welches relative Ausmaß die Kraft des Überlebensunterdrückers gegenüber

[6] Die *Weden;* auch Lukrez: *Die Natur der Dinge.* (Anm. d. Verf.)

der Überlebensdynamik annimmt. Die Überlebensdynamik ist Personen, Gruppen und Rassen von Natur aus eigen; sie wurde äonenlang zum Widerstand gegen den Unterdrücker entwickelt. Der Mensch allein besitzt zusätzlich noch offensive und defensive Techniken einer anderen Ebene – seine Kulturen. Sein Hauptmittel zum Überleben ist geistige Aktivität, die physisches Tun auf dem Vernunftniveau steuert. Doch jede Lebensform hat ihre eigenen Methoden, die sie zur Lösung der Ernährungs-, Schutz- und Fortpflanzungsprobleme entwickelt hat. Der Grad der Brauchbarkeit solcher Methoden (Schutzpanzer oder Intelligenz, schnelle Beine oder täuschend-irreführende Formen) ist ein direkter Hinweis auf das Überlebenspotential, also die relative Unsterblichkeit, der betreffenden Lebensform. In der Vergangenheit hat es gewaltige Umwälzungen gegeben; als sich der Mensch zu dem gefährlichsten Lebewesen auf der Welt entwickelte (kann er nicht jede Lebensform töten oder versklaven?), überlastete er den Unterdrücker vieler anderer Lebensformen, so daß sich ihre Anzahl verringerte und viele Lebensformen ganz verschwanden.

Ein größerer Klimawechsel, wie der, der so viele Mammuts im sibirischen Eis einfror, kann den Unterdrücker für eine Lebensform zu stark werden lassen. Eine lange Trockenheit im Südwesten Amerikas löschte vor nicht allzu langer Zeit den größten Teil einer indianischen Zivilisation aus.

Eine verheerende Katastrophe, wie beispielsweise eine Explosion des Erdinnern, wenn so etwas möglich wäre, oder ein erdumfassender Atomkrieg oder auch das plötzliche Erlöschen der Sonne, würde alle Lebensformen *auf der Erde* auslöschen.

Eine Lebensform kann sogar aufgrund ihrer eigenen Tätigkeiten den Unterdrücker gegen sich selbst zu stark werden lassen: Ein Dinosaurier vernichtet all seine Nahrung und zerstört somit den Dinosaurier. Ein Beulenpestbazillus greift seinen Wirt mit so gründlichem Appetit an, daß die ganze Generation von Pestbazillen verschwindet. Was sich hier als Selbstmord darstellt, wird nicht in der Absicht getan, Selbstmord zu begehen. Die Lebensform ist auf eine Formel mit einer unbekannten Variablen gestoßen, und diese unbekannte Variable hatte leider genügend Gewicht, um den Unterdrükker allzu stark zu machen. Das läuft auf die Formel hinaus: »Ich wußte nicht, daß das Gewehr geladen war.«

Und wenn der Beulenpestbazillus seinen eigenen Unterdrücker in einer Gegend zu stark werden läßt und die Lebewesen, die seine Nahrung und sein Obdach sind, daraufhin nicht mehr belästigt, dann fassen die betreffenden Lebewesen dies natürlich als vorteilhaft auf.

Verwegen, intelligent, geschickt und so gut wie unzerstörbar ist der Mensch einen Weg gegangen, der auf jedem Gebiet weit entfernt davon ist, das Überleben »mit Zähnen und Klauen« anstreben zu müssen. Und das gleiche gilt für den Mammutbaum und für den Hai. Als Lebensform betrachtet, ist der Mensch ebenso wie jede andere Lebensform »symbiotisch[7]«. Das Leben ist ein Gruppenbemühen. Flechten, Plankton und Algen mögen sehr gut mit Sonnenlicht, Wasser und Mineralien allein auskommen, aber sie sind die Bausteine. Oberhalb eines solchen Daseins, wenn die Formen komplizierter werden, besteht eine ungeheure wechselseitige Abhängigkeit.

Es ist für einen Förster ganz in Ordnung, zu glauben, daß gewisse Bäume alle anderen Baumarten um sich herum mit Absicht töten, und daraus auf eine heimtückische »Haltung« bei Bäumen zu schließen. Man sollte ihn aber noch einmal hinschauen lassen: Was ließ den Humusboden entstehen? Was erhält das Sauerstoffgleichgewicht aufrecht? Wer macht es möglich, daß an anderen Stellen Regen fällt? Genau diese »egoistischen« und »mörderischen« Bäume. Eichhörnchen pflanzen Bäume, und der Mensch pflanzt Bäume. Und Bäume schützen andere Baumarten. Tiere düngen Bäume. Und Bäume bieten Tieren Schutz. Bäume halten den Boden zusammen, so daß weniger gut verwurzelte Pflanzen wachsen können. Wo auch immer wir hinschauen, sehen wir, daß das Leben dem Leben hilft. Die komplexe Vielfalt des Lebens, wie sie in den Bündnissen und der wechselseitigen Anziehung des Lebens in Erscheinung tritt, ist zwar nicht dramatisch, aber sie ist der ständige, praktische und wichtige Grund, aus dem das Leben überhaupt weiterbestehen kann.

Ein Mammutbaum mag in erster Linie für Mammutbäume da sein, und obwohl er es scheinbar sehr gut fertigbringt, als Mammutbaum allein zu existieren, wird sich auf den zweiten Blick zeigen, daß er von manchem abhängt und manches von ihm abhängt.

Somit läßt sich erkennen, daß die Überlebensdynamik jeder Lebensform von vielen anderen Dynamiken unterstützt wird, mit denen sie sich gegen die Unterdrückungsfaktoren zusammentut. *Keine Lebensform überlebt allein.*

Der Notwendigkeit hat man die tollsten Dinge zugeschrieben. Doch hat man den Begriff der Notwendigkeit recht unbekümmert als

[7] *symbiotisch:* in Symbiose lebend; *Symbiose*: das Zusammenleben von Lebewesen verschiedener Art zu gegenseitigem Nutzen.

selbstverständlich hingenommen. Es scheint, daß man in das Wort »Notwendigkeit« oft Opportunismus hineingelesen hat. Was ist Notwendigkeit? Sie wird als »Mutter der Erfindung« bezeichnet. Aber ist sie daneben auch jene dramatische und plötzliche Gegebenheit, die Kriege und Morde entschuldigt? Ist Notwendigkeit das, was einen Menschen nur dann berührt, wenn er am Verhungern ist? Oder ist die Notwendigkeit nicht doch viel sanfter und weniger dramatisch? Alles, so meinte Leukipp[8], wird von der Notwendigkeit getrieben! Das ist ein Grundgedanke vieler durch die Jahrhunderte hindurch aufgestellter Spekulationen. *Getrieben* – das ist der Schlüssel zu dem Fehler. Getrieben, die Dinge werden getrieben. Notwendigkeit treibt. Schmerz treibt. Notwendigkeit und Schmerz, Schmerz und Notwendigkeit.

Indem sich der Mensch des Dramatischen erinnert und das Wesentliche übersieht, hat er sich selbst zeitweise als etwas von Notwendigkeit und Schmerz Gejagtes verstanden. Er dachte sie sich fast in Menschengestalt; in voller Kriegsbemalung stießen sie mit Speeren auf ihn ein. Das kann man schon deswegen als eine falsche Vorstellung bezeichnen, weil sie keine weiteren Antworten hervorbringt.

Alles, was es an Notwendigkeit gibt, ist *im Menschen selbst* zu finden. Nichts treibt ihn, ausgenommen seine ursprüngliche Triebkraft, zu überleben. Und diese trägt er in sich selbst oder in seiner Gruppe. Er hat die Kraft in sich, mit der er Schmerz abwehrt. In ihm ist die Kraft, mit der er Vergnügen anzieht.

Es ist eine wissenschaftliche Tatsache, daß der Mensch ein selbstbestimmter Organismus ist, und zwar bis zum äußersten Grad, der in irgendeiner Lebensform überhaupt möglich ist. Zwar ist er noch von anderen Lebensformen und von seiner Umwelt abhängig, aber er ist selbstbestimmt (worauf wir später noch näher eingehen werden). Hier an dieser Stelle ist es allerdings notwendig, darauf hinzuweisen, daß er kein von Natur aus vorprogrammierter Organismus ist, der von dem so wunderbaren Reiz-Reaktionsprinzip getrieben wird – einem Prinzip, das sich in gewissen Lehrbüchern so gut ausnimmt und doch in der Welt des Menschen völlig unanwendbar ist. Die netten Ratten-Demonstrationen taugen nichts, wenn wir über den *Menschen* sprechen. Je komplexer ein Organismus ist, um so weniger zuverlässig funktioniert das Prinzip der Reizreaktion.

[8] *Leukipp*, etwa 440 v. Chr.: griechischer Philosoph, dem der Ausspruch zugeschrieben wird: »Nichts geschieht zufällig, alles hat seine Ursache und muß notwendigerweise geschehen.«

Und wenn man die höchste Komplexität – den Menschen – angeht, dann hat man im Hinblick auf Reizreaktion mit einem hohen Variationsgrad zu rechnen. Je bewußter empfindend, je vernünftiger ein Organismus ist, um so selbstbestimmter ist er. Selbstbestimmung ist zwar, wie alles, relativ; mit einer Ratte verglichen ist der Mensch aber sehr, sehr selbstbestimmt. Das ist einfach darum eine wissenschaftliche Tatsache, weil sie leicht zu beweisen ist.

Je bewußter und vernünftiger ein Mensch ist, um so weniger gleicht er einem »Knopfdruck«-Apparat. Im aberrierten und reduzierten Zustand kann er natürlich in einem beschränkten Ausmaß dazu gebracht werden, wie eine Marionette zu reagieren. Aber andererseits ist auch klar, daß der Mensch, je aberrierter er ist, um so näher an den bescheidenen Intelligenzquotienten eines Tieres herankommt.

Es ist interessant zu beobachten, was ein Mensch mit der ihm gegebenen Selbstbestimmung tut. Obwohl er der Formel »Ich wußte nicht, daß das Gewehr geladen war« in bezug auf Naturkatastrophen oder die unerwartete Zunahme einer anderen Lebensform niemals entkommen kann, arbeitet er auf einem hohen Niveau des Überlebenspotentials. Hier haben wir ihn also, selbstbestimmt, vernünftig, und seine Hauptwaffe, der Geist, arbeitet ausgezeichnet. Wie steht es nun beim Menschen um die Instinkte der Notwendigkeit?

Nach dem Wörterbuch, diesem sehr geistreichen, wenn auch schnell das Thema wechselnden Informationslieferanten, ist Notwendigkeit »der Zustand, vonnöten zu sein; das, was unvermeidlich ist; Zwang«. Wir assoziieren dies übrigens nicht mit Armut und Not. Wir sprechen vom Überleben.

Der erwähnte Zwang kann im Hinblick auf die Überlebensdynamik neu bewertet werden. Sie ist etwas, was *in* dem Organismus und der Art selbst liegt. Und was ist zum Überleben »vonnöten«?

Wir haben gesehen und können in der Praxis beweisen, daß zwei Faktoren am Werk sind. Die Notwendigkeit, Schmerz zu vermeiden, ist deswegen ein Faktor, weil sich kleine, in sich selbst unbedeutende Ursachen nach und nach zu großen Schmerzen anhäufen können, die, verschlimmert in jener raschen geometrischen Progression, den Tod herbeiführen. *Schmerz* ist beispielsweise der Kummer, wegen schlecht ausgeführter Arbeit gerügt zu werden, weil das nämlich zur Entlassung führen kann; und das wiederum mag über den Hunger sogar zum Tod führen. Man kann jede Situation betrachten, in die Schmerz eingeschlossen ist, und man wird sehen, daß sie sich auf mögliches Nichtüberleben reduzieren läßt. Wenn das im Zusammenhang mit dem Überleben alles wäre und wenn die Notwendigkeit ein boshafter Gnom mit einer Mistgabel wäre, dann hätte man wohl kaum noch einen Grund weiterzuleben. Aber da gibt es noch die andere Seite der Situation, das *Vergnügen*. Vergnügen ist, den Stoikern[9] zum Trotz, ein zuverlässigerer Faktor als Schmerz, wie praktische Tests in der Dianetik beweisen.

Es gibt also eine Notwendigkeit zum Vergnügen, für das Hinarbeiten in Richtung auf bekannte Ziele, indem man Hindernisse überwindet, die nicht unerkennbar sind – so kann Glücklichsein definiert werden. Und die Notwendigkeit des Vergnügens ist derart, daß man um seinetwillen viel Schmerz und Leid ertragen kann. Vergnügen ist das positive Gut. Es ist die Lust am Arbeiten, die Vergegenwärtigung erbrachter Leistungen. Vergnügen ist ein gutes Buch oder ein guter Freund; es ist beim Erklimmen des Matterhorns abgeschabte Haut; Vergnügen ist, wenn man sein Kind zum erstenmal »Papa« sagen hört, eine Rauferei auf der Hafenpromenade von Schanghai oder das Pfeifen des Geliebten vor dem Hause; Abenteuer und Hoffnung und Begeisterung und »Eines Tages werde ich malen können!« Vergnügen ist, ein gutes Mahl zu verzehren, ein hübsches Mädchen zu küssen oder in rascher Folge eine Reihe geschickter Täuschungsmanöver an der Börse auszuführen. Vergnügen sind die Dinge, die der Mensch tut und an denen er Freude hat, wenn er sie tut; es sind die Dinge, über die er mit Freude nachdenkt und an die er sich mit Freude erinnert. Sogar ein Gespräch über Taten, von denen er weiß, daß er sie nie vollbringen wird, mag Vergnügen sein.

Der Mensch kann eine Menge Schmerz ertragen, um ein wenig Vergnügen zu erlangen. Draußen auf dem Experimentierfeld der Welt kann man das überall bestätigt finden.

Und wie paßt nun die Notwendigkeit in dieses Bild? Es gibt eine Notwendigkeit, nach Vergnügen zu streben; sie pulsiert ebenso lebendig und vital im Menschen wie das menschliche Herz selbst. Der sprach die Wahrheit, der sagte, daß ein Mann mit zwei Laiben Brot eines davon verkaufen solle, um dafür eine weiße Hyazinthe zu erstehen. Das Schöpferische, das Konstruktive, das Schöne, das Harmonische, das Abenteuerliche, ja sogar die Flucht aus dem Schlund des Vergessenwerdens, all das sind Quellen des Vergnügens, und in

[9] *Stoiker:* philosophische Strömung etwa von 300 v. Chr. bis 200 n. Chr. Diese Philosophie besagt u.a., daß alles mit zwingender Notwendigkeit oder aufgrund eines göttlichen Beschlusses geschieht und daß man allein der (vernunftbestimmten) Tugend folgen sollte, während man gegenüber der äußeren Welt und gegen Leidenschaften oder Emotionen gleichgültig bleibt.

diesen Dingen liegt Notwendigkeit. Es gab einmal einen Mann, der tausend Meilen gewandert war, nur um einen Orangenbaum zu sehen; und es gab einen anderen Mann, der, von Narben übersäht und mit angeschlagenen, schlecht verheilten Knochen, nur den einen Wunsch hatte, noch einmal ein Wildpferd zureiten zu dürfen.

Es ist ja sehr schön, in olympischen[10] Höhen zu schwelgen und einen Strafkatalog zu verfassen, und man liest auch gerne nach, was die Verfasser gelehrter Bücher von anderen Verfassern abgeschrieben haben; nur leider ist es nicht besonders praktisch.

Die Theorie von Schmerz- und Leiderfahrung als Triebfeder stimmt nicht. Sie versagt im Leben. Wenn diese Grundlagen der Dianetik nur Poesie über einen idyllischen Zustand des Menschen wären, dann hätten sie vielleicht schon dadurch ihre Berechtigung; es ergibt sich jedoch, daß sie sich draußen auf dem Experimentierfeld des Lebens durch ihre Brauchbarkeit als richtig erweisen.

Der Mensch überlebt, wenn er sich in *Affinität*[11] mit dem Menschen befindet, und dieses Überleben ist Vergnügen.

[10] *olympisch:* göttergleich erhaben und majestätisch (nach dem griechischen Berg Olymp, der als Wohnsitz der Götter betrachtet wurde).

[11] *Affinität:* Anziehung zwischen zwei Menschen oder zwischen einem Menschen und einem anderen Lebensorganismus.

Die vier Dynamiken

In den von der Dianetik zuerst entwickelten Formeln – als die Forschung noch am Anfang stand – wurde angenommen, daß das Überleben als rein persönliches Überleben angesehen werden könnte und diese Erklärung trotzdem allen Bedingungen genügen würde. Der Wert einer Theorie hängt allein von ihrer Brauchbarkeit ab. Und sie ist in dem Maße brauchbar, wie sie beobachtete Tatsachen erklärt und Neues vorhersagt, das man dann auch tatsächlich entdeckt.

Zunächst wurde versucht, das Überleben nach rein persönlichen Kriterien zu entwerfen, bis schließlich alle Tätigkeiten des Menschen theoretisch allein vom *Selbst* her erklärt werden konnten. Die Logik schien halbwegs stichhaltig zu sein. Doch dann wurde die Theorie auf die Welt angewandt. Irgend etwas war falsch: sie löste keine Probleme. Tatsächlich war die Theorie des Überlebens als Selbst allein so unbrauchbar, daß sie den Großteil der Verhaltensphänomene unerklärt ließ. Doch ließ sie sich berechnen, und es sah immer noch gut aus.

Dann kam der Augenblick, in dem ein beinahe intuitiver Gedanke auftauchte: daß nämlich das Verstehen des Menschen sich in dem Verhältnis steigerte, wie er seine bruderschaftliche Beziehung zum Universum erkannte. Das war eine hochfliegende Idee, doch sie brachte Ergebnisse.

War die Menschheit selbst eine bruderschaftliche Gruppe? Der Mensch hatte sich als Herdenwesen entwickelt und war als solches stark geworden, als Tier, das in Rudeln jagte. Es schien möglich, alle seine Aktivitäten vom Standpunkt des Überlebens der Gruppe aus zu berechnen. Diese Berechnung wurde durchgeführt und nahm sich gut aus. Es wurde angenommen, daß der Mensch einzig und allein im Rahmen des Überlebens seiner Gruppe überlebte. Das sah gut aus, ließ aber die Mehrzahl der beobachteten Phänomene unerklärt.

Danach wurde versucht, das Verhalten des Menschen zu erklären, indem man allein die ganze Menschheit in Betracht zog; es wurde also angenommen, daß die Menschheit in höchst altruistischer[1] Weise für die Menschheit überlebte. Das traf genau Jean-Jacques Rousseaus[2] Waldidylle. Daß der Mensch nur lebt, um als ganze Menschheit zu überleben, ließ sich als Berechnung erfolgreich aufstellen. Doch im Laboratorium der Welt angewandt, taugte das nicht.

Aber hatten nicht einige angenommen, alle Aktivitäten des Menschen und sein ganzes Verhalten durch die Annahme erklären zu können, daß er nur um der Sexualität willen lebe? Das war keine neue Annahme. Aber es wurden auf dieser Grundlage einige neue Berechnungen angestellt, und es ist wahr, daß durch ein paar geschickte Wendungen der Formel die Überlebensaktivitäten des Menschen rein vom Sexuellen her erklärt werden können. Als dies dann auf beobachtete Tatsachen angewandt wurde, erwies sich aber wiederum, daß damit nicht jedes Phänomen zu erklären war.

Das bis jetzt Versuchte wurde nochmals überprüft. Es war angenommen worden, daß der Mensch nur für sich selbst als einzelner überlebt; es waren Berechnungen angestellt worden, daß er nur für die Gruppe, das Rudel, für die Gesellschaft überlebt; es war angenommen worden, daß er nur für die Menschheit überlebt; und schließlich war darüber theoretisiert worden, daß er ausschließlich für die Sexualität lebt. Keine dieser Berechnungen aber war für sich allein brauchbar.

Eine neue Berechnung zur *Überlebensdynamik* wurde angestellt. Wofür überlebte der Mensch wirklich? Alle vier Faktoren – *das Selbst, die Sexualität, die Gruppe und die Menschheit* – wurden in eine neue Formel eingesetzt. Und siehe da, eine Theorie war gefunden, die funktionierte. Sie erklärte alle beobachteten Erscheinungen, und sie sagte neue Erscheinungen voraus, deren Existenz dann auch entdeckt wurde. Folglich war es eine wissenschaftliche Formel.

Aus der *Überlebensdynamik* wurden in dieser Weise die *vier Dynamiken* entwickelt. Mit *Überlebensdynamik* ist der grundlegende Befehl »ÜBERLEBE!« gemeint, der aller Aktivität zugrunde liegt. Mit *Dynamik* ist jeweils eine der vier Kräfte des gesamten dynamischen Prinzips gemeint. Die vier Dynamiken sind keine neuen Kräfte, sie sind Unterteilungen der Hauptkraft.

[1] *altruistisch:* vom Altruismus bestimmt; *Altruismus*: die dem Egoismus entgegengesetzte Haltung, aus eigenem Antrieb die Interessen anderer wie eigene Interessen zu verfolgen (zu lat. *alter* »der andere«).

[2] *J.-J. Rousseau:* 1712-1778, frz. Philosoph schweizer. Herkunft, wies auf das Künstliche und Unechte der zeitgenössischen Kultur hin und stellte als Ideal die sorglose Freiheit des Lebens in und mit der Natur auf.

DIE ERSTE DYNAMIK ist der Drang des einzelnen zu seinem eigenen optimalen Überleben. Sie umfaßt seine unmittelbaren Symbionten[3], die Ausdehnung der Kultur zu seinem eigenen Vorteil und die Unsterblichkeit seines Namens.

DIE ZWEITE DYNAMIK ist der Drang des einzelnen zum optimalen Überleben durch den Geschlechtsakt, die Zeugung und das Aufziehen von Kindern. Sie umfaßt sowohl deren Symbionten, die Ausdehnung der Kultur für sie, als auch die Sorge für ihre Zukunft.

DIE DRITTE DYNAMIK ist der Drang des einzelnen zum optimalen Überleben für die Gruppe. Sie schließt die Symbionten der Gruppe sowie die Ausdehnung ihrer Kultur ein.

DIE VIERTE DYNAMIK umfaßt den Drang des einzelnen zum optimalen Überleben für die gesamte Menschheit. Sie umfaßt die Symbionten der Menschheit und die Ausdehnung ihrer Kultur.

Leben, Atom und Universum sowie Energie selbst sind als Symbionten einbezogen.

Man wird sofort sehen, daß diese vier Dynamiken eigentlich ein Spektrum ohne scharfe Trennlinien bilden. Die *Überlebensdynamik* reicht, wie man sehen kann, über den einzelnen hinaus und umfaßt die gesamte Art und deren Symbionten.

Keine dieser Dynamiken ist einer anderen an Stärke unbedingt überlegen. Jede ist stark. Sie sind die vier Wege, die ein Mensch zum Überleben einschlägt. Eigentlich sind aber die vier Wege ein Weg. Und der eine Weg ist in Wirklichkeit ein Spektrum von Tausenden von Wegen, die in diesen vier Wegen enthalten sind. Sie alle haben eine Beziehung zur Vergangenheit, zur Gegenwart und zur Zukunft, denn die Gegenwart kann als die Summe der Vergangenheit und die Zukunft als das Produkt von Vergangenheit und Gegenwart angesehen werden.

Man kann davon ausgehen, daß alle Ziele des Menschen innerhalb dieses Spektrums liegen. Alles Verhalten läßt sich so erklären.

Die Behauptung, der Mensch sei selbstsüchtig, trifft zu, wenn man einen *aberrierten* Menschen meint. Daß er asozial sei, trifft ebenfalls zu, sofern er aberriert ist. Und andere Aussagen dieser Art klären sich ebenso.

Nun ist zu erkennen, daß sich diese vier Dynamiken im Wettstreit miteinander befinden, während sie in einem Menschen oder in

[3] *Symbiont* (adjektivisch: symbiotisch): bedeutet in der Dianetik, über die Wörterbuchdefinition hinaus, alle Lebens- oder Energieformen, die, um zu überleben, voneinander abhängen. Das Atom hängt vom Universum ab, das Universum vom Atom. (Anm. d. Verf.)

der Gesellschaft wirksam sind. Dafür gibt es einen vernünftigen Grund. Der Ausdruck »sozialer Wettstreit« ist eine Mischung aus aberriertem Verhalten und andererseits Schwierigkeiten, die bei aller Vernunft unvermeidlich sind.

Jeder Mensch, jede Gruppe oder Rasse kann sich auf völlig rationaler Ebene mit jeder Rasse, Gruppe oder mit jedem beliebigen Menschen, ja sogar mit der Sexualität, im Wettstreit befinden.

Die *Formel der optimalen Lösung* lautet: *Die Lösung eines Problems ist gut, wenn sie das Maximum an Gutem für die größtmögliche Zahl an Dynamiken enthält.* Jede Lösung – modifiziert durch die Zeit, die zur Verfügung steht, um die Lösung in die Tat umzusetzen – sollte also für die größtmögliche Anzahl der Dynamiken förderlich und konstruktiv sein. Für jedes Problem wäre die optimale Lösung jene, die für alle Dynamiken den maximalen Nutzen erreicht. Mit anderen Worten: ein Mensch würde bei den Entscheidungen über die Verwirklichung eines Vorhabens am besten fahren, wenn er möglichst allem, was zu den vier Dynamiken gehört, Nutzen brächte, soweit sein Vorhaben mit ihnen in Berührung kommt. Es wäre also nötig, auch sich selbst zu nutzen, um die Lösung optimal nennen zu können. Und die Förderung der Gruppen- und Menschheitsdynamik bei gleichzeitiger Hemmung der Geschlechtsdynamik und der Dynamik des einzelnen wäre dementsprechend von der bestmöglichen Lösung weit entfernt. Das *Verhaltensmuster des Überlebens* ist auf dieser Formel der optimalen Lösung aufgebaut. Sie ist die grundlegende Formel, die allem rationalen Verhalten zugrunde liegt und auf deren Grundlage der Clear handelt. Sie ist dem Menschen von Natur aus zu eigen.

Die beste Lösung für jedes Problem ist also die, die der größtmöglichen Zahl von Wesen den größten Nutzen bringen wird, einschließlich des einzelnen, der Nachkommen, der Freunde der Familie, politischer und rassischer Gruppen sowie, auf lange Sicht, der gesamten Menschheit. Das Maximum an Gutem kann auch eine gewisse Zerstörung erfordern, jedoch verschlechtert sich die Lösung im Verhältnis zum Ausmaß der Zerstörung. Selbstaufopferung und Selbstsucht beeinträchtigen gleichermaßen die Formel optimalen Handelns. Gegenüber beidem ist man zu Recht mißtrauisch gewesen.

Hier kommt es ausschließlich auf die Frage an: *Funktioniert es?* Sogar im nicht aberrierten Zustand gibt es Zeiten, in denen die eine oder andere dieser Dynamiken aus der Berechnung irgendeiner Unternehmung fallengelassen werden muß. In der Tat gibt es nur wenige Probleme, die so umfassend sind, daß alle Dynamiken einbezogen werden müssen. Aber wenn ein Problem solche Intensität erreicht – und Zeit kein wichtiger Faktor ist –, dann können schwerwiegende Fehler unterlaufen, wenn beim Erwägen der Faktoren die eine oder andere Dynamik außer acht gelassen wird.

Im Fall Napoleons, der auf Kosten der restlichen europäischen Menschengemeinschaft »Frankreich rettete«, war die Formel der optimalen Lösung so stark vernachlässigt, daß alle revolutionären Gewinne des französischen Volkes verlorengingen. Im Fall Cäsars, der »Rom rettete«, wurde die Formel so schlecht befolgt, daß Roms Überleben behindert wurde.

Doch gibt es Sonderfälle, in denen die Formel der optimalen Lösung so stark von der Zeit abhängt, daß bestimmte Dynamiken übergangen werden müssen, damit andere bestehen bleiben können. Wenn ein Seemann sein eigenes Leben opfert, um das Schiff zu retten, so dient das der Gruppendynamik. Eine solche Handlung ist eine wirkungsvolle Lösung eines Problems, doch sie verstößt gegen die *optimale* Lösung, weil sie die Erste Dynamik – das Selbst – außer acht läßt.

Man könnte vielerlei Beispiele anführen, in denen die eine oder andere Dynamik aufgrund rein rationaler Erwägungen notwendigerweise vor anderen den Vorrang bekommen muß.

Auch unter aberrierten Umständen ist die Formel noch gültig. Sie wird allerdings durch irrationale Faktoren, die mit der Situation nichts zu tun haben, verkompliziert. Viele Lösungen sind nur wegen falscher Daten infolge der Erziehung schlecht oder deswegen, weil überhaupt keine Daten vorhanden sind. Jedoch haben wir es noch immer mit Lösungen zu tun. Im Fall von aberrierten Lösungen werden die Dynamiken wirklich und aktiv behindert, worauf später noch ausführlich eingegangen wird.

Zusammenfassung

Das dynamische Prinzip des Daseins ist Überleben.

Dieses Überleben kann in vier Zonen abgestuft werden; jede bedeutet eine gesteigerte Möglichkeit, potentielle Unsterblichkeit zu erreichen. Zone 0 erstreckt sich von Tod an aufwärts und umfaßt Apathie; Zone 1 beginnt nach Apathie und umfaßt den Bereich gewaltsamer Anstrengung; Zone 2 hebt sich von der Gewalttätigkeit ab und erstreckt sich durch den Bereich des mittelmäßigen, doch nicht ganz zufriedenstellenden Erfolgs; Zone 3 steigt über das Mittelmaß hinaus in den Bereich ausgezeichneter Chancen. Diese Zonen werden jeweils durch das Verhältnis des *Unterdrückers* zur *Überlebensdynamik* bestimmt. Im Bereich der Apathie, in Zone 0, scheint der Unterdrücker zu stark zu sein, um überwunden werden zu können. Im Bereich der Gewalttätigkeit, der Zone 1, hat der Unterdrücker gegenüber der Überlebensdynamik mehr oder weniger das Übergewicht, und große Anstrengungen müssen gegen ihn aufgebracht werden; haben diese keinen Erfolg, dann fällt der Organismus in die Nullzone hinab. Im Bereich der Mittelmäßigkeit, der Zone 2, halten sich Unterdrücker und Überlebensdynamik in etwa die Waage. Im Bereich der Zone 3 hat die Überlebensdynamik den Unterdrücker überwunden, und die Überlebenschancen sind ausgezeichnet. Dies ist der Bereich, in dem auf Probleme sehr aktiv reagiert wird. Diese vier Zonen lassen sich auch als die Bereiche der Hoffnungslosigkeit, des gewaltsamen Handelns, des Gleichgewichts und der großen Hoffnungen kennzeichnen. Die Grundlage dieser Zoneneinstufung bilden praktische Experimente und direkte Erfahrungen aus der Behandlung, denn diese Zonen entsprechen einer fortlaufenden Entwicklung geistiger oder körperlicher Zustände, die in Erscheinung treten, wenn jemand aus dem Todesbereich aufsteigt und schließlich in einen hohen Daseinszustand gelangt.

Die *vier Dynamiken* sind Unterteilungen der *Überlebensdynamik* und bilden insgesamt beim Menschen den Drang zum potentiellen Überleben, eingeteilt in die konkreten Bereiche, auf die er sich erstreckt. Sie umfassen alle Ziele, Tätigkeiten und Verhaltensweisen der Menschheit. Man könnte sie auch als ein *Verhaltensmuster des Überlebens* bezeichnen. DIE ERSTE DYNAMIK, die individuelle Dynamik, umfaßt sowohl das persönliche Überleben des einzelnen als Lebewesen als auch das Überleben seiner persönlichen Symbionten. Sie wird zwar als erste aufgeführt, ist aber nicht unbedingt die wichtigste und auch nicht diejenige, der bei verschiedenen Bemühungen der Vorrang eingeräumt werden wird. DIE ZWEITE DYNAMIK ist die Triebkraft in Richtung auf potentielle Unsterblichkeit durch Kinder. Sie umfaßt alle sexuelle Aktivität und auch die Symbionten der Kinder. DIE DRITTE DYNAMIK ist das Überleben im Hinblick auf die Gruppe, etwa ein Klub, eine Militärkompanie, eine Stadt, ein Land oder eine Nation. Sie schließt die Symbionten der Gruppe ein. DIE VIERTE DYNAMIK ist die Triebkraft in Richtung auf potentielle Unsterblichkeit der Menschheit als Art sowie der Symbionten der Menschheit. In diesen Unterteilungen ist jeder Teil des Daseins, jede Form von Materie und sogar das Universum enthalten.

In den vier Dynamiken sind alle denkbaren Probleme und möglichen Situationen im Rahmen der Aktivitäten oder Ziele der Menschheit erfaßt.

Die Formel der optimalen Lösung wohnt dem Organismus inne und stellt – modifiziert durch Erziehung, Gesichtspunkt und die zur Verfügung stehende Zeit – die Verfahrensweise von Personen, Gruppen oder der Menschheit in nichtaberriertem Zustand dar. Die Formel der optimalen Lösung macht sich immer geltend, selbst bei sehr aberrierten Personen; auch sie wenden die Formel an, modifiziert durch Erziehung, Gesichtspunkt und Zeit. Die Aktivität auf den Überlebensdynamiken wird durch Aberrationen nicht beseitigt. Aberriertes Verhalten ist *irrationales* Überlebensverhalten, wird jedoch von der vollen Absicht getragen, Überleben damit zu erreichen. Daß der Absicht die Tat nicht entspricht, hebt die Absicht nicht auf.

DIES SIND DIE GRUNDLEGENDEN AXIOME DER DIANETIK:

Das dynamische Prinzip des Daseins ist: ÜBERLEBE!

Überleben, das als das einzig und allein angestrebte Ziel betrachtet wird, teilt sich in vier *Dynamiken* ein.

DIE ERSTE DYNAMIK ist der Drang des Einzelwesens zum Überleben für sich selbst und seine Symbionten. (Unter Symbionten sind alle Lebewesen, Dinge, Ideale und Energien zu verstehen, die das Überleben unterstützen.)

DIE ZWEITE DYNAMIK ist der Drang des Einzelwesens zum Überleben durch die Fortpflanzung. Sie schließt sowohl den Geschlechtsakt als auch das Aufziehen der Nachkommen, die Sorge für die Kinder sowie deren Symbionten ein.

DIE DRITTE DYNAMIK ist der Drang des Einzelwesens zum Überleben der Gruppe oder der Drang der Gruppe zum Überleben der Gruppe. Sie schließt die Symbionten der jeweiligen Gruppe ein.

DIE VIERTE DYNAMIK ist der Drang des Einzelwesens, Überleben für die Menschheit zu erreichen, oder der Drang der Menschheit zum Überleben für die Menschheit sowie der Gruppe für die Menschheit usw. Sie schließt die Symbionten der Menschheit ein.

Das absolute Ziel des Überlebens ist Unsterblichkeit oder unendliches Überleben. Der einzelne strebt danach, für sich selbst als Organismus, als geistiges Wesen, als Name oder durch seine Kinder, als Gruppe, der er angehört, oder als Menschheit, und nicht nur durch seine eigenen Nachkommen und Symbionten, sondern auch durch die anderer.

Vergnügen ist die Belohnung für Handlungen, die zum Überleben führen.

Die Strafe für zerstörerische Betätigung ist *Schmerz*, und die äußerste Strafe ist der Tod, d. h. vollständiges Nichtüberleben.

Erfolge heben das Überlebenspotential in Richtung auf unendliches Überleben.

Fehlschläge senken das Überlebenspotential in Richtung auf den Tod.

Der menschliche *Mind*[1] (Geist, Verstand) ist damit beschäftigt, Daten wahrzunehmen und zu speichern, Schlußfolgerungen zusammen-

[1] Anm. d. Übers.: Das Wort *Mind* (engl. für »Geist, Verstand«) wird hier verwendet, um es als Fachwort gegen die vielen unterschiedlichen Vorstellungen abzugrenzen, die den Begriffen »Geist« oder »Verstand« anhaften können. (Aussprache: maind)

zustellen oder zu berechnen und Probleme aufzustellen und zu lösen, die Organismen auf allen vier Dynamiken betreffen. Der Zweck des Wahrnehmens, Speicherns, Schlußfolgerns und des Lösens von Problemen besteht darin, seinen eigenen Organismus und seine Symbionten sowie andere Organismen und deren Symbionten entlang der vier Dynamiken zum Überleben zu führen.

Intelligenz ist die Fähigkeit, Probleme wahrzunehmen, aufzustellen und zu lösen.

Dynamik ist das zähe Festhalten am Leben, ist Kraft und Beharrlichkeit im Überleben.

Sowohl Dynamik als auch Intelligenz sind notwendig, um fortzubestehen und etwas zu erreichen; und weder das eine noch das andere ist von Person zu Person oder von Gruppe zu Gruppe gleich groß.

Die Dynamiken werden durch Engramme gehemmt, die ihnen im Weg liegen und die Lebenskraft zerstreuen.

Die *Intelligenz* wird durch Engramme gehemmt, die dem *Analysator* (dem *analytischen Mind*; siehe übernächsten Absatz) falsche oder falsch bewertete Daten eingeben.

Glücklichsein ist die Überwindung von Hindernissen, die nicht unbekannt sind, in Richtung auf ein bekanntes Ziel sowie, vorübergehend, das Denken an Vergnügen oder der Genuß von Vergnügen.

Der analytische Mind ist jener Teil des Minds, der Erfahrungsdaten wahrnimmt und behält, um Probleme aufzustellen und zu lösen und um den Organismus die vier Dynamiken entlang zu führen. *Er denkt in Unterschieden und Ähnlichkeiten.*

Der reaktive Mind ist jener Teil des Minds, der körperlichen Schmerz und schmerzliche Emotion einordnet und speichert und den Organismus einzig und allein nach dem Reiz-Reaktionsprinzip zu lenken sucht. *Er »denkt« nur in Identitäten, d. h. in Gleichsetzungen.*

Der somatische Mind ist jener Mind, der, gelenkt durch den analytischen oder reaktiven Mind, Lösungen auf körperlicher Ebene verwirklicht.

Ein *Schablonenablauf* ist ein Reiz-Reaktionsmechanismus, den der analytische Mind zur Erledigung von Routine- oder Notfalltätigkeiten programmiert hat. Er befindet sich im somatischen Mind und kann vom analytischen Mind willentlich geändert werden.

Gewohnheit ist das Reiz-Reaktionsverhalten, das der reaktive Mind gemäß dem Inhalt von Engrammen erzwingt und durch den somatischen Mind zur Wirkung bringt. Sie kann nur durch jene Dinge verändert werden, die Engramme verändern.

Aberrationen, zu denen jegliches gestörte oder irrationale Verhalten gezählt wird, werden durch Engramme verursacht. Es sind Reiz-Reaktionsmechanismen, die auf das Überleben oder gegen das Überleben gerichtet sein können.

Psychosomatische Krankheiten werden durch Engramme verursacht.

Engramme sind die einzige Ursache von Aberrationen und psychosomatischen Krankheiten.

Nur in Momenten der »Bewußtlosigkeit«, in denen der analytische Mind mehr oder weniger geschwächt ist, kann jemand ein Engramm erhalten.

Das Engramm ist ein Augenblick der »Bewußtlosigkeit«, der körperlichen Schmerz oder schmerzliche Emotion und alle damit verbundenen Wahrnehmungen enthält und der dem analytischen Mind als Erfahrung nicht zugänglich ist.

Unter *Emotion* versteht man drei Dinge: die engrammatische Reaktion auf Situationen, die endokrine Regulierung des Körpers, mit der er Situationen auf analytischer Ebene begegnet, und schließlich die Behinderung oder Förderung der Lebenskraft.

Der *potentielle Wert* (PW) einer Person oder einer Gruppe kann durch die Gleichung

$$PW = I \text{ mal } D^x$$

ausgedrückt werden, wobei I für Intelligenz und D für Dynamik steht.

Der *tatsächliche Wert* einer Person wird anhand des Vergleichs berechnet, wie sein potentieller Wert auf jeder Dynamik mit dem optimalen Überleben auf dieser Dynamik in Einklang steht. Ein hoher potentieller Wert kann, gegen das Überleben eingesetzt, zu einem negativen Wert führen, wie dies bei einigen stark aberrierten Menschen der Fall ist. Ein hoher potentieller Wert auf irgendeiner Dynamik *gewährleistet* nur beim nichtaberrierten Menschen einen hohen tatsächlichen Wert.

Zweiter Teil:

Die einzige Ursache aller nichtorganischen geistigen Störungen und organischen psychosomatischen Leiden

Der analytische Mind und die Standard-Gedächtnisbanken

Dieses Kapitel beginnt mit der Suche nach dem Fehler im Menschen und sagt, wo er nicht liegt.

Man kann davon ausgehen, daß der menschliche Mind drei Komponenten hat: erstens den *analytischen Mind* (Analysator), zweitens den *reaktiven Mind* und drittens den *somatischen Mind.*

Sehen Sie den analytischen Mind als Computer. Dies ist nur ein Vergleich, denn der analytische Mind verhält sich zwar wie eine EDV-Anlage (elektronische Datenverarbeitungsanlage), hat aber noch phantastischere Fähigkeiten als alle Computer, die jemals gebaut wurden, und ist unendlich vollkommener. Man könnte ihn auch den »berechnenden Verstand« oder »Egnignomoxny« nennen, doch reicht für unsere Zwecke »analytischer Mind« als Bezeichnung völlig aus. Der Sitz des analytischen Minds mag in den Stirnlappen liegen, wofür es gewisse Anzeichen gibt. Doch das ist ein Strukturproblem, und niemand weiß über die Struktur genau Bescheid. Wir werden also diesen Teil des Minds, der Berechnungen anstellt, als den analytischen Mind bezeichnen, weil er Daten analysiert.

Der *Monitor* kann als Teil des analytischen Minds angesehen werden. Man könnte ihn das Bewußtseinszentrum der Person nennen. Er *ist*, ungenau gesprochen, die Person. Seit Jahrtausenden hat man ihn mit mehr oder weniger treffenden Bezeichnungen zu erfassen versucht, wobei eine jede auf das »Ich« hinausläuft. Der Monitor übt die Kontrolle über den analytischen Mind aus, jedoch nicht deswegen, weil er dazu angewiesen worden ist, sondern allein weil er die Kontrolle von Natur aus hat. Er ist weder ein Dämon, der im Kopf lebt, noch ein kleiner Mann, der unsere Gedanken artikuliert. Er ist das »Ich«. Gleichgültig, wie viele Aberrationen ein Mensch haben mag, »Ich« bleibt immer »Ich«. Unabhängig davon, wie sehr ein Mensch zum Clear wird, bleibt »Ich« weiterhin »Ich«. In einem aberrierten Menschen mag das »Ich« gelegentlich untertauchen; es ist aber immer da.

Es gibt verschiedene Hinweise dafür, daß der analytische Mind ein Organ ist; da wir aber bis jetzt so wenig über die Struktur wissen, kann die volle Kenntnis über die Struktur des analytischen Minds erst später kommen, nachdem wir wissen, was er leistet. Das aber wissen wir in der Dianetik zum ersten Mal wirklich *ganz genau*. Es ist bekannt und kann leicht bewiesen werden, daß sich der analytische Mind so verhält, wie man es von jedem guten Computer erwarten würde, ungeachtet dessen, ob er nun ein oder mehrere Organe ist.

Was würden Sie von einem Computer erwarten? Die Arbeit des analytischen Minds – des Analysators – entspricht allem, was man von dem besten Computer, den es gibt, überhaupt verlangen könnte. Er beherrscht alle Kunststücke, die ein Computer fertigbringt. Und darüber hinaus leitet er auch noch den Bau von Computern. Und immer hat er so vollkommen recht, wie jemals irgendein Computer recht haben kann. Der analytische Mind ist nicht nur ein *guter*, er ist ein *perfekter* Computer. Er macht nie einen Fehler. Solange ein Mensch halbwegs intakt ist, kann der analytische Mind sich in keiner Weise irren (es sei denn, etwas habe diesem Menschen einen Teil der geistigen »Ausrüstung« genommen).

Der analytische Mind ist eines Irrtums unfähig. Er ist so sicher, keinen Irrtum begehen zu können, daß er alle Berechnungen auf die Unmöglichkeit, Fehler zu machen, gründet. Wenn ein Mensch sagt: »Ich kann nicht addieren«, dann meint er entweder, daß man ihm das Addieren nie beigebracht hat oder daß er in bezug auf Addieren eine Aberration hat. Es bedeutet nicht, daß mit seinem analytischen Mind irgend etwas nicht in Ordnung ist.

Obschon ein Mensch als Ganzes im aberrierten Zustand grobe Irrtümer begehen kann, trifft das auf den analytischen Mind nicht zu. Denn ein Computer ist genau so gut wie die Daten, mit denen er arbeitet, und um nichts besser. Aberration entsteht also aufgrund der Beschaffenheit der Daten, die dem analytischen Mind zur Berechnung angeboten werden.

Der analytische Mind hat seine Standard-Gedächtnisbanken. Wo diese strukturell liegen, ist, wie schon erwähnt, zur Zeit für uns nicht wichtig. Um arbeiten zu können, muß der analytische Mind Wahrnehmungen haben (Daten), Erinnerungen (Daten) und Phantasie (ebenfalls Daten).

Es gibt noch eine andere Datenbank und einen anderen Teil des menschlichen Minds, die Aberrationen enthalten und die Ursache für Geistesstörungen sind. Diese werden später ausführlich behandelt und sollten weder mit dem analytischen Mind noch mit den

Standard-Gedächtnisbanken verwechselt werden.

Ob die Daten, die in den Standard-Gedächtnisbanken enthalten sind, nun richtig ausgewertet werden oder nicht – sie sind auf jeden Fall vollständig vorhanden. Die verschiedenen Sinne nehmen Informationen auf, und diese werden geradewegs in die Standard-Gedächtnisbanken eingespeichert; sie durchlaufen also nicht zuerst den Analysator. Sie werden gespeichert, und danach erhält sie der Analysator von den Standardbanken.

Es gibt mehrere dieser Standard-Gedächtnisbanken, die überdies jeweils doppelt oder mehrfach vorhanden sein mögen. In diesen Dingen scheint die Natur großzügig zu sein. Es gibt für jeden Wahrnehmungstyp eine Bank oder eine Reihe von Banken. Man kann sie sich als mit Daten angefüllte Regale vorstellen, die nach einem Querverweis-Registrierungssystem geordnet sind, das einen Offizier vom Nachrichtendienst vor Neid erblassen ließe. Jede einzelne *Sinneswahrnehmung* wird als *Wahrnehmungsinhalt* gespeichert. Der Anblick eines fahrenden Autos beispielsweise wird in der Bank für Seheindrücke archiviert, in Farbe und Bewegung, nach dem Zeitpunkt, als es gesehen wurde, querverwiesen auf die Gegend, in der es gesehen wurde, querverwiesen auf alle Daten über Autos, querverwiesen auf Gedanken über Autos und so weiter und so fort, mit der zusätzlichen Archivierung von Schlußfolgerungen (Gedankenstrom) des betreffenden Moments sowie von Gedankenströmen der Vergangenheit mit all ihren Schlußfolgerungen. Das vom Auto verursachte Geräusch wird in ähnlicher Weise direkt vom Ohr in die Bank für Gehörtes geleitet und dort eingespeichert und, wie zuvor beschrieben, mit vielfältigen Querverweisen versehen. Ebenso werden die anderen Sinneswahrnehmungen dieses Augenblicks in ihren jeweiligen Banken gespeichert.

Vielleicht geschieht auch die gesamte Speicherung in einer einzigen Bank. Das wäre sicher einfacher. Aber wir beschäftigen uns hier nicht mit Strukturfragen, sondern mit der geistigen Leistung. Irgendwann wird jemand entdecken, wie die Daten genau gespeichert werden. Uns kommt es hier auf die *Funktion* der Speicherung an, und das ist alles, was uns interessiert.

Jede einzelne Sinneswahrnehmung – alles Gesehene, Gehörte, Gerochene, Gefühlte, Geschmeckte, alles organisch Empfundene, jeder Schmerz, Rhythmus, jede Gewichtsempfindung und Muskelbewegung, jede Emotion – wird fein säuberlich und vollständig in den Standardbanken gespeichert. Es hat überhaupt keine Bedeutung, wie viele Aberrationen ein körperlich intakter Mensch hat, oder ob er glaubt, daß er diese Daten besitzt oder zurückrufen kann oder nicht; das Archiv ist vorhanden, und es ist vollständig.

Diese Archivierung beginnt zu einem sehr frühen Zeitpunkt – wovon später noch die Rede sein wird – und läuft dann ohne Unterbrechung während des gesamten Lebens weiter, unabhängig davon, ob der Mensch schläft oder wacht. Ausgenommen sind Augenblicke der »Bewußtlosigkeit«[1]. Das Archiv hat offensichtlich eine unbegrenzte Kapazität.

Die Menge der gespeicherten Wahrnehmungsinhalte würde den Computer eines Astronomen weit überfordern. Das Vorhandensein und die Überfülle der aufbewahrten Erinnerungen wurde in einer großen Anzahl von Fällen entdeckt und untersucht, und sie lassen sich durch bestimmte Verfahren bei jedem beliebigen Menschen nachprüfen.

Was den Wahrnehmungsvorgang für sich allein betrifft, so stimmt alles in dieser Bank genau. Natürlich können die Sinnesorgane mit organischen Fehlern behaftet sein, wie beispielsweise Blindheit oder Taubheit (falls sie körperlicher Natur sind und nicht von Aberrationen herrühren), wodurch es Lücken in den Banken geben würde. Oder es kann auch eine organisch bedingte partielle (teilweise) Schwerhörigkeit vorhanden sein, die partielle Lücken hervorrufen würde. Aber dabei handelt es sich nicht um Fehler in den Standard-Gedächtnisbanken, sondern einfach um nicht vorhandene Daten. Ebenso wie der Computer *sind die Standard-Gedächtnisbanken perfekt und fertigen gewissenhafte und zuverlässige Aufzeichnungen an.*

Ein Teil der Standardbanken enthält die Aufzeichnungen von gehörten Wörtern. Und andere Teile der Banken speichern die Aufzeichnungen gesehener, also gelesener Wörter. Hier haben wir es mit speziellen Teilen des Ton- und Bildarchivs zu tun. Ein blinder Mann, der mit seinen Fingern lesen muß, entwickelt ein Archiv für ertastete Wörter. Der Inhalt des Archivs für Gesprochenes entspricht genau dem, was gehört wurde, ohne Verfälschungen.

Im Zusammenhang mit den Standard-Gedächtnisbanken ist weiterhin interessant, daß sie offenbar das Original speichern und dem Analysator exakte Kopien aushändigen. Es werden so viele exakte Kopien ausgehändigt, wie verlangt werden, ohne dabei das eigentliche Archivoriginal zu schwächen. Und jede dieser Kopien

[1] In diesem Buch bedeutet »Bewußtlosigkeit« durchwegs eine mehr oder weniger starke Verminderung des Bewußtseins des »Ich« – eine Schwächung der Funktionskraft des analytischen Minds. (Anm. d. Verf.)

wird originalgetreu ausgeliefert, mit Farbe und Bewegung, vollem Klang und allen Geräuschen usw.

Das Material, das in den durchschnittlichen Standard-Gedächtnisbanken gespeichert ist, würde mehrere Bibliotheken füllen. Aber die Methode des Speicherns ist unveränderlich. Und die *Möglichkeit* des Rückrufs ist vollkommen.

Die Hauptfehlerquelle bei »rationalen« Berechnungen sind unzureichende Daten und fehlerhafte Daten. Ein Mensch, der täglich vor neue Situationen gestellt wird, besitzt nicht immer das ganze Material, das er für eine Entscheidung braucht. Und vielleicht hat man ihm etwas erzählt, das von »guten Autoritäten« untermauert war und doch nicht stimmte, und in seinen Banken lagen noch keine gegenteiligen Daten vor.

Zwischen den perfekten und zuverlässigen Standardbanken und dem Computer, dem ebenfalls perfekten und zuverlässigen analytischen Mind, gibt es keine unvernünftigen Beziehungen. Jede Antwort auf eine Frage ist immer genau so richtig, wie sie mit den zur Verfügung stehenden Daten sein kann. Hier wird also alles geleistet, was man von einer Rechenmaschine oder einem Aufzeichnungsgerät überhaupt verlangen kann.

In seinem Bestreben, immer die richtigen Antworten zu geben, geht der analytische Mind sogar noch weiter, als man glauben würde. Er prüft und wägt ununterbrochen neue Erfahrungen im Lichte früherer Erfahrungen, zieht neue Schlüsse im Lichte von alten Schlüssen, wechselt alte Schlußfolgerungen aus und ist ganz allgemein sehr damit beschäftigt, dafür zu sorgen, daß von ihm aus alles seine Richtigkeit hat.

Man kann annehmen, daß der analytische Mind von den Zellen eine Art geheiligte Vertrauensstellung erhalten hat, mit der Aufgabe, die Zellkolonie zu schützen, und er tut alles in seiner Macht stehende, um diese Aufgabe zu erfüllen. Er hat richtige Daten, so richtig, wie dies nur möglich ist, und er stellt mit ihnen richtige Berechnungen an – wiederum so richtig, wie dies nur möglich ist. Bedenkt man die enorme Anzahl von Faktoren, mit denen man fertig wird, wenn man beispielsweise ein Auto zehn Häuserblocks weit fährt, dann weiß man zu würdigen, wie unerhört tätig der analytische Mind sein kann und auf wie vielen Ebenen er dabei arbeitet.

Bevor wir nun den Bösewicht in diesem Schauspiel, den *reaktiven Mind*, einführen, müssen wir etwas über die Beziehung zwischen dem analytischen Mind und dem Organismus selbst verstehen.

Der analytische Mind, der die volle Verantwortung trägt, ist auf jeden Fall mit den nötigen Vollmachten ausgestattet, um seine Aktionen und Wünsche durchzuführen. Über die Mechanismen des Reglers der Lebensfunktionen (der sämtliche mechanischen Lebensabläufe regelt) kann der analytische Mind jeden von ihm gewünschten Funktionsablauf im Körper hervorrufen.

Bei ausgezeichnetem Betriebszustand – d. h., wenn der Organismus nicht aberriert ist – kann der analytische Mind den Herzschlag, die innere Sekretion, den Blutfluß in bewußt ausgewählten Bereichen, die Urinabsonderung, andere Körperausscheidungen usw. beeinflussen. (Im Falle der inneren Sekretion kann er den Kalzium- und Zuckerspiegel im Blut, die Adrenalinabsonderung[2] und andere Drüsen beeinflussen. Für den Blutfluß gilt, daß er ihn in den Gliedern nach Belieben zu hemmen oder in Gang zu setzen vermag.) Alle Drüsen-, Rhythmus- und Flüssigkeitsfunktionen des Körpers *können* dem Befehl des analytischen Minds unterstehen. Das bedeutet nicht, daß sie das bei einem Clear immer tun. Das wäre sehr unangenehm und lästig. Aber es bedeutet, daß der analytische Mind nach Wunsch Änderungen herbeiführen kann, wenn er sich darin schult. Dies läßt sich durch klinische Experimente sehr leicht nachweisen.

Die Menschen haben seit langem intuitive Erkenntnisse über die »volle Geisteskraft«. Nun, wir hätten es tatsächlich mit der vollen Geisteskraft zu tun, wenn der analytische Mind mit den Standard-Gedächtnisbanken, dem Lebensfunktionsregler und noch einer weiteren Sache effektiv arbeitete.

Diese letzte und wichtigste Sache ist natürlich der Organismus. Der Organismus steht unter dem Befehl des analytischen Minds; dieser kontrolliert ihn gewöhnlich auf anderen Wegen als nun gerade über die Lebensfunktionen. Alle Muskeln, überhaupt der ganze Organismus können vollständig unter der Befehlsgewalt des analytischen Minds stehen.

Um sich selbst und seine Schaltkreise von Kleinkram und weniger wichtigen Funktionen freizuhalten, ist der analytische Mind mit einem Regler für erlernte Schablonenabläufe ausgerüstet. Durch Erziehung kann er die Reiz-Reaktionsschablonen, die zur Ausführung von Aufgaben wie Sprechen, Gehen, Klavierspielen usw. notwendig sind, in diesen Regler eingeben. Diese erlernten Schablonen sind nicht unveränderlich; aber es ist selten nötig, sie zu verändern, da sie vom analytischen Mind nach bewußter Überlegung und einiger An-

[2] *Adrenalin:* ein Hormon, das das Herz anregt und Muskeln und Ausdauer stärkt.

strengung ausgewählt wurden. Kommen neue Situationen auf, wird den Muskeln eine neue Schablone eintrainiert. Dies ist keine »Konditionierung[3]«; es sind einfach schablonenhafte Abläufe, die der Organismus benutzen kann, ohne daß der Analysator besonders darauf zu achten braucht. So können dem Organismus zahllose solche Schablonen aufgeprägt werden. Sie sind nicht die Ursache irgendwelcher Beschwerden, da sie nach Zeit und Situation gespeichert sind, und durch einfaches Umdenken werden alte zugunsten neuer Schablonen ausgetauscht.

Alle willkürlichen und »unwillkürlichen« Muskeln können unter dem Befehl des analytischen Minds stehen.

So also ist der vernunftbegabte Mensch aufgebaut. Es gibt keinen Raum für Fehler, außer solchen wegen mangelnder Daten oder fehlerhafter, jedoch akzeptierter Daten (und letztere wird der Analysator nur einmal benutzen, wenn sie sich bei diesem einen Mal als falsch erweisen). Dies ergibt also den Bereich des Vergnügens, der Emotion, des Erschaffens und des Aufbaus – ja sogar der Zerstörung, wenn die Berechnung der optimalen Lösung ergibt, daß etwas zerstört werden muß.

Grundlage für die Aktivitäten des analytischen Minds sind die Dynamiken. Alles, was der analytische Mind tut oder bewirkt, ist im Drang zum Überleben begründet. Daß man die grundlegende Einfachheit des Wirkungsmechanismus verstehen kann, bedeutet allerdings nicht, daß ein Mensch, der einzig auf diese Weise handelt, kalt oder berechnend wäre oder seine Ziele »mit Zähnen und Klauen« erreichen wollte. Je näher der Mensch diesem optimalen Zustand kommt – das kann als Einzelperson sein oder als Gesellschaft –, um so lebendiger und wärmer ist diese Gesellschaft, um so ehrlicher kann sie in Stimmung und Handlungsweise sein.

Geistige Gesundheit hängt von Vernunft ab. Hier haben wir die optimale Vernunft und deshalb optimale geistige Gesundheit. Und hier sind auch all die Merkmale zu finden, die der Mensch sich vom Menschen wünschen würde und die er übrigens seinen besseren Göttern zugeschrieben hat. Das ist der *Clear*.

Das ist geistige Gesundheit. Das ist Glücklichsein. Das ist Überleben.

Wo liegt der Fehler?

[3] *Konditionierung:* (Psych.) Das Erzeugen von bedingten Reflexen, d.h. durch Dressur oder Gewöhnung entstandenen Reflexen (im Gegensatz zu den natürlichen oder unbedingten Reflexen).

Der reaktive Mind

Es wird heute weitgehend anerkannt, daß sich das Leben in allen seinen Formen aus den Grundbausteinen Virus und Zelle entwickelt hat. Für die Dianetik ist nur wesentlich, daß eine solche Annahme von praktischem Nutzen ist – und mehr verlangen wir von der Dianetik auch nicht. Es besteht kein Anlaß, hier ein umfangreiches Werk über Biologie und Evolution vorzulegen. Wir könnten diesen Wissensgebieten zwar einige Kapitel hinzufügen, doch Charles Darwin[1] hat gute Arbeit geleistet. In seinen Werken und den Werken anderer sind die Grundprinzipien der Evolution zu finden.

Von der Evolution ging die Dianetik ursprünglich aus. Es wurde als gegeben angenommen, daß die Zellen selbst den Drang zum Überleben haben und daß dieser Drang allem Leben gemeinsam ist. Ferner wurde vorausgesetzt, daß Organismen – Einzelwesen – aus Zellen aufgebaut und eigentlich Anhäufungen von Zellkolonien sind.

Wie es sich mit den Bausteinen verhält, so verhält es sich auch mit dem Organismus als Ganzem. In der endlichen Welt und für unsere Zwecke kann man den Menschen als eine kolonieartige Anhäufung von Zellen betrachten. Und man kann annehmen, daß seine Zielsetzung mit der Zielsetzung seiner Bausteine identisch ist.

Die Zelle ist eine Lebenseinheit, die einzig danach strebt, zu überleben.

Der Mensch ist ein Gefüge von Zellen, die einzig danach streben, zu überleben.

Der menschliche Mind ist die Kommandostelle dieses Unternehmens; er ist vom Aufbau her dafür eingerichtet, Probleme zu lösen und Probleme aufzustellen, die mit dem Überleben und nur mit dem Überleben zu tun haben.

[1] *Ch. Darwin:* 1809-1882, englischer Naturforscher. In seinem Hauptwerk *Über die Entstehung der Arten* begründete er die Hypothese, daß die Lebewesen der Erde einen gemeinsamen biologischen Ursprung haben. Unterlegene Lebensformen werden durch den Auswahlprozeß der Natur ausgemerzt.

Optimal durchgeführte Überlebenshandlungen werden wirklich zum Überleben hinführen.

Das optimale Verhaltensmuster des Überlebens wurde formuliert und dann auf Ausnahmen hin überprüft. Es wurden keine gefunden.

Es zeigte sich, daß das Verhaltensmuster, das in Richtung Überleben führt, bei weitem nicht steril und nüchtern, sondern voll fruchtbarer und höchst angenehmer Aktivität ist.

Keine dieser Annahmen verdrängte irgendwelche Vorstellungen über die menschliche Seele und göttliche oder schöpferische Vorstellungskraft. Es war vollkommen klar, daß es sich in unserem Fall ausschließlich um eine Erforschung des endlichen Universums handelte und daß es sehr wohl Sphären des Denkens und Handelns oberhalb dieses endlichen Universums geben könnte. Es stellte sich allerdings auch heraus, daß zur Lösung des gesamten Problems von Aberration und irrationalem Verhalten keiner dieser Faktoren nötig war.

Weiterhin wurde festgestellt, daß der menschliche Mind schwer verleumdet worden war, denn er wurde im Besitz von weitaus höheren Fähigkeiten befunden, als man je zuvor angenommen, geschweige denn erprobt hatte.

Und es stellte sich heraus, daß die Grundnatur des Menschen an den Pranger gestellt worden war, weil der Mensch nicht fähig gewesen war, zwischen irrationalem Verhalten, das von unzulänglichen Daten herrührte, und irrationalem Verhalten, das eine andere, wesentlich heimtückischere Ursache hatte, zu unterscheiden.

Wenn es je einen Teufel gegeben hat, so erfand er den reaktiven Mind.

Dieser Funktionsmechanismus brachte es fertig, sich dem Blick so gründlich zu entziehen, daß er nur mit Hilfe der induktiven Erkenntnismethode, die von der Wirkung zurück auf die Ursache schließt, entdeckt werden konnte. Die Detektivarbeit, die zu leisten war, um diesen Erzverbrecher der menschlichen Psyche zu lokalisieren, beanspruchte viele Jahre. Seine Identität kann nun von jeder fachlich geschulten Person in jeder beliebigen Klinik oder Gruppe von Menschen nachgeprüft und bestätigt werden. Eine Gruppe von 273 Personen wurde untersucht und behandelt; es waren Menschen, die an all den verschiedenen Arten von nicht organisch bedingten geistigen Krankheiten und an den verschiedensten psychosomatischen Erkrankungen litten. Bei allen Kranken fand man den reaktiven Mind am Werk; seine Wirkungsweisen waren überall gleich. Dies war eine lange Reihe von Fällen; weitere werden sich in Zukunft anschließen.

Jeder hat einen reaktiven Mind. Bei den Untersuchungen wurde nirgendwo ein einziger Mensch entdeckt, der keinen reaktiven Mind hatte oder in dessen *Engrammbank*, dem Datenreservoir, das dem reaktiven Mind dient, keine aberrierten Inhalte gespeichert waren.

Was bewirkt der reaktive Mind? Er versperrt den Hörrückruf. Er pflanzt Stimmenschaltkreise in den Geist. Er nimmt den Menschen das musikalische Gehör. Er bringt die Menschen zum Stottern. Er bewirkt all das, was man auf jeder Liste geistiger Leiden finden kann: Psychosen, Neurosen, Zwänge, Verdrängungen...

Was kann er weiterhin tun? Er kann Arthritis, Schleimbeutelentzündung[2], Asthma, Allergien, Nebenhöhlenentzündung[3], Erkrankungen der Herzkranzgefäße und hohen Blutdruck und vieles mehr verursachen, den ganzen Katalog psychosomatischer Krankheiten hindurch. Man kann sogar noch einige hinzufügen, die nie ausdrücklich als psychosomatisch eingestuft wurden, wie etwa die ganz gewöhnliche Erkältung.

Allein der reaktive Mind kann beim Menschen diese Wirkungen erzeugen; nur er bringt sie zustande.

Er ist auch der Mind, der Sokrates[4] glauben ließ, daß er einen »Dämon« besäße, der ihm Antworten gab. Er ist der Mind, der Caligula[5] veranlaßte, seinem Pferd einen Regierungsposten zu geben. Er ist der Mind, der Cäsar Tausenden von Galliern die rechte Hand abhacken und der Napoleon die Größe seiner Franzosen um ein paar Zentimeter verkürzen ließ.

Er ist der Mind, der ständig mit Krieg droht, der die Politik unvernünftig macht, der Vorgesetzte dazu bringt, ihre Untergebenen anzufauchen, der Kinder aus Angst vor der Dunkelheit weinen läßt. Das ist der Mind, der einen Menschen dazu führt, seine Hoffnungen zu unterdrücken, der ihn in Apathie hält, der ihn unschlüssig macht, wenn er handeln sollte, und der ihn tötet, noch bevor er zu leben

[2] *Schleimbeutelentzündung:* Entzündung eines Schleimbeutels, am häufigsten im Bereich des Ellbogen- oder Kniegelenks. – *Schleimbeutel*: mit einer schleimigen Flüssigkeit gefülltes Säckchen, das in Lücken von Gelenken oder an stark hervortretenden Muskeln und Sehnen als Polster gegen Druck und Reibung dient.

[3] *Nebenhöhlenentzündung:* Entzündung der Nasennebenhöhlen, der an die Nasenhöhle angrenzenden, mit Schleimhaut ausgekleideten Lufträume.

[4] *Sokrates:* ca. 470-399 v. Chr., griechischer Philosoph.

[5] *Caligula:* römischer Kaiser von 37 bis 41 n. Chr. (ermordet); verhaßt durch seine Grausamkeit.

begonnen hat.

Wenn es je einen Teufel gegeben hat, so hat er den reaktiven Mind erfunden.

Entleeren Sie die Engrammbank dieses Minds, und Arthritis wird verschwinden, Kurzsichtigkeit bessert sich, Herzkrankheiten gehen zurück, Asthma verschwindet, der Magen arbeitet richtig – alle Leiden dieser Art gehen zurück, verschwinden und bleiben verschwunden.

Ist die reaktive Engrammbank entleert, sieht der Schizophrene endlich der Wirklichkeit ins Auge, beginnt der Manisch-Depressive etwas zu erreichen, hört der Neurotiker auf, sich an Bücher zu klammern, die ihm sagen, wie nötig er seine Neurosen hat, und beginnt zu leben; die Frau hört auf, ihre Kinder anzufahren, und der Trunksüchtige kann nun trinken, wann er will, und ganz nach Belieben aufhören.

Das sind wissenschaftlich bewiesene Tatsachen. Sie stimmen ausnahmslos mit den gemachten Beobachtungen überein.

Der reaktive Mind ist der einzige Ursprung der Aberration. Es kann bewiesen werden und wurde wiederholt bewiesen, daß es keinen anderen Ursprung gibt; denn wenn die Engrammbank entleert wird, verschwinden alle unerwünschten Symptome, und der Mensch beginnt auf der Grundlage seines bestmöglichen Verhaltensmusters zu leben.

Hielte man nach Dämonen im menschlichen Geist Ausschau – nach solchen, wie man sie bei manchen Irrenhausinsassen beobachten kann –, könnte man sie freilich leicht finden. Nur sind es keine Dämonen. Wir haben es mit Umgehungsschaltkreisen der Engrammbank zu tun. Was sind nicht alles für Gebete und Ermahnungen gegen diese Umgehungsschaltkreise gerichtet worden!

Wenn man nun nicht an Dämonen glaubte, wenn man (natürlich als eine Annahme) davon ausginge, daß der Mensch letztlich gut sei, wie käme dann das Böse in ihn hinein? Was wäre dann die Ursache für wahnsinnige Tobsuchtsausbrüche? Was wäre als Ursache für Versprecher anzusehen? Wie wäre es möglich, daß der Mensch irrationale Angst verspürt?

Wie kommt es, daß jemand seinen Chef nicht leiden kann, obwohl dieser immer freundlich war? Warum zerschmettern Selbstmörder ihren Körper?

Wie kommt es, daß der Mensch sich destruktiv aufführt, unvernünftig ist, Krieg führt, tötet und ganze Teile der Menschheit vernichtet?

Wo liegt die Ursache aller Neurosen, Psychosen, Geisteskrankheiten?

Betrachten wir noch einmal kurz den analytischen Mind und überprüfen wir seine Gedächtnisbanken. Hier finden wir alle Inhalte unserer Sinneswahrnehmungen gespeichert. Jedenfalls sieht es auf den ersten Blick so aus. Wir wollen dies aber noch einmal prüfen, und zwar wollen wir vor allem den Zeitfaktor in Augenschein nehmen. In Verbindung mit den Banken des analytischen Minds gibt es ein Zeitgefühl. Es ist sehr genau, so als wäre der Organismus mit einer inneren Präzisionsuhr versehen. Allerdings ist mit der Zeit hier etwas nicht in Ordnung – sie weist Lücken auf! Es gibt Augenblicke, in denen anscheinend in den Standardbanken nichts gespeichert wurde. Das sind Lücken, die in Augenblicken von »Bewußtlosigkeit« zustande kamen, also in dem Zustand, der durch Betäubung, Drogen, Verletzung oder Schock verursacht wird.

Das also sind die einzigen Daten, die in den Standardbanken fehlen. Wenn Sie bei einem in hypnotischer Trance befindlichen Patienten die Erinnerung an eine Operation prüfen, dann werden Sie über dieses Geschehnis nichts erfahren, denn solche Geschehnisse sind die einzigen Zeiträume, die Sie in den Banken nicht finden werden. Sie könnten sie zwar finden, wenn Ihnen viel an der Suche und nichts am Patienten gelegen wäre – doch davon später mehr. Hier ist wichtig, daß etwas fehlt, das nach Ansicht der Menschen aller Zeitalter angeblich niemals aufgezeichnet worden ist.

Es ist auch niemandem je gelungen, einen brauchbaren Anhaltspunkt zur Geisteskrankheit zu finden. Stimmen diese zwei Tatsachen überein? Gibt es etwa einen Zusammenhang zwischen ihnen? Ja, eindeutig.

Zwei Phänomene scheinen in den Standardbanken aufgezeichnet zu sein, sind es aber nicht: schmerzliche Emotion und körperlicher Schmerz.

Wie würden Sie ein empfindliches Gerät konstruieren, von dem Leben und Tod eines Organismus abhängen und das das wichtigste Werkzeug eines Menschen sein soll? Würden Sie seine empfindlichen Stromkreise jeder Überlastung aussetzen, oder würden Sie ein Sicherungssystem einbauen? Soll ein empfindliches Instrument in einen Starkstromkreis geschaltet werden, schützt man es durch mehrere Sätze von Sicherungen. Jeden Computer würde man auf diese Weise schützen.

Es scheint gewisse Beweise zu geben, die die Elektrizitätstheorie des Nervensystems stützen. Bei Schmerzen sind die Nerven einer sehr starken Überlastung ausgesetzt. Mit einigen früheren dianetischen Berechnungen mögen wir durchaus auf der richtigen Fährte gewesen sein: daß nämlich das Gehirn die Absorbierungsstelle für Energieüberlastungen darstellt, die durch Verletzungen entstehen, wobei die Energie selbst von den verletzten Zellen in dem Bereich der Verletzung erzeugt wird. Doch das ist Theorie und hat hier nur als Beispiel Platz. Wir befassen uns hier nur mit wissenschaftlichen Tatsachen.

In Augenblicken intensiven Schmerzes ist die Tätigkeit des analytischen Minds vorübergehend eingestellt. Tatsächlich verhält sich der analytische Mind bei jeder Schocksituation gerade so, als wäre er ein Organ, das von der lebenswichtigen Versorgung abgeschnitten wurde.

Ein Beispiel: Ein Mensch wird von einem Auto angefahren; er wird »bewußtlos«. Ins »Bewußtsein« zurückgekehrt, hat er von der Zeit, in der er »ohnmächtig« war, keine Erinnerung. Das wäre ein überlebensfeindlicher Umstand. Das hieße, daß ein Verletzter keine Entschlußkraft hat, und das zu einem Zeitpunkt, an dem der Organismus Entschlußkraft am meisten braucht. Wir haben es also mit Nichtüberleben zu tun, wenn der ganze Mind ausfällt, sobald Schmerzen auftauchen. Hätte aber ein Organismus, der mehr als eine Milliarde Jahre biologischer Ingenieurarbeit hinter sich hat, solch ein Problem ungelöst gelassen?

Nein, er hat es in der Tat gelöst. Es mag sein, daß dieses Problem biologisch gesehen sehr schwierig zu lösen war, möglicherweise ist auch die Lösung nicht sehr gut; jedoch wurde für diese Augenblikke, in denen der Organismus »bewußtlos« ist, umfangreiche Vorsorge getroffen.

Die Lösung für das Problem, den Organismus auch während Augenblicken der »Bewußtlosigkeit« oder Fast-»Bewußtlosigkeit« reagieren zu lassen, ist gleichzeitig die Antwort auf die Frage nach der Ursache der Geistesstörungen und psychosomatischen Krankheiten und aller geistigen Absonderlichkeiten, zu denen die Menschen neigen und die das Gerücht »Irren ist menschlich« aufkommen ließen.

Anhand der direkten Beobachtung und Behandlung von Versuchspersonen haben sich die folgenden Aussagen als wissenschaftliche Tatsachen erwiesen:

1. Der Mind zeichnet während des ganzen Lebens des Organismus ununterbrochen auf der einen oder anderen Ebene auf.

2. Alle Aufzeichnungen des ganzen Lebens sind verfügbar.
3. »Bewußtlosigkeit«, in der der Mind seine Umgebung völlig vergißt, ist nur im Tod möglich und existiert nicht als totaler Gedächtnisverlust im Leben.
4. Alle geistigen und körperlichen Störungen, soweit sie psychischen Ursprungs sind, stammen von Augenblicken der »Bewußtlosigkeit«.
5. Man kann mit solchen Augenblicken Kontakt aufnehmen und sie von ihrer schädlichen Ladung befreien, was zur Folge hat, daß der Mind zu seiner optimalen Funktionsfähigkeit zurückkehrt.

»Bewußtlosigkeit« ist die einzige Ursache der Aberration. Etwas wie »geistiges Konditionieren« gibt es nicht, es sei denn auf einem bewußten Trainingsniveau (wo es nur mit dem Einverständnis der Person möglich ist).

Man kann, wenn man will, einen Menschen versuchshalber in »Bewußtlosigkeit« versetzen, ihm Schmerzen zufügen und ihm dabei Informationen eingeben. Diese Informationen lassen sich mit Hilfe der dianetischen Technik wieder zutage fördern, ganz unabhängig davon, welche Informationen eingegeben wurden. Doch sollten Sie ein solches Experiment nicht leichtfertig durchführen, denn *Sie könnten die Person auch geisteskrank machen.*

Eine blasse Variante davon kann man mit Hilfe von Hypnose erreichen, die entweder durch herkömmliche Techniken oder durch Drogen hervorgerufen wird. Durch »positive Suggestionen«[6] kann jemand dazu gebracht werden, wie ein Geisteskranker zu handeln. Dieser Test ist nicht neu. Es ist wohlbekannt, daß durch Hypnose Zwänge und Verdrängungen in die Psyche eingeführt werden können. Schon die alten Griechen waren mit Hypnose bestens vertraut und benutzten sie zur Erzeugung verschiedener Wahnvorstellungen.

Es gibt die sogenannte »posthypnotische Suggestion«[7]. Ihre Bedeutung zu verstehen kann das Verstehen des grundlegenden Mechanismus von Geisteskrankheiten erleichtern. Es ist zwar nicht genau der gleiche Vorgang, doch im wesentlichen ist er ähnlich genug.

[6] *positive Suggestion:* das Einflößen einer Idee, die bereitwillig und unkritisch akzeptiert und nach der gehandelt wird, wobei etwas als vorhanden suggeriert wird, das es in Wirklichkeit nicht gibt – zum Unterschied von einer negativen Suggestion, die zur negativen Sinnestäuschung führt: etwas Vorhandenes kann nicht wahrgenommen werden.

[7] *posthypnotische Suggestion:* eine unter Hypnose gegebene Suggestion (Beeinflussung), deren Auswirkungen nach Beendigung der Hypnose auftreten.

Bei der posthypnotischen Suggestion wird jemand durch die übliche Hypnosetechnik oder durch hypnotische Drogen in Trance versetzt. Der Hypnotiseur kann dem Hypnotisierten dann beispielsweise sagen: »Wenn du wieder aufwachst, mußt du folgendes tun: jedesmal, wenn ich meinen Schlips berühre, wirst du deine Jacke ausziehen. Wenn ich meinen Schlips wieder loslasse, wirst du deine Jacke anziehen. Und nun vergißt du, daß ich dir dies gesagt habe.«

Die Versuchsperson wird dann aufgeweckt. Bewußt weiß sie von diesem Befehl nichts. Teilte man ihr mit, daß sie im »Schlaf« einen Befehl erhalten hat, dann würde sie sich dem Gedanken widersetzen oder die Achseln zucken, doch würde sie es nicht wissen. Der Hypnotiseur berührt seinen Schlips. Die Versuchsperson sagt dann etwa, es sei zu warm, und zieht sich die Jacke aus. Der Hypnotiseur läßt dann seinen Schlips los, woraufhin die Versuchsperson bemerkt, ihr sei nun kalt, und sie zieht sich die Jacke wieder an. Der Hypnotiseur berührt wieder seinen Schlips. Die Person sagt nun möglicherweise, daß ihre Jacke beim Schneider gewesen wäre, und erklärt mit vielen Worten, warum sie sie wieder auszieht, etwa um nachzusehen, ob der Rückensaum richtig genäht worden sei. Der Hypnotiseur läßt seinen Schlips wieder los. Nun sagt die Versuchsperson, sie sei mit dem Schneider zufrieden, und zieht die Jacke wieder an. Der Hypnotiseur kann seinen Schlips viele Male berühren und wieder loslassen und wird jedesmal die vorprogrammierte Handlung bei der Versuchsperson auslösen.

Wenn sich die Person die Gesichter der Leute um sie herum anschaut, mag ihr schließlich auffallen, daß etwas nicht in Ordnung ist. Allerdings wird sie nicht wissen, was nicht stimmt. Sie wird nicht einmal wissen, daß das Berühren des Schlipses das Signal ist, das sie veranlaßt, die Jacke auszuziehen. Sie wird beginnen, sich unbehaglich zu fühlen. Vielleicht wird sie an der äußeren Erscheinung des Hypnotiseurs etwas auszusetzen haben, etwa dessen Kleidung kritisieren. Aber noch immer weiß sie nicht, daß der Schlips ein Signal ist. Die Versuchsperson wird weiterhin wie befohlen reagieren und über den eigentlichen, merkwürdigen Grund dafür in Unwissenheit bleiben. Sie weiß nichts weiter, als daß sie sich bald mit Jacke – wenn der Schlips berührt wird –, bald ohne Jacke – wenn der Schlips losgelassen wird – unbehaglich fühlt.

Diese verschiedenen Vorgänge sind für das Verstehen des reaktiven Minds sehr wichtig. Hypnose ist jedoch lediglich als Versuchsmittel zu gebrauchen. In der dianetischen Therapie wird sie überhaupt nicht benutzt. Sie erwies sich allerdings als wertvoll bei der

Ergründung des Minds und seiner Reaktionen. Hypnose ist unberechenbar und unbeständig: Einige wenige Leute kann man hypnotisieren, viele nicht. Hypnotische Suggestionen schlagen manchmal an, manchmal auch nicht. Mitunter machen sie Menschen gesund und andere krank. Dieselbe Suggestion wirkt bei verschiedenen Menschen unterschiedlich. Ein Ingenieur weiß, wie man sich eine unberechenbare und unbeständige Variable zunutze macht; irgend etwas macht sie ja schließlich unberechenbar. Den wirklichen Grund herauszufinden, warum die Hypnose eine Variable ist, half dabei, der Ursachen von Geistesstörungen auf die Spur zu kommen. Und versteht man den Mechanismus der posthypnotischen Suggestion, so kommt man dem Verständnis dessen, was Aberration ist, näher.

Wie närrisch die Suggestion auch sein mag, die einer Versuchsperson unter Hypnose eingegeben wird, sie wird sie auf die eine oder andere Art ausführen. Man kann ihr sagen, sie solle ihre Schuhe ausziehen oder am nächsten Tag um zehn Uhr jemanden anrufen oder zum Frühstück Erbsen essen, und sie wird es tun. Das sind direkte Befehle, und der Mensch wird sie befolgen. Man kann ihm sagen, daß ihm seine Hüte nicht stehen, und er wird glauben, daß das stimmt. Jede beliebige Suggestion wird sich in seinem Mind auswirken, ohne daß er es auf seinen höheren Bewußtseinsstufen erkennt.

Es lassen sich sehr komplizierte Suggestionen eingeben. Eine solche Suggestion könnte beispielsweise beinhalten, daß jemand nicht mehr in der Lage ist, das Wort »Ich« auszusprechen. Er würde es im Gespräch auslassen und bemerkenswerte Ersatzwörter verwenden, ohne sich bewußt zu sein, daß er gezwungen ist, dieses Wort zu vermeiden. Oder man könnte ihm auch sagen, daß er niemals auf seine Hände schauen dürfe, und er wird es befolgen. Das entspricht *Verdrängungen.* Die Suggestionen werden der Versuchsperson eingegeben, während sie unter Drogen steht oder sich in einem hypnotischen Schlafzustand befindet, und wirken dann, wenn sie wach ist. Und sie werden weiterhin wirksam sein, bis der Hypnotiseur die Versuchsperson davon befreit.

Man kann einem Mann erzählen, daß er jedesmal einen Drang zum Niesen verspürt, wenn er das Wort »Teppich« hört, und daß er niesen wird, sobald man es ausspricht. Man kann ihm erzählen, daß er jedesmal einen halben Meter in die Luft springen muß, wenn er eine Katze sieht, und er wird springen. Er wird so handeln, nachdem er aus der Hypnose erwacht ist. Das entspricht *Zwängen.*

Man kann ihm sagen, daß er von höchst erotischen Gedanken an eine bestimmte Frau heimgesucht sein wird, daß ihm aber die

Nase jucken wird, wenn er an sie denkt. Man kann ihm sagen, daß er einen ständigen Drang verspürt, sich schlafen zu legen, und daß er, nachdem er sich hingelegt hat, jedesmal das Gefühl hat, nicht schlafen zu können. Er wird diese Zustände erleben. Das entspricht *Neurosen.*

In weiteren Experimenten kann man ihm, wenn er sich in einem hypnotischen »Schlafzustand« befindet, erzählen, daß er der Präsident des Landes sei und daß die Geheimdienstagenten ihn zu ermorden versuchen. Oder man könnte ihm sagen, daß er in jedem Restaurant, in dem er essen will, Gift vorgesetzt bekäme. Das entspricht *Psychosen.*

Man kann ihm erzählen, daß er eigentlich jemand anderer sei, daß er eine Jacht besitze und auf den Namen »Sir Reginald« höre. Oder man könnte ihm erzählen, daß er ein Dieb sei, daß er Gefängnisvorstrafen habe und die Polizei nach ihm fahnde. Das entspricht *schizophrenen*[8] bzw. *paranoid-schizophrenen*[9] Geistesstörungen.

Der Hypnotiseur kann dem Hypnotisierten suggerieren, daß er der wunderbarste Mensch auf Erden sei und daß das jeder glaube, oder daß er von allen Frauen angebetet werde. Das entspricht einer Geistesstörung *manischer*[10] Art.

Unter Hypnose kann der Mann davon überzeugt werden, daß er sich, nachdem er erwacht ist, so schrecklich elend fühlen wird, daß er nichts weiter als den Tod herbeisehnt. Das entspricht einer Geistesstörung *depressiver*[11] Art.

Man kann ihm beibringen, daß er nur daran denken kann, wie krank er ist, und daß er jede Krankheit bekommt, von der er liest. Das würde ihn wie einen *Hypochonder*[12] reagieren lassen.

Indem wir uns entsprechende positive Suggestionen ausdenken, um den jeweiligen Geisteszustand hervorzubringen, könnten wir den ganzen Katalog seelischer Leiden durchgehen und die Versuchsperson veranlassen, später im wachen Zustand Verhaltensweisen an den

[8] *schizophren:* geisteskrank mit völligem Auseinanderfallen der inneren seelischen Zusammenhänge von Wollen, Fühlen und Denken, mit Entfremdung des eigenen Ich, Spaltungsirresein.

[9] *paranoid-schizophren:* schizophren mit zusätzlichen Wahnvorstellungen.

[10] *manisch:* krankhafter Zustand gehobener Stimmung und gesteigerter Erregung, besonders durch Enthemmung und Selbstüberschätzung gekennzeichnet.

[11] *depressiv:* an Depressionen leidend, niedergeschlagen, niedergedrückt.

[12] *Hypochonder:* ein Mensch, der sich einbildet, krank zu sein, oder zwanghaft Angst vor Erkrankungen hat.

Tag zu legen, die jeder beliebigen Geistesstörung ähnlich sind.

Wohlverstanden: es handelt sich um *Ähnlichkeiten*. Sie sehen Geisteskrankheit insofern ähnlich, als die Versuchsperson wie ein Geisteskranker *handelt*. Sie würde aber nicht geisteskrank *sein*. Im Augenblick der Aufhebung der Suggestion – indem die Person informiert wird, daß es sich um eine Suggestion handelte – wird die Aberration (und alle diese Geistesstörungen usw. fallen unter die Rubrik der *Aberration*), zumindest theoretisch gesehen, verschwinden[13].

Die Nachbildung von Aberrationen aller Arten und Formen bei Versuchspersonen, die hypnotisiert oder unter Drogen gesetzt wurden, hat bewiesen, daß es einen Bereich des Minds gibt, der mit dem Bewußtsein nicht in Verbindung ist, der aber Daten enthält.

Es war die Suche nach diesem Teilbereich des Minds, die zur Lösung des Problems der Geisteskrankheit, der psychosomatischen Leiden und anderer Aberrationen führte. Das Problem wurde nicht mit Hypnose angegangen; Hypnose war lediglich eines der Hilfsmittel, eines, das in der dianetischen Praxis nur bedingten Wert hat und in der Tat überhaupt nicht benötigt wird.

Wir sprechen also von einer Person, die normalerweise vernünftig handelt. Man gibt ihr eine positive Suggestion ein, wonach sie sich vorübergehend wie geistesgestört aufführt. Ihre geistige Gesundheit ist dann wieder hergestellt, wenn ihr die Suggestion bewußtgemacht wird. In diesem Augenblick verliert sie ihre Macht über die Person. Mit dem eigentlichen Mechanismus von Geisteskrankheit hat dies aber lediglich eine gewisse Ähnlichkeit. Echte Geisteskrankheit (also eine, die nicht durch einen Hypnotiseur eingegeben wurde) braucht nicht ins Bewußtsein zu gelangen, um zu verschwinden. Dies ist einer der Unterschiede zwischen Hypnose und der tatsächlichen Ursache von Aberration. Hypnose veranschaulicht jedoch die mechanischen Faktoren der Aberration.

Betrachten wir noch einmal das erste Beispiel einer positiven Suggestion. Die Versuchsperson war »bewußtlos« in dem Sinne, daß sie nicht über volles Bewußtsein und volle Selbstbestimmung verfügte. Man gab ihr den Auftrag, etwas zu tun, und der Auftrag war

[13] Hier ein ausdrückliches Wort der Warnung. Dies sind Versuche. Sie wurden sowohl mit Leuten durchgeführt, die hypnotisiert werden konnten, als auch mit Leuten, die nicht hypnotisiert werden konnten, die jedoch unter Drogen gesetzt wurden. Sie erbrachten wertvolle Daten für die Dianetik. Sie dürfen nur von jemandem wiederholt werden, der die Dianetik kennt und ihre Techniken beherrscht, sonst würde man riskieren, jemanden wirklich in den Wahnsinn zu treiben. Diese Suggestionen verschwinden nämlich nicht immer. Hypnose ist unberechenbar, sie ist *gefährlich* und gehört ebensowenig in den Salon wie eine Atombombe. (Anm. d. Verf.)

ihrem Bewußtsein verborgen. Der Hypnotiseur befahl ihr, ein Signal zu beachten; sobald dieses Signal kam, führte die Versuchsperson die betreffende Handlung aus. Sie gab für diese Handlung Gründe an, die nicht den wirklichen Gründen entsprachen. Die Person fand am Hypnotiseur und an seiner Kleidung etwas auszusetzen, sah aber nicht, daß der Schlips das Signal für ihr Handeln war. Als die Suggestion aufgehoben war, empfand die Versuchsperson nicht mehr den Zwang, so zu handeln.

Das sind die Faktoren der Aberration. Weiß man einmal genau, welche Faktoren tatsächlich Aberrationen ausmachen und wo sie einzuordnen sind, ist das ganze Problem leicht zu begreifen. Auf den ersten Blick erscheint es unglaublich, daß die Ursache für geistige Störungen, nach der jahrtausendelang geforscht wurde, so völlig verborgen bleiben konnte. Beim zweiten Blick jedoch erscheint es eher wie ein Wunder, daß die Ursache überhaupt je entdeckt wurde, denn sie ist geschickt und gut verborgen.

»Bewußtlosigkeit« jener Art, die nicht durch Hypnose herbeigeführt wird, ist derber. Es erfordert mehr als einige magische Handbewegungen, um die »Bewußtlosigkeit« hervorzurufen, die Geisteskrankheit verursacht.

Der Schock bei Unfällen, die Betäubungsmittel, die man bei Operationen verwendet, Schmerz infolge von Verletzungen und das Delirium[14] von Krankheiten – dies sind die Hauptursachen dessen, was wir als »Bewußtlosigkeit« bezeichnen.

In unserer vergleichenden Darstellung des Minds zeigt sich dies als ein sehr einfacher Mechanismus. Mit dem Eindringen einer zerstörerischen Woge körperlichen Schmerzes oder eines dominierenden Giftes, wie z.B. Äther, fliegen einige oder alle Sicherungen des analytischen Minds heraus. Und mit dem analytischen Mind fällt auch das aus, was wir als Standard-Gedächtnisbanken kennen.

Solche Zeiten der »Bewußtlosigkeit« sind Lücken in den Standard-Gedächtnisbanken. Diese fehlenden Perioden bilden die in der Dianetik sogenannte *Bank des reaktiven Minds.*

Aus den Zeiten, in denen der analytische Mind voll in Betrieb ist, zusammen mit den Zeiten, in denen der reaktive Mind am Werk ist, ergibt sich eine zusammenhängende Folge ununterbrochener Aufzeichnungen des gesamten Lebens.

Während der Zeiten, in denen der analytische Mind ganz oder

[14] *Delirium:* ein vorübergehender Zustand extremer seelischer Erregung, gekennzeichnet durch Unruhe, verworrene Rede und Halluzinationen.

teilweise aus dem Schaltkreis herausfällt, schaltet sich der reaktive Mind ganz oder teilweise ein. Mit anderen Worten: wenn beim analytischen Mind so viele Sicherungen heraus sind, daß er zur Hälfte ausfällt, ist der reaktive Mind zur Hälfte eingeschaltet. Im Grunde sind solche exakten Prozentangaben nicht möglich, sie sind hier nur als Näherungswerte zu verstehen.

Wenn ein Mensch ganz oder teilweise »bewußtlos« ist, schaltet sich der reaktive Mind ganz oder teilweise ein. Ist er aber vollständig bei Bewußtsein, so beherrscht sein analytischer Mind den Organismus vollkommen. Wenn sein Bewußtsein reduziert wird, schaltet sich der reaktive Mind im entsprechenden Verhältnis in den Schaltkreis ein.

Die Augenblicke der »Bewußtlosigkeit« im Leben eines Menschen sind überwiegend Momente, die gegen das Überleben gerichtet sind. Darum ist es lebenswichtig, daß irgend etwas einspringt, das ihn Bewegungen ausführen läßt, die den Organismus retten. Der Boxer, der schwer angeschlagen weiterkämpft, oder jemand, der sich mit Verbrennungen aus dem Feuer schleppt, sollen hier als Beispiel für jene Fälle stehen, in denen der reaktive Mind sich als wertvoll erweist.

Der reaktive Mind ist sehr robust. Und er muß es sein, um sich gegen die Schmerzwellen, die jedes sonstige bewußte Empfinden im Körper ausschalten, behaupten zu können. Er ist nicht besonders verfeinert. Aber er ist ganz außerordentlich exakt. Seine Berechnungsfähigkeit liegt auf einer primitiven Ebene – unterhalb des Niveaus eines Geistesschwachen. Von einem Mind, der in Funktion bleibt, wenn der Körper zerschmettert oder verbrannt wird, kann man natürlich nur geringe Fähigkeiten erwarten.

Die reaktive Bank speichert nicht Erinnerungen, wie wir uns Erinnerungen vorstellen. Sie speichert *Engramme*[15]. Diese Engramme sind vollständige, bis ins kleinste Detail gehende Aufzeichnungen von allen Wahrnehmungen, die während der Zeit einer teilweisen oder vollständigen »Bewußtlosigkeit« vorhanden waren. Sie sind ebenso exakt wie jede andere Aufzeichnung im Organismus, doch haben sie ihre eigene *Kraft*. Sie wären mit Schallplattenaufnahmen oder Filmstreifen vergleichbar, wenn diese alle Wahrnehmun-

[15] In der Dianetik wird das Wort *Engramm* in seiner streng abgegrenzten, genauen Bedeutung verwendet, nämlich als ein »eindeutiger und permanenter Abdruck, der von einem Reiz im Protoplasma eines Gewebes hinterlassen wird«. Es wird als eine Einheit einer Gruppe von Reizen betrachtet, die einzig und allein dem zellularen Wesen aufgeprägt sind. (Anm. d. Verf.)

gen – Sehen, Hören, Riechen, Schmecken, Organempfindungen usw. – enthalten könnten.

Zwischen einem Engramm und einer Erinnerung besteht jedoch ein ganz deutlicher Unterschied. Ein Engramm kann in jeden beliebigen Körperschaltkreis bleibend eingebaut sein und führt sich wie ein eigenständiges Wesen auf. Aus allen Labortests, die mit diesen Engrammen durchgeführt wurden, ging hervor, daß sie über »unerschöpfliche« Kraftquellen verfügten, um dem Körper Befehle zu erteilen. Wie oft auch ein Engramm bei einem Menschen reaktiviert wurde, es blieb machtvoll, ja wurde sogar noch stärker in seiner Kraftentfaltung, je öfter man es reaktivierte. Allein jene Technik, die sich zur dianetischen Therapie entwickelte und die im dritten Teil dieses Buches vollständig beschrieben wird, war überhaupt in der Lage, an diesen Engrammen zu rütteln.

Ein Beispiel für ein Engramm: Eine Frau wird mit einem Hieb »bewußtlos« geschlagen. Sie wird mit Fußtritten traktiert, und es wird ihr vorgeworfen, eine Betrügerin zu sein, nichts zu taugen und ständig ihre Meinung zu ändern. Gleichzeitig wird ein Stuhl umgeworfen, in der Küche läuft Wasser aus einem Wasserhahn, und auf der Straße fährt ein Auto vorbei. Das Engramm enthält die fortlaufende Aufzeichnung aller Wahrnehmungen: des Gesehenen, Gehörten, Berührten, Geschmeckten, Gerochenen, der Organ- und Bewegungsempfindung, jede Gelenkstellung, Durstaufzeichnung usw. Das Engramm enthält alle Äußerungen, die während der »Bewußtlosigkeit« an die Frau gerichtet wurden, sowie Tonfall und Emotion in der Stimme des Angreifers, das Geräusch und die Empfindung des Hiebs und der Fußtritte, das Gefühl der Berührung mit dem Boden, Empfindung und Geräusch des umfallenden Stuhls, die organische Empfindung des Schlags, eventuell Blutgeschmack oder einen anderen Geschmack im Mund, den Geruch des Angreifers, die Gerüche im Zimmer, die Geräusche, die durch die Reifen und den Motor des vorbeifahrenden Autos entstanden, und vieles mehr.

All dies könnte man mit einer positiven Suggestion vergleichen. Aber hier ist noch etwas anderes, etwas Neues im Spiel, etwas, das in den Standard-Gedächtnisbanken nicht vorhanden ist, außer vom Zusammenhang her: *körperlicher Schmerz und schmerzliche Emotion.*

Körperlicher Schmerz und schmerzliche Emotion machen den Unterschied zwischen den Standard-Gedächtnisbanken und den reaktiven Engrammbanken aus. Körperlicher Schmerz und schmerzliche Emotion bilden auch den Unterschied zwischen einem Engramm, das die Ursache für Aberration – für *alle* Aberration – ist, und einer Erinnerung[16].

Wir haben alle einmal gehört, daß schlimme Erfahrungen für das Leben hilfreich seien und daß der Mensch ohne sie nie gescheit werde. Das mag sehr wahr sein. Aber das Engramm fällt nicht unter diese Regel. Das Engramm ist keine *Erfahrung*, sondern ein *Befehl zu handeln*.

Bevor der Mensch über ein umfangreiches Vokabular verfügte, waren Engramme vielleicht in einem gewissen Grade nützlich für ihn. Sie bedeuteten Überleben auf eine Art und Weise, die später noch erläutert wird. Aber seit der Mensch sich eine feinsinnige Sprache mit Wörtern, die gleich lauten, aber verschiedene Bedeutungen haben, ja seit er sich überhaupt eine Sprache angeeignet hat, sind ihm Engramme eine weitaus größere Belastung als eine Hilfe. Und jetzt, nachdem der Mensch ein recht gutes Entwicklungsstadium erreicht hat, schützen sie ihn überhaupt nicht mehr, sondern sie machen ihn wahnsinnig, untüchtig und krank.

Der Beweis für jede Behauptung liegt in ihrer Anwendbarkeit. Wenn die Engramme aus der Bank des reaktiven Minds getilgt werden, steigern sich Vernunft und Leistungsfähigkeit in sehr starkem Maße, die Gesundheit verbessert sich bedeutend, und der Mensch denkt vernünftig gemäß dem Verhaltensmuster des Überlebens. Das bedeutet, daß er Freude am Leben und an der Gesellschaft anderer Menschen hat, daß er konstruktiv und schöpferisch ist. Er würde nur dann zerstörerisch handeln, wenn der Bereich seiner Dynamiken *wirklich* bedroht ist.

In diesem Stadium der Entwicklung des Menschen haben die Engramme also einen ausschließlich negativen Wert. Als er sich noch nicht so sehr von seinen Tiervettern unterschied (die alle einen reaktiven Mind der gleichen Art haben), mögen solche Daten für ihn nützlich gewesen sein. Mit der Sprache und der veränderten Lebensweise sind Engramme jedoch zu einem ausgesprochenen Nachteil für den Menschen geworden und haben für ihn heute *keinerlei* konstruktiven Wert mehr.

Der reaktive Mind war ursprünglich zur Sicherung des Überlebens bestimmt. Er gibt noch vor, in dieser Weise zu wirken, doch

[16] In der Dianetik betrachtet man als eine *Erinnerung* jeden Wahrnehmungsinhalt, der in den Standard-Gedächtnisbanken gespeichert ist und vom »Ich« potentiell zurückgerufen werden kann. Eine Szene, die man mit den Augen und den anderen Sinnesorganen wahrnimmt, wird zu einer Aufzeichnung in den Standard-Gedächtnisbanken und kann später vom »Ich« zurückgerufen werden. (Anm. d. Verf.)

seine unglaublichen Fehler führen heute nur noch in die entgegengesetzte Richtung.

Es gibt drei Arten von Engrammen, die alle aberrierend sind. Erstens gibt es das *überlebensfeindliche Engramm*, das körperlichen Schmerz, schmerzliche Emotion, alle anderen Wahrnehmungen und eine Bedrohung des Organismus enthält. Ein Kind, das von einem Sittenstrolch niedergeschlagen und mißbraucht wird, empfängt diesen Engrammtyp. Das überlebensfeindliche Engramm enthält scheinbare oder wirkliche Feindseligkeit gegen den Organismus.

Der zweite Engrammtyp ist das *überlebensfreundliche Engramm*. Beispiel: Ein Kind, das mißhandelt wurde, ist krank. In diesem Zustand, während es teilweise oder völlig »bewußtlos« ist, wird ihm gesagt, daß man sich um es kümmern wird, daß man es wirklich liebt usw. Dieses Engramm wird nicht als überlebensfeindlich, sondern als überlebensfreundlich aufgefaßt; es scheint das Überleben zu fördern, ist jedoch aberrierender als der erste Typ, da es durch das Gesetz der Affinität (Anziehung, Zuneigung) verstärkt wird. Affinität ist der Furcht an Kraft immer überlegen. Die Hypnose macht sich in ihrer Mitgefühlsbekundung gegenüber einer künstlich bewußtlos gemachten Versuchsperson dieses Merkmal des reaktiven Minds zunutze. Hypnose ist jedoch in sich begrenzt, da sie den Faktor des körperlichen Schmerzes und der schmerzlichen Emotion nicht enthält, also die Dinge, die Engramme außer Sicht und unter der Bewußtseinsschwelle verankert halten.

Drittens gibt es das *Engramm mit schmerzlicher Emotion*, das den anderen Engrammen ähnlich ist. Es wird durch den Schock plötzlichen Verlustes verursacht, beispielsweise durch den Tod einer geliebten Person.

Die Bank des reaktiven Minds besteht ausschließlich aus diesen Engrammen, folglich denkt der reaktive Mind ausschließlich mit diesen Engrammen. Und er »denkt« mit ihnen in einer Weise, die Korzybski[17] in hellen Zorn versetzen würde, denn der reaktive Mind »denkt« nach dem Prinzip der vollständigen Gleichsetzung, das heißt in *Identitäten:* eine Sache ist mit der anderen *identisch*.

Beim analytischen Mind sähen Berechnungen über Äpfel und Würmer vermutlich folgendermaßen aus: Manche Äpfel haben Wür-

[17] *A. Korzybski:* 1879-1950, ein in Polen geborener Philosoph, der die allgemeine Semantik entwickelte, eine Theorie und Methode, die darauf abzielt, die Qualität menschlicher Erfahrungen und Beziehungen zu verbessern, indem die Leute geschult werden sollen, die Bedeutung der Wörter für sich selbst auszuwerten und bei der Verwendung von Wörtern und in ihrer Reaktion auf Wörter kritischer zu sein.

mer, andere nicht; wenn man in einen Apfel beißt, findet man gelegentlich einen Wurm, außer wenn der Apfel rundum besprüht worden ist; Würmer hinterlassen Löcher in Äpfeln.

Wenn jedoch der reaktive Mind eine Berechnung über Äpfel und Würmer anstellen würde, sähe das entsprechend den darüber in seiner Engrammbank vorhandenen Daten folgendermaßen aus: Äpfel sind Würmer sind Bisse sind Löcher in Äpfeln sind Löcher in allem sind Äpfel und immer sind Würmer sind Äpfel sind Bisse usw.

Der analytische Mind kann die verblüffendsten Berechnungen der höheren Mathematik, die geschickten Wendungen der symbolischen Logik[18] und die für den Brückenbau oder die Schneiderei nötigen Berechnungen durchführen. Jede mathematische Gleichung, die jemals aufgestellt wurde, kam vom analytischen Mind und könnte von ihm bei der Lösung ganz alltäglicher Probleme angewandt werden.

Nicht so der reaktive Mind! Der ist unglaublich simpel; man kann von ihm sagen, daß er bei seiner Arbeit nur eine einzige Gleichung benutzt: A = A = A = A = A.

Beginnen Sie jede beliebige Berechnung mit dem reaktiven Mind – natürlich mit den Daten, die er enthält –, und Sie werden sehen, daß jeder Inhalt einer Erfahrung für den reaktiven Mind genau dasselbe ist wie jeder andere Inhalt derselben Erfahrung.

Eine analytische Berechnung über die Frau im obigen Beispiel, die von ihrem Mann getreten wurde, könnte folgendermaßen lauten: Frauen können in Situationen geraten, in denen sie getreten und verletzt werden, und es hat Männer gegeben, die Frauen getreten und verletzt haben.

Eine Berechnung des reaktiven Minds über dieses Engramm als Engramm würde lauten: der Schmerz des Fußtritts *ist gleich* der Schmerz des Schlages *ist gleich* der umfallende Stuhl *ist gleich* das vorbeifahrende Auto *ist gleich* der Wasserhahn *ist gleich* die Tatsache, daß sie eine Betrügerin ist, *ist gleich* die Tatsache, daß sie nichts taugt, *ist gleich* die Tatsache, daß sie ihre Meinung ändert, *ist gleich* der Tonfall des Mannes *ist gleich* die Emotion *ist gleich* eine Betrügerin *ist gleich* ein laufender Wasserhahn *ist gleich* der Schmerz des Fußtritts *ist gleich* die Organempfindung in diesem Körperbereich *ist gleich* der umfallende Stuhl *ist gleich* Meinungsänderung *ist gleich* ... Doch warum fortfahren? Jede einzelne Wahrnehmung in diesem Engramm ist gleich jede andere Wahrnehmung in diesem Engramm.

[18] *symbolische Logik:* formale Logik, die mathematische Symbole benutzt.

Wie? Das ist verrückt? Ganz genau!

Betrachten wir noch einmal unser Beispiel mit der posthypnotischen positiven Suggestion, die eine Versuchsperson veranlaßt, sich immer wieder die Jacke an- und auszuziehen. Dieses Beispiel zeigt uns die sichtbaren Faktoren der Arbeitsweise des reaktiven Minds.

Diese posthypnotische Suggestion bedürfte nur einer emotionellen Ladung und körperlichen Schmerzes, und es entstände ein gefährliches Engramm. In gewissem Sinne *ist* die Suggestion ja schon ein Engramm – sie wird durch die mitfühlende Beziehung zwischen Hypnotiseur und Versuchsperson eingegeben, was sie zu einem Mitgefühlsengramm, d. h. zu einem »überlebensfreundlichen Engramm« macht.

Wir wissen, daß der Hypnotiseur nur seinen Schlips zu berühren brauchte, um die Versuchsperson nach der Hypnose zum Ausziehen ihrer Jacke zu bewegen. Die Person wußte nicht, was sie dazu veranlaßte. Sie fand für ihre Handlungsweise alle möglichen Erklärungen, nur nicht die richtige. Diese ist: Das Engramm, in diesem Fall die posthypnotische Suggestion, war tatsächlich in die Bank des reaktiven Minds eingegeben worden. Es befand sich unterhalb der Bewußtseinsschwelle; von dort aus zwang es die Person zum Handeln. Es wirkte auf die Muskeln ein und ließ die Versuchsperson ihre Jacke ausziehen. Es bestand aus Daten, die unterhalb der Kontrollebene des analytischen Minds in die Schaltkreise des Organismus eingebaut wurden, und es wirkte nicht nur auf den Körper, sondern auch auf den analytischen Mind selbst ein. Wenn dieser Mann jedesmal seine Jacke auszöge, sobald er jemanden seine Krawatte berühren sieht, würde ihn die Gesellschaft für etwas gestört halten. Und doch könnte er darüber nicht frei entscheiden. Hätte er versucht, dem Hypnotiseur einen Strich durch die Rechnung zu machen und sich zu weigern, die Jacke auszuziehen, so hätte er sich außerordentlich unbehaglich gefühlt.

Betrachten wir nun ein Beispiel für die Arbeitsweise des reaktiven Minds bei einer niedrigeren Lebensform. Ein Fisch schwimmt in seichtes Wasser hinein, das gelblich und leicht salzig ist und nach Eisen schmeckt. Er hat gerade einige Krabben im Maul, als ein größerer Fisch auf ihn zugeschossen kommt und seinen Schwanz rammt.

Dem kleinen Fisch gelingt es zu entkommen, aber er hat einen körperlichen Schaden davongetragen. Da aber der kleine Fisch nur unbedeutendes analytisches Vermögen besitzt, beruht die Entscheidung über seine Handlungen größtenteils auf Reaktion.

Sein Schwanz heilt, und er zieht weiter seiner Wege. Doch eines Tages greift ihn ein größerer Fisch an und stößt gegen seinen Schwanz. Diesmal ist er nicht ernstlich verletzt, sondern hat nur einen Stoß abbekommen. Aber etwas ist geschehen. Irgend etwas in seinem Inneren nimmt an, daß er nun aber nachlässig in seinen Handlungen ist, denn zum zweiten Mal wurde die gleiche Körperstelle verletzt.

Die Berechnung auf dem reaktiven Niveau des Fisches lautet: Seichtes Wasser ist gleich leicht salziges Wasser ist gleich gelblich ist gleich Eisengeschmack ist gleich Schmerz im Schwanz ist gleich Krabben im Maul, und jedes davon gleicht dem anderen.

Der Stoß an den Schwanz beim zweiten Mal ließ das Engramm *einkeyen*[19]. Er zeigte dem Organismus, daß so etwas wie der erste Unfall wieder geschehen könnte (Denken in Identitäten). Darum Vorsicht!

Später schwimmt der kleine Fisch wieder einmal in leicht salziges Wasser hinein, und es macht ihn etwas »nervös«. Doch schwimmt er weiter, und nun wird das Wasser auch noch gelblich. Noch immer kehrt er nicht um. Er beginnt leichte Schmerzen im Schwanz zu verspüren. Aber er schwimmt immer noch weiter. Auf einmal nimmt er Eisengeschmack wahr, und der Schmerz in seinem Schwanz wird stark. Plötzlich schießt er wie ein Blitz davon. Kein Fisch hatte ihn verfolgt. Er hätte dort Krabben finden können, dennoch schoß er davon. Gefährliche Stelle! Und wäre er nicht von dort weggeschwommen, dann hätte er sich noch stärkere Schmerzen in seinem Schwanz zugezogen.

Dieser Mechanismus ist eine Art Überlebenshandlung. Bei einem Fisch mag er von Nutzen sein. Bei einem Menschen jedoch, der sich jedesmal die Jacke auszieht, wenn jemand die Krawatte berührt, hat dieser Überlebensmechanismus längst seinen Sinn verloren. *Er ist aber noch da!*

Lassen Sie uns das Beispiel des jungen Mannes mit der Jacke noch weiter untersuchen. Der Auslöser zum Ausziehen der Jacke war genau bestimmt; der Hypnotiseur berührte seinen Schlips. Das entspricht jeder der Wahrnehmungen, die der Fisch aufnahm und die ihn umkehren ließen. Statt der Berührung des Schlipses hätte ein Dutzend anderer Dinge das Zeichen zum Ausziehen der Jacke sein können.

[19] *einkeyen* (»einrasten«): (in bezug auf ein Engramm:) zum ersten Mal restimuliert (wieder in Tätigkeit versetzt) werden. (Aussprache: ein-kı-en)

Bei der Frau, die bewußtlos geschlagen und getreten wurde, hat jede Wahrnehmung des ihr eingeprägten Engramms eine Eigenschaft der *Restimulation*[20]. Aus einem Wasserhahn laufendes Wasser würde sie möglicherweise nicht besonders berühren. Aber das herauslaufende Wasser *plus* ein Auto, das vorbeifährt, das könnte bereits eine leichte Reaktivierung des Engramms einleiten, also ein vages Unbehagen an den Stellen hervorrufen, wo sie geschlagen und getreten wurde; noch nicht groß genug, um ihr wirklich Schmerz zu bereiten, aber es ist auf jeden Fall vorhanden. Kommt zu dem laufenden Wasser und dem vorbeifahrenden Auto der harte Fall eines Stuhles hinzu, dann erlebt sie einen Schock, der jedoch noch verhältnismäßig mild ist. Kommt nun noch der Geruch und die Stimme des Mannes hinzu, der sie getreten hat, wird der Schmerz sich steigern. Der Mechanismus gibt ihr zu verstehen, daß sie sich in einer gefährlichen Gegend befindet und sich entfernen sollte. Aber sie ist kein Fisch, sie ist ein sehr bewußt empfindendes Wesen von der kompliziertesten geistigen Struktur, die sich nach unserer Kenntnis bisher auf der Erde entwickelt hat. Sie ist ein Mensch, bei dem neben dem einen Engramm noch viele andere Faktoren eine Rolle spielen. Sie bleibt. Die Schmerzen an den Stellen, wo sie mißhandelt wurde, fördern Krankheitsentstehung oder sind schon an sich eine chronische Krankheit. Diese ist freilich unbedeutend, soweit sie von dem einen Geschehnis herrührt, aber sie ist nichtsdestoweniger eine Krankheit. Ihre Zuneigung zu dem Mann, der sie schlug, ist vielleicht so groß, daß ihr analytisches Niveau, unterstützt von einer allgemein hohen Tonstufe, den Schmerzen die Stirn bieten kann. Aber wenn dieses Niveau nicht hoch ist und auch keine nennenswerte Unterstützung erfährt, dann können die Schmerzen sehr groß werden.

Der Fisch, der auf eine solche Art Schmerz erfuhr und ein Engramm davontrug, verschmäht Krabben danach durchaus nicht. Sie mögen ihm vielleicht etwas weniger begehrenswert erscheinen, aber der Überlebenswert des Krabbenfressens bewirkt, daß Krabben noch immer weit mehr mit Vergnügen als mit Schmerz gleichgesetzt werden.

Ein angenehmes und hoffnungsvolles Leben im allgemeinen – und glauben Sie nicht etwa, wir wollten andeuten, die Frau bliebe nur des Essens wegen, was auch immer die Satiriker über Frauen gesagt haben – enthält ein hohes Überlebenspotential, mit dem sich

[20] *Restimulation* (lat. *re* = wieder, *stimulare* = antreiben, reizen): bedeutet das Reaktivieren eines vorhandenen Geschehnisses, wenn die Wahrnehmungen der Umgebung in der Gegenwart denjenigen des Engramms nahekommen. – Verb: *restimulieren*.

eine Menge Schmerzen überwinden lassen. Wenn jedoch das Überlebenspotential abnimmt, kommt man der Schmerz-Ebene (Zone 0 und Zone 1) immer näher, und dann könnte ein solches Engramm bald ernstlich reaktiviert werden.

Neben dem Schmerz gibt es hier jedoch noch einen weiteren Faktor – ja sogar mehrere. Wenn dem jungen Mann mit der Jacke eine der *neurotischen* positiven Suggestionen, wie sie einige Seiten früher aufgezählt wurden, eingegeben worden wäre, dann hätte er auf Signal auch darauf reagiert.

Das Engramm der geschlagenen Frau enthält, ganz abgesehen von den allgemeinen *Restimulatoren*[21] wie dem Wasserhahn, dem Auto und dem umfallenden Stuhl, eine zur Neurose hinführende positive Suggestion. Ihr Mann hat ihr gesagt, sie sei eine Betrügerin, sie tauge nichts und sie ändere ständig ihre Meinung. Wird das Engramm auf eine der vielen möglichen Arten restimuliert, hat sie das »Gefühl«, nichts zu taugen und eine Betrügerin zu sein, und sie *wird* ihre Meinung ändern.

Es liegen mehrere Fälle vor, die besonders deutlich diese traurige Entwicklung illustrieren. Da war eine Frau (die später zum Clear gemacht wurde) wiederholt schwer geschlagen worden, wobei man ihr jedesmal ähnliche herabwürdigende Dinge sagte, die darauf hinausliefen, daß sie sehr unmoralisch sei und mit jedem schliefe. Ihr Vater brachte sie zur Behandlung, nachdem sie geschieden war, und klagte, sie sei sehr unmoralisch und habe jede Woche mit einem anderen Mann geschlafen. Sie gab das selbst zu, konnte jedoch nicht verstehen, woher das kam; es bekümmerte sie, aber sie konnte es »ganz einfach nicht ändern«. Die Untersuchung der Engramme in der Bank ihres reaktiven Minds brachte eine lange Reihe von Mißhandlungen und Vorwürfen dieses Inhalts zum Vorschein. Da es sich hier um eine Sache der Forschung und nicht der Behandlung handelte – obwohl diese ebenfalls erfolgte –, wurde mit ihrem früheren Mann Kontakt aufgenommen. Eine Untersuchung, die ohne ihr Wissen durchgeführt wurde, ergab, daß seine Wut-*Dramatisationen*[22] genau diese Vorwürfe enthalten hatten. *Er hatte seine Frau in die Unmoral hineingeprügelt, weil er sich vor unmoralischen Frauen fürchtete.*

[21] *Restimulatoren:* diejenigen Dinge in der Umwelt eines Individuums, die dem Inhalt eines Engramms annähernd entsprechen.

[22] *Dramatisation:* Denken oder Handeln, das durch den Inhalt des reaktiven Minds bestimmt wird. Wenn jemand dramatisiert, dann spielt er wie ein Schauspieler seine ihm zugewiesene Rolle und geht durch eine Reihe unvernünftiger Handlungen

Alle im Laufe dieser Forschungsarbeit untersuchten Fälle wurden nachgeprüft, und zwar wurden die Engramme des Patienten mit den Engrammen des Verursachers verglichen. Soweit es möglich war, wurde der Inhalt der Geschehnisse überprüft, und es wurde in allen Fällen Übereinstimmung festgestellt. Um Absprachen auszuschließen, wurden alle erforderlichen Sicherheitsmaßnahmen getroffen. *Alles, was man bei den Patienten in Zeiten von »Bewußtlosigkeit« fand, wurde durch den Vergleich mit anderen Quellen ausnahmslos bestätigt.*

Der Vergleich zwischen Hypnose und Aberration erweist sich als fruchtbar. Hypnose pflanzt durch positive Suggestion Geistesgestörtheit in der einen oder anderen Form ein. Gewöhnlich handelt es sich um eine vorübergehende Einpflanzung, doch manchmal läßt sich die hypnotische Suggestion nicht so aufheben oder entfernen, wie der Hypnotiseur es sich wünscht. Die Gefahr von Hypnoseexperimenten an Patienten, die nicht Clear sind, liegt in einem anderen Mechanismus reaktiver Art begründet.

Bei dem Engramm in unserem obigen Beispiel (und das gleiche geschieht bei anderen solchen Engrammen) war die Frau offenbar »bewußtlos«, als sie das Engramm empfing. Sie hatte keine Standardbank-Erinnerung (Aufzeichnung) des Geschehnisses, außer dem Wissen, daß sie von dem Mann ohnmächtiggeschlagen worden war. Das Engramm war also keine Erfahrung im üblichen Sinn. So konnte es »von unten her« arbeiten und ihre Denkprozesse aberrieren. Es konnte an den verletzten Stellen seltsame Schmerzen hervorrufen, die sie anderen Ursachen zuschrieb. Das Engramm war ihr jedoch nicht *bekannt.*

Das Engramm mußte *einkeyen,* um aktiviert zu werden. Aber was genau konnte es einkeyen? Zu einem späteren Zeitpunkt, als sie müde war, drohte der Mann, sie wieder zu schlagen, und bedachte sie von neuem mit Schimpfnamen. Das war nun für die Frau ein Erlebnis auf bewußter Ebene; sie empfand es als »seelisch schmerzhaft«. Aber es war nur darum »seelisch schmerzhaft«, weil die Erfahrung wirklich durchlebter körperlicher Schmerzen ungesehen darunter lag. Durch das bewußte Erlebnis war sie eingekeyt worden. Dieses zweite, bewußte Erlebnis war ein *Lock*[23]. Es war eine Erinnerung,

[23] *Lock* (»Einhakung«): ist ein analytischer Moment, der den Wahrnehmungen des Engramms nahekommt und dadurch das Engramm restimuliert bzw. in Tätigkeit versetzt. Dabei werden die Wahrnehmungen der Gegenwart vom reaktiven Mind fälschlicherweise als dieselbe Situation interpretiert, die früher einmal körperlichen Schmerz verursacht hat. Locks enthalten zur Hauptsache Wahrnehmungen, keine körperlichen Schmerzen und sehr wenig Mißemotion.

übte aber eine neuartige Wirkung in den Standardbanken aus; es hatte zu viel Kraft, und es bezog diese Kraft aus einem früheren Schlag auf den Körper. Der reaktive Mind geht nicht gerade sorgfältig mit der Zeit um. Er kann tatsächlich, wenn ein *Key-in*[24] einsetzt, zwischen dem Alter von einem Jahr und dem Alter von neunzig Jahren nicht unterscheiden. Das Engramm selbst ist unter die Standard-Gedächtnisbank gerückt.

Die Frau glaubt, über das bekümmert zu sein, was der Mann in dem zweiten Erlebnis, dem *Lock*, sagte. In Wirklichkeit bekümmert sie das Engramm. Auf diese Art und Weise werden Erinnerungen »schmerzhaft«. Schmerz aber wird nicht in den Standardbanken gespeichert; in dieser Bank gibt es für Schmerz einfach keinen Platz. Absolut keinen. Es gibt nur Platz für die Vorstellung von Schmerz. Und diese Vorstellungen darüber, was schmerzhaft ist, sind hinreichend, um den vernunftbegabten Organismus Mensch von allen Schmerzen, die er für wirklich gefährlich hält, fernzuhalten. Bei einem Clear gibt es *keine* schmerzerregenden Erinnerungen, da keine Aufzeichnungen mit körperlichem Schmerz mehr vorhanden sind, die aus der Bank des reaktiven Minds heraus die Maschinerie ruinieren könnten.

Der junge Mann, der immer die Jacke aus- und anzog, wußte nicht, was ihn plagte bzw. zu diesen Handlungen veranlaßte. Ein Mensch mit einem Engramm weiß nicht, was ihn quält. Er glaubt, es sei das *Lock*. Das Lock aber kann von aller wirklichen Ähnlichkeit mit dem Engramm weit entfernt sein. Es kann ähnliche Wahrnehmungen enthalten, kann aber in einem völlig anderen Zusammenhang stehen.

Die Wirkungsweise dieser Engramme ist nicht sehr schwer zu verstehen. Sie sind einfach Augenblicke von körperlichem Schmerz, der stark genug ist, um die analytische Maschinerie ganz oder teilweise auszuschalten. Sie enthalten Feindseligkeit gegen das Überleben des Organismus oder ein für sein Überleben scheinbar förderliches Mitgefühl. Das ist die vollständige Definition. Engramme bestehen somit aus tiefer oder leichter »Bewußtlosigkeit«, körperlichem Schmerz, Wahrnehmungsgehalt und überlebensfeindlichen oder überlebensfreundlichen Daten. Sie werden vom reaktiven Mind, der ausschließlich in Identitäten denkt (alles gleicht allem), benutzt. Und sie zwingen dem Organismus ihre Befehle auf, indem sie die

[24] *Key-in* (»Einrastung«): Die erste Restimulation eines Engramms wird als Key-in bezeichnet. Ein Key-in ist einfach eine besondere Art von Lock, nämlich das erste Lock auf einem bestimmten Engramm.

Peitsche des körperlichen Schmerzes schwingen. Verhält sich der Organismus nicht genau so, wie sie es verlangen (was übrigens unmöglich ist; jeder Clear wird Ihnen das bestätigen), dann setzt der körperliche Schmerz ein. Die Engramme steuern einen Menschen wie ein Dompteur einen Tiger – und sie können aus einem Menschen dabei auch mühelos einen Tiger machen und ihm obendrein noch die Räude verschaffen.

Hätte der Mensch nicht die Sprache erfunden, oder (wie noch zu zeigen ist) enthielten seine Sprachen nicht so viele gleichlautende Wörter von unterschiedlicher Bedeutung und mehrdeutige persönliche Fürwörter, dann wären Engramme auch jetzt noch Überlebensdaten, und der Mechanismus würde funktionieren. Aber der Mensch ist über ihre Brauchbarkeit hinausgewachsen. Er wählte zwischen Sprache und potentiellem Wahnsinn und handelte sich für die außerordentlichen Vorteile der ersteren den Fluch des letzteren ein.

Das Engramm ist die ausschließliche Ursache von Aberration und psychosomatischer Krankheit.

Eine enorme Datenmenge ist sorgfältig gesichtet worden. Nicht eine einzige Ausnahme wurde gefunden. Sowohl bei »normalen« Menschen als auch bei Neurotikern und Geisteskranken hat die vollständige oder teilweise Beseitigung der Engramme ohne jede andere Therapie durchweg zu einem Zustand geführt, der die gegenwärtige Norm weit übersteigt. Zur Behandlung aller geistigen und psychosomatischen Störungen genügt nach diesen Ergebnissen die ausschließliche Anwendung der Theorie und der therapeutischen Methoden der Dianetik, wie sie in diesem Buch beschrieben sind.

Die Zelle und der Organismus

Warum blieb das Engramm als die einzige Quelle von Aberration und psychosomatischer Krankheit so lange verborgen? Deshalb, weil einfache Engramme so vielfältige und nahezu unendlich komplexe Erscheinungen zeitigen können.

Man könnte verschiedene Theorien aufstellen, warum sich der menschliche Mind genau so entwickelte, wie es geschah. Doch das sind Theorien, und die Dianetik ist an Strukturfragen nicht weiter interessiert. Gleichwohl erscheinen hier ein paar Bemerkungen angebracht, um für künftige Forschungen auf diesem Gebiet eine Anregung zu geben. Es handelt sich jedoch lediglich um Annahmen, die als Grundlage für die weitere Forschung dienen könnten. Es scheint, daß eine eindeutige Beziehung zwischen allen im Körper befindlichen elektrizitätsähnlichen Energien und den Energieergüssen aus Zellen, die Verletzungen erfahren, besteht. Erzwangen etwa verletzte Zellen, die ihre Nachbarn durch das Entladen elektrizitätsähnlicher Energie dann ebenfalls schädigten, die Entwicklung einer Spezialzelle, die als Kanal zur Ableitung dieser schmerzhaften Ladung dient? Die Ableitungskanäle von Zellen mögen zu Neuronen[1] geworden sein, und die Ladung mag sich dadurch besser über den Körper verteilt haben, so daß es nicht so wahrscheinlich war, daß der Bereich der verletzten Stelle unbrauchbar wurde. Diese Kanäle, die Neuronen, könnten begonnen haben, sich durch Stöße oder Aufprall an den Extremitäten in Bewegungsrichtung herauszubilden. Dies hätte zur Folge, daß die größte Ansammlung von Neuronen sich im Kopf befindet. Entsprechend mag der Mensch mit seinem aufrechten Gang zu einem neuen Punkt des Aufpralls, nämlich der Stirn gelangt sein und sich auf diese Weise seine vorderen Hirnlappen erworben haben. Oder vielleicht auch nicht. Das ist eine bloße Theorie, zu deren Stützung nur wenige Daten von wissenschaftlichem Wert vorliegen. Sie

[1] *Neuron:* Nervenzelle mit allen Fortsätzen.

ist noch nicht Gegenstand wissenschaftlicher Experimente gewesen.

Das folgende muß allerdings als Strukturtheorie vorgelegt werden: Die Zelle ist einer der Grundbausteine des Körpers. Um besser zu überleben, scheinen sich Zellen zu Kolonien vereinigt zu haben, die ihrerseits das Überleben als Hauptinteresse hatten. Die Kolonien entwickelten oder verbanden sich zu Anhäufungen, die ihrerseits Organismen waren und deren einzige Zielsetzung gleichfalls das Überleben war. Und die Organismen entwickelten Bewußtseinsfunktionen, um die Muskeltätigkeit zu koordinieren und die Probleme des Überlebens zu lösen.

Auch dies ist Theorie; zwar führte dieser Gedankengang zur Dianetik, aber er kann vollständig falsch sein. Die Dianetik ist in der Praxis bewiesen und anwendbar. Man kann diese Theorie von der Dianetik trennen, und die Dianetik wird eine Wissenschaft bleiben und weiterhin funktionieren. (Der früher dargestellte Vergleich des analytischen Minds mit einem Computer, einem Elektronengehirn, ist durchaus nicht unerläßlich, er ist nur nützlich für das Begreifen der Dianetik. Er könnte entfallen, ohne die Dianetik zu berühren.) Eine Wissenschaft ist in bezug auf ihre innere Theorie etwas Wandelbares. Mit der Dianetik haben wir unseren Keil in ein enorm umfangreiches Forschungsgebiet hineingetrieben. Wie die Dianetik heute dasteht, funktioniert sie, und sie funktioniert regelmäßig und ohne Ausnahme. Über die Gründe für ihr Funktionieren wird man zweifellos weiterforschen und sie hier und da zu ihrem Vorteil verändern. Wenn das nicht geschähe, dann wäre der Glaube an diese und die kommenden Generationen von Wissenschaftlern nicht gerechtfertigt.

Warum wir über Zellen sprechen, wird im weiteren Verlauf deutlich werden. Wir wissen, daß die früheren Strukturbegriffe nicht richtig sind, weil sie funktionell *nicht* brauchbar sind. All unsere Fakten sind funktioneller Natur, und es sind wissenschaftliche Tatsachen, die durch die praktische Forschung vollständig nachgewiesen sind. Funktion kommt *vor* Struktur. James Clerk Maxwell[2] legte seine Theorien in mathematischer Form vor, und die Elektrizität wurde weit und breit genutzt, lange bevor irgend jemand eine wirkliche Vorstellung von der Struktur des Atoms hatte. Die Funktion kommt immer vor der Struktur. Daß der Mensch in den vergangenen Jahrtausenden nur erstaunlich geringe Fortschritte in der Erfor-

[2] *J. C. Maxwell:* 1831-1879, brit. Physiker und Mathematiker, schuf die Grundlagen der modernen Elektrizitätslehre.

schung des menschlichen Geistes machte, muß man teilweise der Tatsache zuschreiben, daß das »Denkorgan« dieses Geistes auf dem Gebiet der Medizin liegt, die keine Wissenschaft, sondern eine Kunst ist und vielleicht noch lange eine solche bleiben wird. Bevor diese Kunst entscheidende weitere Fortschritte machen wird, wird erst eine grundlegende Philosophie kommen müssen, die das Leben erklärt.

Die Fähigkeiten der Zelle sind beispielsweise nur dürftig erforscht worden. Während der letzten Jahre[3] ist zwar einige Arbeit geleistet worden, um mehr herauszufinden, doch fehlte die grundlegende Philosophie. Die Zelle wurde beobachtet, es wurde aber nicht vorhergesagt, was sie ist und leistet.

Zellstudien am Menschen sind größtenteils am toten Gewebe erfolgt. Dem toten Gewebe fehlt eine unbekannte Qualität, die wichtigste Qualität – das Leben.

Sehr zu unserer Verwunderung entdeckten wir in der Dianetik aufgrund von systematischer Beobachtung, daß die Zellen offenbar auf eine gegenwärtig unerklärliche Weise bewußt empfinden. Wenn wir nicht von der Annahme ausgehen, daß bei der Empfängnis eine menschliche Seele in die Samenzelle und die Eizelle eindringt, dann gibt es Phänomene, die durch keine andere Annahme erklärt werden können als die, daß diese Zellen tatsächlich auf irgendeine Art bewußt empfinden. Betritt man ein neues Gebiet mit Grundannahmen, die nach allen Richtungen hin brauchbar sind – und die grundlegende Philosophie des Überlebens ist ein Lotse, der uns weiter und weiter in immer neue Gebiete führt und überall Phänomene erklärt und voraussagt –, dann ist es unvermeidlich, daß Daten auftauchen, die mit früheren Theorien nicht übereinstimmen. Wenn diese Daten dann ebenso wissenschaftlich sind wie die Beobachtung, daß ein Apfel, wenn man ihn fallen läßt, unter normalen Umständen hier auf der Erde nach unten fällt, so kann man sie einfach nur akzeptieren. Frühere Theorien aufgeben zu müssen, mag einige Überwindung kosten und unsere wehmütige Liebe zur alten Schulweisheit verletzen – aber eine Tatsache bleibt eine Tatsache.

Die Zellen als Denkeinheiten haben offenbar einen Einfluß auf den Körper als eine Denkeinheit und als Organismus. Wir brauchen dieses Strukturproblem nicht zu entwirren, um unsere funktionellen Grundannahmen zu entwickeln. Die Zellen speichern offenbar En-

[3] Anm. d. Übers.: von 1950 aus zurückgerechnet, als dieses Buch geschrieben wurde.

gramme schmerzhafter Erfahrungen. Schließlich sind es gerade sie, die verletzt werden. Und offenbar behalten sie jedesmal, wenn der Analysator sie im Stich läßt, die Oberhand, um bestrafen zu können. Die Geschichte des Engramms scheint die Geschichte eines Kampfes zwischen den Truppen und dem General zu sein, der immer dann erfolgt, wenn der General einen Teil seiner Truppen einbüßt. Je weniger erfolgreich dieser General seine Truppen schützt, um so mehr Macht eignen sie sich an. Offenbar drängten die Zellen das Hirn in eine Aufwärtsentwicklung zu höherer Bewußtheit. Schmerz kehrt den Prozeß um, als würde es den Zellen leid tun, soviel Macht in die Hände eines Oberbefehlshabers gelegt zu haben.

Der reaktive Mind mag sehr wohl die Gesamtheit der zellularen Intelligenz sein. Diese Annahme ist nicht unbedingt erforderlich, ist jedoch eine brauchbare Strukturtheorie, die den Mangel an gesicherten Forschungsergebnissen auf diesem Gebiet der Struktur überbrückt. Bei der reaktiven Engrammbank mag es sich also um Material handeln, das in den Zellen selbst gespeichert ist. Es spielt keine Rolle, ob dies im Augenblick glaubhaft ist oder nicht. Etwas muß darüber allerdings gesagt werden, damit man geistig in den Griff bekommt, was in Augenblicken von »Bewußtlosigkeit« geschieht.

Es ist eine beobachtete und nachgeprüfte wissenschaftliche Tatsache, daß der Organismus bei Auftreten körperlicher Schmerzen den Analysator aus dem Schaltkreis heraustrennen läßt, so daß das persönliche Bewußtsein als Gesamtorganismus herabgesetzt oder ganz ausgeschaltet ist. Er tut dies entweder, um den Analysator zu schützen oder um ihm seine Macht zu entziehen, in der Überzeugung, daß ein Engramm in einer Notsituation am besten weiterhelfen könne – womit übrigens der Analysator erwiesenermaßen nicht übereinstimmt.

Jede während dieser nichtanalytischen Perioden vorhandene Wahrnehmung, einschließlich des körperlichen Schmerzes, wird aufgezeichnet. Sobald Schmerz – d. h. körperlicher Schmerz – vorliegt, wird der analytische Mind mehr oder weniger außer Betrieb gesetzt. Auch wenn der Schmerz nur einen Augenblick andauert, gibt es einen Augenblick lang eine analytische Einschränkung. Das ist leicht zu beweisen – versuchen Sie einfach, sich an das letzte Mal zu erinnern, wo Sie sich ernstlich wehgetan haben, und sehen Sie nach, ob es da nicht wenigstens für einen Augenblick eine Erinnerungslükke gibt. Das Einschlafen bei einer Narkose, aus der man erst einige Zeit später wieder erwacht, ist eine kompliziertere Art der Bewußtseinsausschaltung, weil zwar auch physischer Schmerz beteiligt ist, die Ausschaltung aber zuerst durch ein Gift verursacht wird (alle Anästhetika sind technisch gesehen Gifte). Ein Zeitraum mehr oder weniger starker Ausschaltung des Analysators entsteht auch beim Ersticken, beispielsweise beim Ertrinken, oder wenn das Blut aus irgendeinem Grund den Bereich oder die Bereiche verläßt, die der Sitz der analytischen Kraft sind – wo auch immer sich diese befinden mögen. Letzteres ist der Fall bei Schock (bei dem das Blut die Tendenz hat, sich in der Körpermitte zu sammeln), Blutverlust infolge von Operationen, Verletzungen oder Anämie[4] und bei Verschluß der Halsschlagadern. Der natürliche Schlaf führt zu einer Herabsetzung der analytischen Tätigkeit, die aber nicht sehr tief oder ernst ist. Mit Hilfe dianetischer Therapie kann jedes Erlebnis, das während des Schlafes auftrat, leicht wieder hervorgeholt werden.

Das analytische Vermögen kann also, wie wir jetzt sehen, auf vielerlei Art ausgeschaltet werden, und die Ausschaltung kann mehr oder weniger stark sein. Verbrennt man sich den Finger an einer Zigarette, so ist der Schmerz kurz und die Verminderung des analytischen Vermögens nur gering. Unterzieht man sich einer Operation, so kann die Ausschaltung Stunden dauern und extrem stark sein. Die Dauer und der Grad der Herabsetzung stehen zwar miteinander in Beziehung, sind aber zwei ganz verschiedene Aspekte. Das ist nicht besonders wichtig, aber doch erwähnenswert.

Wir konnten sehen, daß das Prinzip der Abstufung in der Dianetik uns schon manchen Dienst erwiesen hat. Der Grad der Verminderung des analytischen Vermögens kann in derselben Weise beschrieben werden wie das Ausmaß des Überlebenspotentials. Es kann sehr viel oder auch sehr wenig sein. Schauen wir noch einmal auf die Skala (Stufenleiter) des Überlebenspotentials, so können wir sehen, daß der Tod am unteren und die Unsterblichkeit am oberen Ende liegt. Es gibt »unendliches« Überleben. Ob es unendliche analytische Kraft geben kann, ist ein Problem der Mystik. Daß es jedoch eine eindeutige Beziehung zwischen der Tonstufe eines Menschen und dem Ausmaß an analytischer Absperrung gibt, ist wissenschaftlich erwiesen. Sagen wir es folgendermaßen: Bei einem gesunden, glücklichen und enthusiastischen Menschen kann das analytische Vermögen als hoch angesehen werden (Zone 3 und 4). Wenn ein Mensch »bewußtlos« und schmerzgequält unter den Rädern eines Lastautos liegt, dann kann man annehmen, daß das analytische Ver-

[4]*Anämie:* Verminderung des roten Blutfarbstoffs und der roten Blutkörperchen; Blutarmut.

mögen in der Zone 0 liegt. Zwischen potentiellem Überleben und analytischem Vermögen besteht ein Verhältnis. Sinkt das eine, dann sinkt auch das andere. Aus dieser Tatsache lassen sich mehr Daten folgern, als man auf den ersten Blick annehmen würde. Es handelt sich um ein sehr wichtiges Verhältnis.

Ein Engramm enthält alle Wahrnehmungen einer früher durchlebten Situation. Zwei dieser Wahrnehmungen sind körperlicher Schmerz und schmerzliche Emotion. Eine dritte ist Organempfindung, d.h. der Zustand des Organismus während des Zeitabschnitts des Engramms. Und in welchem Zustand war der Organismus, als er das Engramm empfing? Es war tiefere oder leichtere »Bewußtlosigkeit« vorhanden. Dies bedeutet, daß eine Organempfindung herabgesetzten analytischen Vermögens vorhanden war, da sich das analytische Vermögen offenbar von einem oder mehreren Organen im Körper herleitet. Wenn nun ein Engramm durch einen oder mehrere Restimulatoren reaktiviert wird – wenn also ein Mensch, der ein Engramm hat, aus seiner Umgebung etwas aufnimmt, das den früheren engrammatischen Wahrnehmungen ähnlich ist –, dann wird der ganze Inhalt des Engramms (d.h. seine Wahrnehmungseindrücke wie etwa Wasserhähne und Worte) mehr oder weniger stark in Gang gesetzt.

Die Restimulation kann unterschiedlich stark sein. Es kann sein, daß ein Engramm durch Restimulatoren in der Umgebung des Menschen nur ein klein wenig in Gang gesetzt wird; wenn aber viele Restimulatoren vorhanden sind und der Körper sich schon in geschwächtem Zustand befindet, dann kann das Engramm mit voller Kraft zur Entfaltung kommen (was an späterer Stelle näher beschrieben wird). Aber ob das Engramm nun schwach oder stark restimuliert wird, alles in ihm kommt auf die eine oder andere Weise zur Wirkung.

Es gibt nur einen gemeinsamen Nenner aller Engramme, nur ein Merkmal, das sie alle gemeinsam haben. Ein jedes enthält das Datum, daß der Analysator mehr oder weniger ausgeschaltet ist. Wird nun ein Engramm restimuliert, so wird daher jedesmal ein Teil des analytischen Vermögens ausgeschaltet, *obwohl der Körper keinen physischen Schmerz empfangen hat*. Dies geschieht, indem das Organ oder die Organe, die der Sitz des Analysators sind, in einigem Grade aus dem Schaltkreis ausgeschlossen werden.

Das ist äußerst wichtig, um den Mechanismus der Aberration zu verstehen. Es ist eine wissenschaftliche Tatsache, die bewiesen werden kann und ausnahmslos gilt. Immer geschieht folgendes:

Wenn man ein Engramm erhält, wird der Analysator durch den physischen Schmerz und die Emotion ausgeschaltet; wird das Engramm restimuliert, dann wird der Analysator mehr oder weniger ausgeschaltet, da das ein Teil der Engrammbefehle ist. Im Grunde ist das ein ganz mechanischer Vorgang: Das Engramm wird restimuliert, und die analytische Kraft wird teilweise abgeschaltet. Der Vorgang ist ebenso unvermeidlich wie jener des Ein- und Ausschaltens von elektrischem Licht. Wenn Sie an der Schnur ziehen, geht das Licht aus. Die Ausschaltung des Analysators geschieht nur nicht so abrupt – es gibt Schattierungen, bevor »das Licht ganz ausgeht« –, aber es ist genauso mechanisch.

Setzt man einen Mann mittels Äther unter Narkose und verletzt ihn an der Brust, so hat er ein Engramm bekommen, weil seine analytische Kraft ausgeschaltet war, und zwar zunächst durch den Äther und dann durch den Schmerz in der Brust. Während er auf dem Operationstisch lag, zeichnete der reaktive Mind das Klirren der Instrumente, alles Gesprochene, alle Geräusche und alle Gerüche auf. Nehmen wir noch an, daß eine Schwester einen seiner Füße festhielt, weil er ausschlug. Das ist ein vollständiges Engramm.

Das Engramm wird durch ein ähnliches Geschehnis irgendwann später eingekeyt. Danach wird er dann jedesmal mehr oder weniger nervös, wenn er nur ein Klirren hört, das dem Klirren der Instrumente ähnelt. Wenn er dann darauf achtet, was in seinem Körper geschieht, könnte er bemerken, daß sich sein Fuß ein wenig so anfühlt, als würde ihn jemand festhalten. Aber es ist unwahrscheinlich, daß er auf seinen Fuß achten wird, denn wenn er in dieser Hinsicht überhaupt auf etwas achtete, so wäre es der Brustschmerz, den er zu einem gewissen Grad spüren würde. Seine analytische Fähigkeit ist aber ein wenig abgedreht worden. Ebenso wie der Fuß sich festgehalten fühlt, hat der Analysator den Eindruck, durch Äther und Schmerz abgeschaltet zu sein. Durch den Restimulator (das Klirren) wurde das ganze Engramm ein wenig zur Wirkung gebracht, und reduzierte analytische Kraft ist ein Teil des Engrammbefehls.

Das ist der »Knopfdruck«-Mechanismus in Vollendung. Wenn man die hauptsächlichen *Restimulatoren* (Worte, Tonfall, eine bestimmte Musik, was es auch immer sein mag – Inhalte, die als Teil von Engrammen in der Bank des reaktiven Minds gespeichert sind) eines anderen Menschen kennen würde, so könnte man seine analytische Kraft fast völlig ausschalten, ja man könnte ihn tatsächlich bewußtlos machen.

Wir alle kennen Menschen, die uns das Gefühl geben, wir seien dumm. Dafür kann es zwei Gründe geben, jedoch stammen beide von Engrammen her. Einer davon ist die Tatsache, daß das analytische Vermögen durch jedes restimulierte Engramm teilweise abgeschaltet wird, ganz gleich, um welches Engramm es sich dabei handelt.

Bleibt die Umgebung gleich, können Engramme in chronischer Restimulation gehalten werden! Das bedeutet eine chronische Teilausschaltung des analytischen Vermögens. Daß bei einem Clear Intelligenz wiedergewonnen und in so unglaublichem Maße gesteigert wird, kommt zum Teil daher, daß wörtliche Befehle in Engrammen beseitigt wurden, die besagten, daß er dumm sei, aber mehr noch daher, daß dieser chronische Zustand der Ausschaltung aufgehoben wurde.

Das ist keine Theorie; es ist eine wissenschaftlich bewiesene Tatsache, gleichsam dem »Reagenzglas« abgewonnen. Eine der im Engramm enthaltenen Wahrnehmungen ist der ausgeschaltete Zustand des Analysators; wenn das Engramm restimuliert wird, setzt es diesen Umstand mehr oder weniger wieder in Kraft.

Da Engramme im Zustand der »Bewußtlosigkeit« empfangen werden, verursachen sie also bei jeder Restimulation eine partielle »Bewußtlosigkeit«. Jemand, der ein Engramm hat (also jeder Aberrierte), braucht keinen neuen physischen Schmerz zu erleiden, um einen neuen Augenblick teilweiser »Bewußtlosigkeit« zu erleben. »Benommen«, »schläfrig« oder »abgestumpft« zu sein ist teilweise das Resultat einer Teilausschaltung des Analysators. »Nervös«, wütend oder auch erschrocken zu sein geht ebenfalls mit einer Teilausschaltung des analytischen Vermögens einher. Wenn ein Hypnotiseur »Erfolg« hat, so liegt das daran, daß er durch suggestives Erwähnen von »Schlaf« irgendein Engramm restimulieren kann, in dem das Wort *Schlaf* sowie eine Ausschaltung des analytischen Vermögens enthalten sind. Dies ist einer der Gründe, warum Hypnose »funktioniert«.

Die ganze Gesellschaft ist jedoch wegen der Restimulierung von Engrammen einer mehr oder weniger weitgehenden Ausschaltung des analytischen Vermögens ausgesetzt.

Die Anzahl der Engramme in der reaktiven Bank eines Menschen ist jedoch für den Grad der Reduzierung seines analytischen Vermögens nicht unbedingt entscheidend. Jemand mag Engramme haben, ohne daß sie eingekeyt worden sind. Und sind sie eingekeyt worden, ist es immer noch möglich, daß er sich nicht in einer Umgebung aufhält, die besonders viele Restimulatoren liefert. Unter solchen Umständen kann er sich in einer hohen Zone des Überlebenspotentials befinden, obwohl er sehr viele Engramme hat. Und außerdem mag er sich in gewissem Maß über seine Engramme hinaus erzogen haben.

Ein Mensch aber, der eingekeyte Engramme hat und in einem Bereich mit vielen Restimulatoren lebt, ist der Restimulation und somit der Ausschaltung des analytischen Vermögens außerordentlich stark ausgesetzt. Das ist ein normaler Zustand. Hat jemand viele Engramme, die eingekeyt sind, und lebt er in einer Umgebung mit vielen Restimulatoren, so kann sein Zustand von »normal« bis »geisteskrank« schwanken. Und an einem einzigen Tag – wie im Falle des Mannes, der momentane Wutausbrüche hat, oder der Frau, die in Apathiezustände verfällt – kann der Zustand eines Menschen von normal zu geisteskrank und wieder zurück zu normal wechseln. Wir verwenden hier das Wort »geisteskrank« in der Bedeutung äußerster Unvernunft. Es gibt also sowohl zeitweilige als auch chronische Geisteskrankheit.

Der Gerichtshof, der über die traurige Frage entscheidet, ob ein Mörder als normal oder geistesgestört eingestuft werden soll, verhält sich selber unvernünftig. Natürlich war der Mann geisteskrank, *als* er den Mord beging. Nun fragen die Richter aber danach, ob der Mann *chronisch* geisteskrank sei. Doch das hat mit der Sache wenig zu tun. Wenn ein Mann in der Vergangenheit einmal geisteskrank genug geworden ist, um zu morden, dann wird er auch in der Zukunft wieder geisteskrank genug werden, um erneut zu morden. Chronisch bedeutet also entweder einen chronischen Zyklus oder einen Dauerzustand. Das Gesetz sagt, geistige Gesundheit sei »die Fähigkeit, das Richtige vom Falschen zu unterscheiden«. Wenn der Mensch einem Mechanismus unterliegt (und das trifft auf alle Menschen zu), der ihn in der einen Minute vernünftig und in der nächsten restimuliert sein läßt, so kann mit Ausnahme eines Clears niemand in der Gesellschaft für fähig gehalten werden, Richtig und Falsch immer zu unterscheiden. Diese Tatsachen sind ganz unabhängig davon, was dem Gesetz nach mit »richtig« und »falsch« (bzw. mit »Recht« und »Unrecht«) gemeint ist.

Hier wird das Auf und Ab eines Aberrierten in bezug auf seinen Geisteszustand sichtbar. Alle Aberrierten haben Engramme (die normale Anzahl liegt vermutlich bei einigen hundert pro Person). Die Menschen haben ihrem analytischen Vermögen nach eine umfassende Entscheidungsauswahl und können sich mit den Begriffen Richtig und Falsch sogar auf philosophischer Ebene befassen. Bei aberrierten Menschen besteht aber immer die Gefahr, daß die Engrammbank restimuliert wird. Der am Dienstag »geistig gesunde« Aberrierte mag am Mittwoch ein Mörder sein, wenn genau die Situation eintritt, die genau das passende Engramm reaktiviert. Die Handlungen eines Clears in einer gegebenen Situation sind nicht genau vorhersagbar, da er eine enorme Vielfalt an Wahlmöglichkeiten hat. Das Verhalten eines Aberrierten ist jedoch ganz unmöglich vorherzusagen, weil erstens niemand weiß, welche Engramme er in seiner Engrammbank hat, nicht einmal er selbst; weil es zweitens ein Zufall ist, welche Situation welche Restimulatoren bereithält; und weil es sich drittens gar nicht feststellen läßt, welche Wahl er auf der Ebene des reaktiven Minds unter den Faktoren in den Engrammen treffen wird.

Die Vielfalt an Verhaltensmöglichkeiten, die sich aus diesen grundlegenden Mechanismen ergeben, ist so groß, daß es kein Wunder ist, wenn der Mensch von manchen Philosophien als ziemlich hoffnungsloser Fall betrachtet wurde.

Wenn die Engrammbank auf der Ebene der Zellen eingespeichert ist, könnte man theoretisch vermuten, die Zellen hätten sich dagegen abgesichert, daß der Analysator bei der Vorantreibung des Lebens – einer Sache, bei der es um Leben und Tod geht – zu kühn wird. Man könnte davon ausgehen, daß die Zellen sich daher alle Daten sorgfältig aufgezeichnet haben, die in den Zeitabschnitten vorhanden waren, in denen körperlicher Schmerz und Emotion zu »Bewußtlosigkeit« führten oder in »Bewußtlosigkeit« enthalten waren. Würden dann irgendwelche ähnlichen Daten in der Umwelt auftauchen, könnten die Zellen aufmerksam werden und angesichts einer großen Anzahl von Restimulatoren den Analysator ausschalten und ihrerseits nach dem Prinzip der Reizreaktion die Kontrolle ausüben. Darin liegt ein – wenn auch grober – Sicherheitsfaktor. Wenn der Organismus eine Periode von »Bewußtlosigkeit« überlebt hat, könnten die Zellen natürlich meinen, daß es noch einmal zum Überleben führen wird, wenn unter Umständen, die eine ähnliche Bedrohung darzustellen scheinen, nach den alten Daten und Handlungen verfahren wird. Was für den Großvater gut genug war, ist gut genug für mich. Was gut genug war beim Unfall mit einem Bus, ist gut genug für das Fahren in einem Bus.

Dieses schwachsinnige »Denken« ist für den reaktiven Mind typisch. Das ist einfach die Art, wie der reaktive Mind denkt. Er ist extrem konservativ. Am laufenden Band kapiert er nicht, worum es geht, und übersieht wichtige Daten. Er überlädt den Körper mit

Schmerz und ist ein Strudel von Verwirrungen. Gäbe es für jede Situation nur ein Engramm, würde er vielleicht noch damit durchkommen. Doch kann es zehn Engramme mit ähnlichen Daten geben (eine *Engramm-Lock-Kette*[5]), und dennoch mögen die Daten einander so widersprechen, daß bei einem neuen Notfall, der die Restimulatoren der Kette aufweist, keine passende frühere Verhaltensweise angeboten werden kann, um der Situation zu begegnen.

Der unbestimmte Faktor ist offensichtlich die Sprache. Falls das ganze Problem in den Zellen begründet ist (zur Erinnerung: dieser Teil ist auf Daten beruhende Theorie, die in dem Versuch gegeben wird, die Vorgänge zu erklären; und eine Theorie kann man ändern, ohne an der wissenschaftlichen Brauchbarkeit der Fakten etwas zu ändern), so kann dazu gesagt werden, daß Zellen Sprachen wahrscheinlich nicht besonders gut verstehen. Wenn die Zellen Sprachen verstünden, würden sie nicht derartige »Lösungen« entwickeln.

Betrachten wir als Beispiel zwei Engramme, die mit Baseballschlägern zu tun haben: Einmal wird ein Baseballspieler mit einem Schläger auf den Kopf geschlagen und betäubt, während jemand schreit: »Lauf, lauf, lauf!« Ein anderes Mal wird der Mann in derselben Umgebung mit dem Schläger k.o. geschlagen, während jemand brüllt: »Bleib da, du bist sicher!« Was tut er nun, wenn er einen Baseballschläger hört, riecht oder sieht oder wenn er diese Worte hört? Laufen oder dableiben? Für beide Handlungen hat er einen ähnlichen Schmerz auf Lager. Was geschieht wirklich? Er bekommt Kopfweh. So etwas nennt man einen Konflikt. Das ist Beklemmung. Und die Beklemmung kann wirklich sehr akut werden – auf rein mechanische Weise –, wenn man neunzig Engramme hat, die einen nach Süden ziehen, und neunundachtzig, die einen nach Norden ziehen. Geht man nach Norden oder nach Süden? Oder bekommt man einen »Nervenzusammenbruch«?

Der reaktive Mind ist etwa so »gescheit« wie ein Grammophon. Man setzt die Nadel auf die Platte, und die Platte wird abgespielt. Der reaktive Mind setzt einfach nur die Nadel auf. Wenn er versucht, gleich mehrere Platten auszuwählen und alle auf einmal zu spielen, dann spielt sich etwas ab.

Durch absichtliche Einrichtung, ein Versehen beim Entwurf oder ein Umgehen bei der Evolution – in der das alte, nutzlose Instrument immer noch gebaut wird – gelang es den Zellen, die Engrammbank ziemlich gut zu verbergen. Der analytische Mind ist der Sitz des menschlichen Bewußtseins. Im Zustand der »Bewußtlosig-

[5] *Kette:* eine Reihe von Geschehnissen ähnlicher Art oder ähnlicher Thematik.

keit« aber ist sein analytischer Mind außerstande, die hereinkommenden Daten zu überwachen; und diese Daten sind dann in den Standardbanken (wie wir sie in unserem Vergleichsschema nennen) nicht zu finden. Alles, was während der »Bewußtlosigkeit« hereinkam, ging also am Bewußtsein vorbei. Und nachdem das Bewußtsein einmal umgangen wurde, kann es sich ohne die dianetischen Verfahren die betreffenden Daten nicht zurückrufen, denn es gibt keinen Kanal für den Rückruf.

Das Engramm dringt ein, wenn das Bewußtsein ausgeschaltet ist. Danach wirkt es direkt auf den Organismus ein. Nur durch dianetische Therapie werden die Daten des Engramms dem analytischen Mind zugänglich (und die Beseitigung des Engramms erfolgt nicht dadurch, daß der Analysator überhaupt mit ihm in Berührung kommt, im Gegensatz zu der alten Vorstellung, daß etwas dadurch geheilt wird, daß man es »erkennt«: Versuchen Sie, ein Engramm zu »erkennen«, so werden Sie sich ohne die dianetische Technik unversehens in Schwierigkeiten befinden). Das Engramm wird vom Zellkörper empfangen. Natürlich könnte der reaktive Mind auch die allertiefste Stufe des analytischen Vermögens sein, was allerdings nichts an der wissenschaftlichen Tatsache ändern würde, daß sich das eingekeyte Engramm so verhält, als stände es in eingelöteter Verbindung zum Lebensfunktionsregler, zur organischen Koordination und zur Grundebene des analytischen Minds selbst. Mit »eingelötet« ist eine Dauerverbindung gemeint. Das Einkeyen bedeutet also den Anschluß des Engramms als Teil der Arbeitsmaschinerie des Körpers. Ein analytischer Denkprozeß hingegen ist nicht permanent angeschlossen, sondern kann willentlich vom Analysator in den Schaltkreis ein- oder ausgekoppelt werden. Weil das nicht für das Engramm gilt, wird hier der Ausdruck »eingelötet« verwendet.

Der analytische Mind legt einen Schablonenablauf fest, der nach Reizreaktionsmustern reibungslos und gut funktionieren wird, wann immer er für den Organismus den größten Nutzen bringt. Ein Engramm dagegen ist eine Verhaltensschablone in Form eines kompletten Pakets, das »bleibend« an die Schaltkreise angeschlossen ist (d. h. es bleibt in dieser Weise angeschlossen, wenn nicht dianetische Therapie angewandt wird). Es tritt ähnlich einem Schablonenablauf in Funktion, jedoch ohne jegliche Einwilligung des analytischen Minds.

Da der analytische Mind selbst auf verschiedene Weise durch das Engramm beeinflußt wird – er wird geschwächt und unterliegt dem Einfluß der positiven Suggestionen aus dem Engramm –, ist er unfähig, für das Verhalten des engrammgesteuerten Organismus einen wirklich stichhaltigen Grund zu finden. Deswegen erfindet er einen Grund, denn zu seinen Aufgaben gehört auch, dafür zu sorgen, daß der Organismus immer recht hat. Ebenso wie der junge Mann mit der Jacke in dem geschilderten Hypnoseexperiment mit einer Reihe von dummen Erklärungen kam, die das Aus- und Anziehen der Jacke rechtfertigen sollten, rechtfertigt auch der analytische Mind die Handlungen des Körpers, sobald er merkt, daß der Körper unvernünftige Handlungen begeht (einschließlich Gesprochenes), für die es keine Erklärung zu geben scheint. Das Engramm kann all die verschiedenen Abläufe, die mit dem Leben einhergehen, diktieren; es kann Glauben, Meinungen, Gedankengänge oder auch ihr Fehlen diktieren sowie Handlungen aller Art. Es kann Zustände herstellen, die durch ihre Kompliziertheit sowie durch ihren Stumpfsinn bemerkenswert sind. Ein Engramm kann all das diktieren, was es enthält, und Engramme können alle Wortkombinationen der ganzen Sprache enthalten. Der analytische Mind ist dann angesichts unvernünftigen Verhaltens oder irrationaler Überzeugungen gezwungen, die Handlungen und Zustände des Organismus zu *rechtfertigen*, und ebenso seine eigenen merkwürdigen Schnitzer. Das ist *rechtfertigendes Denken.*

Es gibt also drei Arten des Denkens, zu denen der Organismus fähig ist: a) das analytische Denken, das vernünftig ist und modifiziert wird durch Erziehung und Gesichtspunkt; b) das rechtfertigende Denken, also analytisches Denken, das versucht, Reaktionen zu erklären; c) das reaktive Denken, das völlig davon ausgeht, daß jeder Engramminhalt jedem anderen Inhalt des Engramms gleicht und diese wiederum allen von der Umwelt gelieferten Restimulatoren und allen Dingen, die mit diesen Restimulatoren zu tun haben, gleichen.

Wir haben alle schon einmal erlebt, wie jemand einen Schnitzer machte und dann eine Erklärung lieferte, warum er gerade diesen Schnitzer gemacht hat. Das ist rechtfertigendes Denken. Der Schnitzer erfolgte aufgrund eines Engramms, wenn nicht Erziehung oder Gesichtspunkt dahinterstanden. Der analytische Mind hatte dann den Schnitzer zu rechtfertigen, um dafür zu sorgen, daß der Organismus im Recht war und seine Berechnungen stimmten.

Nun gibt es noch zwei weitere Umstände, die durch Engramme bewirkt werden können. Der eine ist die *Dramatisation*, der andere die *Valenz*.

Nehmen Sie ein schimpfendes und tobendes Kind, einen Mann

in einem wilden Wutausbruch oder Leute in einer ganzen Reihe von unvernünftigen Handlungen. Was diese Menschen durchlaufen, sind *Dramatisationen.* Sie stellen sich ein, wenn ein Engramm gründlich restimuliert wird, so gründlich, daß es durch den Einlötungsaspekt die Steuerung des Organismus übernimmt, und zwar ganz oder nur teilweise; dementsprechend gibt es unterschiedliche Grade der Dramatisation. Bei voller Dramatisation läuft das Engramm Wort für Wort ab, und der Betreffende gleicht einem Schauspieler, der wie eine Marionette seine vorgeschriebene Rolle spielt. Man kann jemandem neue Engramme geben, die diese alten in den zweiten Rang verdrängen. (Der Bestrafungskomplex der Gesellschaft zielt direkt darauf ab, eine Anti-Engramm-Erziehung zu verabreichen.)

Dramatisation ist Überlebensverhalten – entsprechend der närrischen Denkweise des reaktiven Minds –, das von der Voraussetzung ausgeht, der Organismus habe eine »ähnliche« Situation wegen eines solchen Verhaltens überlebt.

Die Frau, die niedergeschlagen und getreten wurde, würde ihr Engramm möglicherweise so dramatisieren, daß sie ganz genau dieselben Worte sagt und dieselben Handlungen ausführt, die ihr gesagt beziehungsweise angetan wurden. Ihr Opfer könnte ihr Kind oder eine andere Frau sein. Es könnte natürlich auch derjenige sein, der der Urheber ihres Engramms ist, falls sie stark genug wäre, ihn zu besiegen. Daß ihr das Engramm anhaftet, bedeutet jedoch nicht unbedingt, daß sie es benutzen wird. Die Frau hat vielleicht hundert andere Engramme, die sie benutzen kann. Wenn sie aber eines dramatisiert, dann ist es, als würde das eingelötete Engramm eine Marionette übernehmen. Der Rest ihrer analytischen Kraft mag allerdings der Abänderung des vorgeschriebenen Verhaltensmusters gewidmet sein. Daher kann sie entweder eine identische oder aber eine lediglich ähnliche Dramatisation durchführen.

Der Dramatisationsaspekt von Engrammen ist Überleben rein nach der Devise »Kampf bis aufs Messer«. Diese Erscheinung hat Beobachter zu der Annahme veranlaßt, daß »Kampf bis aufs Messer« ein Hauptgesetz sei.

Das Engramm kam herein, indem es die Vernunft und die Standard-Gedächtnisbanken umging. Nun befindet es sich im Organismus, jedoch weiß der Organismus auf bewußter Ebene nichts davon. Durch ein Erlebnis auf bewußter Ebene wird es eingekeyt. Dann kann es dramatisiert werden. Und weit davon entfernt, durch Abnutzung schwächer zu werden, sitzt das Engramm um so fester im Schaltkreis, je öfter es dramatisiert wird. Die

Muskeln, die Nerven, alles muß gehorchen.

Überleben nach dem Motto: »Kampf bis aufs Messer!« Die Zellen haben sich abgesichert. Damit kommen wir zur *Valenz. Valens* bedeutet lateinisch »stark, kraftvoll«. Valenz ist ein guter Ausdruck, weil er die zweite Hälfte des Wortes »Ambivalenz« (Kraft in zwei Richtungen) bildet und in jedem guten Wörterbuch zu finden ist. Es ist ein guter Ausdruck, weil er (auch wenn das Wörterbuch es nicht so meinte) die Absicht des Organismus beschreibt, wenn dieser ein Engramm dramatisiert. *Multivalenz* würde »viele Kräfte« bedeuten. Dies umfaßt das Phänomen der gespaltenen Persönlichkeit, also die merkwürdigen Persönlichkeitsunterschiede, die manche Menschen in unterschiedlichen Situationen an den Tag legen. *In der Dianetik bedeutet »Valenz«: die Persönlichkeit eines der Akteure in einem Engramm.*

Im Falle der Frau, die niedergeschlagen und getreten wurde, waren zwei Valenzen vorhanden: sie selbst und ihr Mann. Wäre noch eine andere Person zugegen gewesen, dann hätte, sofern sich diese irgendwie beteiligt hätte, das Engramm drei Valenzen enthalten: sie selbst, ihren Mann und die dritte Person. Bei einem Busunglück, bei dem zehn Personen sprechen oder handeln, gäbe es bei der »bewußtlosen« Person ein Engramm mit elf Valenzen: sie selbst als die »bewußtlose« Person und die zehn, die sprachen oder handelten.

Das Engramm der von ihrem Mann geschlagenen Frau enthält nur zwei Valenzen. Wer hat gewonnen? Hier begegnen wir dem Gesetz des »Kampfes bis aufs Messer«, der Erscheinungsform des Überlebens in Engrammen. Wer hat gewonnen? Der Ehemann. Deswegen wird der Ehemann dramatisiert werden. Die Frau hat nicht gewonnen. Sie wurde verletzt. Aha! Wenn die betreffenden Restimulatoren auftauchen, muß man also einfach handeln wie der Gewinner, der Ehemann. Man muß sprechen wie er, man muß sagen, was er sagte, und tun, was er tat. Er hat überlebt. »Sei wie er!« sagen die Zellen.

Folglich dramatisiert die Frau die gewinnende Valenz, wenn durch irgendeine Handlung – nehmen wir an, von seiten ihres Kindes – dieses Engramm bei ihr restimuliert wird. Sie schlägt das Kind zu Boden und tritt es. Sie sagt zu ihm, daß es ein Betrüger sei, daß es nichts tauge und daß es ständig seine Meinung ändere.

Was geschähe, wenn sie sich selbst dramatisierte? Dann müßte sie hinfallen, einen Stuhl dabei umreißen, ohnmächtig werden und glauben, daß sie eine Betrügerin sei, daß sie nichts tauge und ständig ihre Meinung ändere, und sie müßte den Schmerz von allen Schlägen spüren!

»Sei du selbst« ist ein Rat, der beim reaktiven Mind auf taube Ohren stößt. Hier sehen Sie das Schema: Jedesmal, wenn der Organismus durch das Leben mißhandelt wird, hat sich dem reaktiven Mind zufolge der analytische Mind geirrt. Der reaktive Mind wirft dann den analytischen Mind aus dem Schaltkreis hinaus, und zwar im Verhältnis zur Menge der gegebenen Restimulation (Gefahr). Der reaktive Mind läßt den Körper reagieren, als sei dieser die Person, die in der früheren, jedoch ähnlichen Situation, in der der Organismus verletzt wurde, gewonnen hat.

Was geschieht aber nun, wenn die »Gesellschaft«, der Ehemann oder irgendeine andere äußere Quelle dieser Frau, die das Engramm dramatisiert, sagt, sie müsse der Wirklichkeit ins Auge sehen? Das wäre unmöglich. Die Wirklichkeit bedeutet, sie selbst zu sein, aber sie selber wird verletzt! Was nun, wenn irgendwelche Personen oder Kräfte in ihrer Umwelt *die Dramatisation brechen?* Wenn also die Gesellschaft gegen die Dramatisation Einspruch erhebt und nicht zuläßt, daß sie tritt, brüllt und schreit? Das Engramm ist immer noch eingelötet. Der reaktive Mind zwingt sie, die gewinnende Valenz zu sein. Nun kann sie diese aber nicht sein. Je mehr sie in ihre eigene Rolle kommt, um so mehr »straft« sie der reaktive Mind, indem er sie mehr und mehr in den Zustand der anderen Valenz in dem Engramm bringt. Schließlich starb diese Valenz ja nicht. Und der Schmerz der Schläge setzt ein, die Frau glaubt, eine Betrügerin zu sein, sie glaubt, nichts zu taugen und ständig ihre Meinung zu ändern. Mit anderen Worten: sie ist in der verlierenden Valenz. Fortgesetztes *Brechen der Dramatisation* wird einen Menschen genauso sicher krank machen, wie es sicher ist, daß es neben sonnigen auch trübe Tage gibt.

Noch bevor er zehn Jahre alt ist, sammelt ein Mensch in seinen Engrammen ein halbes Hundert Valenzen an. Welche waren die gewinnenden Valenzen? Sie werden feststellen, daß er sie jedesmal benutzt, wenn ein Engramm restimuliert wird. Persönlichkeitsspaltung in zwei oder mehr Persönlichkeiten? Machen Sie fünfzig bis hundert daraus. In der Dianetik können Sie sehen, wie sich bei Menschen Valenzen ein- und ausschalten und mit einer Geschwindigkeit gewechselt werden, die einen Verwandlungskünstler mit Ehrfurcht erfüllen würde.

Beobachten Sie die immense Komplexität des menschlichen Verhaltens. Wenn man die Absicht hätte, das Problem der Aberration durch systematische Katalogisierung aller Beobachtungen zu lösen, ohne ihren eigentlichen Ursprung zu kennen, käme man auf ebenso viele unterschiedliche Geisteskrankheiten, Neurosen, Psychosen, Zwänge, Verdrängungen, Zwangsvorstellungen und Unfähigkeiten, wie es Wortkombinationen in unserer Sprache gibt. Der Versuch, durch Klassifizierung Grundlagen zu entdecken, ist niemals gute Forschungsarbeit gewesen. Und die unbegrenzten komplexen Abirrungen, die durch Engramme möglich sind (wobei die unter strengsten Bedingungen durchgeführten, mit aller Gründlichkeit kontrollierten Experimente gezeigt haben, daß Engramme genau solche Verhaltensweisen bewirken können, wie sie hier aufgeführt sind), machen den gesamten Katalog aberrierten menschlichen Verhaltens aus.

Es gibt noch ein paar andere grundsätzliche und elementare Wirkungen, die auf Engramme zurückzuführen sind. Diese werden eigens behandelt werden: parasitäre Schaltkreise (engl. *Circuits*), emotionaler Schock und psychosomatische Krankheiten. Mit den wenigen hier dargelegten Grundelementen kann das Problem der Aberration gelöst werden. Diese Grundelemente sind einfach, und auf sie sind all die Schwierigkeiten zurückzuführen, die Einzelmenschen und ganze Gesellschaften erlebt haben. Die Anstalten für Geisteskranke, die Gefängnisse für Verbrecher, die Kasernen und Waffenlager, ja sogar der Staub zerfallener Zivilisationen – all das gibt es, weil diese elementaren Dinge nicht verstanden wurden.

Die Zellen entwickelten sich zu einem Organismus und schufen in der Evolution das, was einmal ein notwendiger Zustand der Bewußtseinsfunktion war. Der Mensch hat sich soweit heranentwickelt, daß er sich jetzt die Mittel zur Überwindung dieses evolutionären Schnitzers schafft. Die Untersuchung des Clears beweist, daß der Mensch Engramme nicht mehr nötig hat. Er befindet sich jetzt in der Position, einen selbständigen, künstlichen Evolutionsschritt vollbringen zu können. Die Brücke über die Schlucht ist gebaut.

Die »Dämonen«

Für eine Weile wollen wir so wissenschaftliche Fragen, wie sie sich uns bei den Zellen stellten, beiseite lassen und einige weitere Aspekte des Problems des menschlichen Geistes betrachten.

Seit vielen Jahrtausenden haben Menschen versucht, die Problematik des menschlichen Verhaltens zu erforschen. Indische, ägyptische, griechische, römische und (in den vergangenen paar Jahrhunderten) unsere eigenen Philosophen und Forscher haben gegen eine Überfülle komplizierten Materials angekämpft.

Die Dianetik konnte nur entwickelt werden, indem das Problem philosophisch in seine Grundbestandteile aufgegliedert wurde und einige Dutzend Maßstäbe erfunden wurden, wie die Einführung eines Willkürfaktors, das Gesetz der Affinität, die Dynamik (als Grundantrieb), die Formel der optimalen Lösung, die Gesetze der Auswahl des Wesentlichen, die Wissenschaft des systematischen Aufbauens von Wissenschaften, Datenausschaltung durch Vergleich zwischen Autoritäten usw. All dies ist interessanter Stoff für einen philosophischen Wälzer; hier jedoch haben wir es mit der Dianetik zu tun, die eine Wissenschaft ist. Es sollte allerdings erwähnt werden, daß einer der ersten Schritte nicht erfunden, sondern entliehen und modifiziert wurde: das »Erkennbare« und »Unerkennbare« von Herbert Spencer[1].

Absolutheit ist ein hervorragender Weg, sich festzufahren; ich glaube allerdings nicht, daß Spencer sein Erkennbares und Unerkennbares gar so absolut gemeint hat. ÜBERLEBE! als ein Prinzip bildet den Grenzpunkt zwischen den Dingen, die durch die Sinnesorgane erfahrbar sind (gemäß unseren alten Freunden Hume und

[1] *H. Spencer:* englischer Philosoph, 1820-1903; sein Hauptwerk *System der synthetischen Philosophie* umfaßt elf Bände. Er bemühte sich um eine übergreifende, alle Wissenschaften umfassende Systematik und ein wissenschaftlich fundiertes Weltbild.

Locke[2]), und jenen, die nicht unbedingt durch die Sinnesorgane, aber möglicherweise doch erfahrbar sind, ohne jedoch notwendigerweise zur Lösung des Problems gebraucht zu werden.

Unter den Dingen, die man nicht unbedingt zu wissen brauchte (was die dianetische Version des Unerkennbaren ist), befanden sich die Bereiche der Mystik und der Metaphysik. In der Entwicklung der Dianetik sind viele Dinge einfach deshalb übergangen worden, weil sie auch niemand anderem eine Lösung erbracht hatten. Deswegen wurde auch die Mystik kurzerhand ausgeklammert, obwohl sich der Verfasser eingehenden Studien auf diesem Gebiet gewidmet hat, und zwar nicht anhand der wenig verstandenen Quellen aus zweiter Hand, die von einigen westlichen mystischen Vereinigungen gewöhnlich als maßgebende Texte verwendet werden, sondern in Asien selbst, wo ein Mystiker, der nicht fähig ist, seinen »Astralleib« Botengänge erledigen zu lassen, ein Mensch zweiter Klasse ist. Es stand zwar unzweifelhaft fest, daß es in diesem Puzzlespiel orangefarbene Teile mit gelben Punkten und violette mit roten Streifen gab, doch es wurde lediglich für notwendig befunden, diejenigen Teile herauszugreifen, die wirklich dazugehörten. Irgendwann einmal wird eine große Anzahl von Teilen – über Struktur und alles übrige – gefunden werden, und das Rätsel der Telepathie, des Vorherwissens und vieler anderer Phänomene wird sich lösen lassen. Wir müssen verstehen, daß zum Bau eines philosophischen Universums eine Menge Teile gehören. Jedoch brauchte keines der mystischen Teilstücke herangezogen zu werden, um eine einheitlich anwendbare, Aberrationen beseitigende Wissenschaft des Geistes zu schaffen. In diesem Entwicklungsstadium der Dianetik wird über Geister oder den indischen Seiltrick nicht mehr gesagt werden, als daß sie zu den bunten Teilen gehören; wir wollen aber nur die weißen. Die meisten der weißen Teile haben wir; das ergibt ein gutes, solides Weiß, wo es zuvor nur Schwärze gab.

Stellen Sie sich also die Bestürzung vor, als »Dämonen« entdeckt wurden. Sie werden sich erinnern, daß Sokrates einen Dämon hatte. Er sagte ihm nicht, was zu tun sei, sondern ob er die richtige Entscheidung getroffen hatte oder nicht. Nun waren wir im endlichen Universum einem Weg gefolgt, der wegen unseres konsequenten Festhaltens an dem durch die Sinne Erfahrbaren sogar dem alten Hume gefallen hätte. Doch wer kreuzte auf? »Dämonen«!

[2] *D. Hume* und *J. Locke:* englische Philosophen des 18. Jahrhunderts, Vertreter des Empirismus, der Lehre, daß alle Erkenntnis nur auf Erfahrung beruhen könne.

Eine gründliche Untersuchung von vierzehn Personen enthüllte, daß offenbar jede von ihnen eine Art »Dämon« hatte. Es waren beliebig ausgewählte Personen aus unterschiedlichsten sozialen und wirtschaftlichen Verhältnissen. Daher war der »Dämonen«-Aspekt äußerst beunruhigend. Indessen widerstanden wir – ungleich einigen mystischen Zirkeln oder Vereinigungen – der Versuchung, uns auf romantische, unerklärliche und verwirrende Bezeichnungen einzulassen. Es mußte eine Brücke über eine Schlucht hinweg gebaut werden, und Dämonen sind verdammt schlechte Tragbalken.

Draußen auf den pazifischen Inseln – auf Borneo und den Philippinen – hatte ich eine ganze Menge praktische Dämonologie[3] beobachten können. Dämonologie ist eine faszinierende Angelegenheit. Ein Dämon fährt in einen Menschen und macht ihn krank. Oder er dringt in ihn ein und spricht an seiner Stelle. Oder die Person wird verrückt, weil sie einen Dämon in sich hat, und läuft mit dem schreienden Dämon umher. Das ist Dämonologie in einem engeren Sinne. Der Schamane, der Medizinmann und Leute ihres Schlages betreiben einen ziemlich ausgiebigen Handel mit Dämonologie (es zahlt sich aus). Obwohl ich nicht übermäßig skeptisch bin, schien es mir doch immer, daß man Dämonen etwas einfacher erklären könnte, als nun gerade durch Ektoplasma[4] oder ähnlich nebelhafte Phänomene.

Es war beunruhigend, »Dämonen« dann auch in zivilisierten Landsleuten wirken zu sehen. Sie waren aber da. Zumindest waren die äußeren Erscheinungen da, die die Schamanen und Medizinmänner den Dämonen zugeschrieben hatten. Es wurde festgestellt, daß sich diese »Dämonen« katalogisieren ließen. Es gab »befehlende Dämonen«, »kritisierende Dämonen«, gewöhnliche »Dämonen« der Art »Ich sag dir, was du sagen mußt« und »Dämonen«, die herumstanden und brüllten, oder »Dämonen«, die einfach Dinge absperrten und sie außer Sicht hielten. Die Aufzählung ist nicht erschöpfend, aber sie deckt im großen und ganzen das Feld der »Dämonologie« ab.

Ein paar Versuche mit Menschen unter Drogeneinfluß zeigten, daß es möglich war, solche »Dämonen« nach Belieben hervorzubringen. Es war sogar möglich, den gesamten analytischen Mind als einen »Dämon« einzurichten. Irgend etwas war also an der Dämonologie verkehrt. Ohne ein angemessenes Ritual, einfach durch das gesprochene Wort, konnte man neue Dämonen in Leuten erzeugen. *In*

[3] *Dämonologie:* Lehre von den Dämonen.

[4] *Ektoplasma* (griech. *ektos* = außen und *plasma* = ein geformtes Ding): »ein nach außen geformtes Ding«; im Spiritismus der vom Medium abgesonderte Stoff, aus dem sich die Geistererscheinungen bilden.

der Dianetik gibt es also keine wirklichen Dämonen (das sei hier betont, falls irgendein Schwärmer umherlaufen und verbreiten sollte, eine neue Geisteswissenschaft glaube an Dämonen).

Ein dianetischer Dämon ist ein parasitärer Schaltkreis. Er agiert im Mind, als ob er ein eigenständiges Wesen neben dem Selbst wäre. Und sein Ursprung liegt ganz und gar in Worten, die in Engrammen enthalten sind.

Wie dieser Dämon dort hingelangt, ist nicht schwer zu verstehen, wenn man einmal einen unter die Lupe genommen hat. Während das Baby bewußtlos ist, schreit der Vater die Mutter an, daß sie ihm in Gottes Namen zuhören muß, und keinem anderen. Dem Baby prägt sich ein Engramm ein. Dieses wird irgendwann im Lauf des Lebens eingekeyt. Und dann ist der Dämonenschaltkreis am Werk.

Ein Elektrotechniker kann in die Schaltung eines Radiogerätes nach Herzenslust Dämonen einbauen. Beim Menschen wäre das vergleichsweise so, als ob eine Leitung von den Standardbanken zum Analysator verliefe, bevor sie diesen jedoch erreicht, ein Sprecher mit einem Mikrophon dazwischenstände; dann erst würde sich die Leitung zur Bewußtseinsebene hin fortsetzen. Der zwischengeschaltete Bereich, samt Sprecher und Mikrophon, wäre an sich ein gewöhnlicher, funktionierender Abschnitt des Analysators, der jedoch vom Rest des Analysators abgeteilt ist. Das »Ich« auf der bewußten Ebene benötigt Daten. Diese sollten direkt von der Standardbank kommen, auf einer untergeordneten Ebene »berechnet« (zusammengestellt, miteinander in Beziehung gesetzt und vorsortiert) werden und einfach als Daten ankommen – nicht als gesprochene Daten, sondern einfach als Daten.

Nun ist aber ein Teil des Analysators abgespalten, Sprecher und Mikrophon sind eingebaut worden, und das Engramm mit den Worten »Du mußt mir in Gottes Namen zuhören« befindet sich in chronischer Restimulation. Was geschieht jetzt? Das »Ich« in den Aufmerksamkeitseinheiten der höheren Ebene will Daten. Es beginnt mit einer untergeordneten Ebene von Aufmerksamkeitseinheiten die Standardbanken zu überfliegen. Die Daten erreichen es in *gesprochener* Form wie von einer Stimme im Inneren des Kopfes.

Ein Clear hat keine »geistigen Stimmen«! Das heißt: er denkt nicht in Stimmen oder Worten; er denkt, ohne seine Gedanken zu artikulieren, und seine Gedanken haben keinen Stimmencharakter. Das wird für viele Menschen überraschend sein, denn der innere Dämon des »Hör mir zu« ist in unserer Gesellschaft ganz alltäglich, was bedeutet, daß dieses Engramm weit verbreitet ist. »Bleib da und hör mir zu« fixiert das Engramm in der Gegenwart (und fixiert in gewissem Maße den Betreffenden in der Zeit des Engramms). Vom Moment des Key-ins an denkt der Betreffende »laut«; das heißt, er kleidet seine Gedanken in Sprache. Das geht sehr langsam. Der Mind (bei einem Clear) denkt sich Lösungen mit so großer Geschwindigkeit aus, daß der Wortstrom des Bewußtseins dagegen in den Startlöchern zurückbleiben würde.

Es war sehr einfach, das zu beweisen. Beim Klären eines jeden Falles wurde ausnahmslos der eine oder andere dieser Dämonen entdeckt. Manche besaßen drei oder vier. Einige hatten zehn. Und andere hatten einen. Man kann durchaus davon ausgehen, daß bei fast jedem aberrierten Menschen ein Dämonenschaltkreis vorhanden ist.

Der Engrammtyp, der einen kritisierenden Dämon hervorruft, besagt: »Du kritisierst mich immer.« In Engrammen sind Dutzende solcher Äußerungen enthalten, von denen jede einzelne einen kritisierenden Dämon hervorbringen wird, genau wie jede Wortkombination, die auf eine Forderung hinausläuft, zuzuhören und sich Befehlen zu beugen, einen befehlenden Dämon hervorbringen wird.

All diese Dämonen sind parasitär. Das heißt, daß sie einen Teil des Analysators übernehmen und ihn abkapseln. Ein Dämon kann aber nur so gut denken, wie der Mind des betreffenden Menschen denken kann. Es entsteht kein Zuwachs an Denkvermögen. Es wird nichts gewonnen. Es ist ein reines Verlustgeschäft.

Es ist möglich, den gesamten Computer (Analysator) als Dämonenschaltkreis einzurichten und das »Ich« auf einem winzigen, verlorenen Regal zurückzulassen. Das ist oberflächlich betrachtet ein ganz hübsches Kunststück. So wird es möglich gemacht, daß der ganze analytische Mind ungestört Berechnungen durchführt und die Antwort an das »Ich« weiterleitet. In der Praxis ist das aber sehr schlimm, denn das »Ich« ist der Wille, die bestimmende Kraft des Organismus, das Bewußtsein. Und sehr bald wird das »Ich« von diesem Schaltkreis so abhängig, daß der Schaltkreis das »Ich« zu absorbieren beginnt. Ein solcher Schaltkreis müßte Schmerz enthalten und chronisch sein, um bestehenzubleiben. Kurz, er müßte ein Engramm sein. Daher müßte er die Geisteskraft verringern und würde den Betreffenden quälen, indem er ihn schließlich auf die eine oder andere Weise krank macht.

Von allen Engramm-Dämonenschaltkreisen, die gefunden und beseitigt wurden, erwiesen sich diejenigen als die gefährlichsten, die eine scheinbar allmächtige äußere Wesenseinheit zum Inhalt hatten, die ihrerseits alle Probleme lösen und für alle Bedürfnisse sorgen würde. Indem ein solches Engramm immer stärker einkeyt und ständig restimuliert wird, macht es aus dem »Ich« schließlich eine rückgratlose Marionette. Und da es regelmäßig noch andere Engramme gibt, entwickelt sich die gesamte Einschränkung schließlich zu einer schweren Form von Geisteskrankheit hin. Wenn Sie ein Beispiel wünschen, dann stellen Sie sich nur vor, was Sie einem hypnotisierten Menschen sagen müßten, um ihn glauben zu lassen, er befände sich in den Händen eines machtvollen Wesens, das ihm Befehle erteilt; und stellen Sie sich dann vor, was passieren würde, wenn eben diese Aussage zu einem Zeitpunkt gemacht würde, wo jemand gerade durch einen Schlag oder Unfall bewußtlos geworden ist.

Es gibt eine weitere vollständige Kategorie von Dämonen, die Absperrdämonen, also solche, die Dinge aussperren. Eigentlich sind das keine richtigen »Dämonen«, denn sie reden nicht. Ein »echter« Dämon ist einer, der Gedanken Stimme verleiht, der das gesprochene Wort innerlich echot oder der wie eine echte, lebendige Stimme von außen alle möglichen komplizierten Ratschläge erteilt. (Menschen, die Stimmen hören, haben von außen her auf sie einsprechende Dämonen – Schaltkreise, die ihre Phantasie-Schaltkreise in Beschlag genommen haben.) Der Absperrdämon hat nichts, was er sagen könnte. Das, was er nicht zu sagen oder zu tun erlaubt, macht die geistige Störung aus.

Ein Absperrdämon kann speziell für ein einzelnes Wort oder eine einzelne Wortkombination existieren. Nehmen wir zum Beispiel ein Kind, das von seinem Fahrrad fällt und das Bewußtsein verliert; ihm prägt sich ein Engramm ein. Ein Polizist versucht, ihm zu helfen; es ist noch immer bewußtlos, rührt sich aber und murmelt, daß es sich nicht bewegen kann (ein altes Engramm ist am Werk). Der Beamte sagt freundlich: »Man soll niemals ›Kann nicht‹ sagen!« Einige Zeit später hat das Kind ein Erlebnis auf bewußter Ebene; es fällt wieder, ohne aber Schaden zu erleiden. (Wir erwähnen diesen zweiten notwendigen Schritt, das *Lock*, immer wieder, weil es von den Mystikern früherer Zeiten für den Verursacher all der Schwierigkeiten gehalten wurde – es ist »seelische Qual«.) Nun fällt es ihm schwer, »Kann nicht« zu sagen. Das ist auf jeden Fall gefährlich. Wie wäre es denn, wenn dem Kind der weitverbreitete Engrammsatz »Sag niemals nein!« anhaftete?

Absperrdämonen sperren Dinge vor dem »Ich« aus, verbergen sie. Ein Absperrdämon kann ohne weiteres auch viele Wörter verbergen. Ein Mensch mit einem Dämon dieser Art wird die betreffenden Wörter dann weglassen, sie verändern oder falsch schreiben und überhaupt Fehler mit ihnen machen. Dämonen sind nicht der einzige Grund, aus dem Wörter abgeändert werden, können aber speziell darauf ausgerichtet sein. Absperrdämonen können eine noch viel verheerendere Wirkung haben. Engrammatisch eingepflanzte Aussprüche wie »Sprich nicht!«, »Widersprich den Erwachsenen nicht!« oder »Du darfst hier nicht sprechen; wer hat gesagt, daß du sprechen darfst?« können, jeder für sich, einen Absperrdämon erzeugen, der aus einem Menschen einen Stotterer macht.

Nicht nur Sprache kann abgesperrt werden. Jede Fähigkeit des Geistes kann durch einen Dämon, der auf die Behinderung spezifischer Fähigkeiten zugeschnitten ist, beeinträchtigt werden. »Du kannst nicht sehen!« wird den Sehrückruf absperren. »Du kannst nicht hören!« wird den Hörrückruf absperren. »Du kannst nicht fühlen!« sperrt Schmerz- und Tastrückruf ab. (Die Sprache ist ganz schön doppeldeutig.)

Für jede Wahrnehmungsart kann der Rückruf abgesperrt werden. Und immer wenn der Rückruf einer Wahrnehmung abgesperrt ist, beeinflußt das die Wahrnehmung selbst und auch das Sinnesorgan. »Du kannst nicht sehen!« mag nicht nur die Fähigkeit des Rückrufs reduzieren, sondern auch das organische Sehvermögen der Augen selbst; Astigmatismus[5] oder Kurzsichtigkeit kann die Folge sein.

Da die gesamte deutsche Sprache (jede beliebige Sprache) Einschlüssen in Engrammen ausgesetzt ist, kann man sich vorstellen, wie viele Fähigkeiten in bezug auf geistige Aktivitäten behindert werden können. Außerordentlich häufig begegnet man der Absperrung: »Du kannst nicht denken!«

Bisher ist in unseren Erläuterungen und Beispielen das Wort »du« benutzt worden, um die Ähnlichkeit mit Hypnose- oder Drogenversuchen zu wahren. Destruktiver aber sind Sätze in der Ich-Form: »Ich kann nichts fühlen«, »Ich kann nicht denken«, »Ich kann mich nicht erinnern«. Wenn diese und ihre Tausende und Abertausende von Varianten in der Hörweite eines »bewußtlosen« Menschen gesprochen werden und das Engramm dieses Wortlautes einkeyt, dann nimmt der verhängnisvolle Mechanismus, wie beschrieben, seinen Lauf.

Die Du-Form (im Gegensatz zur Ich-Form) hat verschiedene Wirkungen. Zu einem wachen Menschen »Du taugst nichts« zu sagen

[5] *Astigmatismus:* Sehstörung infolge krankhafter Veränderung der Hornhautkrümmung, wodurch Punkte strichförmig verzerrt werden.

bewirkt vielleicht, daß er sehr ärgerlich wird, wenn er ein Engramm dieses Inhalts hat. Innerlich hat er vielleicht das Gefühl, daß die Leute von ihm glauben, er tauge nichts. Dieser Mensch mag einen Dämon haben, der ihm erzählt, daß er nichts tauge. Und er wird dramatisieren, indem er anderen sagt, daß *sie* nichts taugen. Ein solcher Engrammsatz kann durch Dramatisieren abreagiert werden. Jemand, der beispielsweise ein Engramm mit dem Inhalt hat, unfruchtbar zu sein, wird anderen sagen, daß sie unfruchtbar seien. (»Mach es nicht wie ich, aber tu, was ich dir sage.«) Wenn er ein Engramm hat, das sagt: »Du bist ein Nichtsnutz, du mußt mit dem Messer essen«, dann ißt er vielleicht tatsächlich mit dem Messer statt mit der Gabel, regt sich aber über Leute auf, die auch mit dem Messer essen. Und er würde sehr böse werden, wenn jemand ihm vorhielte, daß *er* mit dem Messer ißt.

Es gibt also »Zwangsdämonen« und »Verwirrungsdämonen« und viele andere.

Das Engramm besitzt Befehlskraft. Der reaktive Mind wählt frei aus, welche Engramme benutzt werden. Doch jedes Engramm wird, wenn es stark genug restimuliert wird, zur Dramatisierung an die Oberfläche kommen. Und wenn die Dramatisierung blockiert wird, wendet sich das Engramm vorübergehend oder chronisch gegen den Betreffenden selbst.

Die Buchstäblichkeit des reaktiven Minds in seiner Deutung von Befehlen und deren buchstabengetreue Wirkungsweise in dem armen, geplagten analytischen Mind ist schon etwas sehr Merkwürdiges. »Das ist ja schrecklich, das darf nicht herauskommen«, könnte so gedeutet werden, daß ein Baby in einer so schlechten Verfassung ist, daß es besser wäre, es käme nicht aus dem Mutterleib heraus. In jeder Sprache gibt es Tausende von Redewendungen, die, wenn sie wörtlich genommen werden, praktisch das Gegenteil von dem bedeuten, was der Sprecher meint.

Die reaktive Engrammbank nimmt sie auf, speichert sie mit Schmerzen, Emotionen und »Bewußtlosigkeit« und reicht sie mit schwachsinniger Buchstabentreue dem analytischen Mind als GESETZ und BEFEHL weiter. Und wenn der kleine unbekümmerte Schwachkopf, der die Engrammbank steuert, eine Möglichkeit sieht, einige Schaltkreise des analytischen Minds mit solchen verhängnisvollen Dämonen in Beschlag zu nehmen, so tut er es.

Der analytische Mind ist also, wie man sieht, noch einer anderen Art von Zermürbung ausgesetzt. Seine Schaltkreise, die an sich für eine reibungslose, schnelle Berechnungsarbeit bestimmt waren, werden von Dämonen belegt, überladen und gefesselt. Die Dämonen sind Parasiten. Sie sind abgeteilte und größeren Berechnungen entzogene Teile des analytischen Minds.

Ist es ein Wunder, daß der Intelligenzquotient hinaufschnellt, wenn diese Dämonen getilgt werden, wie man das bei einem Clear beobachten kann? Nehmen Sie zur Ausschaltungswirkung der Restimulation die Dämonenschaltkreise hinzu, und Sie erkennen die Wahrheit der Beobachtung, daß die Menschen mit nur etwa einem Zwanzigstel ihrer Geisteskraft arbeiten. Forschung und wissenschaftliche Statistik zeigen, daß bei Tilgung der »Bewußtlosigkeit« und der Dämonenschaltkreise aus der Engrammbank und mit der Umlagerung der Daten als Erfahrung in die Standardbank – wohin sie gehören – etwa neunundvierzig Fünfzigstel des Minds dem »Ich« zur Verfügung gestellt werden, die dieser Mensch als Aberrierter nie benutzen konnte.

Psychosomatische Krankheiten

Psychosomatische Krankheiten sind Leiden, die seelisch-geistigen Ursprung haben, aber organische Symptome äußern. Trotz der Tatsache, daß sie vor der Dianetik wissenschaftlich nicht präzise nachgewiesen und erforscht waren, wurde schon seit den alten Griechen an ihrer Existenz kaum gezweifelt. Neuerdings wurden verschiedene Präparate entwickelt und verkauft, die diese Krankheiten beheben sollten. Man hatte einen gewissen Erfolg zu verzeichnen, genug, um umfangreiche Arbeit von Forschern zu rechtfertigen. Magengeschwüre gingen zum Beispiel durch gutes Zureden und Umgebungswechsel zurück. Durch ACTH[1] (ein Hormonpräparat) wurden erstaunliche, jedoch äußerst unberechenbare Ergebnisse erzielt. Und man fand, daß Allergien bei Einsatz von Mitteln, die die Histaminproduktion[2] im Körper senken, mehr oder weniger nachließen.

Die Dianetik umschließt das Problem der psychosomatischen Krankheiten vollständig, und mit Hilfe der dianetischen Techniken sind solche Krankheiten ausnahmslos und vollständig beseitigt worden.

Etwa siebzig Prozent aller klassifizierten Krankheiten fallen in die Kategorie der psychosomatischen Leiden. Schwerlich läßt sich vorhersagen, wie viele weitere Krankheiten ihr ebenfalls noch zugeordnet werden müssen, wenn die Methoden der Dianetik erst einmal einige Jahre lang praktiziert worden sind. Doch sind sicher mehr Krankheiten als bisher angenommen psychosomatischer Natur. *Alle* Krankheiten als psychosomatisch zu bezeichnen, wäre natürlich absurd, denn schließlich gibt es Lebensformen wie die Bakterien und Viren, die *ihrerseits* Überleben zum Ziel haben.

In Louis Pasteurs Werk ist die Theorie der Krankheitsverur-

[1] *ACTH* (Abk. für »adrenokortikotropes Hormon«): steuert die Sekretion der Nebennierenrinde und beeinflußt dadurch indirekt den Eiweißstoffwechsel.

[2] *Histamin:* den Blutdruck senkendes Hormon.

sachung durch Mikroorganismen (die Keimtheorie) formuliert. Die Dianetik liefert die Nicht-Keimtheorie der Krankheiten. Diese beiden, zusammen mit der Biochemie, ergänzen einander zum Gesamtgebiet der Pathologie, soweit es zur Zeit bestimmbar ist (vorausgesetzt natürlich, daß auch der Virus mit unter die Keimtheorie gerechnet wird).

Die Dianetik fügt der Keimtheorie ein weiteres Kapitel hinzu, indem sie den Aspekt der *Krankheitsanfälligkeit* mit einschließt. Es lassen sich drei pathologische Stadien unterscheiden: *Anfälligkeit* – die Faktoren, die den Körper für die Krankheit vorbereiten; *Auslösung* – die Faktoren, die die Krankheit in Erscheinung bringen; und *Fortdauer* – die Faktoren, die das Andauern der Krankheit bewirken.

Es gibt zwei Krankheitsarten: Von Krankheiten *autogener* Natur sprechen wir, wenn die Krankheit innerhalb des Organismus entstanden ist und vom Körper selbst erzeugt wurde; demgegenüber kann man sie als *exogen* bezeichnen, wenn die Krankheitsursache außerhalb lag. Obwohl medizinisch gut ausgedrückt, ist diese Unterscheidung nicht ganz so exakt, wie wir es in der Dianetik gern hätten. Geisteskrankheit selbst hat eigentlich eine äußere Ursache. Medizinisch gesehen gehen wir jedoch davon aus, daß der Körper seine eigenen Krankheiten hervorbringen kann (autogen) oder daß die Krankheit aufgrund einer äußeren Ursache (exogen), beispielsweise durch Bakterien, entstehen kann. Pasteurs Keimtheorie stellt daher die Erklärung exogener – von außen erzeugter – Krankheiten dar. Psychosomatische Krankheiten sind autogener Natur, also vom Organismus selbst erzeugt.

Die Behandlung von Unfallverletzungen, chirurgische Eingriffe aus verschiedenen Gründen (wie bei erblichen Mißbildungen des Körpers) sowie die Orthopädie[3], die im Grunde beiden Gebieten zuzurechnen ist, verbleiben außerhalb des Fachgebietes der Dianetik, obwohl, nebenbei bemerkt, beinahe alle Unfälle der Dramatisierung von Engrammen zuzuschreiben sind und Clears selten Unfälle haben.

Psycho bezieht sich auf den Geist, *somatisch* auf den Körper. Der Ausdruck »psychosomatisch« bedeutet daher, daß der Geist den Körper krank macht oder daß Krankheiten aufgrund von geistigen Störungen physisch im Körper erzeugt werden. Wenn man das Pro-

[3] *Orthopädie* (zu griech. *orthós* = »aufrecht« und *paideía* = »Erziehung, Übung«): Lehre von der Erkennung und Behandlung der angeborenen oder erworbenen Fehler der Haltungs- und Bewegungsorgane.

blem der menschlichen Aberration gelöst hat, werden solche Krankheiten natürlich ausnahmslos heilbar.

Arthritis, Hautentzündungen, Allergien, Asthma, manche Herzkranzgefäßbeschwerden, Augenleiden, Schleimbeutelentzündungen, Magengeschwüre, Nebenhöhlenentzündungen usw. sind erst ein ganz kleiner Ausschnitt aus dem Katalog psychosomatischer Krankheiten. Seltsame Beschwerden und Schmerzen, wie sie in den verschiedensten Körperteilen auftauchen, sind im allgemeinen psychosomatischer Natur. Migräne ist ein psychosomatisches Leiden und kann, wie all die anderen auch, mit Hilfe der dianetischen Therapie ausnahmslos geheilt werden (und zwar *geheilt* in der vollsten Bedeutung des Wortes).

Wie viele körperliche Fehler psychosomatisch sind, hängt davon ab, wie viele Zustände der Körper aus den in den Engrammen enthaltenen Faktoren erzeugen kann. So erwies sich beispielsweise der gewöhnliche Schnupfen als psychosomatisch. Clears bekommen keinen Schnupfen. Es ist nicht bekannt, welche Rolle der Virus bei einer gewöhnlichen Erkältung spielt (falls er überhaupt eine spielt), jedoch weiß man, daß kein weiterer Schnupfen mehr auftritt, wenn Engramme, die auf irgendeine Weise Schnupfen enthalten, beseitigt werden. Das ist eine experimentell erwiesene Tatsache, die nach den bis jetzt vorliegenden Ergebnissen durch 270 Fälle ausnahmslos bestätigt wurde. Der gewöhnliche Schnupfen wird normalerweise durch ein Engramm hervorgerufen, das ihn suggeriert und das durch das Vorhandensein von Schleim in einem anderen Engramm bekräftigt wird. Durch Engramme wird der Mensch für eine Reihe von Krankheiten anfällig gemacht, die durch Mikroorganismen verursacht werden, und daran gehindert, sie bald wieder loszuwerden. Die Tuberkulose gehört dazu.

Wie schon erwähnt wurde, durchläuft das Engramm selbst einen Entwicklungsprozeß in mehreren Stadien. Der Organismus ist von dem Augenblick an, in dem sich das Engramm einprägt, für das Verhalten und die Zustände, die im Engramm fixiert sind, anfällig. Dann keyt ein Erlebnis auf bewußter Ebene das Engramm ein, und andere Erfahrungen oder auch der Engramminhalt selbst können es chronisch werden lassen. Das ist Anfälligkeit, Auslösung und Fortdauer auf geistiger Ebene.

Engramme, angeborene Behinderungen, Unfälle und Krankheitserreger sind die vier Faktoren, durch die der menschliche Organismus physisch vom Optimum entfernt und geschwächt wird. Viele Zustände, die als »angeborene Behinderungen« bezeichnet wurden, sind in Wirklichkeit engrammatischer Herkunft. Engramme machen Menschen auch für Unfälle anfällig. Engramme können für bakterielle Infektionen anfällig machen und diese fortsetzen. Deswegen ist der Katalog der Krankheiten und Beschwerden, die durch die Dianetik beeinflußt werden können, sehr umfangreich. Da dieses Buch keine Wirkungen aufzählt, sondern die Ursachen darstellt, wird der Leser aufgefordert, sein eigenes Wissen zu Rate zu ziehen oder ein medizinisches Lehrbuch einzusehen, um zu begreifen, wie viele Tausende und Abertausende von Zuständen, die den Körper stören und zerrütten, aus Engrammen stammen.

Zur Zeit stehen Krebs und Diabetes auf der Liste der dianetischen Forschung. Es gibt eine Reihe von Gründen, die zu der Annahme Veranlassung geben, daß beide engrammatisch bedingt sein könnten, besonders Krebs. Das wird hier nur als Hinweis auf die Möglichkeit erwähnt. An Krebs- oder Diabetespatienten wurden keinerlei Tests vorgenommen; diese Gedanken sind rein theoretisch zu werten und nicht in irgendeiner Weise als Behauptung, daß ein Heilmittel für Krebs gefunden sei. Die anderen oben angeführten Krankheiten sind jedoch gründlich getestet und durch dianetische Therapie ausnahmslos geheilt worden.

Der Mechanismus, der den menschlichen Geist in die Lage versetzt, physisches Unvermögen oder Anfälligkeit des Körpers für eine Krankheit zu erzeugen und diese fortdauern zu lassen, ist von der Grundursache her eine sehr einfache Angelegenheit. Kompliziert wird es in dem Augenblick, wenn man sämtliche möglichen Faktoren zu kombinieren beginnt; dann kann man eine verblüffende Liste von möglichen Krankheiten zusammenstellen.

Mit narkotisierten oder hypnotisierten Personen kann eine Reihe von einfachen Tests durchgeführt werden, die diesen Grundmechanismus in anderen Laboratorien klinisch beweisen werden. Eine solche Testreihe wurde in der Zeit, in der die Dianetik formuliert wurde, mit stets gleichbleibendem Erfolg durchgeführt.

Nehmen wir zuerst etwas, das nur schwach psychosomatisch und fast überhaupt keine Krankheit ist. Eine Versuchsperson wird hypnotisiert. Sie erhält die positive Suggestion, sie werde viel besser hören können. Das ist »erweitertes Hören«. Nachdem man andere Möglichkeiten der Datengewinnung für sie ausgeschlossen hat (was Vorkehrungen gegen telepathische Kommunikation zwischen dem Hypnotiseur und der Versuchsperson einschließt), kann man feststellen, daß das Gehör um ein Vielfaches gesteigert werden kann. Tatsächlich gibt es überall Aberrierte, die ein »erweitertes Gehör« besitzen. Durch Suggestionen kann die Hörfähigkeit so herauf- oder herabgesetzt werden, daß die Person entweder fast taub ist oder in großer Entfernung Stecknadeln zu Boden fallen hört. Hebt man die Suggestion auf, dann kehrt die Hörfähigkeit der Versuchsperson auf ihr normales Niveau zurück.

Auf ähnliche Art und Weise kann man mit der Lichtempfindlichkeit der Augen experimentieren. Das Sehvermögen einer Versuchsperson wird vergrößert oder verringert, so daß die Augen im Vergleich zum Normalzustand weitaus mehr oder weitaus weniger lichtempfindlich sind. Das geschieht lediglich durch gesprochene Suggestion, beispielsweise: »Das Licht wird Ihnen sehr, sehr hell erscheinen« oder: »Das Licht wird Ihnen so trüb erscheinen, daß Sie beim Sehen Schwierigkeiten haben.« Durch die erstgenannte Suggestion vermag man die Versuchsperson dahin zu bringen, beinahe so gut wie eine Katze zu sehen. Andere in der Umgebung mögen es für ganz unmöglich halten, Gegenstände zu erkennen, die von der Versuchsperson fehlerfrei ausgemacht werden können. Bei der zweitgenannten Suggestion kann man die Versuchsperson unter allergrellstes Licht setzen, und trotzdem scheint sie, ohne geblendet zu sein, bequem lesen zu können.

Der Tastsinn kann gleichermaßen durch gesprochene Suggestion empfindlicher oder stumpfer gemacht werden, so daß eine Berührung stechend schmerzhaft erscheint oder so schwach, daß sie kaum wahrnehmbar ist.

Das gleiche gilt auch für andere Sinneswahrnehmungen. Hier sehen wir, wie einfach ein gesprochenes Wort in den Mind eindringt und die Änderung von Körperfunktionen bewirkt.

Lassen Sie uns jetzt das Herz ansprechen. Durch Tiefenhypnose oder Drogen versetzen wir eine Versuchsperson in Amnesietrance[4], in einen Zustand, in dem das »Ich« nicht mehr die Kontrolle hat; das »Ich« der Versuchsperson ist durch den Hypnotiseur ersetzt worden. (Und das ist wirklich schon alles über die Funktionsweise der Hypnose: die Übertragung von analytischer Kraft mit Hilfe des Affinitätsgesetzes von der Versuchsperson auf den Hypnotiseur. Diese Erscheinung hatte einen Artentwicklungs- und Überlebenswert für Tiere, die in Rudeln lebten.)

Man sollte aus Gründen der Vorsicht darauf achten, daß für dieses Experiment nur eine Person ausgewählt wird, die ein sehr

[4] *Amnesietrance:* Eine Trance mit vorübergehendem Gedächtnisverlust. – *Trance*: schlafähnlicher Zustand mit herabgesetzter Willens- und Entscheidungsfähigkeit.

gesundes Herz besitzt und in der Vergangenheit keine Herzstörungen hatte, denn dieses Hypnoseexperiment kann, mehr noch als jedes andere, einen Menschen sehr krank machen, wenn er schon an Herzbeschwerden gelitten hat. Überhaupt sollten Hypnosetests nicht durchgeführt werden, bevor man dieses Buch beendet hat und weiß, wie man die Suggestionen wieder aufhebt; denn Hypnose, so wie sie praktiziert wird, ist der reinste Sprengstoff. Ein Hypnotiseur, der mit der Dianetik nicht vertraut ist, weiß nicht mehr von der Aufhebung einer von ihm gegebenen Suggestion als vom Schälen eines Atoms. Er *glaubte*, die Antwort zu haben, jedoch hat die Dianetik sehr viele früher hypnotisierte Versuchspersonen behandelt, die – wie es die an der Dianetik interessierten Ingenieure ausdrücken – gründlich »vermurkst« waren. Das ist keine Kritik an der Hypnose oder an Hypnotiseuren, die oft sehr fähige Leute sind, sondern ein Hinweis, daß es auf diesem Gebiet noch einiges zu lernen gibt.

Durch positive Suggestion allein kann das Herz beschleunigt, verlangsamt oder auf andere Weise angeregt werden. Hier rufen also *Worte*, in die Tiefenschicht des Geistes gesprochen, *körperliche* Vorgänge hervor. Weiterhin kann der Blutstrom in bestimmten Körperteilen ebenfalls durch Suggestion allein behindert werden. (Zur Warnung: Dieses Experiment belastet das Herz ganz besonders!) Beispielsweise kann der Blutzufluß in die Hand gehemmt werden. Würden Sie an der Hand dann eine Vene anstechen, käme, wenn überhaupt, nur ganz wenig Blut. Ein feiner Trick eines Swami[5], der den Autor in Indien sehr erstaunte, bestand darin, daß er den Fluß des Blutes im Wachzustand bei sich selbst hemmte. Er konnte eine Schnittwunde auf Befehl bluten lassen oder nicht bluten lassen. Es sah phantastisch aus und gab ausgezeichnetes Material für Presseagenturen ab: Hier war ein Swami mit derart guter Verbindung zum Nirwana, daß er alle materiellen Dinge unter Kontrolle hatte. Die Ehrfurcht schwand, als ich erkannte, daß ich durch Hypnose und ohne das Nirwana in Anspruch zu nehmen in die Lage versetzt werden konnte, mit meinem Körper das gleiche zu tun. Der Mechanismus nutzt sich aber schnell ab und müßte in wenigen Tagen wieder erneuert werden; der Körper hat seine eigene optimale Arbeitsweise, und wenngleich eine solche Funktion »analytisch« gesteuert werden kann, so ist es doch keine höhere analytische Aufgabe, das Blut in der Hand zirkulieren zu lassen. Der springende Punkt ist hier, daß der Blutstrom durch gesprochene Suggestion unterbrochen werden

[5] *Swami:* hinduistischer Mönch oder Lehrer; ein Ehrentitel, eigtl. »Herr, Meister«.

kann. Wörter koppeln sich an den Organismus an.

Wie so etwas geschehen kann, ließe sich analog[6] erklären, z.B. anhand eines Schaubilds. In diesem Stadium der Wissenschaft des Geistes sind wir jedoch mehr an Funktion als an Struktur interessiert. Denn durch Kenntnis allein der Funktion können wir Aberrationen und psychosomatische Krankheiten bei jedem einzelnen Fall heilen, neue Krankheiten und Zustände vorhersagen und ganz allgemein »Wunder wirken«, wie solche Handlungen einst genannt wurden, bevor der Mensch irgend etwas über den Geist wußte.

Mit am einfachsten lassen sich die Ausscheidungen durch Suggestionen beeinflussen. Eine Verstopfung kann durch positive Suggestion mit bemerkenswerter Geschwindigkeit und Leichtigkeit verursacht oder behoben werden. Der Harnfluß ist gleichfalls auf diese Art steuerbar. *Und ebenso das endokrine System.*

Es ist schwieriger, Tests mit einigen der weniger gut verstandenen Funktionen der endokrinen Drüsen zu machen. Die Drüsenforschung ist zum gegenwärtigen Zeitpunkt noch nicht sehr weit. Aber durch die Tatsache, daß mit der Tilgung von Engrammen das endokrine System wieder ins Gleichgewicht gebracht werden kann, wurde deutlich gemacht, daß das endokrine System ein Teil des Kontrollmechanismus ist, mit dessen Hilfe der Mind den Körper dirigiert. Die Drüsen sind leicht beeinflußbar. Ihre Flüssigkeiten und Sekrete – Testosteron, Östrogen, Adrenalin, Schilddrüsenhormon, Nebenschilddrüsenhormon, Pituitrin usw. – sind die Substanzen, die der Mind als eines der Mittel zur Körperkontrolle benutzt. Sie bilden sozusagen Relaisschaltkreise. Jede dieser Substanzen hat im Körper ihre eigene Aufgabe.

Folgendes Experiment trägt dazu bei, die Unrichtigkeit der alten Annahme zu beweisen, daß die geistige Verfassung durch die Drüsen kontrolliert werde. Eine aberrierte Person erhält zweimal wöchentlich eine Spritze mit 25 Milligramm in Öl gelöstem Testosteron[7]. Für eine kurze Zeit tritt eventuell eine Verbesserung ihres körperlichen Zustandes ein, ihre Stimme mag tiefer werden, und auf ihrer Brust mögen mehr Haare wachsen. Ohne Suggestion tilgen wir nun einfach die Engramme aus ihrer reaktiven Bank, so daß sie sich

[6] *analog:* entsprechend, sinngemäß (anwendbar); in bestimmten Aspekten ähnlich oder vergleichbar; anhand einer Analogie. – *Analogie*: die Erklärung einer Sache, indem man sie Punkt für Punkt mit etwas ähnlichem vergleicht; Entsprechung, Ähnlichkeit, Gleichheit von Verhältnissen.

[7] *Testosteron:* wichtigstes männl. Geschlechtshormon beim Menschen und bei den übrigen Wirbeltieren.

zu Erfahrung umbilden können, die in der Standardbank gespeichert wird. Noch bevor wir diese Unternehmung abgeschlossen haben, beginnt der Körper mehr von dem Testosteron zu nutzen. Die Dosis kann wesentlich herabgestzt werden und doch größeren Nutzen bringen als zuvor. Schließlich kann die Dosis ganz weggelassen werden. Dieses Experiment wurde auch mit Leuten durchgeführt, die Drüsensubstanzen wie Testosteron und Östrogen[8] nicht zu ihrem Vorteil hatten aufnehmen können oder die durch Verabreichung solcher Hormone krank geworden waren. Die Tilgung der Engramme aus der reaktiven Bank führte ohne Ausnahme einen Zustand herbei, in dem diese Personen aus den Hormonen einen Nutzen ziehen konnten, der aber künstliche Hormongaben – mit Ausnahme in Fällen hohen Alters – entbehrlich machte. Was das für die Gerontologie bedeutet, die Erforschung des biologischen Alterungsvorgangs und seiner Ursachen, ist zur Zeit noch nicht abzuschätzen; jedoch kann mit Sicherheit vorausgesagt werden, daß sich die Tilgung von Engrammen aus der reaktiven Bank deutlich lebensverlängernd auswirken wird. In etwa hundert Jahren werden diese Daten zur Verfügung stehen; aber bis jetzt gibt es Clears noch nicht lange genug.

Für unsere Zwecke kann man jedenfalls leicht demonstrieren, wie positive Suggestionen auf das endokrine System einwirken und wie künstliche Hormongaben bei Aberrierten mangelnde Wirkung zeigen.

Ein Engramm von folgender Art hat eine furchtbar einschränkende Wirkung auf die Testosteronerzeugung: »Sex ist schrecklich; er ist schmutzig, ich hasse ihn.«

Das vegetative Nervensystem[9], von dem man bisher angenommen hatte, daß es ohne viel Verbindung zum Mind funktioniere, erweist sich in seinen einzelnen Teilen als vom Mind beeinflußbar. Es gibt den Effekt der enger werdenden Abwärtsspirale (beachten Sie die Linien der graphischen Darstellung des Überlebenspotentials), wobei das Engramm eine Funktionsstörung im Lebensfunktionsregler einleitet; das ruft fehlerhaftes Funktionieren des Minds hervor, was wiederum seine Wirkung auf den Lebensfunktionsregler ausübt; das reduziert dann wieder die Körpertätigkeit, und der Mind als Teil des Organismus und – soweit wir sagen können – selbst ein

[8] *Östrogen:* weibl. Geschlechtshormon.

[9] *vegetatives Nervensystem* (autonomes Nervensystem): im Unterschied zum willkürlichen Nervensystem das vor allem die Funktionen der Eingeweideorgane steuernde und kontrollierende (unwillkürliche) Nervensystem.

Organ, wird in seiner Tonstufe weiter abfallen. Die geistige Tonstufe bewirkt ein Absinken der körperlichen Tonstufe. Die daraufhin niedrige körperliche Tonstufe zieht die geistige Tonstufe herunter. Dies verläuft in umgekehrter geometrischer Progression. Ein Mensch beginnt krank zu werden und wird aufgrund von Engrammen noch kränker. Clears sind dieser enger werdenden Abwärtsspirale nicht ausgesetzt. Dieses fürchterliche Zeug, das man psychosomatische Krankheiten nennt, liegt in der Tat so dicht an der Oberfläche, daß es als erstes nachgibt und selbst ohne daß die Person zum Clear gemacht wird, gelindert werden kann.

Daß verschiedene Medikamente, mit denen psychosomatische Krankheiten geheilt werden sollen, einen so ungewissen Erfolg erzielen, liegt daran, daß der Mind, der diese Engramme enthält, den Lebensfunktionsregler zur aktiven Krankheitserzeugung beeinflußt. Schließlich sind diese Engramme »Überleben« (jedoch in dem Sinn, wie man ein Loch im Kopf braucht). Dann kommt etwas daher, ein Medikament, um die Engramme zu entfernen. (Aber die Zellen wollen sie behalten, schwachsinnig wie sie sind – sie bedeuten ja »Überleben«!) Der Mind muß also schnell den Vorgang umkehren und wieder eine Krankheit hinstellen. Der reaktive Mind ist weder durch Vernunft noch mit Injektionen oder anderen Mitteln zu beeinflussen; solches zu versuchen würde sich als mindestens ebenso schwer erweisen, wie einen unter Drogen stehenden Mann davon zu überzeugen, daß er nicht alle Leute in einer Bar ermorden sollte. Auch er »überlebt«.

Ein Präparat wie ACTH hat eine etwas andere Wirkung. Es fällt zu sehr aus dem Rahmen, als daß wir irgendwelche Forschungen darüber durchgeführt hätten; jedoch ist Berichten zu entnehmen, daß es Engramme hinsichtlich des Zeitsinns beeinflußt. Das bedeutet – wie später beim Thema Therapie noch besser begreiflich werden wird –, daß jemandes reaktive Position in der Zeit dadurch verschoben wird. ACTH und vielleicht viele andere Präparate dieser Art führen einen Menschen von einem chronischen Engramm ins nächste. Das ist etwa so zuverlässig wie die Diktatorenwechsel in Südamerika. Das nächste Engramm kann doppelt so schlimm sein. Es kann sogar ein manisches Engramm sein, und das ist trotz seiner scheinbaren Euphorie scheußlich.

Elektroschockbehandlung, Prügel im Tollhaus und andere Abirrungen dieser Art, *einschließlich der chirurgischen Behandlung von Leiden psychosomatischen Ursprungs*, haben eine andere Wirkung, die aber jener von Präparaten wie ACTH nicht unähnlich ist.

Sie verabreichen dem Patienten einen weiteren Schock, der das Einwirkungsmuster der Engramme auf einen anderen Teil des Körpers verlagert (wodurch Aberrationen lediglich verschoben, nicht behoben werden; wenn solche Behandlungen tatsächlich einmal funktionieren, dann nur, weil die neue Aberration weniger heftig ausfällt als die alte). Schocks, Schläge, chirurgische Eingriffe und vielleicht sogar Kobragift ändern die Wirkung der Engrammbank auf den Körper – nicht unbedingt zum Schlimmeren, nicht notwendigerweise zum Besseren; sie ändern sie ganz einfach. Es ist wie beim Würfeln: manchmal erwischt man eine Sieben.

Ferner gibt es die Art von Behandlung, die Gewebe entfernt, um psychosomatische Krankheiten zu beheben – die Körperzone, die fleißig dramatisiert, wird einfach fortgeschnitten, z.B. eine Zehe oder ein Gehirnteil. Diese Methoden sind heutzutage recht geläufig. Das Abnehmen einer Zehe zielt auf die Behebung der *somatischen* Seite des Engramminhalts ab, die Entfernung von Hirnteilen dagegen (beispielsweise durch transorbitale Lobotomie[10], frontopolare Leukotomie[11] oder andere Techniken neueren Datums) ist auf »die Entfernung« von psychischen Aberrationen gerichtet – mit einem falschen Angriffsziel. Dabei ist auch ein System des Loswerdenwollens am Werk: Der Chirurg oder der Patient hat die Aberration, »es loswerden zu wollen«, und daher werden Teile des Körpers zerschnitten oder entfernt. Manche Patienten verzichten auf Anraten hin auf Teile des Körpers, oder sie bestehen von sich aus darauf, ebenso wie die Alten beim Aderlaß Blut vergossen. Zwischen dem Aderlaß zum Zweck der Gesundung und dem Wegschneiden von Körperteilen zum Zweck der Gesundung gibt es eine direkte Parallele. Beide gründen sich auf ein Engramm des Loswerdenwollens, und beide sind in keiner Weise effektiv. Hoffentlich stirbt die Schnippelmedizin schließlich genauso dahin, wie ihre Patienten es taten.

Es gibt fünf Gruppen psychosomatischer Krankheiten: 1. die Leiden, die das Resultat von psychisch bedingten Störungen im Flüssigkeitsstrom des Körpers sind – dies unterteilt sich in a) gehemmten

[10] *transorbitale Lobotomie:* Form der Leukotomie (operativer Eingriff in die weiße Gehirnsubstanz bei bestimmten Geisteskrankheiten), bei der der Zugang im oberen Bindehautsack durch das Dach der Augenhöhle (Orbita) mit einer lanzettartigen Nadel erfolgt, die 3 cm ins Frontalhirn vorgeschoben wird, wo dann durch Schneidbewegungen Bahnunterbrechungen erreicht werden.

[11] *frontopolare Leukotomie* (auch »präfrontale Lobotomie«): operatives Durchtrennen der Stirnhirn-Thalamus-Verbindung (Thalamus: Sehhügel; eine Ansammlung grauer Kerne im Zwischenhirn, die in alle zur Großhirnrinde ziehenden Sinnesbahnen eingeschaltet ist) zwischen dem Stirnlappen und dem übrigen Gehirn von einem Bohrloch 6 cm oberhalb des Jochbeins (Hauptknochen der Wange) aus.

und b) zu starken Flüssigkeitsstrom; 2. die Leiden, die das Resultat von psychisch bedingten Störungen im Körperwachstum sind – entweder a) gehemmtes oder b) zu starkes Wachstum; 3. die Leiden, die das Resultat einer Anfälligkeit für Krankheiten sind, die durch chronische psychosomatische Schmerzen an einer Stelle entsteht; 4. die Leiden, die das Resultat des Fortdauerns einer Krankheit wegen chronischer Schmerzen an einer Stelle sind; 5. die Leiden, die durch den wörtlichen Befehlsinhalt von Engrammen verursacht werden.

In die Gruppe 1a) fallen so alltägliche Dinge wie Verstopfung und so außergewöhnliche wie Arthritis. Bei Arthritis ist ein komplizierter Mechanismus am Werk; aber einfach ist ihre Ursache und relativ einfach auch ihre Heilung. Sie erinnern sich, daß in einem Engramm zwei Dinge vorhanden sind: körperlicher Schmerz und der gesprochene Befehl. Bei Arthritis müssen (wie bei den meisten psychosomatischen Leiden) beide vorhanden sein. Es muß mit dem Gelenk oder der Stelle, die betroffen ist, etwas Schmerzhaftes stattgefunden haben, und es muß während der »Bewußtlosigkeit«, die die Verletzung begleitete, einen Befehl gegeben haben, der das Engramm für eine chronische Restimulierung empfänglich macht. (Befehle wie »Das ist immer so«, »Es tut einfach immer weiter weh« oder »Ich sitze fest« haben ähnliche Ergebnisse.) Liegt ein solches Engramm vor und ist es eingekeyt, dann besteht im Bereich der Verletzung ein chronischer Schmerz. Er kann unbedeutend sein, ist aber nichtsdestoweniger ein Schmerz. (Es kann sich sogar um einen Schmerz handeln, den man nicht empfindet: wenn nämlich das Engramm einen Befehl mit schmerzbetäubendem Effekt enthält, wie beispielsweise »Er wird das nie spüren«. Das führt einen ähnlichen Zustand herbei, verursacht aber, daß man sich des Schmerzes dort nicht bewußt ist.) Dieser Schmerz im Körper signalisiert den Zellen und dem Blut vermutlich, daß dieser Bereich gefährlich ist. Also wird er gemieden. Angenommen, der Engrammbefehl ermöglicht dem Mind, die Nebenschilddrüse zu beeinflussen, die den Kalziumspiegel im Blut steuert; dann beginnt an dieser Stelle eine Ablagerung von Mineralien. Die Ablagerung ist nicht unbedingt die Ursache des Schmerzes, jedoch ein organischer Restimulator; je mehr Mineralien, um so mehr Schmerz gibt es daher, und um so mehr keyt das Engramm ein. Das ist wiederum die enger werdende Abwärtsspirale. Und das ist die Wirkungsweise der Arthritis. Sie müssen verstehen, daß die Nebenschilddrüse und schlechte Durchblutung theoretische Ursachen sind; wissenschaftliche Tatsache ist, daß Arthritis verschwindet und nicht wieder auftritt, wenn ein Engramm, das an einer Stelle Arthritis verursacht, in Angriff genommen und getilgt wird. Das ist mittels Röntgenaufnahmen nachgewiesen worden. Die Heilung tritt immer ein, und zwar nicht aufgrund irgendeiner Suggestion oder Medizin, sondern weil ein Engramm behandelt und umgespeichert wird. Mit dem Verschwinden des Engramms verschwinden auch der Schmerz und die Arthritis. Wir haben hier eine ganze Kategorie von Krankheiten, und Arthritis ist nur eine davon. Die Mechanismen weichen nur geringfügig voneinander ab. Alle fallen unter die Rubrik »körperliche Störung aufgrund verminderten Fließens von Körperflüssigkeiten«.

Zu Gruppe 1 b) der psychosomatischen Krankheiten (zu starker Flüssigkeitsstrom) gehören zu hoher Blutdruck, Durchfall, Nebenhöhlenentzündung, Priapismus (Überaktivität der männlichen Geschlechtsdrüsen) und jeder andere Zustand des Körpers, der von zuviel Flüssigkeit herrührt.

Gruppe 2 a) umfaßt Mißbildungen von der Art eines verkümmerten Arms, einer verkürzten Nase, unterentwickelter Geschlechtsorgane oder irgendeiner das Körperwachstum beeinflussenden Drüse (was bedeutet, daß sich die Gruppen 1 a und 2 a überschneiden); auch Haarlosigkeit (die, wie der Rest, auch Teil des Genmusters und somit angeboren sein kann) und, um es kurz zu sagen, jede körperliche Verkümmerung gehören hierzu.

Gruppe 2 b) umfaßt Symptome wie überdimensionale Hände, eine verlängerte Nase, übergroße Ohren, vergrößerte Organe und derlei körperliche Mißbildungen mehr. (Krebs fällt möglicherweise unter diese Rubrik, und zwar als übertriebener Heilungsversuch der Zellen.)

Gruppe 3 schließt Tuberkulose ein (manche Fälle), Leberbeschwerden, Nierenleiden, Ausschläge, gewöhnliche Erkältungen usw. (Diese Kategorie überschneidet sich mit anderen, wie sich das auf die eine oder andere Weise von allen sagen läßt.)

Gruppe 4 umfaßt jene Krankheiten, die, nicht psychosomatisch verursacht, sich zufällig an einer Körperstelle festsetzen, die früher einmal verletzt wurde, und durch Restimulierung an dieser Stelle ein Engramm eingekeyt halten, so daß der Zustand chronisch wird. Tuberkulose könnte hier mit eingeschlossen werden. Bindehautentzündung, alle nässenden oder eiternden Wunden und überhaupt jeder Zustand, der nicht heilen will, usw. gehören dazu. Hierunter fallen auch alle seltsamen Schmerzen und Beschwerden, für die keine eigentliche Krankheit gefunden werden kann.

Die Gruppe 5 umfaßt einen außerordentlich umfangreichen Katalog von Zuständen, von denen sich jeder mit anderen Gruppen überschneiden oder ausschließlich aufgrund von Engrammen entstehen kann, die das Vorhandensein oder die Notwendigkeit einer Krankheit diktieren. »Du hast immer Schnupfen« »Ich habe wunde Füße« usw. verkünden eine psychosomatische Krankheit, und die Mechanismen des Körpers sind imstande, die Symptome dazu zu liefern.

Jede beliebige Krankheit kann durch Engramme ausgelöst werden. Die Krankheit mag auf Mikroorganismen zurückzuführen sein; doch wenn einer Person ein Engramm des Inhaltes anhaftet, daß sie krank werden kann, dann erkrankt sie aufgrund dieser Verallgemeinerung an dem, was an Krankheit verfügbar ist. Außerdem, und noch allgemeiner, vermindert das Engramm die physische Widerstandskraft des Körpers gegenüber Krankheiten; und wenn ein Engramm restimuliert wird (vielleicht wegen eines häuslichen Streites, eines Unfalls oder dergleichen), wird die Widerstandskraft eines Menschen gegenüber Krankheiten automatisch vermindert.

Kinder haben – wie noch erklärt werden wird – viel mehr Engramme, als man angenommen hatte. Fast allen Kinderkrankheiten geht eine psychische Störung voraus; liegt eine solche vor und hält sie ein Engramm restimuliert, dann kann die Krankheit wesentlich heftiger verlaufen, als dies normalerweise der Fall sein sollte. Masern können beispielsweise einfach Masern sein oder aber Masern, die von engrammatischer Restimulation begleitet sind; im letzteren Fall können Masern beinahe oder tatsächlich tödlich sein. Eine Untersuchung vieler Personen in bezug auf die Anfälligkeit, Auslösung und Fortdauer von Kinderkrankheiten durch Engrame drängt geradezu die Frage auf, wie heftig diese Krankheiten selbst wirklich sind. Es existieren darüber keine Beobachtungen bei geklärten Kindern, und es wäre sinnvoll, die Möglichkeit zu untersuchen, ob Kinderkrankheiten nicht an sich äußerst milde sind und nur durch psychische Störung, d. h. durch die Restimulierung von Engrammen, verkompliziert werden.

Tatsächlich könnte man hinsichtlich des gesamten Gebietes der Pathologie die Frage stellen: Welchen wirklichen Effekt haben Krankheiten, wenn man den geistigen Faktor abzieht? Wie gefährlich sind Bakterien?

Auf dem Gebiet der Bakteriologie hat man bis heute keine dynamischen Prinzipien gekannt. Die Dynamik des Überlebens gilt aber für alle Lebensformen, und unter »Lebensformen« fallen auch Bakterien. Das Ziel der Bakterien ist Überleben. Ihre Probleme beziehen sich auf Nahrung, Schutz (offensiv und defensiv) und Fortpflanzung. Um dies zu erreichen, operieren die Bakterien in Richtung Überleben auf ihrem bestmöglichen Effektivitätsniveau. Sie mutieren, wandeln sich durch natürliche Auslese und ändern sich dynamisch aufgrund der Überlebensnotwendigkeit (dieser letzte Punkt ist der fehlende Schritt in der Evolutionstheorie), um bestmöglich zu überleben. Sie machen Fehler, indem sie ihre Wirte töten. Daß eine Lebensform Überleben zum Ziel hat, bedeutet jedoch nicht unbedingt auch, daß sie überlebt.

Bei einer Krankheit wirkt die Bakterie, die konsequent ihr Ziel verfolgt, als Unterdrücker der Überlebensdynamik der menschlichen Art. Wie gefährlich dieser Unterdrücker bei völligem Fehlen engrammatischer Unterdrückung im Menschen ist, wurde noch nicht genau bestimmt; jedoch existieren genügend Daten, die zeigen, daß ein Mensch, dessen Überlebenspotential in der Zone 4 liegt, offenbar für Krankheiten nicht besonders empfänglich ist. Von gewöhnlicher Erkältung – ob sie nun auf einem Virus beruht oder nicht – bleibt er beispielsweise verschont, ebenso von chronischen Infektionen. Was Antikörper[12] damit zu tun haben oder welcher Faktor sonst dahintersteht, ist noch eine andere Frage. Die Tatsache, daß ein Clear nicht leicht krank wird, steht jedoch fest. Bei einem Aberrierten folgt Krankheit dicht auf eine Phase geistiger Depression (d. h. auf ein Absinken des dynamischen Niveaus).

Die Aberration von Mind und Körper durch Engramme führt also nicht nur zu psychosomatischen Leiden, sondern auch zu echten Krankheiten, die bisher als mehr oder weniger unabhängig vom geistigen Zustand betrachtet wurden. Wie die praktische Forschung bewies, wird durch die Tilgung von Engrammen mehr erreicht als die Beseitigung psychosomatischer Krankheiten, seien diese nun potentiell, akut oder chronisch. Darüber hinaus macht das Klären die Person gegen Krankheiten weitgehend immun. Es ist noch nicht bekannt, wie weitgehend – eine gültige Statistik hierüber würde umfassende und langfristige Untersuchungen voraussetzen. Ein solches Projekt würde Tausende von Fällen erfordern sowie langfristige Beobachtungen durch Ärzte.

Die Menge an Aberration, die jemand an den Tag legt, d. h. welche Position er auf einer Skala der geistigen Gesundheit einnimmt, hat mit psychosomatischen Krankheiten wenig zu tun. Solche Krankheiten bedürfen nur eines oder zweier Engramme von pas-

[12] *Antikörper:* im Körper gebildeter Gegen- oder Schutzstoff gegen Krankheitserreger.

sender Art, um in Erscheinung zu treten. Diese Engramme mögen nur in der Hinsicht aberrierend sein, daß sie den betreffenden Menschen für Krankheit anfällig machen. Eine psychosomatische Krankheit zu haben, ist nicht das gleiche, wie »verrückt« zu sein oder zu Hypochondrie zu neigen. Der Hypochonder bildet sich Krankheiten ein; er ist ein Spezialfall der obengenannten Gruppe 5.

Störungen werden in zwei klar getrennte Kategorien unterteilt: die erste ist die geistige Störung, jeder irrationale Zustand, den wir in der Dianetik *Aberration* nennen (um die endlose Aufzählung der Tausende, ja Millionen von Erscheinungsformen zu vermeiden, als welche die Irrationalität auftreten kann). Die andere Störung ist *somatischer* Natur, betrifft also ausschließlich das Biologisch-Körperliche samt der körperlichen Leistungsfähigkeit und Gesundheit. Jedes Engramm weist diese zwei Komponenten auf: die *Aberration* und das *Somatik*[13] (dieser neugeprägte Ausdruck wird in der Dianetik verwendet, um den Gebrauch des Wortes *Schmerz* zu vermeiden, da letzteres erstens nicht umfassend genug und zweitens restimulierend ist). Aber das Engramm kann chronisch entweder als *Somatik*, als *Aberration* oder auch kombiniert in Erscheinung treten.

Ein Engramm muß körperlichen Schmerz enthalten. Wenn ein Engramm im täglichen Leben restimuliert wird, kann dieser körperliche Schmerz auftreten. Er kann aber auch ausbleiben. Äußert sich das Engramm nicht als Schmerz, sondern als Aberration, dann befindet sich die Person in einer anderen als der eigenen Valenz (das »unwiderstehliche Bedürfnis, seine Wut auszuleben«). Ist die Person geistig gesund genug, um in ihrer eigenen Valenz zu sein, dann ist der körperliche Schmerz vorhanden. In der Dianetik sagen wir, daß das *Somatik* aufgetaucht ist. Wenn ein Somatik auftaucht, erscheint grundsätzlich auch etwas von der Aberration, es sei denn, wir haben es mit einem *Preclear* (einer Person, die mit der dianetischen Therapie begonnen hat) während der Therapie zu tun. Kurz gesagt, die Aberration kann allein auftreten, oder das Somatik kann mitsamt einem Teil der Aberration auftreten. Dramatisiert jemand eine andere als seine eigene Valenz, dann tritt eine Aberration zutage; wenn die Dramatisation, bei der das Engramm in der einen oder anderen Valenz wie eine Schallplatte abgespielt wird, von einem anderen Faktor, wie beispielsweise der Polizei, einer anderen, stärkeren Per-

[13] *Somatik* (griech. *soma* = Körper): ein allgemeines Wort für unangenehme körperliche Wahrnehmungen, die aus dem reaktiven Mind stammen. Das Wort »Somatik« wird in der Dianetik benutzt, um körperlichen Schmerz oder körperliches Unbehagen jeglicher Art zu bezeichnen.

son oder sogar der Person selbst unterdrückt wird (letzteres ist *Verdrängung* genannt worden – der Ausdruck wird hier jedoch nicht verwendet, da er mit anderen Bedeutungen belastet ist), dann wird mit Sicherheit das Somatik in Erscheinung treten.

Wenn die Person also die Überlebensrolle in dem Engramm – die der gewinnenden Valenz – annimmt, befindet sie sich anscheinend in einer (entsprechend der Absicht der Zellen) »besseren Lage«, denn sie ist wenigstens nicht krank. Doch wie viele Menschen wurden durch diese Dramatisationen schon umgebracht, wie viele Banken ausgeraubt, wie viele Ehepartner in den Wahnsinn getrieben! Die Gesellschaft – bemüht, ihre Mitglieder zu schützen – betrachtet demgegenüber die Gesundheit des einzelnen als eine Angelegenheit zweiten Ranges. In der Tat hat »die Gesellschaft« nichts von diesem Mechanismus gewußt. Derjenige, der die Überlebensvalenz in seinen Engrammen dramatisiert, kann zum Gewalttäter werden. Wer sich jedoch eine solche Dramatisation nicht gestattet oder von der Gesellschaft daran gehindert wird, wird ganz sicher psychosomatisch krank werden. Ob so oder so, man verliert. Die Lösung liegt in der Linderung oder Tilgung des Engramms. Denn es gibt noch viele weitere Aspekte des Problems: Wer seine Engramme dramatisiert, wird – Gesellschaft hin, Gesellschaft her – nicht sehr gut überleben. Wenn er sie dramatisiert, ist er all den Vorwürfen und Anschuldigungen ausgesetzt, die von einer anderen Valenz im selben Engramm gegen die Valenz, in der er sich befindet, gerichtet wurden.

Die Kombinationen der Gruppen und Aspekte der hier aufgeführten und beschriebenen psychosomatischen Krankheiten führen zu manchen höchst komplizierten Situationen. Es ist wissenschaftlich bewiesen, daß es psychosomatische Leiden ohne eine Aberration nicht gibt. Und es ist wahr, daß es keine Aberration ohne ein potentielles oder tatsächlich vorhandenes psychosomatisches Leiden gibt. Eines der psychosomatischen Leiden, bei denen man am wenigsten erwarten würde, etwas Psychosomatisches daran zu finden, ist die Krankheit der sexuellen Perversion.

Der sexuell Pervertierte (dieser Ausdruck umfaßt in der Dianetik, um es kurz zu sagen, jede einzelne Form der Abweichung in der Zweiten Dynamik wie Homosexualität, lesbische Liebe, Sadismus und so weiter durch den ganzen Katalog von Ellis und Krafft-Ebing[14]) ist tatsächlich physisch ziemlich krank. Perversion als

[14] *H. Ellis:* 1859-1939, englischer Arzt, Sexualpsychologe und -pathologe. *R. von Krafft-Ebing*, 1840-1902, deutscher Psychiater; Forschungen auf dem Gebiet der Sexualpathologie und Kriminalpsychologie.

Krankheit hat so viele Erscheinungsformen, daß sie über die ganze Breite der fünf obengenannten Gruppen psychosomatischer Krankheiten verteilt werden muß. Die Überentwicklung der Geschlechtsorgane oder deren Unterentwicklung, gehemmter oder übermäßiger Samenerguß usw. – manche solcher Merkmale treffen bei den einen, manche bei anderen Pervertierten zu. Das bedeutet, daß der Pervertierte auf die eine oder andere Weise immer ein sehr kranker Mensch ist, ob er sich dessen nun bewußt ist oder nicht. Man kann ihn für seinen Zustand wirklich nicht schuldig sprechen, gleichzeitig ist er aber so weit davon entfernt, normal zu sein, und ist für die Gesellschaft so außerordentlich gefährlich, daß die Duldung von Perversion für sie ebenso schlimm ist wie deren Bestrafung. Da es (bevor dieses Buch geschrieben wurde) an geeigneten Heilmitteln fehlte, saß die Gesellschaft zwischen Duldung und Bestrafung in der Klemme, und das Problem der Perversion fand natürlich keine Lösung. Obwohl es ein wenig von unserem Thema abweicht, soll zur Perversion bemerkt werden, daß bisher die beste Erklärung dafür lautete, es habe etwas mit Mädchen zu tun, die Papa um seinen Penis beneideten, und Jungen, die außer sich gerieten über die Vulva, dieses schreckliche Ding, das Mama unvorsichtigerweise eines Tages nicht verhüllte. Doch um Perversion zu erzeugen, ist sehr viel mehr erforderlich als all dieser Quatsch. Die wahren Gründe sehen eher so aus: Man schlägt dem Baby den Kopf ein, überfährt es mit einer Dampfwalze, schneidet es mit einem rostigen Messer in zwei Hälften und taucht es in siedendes Fett, während ihm verrückte Leute andauernd die entsetzlichsten, nicht abdruckbaren Dinge zuschreien. Der Mensch ist ein sehr zähes Lebewesen. Er ist so verdammt zäh, daß er das gesamte Tierreich besiegt hat und die Sterne zu erschüttern vermag. Und um seine Zweite Dynamik, die Geschlechtsdynamik, aus dem Gleichgewicht zu bringen, sind schon wirkliche Greueltaten erforderlich. Somit hatte der Pervertierte mit seinen Hunderten und Aberhunderten von bösartigen Engrammen praktisch nur die Wahl zwischen dem Tod und der Perversion. Eine Gesellschaft jedoch, die fortfahren würde, Perversion mit all ihren tragischen und widerwärtigen Auswirkungen zu dulden, obwohl es eine Wissenschaft gibt, die diesen Problemen gewachsen ist, verdiente selbst nicht zu überleben.

Perversion kann noch andere Seiten haben. In einer der untersuchten Gesellschaften hatten sich diese Aberrationen so vervielfacht, daß ein bedeutender mystischer Kult entstand, der die Ansicht verfocht, alle Geisteskrankheiten hätten ihren Ursprung im Geschlechtlichen. Das leistete den Aberrationen auf der Zweiten Dynamik (Sex) natürlich weiteren Vorschub, da ein solcher kultischer Glaube von jemandem ausgegangen sein muß, dessen Zweite Dynamik durch schwere Aberrationen blockiert war. Der Glaube, daß das Geschlechtliche die einzige Ursache menschlicher Aberrationen und menschlichen Leidens sei, zog natürlich als Anhänger Menschen an, die an ähnlichen Aberrationsmustern krankten. So verstärkte dieser Kult noch die aberrierenden Faktoren, die in der Gesellschaft ohnehin schon vorhanden waren; denn all sein Bemühen richtete sich darauf, das Geschlechtliche als etwas Scheußliches und Furchtbares darzustellen, indem er es als Grundursache der Geisteskrankheiten in der Gesellschaft bezeichnete. Der Prophet dieses Glaubens war Mani, ein Perser, der im dritten Jahrhundert lehrte, daß alles böse sei, was mit dem Körper, insbesondere mit dem Geschlechtlichen zusammenhängt. Der Manichäismus bestand noch bis ins frühe Mittelalter hinein und ging dann unter, um die Menschheit fortan nicht mehr zu belästigen.

Jede Dynamik kann blockiert werden, die persönliche Dynamik wie auch die des Geschlechts, der Gruppe, der Menschheit. Jede einzelne ist zu irgendeinem Zeitpunkt das Angriffsziel der einen oder anderen Strömung gewesen, die vorgegeben hat, alle Übel des Menschen zu heilen und ihn zu retten. Die Dianetik ist nicht daran interessiert, den Menschen zu retten, kann aber viel tun, ihn davor zu bewahren, »gerettet« zu *werden*. Da die Dianetik eine geordnete Sammlung wissenschaftlicher Erkenntnisse ist, kann sie nur aus Beobachtungen im Laboratorium ihre Schlüsse ziehen.

Man kann hier feststellen, daß die Kirche vollkommen recht hat, wenn sie alle Macht aufbietet, um Gotteslästerung zu verhindern. Sehr oft werden, wenn ein Mensch »bewußtlos« geschlagen darniederliegt, gotteslästerliche Äußerungen gemacht. Solche Verwünschungen und Flüche prägen sich in Engramme ein, die in ihm später zur Geltung kommen und unnatürliche Schrecken, Zwang oder Abneigung gegenüber Gott verursachen. Nicht die Religion ist zu tadeln, sondern die Lästerung der Religion. Solche Lästerung erzeugt den geisteskranken Fanatiker wie auch den mordlustigen Atheisten; auf beide würde die Kirche sehr gern verzichten.

Im Bereich der psychosomatischen Krankheiten ist jede gespeicherte Wortkombination ebenso schädlich wie jeder andere Faktor in einem Engramm. Das schwachsinnige »Denken« des reaktiven Minds, dem zufolge jeder Engramminhalt jedem anderen Inhalt des Engramms gleichzusetzen ist, nimmt auch an, daß alles, was den Engramminhalten in der äußeren Welt ähnlich ist (die Restimulatoren), Grund genug sei, um ein Engramm zur Wirkung zu bringen. So entstehen Aberration und Krankheit.

Im Zusammenhang mit psychosomatischen Krankheiten gibt es allerdings eine Eigentümlichkeit zu beobachten: Der reaktive Mind des Aberrierten übt insofern eine Art Wahlfreiheit aus, als *nur überlebensfreundliche Engramme chronisch werden.* Man könnte das so ausdrücken, daß sich die aberrierte Person auf reaktiver Ebene nicht gestattet, durch ihre Engramme krank zu werden – es sei denn, diese Krankheit hat einen »Überlebenswert«. Das ist für die Therapie sehr wichtig. Die chronischen psychosomatischen Krankheiten, die ein Mensch aufweist, sind diejenigen, die einen (überlebensfreundlichen) Mitgefühlshintergrund haben.

Es ist nicht möglich, ein Kind mit Liebe und Zuneigung zu »verderben«. Wer auch immer das Gegenteil behauptete, tat dies aufgrund falscher Daten und ohne zu beobachten. Ein Kind *braucht* alle Liebe und Zuneigung, die es nur irgend bekommen kann. In einem Krankenhaus wurde ein Test durchgeführt, der ergab, daß alleingelassene Babys die Tendenz hatten, Fieber zu bekommen. Sobald man ihnen Aufmerksamkeit schenkte, sank das Fieber sofort. Der Test (der nicht vom Autor persönlich beobachtet wurde) scheint dem Bericht zufolge unter streng kontrollierten Bedingungen durchgeführt worden zu sein. Wenn das wahr ist, dann setzt das beim Menschen einen Mechanismus auf genetischer Grundlage voraus, der Krankheit benutzt, um Zuneigung zu erhalten. Es gibt keinen Grund, der dagegenspricht; ein genügend großer Zeitraum der Evolution, fast zwei Milliarden Jahre ingenieurmäßiger Entwicklungsarbeit sind vergangen, um alles mögliche in den Bauplan des Menschen einzufügen. In mehrere Gruppen aufgeteilt, wurden diese Babys von ihren Eltern für den Test im Krankenhaus gelassen; sie wurden ohne Ausnahme krank, wenn sie keine Zuneigung erhielten. Unter der Voraussetzung, daß die Tests exakt durchgeführt wurden, sehen wir hier das Affinitätsgesetz am Werk. Ziel des Versuches war nicht etwa, Ergebnisse der Dianetik zu bestätigen, sondern zu zeigen, daß ein Baby, das wegen einer leichten Erkrankung nach der Geburt im Krankenhaus zurückgelassen wird, unvermeidlich kränker wird.

Eine Reihe von streng kontrollierten dianetischen Experimenten (die über eine viel längere Zeit liefen) zeigt, daß das Gesetz der Affinität in bezug auf psychosomatische Krankheiten wesentlich mächtiger ist als Faktoren der Angst oder Feindseligkeit. Es ist soviel mächtiger, wie vergleichsweise eine Stahlstütze stärker ist als ein Strohhalm. Es zeigte sich, wie oben erwähnt, daß es chronische psychosomatische Leiden nur dann gab, wenn ein Mitgefühlsengramm dahinterstand. Das Gesetz der Affinität könnte als Kohäsionsgesetz[15] interpretiert werden; Affinität könnte als »Liebe« in ihren beiden Bedeutungen definiert werden. Der Entzug oder das Fehlen von Zuneigung wäre als eine Verletzung des Affinitätsgesetzes zu betrachten. Der Mensch muß zum Menschen eine Beziehung der Zuneigung haben, um überleben zu können. Der Selbstmörder begeht die Tat gewöhnlich aufgrund der Berechnung, daß sein eigenes Verschwinden anderen irgendwie nutzen werde – das ist, auf der Ebene des reaktiven Minds, eine ganz gewöhnliche Berechnung, die ausschließlich auf Engrammen beruht. Wenn der brutale Industrieboß mit seiner erbarmungslosen Miene unter einer psychosomatischen Krankheit leidet, so hat er diese gewöhnlich aufgrund eines Mitgefühlsengramms.

Das Mitgefühlsengramm gibt sich als überlebensfördernd aus. Wie ein Preclear es einmal ausdrückte: Ein Mann wird nicht das Opfer seiner Feinde, sondern seiner Freunde. Ein Engramm entsteht immer durch einen größeren oder geringeren Augenblick der »Bewußtlosigkeit«. Es gibt kein Engramm ohne »Bewußtlosigkeit«. Nur wenn der Analysator aus dem Schaltkreis ausgekoppelt ist, kann die äußere Welt ohne rationale Kontrolle nach innen gelangen und von dort aus arbeiten. Im gleichen Augenblick, in dem der Analysator eines dieser Engramme als solches identifiziert, verliert dieses Engramm etwa zwanzig Prozent seiner Fähigkeit, Aberrationen zu verursachen, und gewöhnlich hundert Prozent seiner Fähigkeit, eine psychosomatische Krankheit zu verursachen. Schmerz ist äußerst vergänglich. Vergnügen wird gleichsam in Bronze geprägt. (Das ist keine Poesie, sondern Wissenschaft. Körperlicher Schmerz verschwindet, wenn ihm kurze Zeit Aufmerksamkeit geschenkt wird; freudige oder auch nur durchschnittliche Erlebnisse jedoch sind im Mind so fest verankert, daß sie durch keinerlei der Dianetik bekannten Methoden erschüttert werden können – und es ist beträchtliche Mühe aufgewendet worden, um Vergnügensaufzeichnungen auf ihre Dauerhaftigkeit zu testen. Sie sind dauerhaft; körperlicher Schmerz aber ist vergänglich. Zu ärgerlich, mein lieber Schopenhauer, aber du warst auf dem Holzweg.)

Nachdem das Engramm verschwunden ist, das einem Lock –

[15] *Kohäsion:* der durch die Kraft der Anziehung bewirkte innere Zusammenhalt der Atome oder Moleküle in einem festen oder flüssigen Stoff.

einem Augenblick »geistiger Qual« – seine Kraft verlieh, wird das Lock in Rauch aufgehen, sobald der Analysator nur kurz mit ihm konfrontiert wird. Der analytische Mind arbeitet nach dem Prinzip der wahren Information: Mit Dingen, die er einmal als falsch erkannt hat, hat er nichts zu schaffen. Die bloße Offenlegung eines Engramms, ohne es zu tilgen, hat schon einen gewissen therapeutischen Wert – zwanzig Prozent –, und das ließ die Ansicht aufkommen, es sei nichts weiter nötig, als seine Leiden zu kennen, um sie zum Verschwinden zu bringen. Zu schön, um wahr zu sein.

Das aberrierendste Engramm ist also dasjenige, an dem der schwachsinnige reaktive Mind in der Meinung festhält, es werde für das Überleben der Person gebraucht. Dieses Mitgefühlsengramm ist es, das als psychosomatisches Leiden auftritt und chronisch wird. Dafür gibt es zwei Gründe: Wenn man ein Mitgefühlsengramm erhält, ist man gewöhnlich in seiner eigenen Valenz; und der reaktive Mind, der sich des Werts von Affinität wohl bewußt ist, präsentiert das psychosomatische Leiden, um Zuneigung anzuziehen. Das analytische Selbst, das »Ich« der Person, ist hieran nicht mit einer Willensentscheidung beteiligt, sondern alle »Entscheidungskraft« kommt vom reaktiven Mind.

Ein Mitgefühlsengramm würde etwa so aussehen: Ein kleiner Junge, der von seinen Eltern sehr übel behandelt wird, ist schwer krank. Seine Großmutter pflegt ihn. Während er im Fieber phantasiert, tröstet sie ihn und sagt, daß sie für ihn sorgen und bis zu seiner Genesung bei ihm bleiben wird. Das gibt dem Kranksein einen hohen »Überlebens«-Wert. In der Gegenwart seiner Eltern fühlt er sich nicht sicher; er möchte, daß seine Großmutter anwesend ist (sie ist eine gewinnende Valenz, weil sie die Eltern herumkommandiert). Nun hat er ein Engramm. Ohne das Engramm gäbe es kein psychosomatisches Leiden. Krankheit, »Bewußtlosigkeit« und körperlicher Schmerz sind für den Erhalt dieses Engramms von entscheidender Bedeutung. Es handelt sich aber nicht um ein überlebensfeindliches Engramm, sondern um ein überlebensfreundliches. Es kann in der eigenen Valenz dramatisiert werden.

Die psychosomatische Krankheit erschiene in einem Fall wie diesem als ein »kostbarer Besitz«. Das »Ich« kennt die Berechnung nicht einmal. Als das Engramm empfangen wurde, war der Analysator abgeschaltet. Er kann sich dieses Engramm ohne dianetische Therapie nicht zurückrufen. Und das Engramm bleibt.

Aufgrund dieses Engramms haben wir nun einen Patienten mit Nebenhöhlenentzündung und einer Anfälligkeit für Lungeninfektionen. Vielleicht hat er später zu seinem Unglück eine Frau geheiratet, die entweder seiner Mutter oder seiner Großmutter irgendwie ähnlich ist. Der reaktive Mind kann zwischen der Großmutter oder Mutter und der Ehefrau nicht unterscheiden, wenn diese einander in Sprache, Stimmlage oder Eigenheiten im Benehmen auch nur entfernt ähneln. Die Ehefrau zeigt kein Mitgefühl. Daher wird das Engramm tätig, um dieses Mitgefühl zu fordern. Und obwohl die Frau seine Nebenhöhlenentzündung und Lungeninfektion so abstoßend findet, daß sie schon an Ehescheidung denkt, hält der reaktive Mind des Mannes dieses Engramm eingekeyt. Je mehr der Haß der Frau zunimmt, um so stärker keyt das Engramm ein. So kann ein Mann getötet werden.

Das ist ein klassisches Beispiel eines Mitgefühlsengramms. Wenn ein Therapeut versucht, den Patienten von diesem Engramm zu befreien, sträubt sich der reaktive Mind. Das »Ich« sträubt sich nicht. Der analytische Mind sträubt sich nicht. Diese beiden hoffen, daß sich das Engramm lösen wird. Der reaktive Mind hält es jedoch festgenagelt, bis der Dianetiker eine Brechstange ansetzt. Dann ist es weg. (Wenn man genügend Locks beseitigt, wird sich dieser Zustand übrigens mildern. Der Patient wird jedoch ein anderes Engramm hervorholen!)

Der Widerstand, dem frühere Therapien begegneten, kam von diesen Mitgefühlsengrammen. Und doch liegen sie, als chronische psychosomatische Krankheit bloßgelegt, direkt an der Oberfläche.

Ein Patient mit einem psychosomatischen Leiden findet durch Medikamente, und seien es noch so viele, nur vorübergehende Erleichterung. Das »Ich« will die Krankheit nicht. Der analytische Mind will sie nicht. Der Körper hat sie aber; und wenn jemand mit der Heilung einen Erfolg erzielt, ohne das Engramm zu tilgen, wird der Organismus unter dem Befehl des reaktiven Minds als Ersatz eine andere Krankheit finden, eine »Allergie« gegen das Medikament entwickeln oder die Wirkung des Medikaments vollständig aufheben.

Natürlich kann man jederzeit mit Messern, Stochern oder Schocks lebendes Gewebe in großen Mengen aus dem Schädel reißen. Dies wird einer psychosomatischen Krankheit abhelfen. Unglücklicherweise wird dadurch auch der Persönlichkeit, dem Intellekt und allzuoft auch dem Leben selbst abgeholfen.

Die Anwendung der dianetischen Techniken zur Behebung der Engramme, die diese Leiden verursachen, hat – ausnahmslos und ohne Rückfälle – die Genesung der behandelten Patienten zur Folge gehabt. Um es kurz zu sagen: Psychosomatische Leiden können jetzt geheilt werden, und zwar alle.

Emotion und die Dynamiken

Emotion ist eine Theta-Quantität[1], was bedeutet, daß sie mit den Lebenskräften so eng verbunden ist, daß die Dianetik sie in ihrem gegenwärtigen Stadium ausnahmslos mit Erfolg handhabt, jedoch nicht versucht, mehr als eine beschreibende Theorie vorzulegen. Über Emotion muß noch viel geforscht werden, aber solange die Therapie diese mit einschließt und erfolgreich freisetzt, können wir auf weitere Daten ziemlich weitgehend verzichten.

Emotionen müssen klar in Minus-Emotionen und Plus-Emotionen aufgeteilt werden. Die Minus-Emotion ist ihrer Art nach überlebensfeindlich, die Plus-Emotion ist überlebensfreundlich. Die angenehmen und vergnüglichen Emotionen werden uns hier nicht besonders beschäftigen. Es wird angenommen, daß alle Emotionen »aus demselben Stoff gemacht« sind, aber ihre Aspekte oberhalb der Zone 1 können wir übergehen, da deren Erläuterung zum jetzigen Zeitpunkt und für den Zweck dieses Buches nicht notwendig ist.

In den Zonen 1 und 0 wird Emotion für die Therapie sehr wichtig. Wie schon früher beschrieben wurde, ist unter der Zone 0 jene der Apathie und unter Zone 1 jene der Wut zu verstehen. Die Zone 0 erstreckt sich von Tod bis hinauf zur Grenzlinie zwischen Wut und Furcht. Die Zone 1, Wut, erstreckt sich von dieser Grenzlinie aufwärts bis zum Beginn der Langeweile.

Wenn die Überlebensdynamik in die Zone 1 hinabgezogen wird, scheint sie zunächst Feindseligkeit zu offenbaren, dann, bei weiterer Unterdrückung in Richtung auf den Tod, Wut. Setzt die Unterdrükkung sich weiter fort, wird rasende Wut gezeigt, dann Furcht als nächsttiefere Stufe, sodann nackte Angst, und schließlich kommt, unmittelbar oberhalb vom Tod, die Apathie.

Wird die Überlebensdynamik unterdrückt, dann reagieren die Zellen sozusagen kraftvoll auf die Bedrohung, indem sie sich ihr

[1] *Theta:* griechisches Symbol für Gedanke, Lebenskraft, *élan vital*, Geist, Seele.

widersetzen. Der analytische Mind leistet seinerseits, bis hinab zur oberen Grenze der Zone 1, Widerstand; doch wird die Kontrolle, die er dabei ausübt, immer schwächer. Sobald die Grenzlinie erreicht ist, übernehmen die Zellen, der eigentliche Organismus, den Widerstand in letzter verzweifelter Anstrengung. Der reaktive Mind hat von der Obergrenze der Zone 1 an bis zur Schwelle des Todes hinunter voll und ganz die Herrschaft inne. Je stärker die Dynamik unterdrückt wird, um so stärker wird seine Herrschaft über den Organismus.

Emotion scheint untrennbar mit der eigentlichen Lebenskraft verknüpft zu sein. Daß es eine Lebenskraft gibt, könnte kein Ingenieur anzweifeln. Der Mensch und die medizinische Wissenschaft starren gewöhnlich auf den Krug und vergessen, daß er nur dazu dient, die Milch zu fassen, und daß die Milch das ist, worauf es ankommt. Die Lebenskraft ist das Helium, das den Freiballon füllt. Entweicht das Helium, sackt der Ballon ab. Wenn diese Art Energie als das, was sie ist, lokalisiert und isoliert wird – sollte es sich *wirklich* nur um eine Energieform handeln –, dann kann die Medizin mit solchen Riesenschritten vorwärtsschreiten, daß alle früheren Schritte wie Sackhüpfen erscheinen. Die Medizin hat zum Beispiel kein Ersatzhelium.

Wie hoch diese Lebenskraft auf der Skala des Überlebens steigen kann, ist nicht bekannt. Oberhalb der Zone 3 liegt der Bereich der Fragezeichen. Ein Clear bewegt sich auf einer Ebene der Beharrlichkeit, Kraft und Zähigkeit, der Vernunft und des Glücklichseins. Vielleicht wird er eines Tages den kaum noch faßbaren Zustand erreichen, von dem der Verfasser in Indien immer hörte: reines Bewußtsein.

Wie weit die Lebenskraft sinken kann, ist eindeutig bekannt. Ein Mensch stirbt. Er bewegt sich nicht mehr, er denkt nicht mehr. Er stirbt als Organismus, dann sterben die Zellen. Für die Zellen gibt es unterschiedliche Fristen des »Lebens nach dem Tode«. Biologen sagen, daß Haar- und Nägelzellen monatelang nicht sterben. Hier gibt es also ein Todesspektrum – zuerst der Organismus und dann, eine Kolonie nach der anderen, die Zellen.

Das geschieht von der unteren Schwelle der Zone 0 an abwärts. Doch wir interessieren uns für den Bereich, der von Zone 1 bis zur unteren Schwelle von Zone 0 liegt. Man kann annehmen, daß der analytische Mind seine größte Schlagkraft gegen den Überlebensunterdrücker und seine größte Fähigkeit, für den Organismus zu sorgen, dann hat, wenn er sich in der Zone 3 befindet. Drängt der Unterdrücker ihn nach unten, so stößt der Analysator, der sich im unteren Teil der Zone 3 befindet, kräftig zurück. Da ist *Notwendigkeit* am Werk. *Die Notwendigkeitsstufe kann sich bei diesem Vorgang so steigern, daß alle Engramme ausgekeyt werden!*

Man sollte erkennen, daß der Analysator künftige Unterdrükker in Betracht zieht und ununterbrochen mit der Berechnung und Lösung von Zukunftsproblemen beschäftigt ist – das ist eine der Funktionen der Phantasie. Man sollte weiterhin erkennen, daß der Analysator mit einer Vielzahl von Berechnungen beschäftigt ist, die die Gegenwart betreffen, der analytische Mind beschäftigt sich ständig mit zahllosen Faktoren, die den Unterdrücker der Gegenwart und den Unterdrücker der Zukunft ausmachen. Beispielsweise stellt er Überlegungen hinsichtlich der Bündnisse mit Freunden und Symbionten an, und seine größten Siege erringt er, wenn er einen Teil des Unterdrückers in einen Hilfsfaktor verwandelt.

Die Position des Menschen im Spektrum des Überlebens kann auf dem Schaubild an der Spitze des Pfeils der Überlebensdynamik abgelesen werden. Der Unterdrücker stößt nach unten oder zukünftige Unterdrücker drohen mit einem Angriff, und der analytische Mind stößt mit Lösungen nach oben. Die Stufe, die der Mensch auf dieser Skala einnimmt, wird davon bestimmt, wie gut er augenscheinlich mit diesen unterdrückerischen Faktoren fertig wird.

Wir sprechen nun und im weiteren vom Clear. Er ist nicht aberriert. Er ist vernünftig, da er mit den ihm zur Verfügung stehenden Daten die von seinem Standpunkt aus bestmöglichen Lösungen aufstellt. Er erreicht für den Organismus in Gegenwart und Zukunft sowie für die Wesen auf den anderen Dynamiken so viel Vergnügen, wie nur irgend möglich. Der Clear hat keine Engramme, die restimuliert werden können, um die Richtigkeit der Berechnungen durch die Einführung von verborgenen und falschen Daten umzustoßen. Keinerlei Aberration. Eben deshalb benutzen wir ihn hier als Beispiel.

Seine Überlebensdynamik ist stark; sie ist stärker als nötig, um den Unterdrücker in Schach zu halten. Nehmen wir das als den Ausgangszustand. Seine Dynamik liegt somit in Zone 3, auf Tonstufe 3,9. Nun verstärkt sich der Unterdrücker. Die Dynamik wird auf Stufe 3,2 zurückgedrängt. Die Notwendigkeitsstufe schießt nach oben. Der Unterdrücker wird zurückgestoßen. Die Dynamik erreicht wieder die Stufe 3,9. Dieser Vorgang könnte als ein enthusiastisches Wiederaufleben bezeichnet werden. Die bedrängte Person war wirklich »wütend« geworden und hat mit einer Anstrengung aus ganzer Seele Kraft für ihr Denken und Handeln herangezogen. Auf geistiger Ebene mobilisiert sie alles, was sie an geistiger Energie zur Verfügung hat. Handelt es sich um körperliche Unterdrückung, so wird auf physischer Ebene Adrenalin aufgeboten. Das ist die richtige Nutzung der endokrinen Drüsen, nämlich um seine Position im Verhältnis zum Unterdrücker wiederzugewinnen. Jede Körperfunktion untersteht dem analytischen Befehl (ohne daß jedoch eine ständige Kontrolle stattfinden muß).

Nehmen wir einmal an, daß der Unterdrücker auf die Dynamik niederfährt und sie auf Stufe 3,0 hinuntertreibt. Die Notwendigkeitsstufe steigt. Es wird etwas unternommen. Die gesamte Kraft des Wesens wird gegen den Unterdrücker geworfen. Nun wollen wir annehmen, daß ein neuer Faktor den Unterdrücker unterstützt und ihn sehr viel stärker macht. Die Person versucht noch immer, gegen ihn anzugehen und sich wieder aufzuschwingen. Jedoch gewinnt der Unterdrücker zunehmend an Gewicht. Allmählich beginnt sich der Vorrat an geistiger oder körperlicher Kraft zu erschöpfen (der Unterdrücker kann entweder auf geistiger oder auf körperlicher Ebene arbeiten). Mehr und mehr ermattet, sinkt die Person auf Stufe 2,5. Der Unterdrücker wird wiederum stärker. Noch einmal unternimmt die Person einen Versuch, sich zu erheben. Der letzte Vorrat an vorhandener Energie oder verfügbaren Daten wird aufgeboten. Ein weiterer Faktor kommt hinzu, der den Unterdrücker verstärkt. Das Individuum sackt ab auf Stufe 2,0.

Genau auf dieser Stufe und zu diesem Zeitpunkt fällt der analytische Mind schließlich aus, da er versagt hat. Jetzt wird der obere Bereich von Zone 1 betreten. Feindseligkeit setzt ein. Der Unterdrükker ist so weit herabgekommen, daß er nun seinen Druck gegen den Überlebensdrang der Zellen selbst ausübt. Und er drängt sich noch tiefer herab. Die Person gerät in Wut und mobilisiert auf Zellenniveau, aber nicht in vernunftbestimmter Weise, die letzten Kräfte. Der Unterdrücker erfährt weitere Verstärkung. Die Person gerät in rasende Wut. Der Unterdrücker geht noch weiter nach unten. Die Person wird furchtsam; das ist Tonstufe 0,9. Und der Unterdrücker bedrängt weiter, indem er neue Faktoren mobilisiert. Die Person wird auf Stufe 0,6 hinuntergestoßen; sie befindet sich im Zustand nackter Angst. Und wieder senkt sich der Unterdrücker mit neuen Kräften herab. Die Person ist vor Angst wie gelähmt – Stufe 0,2.

Nehmen wir zur Illustration ein einfaches, dramatisches Beispiel, so daß wir nicht tausend subtile Faktoren zu berücksichtigen brauchen. Ein jagdunkundiger Clear beschließt, einen Bären zu schießen. Er hat ein gutes Gewehr. Der Bär scheint eine leichte Beute zu sein. Der Mann befindet sich auf Tonstufe 3,9 oder darüber. Er fühlt sich wohl. Er ist entschlossen, diesen Bären zu erlegen, weil er seine Rinderherde bedroht hat. Er gelangt mit großer Begeisterung in die Nähe der Bärenhöhle. Er wartet, bis der Bär schließlich herauskommt. Oberhalb des Mannes gibt es einen sehr steilen Felsabhang, den er normalerweise nicht erklimmen könnte. Um aber einen guten Schuß anbringen zu können, bevor der Bär wieder verschwindet, müßte er hinaufklettern. Er hat bemerkt, daß er dabei ist, das Spiel zu verlieren. Seine Dynamik ist dadurch auf Stufe 3,2 abgesackt. Die Notwendigkeit zwingt ihn auf den Felsen hinauf. Er schießt, verliert das Gleichgewicht und stürzt ab. Der Bär ist verwundet. Er greift den Mann an. Die Notwendigkeitsstufe jagt nach oben. Der Mann schnappt sich das Gewehr wieder und schießt erneut. Er ist nur noch auf 3,0. Und trifft nicht! Der Fehlschuß und der Angriff des Bären stoßen ihn auf 2,5 hinab. Er schießt zum drittenmal. Der Bär kriegt die Kugel ab und kommt dennoch näher. Der Mann schießt nochmals, hat aber plötzlich begriffen, daß er diesen Bären mit seinem Gewehr nicht aufhalten kann. Er fällt auf Stufe 2,0 ab, beginnt zu fluchen und hantiert fieberhaft mit dem Gewehr. Wild fliegen die Kugeln in der Gegend herum. Er gerät über die Flinte, den Bären und die Welt in Wut. Er wirft die leere Flinte weg, um dem Bären, der schon fast über ihm ist, mit bloßen Händen gegenüberzutreten. Plötzlich fühlt der Mann Furcht. Seine Tonstufe liegt bei 1,2 und fällt auf 0,9, als er den Geruch des Bären in der Nase spürt. Er weiß, daß ihn der Bär töten wird. Er wendet sich zur Flucht und versucht, den Felsen zu erklimmen. Aber seine Anstrengungen sind zu verkrampft. Er ist auf Tonstufe 0,6 – nacktes Entsetzen. Der Bär schlägt zu und fegt ihn vom Felshang. Der Mann liegt still und atmet kaum mehr; der Herzschlag verlangsamt sich fast bis zum Stillstand. Der Bär schlägt wieder zu. Der Mann liegt still. Der Bär hält den Mann für tot und trottet davon. Zitternd kommt der Mann schließlich zu sich. Seine Stimmung steigt allmählich und erreicht Stufe 2,0, auf der sein Analysator ausfiel. Er bewegt sich, steht auf. Nun kommt er wieder hoch auf Stufe 2,5. Er ist analytisch ängstlich und vorsichtig. Er nimmt das Gewehr wieder an sich und macht sich auf den Heimweg. Er hat ein großes Verlangen, seine Selbstachtung wiederzugewinnen; seine Tonstufe steigt auf 3,2. Er erreicht bewohntes Gebiet. Da fällt ihm ein, daß er sich das bessere Gewehr eines Freundes borgen kann. Er beginnt Pläne zu schmieden, wie dem Bären beizukommen sei. Sein Enthusiasmus steigt. Er handelt aber, ganz ungeachtet des Engramms, das er empfangen hat, als ihn der Bär zu Boden schlug, aufgrund seiner Erfahrung. Drei Tage später tötet er den Bären. Seine Tonstufe steigt auf Stufe 4,0, wo sie so lange bleibt, wie er an die Geschichte denkt und sie anderen erzählt. Danach wendet er sich anderen Dingen zu.

Das Leben ist weitaus komplizierter als die Aufgabe, einen Bären zu töten. Es ist gewöhnlich weit weniger dramatisch, jedoch immer voll von Situationen, die den Überlebensunterdrücker in seiner Stärke schwanken lassen. Auf dem Weg zum Erreichen angenehmer Ziele – einen Bären zu töten, eine Frau zu küssen, in der Oper in der ersten Reihe zu sitzen, einen Freund zu gewinnen, einen Apfel zu stehlen – durchgleiten wir immer verschiedene Tonstufen. Ein Mensch führt im allgemeinen drei oder dreitausend Berechnungen mit dreißig oder auch dreißigtausend veränderlichen Größen gleichzeitig durch. Zu viele Unbekannte, zu viele Faktoren der Art »Wußte nicht, daß die Flinte geladen war« – sie alle können den Analysator von einer geraden Zielrichtung abbringen, hinein in den zerstreuten Zustand des Versagens. Man kann davon ausgehen, daß der Analysator ausfällt, wenn Tonstufe 2,0 erreicht wird. Von Stufe 2,5 an abwärts sind die von ihm angestellten Berechnungen nicht sehr vernünftig – es gibt zu viele Unbekannte, zu viele unerwartete Faktoren, zu viele Entdeckungen von Fehlkalkulationen.

So sieht das Leben eines Clears aus. Als unser Jäger von dem Bären geschlagen wurde, erhielt er ein Engramm. Dieses Engramm würde ihn, wenn es einkeyte, jedesmal in Furcht und in eine apathische Einstellung versetzen, sobald bestimmte Faktoren auftauchen, nämlich Wahrnehmungen, die den im Engramm enthaltenen entsprechen: der Geruch des Bodens, Zweige, Atem des Bären usw. Aber er tötete den Bären. Die Wahrscheinlichkeit, daß dieses Engramm einkeyt, ist sehr gering. Nicht weil er den Bären tötete, sondern weil er schließlich bereits ein erwachsener Mann war. Und als Clear hätte er auch zurückdenken und das engrammatische Erlebnis selbständig klären können.

Mit diesem Beispiel wurde ein vollständiger *Emotions*-Zyklus dargestellt. Begeisterung und großes Vergnügen stehen am oberen Ende, Furcht und Lähmung am unteren. Gespielter Tod liegt beim Menschen sehr dicht am wirklichen Tod auf der Tonskala. Er ist ein Mechanismus, der durchaus einen Wert hat. Er ist aber vollkommene Apathie.

Solange der Analysator arbeitet, ist es unmöglich, daß sich ein Engramm einprägt; alles wird in den Standardbanken archiviert. Sobald aber die Tonstufe unter 2,0 absinkt, kann man sagen, daß »Bewußtlosigkeit« eingesetzt hat und daß alles, was nun registriert wird, in Begleitung von Schmerz oder schmerzlicher Emotion ein Engramm ist. Das ändert unsere Definition des Engramms nicht. Der Analysator fällt bei 2,0 aus, wenn jemand zum Zweck einer Operation betäubt wird. Das Betäubungsmittel kann die Bewußtseinsebene noch tiefer hinabdrücken. Der Schmerz kann diesen Effekt noch weiter verstärken. Aber das Senken des Bewußtseinsniveaus bedeutet nicht unbedingt, daß auch die Emotion nach unten gedrückt wird. Wieviel vermeintliche Gefahr und wieviel Mitgefühl sind in der Umgebung vorhanden? Das ist es, was die Position auf der Tonskala nach unten drückt. Es kann ein reaktives Engramm geben, das die Tonstufe 4,0 enthält, und ebenso kann ein Engramm die Stufe 1,0 oder auch 0,1 enthalten. Emotion ist somit keine schematische Angelegenheit.

Wie tief das Bewußtseinsniveau liegt, kann durch schmerzliche Emotion, Gifte oder andere Dinge, die das Bewußtsein senken, beeinflußt werden. Danach ist alles Engramm, und die Engramme haben ihre eigene Tonskala, die von 4,0 bis 0,1 verläuft.

Man kann also sehen, daß zwei Faktoren am Werk sind. Einerseits haben wir den körperlichen Zustand. Durch ihn wird der Analysator herabgesetzt oder völlig ausgeschaltet. Andererseits haben wir den geistigen Zustand. Von ihm hängt die Senkung der Position auf der emotionellen Tonskala ab.

Doch denken Sie daran, daß bei Engrammen ein weiterer Faktor eine Rolle spielt: die Valenz. Sobald der Analysator ausgeschaltet ist, übernimmt der Körper die Meinungen oder den emotionellen Zustand jedes beliebigen anderen Analysators, der zugegen ist. Hier sehen wir nun wirklich das Gesetz der Affinität am Werk. Ist jemand in Gegenwart anderer Personen »bewußtlos«, wird er für jeden der Anwesenden je eine Valenz registrieren. Einige dieser Valenzen sind nebensächlich. Zunächst wird er diejenige Valenz, die das meiste Mitgefühl hat, als wünschenswerten zukünftigen Freund (oder als jemand so ähnlichen) auswählen. Doch für seine Dramatisierung wird er die beherrschende Valenz (die überlebenstüchtigste, den Boß, den Gewinner) auswählen. Weiterhin wird er für die emotionelle Stufe die Valenz der (über ihn selbst oder andere) gewinnenden Persönlichkeit annehmen. Wenn die gewinnende Valenz gleichzeitig die Mitgefühlsvalenz ist, dann haftet der Person ein Engramm an, das im vollsten Ausmaß wirksam werden kann.

Betrachten wir dazu ein Beispiel: Ein Mann befindet sich unter Lachgasbetäubung (das tückischste Betäubungsmittel, das je erfunden wurde, da es im Grunde *nicht* betäubend, sondern hypnotisch wirkt). Ihm sollen Zähne gezogen werden. Wie gewöhnlich schwatzt jeder in der Nähe des »bewußtlosen« Patienten über ihn, das Wetter, den beliebtesten Filmschauspieler oder Fußball. Der Zahnarzt ist ein herrschsüchtiger Patron, zeigt der Sprechstundenhilfe gegenüber Chefallüren und regt sich über Kleinigkeiten auf. Dem Patienten gegenüber zeigt er großes Mitgefühl. Die Sprechstundenhilfe, eine blauäugige Blondine, ist sexuell aberriert. Der Patient, der unter qualvollen Schmerzen leidet und »bewußtlos« ist, erhält ein Superengramm, das sein Leben zerstören kann. (Lachgas ist ein fürchterliches Zeug, und es liefert wirklich ein phantastisches Engramm, wie jeder Dianetiker bestätigen kann.) Alles zu ihm oder in seiner Nähe Gesagte wird von ihm wörtlich genommen. Er nimmt die Valenz des Zahnarztes an, da sie unter den vorhandenen sowohl die beherrschende als auch die mitfühlende Valenz ist. Doch jede Äußerung ist aberrierend und wird von dem schwachsinnigen reaktiven Mind des Patienten wie von jenem Einfallspinsel gedeutet, dem gesagt wurde: »Sei vorsichtig mit dem Kuchen, wenn du da herumtapst!« woraufhin er vorsichtig auf den Kuchen tapste. Die Anwesenden mögen über andere sprechen, jedoch ist jedes geäußerte »ich« oder »er« oder »du« engrammatisch und wird vom Patienten auf sich selbst und andere buchstäblich angewandt werden. Der Zahnarzt sagt: »Er kann sich an nichts erinnern.« Wenn das Engramm einkeyt, wird der Patient an einer mehr oder weniger umfassenden Gedächtnisabsperrung leiden. »Er kann es weder sehen noch fühlen« wird eine Absperrung des Sehens, der Schmerzempfindung und des Tastsinnes zur Folge haben. Wenn dem Patienten in diesem Augenblick vor Qual die Augen tränen (obwohl er völlig »weg« ist), mag er durch dieses Geschehnis sowohl wirkliche Sehschwierigkeiten bekommen als auch ziemlich unfähig werden, sich visuell zu erinnern. Nun kommt er in die Hände dieser blonden Sprechstundenhilfe, um unter ihrer Aufsicht das Betäubungsmittel auszuschlafen und sich zu erholen. Sie hat natürlich auch ihre Aberrationen. Sie weiß aus Erfahrung, daß man mit Patienten seltsame Spielchen treiben kann, wenn sie noch »weg« sind; sie durchlöchert ihn also mit delikaten Fragen über sein Leben. Und sie weiß, daß er sich in einem hypnotischen Zustand befindet (ja, sicher weiß sie das), und gibt ihm daher – nur so, um sich zu amüsieren – ein paar positive Suggestionen. Sie sagt, daß er sie lieben wird, daß sie gut zu ihm sein und erst einmal bei ihm bleiben wird.

So hat nun der arme Patient, dem zwei verkeilte Weisheitszähne gezogen wurden, alles beisammen für eine typische Wut- und Mitgefühlsdramatisation. Als allgemeine Emotion übernimmt er die Tonstufe, die der Zahnarzt gegen die anderen im Raum gezeigt hat. Der Zahnarzt war wütend auf die Sprechstundenhilfe. Mit völlig versauten Rückrufen trifft der Patient einige Jahre später eine Frau, die der Sprechstundenhilfe ähnlich ist. Die Sprechstundenhilfe hat ihm ein zwanghaftes Verlangen nach ihr eingegeben. Der schwachsinnige reaktive Mind sieht in dieser völlig anderen Person genügend Ähnlichkeit, um sie mit der Sprechstundenhilfe zu identifizieren. Also läßt sich der Mann von seiner Frau scheiden und heiratet die Pseudo-Sprechstundenhilfe. Jetzt allerdings, nachdem er sie geheiratet hat, beginnt das Zahnengramm ernstlich einzukeyen. Er wird körperlich krank: Die beiden Backenzähne neben den gezogenen Weisheitszähnen entwickeln große Löcher und beginnen zu faulen (die Blutzirkulation ist beeinträchtigt; Schmerz ist da, kann aber nicht gefühlt werden, weil der Schmerzrückruf nach den Worten des Zahnarztes abgeschaltet ist). Sein Gedächtnis läßt ihn im Stich. Seine Rückrufe werden noch schlechter. Er beginnt, Sehschwierigkeiten und eine merkwürdige Bindehautentzündung zu entwickeln. Ferner hat er Brust- und Magenschmerzen (weil sich der Zahnarzt mit seinem spitzen Ellbogen von Zeit zu Zeit auf seine Brust und seinen Magen stützte). Das Lachgas schmerzte in seinen Lungen, und dieser Schmerz befindet sich ebenfalls in chronischer Restimulation. Aber was von allem am schlimmsten ist: Er glaubt, daß die Pseudo-Sprechstundenhilfe für ihn sorgen wird, so daß er mehr oder weniger aufhört, für sich selbst zu sorgen; seine Energie schwindet dahin; auf analytischer Ebene weiß er nur, daß alles verkehrt ist und daß er nicht er selbst ist. Denn nun sitzt er in der Valenz des Zahnarztes fest, der auf seine Sprechstundenhilfe wütend ist, und deshalb schlägt er die Pseudo-Sprechstundenhilfe, weil er die Empfindung hat, daß von ihr das ganze Übel ausgeht. Die Frau, die er geheiratet hat, ist nicht und war nicht die Sprechstundenhilfe; sie hat nur eine etwas ähnliche Stimme und ist ebenfalls blond. Sie hat ihre eigenen Engramme und reagiert. Sie begeht einen Selbstmordversuch.

Dann, eines Tages – denn wir haben es hier mit nur einem Engramm unter vielen zu tun –, wird unser Mann in eine Irrenanstalt eingeliefert. Die Ärzte dort entscheiden, daß er nichts weiter braucht als eine gediegene Serie Elektroschocks, um das Gehirn in Stücke zu reißen; und sollte das nicht genügen, dann stößt man eben während und nach dem Elektroschock an beiden Augäpfeln vorbei einen hübschen Stocher ins Gehirn, der in weitem Bogen herumgeschwenkt wird; das wird den analytischen Mind schon zerfetzen. Seine Frau ist einverstanden. Unser Patient kann sich nicht verteidigen; er ist geisteskrank, und die Geisteskranken haben ja keine Rechte, wie Sie wissen.

In diesem Fall kam jedoch rechtzeitig Hilfe seitens der Dianetik. Der Patient und seine Frau wurden geklärt. Beide sind heute glücklich. Das ist ein Engramm und eine Fallgeschichte, die sich tatsächlich ereignet haben. Es ist ein Mitgefühlsengramm, wie es dem schwachsinnigen reaktiven Mind überlebensfördernd erscheint.

In diesem Beispiel werden auch die schwankenden emotionalen Erscheinungen im Rahmen dieses einen Engramms ersichtlich. Auf körperlicher Ebene herrschten »Bewußtlosigkeit« und heftige Schmerzen. Auf geistiger Ebene wurde nach dem Ansteckungsprinzip eine ganze Reihe unterschiedlicher Emotionsstufen übertragen. Der emotionelle Zustand des Mannes selbst ist totale Apathie, und deswegen konnte er nicht mehr »er selbst sein«.

Nebenbei sei erwähnt, daß bei jeder Art von Operation oder Verletzung absolute Ruhe, tiefstes Schweigen, Grabesstille herrschen sollte. *In einem Augenblick der »Bewußtlosigkeit« gibt es nichts, was zum Vorteil des Patienten gesagt oder ihm als Wahrnehmung mitgegeben werden könnte. Nichts!* Im Lichte dieser Forschungen und wissenschaftlichen Tatsachen (die leicht in jedem anderen Labor oder bei jeder anderen Gruppe von Leuten bewiesen werden können) sollten Gespräche oder Geräusche in der Umgebung »bewußtloser« Personen unbedingt vermieden und Verstöße dagegen strafrechtlich verfolgt werden, da jeder, der diese Tatsachen kennt und mißachtet, den vorsätzlichen Versuch unternähme, den Intellekt oder das geistige Gleichgewicht einer Person zu zerstören. Wenn dem Patienten unter Hypnose oder während einer Verletzung oder Operation Komplimente gemacht werden, stellt man schon ein *manisches* Engramm her, das ihn vorübergehend in Euphorie versetzt und ihn schließlich in die *depressive* Phase des Zyklus stürzt[2].

[2] Der Verfasser ist sich bewußt, daß viele Ärzte bei Anwendung der Narkosynthese (eine Praxis, bei der durch Drogen ein Schlafzustand herbeigeführt und dann zu dem Patienten gesprochen wird, um verborgene Gedanken und Konflikte ans Licht zu bringen) gelegentlich durch Zufall auf »bewußtlose« Perioden stießen. Sie betrachteten diese Bereiche dann sofort als fragwürdig und nahmen an, daß der Patient wahrscheinlich nicht »bewußtlos« gewesen war. Im Zuge der dianetischen Forschung wurde das Bewußtsein von Patienten ausgeschaltet; sie waren zur Zufriedenheit zweier Ärzte, die beide skeptisch waren (sie sind es nicht mehr), »bewußtlos«, und es wurden ihnen Daten eingegeben, von denen der Dianetiker nichts wußte. Diese Daten wurden in allen Fällen und für jede Tiefe der »Bewußtlosigkeit« vollständig wiedergewonnen. Dasselbe gilt für alle sonstigen Äußerungen, die die Ärzte murmelten, während sie damit beschäftigt waren, Blutdruck und Atmung etc. der Patienten zu prüfen, um sicher zu sein, daß sie ohne Gefährdung ihres Lebens den tiefstmöglichen Grad von »Bewußtlosigkeit« erreicht hat-

Als goldene Regel könnte man etwa sagen: »Wenn du deinen Nächsten liebst, dann halte den Mund, wenn er nicht bei Bewußtsein ist.«

Emotion kann also auf zwei Ebenen festgestellt werden – bei einem selbst und bei den anderen Valenzen. Sie ist durch Gleichsetzungsdenken übertragbar. Bekommt jemand »bewußtlos« einen Wutausbruch mit, erhält er ein Stufe-1-Engramm: Es enthält Wut. Ist er in »bewußtlosem« Zustand Apathie ausgesetzt, erhält er ein Stufe-0-Engramm. Wird in einem Engramm Fröhlichkeit aufgezeichnet, so ist es zwar nicht besonders aberrierend, ergibt aber ein Stufe-4-Engramm. Und so weiter. Mit anderen Worten: Die Emotion der Leute, die sich in der Nähe einer »bewußtlosen« Person befinden, wird als Teil des Engramms in diese Person hineingetragen. Jede beliebige Stimmung kann auf diese Weise übertragen werden.

Wird ein Engramm dramatisiert, nimmt der Aberrierte immer die gewinnende Valenz an, und diese Valenz ist natürlich nicht er selbst. Ist er nur einer einzigen Person ausgesetzt und redet diese apathisches Zeug, dann ist Apathie die Gefühlsstufe des Engramms. Wenn ein Apathieengramm restimuliert wird, gibt sich die Person apathisch, da sie ansonsten ernste Schmerzen erleiden wird. Da Apathie dem Tod am nächsten liegt, ist sie jene Emotion, die für die Person am gefährlichsten ist. Wird eine Emotion der Wut auf einen »Bewußtlosen« übertragen, empfängt er ein Wutengramm, das er dramatisieren kann. Das ist besonders für die Gesellschaft schädlich. Ist eine lediglich feindselige Stimmung in der Umgebung eines »Bewußtlosen« vorhanden, empfängt er bloß ein Feindseligkeitsengramm (versteckte Feindseligkeit). In der Gegenwart zweier Personen verschiedener Stimmungslage erhält er ein Engramm mit zwei Valenzen neben seiner eigenen. Geschieht das, so wird er zuerst die gewinnende Valenz mit deren Stimmung dramatisieren, und wenn er davon abgehalten wird, die zweite Valenz mit deren Stimmung. Wird er bei einem chronischen Engramm auch daran gehindert, dann wird er geisteskrank.

Nichts von all dem sollte jedoch so gedeutet werden, als würde ein Mensch nur Mitgefühlsengramme benutzen oder dramatisieren. So ist es ganz und gar nicht. Das Mitgefühlsengramm verschafft ihm

ten. Aufgrund der unvorsichtigen Bemerkungen der Ärzte, die die Narkotisierung und die Untersuchungen durchgeführt hatten, waren zwei der Patienten eine Zeitlang ernstlich aberriert. Dieses Experiment sollte als Warnung gelten. So entsteht Geisteskrankheit. Seien Sie vorsichtig damit im Umgang mit Patienten. (Anm. d. Verf.)

die chronische psychosomatische Krankheit. Er kann aber jedes Engramm, das er hat, dramatisieren, wenn es restimuliert wird.

Emotion kann also übertragen werden, *und* sie kann ein persönlicher Zustand sein. Die Auswertung einer Situation auf zellularem Niveau hängt von jedem beliebigen anderen anwesenden Analysator ab, selbst wenn dieser gegen die betreffende Person durch und durch feindlich eingestellt ist. In Ermangelung einer solchen Auswertung nimmt die Person ihre eigene Tonstufe des betreffenden Augenblicks an.

Es gibt jedoch noch einen anderen emotionellen Umstand, der für den Therapeuten außerordentlich interessant und nützlich ist, da es sich um den ersten Faktor handelt, mit dem er bei der Eröffnung eines Falles zu tun haben wird. Wir haben an dieser Stelle nicht vor, mit der Besprechung der Therapie zu beginnen, sondern einen wesentlichen Aspekt von Emotion zu beschreiben.

Großer Verlust und andere plötzliche und schwerwiegende Unterdrückungsvorgänge stauen Emotion in einem Engramm auf. Verlust kann in sich selbst ein so großer Schock sein, daß dadurch die analytische Kraft herabgesetzt und ein Engramm empfangen wird. Dreht es sich um den Verlust einer mitfühlenden Person, von der jemand abhängig war, so erscheint es ihm, als schliche sich der Tod selbst an ihn heran. Wenn ein solcher Unterdrückereffekt auftritt, ist es so, als wäre im Engramm eine starke Stahlfeder zusammengepreßt worden: Wenn sie freigesetzt wird, geschieht das unter gewaltiger emotioneller Eruption (falls diese Entladung wirklich Emotion ist, obwohl wir kaum wissen, wie wir es sonst nennen sollten).

An solchen Lebensstationen wird die Lebenskraft offenbar eingedämmt. Von dieser Lebenskraft mögen enorme Mengen zur Verfügung stehen, ein Teil wird jedoch in ein Verlustengramm eingesperrt. Danach scheint der Betreffende nicht mehr so viel freie Vitalität zu besitzen wie zuvor. Möglicherweise handelt es sich hier nicht um Emotion, sondern um die Lebenskraft selbst. Der Mind hat dann unter der Oberfläche – verkapselt – eine große Menge Leid oder Verzweiflung sitzen. Je mehr dieser Ladungen in einem solchen eingekapselten Zustand vorhanden sind, um so unfreier sind die Emotionen des Menschen. Vom Prinzip her mag dies so erfolgen, daß die Person bis zu einem Punkt hinab unterdrückt wird, von dem aus sie nicht so leicht wieder aufsteigen kann. Nichts in ihrer weiteren Zukunft scheint sie auch nur annähernd auf die früheren Ebenen zurückbringen zu können.

Der Glanz und die Schönheit der Welt, wie sie die Kindheit

bescherte, schwinden mit zunehmendem Alter. Merkwürdig ist allerdings, daß Glanz und Schönheit sowie Empfindsamkeit für das Leben *nicht abhanden gekommen* sind; sie sind nur eingekapselt. Eines der bemerkenswertesten Erlebnisse eines Clears besteht darin, daß er im Verlauf der Therapie die Fähigkeit zurückgewinnt, die Schönheit in der Welt zu würdigen.

Während die Menschen aus der Kindheit in das Leben hinauswachsen, erleiden sie Verlust auf Verlust, wobei sie durch jeden einzelnen Verlust etwas mehr von dieser *Theta*-Quantität einbüßen, die in der Tat die Lebenskraft selbst sein mag. Nachdem diese Kraft im Menschen festgebunden ist, ist sie ihm entzogen, ja sie reagiert sogar gegen ihn.

Einzig diese emotionelle Einkapselung kann beispielsweise die einzelnen Teile im Mind eines Menschen abtrennen, der viele Valenzen hat oder seine Vergangenheit weder sehen noch hören kann. Der analytische Mind, bearbeitet von der reaktiven Bank, unterteilt und verkapselt sich innerhalb seiner selbst mit jedem Verlust aufs neue, bis kein freies Fließen mehr möglich ist. Dann stirbt der Mensch.

Nach allem, was hier erörtert wurde, scheint Emotion oder das, was wir Emotion nannten, wirklich in zwei Bereiche unterteilbar zu sein: Erstens gibt es das endokrine System, das entweder in den oberen zwei Zonen vom analytischen Mind oder in den unteren zwei Zonen vom reaktiven Mind kontrolliert wird und emotionelle Antworten in Form von Furcht, Begeisterung, Apathie usw. hervorbringt; zweitens gäbe es die Lebenskraft selbst, die durch Engramme abgekapselt und Stück um Stück in der reaktiven Bank versiegelt wird.

Möglicherweise kann eine Therapie entworfen werden, die lediglich diese verschiedenen Lebenskraftladungen freisetzt und dadurch einen vollständigen Clear hervorbringt. Leider ist das bis heute noch nicht gelungen.

Das Sonderbare ist, daß Emotionen so häufig auf dem wörtlichen Inhalt von Engrammen beruhen. Besagt der Engramminhalt: »Ich fürchte mich«, dann fürchtet sich der Aberrierte; »Ich bin ruhig« zwingt ihn dagegen, »ruhig« zu sein, selbst wenn der Rest des Engramms ihn zittern läßt, daß ihm die Zähne klappern.

Das Problem der Emotion als endokrine Regulierung und Lebenskraft wird noch dadurch verkompliziert, daß der körperliche Schmerz in einem Engramm häufig mit einer bestimmten im Engramm genannten Emotion verwechselt wird. Beispielsweise kann das Engramm seinem Wortgehalt nach besagen, die Person sei »sexuell erregt«, während sein Schmerzinhalt ein Schmerz in den Beinen ist und der wirkliche emotionelle Gehalt (die Valenz, die sagt: »Ich bin sexuell erregt«) aus Wut besteht. Das ist für den Aberrierten, der ein solches Engramm dramatisiert, eine komplizierte Sache. Wenn er »sexuell erregt« ist – er weiß natürlich, was die Worte an sich bedeuten –, ist er gleichzeitig wütend und hat Schmerzen in den Beinen. Das kann in vielen Fällen komisch sein und hat übrigens zu einer Standardserie von Praxiswitzen geführt, die alle mit der Ankündigung beginnen: »Wissen Sie, ich fühle mich genau wie jeder andere ...«

Die Dianetiker, die entdeckt haben, daß die Menschen die Emotionen, die Überzeugungen, die Intelligenz und die somatischen Erscheinungen der Welt von ihren eigenen engrammatischen Reaktionen aus beurteilen, sind entzückt, wenn sie neuen Vorstellungen von »Emotionen« begegnen: »Sie wissen ja, wie sich Leute fühlen, wenn sie glücklich sind: ihre Ohren glühen.« »Ich fühle mich genauso wie jeder andere, wenn ich glücklich bin: mir tun die Füße und die Augen weh.« »Natürlich weiß ich, wie man sich fühlt, wenn man glücklich ist: es ist, als würden Nadelstiche über den ganzen Körper laufen.« »Ich frage mich, wie es die Leute aushalten können, leidenschaftlich zu sein, wo doch dann immer die Nase so weh tut.« »Natürlich weiß ich, wie sich Leute fühlen, wenn sie aufgeregt sind: sie müssen auf die Toilette.«

Vermutlich hat jeder Mensch für jede Gefühlsstimmung seine eigene, sonderbare Definition aus engrammatischen Befehlen. Der Befehl zusammen mit den Somatiken und Wahrnehmungen macht das aus, was man gemeinhin als einen »emotionalen Zustand« bezeichnet.

Das Problem der Emotion sollte also eigentlich im Hinblick auf den Clear definiert werden, der nicht an engrammatischen Befehlen des reaktiven Minds krankt. Definiert man es auf dieser Basis, so ist Emotion in zwei Bereiche unterteilbar: erstens eine Angelegenheit des endokrinen Systems und zweitens das wechselnde Niveau an Lebenskraft, die frei ist, sich gegen den Überlebensunterdrücker zu behaupten.

Man sollte hinzufügen, daß Lachen strenggenommen keine Emotion ist, sondern Befreiung von Emotion. Die alten Italiener waren, wie sich in ihren Volksmärchen zeigt, ganz eindeutig der Auffassung, daß Lachen einen therapeutischen Wert habe. Melancholie wurde in diesen Märchen als die einzige Geisteskrankheit betrachtet und Lachen als einziges Heilmittel. In der Dianetik haben wir sehr viel mit Lachen zu tun. In der Therapie variieren die Patienten in ihren Lachreaktionen vom leichten In-sich-hinein-Lachen bis zur ausgelassenen Fröhlichkeit. Jedes Engramm, das wirklich freigesetzt wird, sollte irgendwo zwischen Tränen und Langeweile beginnen und mit Gelächter enden. Je näher die Tonstufe des Engramms dem Gram ist, wenn mit seiner Behandlung begonnen wird, um so sicherer wird Gelächter auftreten, wenn das Engramm beseitigt ist.

In der Therapie erreicht der Preclear oft ein Stadium, in dem ihm sein ganzes bisheriges Leben zum Anlaß unkontrollierbarer Heiterkeit wird. Das bedeutet nicht, daß er Clear ist, sondern nur, daß ein großer Teil der eingekapselten Ladungen abgezapft wurde. Es gab einen Preclear, der zwei Tage lang fast ununterbrochen lachte. Das hat mit Hebephrenie[3] nichts zu tun, denn die Erleichterung des Preclears, wenn er die Schattenhaftigkeit und den vollkommen erklärbaren Charakter seiner vergangenen Ängste und Schrecken begreift, ist herzerfrischend.

Das Lachen spielt in der Therapie ganz eindeutig eine eigene Rolle. Es ist sehr erfreulich, einen Preclear zu sehen, der von einem mit viel emotioneller Ladung angefüllten Engramm verfolgt wurde und plötzlich davon befreit wird; denn gleichgültig, wie grausam die Situation früher auch gewesen sein mag, im Augenblick der Befreiung wird sie in all ihren Aspekten zu einer Quelle großer Heiterkeit. Das Lachen flaut ab, wenn die Person das Interesse an der Situation verliert, und man kann sagen, daß sich dann ihre Einstellung dazu in Zone 3 befindet.

Lachen kennzeichnet eindeutig die Befreiung von schmerzlicher Emotion.

[3] *Hebephrenie:* schizophrene Umbildung der Persönlichkeit ins Läppisch-Alberne.

Vorgeburtliche Erlebnisse und die Geburt

Bis über die Mitte des vorigen Jahrhunderts hinaus sprachen alte Frauen weise vom »vorgeburtlichen Einfluß« und darüber, wie ein Kind von seiner Mutter geprägt werde. Viele solche intuitiven Gedanken beruhen tatsächlich auf beobachteten Daten. Man kann feststellen, daß das außerehelich geborene Kind oft ein glückloses Geschöpf ist (in einer Gesellschaft, die solche Geburten mißbilligt). Diese Auffassungen sind jahrtausendelang allgemein vertreten worden. Daß sie sich gehalten haben, bedeutet nicht, daß sie wahr sein müssen; aber sie bilden eine ausgezeichnete Einleitung für ein Kapitel über vorgeburtliche Erlebnisse und die Geburt.

Hätte die Dianetik mit so unklaren Theorien gearbeitet, wie die erwähnten alten Frauen sie hatten oder wie sie jenen Schwärmern vorschweben, die glauben, daß »kindliche Einbildungen« ein Kind zu aberrieren vermögen, dann wäre sie keine Wissenschaft über den Geist. Es waren vielmehr praktische Untersuchungen, mit deren Hilfe genau entdeckt wurde, welche Rolle vorgeburtliche Erlebnisse und die Geburt für Aberrationen und psychosomatische Krankheiten spielen.

Es wurden viele Schulen und Richtungen auf dem Gebiet der geistigen Heilung, vom Asklepios-Heiligtum bis zur modernen Hypnose, studiert, nachdem die Grundphilosophie der Dianetik aufgestellt worden war. Viele Daten wurden gesammelt und zahlreiche Experimente durchgeführt. Nachdem die Grundlagen der Engramme formuliert waren und entdeckt worden war, daß »Bewußtlosigkeit« eine Zeitspanne ist, in der entgegen früheren Annahmen Aufzeichnungen stattfinden, ließen sich nun anhand der Theorie neue, bisher nicht beobachtete Erscheinungen vorhersagen.

In den USA kam in den Kriegs- und Nachkriegsjahren die »Narkosynthese« auf. Es handelte sich um einen Zweig der »Hypnoanalyse«[1] bzw. »Tiefenanalyse«. Sie erzielte keine Clears, und in den meisten Fällen verhalf sie nicht einmal zu einer Linderung. Hingegen wurde entdeckt, daß die Narkosynthese selbst ein aberrierender Faktor ist. Ein Vorgang, der aberrierende Wirkung hat, mag sehr wohl, wenn er wissenschaftlich studiert wird, zu etwas hinführen, womit sich Aberrationen beseitigen lassen; daher wurde die Narkosynthese studiert. Mehrere Fälle, die der Narkosynthese unterzogen worden waren, wurden untersucht. Einige von ihnen hatten infolge der Narkosynthese eine Erleichterung verspürt. Andere hatten sich mit einem sehr verschlechterten Zustand abfinden müssen.

Die Arbeit mit der Hypnoanalyse führte zu der Entdeckung, daß die Technik umgewandelt werden konnte, so daß mit ihrer Hilfe die aberrierende Ladung, die in Locks enthalten ist, wirklich beseitigt werden konnte. Bei der Behandlung schizophrener Personen mit Narkosynthese wurde festgestellt, daß die Locks sich manchmal lösen (klären) ließen und manchmal nicht.

»Narkosynthese« ist ein komplizierter Name für ein sehr altes Verfahren, das in Griechenland und Indien wohlbekannt war. Sie ist Hypnose mit Hilfe von Drogen. Sie wird im allgemeinen entweder von Praktikern angewandt, die die Hypnose nicht beherrschen, oder an Patienten, die auf normale Hypnose nicht ansprechen. Man gibt dem Patienten intravenös eine Spritze Natriumpentothal[2] und fordert ihn auf, rückwärts zu zählen. Nach kurzer Zeit hört er auf zu zählen, woraufhin die Injektion ebenfalls gestoppt wird. Der Patient befindet sich nun in einem »Tiefschlaf«. Sowohl den Praktikern der Narkosynthese als auch den Hypnotiseuren scheint es aber entgangen zu sein, daß es sich nicht um *Schlaf* handelt. Im Grunde wird durch dieses Verfahren das Bewußtsein eines Menschen lahmgelegt, so daß diejenigen Aufmerksamkeitseinheiten, die hinter dem Vorhang seiner reaktiven Bank bleiben, direkt erreicht werden können. Diese Aufmerksamkeitseinheiten liegen an den Standardbanken an. Die Umgehungsschaltkreise (Dämonenschaltkreise), die zwischen diesen Banken und dem »Ich« liegen, werden bei dieser Methode ihrerseits umgangen. Mit anderen Worten: Ein nichtaberrierter Teil des analytischen Minds ist freigelegt worden. Er ist nicht sehr stark und nicht sehr intelligent, hat aber den Vorzug, ganz dicht bei den

[1] *Hypnoanalyse:* der Einsatz von Hypnose oder hypnotischen Drogen in Kombination mit psychoanalytischen Techniken.

[2] *Natriumpentothal:* ein Barbitursäurepräparat, das als Betäubungsmittel und als »Wahrheitsdroge« verwendet wird.

Standardbanken zu liegen. Das ist die *Grundpersönlichkeit*. Absicht, Ziel und Beharrungsvermögen dieser wenigen Aufmerksamkeitseinheiten haben die gleiche Qualität und Ausrichtung, wie sie der ganze analytische Mind hätte, wenn er geklärt wäre. Es ist eine sehr gute, kooperative Gruppe von Aufmerksamkeitseinheiten, und sie ist sehr nützlich, denn die *Grundpersönlichkeit* verfügt über alle Rückrufe: sämtliche Geräuscheindrücke, Tastempfindungen, Geruch, Schmerz usw. Sie kann an alles herankommen, was sich in den Banken befindet; d.h. an alles, was während eines ganzen Lebens – Minute für Minute – wahrgenommen oder gedacht wurde. Diese Eigenschaften der Grundpersönlichkeit sind von den Hypnosefachleuten sehr mangelhaft beschrieben worden, und es ist sogar zu bezweifeln, ob allgemein bekannt war, daß auch der Geräuschrückruf zu dem Rückrufsystem gehört, das von der Tiefenhypnose oder der Drogenhypnose, die Narkosynthese genannt wird, bloßgelegt werden kann.

Die Erforschung der Grundpersönlichkeit bei einer Person mit vielen Valenzen, die ein schlechtes Gedächtnis, keine guten Rückrufe und nur eine kärgliche Phantasie hatte, zeigte, daß die Aufmerksamkeitseinheiten, die wir als *Grundpersönlichkeit* bezeichnen, besser imstande waren, Daten herauszusuchen, als die aberrierte Persönlichkeit, wie sie sich im Wachzustand darstellte. Man entdeckte ferner, daß die aberrierte Persönlichkeit gewöhnlich besser in frühere Lebensperioden *zurückkehren* konnte als die Grundpersönlichkeit, soweit es die Überbrückung der zeitlichen Entfernung betraf, daß sie sich aber, nachdem sie am frühesten Punkt angekommen war, außerstande sah, den Rückruf zu vollziehen. Doch wenn die aberrierte Persönlichkeit zurückgekehrt war und zu einem Geschehnis vagen Kontakt hergestellt hatte, so konnte man daraufhin mittels Drogen- oder Standardhypnose – nachdem die aberrierte Persönlichkeit wieder in der *Gegenwart* (nicht mehr *zurückgekehrt*) war – die Grundpersönlichkeit zurückkehren lassen. Die Drogenhypnose konnte bei einem Patienten nur selten in eine sehr frühe Zeit seines Lebens eindringen. Doch indem man zuerst die starke aberrierte Persönlichkeit zurückgehen ließ und dann für den Rückruf die Grundpersönlichkeit einsetzte, ließen sich einige sehr frühe Geschehnisse erreichen. Dieser Kunstgriff wurde erfunden, um einige der Schwierigkeiten zu überwinden, die die Ergebnisse der Drogenhypnose relativ ungewiß gemacht hatten.

Dann wurde ein weiterer Faktor entdeckt. Bei allen durch Narkosynthese behandelten Patienten hatte sich das Befinden jedesmal verschlechtert, wenn eine Periode der »Bewußtlosigkeit« durchkreuzt, aber wieder verlassen worden war (weil »jeder wußte«, daß eine »bewußtlose« Person nichts aufzeichnet). Wenn eine dieser »bewußtlosen« Perioden mit Hilfe der Narkosynthese durchforscht wurde, trat im Befinden des Patienten gewöhnlich keine Besserung, sondern eine Verschlechterung ein. Mit einer genaueren Untersuchung, als die gewöhnlichen »Therapeuten« sie angestellt hatten, gelang es der dianetischen Forschung, in einige der spät im Leben liegenden Perioden der »Bewußtlosigkeit« einzudringen und sie mit großer Mühe bloßzulegen.

Jede Drogenhypnose, ob sie nun Narkosynthese oder ein Besuch des Heilgottes Asklepios genannt wird, ist aber trotzdem Hypnose. Alles, was einer hypnotisierten Person gesagt wird, bleibt als positive Suggestion bestehen, und diese positiven Suggestionen sind einfach Engramme mit etwas geringerem Effekt und von kürzerer Dauer. Werden Drogen benutzt, so wird die Hypnose verschlimmert, da hypnotische Drogen ja schließlich Gifte sind. Der Körper ist dann mit einem dauerhaften Somatik behaftet, das mit der Suggestion einhergeht (dauerhaft zumindest so lange, wie es die Dianetik noch nicht gab). Narkohypnose schafft daher ausnahmslos Engramme. Drogenhypnose erzeugt unweigerlich ein Engramm. Alles, was ein Therapeut einer unter der Wirkung eines Narkotikums stehenden Person sagt, wird mehr oder weniger engrammatisch. Als man im Verlauf der dianetischen Forschung aus dem Mind der Patienten das leichtsinnige Gerede der Praktiker vernahm, die die Patienten unter Drogenhypnose gesetzt hatten, glaubte man zunächst, der Mißerfolg sei teilweise auf die Unvorsichtigkeit zurückzuführen, daß so viele aberrierende Äußerungen auf den Patienten losgelassen wurden. Das stimmte aber nur in sehr begrenztem Maße. Danach wurde entdeckt, daß durch Drogenhypnose angegangene »bewußtlose« Perioden sich nicht *heben* ließen, selbst wenn der Patient sie während der Drogenhypnose viele Male wiedererzählte. Dies wurde dem Drogencharakter der Hypnose zugeschrieben.

Nun wurde die normale Hypnose angewandt, um diese späten »bewußtlosen« Perioden zu erreichen; und noch immer ließen sie sich nicht *heben*. Deshalb wurde es als sicheres Verfahren angesehen, bei den Patienten, die sich nicht hypnotisieren ließen, weiterhin Narkotika einzusetzen. Und dann wurde der Kunstgriff mit dem Wechsel von aberrierter Persönlichkeit und Grundpersönlichkeit angewandt.

Es wurde entdeckt – wo es nötig war, mit Drogenhypnose, und wo es ging, mit gewöhnlicher Hypnose –, daß es möglich war, eine »schizophrene« Person (einen Aberrierten mit vielen Valenzen) in jedem einzelnen Fall sehr frühe Lebensperioden erreichen zu lassen. Und es wurde weiter gefunden, daß sich eine *frühe* Periode der »Bewußtlosigkeit« oft heben ließ. Die Experimente führten zu einem wissenschaftlichen Axiom: *Je früher im Leben eine Periode der »Bewußtlosigkeit« liegt, um so wahrscheinlicher wird sie sich heben lassen.* Dies ist ein grundlegendes Axiom der dianetischen Therapie.

Auch manisch-depressive Personen, die über Geräuschrückruf verfügten, wurden behandelt (die meisten mit gewöhnlicher Hypnose), und es wurde festgestellt, daß auch sie unter diese Regel fielen. Am dramatischsten war es jedoch bei dem bereits erwähnten Aberrierten mit vielen Valenzen, denn wenn sich ein Engramm nicht heben ließ, wirkte es, wenn er wieder wach war, auf seinen analytischen Mind ein, erzeugte so eine Variation in seinen Psychosen und brachte außerdem psychosomatische Krankheiten mit sich.

So kamen wir dahin, zu verstehen, warum sich der Zustand eines *multivalenten Aberrierten* (eines Aberrierten mit vielen Valenzen) unter Narkosynthese jedesmal verschlechterte, wenn ein Praktiker über eine Periode der »Bewußtlosigkeit« hinweggeglitten war, die im späteren Leben lag (ohne natürlich in sie eingedrungen zu sein). Jetzt tauchte das Problem auf, unser Axiom anzuwenden. Es wurde als Arbeitsgrundlage angenommen, daß das erste Engramm spätere Engramme auf irgendeine Weise unterdrückt. Dafür sprachen auch andere Daten und Annahmen, deshalb war das eine vernünftige Hypothese. Je weiter ein multivalenter Aberrierter in seinem Leben zurückging, um so geringer war die Wahrscheinlichkeit, ihn künstlich zu restimulieren. Häufig gelang es, ein Engramm aus etwa dem zweiten oder dritten Lebensjahr gänzlich zu heben, und dies verschaffte dem Patienten große Erleichterung.

Das Problem dieser Forschungsarbeit war nicht im geringsten gleichzusetzen mit dem Problem derer, die nichts vom reaktiven Mind und von »Bewußtlosigkeit« wußten und daher lediglich versuchten, bei dem Patienten Denkfaktoren auf rationaler Ebene oder Geschehnisse des täglichen Lebens als aberrierende Faktoren zu finden.

Wenn ein Engramm angegangen wird, leistet es starken Widerstand, besonders wenn es erst nach dem Alter von zwei Jahren empfangen wurde. Weiterhin war die ganze reaktive Bank tief unter nebelhaften Schichten der »Bewußtlosigkeit« vergraben; vor Entdekkung schützte sie außerdem ein Mechanismus des analytischen Minds, der diesen daran hinderte, mit Schmerz oder schmerzlicher Emotion in Berührung zu kommen. Die reaktive Bank versuchte sich während der ganzen Forschungsarbeit abzusichern und vor Entdekkung zu schützen; doch offensichtlich lag in ihr die Antwort. Das Problem bestand darin, wie man sie entladen konnte, wenn das überhaupt möglich war.

Nachdem einige multivalente Personen vorübergehend in einen höchst unbehaglichen Zustand versetzt worden waren, wurde eine neue Stufe der Notwendigkeit erreicht; irgendwie mußte das Problem gelöst werden. Aber es gab ja eine strahlende Hoffnung: das obenerwähnte Axiom. Zwischen Geisteskrankheit und geistiger Gesundheit mußte eine Brücke geschlagen werden, und das Axiom gab zumindest die Richtung für die weiteren Forschungen an. Je früher die nebelhaften und schmerzhaften Erlebnisse, die man anging, lagen, um so unproblematischer schienen diese Engramme zu sein.

Eines Tages dann ging ein multivalenter Patient unter dem Einfluß von Narkotika zu seiner Geburt zurück. Er durchlitt die Schmerzen des Geburtserlebnisses – und es war mit dieser rohen Technik sehr schmerzhaft, denn damals standen uns die verfeinerten Methoden der Dianetik noch nicht zur Verfügung. Er arbeitete sich durch die »Bewußtlosigkeit« dieses Zeitabschnitts hindurch, kämpfte gegen den Arzt, der ihm Tropfen in die Augen träufeln wollte, und wehrte sich ganz allgemein gegen diese Behandlung. Die aberrierte Persönlichkeit war zuerst zur Geburt zurückversetzt worden, und später hatte dann die Grundpersönlichkeit unter Drogeneinwirkung mit dem Geburtsgeschehnis Kontakt gefunden.

Das war ein offenbar denkwürdiger Tag für die Dianetik. Nachdem die Geburt zwanzigmal durchlaufen worden war, erlebte der Patient einen Rückgang aller Somatiken, der gesamten »Bewußtlosigkeit« und des ganzen aberrierenden Inhalts. Er hatte Asthma gehabt. Es schien, daß dieses Asthma durch den Enthusiasmus des Arztes verursacht worden war, der ihn vom Tisch hochriß, als er gerade um seinen ersten Atemzug kämpfte. Er hatte Bindehautentzündung gehabt. Das kam von den Augentropfen. Er hatte Nebenhöhlenentzündung gehabt. Das war von den Nasentupfern gekommen, die die hübsche Krankenschwester verwendet hatte.

Wir jubelten, denn er schien ein neuer Mensch zu sein. Seine grundlegende Psychose, »herumgestoßen zu werden«, war verschwunden. Die subjektive Realität dieses Geschehnisses war für den Patienten sehr intensiv gewesen. Auf die objektive Realität kam es zwar nicht an, aber da die Mutter dieses Patienten ohne weiteres erreichbar war, wurde die objektive Realität einfach dadurch festgestellt, daß nun auch die Mutter in der Therapie zu *seiner* Geburt zurückgeschickt wurde. Mutter und Sohn hatten nicht im einzelnen darüber gesprochen. Die Aufzeichnung ihrer Erlebnisfolge stimmte mit seiner Erlebnisfolge wortwörtlich überein, Detail für Detail, Name für Name. Selbst wenn die beiden vor der dianetischen Behandlung näher darüber gesprochen hätten, wäre eine derart exakte Übereinstimmung eine mathematische Unmöglichkeit gewesen. Und die Mutter, die während seiner Geburt »bewußtlos« gewesen war, hatte sich den ganzen Ablauf immer völlig anders vorgestellt. Die Rückkehrdaten verwiesen ihre wachbewußten Erzählungen ins Reich der Fabeln.

Um sicherzugehen, daß es sich hier nicht um eine Zufallslaune der Natur handelte (denn wer seine Schlüsse auf einem einzigen Fall aufbaute, wäre ein sehr armseliger Forscher), wurden zwei weitere Patienten, manisch-depressive Personen, zu ihrer Geburt zurückgeschickt. Beide gingen durch das ganze Erlebnis hindurch. *Allerdings wollte sich eines dieser zwei Geburtsengramme nicht heben lassen!*

Wieder wurde auf das vorher für unsere Arbeit aufgestellte Axiom zurückgegriffen: Wenn man das früheste Engramm finden könnte, würden sich die anderen der Reihe nach heben lassen. So hofften wir jedenfalls.

Die manisch-depressive Person, deren Geburtsengramm sich nicht hatte heben lassen, wurde in eine Zeit vor der Geburt zurückversetzt, um nach Möglichkeit ein noch früheres Engramm zu finden.

Strukturtheorien, an denen man jahrhundertelang festgehalten hatte, waren schon völlig zusammengebrochen, als es gelang, »Bewußtlosigkeit« und Schmerz zu durchstoßen und das Engramm als aberrierende Einheit zu entdecken. Tests hatten die Entdeckung bestätigt, daß alle Erfahrungen, denen ein Mensch in wachem, schlafendem und »bewußtlosem« Zustand ausgesetzt ist, vom Augenblick der Empfängnis an irgendwo im Mind oder Körper ausnahmslos aufgezeichnet und gespeichert werden. Die unbedeutende Frage der Myelinhülle[3] wurde beiseite gelegt, denn durch Laborversuche, die die Rückkehr zum Geburtserlebnis mit einschlossen, war schon das Gegenteil bewiesen worden. Die Theorie, daß vor der Bildung der Myelinhülle um die Nervenfasern keine geistigen Aufzeichnungen erfolgen können, beruht auf einer theoretischen Annahme, die nie einer wissenschaftlichen Untersuchung unterzogen wurde und allein auf Autoritätsurteil beruht. Eine »Wissenschaft« aber, die sich nur auf

[3] *Myelinhülle:* weiße, fetthaltige Substanz in der umhüllenden Gewebeschicht um Nervenfasern; sie bildet eine Hülle um den Kern bestimmter Nervenfasern, etwa vergleichbar mit der Isolation um einen elektrischen Draht.

Autorität stützt, ist nicht mehr als ein bloßer Atemhauch im Winde der Wahrheit. Sie ist überhaupt keine Wissenschaft. Daß Babys keine Erfahrungen aufzeichnen können, bevor sich die Myelinhülle gebildet hat, hat Untersuchungen zufolge etwa ebensoviel Wahrheitsgehalt wie die These, Penisneid sei die Ursache weiblicher Homosexualität. Beide Theorien erweisen sich in der Praxis als nicht brauchbar. Das Baby besteht nämlich letzten Endes aus Zellen, und nach umfassender Forschung gibt es nun genügend Beweise, daß die Zelle und nicht ein Organ die Engramme aufzeichnet.

Es bestand daher kein Hinderungsgrund, in der Zeit vor der Geburt nach dem zu suchen, was man mittlerweile in der Dianetik das Basik-Basik (das erste Engramm der ersten Engrammkette) nannte. Und es fand sich ein früheres Engramm.

Es wurde seither entdeckt, daß das Kind schon im Mutterleib eine Menge Dinge aufzeichnet, die nicht engrammatisch sind. Eine Zeitlang wurde angenommen, das Ungeborene zeichne nach dem Prinzip des »erweiterten Hörens« auf, das Hören verstärke sich also im Falle von Gefahr und besonders bei »Bewußtlosigkeit«. Doch die Nachforschungen zeigten sogleich, daß vorgeburtliche Engramme am leichtesten erreicht werden können, wenn sie sehr viel Schmerz enthalten.*Es sind die Zellen (nicht die Person), die nachweislich den Schmerz aufzeichnen. Und die reaktive Engrammbank besteht ausschließlich aus Zellen.*

Berufung auf die Natur, nicht auf Autorität, ist das Fundament der modernen Wissenschaft. Solange Galen[4] eine Autorität in Sachen Blut war, kam niemand außer solchen »Verrückten« wie Leonardo da Vinci, Shakespeare und William Harvey[5] auch nur auf den Gedanken, experimentell herauszufinden, welche Funktion das Blut wirklich hatte! Solange Aristoteles die Autorität für »alles« war, herrschte die finstere Zeit des Mittelalters. Fortschritt erwächst aus dem Stellen freimütiger Fragen über die Natur und nicht durch Zitieren von Werken und Nachvollziehen von Gedanken längst verflossener Zeiten. Zuflucht zum Vergangenen zu nehmen, bedeutet zu behaupten, daß die Ratgeber von gestern besser informiert gewesen seien als die von heute. Diese Behauptung verblaßt vor der Wahrheit, daß Wissen aus der Summe der Erfahrung vergangener Zeiten besteht, von der uns jetzt ganz sicher mehr zur Verfügung steht als dem

[4] *Galen:* 129-199 n. Chr., römischer Arzt; schuf ein System der Medizin, das über Jahrhunderte die Heilkunde beherrschte.

[5] *W. Harvey:* 1578-1657, englischer Arzt, entdeckte den Blutkreislauf.

bestinformierten Ratgeber von gestern.

Da die Dianetik auf einer Philosophie beruhte, in der die Zelle als Grundbaustein betrachtet wird, war es keine so große Überraschung, daß Engramme von den Zellen aufgezeichnet werden. Das Engramm ist keine Erinnerung; *es ist eine zellulare Spur von Aufzeichnungen, die tief in die eigentliche Struktur des Körpers selbst eingeprägt ist.*

Die Fähigkeit der Zellen, eigene Erfahrungen zu haben, war bereits untersucht worden. Man hatte festgestellt, daß ein Einzeller bei der Teilung nicht nur seine Substanz, sondern seine gesamte Erfahrung an seine Nachkommen weitergibt, so wie von einer Schallplattenmatritze Duplikate angefertigt werden. Eine Eigenheit der Einzeller ist allerdings dies: sie überleben als Identitäten. Jeder ist persönlich sein eigener Vorfahre. Zelle A teilt sich in eine erste Generation; diese Generation ist auch Zelle A; die zweite Zellteilung schafft in der zweiten Generation wiederum ein Lebewesen, das immer noch Zelle A ist. Dem Einzeller bleiben mühsame Prozesse wie Aufbau, Geburt und Wachstum erspart. Er pflanzt sich fort, indem er sich einfach teilt. Und man könnte davon ausgehen, daß er alles, was er gelernt hat, der neuen Generation übergibt. Die Zelle A stirbt, aber über Generationen hinaus ist die letzte Generation immer noch Zelle A. Der Glaube des Menschen, daß *er* in seiner Nachkommenschaft weiterleben wird, kommt möglicherweise von dieser ursprünglichen Fortpflanzungsmethode her, bei der die Zellen sich ihre Identität bewahren. Eine andere interessante Möglichkeit ergibt sich aus der Tatsache, daß in der befruchteten Eizelle sogar schon unentwikkelte Neuronen existieren, und Neuronen selbst teilen sich nicht, sondern gleichen Organismen (und ihr Grundbaustein mag der Virus sein).

Da sich die Dianetik mit der Erforschung von Funktionsweisen befaßt und eine Wissenschaft des Geistes ist, kann sie theoretischer Annahmen, die die Struktur betreffen, jedoch entbehren. Als einziges Kriterium gilt, ob etwas funktioniert oder nicht. Wenn es funktioniert und praktisch angewandt werden kann, handelt es sich um eine wissentschaftliche Tatsache. Das vorgeburtliche Engramm ist eine wissenschaftliche Tatsache. Es hielt auch der experimentellen Prüfung auf seine objektive Realität hin stand. Und was seine subjektive Realität betrifft, *so gewährleistet erst die Anerkennung des vorgeburtlichen Engramms als Resultate einbringende Tatsache die Möglichkeit, einen Clear hervorzubringen.*

Im Anschluß an eine Reihe von 270 Personen, die geklärt oder zumindest entlastet wurden, sollte die Frage des vorgeburtlichen Engramms anhand von fünf Fällen endgültig geklärt werden. Die fünf Personen wurden absichtlich von all dem, was vor ihrer Geburt lag, ferngehalten. Im übrigen aber wurden sie mit allem behandelt, was Dianetik, Hypnose und andere therapeutische Methoden bieten konnten. Ein Clear wurde damit nicht erreicht. Das schaltete für die Dianetik die »Persönlichkeit des Therapeuten«, »Suggestion« und »Glauben« als Faktoren aus. Diesen fünf Personen war nie etwas über vorgeburtliche Engramme gesagt worden. Jeder einzelne schwenkte zwar auf sie zu, wurde aber bewußt an der Rückkehr in seine vorgeburtliche Zeit gehindert, wobei auch in diesem Stadium über die Existenz so früher Engramme nichts verraten wurde. Alle fünf Patienten litten an psychosomatischen Krankheiten; sie erfuhren zwar Linderung, wurden jedoch nicht vollständig geheilt. Ihre Aberrationen waren, wenn auch ein wenig verändert, immer noch vorhanden. Die Leute waren außerordentlich enttäuscht, nachdem sie vorher von den »Wundern« gehört hatten, »die die Dianetik vollbringen könne«. Vor ihnen waren, wie gesagt, 270 Personen behandelt worden, und alle 270 hatten vorgeburtliche Engramme erreicht. Alle 270 wurden geklärt oder entlastet, je nach der zur Verfügung stehenden Zeit oder je nachdem, was der Dianetiker zu tun entschied. Alle, die nur entlastet wurden, hätten mit zusätzlichem Zeitaufwand von durchschnittlich hundert Stunden geklärt werden können. Kurz gesagt: Wenn vorgeburtliche Engramme und das Geburtserlebnis berücksichtigt und in die Therapie einbezogen worden waren, wurden positive Resultate erzielt. Dies traf sowohl bei wahllos herausgegriffenen Fällen wie auch bei ausgewählten Fällen (die jeweils mindestens zwei jeder Sorte von Neurotikern und Psychotikern einschlossen) zu. Wurde auf vorgeburtliche Engramme und das Geburtserlebnis keine Rücksicht genommen, waren die Resultate nicht zufriedenstellender als die besten Erfolge früherer Methoden – und das ist für eine Wissenschaft über den Geist überhaupt nicht ausreichend.

Vorgeburtliche Engramme und Geburtsengramme drängten sich der Dianetik einfach als Tatsachen auf, die man eben nicht verleugnen konnte. Wenn frühere Schulen von diesen Engrammen keine Notiz genommen haben und in die Zeit vor der Geburt nicht eingedrungen sind, bedeutet das nicht, daß keine vorgeburtlichen Engramme gefunden werden könnten. Und es bedeutet, daß diese früheren Schulen auf vorgeburtliche Erfahrungen nur wenig Gewicht legten, wenn sie diese überhaupt in Betracht zogen. Das Problem ist etwas komplexer: Die Schwierigkeit lag in der Entdeckung der reaktiven Bank, die durch »Bewußtlosigkeit« verborgen war, und diese »Bewußtlosigkeit« war niemals zuvor wissentlich als solche durchdrungen worden. Erst die Entdeckung dieser reaktiven Bank führte zur Entdeckung von *vorgeburtlichen Engrammen*, die jedoch etwas ganz anderes sind als »vorgeburtliches Gedächtnis«.

Nachdem einige Fälle in bezug auf objektive und subjektive Realität untersucht worden waren, mußte die Dianetik, wenn sie Clears erzielen wollte, die Tatsache anerkennen, daß die Zellen des Fötus[6] Aufzeichnungen machen. Einige weitere Fälle mehr und ein wenig mehr Erfahrung zeigten dann, daß auch die Embryozellen[7] aufzeichnen. Und plötzlich wurde entdeckt, daß die Aufzeichnungen bereits in den Zellen beginnen, die die Zygote[8] bilden, d.h. mit der Empfängnis. Daß der Organismus sich die Empfängnis zurückruft, die eine hochgradige Überlebensaktivität ist, hat wenig mit Engrammen zu tun. Bis heute haben die meisten Patienten früher oder später mit Erstaunen bemerkt, daß sie plötzlich einen Kanal hinaufschwammen oder auf eine Vereinigung warteten. Die Aufzeichnung des Empfängnisvorgangs ist vorhanden. Und es hat wenig Sinn, einem Preclear einreden zu wollen, er könne sich nicht zurückrufen, eine Samenzelle gewesen zu sein – ganz gleich, ob es engrammatisch war oder nicht. Darauf muß hingewiesen werden, weil jeder Dianetiker auf etwas Derartiges stoßen wird.

Wer behauptet, daß es ein Bedürfnis gebe, »in den Mutterleib zurückzukehren«, hätte zuerst das Leben in der Gebärmutter etwas genauer untersuchen sollen. Selbst ein nicht allzu gründlicher Wissenschaftler hätte zunächst versucht, herauszufinden, ob sich irgend jemand daran erinnern kann, bevor er behauptet, daß es eine Erinnerung daran gibt. Das Leben in der Gebärmutter scheint jedoch nicht das Paradies zu sein, als daß es in dichterischer, wenn auch nicht wissenschaftlicher Weise dargestellt wurde. Die Wirklichkeit zeigt, daß es drei Männern und einem Pferd in einer Telefonzelle kaum enger sein könnte als einem ungeborenen Kind. Und die Gebärmutter ist naß, unbequem und ungeschützt.

Mama niest, und das Baby wird »bewußtlos« gestoßen. Mama rennt leichtfüßig und munter in einen Tisch hinein, und dem Baby

[6] *Fötus:* Bezeichnung für das ungeborene Kind vom Ende des 3. Schwangerschaftsmonats bis zur Geburt.

[7] *Embryo:* der menschliche Organismus bis zum dritten Monat nach der Empfängnis.

[8] *Zygote:* befruchtete Eizelle; entsteht aus der Verschmelzung von Samenzelle und Eizelle.

wird der Kopf eingedrückt. Mama hat Verstopfung, und das Baby wird durch die mühsame Anstrengung gequetscht. Papa wird leidenschaftlich, und das Baby hat das Gefühl, sich in einer laufenden Waschmaschine zu befinden. Mama wird hysterisch, das Baby erhält ein Engramm. Papa schlägt Mama, das Baby erhält ein Engramm. Der Junior hopst auf Mamas Schoß, das Baby erhält ein Engramm. Und so weiter und so fort.

Die Menschen haben im Normalfall vorgeburtliche Engramme in großer Zahl. Sie können mehr als zweihundert haben. Und jedes davon ist aberrierend. Jedes enthält Schmerz und »Bewußtlosigkeit«.

Engramme, die die Zygote empfängt, sind potentiell am aberrierendsten, da sie ganz und gar reaktiv sind. Die Engramme, die ein Embryo empfängt, sind hochgradig aberrierend. Die Engramme, die ein Fötus empfängt, reichen für sich allein schon aus, um Menschen in Irrenanstalten zu bringen.

Zygote, Embryo, Fötus, Kleinkind, Kind, Erwachsener: sie alle sind dieselbe Person. Man glaubte, daß die Zeit »alle Wunden heilt«. Das kann unter der Kategorie der Dinge abgelegt werden, die »jedermann immer schon wußte«. Auf der bewußten Ebene mag es stimmen. Aber auf der reaktiven Ebene jedoch bedeutet Zeit überhaupt nichts. Die Kraft, die ein Engramm ausübt, richtet sich einfach nach dem Grad der Restimulierung – ganz gleich, wann es empfangen wurde.

Der Mechanismus eines Engramms weist ein interessantes Merkmal auf: Es wird nicht »durchdacht«, nicht analysiert, noch hat es irgendeine Bedeutung, bevor es eingekeyt ist. Bei einem Baby könnte ein Engramm restimuliert sein, noch bevor es zu sprechen begonnen hat; es muß aber durch die analytischen Daten, über die das Baby verfügt, eingekeyt worden sein.

Der reaktive Mind »stiehlt« Bedeutungen aus dem analytischen Mind. Ein Engramm ist, bis es einkeyt, nichts weiter als eine bestimmte Anzahl von Wellenaufzeichnungen; diese Aufzeichnungen beginnen erst mit der Restimulierung auf den analytischen Mind einzuwirken. Es kann sein, daß das Engramm niemals irgendwelche Vernunft oder Bedeutung an sich hat, sondern einfach seine Wellen als unlogisches Zeug auf den Körper und den Analysator wirft, woraufhin ihnen der Körper und der Analysator aufgrund gewisser Mechanismen erst eine Bedeutung verleihen. Mit anderen Worten: Ein Engramm ist keine vernunftgemäß erfaßte Aufzeichnung, die Bedeutungen enthält. Es ist lediglich eine Reihe von Eindrücken, wie sie z.B. eine Nadel auf einer Wachswalze hinterlassen würde. Für den Körper sind diese Eindrücke so lange bedeutungslos, bis das Engramm einkeyt; erst dann treten Aberrationen und psychosomatische Störungen auf.

So läßt sich auch verstehen, daß das ungeborene Kind vom Bedeutungsinhalt der aufgezeichneten Worte nicht die geringste Ahnung hat. Als Organismus lernt es allerdings, daß bestimmte Dinge bestimmte Gefahren bedeuten können. Aber das ist in bezug auf die Aufzeichnung auch schon alles. Der Mind muß erst einmal mehr oder weniger vollständig entwickelt sein, bevor das Engramm auf die analytische Ebene einwirken kann.

Das ungeborene Kind kann natürlich auch Schrecken erleben. Wenn die Eltern oder der Berufsabtreiber es auf das Kind abgesehen haben und es durchlöchern, erlebt es Furcht und Schmerz.

Ein solches ungeborenes Kind hat allerdings in seinem Unglück einen Vorteil. Indem es von Fruchtwasser umgegeben ist, seine Ernährung von der Mutter erhält, sich im Wachstum befindet und sich körperlich leicht wiederherstellen kann, ist es in der Lage, enorme Schäden wieder zu beheben – und das geschieht auch. Niemals sind die Fähigkeiten des menschlichen Körpers zur Regeneration größer als vor der Geburt. Verletzungen, die ein Baby fürs Leben verstümmeln oder einen erwachsenen Menschen töten würden, können von einem ungeborenen Kind ohne weiteres überstanden werden. Das bedeutet nicht, daß durch derartige Verletzungen kein Engramm entsteht – das geschieht ganz sicher, und zwar komplett, mit allen Einzelheiten, allem Gesprochenen, allen Emotionen. Der springende Punkt ist hier aber, daß das ungeborene Kind nicht so leicht getötet wird.

Warum Leute versuchen, Kinder abzutreiben, ist ein Problem, dessen Antwort nur in der Aberration zu suchen ist, denn es ist sehr schwer, ein Kind abzutreiben. *Unabhängig davon, welche Methode angewandt wird*, kann man überdies sagen, daß sich die Mutter bei so einem Versuch in größerer Lebensgefahr befindet als das Kind.

Eine Gesellschaft, die das Geschlechtliche als etwas Böses unterdrückt und die so aberriert ist, daß jedes beliebige Mitglied bereit wäre, einen Abtreibungsversuch zu unternehmen, verdammt sich selbst zu ständig wachsender Geisteskrankheit. Denn es ist eine wissenschaftliche Tatsache, daß Abtreibungsversuche der wichtigste Faktor bei der Aberration sind. Das Kind, an dem die Abtreibung erfolglos versucht wurde, ist dazu verurteilt, mit *Mördern* zu leben. Auf reaktivem Niveau weiß es während seiner ganzen schwachen und hilflosen Jugend, daß seine Eltern verhinderte Mörder sind! Es entwickelt unvernünftige Bindungen an die Großeltern, reagiert mit großem Schrecken auf alle Bestrafungen, wird leicht krank und macht viele schwere Zeiten durch. Und einen unfehlbaren Weg zur Abtreibung eines Kindes gibt es nicht. Benutzen Sie empfängnisverhütende Mittel, und versuchen Sie die Bevölkerungszahl nicht mit Stricknadeln oder Spülungen zu begrenzen. Ist ein Kind erst einmal gezeugt worden, ganz gleich, wie »schändlich« die Umstände sind, was die Sitten erlauben oder wie das Einkommen ist, so stellt ein Abtreibungsversuch einen Mordversuch dar. Er wird selten erfolgreich sein und legt das Fundament für eine Kindheit in Krankheit und Elend. Wer einen Abtreibungsversuch unternimmt, vergeht sich gegen die ganze Gesellschaft und gegen die Zukunft. Jeder Richter oder Arzt, der eine Abtreibung empfiehlt, sollte sofort seiner Stellung oder Praxis enthoben werden, gleichgültig, welchen »Grund« er hatte.

Wenn jemand weiß, daß er dieses Verbrechen gegen ein ungeborenes Kind begangen hat, das aber dann zur Welt kam, sollte er alles in seiner Macht Stehende unternehmen, dieses Kind so bald wie möglich nach dem achten Lebensjahr klären zu lassen. In der Zwischenzeit sollte er das Kind mit allem Anstand und aller Rücksichtnahme behandeln, um zu verhindern, daß das Engramm restimuliert wird. Andernfalls könnte er leicht erleben, daß das Kind in einer Irrenanstalt endet.

Sehr viele angeblich schwachsinnige Kinder sind in Wirklichkeit die Opfer von Abtreibungsversuchen, deren Engramme sie in einen aus Furcht gelähmten Zustand versetzen oder mit Rückbildungen verbundene tatsächliche Lähmungen hervorrufen und ihnen den Befehl geben, nicht zu wachsen, sondern für immer in dem Stadium zu bleiben, in dem sie sind.

Wenn die Welt jährlich soundso viele Milliarden für Irrenanstalten und Gefängnisse ausgibt, so geschieht das vorwiegend wegen mißglückter Abtreibungsversuche durch sexuell blockierte Mütter, für die Kinder ein Fluch und kein Segen Gottes sind.

Abneigung gegen Kinder bedeutet eine blockierte Zweite Dynamik. Die physiologische Untersuchung eines Menschen mit einer derartigen Blockierung wird physische Mängel bzw. Störungen der Genitalien oder der Geschlechtsdrüsen ergeben. Die dianetische Therapie würde Abtreibungsversuche oder ähnlich grausame Geschehnisse im vorgeburtlichen Dasein aufdecken und den Betreffenden klären.

Ein Kind, das – während diese Zeilen gelesen werden – noch nicht geboren ist, an dem aber ein Abtreibungsversuch durchgeführt wurde, ist kein hoffnungsloser Fall. Wenn es nach der Geburt mit liebevoller Sorgfalt behandelt wird und nicht durch Streitigkeiten in seiner Gegenwart restimuliert wird, so wird das Kind wachsen und gedeihen, bis es acht Jahre alt ist und dann mit Erfolg zum Clear gemacht werden kann. Es wird dann wahrscheinlich sehr erschrokken sein, die Wahrheit zu erfahren. Doch dieses Erschrecken und die eventuell damit verbundene Feindseligkeit werden, wenn es Clear geworden ist, verschwunden sein, und die Liebe zu seinen Eltern wird größer sein als zuvor.

All diese Dinge sind wissenschaftliche Tatsachen, die geprüft, getestet, nachgeprüft und wieder getestet wurden. Davon ausgehend können wir Clears erzielen. Von ihnen hängt die Zukunft der Menschheit ab.

Die Ansteckung der Aberration

Krankheit ist ansteckend. Bakterien, die von einer Person zur nächsten gelangen, wandern durch die ganze Gesellschaft und machen vor niemandem halt, bis ihnen der Weg durch Mittel wie Sulfonamide[1] und Penicillin[2] verbaut wird.

Aberrationen sind ansteckend. Ebenso wie Bakterien machen sie vor niemandem halt und werden von Person zu Person und von den Eltern an die Kinder weitergegeben, ohne irgendwen zu verschonen, bis ihnen die Dianetik Einhalt gebietet.

Früher wurde angenommen, daß Geisteskrankheit vererbbar sei, denn man konnte beobachten, daß die Kinder von aberrierten Eltern oft ebenfalls aberriert waren. Es gibt erbliche Geisteskrankheit, sie beschränkt sich jedoch auf den Fall wirklich fehlender Organteile. In diese Kategorie fällt nur ein sehr geringer Prozentsatz der Geisteskrankheiten. Sie äußern sich als geistige Stumpfheit oder Koordinationsmängel; darüber hinaus haben sie überhaupt keinen aberrierenden Charakter (solche Leute erhalten Engramme, die ihren Fall verkomplizieren).

Die Wirkungsweise der Ansteckung von Aberration ist im Prinzip zu einfach, als daß man sie hier besonders ausführlich behandeln müßte. Wie wir in der Dianetik wissen, können nur Augenblicke der »Bewußtlosigkeit« von längerer oder kürzerer Dauer und größerer oder geringerer Tiefe Engramme enthalten. Wenn ein Mensch nicht bei Bewußtsein ist, so reagieren die Leute in seiner Nähe mehr oder weniger aufgrund der Befehle ihrer eigenen Engramme; ja, sogar die »Bewußtlosigkeit« selbst wird gewöhnlich durch irgend jemandes Dramatisation verursacht. Auch ein Clear könnte also durch einen Aberrierten, der dramatisiert, in »Bewußtlosigkeit« versetzt werden,

[1] *Sulfonamid:* gegen Bakterien wirksames Arzneimittel.

[2] *Penicillin:* ein Wirkstoff gegen Krankheitserreger.

wobei die Engrammdramatisation des Aberrierten als Engramm in den Clear eindringen würde.

Der Mechanismus ist einfach. Aberrierte Menschen, die Belastungen ausgesetzt sind, dramatisieren ihre Engramme. So eine Dramatisierung mag die Verletzung eines anderen Menschen einschließen und diesen mehr oder weniger »bewußtlos« machen. Die »bewußtlose« Person nimmt dann die Dramatisierung als Engramm auf.

Das ist nicht die einzige Art und Weise, in der sich Aberrationen durch Ansteckung verbreiten. Narkotisierte Patienten auf dem Operationstisch sind den mehr oder weniger aberrierten Gesprächen der Anwesenden ausgesetzt. Ihre Unterhaltung dringt in die »bewußtlose« Person als Engramm ein. Ebenso können Leute an Unfallorten durch das Erlebnis von Notsituationen so aufgeregt werden, daß sie zu dramatisieren beginnen. Wenn nun jemand wegen des Unfalles »bewußtlos« ist, erhält er ein Engramm.

Aberrierte Eltern infizieren ihre Kinder auf jeden Fall mit Engrammen. Wenn Vater und Mutter in der Nähe von kranken oder verletzten Kindern ihre eigenen Engramme dramatisieren, werden diese Engramme von ihnen genauso sicher weitergegeben, wie wenn es sich um Bakterien handelte. Das bedeutet nicht, daß die gesamte reaktive Bank eines Kindes nur aus den Engrammen der Eltern besteht, denn es gibt auch viele außerhäusliche Einflüsse, die in das Kind eindringen können, wenn es »bewußtlos« ist. Und es bedeutet auch nicht, daß das Kind auf die gleichen Engramme ebenso reagieren wird, wie Vater oder Mutter es vielleicht täten, denn das Kind ist schließlich ein eigenständiges Wesen mit einer eigenen Persönlichkeit, mit eigenem Entscheidungsvermögen und andersartigen Erfahrungsmustern. Es bedeutet allerdings, daß aberrierte Eltern ihre Kinder zwangsläufig auf die eine oder andere Weise aberrieren werden.

Irrige Vorstellungen und dürftiges Wissen in der Kultur einer Gesellschaft gelangen ebenfalls in Engramme hinein, da ja nicht alles Verhalten in der Nähe eines »Bewußtlosen« Dramatisierung ist. Wenn in einer Gesellschaft geglaubt wird, das Essen von Fisch verursache Lepra, dann findet dieser Aberglaube ganz sicher seinen Weg in Engramme hinein. Früher oder später wird jemand, der Fisch gegessen hat, eine lepraartige Krankheit entwickeln.

Die Angehörigen primitiver Gesellschaften, die den rohen Naturgewalten sehr stark ausgesetzt sind, haben viel mehr Gelegenheit, sich zu verletzen, als jene zivilisierter Gesellschaften. Gleichzeitig wimmelt es bei den sogenannten Naturvölkern von irrigen Vorstellungen und falschen Daten, und ihre Ausübung von Medizin und geistiger Heilung liegt an sich schon auf einem sehr aberrierenden Niveau. Die Zahl der Engramme bei einem Zulu[3] wäre erstaunlich. Wenn man ihn aus seiner restimulierenden Umgebung herausnähme und ihm Englisch beibrächte, würde er unter dem Großteil seiner reaktiven Daten nicht mehr zu leiden haben; in seiner Heimat ist der Zulu aber nur deshalb außerhalb der Irrenhausgitter, weil von seinem Stamm keine Irrenhäuser errichtet worden sind. Man kann mit Sicherheit feststellen, daß Naturvölker sehr viel stärker aberriert sind als zivilisierte Völker; diese Behauptung stützt sich auf bessere Erfahrungen, als denjenigen normalerweise zur Verfügung stehen, die aufgrund des Studiums von primitiven Volksstämmen Rückschlüsse auf den »modernen Menschen« ziehen. Die Wildheit, Rückständigkeit oder Stagnation dieser Menschen, die Häufigkeit ihrer Krankheiten, all das stammt aus ihren reaktiven Mustern und nicht aus ihren angeborenen Persönlichkeitsmerkmalen. Vergleicht man eine Gruppe von Aberrierten mit einer anderen, so wird man vermutlich nicht viele Daten erhalten. Und die ansteckende Wirkung der Aberration, die in einem primitiven Stamm viel größer ist, sowie die Unrichtigkeit der abergläubischen Daten in den Engrammen eines solchen Stammes führen beide zu einer Schlußfolgerung, die ein direkter Beobachter in der Wirklichkeit bestätigt findet.

Die ansteckende Wirkung der Aberration kann im Verlauf der Klärung bei jedem Aberrierten, dessen Eltern sich bekämpft haben, sehr leicht studiert werden. Die Mutter mag beispielsweise am Anfang der Ehe relativ unaberriert gewesen sein. Wird sie von ihrem Mann, der ja schließlich dramatisiert, geschlagen, dann wird sie anfangen, seine Aberrationen in ihr eigenes reaktives Muster aufzunehmen. Das ist ganz besonders auffällig, wenn man jemanden klärt, der kurz nach der Hochzeit der Eltern oder schon vorher gezeugt wurde. Der Vater beginnt vielleicht mit einer bestimmten Dramatisation, zu der es dazugehört, seine Frau zu schlagen. Alles, was er im Zuge einer solchen Dramatisation sagt, wird früher oder später beginnen, die Frau zu beeinflussen, und es kann sein, daß sie – falls sie nicht außerordentlich ausgeglichen ist – ihrerseits dieselben Dramatisationen entwickelt. Wenn das Kind schließlich geboren ist, wird sie anfangen, ihre engrammatischen Erlebnisse am Kind zu dramatisieren, und es auf diese Weise in einen Zustand ständiger Restimulierung versetzen.

[3] *Zulu:* Eingeborenenvolk in Südafrika.

Die Geburt ist, was die Ansteckung anbelangt, eines der bemerkenswertesten Engramme. Hier empfangen Mutter und Kind dasselbe Engramm, wobei Unterschiede nur in der Lokalisierung des Schmerzes und im Tiefengrad der »Bewußtlosigkeit« vorhanden sind. Alles, was Ärzte, Schwestern und die anderen an der Entbindung Mitwirkenden während der Wehen, der Geburt und unmittelbar danach, bevor das Kind fortgenommen wird, zu der Mutter sagen, wird in der reaktiven Bank aufgezeichnet und bildet bei Mutter und Kind ein identisches Engramm.

Dieses Engramm ist auf verschiedene Weise außerordentlich destruktiv. Die Stimme der Mutter kann beim Kind das Geburtsengramm restimulieren, und die Gegenwart des Kindes kann bei der Mutter das Entbindungsengramm restimulieren. Auf diese Weise restimulieren sie sich gegenseitig. Angesichts der Tatsache, daß Mutter und Kind auch alle anderen Restimulatoren dieses Engramms gemeinsam haben, kann eine Situation im späteren Leben dazu führen, daß beide gleichzeitig an dem Engramm leiden. Wenn während der Geburt ein Fenster zugeschlagen wurde, kann ein zuschlagendes Fenster bei beiden gleichzeitig Geburtsdramatisierungen auslösen, die dann Feindseligkeit oder Apathie zur Folge haben.

Sollte ein Arzt ärgerlich oder verzweifelt werden, kann das Emotionsniveau der Geburt schlimm sein. Und wenn er überhaupt spricht, wirken sich alle Äußerungen in ihrer vollen reaktiven Wortbedeutung auf Mutter und Kind aus.

Viele Fälle wurden geklärt, bei denen sowohl Mutter als auch Kind verfügbar waren. In einem Fall hörte man die Mutter (aus dem Mund des Kindes während der dianetischen Klärung) immer wieder jammern: »Ich schäme mich so, ich schäme mich so!« Das Kind hatte eine Schamneurose. Als man die Mutter klärte, fand man heraus, daß auch schon *ihre* Mutter bei der Geburt gejammert hatte: »Ich schäme mich so, ich schäme mich so.« Man kann annehmen, daß dies durch Ansteckung weitergetragen worden ist, seit Cheops seine Pyramide gebaut hat.

In dem größeren Bereich der Gesellschaft ist die Ansteckung von Aberration äußerst gefährlich und muß im Hinblick auf die Unterminierung der Gesundheit dieser Gesellschaft als höchst bedeutsamer Faktor angesehen werden.

In der Gesellschaft als ganzer spielt sich Ähnliches ab wie im Einzelorganismus, da es soziale Aberrationen innerhalb der Gesellschaft gibt. Die Gesellschaft wächst und kann dahinschwinden wie ein Organismus, dessen Bestandteile anstelle von Zellen Menschen sind. Ordnet die Führung der Gesellschaft an, daß irgendeinem Mitglied Schmerz zugefügt wird, so beginnt eine Quelle der Aberration zu fließen, die ansteckend sein wird. Die Gründe, die gegen körperliche Bestrafung sprechen, sind nicht so sehr »humanitärer« als vielmehr praktischer Art. Eine Gesellschaft, die gegen irgendeines ihrer Mitglieder irgendwelche Strafen verhängt, betreibt ansteckende Aberration. Es ist ein über die gesamte Gesellschaft verbreitetes soziales Engramm, das Bestrafung für notwendig erklärt. So werden also Strafen verhängt. Die Gefängnisse und Anstalten füllen sich. Und eines Tages erhebt sich ein Teil der Gesellschaft, der durch die freizügige Art, wie die Regierung ihre Regierungsengramme spielen läßt, in die Zone 1 hinuntergedrückt wurde, und fegt die Regierung hinweg. Und durch die Gewalt, die die Zerstörung begleitet, bildet sich eine neue Reihe von Aberrationen. Gewaltsame Revolutionen sind niemals erfolgreich, denn sie setzen diesen Aberrationszyklus in Gang.

Einer Gesellschaft voller Aberrierter mag Bestrafung notwendig erscheinen. Bestrafung war bis jetzt der einzige Ausweg. Die Bereitstellung eines Mittels gegen unsoziales Verhalten von Gruppenmitgliedern anstelle der Fortsetzung körperlicher Züchtigungen ist für eine Regierung von mehr als beiläufigem Interesse. Denn körperliche Züchtigungen, die zu den sich fortsetzenden Aberrationen der Vergangenheit noch hinzukommen, drücken das Überlebenspotential dieser Regierung ernstlich nieder und führen eines Tages zu ihrem Sturz. Nachdem viele Regierungen auf diese Weise gefallen sind, verschwindet auch ihr Volk von dieser Erde.

Niemals aber tritt die Ansteckung der Aberration deutlicher hervor als in dem gesellschaftlichen Wahnsinn, den man Krieg nennt. Kriege lösen niemals die »Notwendigkeit« von Kriegen. Der Kampf, mit dem die Demokratie auf der Welt gerettet oder die Welt vor dem Konfuzianismus[4] bewahrt werden soll, wird unweigerlich von allen verloren. Kriege wurden in der Vergangenheit mit Wettbewerben verglichen, und man glaubte daher aufgrund einer verdrehten Logik, daß Kriege notwendig seien. Eine Gesellschaft, die in den Krieg zieht, um ihre Probleme zu lösen, wird unweigerlich ihr eigenes Überlebenspotential reduzieren. Keine Regierung konnte jemals in einen Krieg eintreten, ohne daß ihrem Volk ein Teil seiner Freiheiten genommen wurde. Als Endergebnis wird das apathische Volk

[4] *Konfuzianismus:* die Sozial- und Morallehre des Konfuzius (um 551-479 v. Chr.). Der Konfuzianismus wurde 1949 nach der Revolution in China durch den Marxismus abgelöst.

von einer Priesterklasse regiert, die nur durch Mysterien und Aberglauben die geistesgestörten Reste eines Volkes zusammenhalten kann. Dies läßt sich in der Geschichte der Völker nur allzu leicht nachweisen, als daß man sich lang und breit darüber auslassen müßte. Eine Demokratie, die sich auf Krieg einließ, hat immer einige ihrer demokratischen Rechte verloren. Wenn sie sich an immer mehr Kriegen beteiligt, gelangt sie schließlich unter den Befehl eines Diktators (Herrschaft durch ein einziges Engramm). Der Diktator setzt sich gewaltsam durch und vergrößert die Aberrationen durch die Unterdrückung der Minderheiten. Ein Aufstand folgt dem anderen. Die Priesterwelt gedeiht, die Apathie liegt auf der Lauer. Und nach der Apathie kommt der Tod. Genau das geschah mit Griechenland, genauso verschwand Rom. Ebenso geht England dahin, genauso ergeht es Rußland. Und so ergeht es den Vereinigten Staaten, und sie ziehen die ganze Menschheit mit.

Die Gewaltherrschaft ist eine Verletzung des Affinitätsgesetzes, denn Gewalt erzeugt Gewalt. Eine Gewaltherrschaft verringert die Selbstbestimmung des einzelnen in der Gesellschaft und damit die Selbstbestimmung der Gesellschaft selbst. Die Ansteckung der Aberration breitet sich aus wie ein Waldbrand. Engramme erzeugen Engramme. Und wenn der enger werdenden Abwärtsspirale nicht Einhalt geboten wird, indem neue Länder erschlossen werden und Mischvölker ihrer jeweiligen aberrierenden Umgebung entkommen, oder indem ein Mittel gefunden wird, um durch Klärung des Individuums die Aberrationsansteckung zu durchbrechen, dann wird ein Volk oder eine Rasse nach unten streben, zum Ende des Zyklus – Zone 0.

Die Größe der Menschheit, der Rasse oder eines Volkes hängt von der Selbstbestimmung der einzelnen Mitglieder ab.

Sowohl in der kleineren Sphäre der Familie als auch auf nationaler Ebene erzeugt die Ansteckung der Aberration eine Störung des optimalen Überlebens.

Soll ein Computer rationale Antworten geben, so kann er nur nach dem Prinzip der Selbstbestimmung gebaut werden. Drückt man bei einer Rechenmaschine ständig die Sieben herunter, so gibt sie falsche Antworten. Der Einbau von starren und nicht in Frage zu stellenden Antworten in einen Menschen wird ihn dazu bringen, falsche Antworten zu liefern. Das Überleben hängt von richtigen Antworten ab. Engramme dringen aus der Außenwelt in die verborgenen Nischen unterhalb des rationalen Denkens ein und verhindern vernünftige Antworten. Das ist Bestimmung von außen. Jedes Eingreifen in die Selbstbestimmung kann zu nichts anderem als falschen Berechnungen führen.

Da ein Clear kooperativ ist, würde eine Gesellschaft von Clears zusammenarbeiten. Das mag manchen wie ein idyllischer, utopischer Traum erscheinen. Vielleicht ist es das aber nicht. Tatsache ist, daß in einer Familie von Clears beachtliche Harmonie und tätiges Einvernehmen herrschen. Ein Clear kann eine überlegene Argumentation anerkennen, wenn er einer solchen begegnet. Er braucht nicht geschlagen, niedergehalten und zum *Gehorchen* gezwungen zu werden, damit er sich ins Zeug legt. *Wenn* er jedoch unabhängig von seinem eigenen Denken zum Gehorsam gezwungen wird, wird so sehr in seine Selbstbestimmung eingegriffen, daß er keine richtigen Antworten mehr geben kann. Die Gesellschaft, die ihn festhält, bestraft sich selbst, indem sie sich um seine Fähigkeit bringt, rational zu denken und zu handeln. Die einzige Möglichkeit, einen Clear derartig zu zwingen, wäre jedoch, ihm Engramme beizubringen oder einen Neurochirurgen auf sein Gehirn loszulassen. Einen Clear braucht man aber nicht zu zwingen, denn wenn eine Arbeit aus dem Gesichtspunkt der allgemeinen Notwendigkeit wichtig genug ist, dann wird er sie höchstwahrscheinlich entsprechend seiner Intelligenz und so gut wie möglich durchführen. Man wird es nie erleben, daß ein *gezwungener* Mensch eine Arbeit gut erledigt. Ebenso ausgeschlossen ist, daß eine *unter Zwang stehende* Gesellschaft gegen eine ebenso wohlhabende, jedoch freie Gesellschaft gewinnt.

Eine Familie, in der man nach dem Autoritätsprinzip blind gehorchen muß, ist niemals eine glückliche Familie. In materieller Hinsicht mag ein gewisser Wohlstand zu verzeichnen sein, ihr Überleben als Einheit ist jedoch nur scheinbar gewährleistet.

Gruppen unter Zwang sind ausnahmslos weniger effektiv als freie Gruppen, die für das gemeinsame Wohl arbeiten. Aber jede Gruppe, die an einzelnen aberrierten Mitgliedern krankt, unterliegt der Tendenz, durch Ansteckung als Gruppe vollständig aberriert zu werden. Die Bemühung, aberrierte Mitglieder einer Gruppe im Zaum zu halten, legt unvermeidlich der Gruppe als ganzer Beschränkungen auf und führt zu immer weiteren Einschränkungen.

Die Klärung bloß eines Mitgliedes einer aberrierten Familie reicht selten aus, um die Probleme dieser Familie zu lösen. Ist der Ehemann aberriert gewesen, dann wird er auf die eine oder andere Weise auch seine Frau und seine Kinder aberriert bzw. restimuliert haben, auch wenn er keine körperliche Gewalt gegen sie angewandt hat. Die Eltern pflanzen ihre gemeinsamen Aberrationen den Kindern ein, und die Kinder als potentiell selbstbestimmte Einzelwesen revoltieren und wühlen dadurch die Aberrationen der Eltern auf. Da so viele dieser Aberrationen durch Ansteckung zum »Allgemeingut« der ganzen Familie geworden sind, ist das Familienglück ernstlich untergraben.

Die körperliche Züchtigung von Kindern ist nur ein Sonderausschnitt des Problems der gezwungenen Gruppe. Wenn jemand über die Frage, ob es notwendig sei, Kinder zu bestrafen, diskutieren möchte, so sollte man ihm empfehlen, erst einmal die Quelle für das schlechte Betragen der Kinder zu überprüfen.

Die Engramme eines aberrierten Kindes mögen nicht allesamt eingekeyt sein. Möglicherweise kann ein Sohn bis zu der Zeit warten, da er selbst verheiratet ist und Kinder oder eine schwangere Frau hat, um genügend Restimulatoren zu haben und plötzlich das zu werden, was man »einen reifen Erwachsenen« nennt: blind für die Schönheit der Welt und beladen mit all ihrem Kummer. Das Kind ist nichtsdestoweniger aberriert und dramatisiert häufig. Es befindet sich in einer sehr unglücklichen Situation, da es seine beiden machtvollsten Restimulatoren um sich hat – Mutter und Vater. Sie beanspruchen für sich das Recht, es körperlich zu züchtigen. Dem Kind erscheinen sie wie Riesen, während es selbst ein Zwerg ist. Und in bezug auf Nahrung, Kleidung und Unterkunft ist es von ihnen abhängig. Man kann großartig über die »Einbildungen der Kindheit« reden, bis man den Engrammhintergrund der meisten Kinder kennt.

Das Kind ist der unglückliche Empfangspunkt aller Dramatisierungen seiner Eltern. Es ist höchst bemerkenswert, ein dianetisch geklärtes Kind zu beobachten: es ist menschlich! Man kann es allein durch Zuneigung (Affinität) leiten. Ein verzogenes Kind ist hingegen ein Kind, dessen Entschlüsse ständig vereitelt wurden und das seiner Unabhängigkeit beraubt wurde. Zuneigung kann ein Kind ebensowenig verderben, wie man mit einem Kanister Benzin die Sonne löschen könnte.

Das A und O aller »Kinderpsychologie« ist die Tatsache, daß ein Kind ein menschliches Wesen ist und ein Recht auf seine Würde und Selbstbestimmung hat. Ein Kind von aberrierten Eltern ist ein Problem, weil Aberration ansteckend ist und weil ihm jegliches Recht, zu dramatisieren oder zu widersprechen, verweigert wird. Verwunderlich ist nicht, daß Kinder ein Problem sind, sondern daß sie überhaupt noch geistige Gesundheit an den Tag legen; denn durch Ansteckung, Bestrafung und Aberkennung ihrer Selbstbestimmung hat man den Kindern von heute alles verweigert, was zu einem vernünftigen Leben notwendig ist. Und diese Kinder sind die Familien und das Geschlecht der Zukunft.

Dies ist jedoch keine Abhandlung über Kinder oder Politik, sondern ein Kapitel über die Ansteckung der Aberration. Die Dianetik umfaßt das menschliche Denken, und das menschliche Denken ist ein weites Feld. Wenn man die Möglichkeiten betrachtet, die dem Mechanismus der Ansteckung innewohnen, kann man vor der naturgegebenen Stabilität des Menschen wirklich nur den Hut ziehen. Kein »wildes Tier«, das nach angeborenen »asozialen Tendenzen« reagiert, hätte Ninive[5] oder den gewaltigen Staudamm am Colorado erbauen können. Obwohl wir den hartnäckigen Mechanismus der Ansteckung mit uns herumschleppen, sind wir doch weit gekommen. Jetzt, da wir den Mechanismus kennen, werden wir vielleicht wirklich die Sterne erreichen.

[5] *Ninive:* prächtige altorientalische Stadt im Gebiet des heutigen Irak.

KAPITEL 9

Das Einkeyen des Engramms

Die alleinige Ursache aller nichtorganisch bedingten Geisteskrankheiten und zu organischen Symptomen führenden psychosomatischen Leiden ist die reaktive Engrammbank. Der reaktive Mind zwingt dem analytischen Mind und dem Organismus seine Engramme jedesmal auf, wenn sie nach ihrem Key-in restimuliert werden.

Es gibt in einem Leben viele bewußt erlebte Geschehnisse, die auf den emotionellen und geistigen Zustand des Menschen tiefgreifenden Einfluß zu haben scheinen. Er erinnert sich ihrer und schreibt ihnen seine Schwierigkeiten zu. In gewissem Sinn hat er recht: Er blickt zumindest auf Vorfälle zurück, die durch Engramme fixiert sind. Er sieht jedoch die Engramme nicht. Und wenn ein Mensch mit der Dianetik nicht vertraut ist, weiß er tatsächlich nicht einmal, daß die Engramme vorhanden sind. Und selbst dann wird er ihren Inhalt nicht kennen, bevor er sich der Therapie unterzogen hat.

Man kann mit Leichtigkeit nachweisen, daß keinerlei Augenblick von Unglücklichsein auf »bewußter Ebene«, der große Belastung oder Emotion enthielt, für die Verursachung von Aberration und psychosomatischen Krankheiten verantwortlich gemacht werden kann. Doch natürlich spielten diese Augenblicke insofern eine Rolle, als sie vorhandene Engramme *einkeyen* ließen.

Der Vorgang des Einkeyens eines Engramms ist nicht sehr kompliziert. Nehmen wir einmal an, daß das Engramm Nummer 105 ein Augenblick von »Bewußtlosigkeit« war, in dem das ungeborene Kind vom Vater, der die Mutter schlug, mitgeschlagen wurde. Der Vater, ob er nun von dem Kind wußte oder nicht, schrie: »Du verfluchtes Luder, du dreckige Hure, du taugst überhaupt nichts!« Dieses Engramm liegt da, wo es eingeprägt wurde, also in der reaktiven

Bank. Nun könnte dieses Engramm siebzig Jahre lang gespeichert dort liegen und niemals einkeyen. Der Engramminhalt sind Kopfschmerzen, ein fallender Körper, Zähneknirschen, die Verdauungsgeräusche der Mutter usw. Und das Kind kann nach der Geburt zahllosen Geräuschen begegnen, die diesen Inhalten gleichen, ohne daß dieses Engramm *einkeyt.*

Eines Tages jedoch ist der Vater aufgebracht über das Kind. Das Kind ist müde und fiebert, was bedeutet, daß sein analytischer Mind wohl auch nicht auf dem höchsten Leistungsniveau arbeitet. Der Vater hat eine bestimmte Reihe von Engrammen, die er dramatisiert, und eines dieser Engramme ist das obige Geschehnis. Und der Vater holt aus, schlägt das Kind und sagt: »Du verfluchtes Luder, du taugst überhaupt nichts!« Das Kind weint. An diesem Abend hat es Kopfschmerzen, und seine körperliche Verfassung hat sich noch mehr verschlechtert. Es empfindet seinem Vater gegenüber sowohl intensiven Haß als auch Furcht. Das Engramm ist *eingekeyt.* Von nun an wird das Geräusch eines fallenden Körpers oder knirschender Zähne oder die geringste Spur von Zorn in der Stimme des Vaters das Kind nervös machen. Seine körperliche Gesundheit wird leiden. Es wird künftig zu Kopfschmerzen neigen.

Wenn wir nun dieses Kind behandeln – das inzwischen erwachsen geworden ist – und seine Vergangenheit absuchen, werden wir (obschon das Geschehnis abgesperrt sein mag) ein Lock von der Art des obigen Key-ins finden. Und jetzt finden wir nicht nur den Key-in – wir mögen ein halbes Hundert, ein halbes Tausend solcher Locks zu diesem einen Thema entdecken. Ohne Kenntnis der Dianetik würde man sagen, daß das Kind nach der Geburt durch Schläge des Vaters zugrunde gerichtet worden sei. Man würde vielleicht versuchen, den Patienten durch Entfernung dieser Locks wieder in eine bessere geistige Verfassung zu bringen.

Es gibt in einem Durchschnittsleben buchstäblich Tausende, Zehntausende Locks. Sie alle wegzuräumen, wäre eine Aufgabe für Herkules. Für jedes Engramm eines Menschen mögen, falls es eingekeyt worden ist, Hunderte von Locks vorhanden sein.

Gäbe es Konditionierung als einen Mechanismus von Schmerz und Streß, so stünde es um die Menschheit schlecht. Glücklicherweise gibt es Konditionierung in dieser Form nicht. Es scheint sie zu geben, aber der Schein trügt. Man könnte annehmen, daß ein Kind, täglich herumgestoßen und ausgescholten, schließlich in den Glauben hineinkonditioniert wird, daß das Leben eben so sei und daß es sich dagegen auflehnen müsse.

Konditionierung gibt es aber nicht. Pawlow[1] mag imstande gewesen sein, Hunde durch wiederholte Experimente wahnsinnig zu machen; das war einfach schlechte Beobachtung von seiten des Beobachters. Die Hunde konnten vielleicht trainiert werden, dies oder jenes zu tun. Es war aber keine Konditionierung. Die Hunde wurden, falls sie wahnsinnig wurden, deshalb wahnsinnig, weil man ihnen Engramme verpaßte. Eine Reihe solcher Experimente, korrekt durchgeführt und beobachtet, beweist diese Behauptung.

Der Junge, der täglich zu hören bekam, er tauge nichts, und dessen Zustand sich scheinbar allein deshalb verschlechterte, geriet nur wegen seines entsprechenden Engramms in eine beklagenswerte Verfassung. Das ist eine erfreuliche Tatsache. Es mag eine Weile – ein paar Stunden – dauern, das Engramm zu lokalisieren, aber wenn es entlastet oder in die Standard-Gedächtnisbanken umgespeichert worden ist, dann ordnet sich auch alles um, was sich an Nachteiligem an das Engramm angeschlossen hatte.

Leute, die anderen aus ihren Aberrationen herauszuhelfen versuchten, ohne etwas über Engramme zu wissen, hatten natürlich kaum Aussicht auf Erfolg. Zunächst einmal können die Locks selbst in der reaktiven Bank untertauchen. So gibt es den Patienten, der sagt: »Ach, mein Vater war gar nicht so schlecht. Er war ein ganz guter Kerl.« Und wir wie auch der Patient entdecken, wenn ein Engramm freigesetzt wird, daß Vater fast ständig dramatisiert hat. Was der Patient über seine Vergangenheit weiß, bevor Engramme bei ihm geknackt sind, ist nicht wert, katalogisiert zu werden. Oder man stößt auf einen Patienten, der sagt: »Oh – ich hatte eine furchtbare Kindheit, eine schreckliche Kindheit. Ich wurde arg geprügelt.« Und wenn wir die Engramme zutage fördern, entdecken wir, daß die Eltern ihm nie etwas angetan haben, weder zur Strafe noch im Zorn.

Ein Engramm kann durch Jahrzehnte dahinschweben, ohne eingekeyt zu werden. Einer der bemerkenswertesten Falltypen ist jemand, der seine ganze Jugend ohne jegliche Aberration verbracht hat. Aber im Alter von sechsundzwanzig Jahren erscheint er plötzlich so aberriert, als sei er verhext worden. Vielleicht drehen sich die meisten seiner Engramme um Heirat und Kinder; er war jedoch nie zuvor verheiratet. Das erste Mal, als er etwas erschöpft oder krank ist und sich klar darüber wird, daß er eine Frau am Hals hat, keyt das erste Engramm ein. Die enger werdende Abwärtsspirale setzt ein. Dieses eine Engramm sperrt den Analysator genügend ab, so daß

[1] *I. P. Pawlow:* 1849-1936, russischer Physiologe, beschäftigte sich mit Konditionierung.

auch andere Engramme eingekeyt werden können, und schließlich darf es niemanden wundern, wenn wir ihn in einer Nervenheilanstalt wiederfinden.

Wenn das junge Mädchen, das bis zum Alter von dreizehn Jahren glücklich und sorgenfrei gewesen ist, sich plötzlich zu seinem Nachteil zu verändern beginnt, hat es nicht in diesem Augenblick ein Engramm erhalten; vielmehr ist in diesem Augenblick ein Engramm eingekeyt, was wiederum ein anderes Engramm einkeyen ließ. Kettenreaktion. Für diesen Key-in mag nichts weiter nötig gewesen sein als die Entdeckung, daß es aus der Scheide blutete. Ein emotionelles Engramm keyt ein, und das Mädchen verzweifelt. Im Laufe der folgenden Tage können nun die anderen Engramme ihre Angriffspositionen beziehen. Und so wird es krank.

Auch das erste sexuelle Erlebnis kann ein Engramm einkeyen. Das kommt so häufig vor, daß Sex hier und da in den Ruf gekommen ist, schon an sich ein aberrierender Faktor zu sein. Das Geschlechtliche ist und war niemals aberrierend. Körperlicher Schmerz und schmerzliche Emotion, die nebenbei Sex als Thema enthalten, sind die aberrierenden Faktoren.

Es kann sein, daß eine Patientin beharrlich darauf besteht, im Alter von neun Jahren von ihrem Vater vergewaltigt worden zu sein, und daß dies die Ursache ihres ganzen Elends sei. (Sehr viele geisteskranke Patienten übrigens behaupten das.) Und es ist wahr: der Vater vergewaltigte sie tatsächlich; das geschah aber, als sie gerade neun Tage alt war – von der Befruchtung an gerechnet. Der Druck und die Aufregung des Koitus sind für den Embryo sehr unangenehm. Man muß daher normalerweise damit rechnen, daß das Kind dadurch ein Engramm bekommt, das den Geschlechtsakt und alles, was gesagt wurde, zum Inhalt hat.

Wie schon erwähnt wurde, ist Drogenhypnose gefährlich, wenn man versucht, psychotische Personen damit zu behandeln. Und abgesehen davon gibt es für die Gefährlichkeit der Drogenhypnose noch andere Gründe. Jede Operation unter Narkose und jede Drogenbehandlung eines Patienten kann das Einkeyen von Engrammen zur Folge haben. Auf der einen Seite ist der Analysator abgeschaltet, auf der anderen Seite wartet die reaktive Bank nur darauf, durch jede beliebige Bemerkung, die in der Nähe der unter Drogen stehenden Person fällt, in Gang gesetzt zu werden. Auch Hypnose allein ist ein Zustand, in dem Engramme eingekeyt werden können, die nie zuvor restimuliert worden sind. Der glasige Blick von Leuten, die »zu oft« hypnotisiert wurden, der Mangel an Willenskraft, der bei ihnen zu beobachten ist, die Abhängigkeit des Hypnotisierten vom Hypnotiseur, all das sind Erscheinungen, die auf den Key-in von Engrammen zurückzuführen sind. *Jedesmal*, wenn der Körper ohne physischen Schmerz »bewußtlos« gemacht wird – wie gering auch der Grad der »Bewußtlosigkeit« sein mag, selbst wenn sie nur in der leichten Form bloßer Müdigkeit auftritt –, kann ein Engramm eingekeyt werden. Und wenn in diesem Zustand herabgesetzten Bewußtseins noch körperlicher Schmerz hinzukommt, dann bildet sich ein neues Engramm, an das sich ein ganzes Bündel alter, bisher noch nicht eingekeyter Engramme anschließen kann. Ein solches spätes Engramm nennen wir übrigens ein *Kreuzengramm*, weil es Engrammketten verkreuzt. Und wenn ein solches Engramm den Verlust der geistigen Gesundheit zur Folge hätte, würden wir es ein *Kollapsengramm* nennen.

Es gibt bei durch Drogen hervorgerufener »Bewußtlosigkeit« einige Aspekte, die in der Vergangenheit Verwirrung gestiftet haben. Schon so manche psychotische Frau hat nach dem Erwachen aus einer Drogentrance (und manchmal auch aus hypnotischer Trance) behauptet, sie sei vergewaltigt worden. Männer behaupten manchmal, der Hypnotiseur habe eine homosexuelle Handlung an ihnen vorzunehmen versucht, während sie unter Drogen standen. Obwohl es gelegentlich vorkommt, daß Leute tatsächlich vergewaltigt werden, nachdem ihnen Drogen verabreicht worden sind, sind doch die allermeisten Behauptungen dieser Art nur ein Aspekt des Key-in-Mechanismus. Beinahe jedes Kind hatte das vorgeburtliche Unbehagen des Geschlechtsaktes durchzustehen. Und oft waren dabei andere heftige Emotionen im Spiel als lediglich Leidenschaft. Ein solches Engramm mag jahrelang außerhalb des Schaltkreises bleiben, bis durch Drogen verursachte »Bewußtlosigkeit« oder ähnliche Dinge es einkeyen. Der Patient sinkt in den »Schlaf«, ohne ein eingekeytes Engramm zu haben, und wenn er aufwacht, hat er eines. Er versucht, die merkwürdigen Empfindungen, die er hat, zu rechtfertigen (und Engramme sind zeitlos, es sei denn, sie werden auf dem *Time-Track*[2] richtig eingeordnet) und kommt schließlich zu der »Erklärung«, daß eine Vergewaltigung stattgefunden haben müsse.

Vergewaltigungen in der Kindheit sind sehr selten die wirkli-

[2] *Time-Track* (»Zeitspur«): besteht aus allen aufeinanderfolgenden Augenblicken des »Jetzt«, vom ersten Augenblick im Leben des Organismus an bis zur Gegenwart. Alle Wahrnehmungen der Umwelt und des Organismus werden – ob nun schwach oder sehr deutlich – während des ganzen Lebens bis zum jetzigen Zeitpunkt, d. h. bis in die Gegenwart, auf dem Time-Track aufgezeichnet.

che Ursache sexueller Aberration. Sie sind der Key-in.

Man betrachtet die auf bewußter Ebene erlebten Locks und sieht Traurigkeit, Seelenschmerz, Mißgeschick. Manches von diesen Erlebnissen scheint so schrecklich zu sein, daß man meinen könnte, es müßte ganz sicher Aberration erzeugen. Dem ist aber nicht so. Der Mensch ist ein zähes, widerstandsfähiges Wesen. Diese Erlebnisse auf bewußter Ebene verweisen bestenfalls auf die eigentliche Ursache der Störungen, und diese ist der Person überhaupt nicht im einzelnen bekannt.

Das Engramm ist nichts Berechnetes und nichts Berechenbares. Ein Beispiel hierfür ist, auf leicht aberrierender Ebene, die Bestrafung von Kindern. Untersucht man eine Kindheit, in der körperliche Bestrafung häufig vorgekommen ist, so beginnt man zu verstehen, wie überaus nutzlos die Theorie vom Schmerz als Triebkraft ist. Bestrafung bewirkt nichts, aber auch gar nichts Gutes, sondern erreicht genau das Gegenteil, denn sie stachelt zu reaktiver Revolte gegen den Strafenden an und bewirkt mit ziemlicher Wahrscheinlichkeit nicht nur, daß ein Mensch geistig zerbrochen wird, sondern auch, daß der Strafende mit unablässiger Heimsuchung verfolgt wird. Der Mensch bekämpft Quellen des Schmerzes. Gibt er diesen Kampf auf, so ist er seelisch gebrochen und wenig nütze, am wenigsten für sich selbst.

Betrachten wir den Fall eines Jungen, der jedesmal, wenn er »böse« war, mit einer Haarbürste geschlagen wurde. Bei der Untersuchung dieses Falles konnte auch die genaueste Nachforschung keinerlei deutliche Erinnerung zutage fördern, *warum* er geschlagen wurde, nur *daß* er geschlagen wurde. Der Ablauf der Geschehnisse war etwa so: mehr oder weniger vernünftiges Handeln, Furcht vor angedrohter Bestrafung, Bestrafung, Kummer über die Bestrafung, erneutes Handeln. Der Mechanismus des Falles zeigte, daß die Person mit einer Handlung beschäftigt war, die – ob das nun andere so ansehen würden oder nicht – für sie auf jeden Fall eine Überlebenshandlung war, die ihr entweder Vergnügen bereitete, wirklichen Gewinn verschaffte oder auch nur die Bestätigung brachte, daß sie überleben konnte und würde. Im Augenblick der Strafandrohung werden frühere Bestrafungen als kleinere Engramme, die gewöhnlich größere Engramme überlagern, restimuliert. Das schaltet das analytische Vermögen zu einem gewissen Grad aus, und die Aufzeichnungen erfolgen jetzt auf reaktiver Ebene. Die Bestrafung findet statt und überschwemmt vollends das analytische Bewußtsein, so daß die Bestrafung nur in der Engrammbank aufgezeichnet wird; der

der Strafe folgende Kummer liegt noch in der Periode der Ausschaltung des analytischen Minds; stufenweise schaltet sich der Analysator wieder ein; volles Bewußtsein kehrt zurück, und die Aktivitäten auf analytischer Ebene können nun wiederaufgenommen werden. Alle körperlichen Züchtigungen verlaufen entsprechend diesem Zyklus. Alle anderen Bestrafungen sind bestenfalls Locks, die demselben Muster folgen, lediglich ohne die durch Schmerz entstehende vollständige Ausschaltung.

Wenn der Analysator diese Daten für Berechnungen haben will, dann sind sie nicht zugänglich. Im reaktiven Mind kommt es zu einer Reaktion, wenn das Thema berührt wird. *Aber der reaktive Mind kann mit diesen Daten fünf verschiedene Wege einschlagen!* Und es gibt keine Garantie und keine Methode zwischen Himmel und Erde, um vorauszusagen, welchen Weg der reaktive Mind mit den Daten einschlagen wird – es sei denn, man kennte den vollen Inhalt der Engrammbank, aber in diesem Fall könnte der Betreffende in ein paar weiteren Arbeitsstunden geklärt werden und brauchte nicht mehr bestraft zu werden.

Es sind diese fünf Arten des Umgangs mit Daten, die körperliche Bestrafung zu einer unbeständigen und unzuverlässigen Sache machen. Es gibt ein Verhältnis, das in der Erfahrung jedes Menschen geprüft und nachgewiesen werden kann: *Ein Mensch ist genau in dem Grade böse, wie zerstörende Gewalt gegen ihn gerichtet wurde.* Eine Einzelpersönlichkeit (einschließlich derer, die die Gesellschaft oft nicht als solche betrachtet – der Kinder) reagiert *gegen* die Quelle der Bestrafung – seien es nun Eltern oder die Regierung. Alles, was sich dem einzelnen als Bestrafungsquelle entgegenstellt, wird mehr oder weniger (je nach dem Nutzen, der ihm von dieser Seite auch erwächst) zur Zielscheibe seiner Reaktionen.

Das versehentlich umgeworfene Milchglas, der Kinderlärm auf der Veranda, Vaters Hut und Mutters Bettvorleger, die in aller Unschuld ruiniert werden – oft sind es kalt berechnete Anschläge des reaktiven Minds gegen Schmerzquellen. Der analytische Mind mag um der Liebe und Zuneigung und drei guter Mahlzeiten willen Kompromisse eingehen. Der reaktive Mind jedoch schnurrt seine Lektionen ab, die er gelernt hat – zum Teufel mit den Mahlzeiten!

Ließe man einen Schwachsinnigen auf eine Rechenmaschine los, damit er die Firmenbilanz aufstellt, und könnte er den Buchprüfer daran hindern, an die Geräte und Unterlagen heranzukommen, die dieser für die Prüfung braucht, so käme man kaum auf korrekte Zahlen. Und fütterte man den Schwachsinnigen noch weiter, bis er fett und stark wäre, dann bräche die Firma früher oder später zusammen. Der reaktive Mind ist der Schwachkopf, der Buchprüfer ist das »Ich«, und die Firma ist der Organismus. Bestrafung füttert den Schwachkopf.

Die hilflose Verwunderung der Polizei gegenüber dem »Gewohnheitsverbrecher« (und der Glaube der Polizei an den »kriminellen Typ« und an die »kriminelle Veranlagung«) entspringt diesem Kreislauf. Aus irgendeinem Grund wird die Polizei, ähnlich Regierungen, mit der Gesellschaft gleichgesetzt. Nehmen Sie irgendeinen dieser »Kriminellen« und klären Sie ihn, und die Gesellschaft gewinnt einen vernunftbestimmten Menschen zurück, aus dem sie vollen Nutzen ziehen kann. Bleibt aber der Kreislauf der Bestrafung bestehen, so werden die Gefängnisse zahlreicher und voller.

Das Problem mit dem Kind, das gegen die Eltern heftig aufbegehrt, und das Problem mit Bruch-Maxe, der bei einem bewaffneten Raubüberfall den Wachmann erschießt, entstammen demselben Mechanismus. Wird das Kind auf »bewußter Ebene« ausgefragt, so weiß es nichts von seinen wirklichen Gründen, sondern wird sein Verhalten auf alle mögliche Weise rechtfertigen. Und wird der Raubmörder (der darauf wartet, von der ach so vernünftigen Gesellschaft auf den elektrischen Stuhl geschnallt zu werden, um eine gründliche und abschließende Elektroschocktherapie zu erhalten) nach seinen Gründen gefragt, wird er ebenfalls Rechtfertigungen für sein Leben und Verhalten hervorsprudeln lassen. Der menschliche Mind ist ein wunderbarer Computer. Die Gründe, die er für unvernünftige Handlungen hervorbringen kann, haben noch jeden verblüfft, insbesondere die Sozialhelfer. Wenn man die Ursache und den Mechanismus nicht kennt, sind die Chancen, durch Vergleich aller zur Verfügung stehenden Verhaltensweisen die richtige Schlußfolgerung zu ziehen, ebenso gering, wie gegen einen Chinesen im Fantan[3] zu gewinnen. Daher werden die Bestrafungen als verworrene Antwort auf eine sehr verworrene Gesellschaft fortgesetzt.

Es gibt fünf Verhaltensweisen, mit denen der Mensch auf eine Gefahrenquelle reagiert. Das sind gleichzeitig auch die fünf Wege, die er angesichts eines jeden beliebigen Problems einschlagen kann. Man könnte dies als das Prinzip der fünf Handlungsmöglichkeiten bezeichnen.

[3] *Fantan:* chinesisches Wettspiel mit Münzen etc., deren Anzahl, unter einer Schüssel verborgen, zu erraten ist; verschiedene Variationen, bei denen ähnliches zu erraten ist.

Das Gleichnis vom schwarzen Panther[4] demonstriert das gut. Nehmen wir an, ein besonders bösartiger schwarzer Panther sitze auf der Treppe und ein Mann namens Otto im Wohnzimmer. Otto möchte ins Bett gehen. Der schwarze Panther ist aber im Weg. Ottos Problem besteht darin, in die obere Etage zu gelangen. Er hat im Hinblick auf den Panther fünf Möglichkeiten: 1. Er greift den schwarzen Panther an; 2. er läuft aus dem Haus, um vor dem schwarzen Panther zu fliehen; 3. er meidet den schwarzen Panther, indem er die Hintertreppe benutzt; 4. er ignoriert den schwarzen Panther; und 5. er resigniert gegenüber dem schwarzen Panther.

Dies also sind die fünf Verhaltensmöglichkeiten: *angreifen, fliehen, meiden, ignorieren* oder *resignieren.*

Alle Handlungen lassen sich in diese Verhaltensweisen einordnen. Und sie alle sind im Leben zu beobachten. Im Hinblick auf eine Bestrafungsquelle kann der reaktive Mind resignieren, er kann sie ignorieren, sie meiden, vor ihr fliehen oder sie angreifen. Der Handlungsverlauf wird durch eine komplexe Vielfalt von Engrammen diktiert und hängt davon ab, welches davon restimuliert wird. Der Strudel von Reaktionen mündet aber gewöhnlich in eine der genannten fünf Verhaltensweisen ein.

Wenn ein Kind gezüchtigt wird und nun gehorcht, kann man annehmen, daß es resigniert hat; und der Wert eines Kindes, das angesichts von Bestrafung resigniert, ist so gering, daß die Spartaner es längst ertränkt hätten, denn es ist in Apathie gesunken – außer natürlich, es ist von selbst auf die Idee gekommen (alle Reaktion beiseite lassend), daß das, wofür es bestraft wurde, nicht besonders gescheit war. (Bei dieser Überlegung kann ihm jedoch nicht geholfen werden, wenn die Person, die ihm zu helfen versucht, eine Bestrafung in seinen reaktiven Mind einführt.)

Es kann vor der Quelle der Bestrafung fliehen, was wenigstens nicht mehr Apathie, sondern nach allgemeiner Auffassung lediglich Feigheit ist. Es kann die Sache völlig auf sich beruhen lassen und die Quelle der Bestrafung ignorieren – in der Antike wäre es als Stoiker bezeichnet worden, während seine Spielgefährten es wohl bloß lahmarschig nennen würden. Es kann die Quelle der Bestrafung meiden, was ihm das zweifelhafte Kompliment einbringen könnte, schlau, listig oder verschlagen zu sein. Oder das Kind kann die Bestrafungs-

[4] In der dianetischen Praxis haben Patienten und Dianetiker mancherlei Slangausdrükke entwickelt. Hier ein solches Beispiel. Sie nennen das Ignorieren eines Problems den »Schwarzer-Panther-Mechanismus«. Man nimmt an, daß dieser Ausdruck geprägt wurde, weil es lächerlich scheint, schwarze Panther zu beißen. (Anm. d. Verf.)

quelle angreifen, entweder durch offene Gewalttätigkeit oder, weniger offen, durch Beschimpfung, Auflehnung, Belästigung oder Sachbeschädigung. In diesem Fall würde man es angesichts der körperlichen Überlegenheit der Eltern einen tapferen Dummkopf nennen oder bei indirekter Agression versteckt feindselig oder aufsässig. Solange aber ein Mensch als Reaktion auf eine echte Bedrohung angreift, kann man von ihm sagen, daß er in einer ganz guten geistigen Verfassung – »normal« – ist, und von einem Kind würde man sagen, es verhalte sich eben »wie jedes normale Kind«.

Bringen Sie Bestrafung in die Berechnung hinein, dann stimmt sie nicht mehr. Ganz anders verhält es sich im Fall von »Erfahrung«. Das Leben hält für jeden Menschen zahlreiche schmerzhafte Erfahrungen bereit, ohne daß andere Menschen die Sache noch verschlimmern müßten. Eine Person, deren Dynamiken noch nicht blockiert sind oder die durch die Dianetik von ihren Blockierungen befreit wurde, kann im Leben die erstaunlichsten Schläge verkraften. Selbst wenn der reaktive Mind als Resultat einiger solcher Erfahrungen Engramme empfängt, kann der analytische Mind einer solchen Persönlichkeit mit der Situation weiterhin zu Rande kommen, ohne auf irgendeine Art und Weise aberriert zu werden. Der Mensch ist nun einmal zäh, widerstandsfähig und tüchtig. Aber sobald das Gesetz der Affinität verletzt wird und eine solche Verletzung der Affinität in die reaktive Bank gelangt, werden *Menschen* als Überlebensbedrohung zu einer Quelle der Bestrafung. Wenn der frühe Inhalt der Engrammbank vor dem Alter von 5 Jahren keine überlebensfeindlichen Engramme umfaßt, an denen Menschen beteiligt sind, dann werden überlebensfreundliche Engramme beiläufig hingenommen und sind nicht ernstlich aberrierend. Mit anderen Worten: Es ist die Verletzung der Affinitätsbeziehung zu seinen Mitmenschen auf engrammatischer Ebene, die die Dynamiken am stärksten blockiert. Die Affinität von Mensch zu Mensch ist weit eher eine wissenschaftliche Tatsache als eine poetische und idyllische Idee.

Der Lebenszyklus, der »normal« (der gegenwärtige Durchschnittszustand) oder psychotisch ist, läßt sich somit leicht aufzeichnen. Er beginnt mit einer großen Anzahl von Engrammen vor der Geburt; in dem abhängigen und ziemlich hilflosen Zustand nach der Geburt werden weitere Engramme angesammelt. Bestrafungen unterschiedlicher Art, die nun als Locks hinzukommen, keyen die Engramme ein. Neue Engramme, die die früheren hereinziehen werden, kommen hinzu. Weitere Locks häufen sich an. Krankheit und aberrierte Handlungen setzen spätestens im Alter von vierzig oder fünfzig Jahren ein. Der Tod folgt irgendwann nach.

Selbst ohne die optimale Lösung, die Klärung der Engramme, gibt es verschiedene Dinge, die sich gegen Aberration und psychosomatische Krankheiten tun lassen. Daß diese Methoden unsicher und nur von beschränktem Wert sind, heißt nicht, daß sie nicht auch gelegentlich erstaunliche Wirkungen zeitigen können.

Solche Methoden kann man unter den Bezeichnungen Umgebungswechsel, Erziehung und körperliche Behandlung einordnen. Faktoren aus der Umgebung eines Aberrierten oder den Aberrierten aus einer Umgebung, in der er unglücklich oder untauglich ist, zu entfernen, kann zu erstaunlich schneller Erholung führen; das ist eine wirksame Therapie; sie entfernt die Restimulatoren von dem Betroffenen oder den Betroffenen von den Restimulatoren. Gewöhnlich wird ein Umgebungswechsel aufs Geratewohl vorgenommen und ist daher öfter erfolglos als erfolgreich. In neun von zehn Fällen werden nicht *alle* Restimulatoren entfernt, weil der Mensch den Hauptteil mit sich selbst herumschleppt oder gezwungenermaßen mit ihnen in Kontakt kommt. Das traf beispielsweise bei einem schwer Asthma-Leidenden zu. Seine Beschwerden waren die Folge eines sehr schweren Geburtsengramms. Seine verzweifelten Eltern brachten ihn von einem empfohlenen Gebirgskurort zum anderen und verschwendeten mit diesen Kuraufenthalten Unsummen. Als der Patient geklärt und das Engramm umgespeichert wurde, zeigte sich, daß der Restimulator für sein Asthma reine, kalte Luft war! Daß sich ein kränkliches Kind erholt, ist bei der Umgebungsmethode nur gewährleistet, wenn es von den restimulierenden Eltern entfernt und in eine Umgebung versetzt wird, wo es geliebt wird und sich sicher fühlt, weil seine Krankheit nur das unvermeidliche Ergebnis der Restimulierung von vorgeburtlichen Engrammen durch den einen oder anderen Elternteil oder durch beide ist. Und natürlich gibt es auch Ehemänner und Ehefrauen, die nach der Heirat chronisch in die ersten beiden Zonen abgesunken sind, nachdem sie die Pseudo-Mutter, den Pseudo-Vater oder den Pseudo-Abtreiber geheiratet hatten.

Im Erziehungsbereich können neue Daten oder neue, begeistert in Angriff genommene Tätigkeiten sehr wohl Engramme auskeyen, indem sie im Licht eines neuen analytischen Auftriebs das Übergewicht über den reaktiven Mind herstellen. Wenn ein Mensch einfach überzeugt werden kann, daß er gegen Schatten gekämpft hat, oder wenn man ihn überreden kann, seine Ängste einer bestimmten Ursache anzuhängen – gleichgültig, ob diese Ursache stimmt oder nicht –, so kann er daraus Nutzen ziehen. Auch die »Erziehung« zu einem starken Glauben an eine Gottheit oder einen Kult mag manchen Menschen dazu führen, sich so unverletzlich zu fühlen, daß er über seine Engramme hinauswächst. Jede irgendwie bewirkte Erhöhung des Überlebenspotentials wird seine allgemeine Tonstufe auf eine Ebene heben, wo er nicht mehr mit der reaktiven Bank Auge in Auge steht. Häufig wird es einen Menschen vor seinen Restimulatoren schützen, wenn er beispielsweise eine technische oder musikalische Ausbildung erhält, durch die er einen höheren Grad an Respekt genießt. Ein Aufstieg in eine geachtete Stellung, der an sich schon einen Umgebungswechsel darstellt, ist insofern auch von erzieherischem Wert, als der Betreffende dadurch lernt, daß er wertvoll ist. Hat jemand durch eigene oder fremde Erziehung gelernt, daß ein Hobby oder eine selbstgewählte Arbeit gut für ihn ist, macht sich ein weiterer Mechanismus geltend. Der analytische Mind ist so beschäftigt, daß er für seine Tätigkeit immer mehr Energie an sich zieht und beginnt, sich auf neue Ziele auszurichten.

Medizinische Behandlung, die zur Besserung des körperlichen Zustands führt, kann neue Hoffnung bringen oder, indem sie ihn auf seinem Time-Track verschiebt, seine Reaktionen verändern. Sie kann Engramme *auskeyen* (wegfallen lassen, ohne daß sie ausgelöscht worden sind).

Bei diesen Methoden handelt es sich um wirksame Therapie; wenn man sie umkehrt, sind sie jedoch auch die Faktoren, die Aberrationen in Erscheinung treten lassen. Es gibt falsche Aktionen und Maßnahmen, falsche Methoden der Menschenbehandlung, und sie sind im Licht unseres heutigen Wissens Verbrechen.

Einen Menschen in eine Umgebung hineinzustoßen, die ihn restimuliert, und ihn zu zwingen, dort zu bleiben, grenzt an Mord. Ihn an einen Partner zu binden, der seine Engramme restimuliert, ist schlimm; einen Mann oder eine Frau zu zwingen, mit einem restimulierenden Ehepartner zusammenzubleiben, ist ohne dianetische Therapie unbrauchbares Moralgesetz. Ein Kind in einem Zuhause festzuhalten, in dem seine Engramme restimuliert werden, stellt ganz sicher eine Beeinträchtigung nicht nur für sein Glücklichsein, sondern auch für seine geistige und körperliche Entwickling dar – ein Kind sollte in solchen Dingen viel mehr Rechte haben, und mehr Orte, wo es hingehen kann.

Auf dem Gebiet der körperlichen Heilbehandlung sind alle gewaltsamen Maßnahmen zur Behebung psychosomatischer Leiden, von chirurgischen Eingriffen bis zum Zahnziehen, im Licht der Dianetik schlechthin barbarisch. Auch »Zahnschmerzen« sind normalerweise psychosomatisch. Man kann ganze Kataloge mit organischen Krankheiten anfüllen, die in Wirklichkeit psychosomatische Leiden sind. Man sollte zu keinerlei chirurgischen Eingriffen irgendwelcher Art Zuflucht nehmen, bevor es außer Zweifel steht, daß das Leiden nicht psychosomatisch ist oder die Krankheit nicht von selbst nachlassen wird, wenn die Stärke des reaktiven Minds verringert ist. Auf den Geist abzielende körperliche Behandlung ist zu lächerlich, um ernsthaft in Betracht gezogen zu werden, da es jetzt eine Wissenschaft über die Quelle der Aberration gibt. Kein vernünftig denkender Arzt oder Psychiater, der die Dianetik kennt, würde je wieder eine Elektrode zum Zweck der Elektroschocktherapie berühren oder ein Skalpell oder einen Stocher auch nur flüchtig anschauen, um eine Operation an den vorderen Hirnlappen durchzuführen. Er selbst müßte schon derart aberriert sein, daß sein Handeln überhaupt nicht dem Wunsch zu heilen, sondern dem niederträchtigsten und feigsten Sadismus entspringt, den Engramme in einem Menschen hervorrufen können.[5]

[5] Viele, die die Behandlung von Geistesgestörten durch Psychiater und andere Diensttuende in Nervenheilanstalten untersucht haben, erklären diese als des in sie gesetzten Vertrauens unwürdig, sobald sie entdecken, was frontopolare Leukotomie, transorbitale Lobotomie und Elektroschock den Patienten wirklich antun, und klagen die Verantwortlichen an, diese Methoden offenbar für Vivisektionsexperimente an Menschen zu benutzen. (*Vivisektion*: chirurgische Eingriffe an lebenden Tieren zu Forschungszwecken.) Daß für die unglücklichen Patienten in den meisten Fällen jede mögliche Hoffnung auf Heilung mit Hilfe der Dianetik wahrscheinlich dahin ist, sollte den Psychiatern oder Neurochirurgen nicht angelastet werden. Diese Leute sind nur dem gefolgt, was sie an ihren Universitäten gelernt haben, und haben solche Praktiken nur darum ausgeführt, weil sie glaubten, daß das Problem des menschlichen Geistes nicht zu lösen sei. Die Dianetik hat keinerlei Hexenjagdeinstellung. Darauf hinzuweisen, sie hätten den Geist von Menschen, die sich sonst erholt hätten, absichtlich ausgelöscht, oder sie als »Seelenräuber« zu bezeichnen und aus ihrem Tun Horrorgeschichten zu machen, ist von einer vernünftigen Haltung weit entfernt. Im großen und ganzen sind sie aufrichtig darum bemüht gewesen, den Geisteskranken zu helfen. Aufgrund der ansteckenden Wirkung der Aberration waren sie bei ihrer Arbeit außerordentlichen Belastungen ausgesetzt, da sie ihre eigenen Engramme dauernd restimuliert bekamen. Sie können geklärt werden, und ihre Erfahrung ist wertvoll. Eine Gesetzgebung gegen sie, wie ein Senator sie kürzlich anschnitt, der mit der Dianetik vertraut war, Horrorberichte in der Presse und eine allgemeine öffentliche Antipathie sowie auch das traditionelle Mißtrauen der Ärzte gegen die Psychiatrie, all das kann nur einen verworrenen Zustand hervorrufen. Die Dianetik ist eine neu entdeckte Wissenschaft, und sie ist unparteiisch. (Anm. d. Verf.)

Vorbeugende Dianetik

Die Dianetik umfaßt viele Wissenszweige. Eigentlich ist sie eine Reihe miteinander verwandter Wissenschaften, die von einer gemeinsamen Gruppe von Axiomen ausgehen. Beispielsweise gibt es die *Erziehungslehre der Dianetik*, die die Gesamtheit des systematischen Wissens umfaßt, das notwendig ist, um den menschlichen Geist zu optimaler Wirksamkeit auszubilden und ihn zu optimalem Wissen und Können in den verschiedenen Tätigkeitsfeldern des Menschen hinzuführen. Es gibt die *politische Dianetik*, die das Gebiet von Gruppenaktivität und Organisation umfaßt, mit der Zielsetzung, die optimalen Bedingungen und Verfahren für die Führung von Gruppen und für deren Beziehungen untereinander festzustellen. Ferner gibt es die *medizinische Dianetik*, die *Soziallehre der Dianetik* usw. Sie alle sind eigene Wissenszweige und werden durch ihre eigenen Axiome bestimmt.

In diesem Buch beschäftigen wir uns an sich mit den Grundlagen der Dianetik und mit der dianetischen Therapie, wie sie am einzelnen angewandt wird; dies ist für den Einzelmenschen die unmittelbar wichtigste und wertvollste Seite der Dianetik.

Doch wäre ein Buch über dianetische Therapie nicht vollständig ohne die Erwähnung auch jenes Zweiges der Dianetik, von dem manche sagen, daß er für die Menschheit noch wichtiger sei als die Therapie: die *vorbeugende Dianetik*.

Wenn man die Ursache von etwas kennt, kann man gewöhnlich auch verhindern, daß sie zur Wirkung kommt. Ronald Ross' Entdeckung und Beweis, daß der Malariakeim von Moskitos übertragen wird, machte es möglich, die einst für die Menschheit verheerende Krankheit entscheidend einzudämmen. Ähnlich kann man, wenn man die Ursache von Aberration und psychosomatischen Krankheiten kennt, sehr viel zu ihrer Vorbeugung tun.

Vorbeugende Dianetik ist ein weites Feld. Ihre Anwendbarkeit erstreckt sich bis in die Bereiche der Industrie, der Landwirtschaft und anderer spezieller Aktivitäten des Menschen. Ihr Grundprinzip ist die wissenschaftliche Tatsache, daß der Inhalt von Engrammen auf ein Minimum beschränkt werden kann oder Engramme vollständig verhütet werden können, was für geistige Gesundheit, körperliches Wohlbefinden und soziale Anpassung von unschätzbarem Wert ist.

Das Engramm ist im Grunde eine ganz einfache Sache: Es ist ein Moment, in dem der analytische Mind durch körperlichen Schmerz, durch Drogen oder andere Mittel ausgeschaltet ist und die reaktive Bank für den Empfang einer Aufzeichnung offensteht. Wenn diese Aufzeichnung Äußerungen enthält, wird sie ernstlich aberrierend. Wenn sie in emotioneller Hinsicht Feindseligkeit enthält, wird sie sehr destruktiv. Wenn sie ihrem Inhalt nach stark überlebensfreundlich ist, ist sie auf jeden Fall imstande, ein Leben gründlich zu zerrütten.

Das Engramm bestimmt – neben anderen Dingen – das menschliche Schicksal. Sagt sein Inhalt, daß ein Mann scheitern muß, um zu überleben, so findet er deshalb zahlreiche Wege, um zu scheitern. Befiehlt ihm sein Engramm, daß er nur mit Angehörigen fremder Rassen Vergnügen erleben kann, mischt er sich deshalb unter sie und verläßt seine eigene. Befiehlt es, daß er töten muß, um zu leben, so tötet er. Und – was noch viel heimtückischer ist – es bahnt sich seinen Weg von einem Vorfall zum nächsten Vorfall, um schließlich die Katastrophe zu verursachen, die es diktiert.

Im Zuge der Therapie begegneten wir kürzlich einem Mann, der tatsächlich alles Erdenkliche unternommen hatte, um sich den Arm zu brechen; denn erst durch den gebrochenen Arm erhielt er das Mitgefühl, ohne das er, dem Engramm zufolge, nicht leben konnte. Unsere Aufzeichnung umfaßte drei Jahre und enthielt ein halbes Hundert scheinbar harmloser Vorfälle, die, im Zusammenhang betrachtet, den Fall ins richtige Licht rückten.

Der Unfallanfällige ist ein Fall, dem sein reaktiver Mind Unfälle befiehlt. Er ist in jeder Gesellschaft eine ernste Gefahr, denn seine reaktiv beabsichtigten Unfälle ziehen oft auch andere, völlig unschuldige Menschen in Mitleidenschaft.

Autofahrer, die mehrere Unfälle zu verzeichnen haben, sind im allgemeinen unfallanfällig. Sie haben Engramme, die ihnen Unfälle befehlen. Wenn Sie auch nur einen Fall auditiert haben, dann werden Sie sehen, wie gründlich und boshaft dieser Schwachkopf, der reaktive Mind, in solchen Dingen sein kann. Geklärte Fahrer könnten nur aus zwei Gründen Unfälle haben: a) wegen mechanischen

Versagens und vor allem b) wegen unfallanfälliger anderer Leute. Der schreckliche und furchterregende Todeszoll, der uns vom Straßenverkehr abverlangt wird, ist fast ausnahmslos reaktivem Handeln zuzuschreiben und nicht dem angelernten (analytischen) Fahren. Die Apathie unserer Gesellschaft ist an der Tatsache ablesbar, daß sie nichts Ernsthaftes unternimmt, um *allen* Autounfällen wirksam vorzubeugen; schon eine zerbrochene Windschutzscheibe ist eine zuviel; jetzt, da eine Antwort zur Hand ist, kann gehandelt werden.

Der Aberrierte erschwert das Leben anderer auf tausenderlei Art. Die vorbeugende Dianetik ermöglicht es, den unfallanfälligen Aberrierten zu ermitteln und ihn von Aktivitäten, die andere bedrohen, fernzuhalten. Das ist einer der allgemeinen Aspekte der vorbeugenden Dianetik. Daß die so ermittelten Aberrierten geklärt werden können, ist eine andere Sache.

Der andere allgemeine und wichtigere Aspekt der vorbeugenden Dianetik ist die Verhütung von Engrammen und die Abschwächung ihres Inhaltes, und zwar auf der gesellschaftlichen wie auch auf der individuellen Ebene. Im sozialen Bereich würde man aus der Gesellschaft die Ursachen der Aberration tilgen, wie man Einzelpersonen von Engrammen befreit. Ebenso kann man gleich von Anfang an verhindern, daß gesellschaftliche Aberrationsursachen überhaupt auftreten.

Beim einzelnen ist es sehr leicht, Engrammen vorzubeugen. Da der Verursacher von Aberration und Krankheit bekannt ist, kann man ihn daran hindern, in ein Leben einzudringen. Weiß man, daß er bereits eingedrungen ist, kann man den nächsten Schritt, seinen Key-in, verhindern. Natürlich ist die endgültige Lösung dieses ganzen Problems die Therapie bis zur Klärung; es gibt jedoch einen Aspekt hierbei, der nicht auf diese Weise gelöst werden kann.

Ein Kind kann nicht gefahrlos geklärt werden, bevor es mindestens fünf Jahre alt ist, und gegenwärtig ist es üblich, bis zum Alter von etwa acht Jahren zu warten. Eine bessere Art, sich dem Problem zu nähern, könnte vielleicht diese Altersgrenze herabsetzen, jedoch kann sie nicht vor das Sprechalter verlegt werden, es sei denn, daß jemand in der Zukunft einen Katalysator[1] erfindet, der den reaktiven Mind einfach ohne weitere Behandlung ausräumt (was nicht so

[1] *Katalysator:* in der Chemie ein Stoff, der durch seine Anwesenheit eine chemische Reaktion herbeiführt oder in ihrem Verlauf beeinflußt, selbst jedoch keine bleibende chemische Veränderung dabei erfährt; in übertragener Bedeutung eine Person oder Sache, die als entscheidender Anstoß wirkt, um ein bestimmtes Ergebnis herbeizuführen oder zu beschleunigen.

abwegig ist, wie es sich anhören mag). Aber im Augenblick und vermutlich noch für geraume Zeit werden Kinder für die Dianetik ein Problem bleiben.

Kinderkrankheiten stammen hauptsächlich von Engrammen. Sie sind ihrer Tendenz nach vor dem Sprechalter am schwersten, und die Anzahl der Todesfälle vor dem Ende des ersten Lebensjahres ist immer noch bedrückend, obwohl mit dem Fortschritt der Medizin die Sterberate gesenkt werden mag.

Die vorbeugende Dianetik geht dieses Problem in zwei Phasen an: einmal die Engrammvorbeugung und dann die Verhinderung des Key-ins.

Betrachten wir den Key-in zuerst. Wir können zweierlei tun, um ihn zu verhindern. Man sorgt dafür, daß das Kind in einer ruhigen und harmonischen Atmosphäre, die nicht restimulierend ist, aufwächst, oder man versetzt das Kind, wenn es trotz freundlicher Behandlung restimuliert erscheint, in eine andere Umgebung, in der die beiden Hauptrestimulatoren – Vater und Mutter – fehlen, in der es aber jemanden gibt, der dem Kind Zuneigung schenkt. Ob ein Kind restimuliert ist oder nicht – vor dem Spracherwerb oder nach dem Spracherwerb –, ist einfach festzustellen. Neigt es zu Krankheiten? Ißt es gut? Ist es nervös? Natürlich kann rein körperlich mit dem Kind etwas nicht in Ordnung sein, doch ist das von einem Arzt schnell festzustellen – dies sind körperliche Störungen.

Streit in Hörweite eines Kindes, großer Lärm, hysterisches Verhalten, verhätschelndes Mitgefühl bei Unwohlsein oder Verletzung des Kindes – das sind einige Punkte des Key-in-Katalogs. Dadurch wird ein Kind körperlich *krank* und geistig aberriert, indem seine Engramme eingekeyt werden. Und niemand kann sagen, wie viele es hat!

Am meisten kann durch vorbeugende Maßnahmen jedoch erreicht werden, wenn eine andere Person rücksichtsvoll behandelt wird – die Mutter des Kindes.

Es ist nicht die »biologische Liebe«, die die Mutter im Leben eines Menschen eine so hochwichtige Rolle spielen läßt, sondern die schlichte Wahrheit, daß die Mutter ein gemeinsamer Bestandteil aller vorgeburtlichen Engramme des Kindes ist. Das vorgeburtliche Engramm, das wesentlich ernster ist als das nachgeburtliche, hat immer die Mutter – oder die Mutter und eine andere Person – zum Inhalt. Deswegen hat ihre Stimme, das, was sie sagt und was sie tut, auf das ungeborene Kind einen außerordentlich großen und weitreichenden Einfluß.

Es ist nicht wahr, daß Emotion durch die Nabelschnur in ein Kind eindringt, wie die Leute meist annehmen, sobald sie von vorgeburtlichen Engrammen hören. Emotion wird in Form einer anderen, eher elektrischen als organischen Wellenart übertragen (in welcher Art genau, können wir als ein Strukturproblem übergehen). Darum überträgt jedermann, der in der Nähe einer schwangeren Frau emotional auftritt, diese Emotion direkt auf das Kind. Und die Emotionen der Mutter werden auf die gleiche Art und Weise dem reaktiven Mind des Kindes zugeleitet.

Ob das ungeborene Kind bereits über analytisches Vermögen verfügt oder nicht, hat für seine Engrammempfänglichkeit keine Bedeutung. Das vorgeburtliche Engramm ist ein Engramm wie jedes andere auch. Nur wenn das Kind wirklich durch Schläge, hohen Blutdruck, Orgasmen oder anderswie verletzt wird, wird es »bewußtlos«. Wenn es »bewußtlos« wird, empfängt es all die Wahrnehmungen und Worte in der mütterlichen Umgebung als Engramme. Das analytische Vermögen an sich hat mit Engrammen nichts zu tun. Die Tatsache, daß das Ungeborene nicht analytisch zu denken vermag, macht das Kind nicht für Engramme empfänglich; das bewirken erst »Bewußtlosigkeit« oder Verletzung. Das Vorhandensein oder Fehlen von analytischem Vermögen hat nichts damit zu tun, ob Engramme empfangen werden oder nicht.

Morgendliches Erbrechen, Husten, alle Selbstgespräche der Mutter, Straßenlärm, Haushaltsgeräusche usw. teilen sich dem »bewußtlosen« Kind mit, wenn es verletzt ist. Und das Kind wird sehr leicht verletzt. Es ist nicht durch gefestigte Knochen geschützt und kann nicht ausweichen. Es ist da. Wenn es gestoßen oder gedrückt wird, werden seine Zellen, seine Organe verletzt. In welchem Maße Bewegungsfähigkeit hierbei eine Rolle spielt, kann durch ein einfaches Beispiel demonstriert werden. Legen Sie sich auf ein Bett, den Kopf auf einem Kissen. Nun lassen Sie jemanden eine Hand auf Ihre Stirn drücken. Da Sie sich nicht bewegen können, empfinden Sie den Druck der Hand viel stärker, als wenn Ihnen im Stehen die Hand auf die Stirn gelegt würde. Das Gewebe und das Fruchtwasser um das Kind bilden nur sehr schwache Puffer. Bei einer Verletzung wird das Kind durch das Fruchtwasser zusammengepreßt, da dieses nicht komprimierbar ist. Das Kind ist keineswegs gut geschützt. Im fortgeschrittenen Schwangerschaftsstadium kann es das Kind schon schwer belasten, wenn die Mutter sich nur die Schuhe schnürt. Mutters Anstrengung beim Heben schwerer Gegenstände ist ganz besonders schädlich. Und ein Zustammenstoß der Mutter mit Gegenständen, wie beispielsweise einer Tischkante, kann durchaus dem Baby den Kopf eindrücken. Die Genesungsmöglichkeiten des ungeborenen Kindes sind allerdings, wie an anderer Stelle schon erwähnt, weitaus größer als alles, was die Natur den Lebensformen ansonsten einräumt. Dem Kind kann der Kopf eingedrückt worden sein, aber da der genetische Bauplan und das Baumaterial noch immer vorhanden sind, kann eine Wiederherstellung erfolgen. Es dreht sich also nicht darum, ob das Kind »in Ordnung« ist, nur weil es fast alles überleben kann. Es geht vielmehr darum, ob solche Verletzungen als Engramme eine stark aberrierende Geltung haben werden oder nicht.

Abtreibungsversuche sind sehr verbreitet. Und sie haben bemerkenswert wenig Erfolg. Jedesmal, wenn die Mutter das Kind auf eine derart unmenschliche Weise verletzt, bestraft sie sich im Grunde genommen selbst. Die morgendliche Übelkeit ist ganz und gar engrammatisch, soweit das festgestellt werden kann, denn geklärte Frauen haben sie während ihrer eigenen Schwangerschaft bis jetzt noch nicht erlebt. Schwangerschaftserbrechen beruht auf der ansteckenden Wirkung der Aberration. Wirkliche Krankheiten ergeben sich in der Regel nur, wenn die Mutter mit Spülungen oder mit Stricknadeln oder dergleichen einen Eingriff gegen das Kind unternommen hat. Ein solcher Eingriff läßt die Mutter krank werden und ist für sie, wenn man nur die rein physische Seite in Betracht zieht, sehr viel härter als für das Kind. Morgendliche Übelkeit gelangt in eine Gesellschaft offensichtlich wegen solcher Eingriffe und natürlich auch wegen Verletzungen.

Die Zellen »wissen« es, wenn eine Schwangerschaft eintritt. Der reaktive Mind »weiß« von dieser Tatsache vor dem analytischen Mind, und zwar aufgrund von Organempfindungen, denn das endokrine System ist verändert. Somit hat die Entdeckung der Schwangerschaft durch die Mutter wenig damit zu tun, ob ihr schon vor der Entdeckung übel gewesen ist oder nicht.

Dieses ganze Gebiet war Gegenstand umfangreicher dianetischer Forschungsarbeit. Und viel mehr Forschungsarbeit muß noch geleistet werden. Die genannten Schlußfolgerungen sind vorläufig. Die Schlußfolgerung jedoch, daß das Engramm empfangen wird und daß es so heftig ist wie sein Inhalt (der tatsächliche Schmerz spielt eine geringere Rolle), ist eine wissenschaftliche Tatsache und keineswegs nur eine These. Diese Entdeckung ist ebenso real wie die Entdeckung der Schwerkraft.

Zuerst sollte man daran denken, Engramme überhaupt zu verhindern; als zweites sollte man verhindern, daß Engramminhalte zustande kommen. Frauen, die auf dem Lande leben und schwere landwirtschaftliche Arbeit verrichten, sind allen möglichen Verletzungen ausgesetzt. Vielleicht kann das wegen der Aufgabe, die diese Frauen in der Gesellschaft erfüllen, nicht verhindert werden. Aber wenn bekannt ist, daß jede Verletzung der Mutter bei dem ungeborenen Kind ein Engramm erzeugen kann, dann sollten alle, die im Fall einer solchen Verletzung anwesend sind, die Mutter eingeschlossen, Sorge dafür tragen, daß absolute Stille bewahrt wird. In einem Engramm *ist jede Bemerkung aberrierend.* Sogar eine Äußerung wie »Du kannst dich daran in der dianetischen Therapie erinnern«, an ein ungeborenes Kind gerichtet, baut ein Engramm ein, so daß jedes Wort in dieser Äußerung körperlichen Schmerz genau an der Stelle bedeutet, wo das Kind den Schmerz zu jener Zeit erlitten hat; und in der Zukunft wird der Ausdruck »dianetische Therapie« das Engramm des Kindes restimulieren.

Der Arzt, der drückt und herumklopft, um herauszufinden, ob die Mutter schwanger ist, mag sagen: »Nun, es ist sehr schwierig, das so früh schon zu sagen.« Jahre später wird der Patient im Zuge der dianetischen Therapie in den Bereich dieses Geschehnisses *zurückkehren* und wird einfach nur auf eine leere Stelle stoßen, bis der Dianetiker plötzlich an der Art und Weise, in der der Patient seine Reaktionen beschreibt, den Inhalt errät. Wenn der Arzt sehr streng ist und sagt: »Sie sollten lieber gut auf sich achten, Frau Müller. Wenn Sie das nicht tun, werden Sie sehr krank werden!«, dann wird das Kind, das aufgrund der Untersuchung – gleichgültig, wie vorsichtig sie auch durchgeführt wurde – »bewußtlos« war, eine leichte Hypochondrie davontragen und übermäßig um seine Gesundheit besorgt sein, wenn das Engramm einkeyt.

Wenn der Ehemann während des Geschlechtsaktes mit der schwangeren Frau spricht, wird jedes Wort für das Kind engrammatisch werden. Wird die Mutter von ihm geschlagen, dann werden diese Schläge, alles, was er sagt, und alles, was *sie* sagt, Teil des kindlichen Engramms sein.

Wenn die Mutter das Kind nicht haben will, der Vater es sich aber wünscht, wird das Kind ihm gegenüber später wie auf einen Verbündeten reagieren und beim Tode des Vaters möglicherweise einen Nervenzusammenbruch erleiden. Wenn sie das Kind haben will, er aber nicht, liegt die Verbündetenberechnung umgekehrt. Dasselbe trifft zu, wenn eine Abtreibung angedroht oder versucht wird, vorausgesetzt, daß die Drohung in einem Engramm enthalten ist.

Sollte die schwangere Frau verletzt und der Vater sehr besorgt sein, dann hat das Engramm dies zum Inhalt, und das Kind hat ein Mitgefühlsengramm. Der Weg zum Überleben besteht demzufolge für das Kind darin, sich mitleiderweckend zu verhalten, wenn es verletzt ist, und sogar dafür zu sorgen, daß es verletzt wird.

Eine schwangere Frau sollte jede Rücksicht erfahren, wenn die Gesellschaft irgendein Gefühl für ihre zukünftigen Generationen hat. Wenn sie fällt, sollte man ihr helfen – aber *schweigend*. Man darf nicht von ihr erwarten, daß sie schwere Lasten trägt. Und man sollte ihr keinen Geschlechtsverkehr aufzwingen, *denn jedes Koituserlebnis während der Schwangerschaft hat ein Engramm für das Kind zur Folge.*

Es muß eine erstaunliche Anzahl von Schwangerschaften geben, die niemals bemerkt werden. Die Heftigkeit des Geschlechtsaktes, die Anwendung von Spülungen und Gelees (weil die Frau immer noch die Empfängnis verhüten will und noch nicht weiß, daß sie schon schwanger ist), Anstrengungen beim Stuhlgang, Stürze und andere Unfälle müssen für eine große Zahl von Fehlgeburten verantwortlich sein, die irgendwann in der ersten Zeit nach der Empfängnis auftreten. Denn die Zygote und der Embryo sind im Dasein noch recht schwach verankert und werden durch Umstände, die die Mutter als völlig unerheblich betrachten würde, sehr schwer verletzt. Ist erst einmal die erste nicht eingetretene Monatsblutung überwunden, verringert sich die Wahrscheinlichkeit einer Fehlgeburt zunehmend; und normalerweise findet eine Fehlgeburt nur statt, wenn das Kind genetisch mißgebildet ist oder wenn Abtreibungsversuche unternommen wurden. Die Mißbildungen sind jedoch so selten, daß man sie als Möglichkeit außer acht lassen kann.

Die Fruchtblase mag nach der ersten ausgebliebenen Menstruation viele Male durchbohrt und von allem Fruchtwasser entleert worden sein, und das Kind kann immer noch überleben. Zwanzig oder dreißig Abtreibungsversuche an einem einzigen Kind sind bei aberrierten Frauen nicht ungewöhnlich. Bei jedem Versuch könnte der Körper oder das Gehirn des Kindes durchbohrt worden sein.

Vor der Geburt nimmt das Kind unabhängig von den üblichen Sinnesorganen wahr. Engramme sind keine Erinnerungen, sondern Aufzeichnungen auf zellularer Ebene. Daher braucht das ungeborene Kind kein Trommelfell, um ein Engramm aufzuzeichnen. Es sind Fälle bekannt, wo der Hörapparat des ungeborenen Kindes – wie auch immer er organisch gestaltet sein mag – durch einen Abtreibungsversuch vorübergehend zerstört gewesen sein muß, und das

Engramm wurde dennoch aufgezeichnet. Die Zellen bauten den Apparat wieder auf, der später der Aufnahme der Geräuscheindrücke durch die Standardbanken dienen sollte, und speicherten ihre eigenen Daten in die reaktive Bank ein.

Die Befreiung von solchen Engrammen bedeutet für die Person die Wiederherstellung einer weit über der gegenwärtigen Norm liegenden Vernunft. Ferner gewinnt sie eine Stabilität und ein Wohlbefinden, die alles übertreffen, was der Mensch jemals als Potential zu besitzen glaubte. Die Existenz dieser Engramme wurde bestätigt, indem die Daten von einem Kind, von der Mutter und vom Vater genommen und allesamt miteinander verglichen wurden. Wir haben es hier also mit wissenschaftlichen Tatsachen zu tun, die, ganz gleich, wieviel Erstaunen sie hervorrufen, nichtsdestoweniger wahr sind.

Die Mutter sollte also während der Schwangerschaft äußerst behutsam mit sich umgehen, und die Menschen in ihrer Umgebung sollten sich der Notwendigkeit voll bewußt sein, daß nach jedem Stoß und jeder Verletzung Schweigen zu bewahren ist. Da man nicht wissen kann, wann eine Frau empfangen hat, und da Zygoten- und Embryonalengramme sehr aberrierend sind, wird deutlich, daß die Gesellschaft ihr Verhalten gegenüber den Frauen bessern muß, wenn die spätere Gesundheit des Kindes bewahrt werden soll.

In unserer heutigen Gesellschaft wird der Frau weniger Wertschätzung entgegengebracht als in anderen Gesellschaften und früheren Zeiten. Man erwartet von der Frau heute, daß sie mit Männern im Wettstreit steht. Das ist Unsinn. Die Frau verfügt über ebensoviel Tatkraft wie der Mann. Er kann ihr, was Körperbau und Einsatzfähigkeit anbelangt, ebensowenig Konkurrenz machen wie sie ihm. Der heutige soziale Wirbel hat seinen Grund zum großen Teil darin, daß die wichtige Rolle der Frau als Frau und die Verschiedenheit der Aufgabenbereiche von Mann und Frau nicht erkannt werden.

Die Änderungen, die sich in den kommenden zwanzig Jahren ergeben werden, brauchen hier nicht näher dargelegt zu werden. Doch mit den letzten Entdeckungen auf dem Gebiet der Photosynthese[2], die der Menschheit in genügender Menge bessere und billigere Nahrung sichern sollten, schwindet die Bedeutung der Geburtenkontrolle dahin. Die Moralbegriffe haben sich bereits gewandelt, und zwar unabhängig davon, was die Moralisten unternehmen, um diese

[2] *Photosynthese:* Umwandlung von Kohlendioxyd und Wasser zu Kohlehydraten und Sauerstoff durch Algen und andere Pflanzen, unter Mitwirkung von Sonnenlicht.

Wandlung zu vereiteln. Und somit kann die Frau von vielen ihrer lästigen Ketten befreit werden.

Dem Mann obliegt die Welt der Gegenwart, ihre Aktivität, ihre Organisation und ihr Aufbau. Aufgabe der Frau ist es, sich um die Persönlichkeit des Menschen und seiner Kinder zu kümmern. Als fast alleiniger Hüterin der Generation von morgen steht ihr weit mehr Achtung zu, als ihr in der Sklavenexistenz ihrer Vergangenheit zugebilligt wurde.

Es ist also keineswegs ein verstiegener, utopischer Gedanke, daß der Frau in Zukunft viel höhere Wertschätzung zukommen kann. Und dies muß geschehen, wenn die Kinder der morgigen Generation etwas erreichen, das Zuhause friedlich und ungestört sein und die Zivilisation sich entwickeln sollen.

Die vorbeugende Dianetik muß in der häuslichen Sphäre Nachdruck auf die Frau legen, um das Kind zu schützen.

Als erste Maßnahme sollten Mütter geklärt werden, denn jede Mutter, die einen Abtreibungsversuch unternimmt, ist auf der Zweiten Dynamik blockiert, und jede Blockierung bedroht sowohl ihre Gesundheit als auch ihr Glück. Es hat sich erwiesen, daß sexuelle Aberration von einer Antipathie gegenüber Kindern begleitet ist.

Die vorbeugende Dianetik verlangt also auf individueller Ebene geklärte Eltern und fordert sodann Vorkehrungen gegen das Aberrieren des Kindes sowie Vorsichtsmaßnahmen gegen das Einkeyen irgendeiner Aberration, die das Kind erhalten haben mag.

Das ist ganz einfach. Bleiben Sie bei Verletzungen still. Tun Sie alles, was für den Verletzten oder Kranken getan werden muß, aber tun Sie es schweigend. Sorgen Sie dafür, daß bei einer Geburt völlige Stille herrscht, damit die geistige Gesundheit von Mutter *und* Kind nicht gefährdet wird und der Frieden des Zuhause gewahrt bleiben kann. Dazu gehört auch der Verzicht auf »Schs«, denn das erzeugt Stotterer.

Im größeren Zusammenhang gesehen gibt es nur eines, was noch wichtiger ist, als in der Nähe eines »Bewußtlosen« oder einer verletzten Person dafür zu sorgen, daß Stille herrscht: die »Bewußtlosigkeit« von vornherein zu verhindern.

Sagen Sie nichts, und machen Sie kein Geräusch in der Nähe eines »Bewußtlosen« oder Verletzten. In einer solchen Lage zu sprechen – gleichgültig, was gesagt wird – bedroht seine geistige Gesundheit. Sagen Sie nichts, während jemand operiert wird. Sagen Sie nichts bei einem Unfall auf der Straße. Sprechen Sie nicht!

Sagen Sie nichts in der Nähe eines kranken oder verletzten

Kindes. Lächeln Sie, geben Sie sich ruhig, aber sagen Sie nichts. Taten werden nicht immer bemerkt, wenn sie nicht von Worten begleitet sind, aber Handeln ist alles, was man in der Nähe von Kranken oder Verletzten tun kann; gegenteiligenfalls triebe man sie absichtlich in Neurosen oder Geisteskrankheit hinein oder verschaffte ihnen im günstigsten Fall für später eine Krankheit.

Und sagen Sie vor allem nichts in der Nähe einer Frau, die irgendeinen Schlag, Stoß oder Aufprall erfahren hat. Helfen Sie ihr. Wenn sie spricht, dann antworten Sie nicht. Helfen Sie ihr einfach. Sie wissen ja nie, ob sie nicht etwa schwanger ist.

Es ist eine bemerkenswerte, eine wissenschaftliche Tatsache, daß die gesündesten Kinder von den glücklichsten Müttern kommen. Zunächst einmal ist die Entbindung für eine geklärte Mutter problemlos. Nur Geburtsengramme der Mütter haben Entbindungen in der Vergangenheit erschwert. Eine geklärte Mutter braucht keine Narkotika. Und das ist gut, denn Narkotika betäuben auch das Kind, und wenn das Engramm dann einkeyt, läßt es das Kind stumpfsinnig erscheinen. Eine glückliche Frau hat kaum Schwierigkeiten. Und sogar ein paar Engramme, die sich trotz aller Vorkehrungen einprägen sollten, sind bedeutungslos, wenn die allgemeine Stimmung der Mutter glücklich ist.

Frauen, ihr habt ein Recht und allen Grund, gute Behandlung zu verlangen.

Dritter Teil: Therapie

Der Schutzmechanismus des Minds

Der Mind ist ein Mechanismus, der sich selbst schützt. Ohne Verwendung von Drogen wie in der Narkosynthese, ohne Hypnose, ohne Schocks oder chirurgische Eingriffe kann ein *Auditor*[1] keinen Fehler machen, der nicht entweder von ihm selbst oder durch einen anderen Auditor behoben werden könnte. Der Nachdruck wird in diesem Buch daher auf Methoden gelegt, mit deren Hilfe die Therapie so schnell wie möglich und mit möglichst wenig Fehlern durchgeführt werden kann; denn Fehler kosten Zeit. Auditoren werden Fehler begehen, das ist unvermeidlich. Wenn sie denselben Fehler wiederholt begehen, sollten sie sich besser *selbst* durch die Therapie führen lassen.

Es gibt vermutlich Tausende von Möglichkeiten, bei der Behandlung geistiger Störungen in Schwierigkeiten zu geraten. Sie lassen sich jedoch wie folgt zusammenfassen: 1. die Anwendung von Schocks oder chirurgische Eingriffe am Gehirn; 2. der Gebrauch von starken Drogen; 3. die Anwendung jeglicher Form von Hypnose; 4. der Versuch, die Dianetik mit älteren Therapiemethoden zu kreuzen.

Der Mind wird nicht zulassen, daß er ernstlich überlastet wird, solange er wenigstens teilweise bei Bewußtsein ist; er kann nur überlastet werden, wenn sein Bewußtsein so stark herabgesetzt ist, daß verstandesmäßige Auswertung entfällt: dann kann er völlig durcheinandergeraten. Die dianetische *Reverie*[2] läßt den Patienten alles, was stattfindet, vollbewußt erleben, so daß er sich später alles, was geschehen ist, vollständig zurückrufen kann. Therapiemethoden, bei

[1] Unter *Auditor* verstehen wir in der Dianetik jeden, der in der Ausübung der dianetischen Therapie geschult ist. Auditieren bedeutet sowohl *zuhören* als auch Berechnungen anstellen. (Anm. d. Verf.)

[2] In der *Reverie* ist der Preclear in einen Zustand leichter »Konzentration« versetzt, welche nicht mit Hypnose verwechselt werden darf. Man wird feststellen, daß der Mind des Preclears in gewissem Grad von seiner Umgebung ablösbar ist und unter innerer Lenkung steht.

denen es nicht so ist, sind zwar möglich und nützlich, müssen aber mit dem vollen Wissen angegangen werden, daß sie nicht »narrensicher« sind. Die Dianetik benutzt daher für den größten Teil ihrer Arbeit die Reverie. Ein Auditor, der mit ihr arbeitet, kann sich unmöglich in irgendwelche Schwierigkeiten bringen, aus denen er sich und den Patienten nicht wieder herauswinden könnte. Er arbeitet mit einem Mechanismus, der fast narrensicher funktioniert, solange für den Mind ein gewisses Bewußtsein erhalten bleibt. Ein Radio, eine Uhr oder ein Elektromotor in den Händen eines Facharbeiters sind viel leichter zu beschädigen als der menschliche Mind. Der Mind könnte nicht robuster gebaut sein. Und man wird feststellen, daß es schwer ist, ihn in Situationen zu versetzen, die ihn in Schwierigkeiten bringen, und unmöglich, ihn mit der Technik der Reverie so zu verwirren, daß er neurotisch oder geisteskrank werden könnte.

Im Handbuch der US-Infanterie gibt es einen Grundsatz über Entschlußkraft: »Jeder Plan, wie dürftig er auch ausgedacht sein mag, ist besser als Untätigkeit, wenn er nur kühn ausgeführt wird.«

In der Dianetik ist es besser, jeden Fall – egal wie ernst dieser ist und wie ungeschult der Auditor sein mag – anzugehen, als ihn auf sich beruhen zu lassen. Es ist besser, mit der Therapie zu beginnen, auch wenn sie nach zwei Stunden Arbeit unterbrochen werden muß, als überhaupt nichts zu tun. Es ist besser, mit einem Engramm in Kontakt zu kommen, als es unberührt zu lassen, selbst wenn das Ergebnis vielleicht ist, daß der Patient körperliches Unbehagen verspürt – denn das Engramm wird danach an Kraft eingebüßt haben, und das Unbehagen wird allmählich nachlassen.

Das ist eine wissenschaftliche Tatsache. Der Mechanismus, den die Dianetik benutzt, ist eine Fähigkeit des Gehirns, von dessen Besitz der Mensch allgemein noch nichts wußte. Es handelt sich um einen Prozeß des Denkens, zu dem jeder Mensch von Natur aus befähigt ist und der offenbar dafür vorgesehen war, im allgemeinen Denkablauf eingesetzt zu werden, merkwürdigerweise jedoch vom Menschen übersehen und daher nie zur Kenntnis genommen wurde. Sobald ein Mensch gelernt hat, daß er diese eine neue Fähigkeit besitzt, kann er besser denken als zuvor, und das läßt sich innerhalb von zehn Minuten erreichen. Außerdem werden, wenn man sich mit dieser Fähigkeit einem Engramm nähert (was in intensivierter Form der Reverie entspricht), einige der unterschwelligen Verbindungen des Engramms gebrochen; die aberrierenden Wirkungen sind dann in der körperlichen wie auch in der geistigen Sphäre geschwächt. Darüber hinaus ist allein schon das Wissen, daß es für geistige Störungen eine Lösung gibt, ein stabilisierender Faktor.

Sich einem Engramm mit Hilfe der Reverie zu nähern, ist bei weitem nicht dasselbe wie die Restimulierung des Engramms von außen her, wie das im Leben geschieht. Das Engramm ist nur so lange etwas Machtvolles und Bösartiges, als es nicht angezapft ist. Wenn es bereitliegt und aktiv ist, kann es restimuliert werden und unzählige geistige und körperliche Störungen hervorrufen. Nähert man sich ihm aber durch Reverie, so geschieht das über einen neuen Schaltkreis, einen, der das Engramm »entwaffnet«. Das Engram bezieht seine Macht teilweise auch aus der Furcht vor dem Unbekannten – Wissen allein bringt schon Stabilität.

Glauben Sie nicht, daß Sie dem Patienten kein Unbehagen bereiten werden. Dem ist nicht so. Wenn ein Auditor im Zuge seiner Arbeit Engramme anzapft, die nicht gehoben werden können, so mag das trotz sorgfältigen Vorgehens beim Patienten Kopfschmerzen, verschiedene Wehs und Beschwerden und sogar eine leichte körperliche Erkrankung auslösen. Doch das Leben hat dies dem Patienten jahrelang in einem viel größeren Maßstab angetan, und wie sehr der Patient auch traktiert wird und wie viele Aberrationen zum Vorschein kommen, um ihn ein oder zwei Tage lang zu plagen, das alles ist in Kauf zu nehmen, denn nichts ist so ernst wie die Aberrationen, die die Umgebung hervorrufen kann, wenn sie auf unangezapfte Engramme einwirkt.

Ein Auditor kann so ziemlich alles verkehrt machen, und dem Patienten wird es dennoch besser gehen, vorausgesetzt nur, daß der Auditor nicht versucht, Drogen zu verwenden, daß er keine Hypnose benutzt und nicht versucht, Dianetik mit anderen, älteren therapeutischen Methoden zu vermengen. Er kann Drogen in der Dianetik verwenden, wenn er die Dianetik beherrscht und wenn ein Arzt mit ihm zusammenarbeitet. Er kann auch alle Hypnosetechniken benutzen, wenn er gründliche Erfahrungen mit der Dianetik hat. Wer aber einmal die Dianetik angewandt hat, wird nicht in fragwürdige Bemühungen der geistigen Heilung zurückfallen. Kurz, der Punkt, auf den es hier ankommt, ist folgender: Sofern sich der Auditor zuerst nur eines relativ einfachen Falles annimmt, um zu sehen, wie die Mechanismen des Minds funktionieren, und solange er nur die Reverie benutzt, kann es keine Schwierigkeiten geben. Es wird sicher auch Leute geben, die sich für dermaßen erfahren im Tamtamschlagen oder Kürbisrasseln halten, daß sie der Dianetik keine Chance geben werden, mit ihren Methoden zur Wirkung zu kommen, sondern geradewegs beginnen werden, den Patienten mit »Penisneid« zu plagen oder ihn seine Sünden bereuen zu lassen. Ein Patient, dem das widerfährt, ist gut beraten, wenn er den Platz auf der Couch mit dem Auditorstuhl vertauscht, um einige der Aberrationen des Therapeuten zu klären, bevor die Arbeit fortgesetzt wird.

Jeder, der dieses Buch einmal durchgelesen und an einem Patienten mit Geräuschrückruf einen ersten Versuch durchgeführt hat, weiß durch diese praktische Erfahrung mehr über das Wesen des Minds als je zuvor, und er wird in der Behandlung des Minds geschickter und fähiger sein als jeder noch so angesehene »Fachmann«, der sich in einer solchen Behandlung versucht. Das bedeutet nicht, daß Fachleute, die mit geisteskranken Patienten Erfahrung haben (*wenn sie die Dianetik beherrschen*), nicht solchen Personen voraus wären, denen manche Schwächen unbekannt sind, die der Mensch im aberrierten Zustand haben kann. Andererseits steht aber fest, daß ein Ingenieur oder Rechtsanwalt oder Koch, der mit einigen dianetischen Fällen Erfahrungen gesammelt hat, geschickter sein wird als alle anderen Praktiker, unabhängig von deren Hintergrund oder Berufszweig. Da gibt es keine Grenzen.

Man kann nicht einfach behaupten, ein fähiger Hypnotiseur oder ein fähiger Psychologe, der bereit und gewillt ist, die Fehler von gestern über Bord zu werfen und umzulernen, sei für die dianetische Praxis nicht besser vorbereitet. Auf dem Gebiet der psychosomatischen Medizin mag der Arzt mit seinem großen Erfahrungsschatz in der Heilung den anderen Auditoren in der dianetischen Arbeit sehr wohl weitaus überlegen sein. Aber das ist nicht notwendigerweise so. Im Laufe unserer Forschungsarbeit hat sich nämlich erwiesen, daß Männer und Frauen mit einem ganz und gar nicht verwandten beruflichen Hintergrund plötzlich zu Auditoren wurden, die Spezialisten scheinbar verwandter Fachgebiete an Geschicklichkeit überlegen waren. Besonders Ingenieure sind hervorragend geeignet, ausgezeichnete Auditoren zu werden. Die Dianetik ist also nicht bestimmten Berufsrichtungen vorbehalten; kein Beruf könnte sie umfassen. Sie ist auch nicht kompliziert genug, als daß sie ein jahrelanges Studium an irgendeiner Universität rechtfertigen würde. Sie gehört dem Menschen, und es steht zu bezweifeln, ob irgend jemand es je fertigbringen wird, sich die Dianetik als Monopol unter den Nagel zu reißen, denn sie fällt nirgendwo unter irgendeine Gesetzgebung. Würde man das Recht auf die Ausübung der Dianetik gesetzlich reglementieren, dann wäre zu befürchten, daß das Anhören von Geschichten und Witzen und persönlichen Erfahrungen logischerweise ebenfalls eine staatlich zuzulassende Berufstätigkeit wird. Solche

Gesetze würden alle Menschen, die aus gutem Willen und Anteilnahme für die Schwierigkeiten eines Freundes ein offenes Ohr haben, hinter Schloß und Riegel bringen. Die Dianetik ist *keine* Psychiatrie. Sie ist *keine* Psychoanalyse. Sie ist *keine* Psychologie. Es handelt sich *nicht* um zwischenmenschliche Beziehungen. Sie ist *keine* Hypnose. Sie ist eine Wissenschaft vom menschlichen Geist und benötigt nicht mehr Lizenzen und Vorschriften wie etwa die Anwendung der Wissenschaft Physik. Aktivitäten, gegen die Gesetze erlassen werden, sind deswegen Gegenstand juristischer Erfassung, weil sie für den einzelnen oder die Gesellschaft in irgendeiner Weise schädigend sein könnten. Bezüglich der Psychoanalyse gibt es in etwa drei Bundesstaaten der USA eine Gesetzgebung; Gesetze, die die Psychiatrie festlegen oder einengen, gibt es überall. Wenn sich ein Auditor als Psychiater etablieren will mit dem Recht, lebende menschliche Gehirne zu sezieren, wenn er sich als Arzt niederlassen will, um Drogen und Medikamente zu verschreiben, wenn er Hypnose praktizieren will, um Patienten mit Suggestionen vollzustopfen, dann muß er das mit der Psychiatrie oder der Medizin abmachen oder sich an die Gesetze über Hypnose halten, denn er ist in andere Gebiete als das der Dianetik eingedrungen. In der dianetischen Praxis wird Hypnose nicht angewandt, es werden weder Gehirne operiert noch Narkotika verabreicht, es sei denn, daß in letzterem Fall ein Arzt dianetischer Mitarbeiter ist. Die Dianetik wird nirgendwo in irgendeiner Weise von der Gesetzgebung erfaßt, denn keine Gesetzgebung könnte je verhindern, daß ein Mensch einem anderen sein Leid klagt. Und wenn irgend jemand je ein Monopol auf die Dianetik beanspruchen wollte, dann können Sie sicher sein, daß dies aus Gründen geschieht, die nicht mit der Dianetik, sondern mit Profit zu tun haben. Es gibt nicht genügend Psychiater im Lande, um auch nur annähernd die Posten der Heilanstalten zu besetzen. Sicherlich wird diese Generation – besonders angesichts all der iatrogenen[3] Schäden, die angerichtet worden sind – diese Anstalten und die Psychiater weiterhin brauchen. Deren Gebiet ist definitionsgemäß die Behandlung der Geisteskranken, und das hat mit Ihnen und mir nichts zu tun. In den allgemeinen Rahmen der Psychologie fügt sich die Dianetik ein, ohne auf deren Vertreter, Forschung oder Lehrstühle störend einzuwirken, denn »Psycho-logie« bedeutet einfach die Lehre von der Psyche, und jetzt, da es eine *Wissenschaft* der Psyche gibt, kann sie mit Macht

[3] *iatrogen:* durch ärztliche Einwirkung (z. B. fehlerhafte Behandlung) ausgelöst oder verursacht.

voranschreiten. Somit ist die Dianetik niemandes Feind; sie fällt aus aller bestehenden Gesetzgebung gänzlich heraus, weil eine Wissenschaft des Geistes darin weder vorausgesehen noch einbezogen worden ist.

Release oder Clear

Die Zielsetzung der dianetischen Therapie ist, einen *Release* oder einen *Clear* zu schaffen.

Ein *Release* ist jemand, der durch die dianetische Therapie von einem Großteil seiner inneren Belastungen und Ängste befreit worden ist.

Ein *Clear* ist jemand, der als Ergebnis der dianetischen Therapie weder aktiv noch potentiell vorhandene psychosomatische Krankheiten oder Aberrationen hat.

Klären bedeutet, das Leben eines Menschen – oder im Fall der politischen Dianetik eine Gesellschaft – von allen körperlichen Schmerzen und schmerzlichen Emotionen zu befreien. Das Ergebnis davon sind Beharrlichkeit auf den vier Dynamiken, optimale analytische Fähigkeit für die Person und damit auch die Fähigkeit des vollständigen Rückrufs. Ein *Clear* hat zur Erfahrung seines ganzen Lebens Zugang, und er kann über alle seine ihm innewohnenden geistigen Fähigkeiten, einschließlich seiner Phantasie, frei verfügen. Seine körperliche Vitalität und Gesundheit haben sich deutlich verbessert, und alle psychosomatischen Krankheiten sind verschwunden und werden nicht wiederkehren. Er besitzt größere Widerstandskraft gegen echte Krankheiten. Er kann sich auf seine Umwelt einstellen und sie verändern. Er ist nicht »angepaßt«; er ist dynamisch. Seine ethischen und moralischen Maßstäbe sind hochstehend, seine Fähigkeit, Vergnügen anzustreben und zu erleben, ist groß. Seine Persönlichkeit ist stärker. Er ist schöpferisch und konstruktiv. Es ist bisher noch nicht bekannt, um wieviel seine Lebenserwartung durch das Klären ansteigt, doch angesichts der automatischen Gleichgewichtswiederherstellung des endokrinen Systems, des gesenkten Unfallvorkommens und der Verbesserung der allgemeinen körperlichen Verfassung wird sein Leben ganz sicher verlängert.

Ein *Release* ist jemand, der von den gegenwärtigen oder chronischen geistigen und körperlichen Schwierigkeiten und schmerzlicher Emotion weitgehend befreit worden ist. Der Wert eines Release, verglichen mit dem eines Clears, mag auf den ersten Blick nicht groß erscheinen; wenn man jedoch versteht, daß ein Release gewöhnlich die geistige Stabilität der gegenwärtigen Norm übersteigt, kann man sehen, daß schon dieser Zustand von großem Wert ist.

Vergleichsweise könnte man sagen, daß sich ein Clear zu einem heutigen Durchschnittsmenschen etwa so verhält wie ein heutiger Durchschnittsmensch zu einem heutigen Anstaltsfall. Der Abstand ist groß, und es wäre schwer, ihn zu übertreiben. Ein Clear hat beispielsweise vollständigen Rückruf von allem, was ihm jemals widerfahren ist oder was er jemals studiert hat. Er stellt geistige Berechnungen, wie beispielsweise beim Schach, zu denen ein normaler Mensch eine halbe Stunde brauchen würde, in zehn bis fünfzehn Sekunden an. Er denkt nicht »in Worten«, sondern spontan. In seinem Mind gibt es keine Dämonenschaltkreise, mit Ausnahme derer, die er sich vielleicht aus Vergnügen auf- und wieder abbaut, um damit an verschiedene Lebenssituationen heranzugehen. Er ist vollständig selbstbestimmt und seine schöpferische Phantasie ist groß. Er kann innerhalb seiner angeborenen intellektuellen Fähigkeit beliebige Dinge schnell studieren, und dieses Studium würde ihm dasselbe geben, wie eine ein- oder zweijährige Ausbildung als »Normaler«. Seine Vitalität, Beharrlichkeit und Lebenszähigkeit sind sehr viel größer, als irgend jemand es für möglich gehalten hätte.

Wer einwenden möchte, es sei gefährlich, zu viele Clears in einer Gesellschaft zu schaffen, spräche gedankenlos. Der Clear ist rational. Gesellschaftsschädigende Handlungen hingegen sind irrational. Daß eine Handvoll Clears vermutlich jede Anzahl von Durchschnittsmenschen »managen« könnte, ist gut denkbar. Aber daß dies zu deren Nachteil geschähe, ist undenkbar. Je mehr Clears eine Gesellschaft besäße, um so bessere Chancen hätte sie, zu gedeihen. Daß ein Clear es an Ehrgeiz vermissen ließe, ist durch wissenschaftliche Beobachtungen widerlegt, denn die Kurve nachlassenden Ehrgeizes folgt der Kurve sinkender Rationalität; und diejenigen, die geklärt wurden, haben das Gegenteil bewiesen, indem sie all ihr Können wieder in Richtung auf Ziele hin einsetzten, die sie einstmals angestrebt, aber als »Normale«[1] für unerreichbar gehalten hatten. Daß

[1] Ausdruck in der Psychologie, der eine normale Person bezeichnet, also einen Durchschnittsmenschen. Der Intelligenzquotient (IQ) und das Verhalten eines »Normalen« entsprechen dem Durchschnitt der gegenwärtigen Bevölkerung. Ein »Normaler« zu sein, ist nicht erstrebenswert, denn er ist schwer aberriert. (Anm. d. Verf.)

ein Clear in gewissem Grade vom »Normalen« abgehoben ist, ist der großen Kluft zwischen ihren geistigen Fähigkeiten zuzuschreiben; denn er hat Lösungen erreicht und Schlüsse gezogen, bevor der »Normale« überhaupt begonnen hat, sich eine Vorstellung davon zu bilden, was er sich überlegen will. Das macht den Clear für den »Normalen« nicht unerträglich, denn ein Clear hat nicht im geringsten jene Überlegenheitshaltung, die im Grunde ein Produkt von Engrammen ist. Das ist ein kurzer Blick auf den Seinszustand eines Clears, jedoch kann er nicht beschrieben werden; man muß ihn erleben, um ihn gänzlich würdigen zu können.

Der *Release* ist dagegen eine etwas veränderliche Größe. Jeder, der auf dem Wege zum Clear ein gutes Stück vorangekommen ist, ist ein *Release*. Man kann einen *Clear* mit nichts vergleichen, was dem Menschen früher erreichbar schien, und es gibt keinen Vergleich zwischen dem Klären und irgendeiner bisher ausgeübten Therapie. Nur im Fall eines *Release* gibt es eine Vergleichsbasis zwischen der Dianetik und älteren Therapien, wie beispielsweise der »Psychoanalyse«. Einen *Release* kann man in ein paar Wochen zustande bringen. Der resultierende Zustand wird mindestens einem Zustand gleichwertig sein, der einer zweijährigen »Psychoanalyse« folgt, mit dem Unterschied, daß dem Release bleibende Resultate garantiert sind, während die »Psychoanalyse« niemals irgendeine Erfolgsgarantie gab. Ein Release fällt nicht in ein Verhaltensmuster zurück, von dem er einmal befreit wurde.

Dies sind die zwei Ziele des Dianetik-Auditors: der Clear und der Release. Zum jetzigen Zeitpunkt ist nicht bekannt, wieviel Zeit man im Durchschnitt braucht, um den Anstaltsgeisteskranken so zu behandeln, daß sein Zustand nur noch der eines Neurotikers ist; das wurde schon in zwei Stunden erreicht, manchmal dauerte es zehn Stunden, und in manchen Fällen waren zweihundert erforderlich.[2]

Der Auditor sollte bei jedem Fall im voraus festlegen, ob er einen Release oder einen Clear erreichen will. Er kann bei jedem Menschen beides erreichen, wenn dieser nicht organisch geisteskrank ist. (Wir meinen hier fehlende oder versengte Gehirnteile, die Geisteskrankheit verursachen und hauptsächlich genetisch bedingt oder iatrogen sind. Solche Fälle sind relativ selten, außer in Anstal-

[2] Das hier vorliegende Buch eignet sich für die Behandlung von normalen Personen oder neurotischen Patienten, die nicht so gewalttätig sind, als daß sie in eine Anstalt eingewiesen werden müßten. Doch mit Intelligenz und Phantasie kann man die gleichen Techniken erfolgreich auf jeden Geisteszustand und auf jede körperliche Krankheit anwenden. Die Anstalts-Dianetik besteht hauptsächlich daraus, Geisteskrankheit zu einer Neurose zu vermindern. (Anm. d. Verf.)

ten.) Doch sollte er die Behandlungsdauer ungefähr festlegen, die er in die Person investieren kann, seine Vorhaben entsprechend einrichten und seine Absicht dem Patienten mitteilen. Die zwei Ziele unterscheiden sich etwas voneinander. Wenn man einen Release erreichen will, versucht man nicht, in solche Bereiche des Falles einzudringen, die längere Arbeit notwendig machen könnten, sondern konzentriert sich auf das Aufspüren und Befreien von emotioneller Ladung. Bei der Klärung hingegen richtet der Auditor seine Aufmerksamkeit auf das Auffinden des *Basik-Basik* und die Entladung von Emotion und der gesamten Engrammbank.

Die dianetische Therapie verfolgt ein drittes Ziel, das man als eine untergeordnete Form der Schaffung eines Release betrachten könnte – den *Assist*. Ein Assist wird im Anschluß an Verletzungen, bei Krankheit nach Verletzungen oder einfach bei anhaltender Krankheit gegeben. Er beschleunigt den Genesungsvorgang, indem man dem Körper bei seiner Wiederherstellung nach einer Verletzung oder Krankheit beisteht. Dies ist eine Spezialform der Therapie, die wahrscheinlich allgemein praktiziert werden wird, aber von besonderem Nutzen für den Arzt ist. Er kann mit ihrer Hilfe Leben retten und den Heilungsprozeß beschleunigen, indem er die Person von dem Engramm der jeweiligen Krankheit oder Verletzung befreit und dadurch die verschiedenen Begriffsinhalte des Engramms tilgt, die durch das Weiterbestehen der Verletzung restimuliert werden. Jeder Dianetik-Auditor kann dies tun. Der *Assist* wirkt wie eine »Wunderheilung«, die jedesmal funktioniert.

Die für den Fall erforderliche Behandlungsdauer läßt sich nur schwerlich mit mehr als 50%iger Genauigkeit einschätzen, und der Patient sollte verstehen, daß die Zeitdauer der Therapie variiert. Sie hängt in einigem Grade von der Geschicklichkeit des Auditors, der Anzahl der unvermuteten und bislang noch nie reaktivierten Engramme sowie von der Menge an Restimulationen ab, denen der Patient während der Behandlung ausgesetzt ist. Deswegen sollte der Auditor keine optimistischen Schätzungen abgeben, sondern seinem Patienten begreiflich machen, daß die Therapie längere oder kürzere Zeit dauern kann.

Jeder intelligente Mensch, der nur durchschnittlich ausdauernd ist und bereit ist, dieses Buch gründlich zu lesen, sollte imstande sein, Dianetik-Auditor zu werden. Wenn jemand einmal zwei oder drei Fälle geklärt hat, wird er viel mehr gelernt und verstanden haben, als in diesem Buch enthalten ist, denn nichts kann das Verständnis für eine Maschine so sehr entwickeln wie die praktische

Arbeit mit ihr, während sie in Gang ist. Dies hier ist das Lehrbuch; die Maschine gibt es überall dort, wo Menschen sind. Im Gegensatz zu abergläubischen Vorstellungen über den Mind ist es fast unmöglich, den Mechanismus dauerhaft zu verletzen. Das kann mit Elektroschocks, Skalpellen oder Stochern bewirkt werden; aber mit der dianetischen Behandlung ist es nahezu unmöglich.

Die Rolle des Auditors

Zweck und einziges Angriffsziel der Therapie ist die Beseitigung des Inhalts der reaktiven Engrammbank. Bei einem *Release* ist der größte Teil der emotionellen Belastung aus dieser Bank getilgt, bei einem *Clear* ist der gesamte Inhalt beseitigt worden.[1]

Die Anwendung einer Wissenschaft ist eine Kunst. Das trifft auf jede Wissenschaft zu. Die Wirksamkeit ihrer Anwendung hängt von Verständnis, Geschick und Fähigkeit desjenigen ab, der sie anwendet. Der Chemiker hat es mit der Wissenschaft Chemie zu tun, und doch ist der Beruf des Chemikers eine Kunst. Der Ingenieur mag sich auf die Präzision aller Naturwissenschaften stützen, und doch ist die Ausübung des Ingenieurberufs eine Kunst.

Wenn man die grundlegenden Axiome einer Wissenschaft verstanden hat, kann man bestimmte Verfahrensregeln aufstellen. Über diese Verfahrensregeln hinaus braucht man Verständnis, Geschick und Fertigkeit für die Anwendung.

Die Dianetik ist außerordentlich einfach. Das bedeutet aber nicht, daß Fälle nicht außerordentlich kompliziert sein können. Um in diesem Buch für jeden möglichen Fall ein Beispiel zu geben, wären so viele Milliarden Fälle nötig, wie die Erde Bewohner zählt. Denn jeder Mensch unterscheidet sich von jedem anderen Menschen außerordentlich. Er hat seine eigene Persönlichkeit, und seine Erfahrungen unterscheiden sich von denen anderer. Die Dynamiken sind von Mensch zu Mensch verschieden stark. Der einzige gemeinsame Faktor ist der Mechanismus der reaktiven Engrammbank, er allein ist immer gleich. Der Inhalt dieser Bank ist von Mensch zu Mensch verschieden, sowohl in Quantität als auch Intensität. Die Arbeitsweise der Bank jedoch, und damit die grundlegenden Mechanismen,

[1] Der Inhalt der Engrammbank wird eigentlich eher *verlagert* als *beseitigt*, er ist umgespeichert worden; er befindet sich nun in den Standardbanken des analytischen Minds als Erfahrung; das Material scheint jedoch im Zuge der Therapie zu verschwinden, denn diese wendet sich an die Engrammbank, nicht an die Standardbanken. (Anm. d. Verf.)

mit denen sich die Dianetik befaßt, ist bei allen Menschen gleich; das war zu allen Zeiten so und wird in aller Zukunft so sein, bis sich der Mensch zu einem anderen Organismus entwickelt haben wird.

Die Zielscheibe ist das Engramm. Es ist auch die Zielscheibe des analytischen Minds und der Dynamiken des Patienten, während er versucht, sein Leben zu leben – und es ist die Zielscheibe des analytischen Minds und der Dynamiken des Auditors. So eingekreist und attackiert, gibt der reaktive Mind seinen Vorrat an Engrammen her.

Folgendes sollte jedem Auditor äußerst klar sein: In dem Maße, wie er als Auditor nachlässig wird und die Zielscheibe vergißt, häuft er zeitraubende Schwierigkeiten an. Sobald er den Irrtum begeht zu glauben, die *Person*, der *analytische Mind* oder die *Dynamiken* des Patienten leisteten Widerstand und versuchten die Behandlung zu beenden oder aufzugeben, hat er den grundlegenden und größten Fehler in der dianetischen Praxis begangen. Fast alles, was verkehrt läuft, kann auf diesen Fehler zurückgeführt werden. Es kann nicht nachdrücklich genug gesagt werden, daß der analytische Mind und die Dynamiken des Patienten dem Auditor nie, nie, nie Widerstand leisten. Der Auditor ist kein Gegner. Er kümmert sich um keinerlei Widerstand außer um den, der durch die Engramme des Patienten (und manchmal durch seine eigenen) erzeugt wird.

Der Auditor ist nicht dazu da, der Antreiber oder Ratgeber des Patienten zu sein. Er ist nicht dazu da, sich von den Engrammen des Patienten einschüchtern oder sich von ihren Erscheinungsformen ängstigen zu lassen. Er ist da, um zu auditieren – nur um zu auditieren. Wenn er sich dazu getrieben fühlt, gegenüber dem Patienten herrisch aufzutreten, dann sollte er den Stuhl mit der Couch vertauschen, denn in Herrschsucht machen sich seine eigenen Engramme geltend. Gerade darum wird auch das Wort Auditor und nicht »Leiter« oder »Therapeut« verwendet, weil die Therapie eine gemeinsame Anstrengung des Auditors und des Patienten ist, mit dem Gesetz der Affinität am Werk.

Der Patient kann seine eigenen Aberrationen nicht sehen. Das ist einer der Gründe für die Existenz des Auditors. Der Patient muß gestützt werden, damit er dem auftauchenden Unbekannten in seinem Leben ins Auge sehen kann. Das ist ein weiterer Grund für die Existenz des Auditors. Der Patient würde es nicht wagen, an die Welt, die in ihn hineingeraten ist, heranzugehen und der Welt draußen den Rücken zuzukehren, wenn er keinen »Wachtposten« hätte. Das ist ein weiterer Grund für die Existenz des Auditors.

Die Aufgabe des Auditors besteht darin, den Patienten während der Therapie als Person zu schützen, die Gründe zu berechnen, warum der Mind des Patienten nicht in die Engrammbank hinabgelangen kann, den Mut des Patienten zu stärken und *seine Engramme zu fassen zu bekommen.*

In diesem Augenblick ist Affinität am Werk, die sich in drei Richtungen entfaltet. Ich bin mit dem Auditor in Affinität: Ich sage ihm alles, was in der Dianetik entdeckt wurde und praktisch angewandt wird, und ich möchte, daß er Erfolg hat. Der Auditor ist mit dem Patienten in Affinität: Er möchte, daß der Patient Engramme in Angriff nimmt. Der Patient ist mit dem Auditor in Affinität, weil er seine Lage durch minimale Arbeit verbessern wird und mit der Beharrlichkeit des Auditors, die zu seiner eigenen hinzukommt, zum Release oder Clear werden wird. Es sind noch mehr Affinitätsbeziehungen im Spiel, ein ausgedehntes Netz. Es handelt sich um eine Gemeinschaftsbemühung.

Die Engrammbank ist die Zielscheibe, nicht der Patient. Wenn der Patient flucht und klagt und weint und bittet, dann sprechen die Engramme. Nach einer Weile werden die Engramme, die ihn fluchen, klagen, weinen und bitten lassen, entladen und umgelagert sein. Unabhängig davon, in welchem Zustand sich der Patient befindet, weiß er sehr wohl, daß der Vorgang nötig ist. Wenn der Auditor von so kurzem Verstand ist, daß er irrigerweise glaubt, dieses Fluchen oder Klagen sei gegen ihn persönlich gerichtet, wäre es besser für ihn, sich selbst dianetisch behandeln zu lassen.

Das einzige, was Widerstand leistet, ist das Engramm! Wenn es restimuliert wird, wirkt es auf den analytischen Mind des Patienten ein und schwächt diesen ab, und der Patient legt eine gemilderte Dramatisierung an den Tag. Kein Auditor, der nur ein Fünkchen Intelligenz besitzt, wird je durch den *Preclear*[2] in persönliche Gefahr geraten. Wenn der Auditor allerdings Hypnose anwenden und versuchen will, körperlich schmerzhafte Engramme aus späteren Lebensperioden (z. B. Operationen) zu behandeln, obwohl es frühere gibt, so kann es sein, daß er selbst zum Angriffsziel wird. Aber dann hat er etwas sehr falsch gemacht. Wenn der Auditor plötzlich übermoralisch wird und dem Preclear Lehren erteilt, so kann er sich unangenehm verstricken; aber auch in diesem Fall hat er etwas Grundfalsches getan. Wenn der Auditor gegenüber dem Patienten ungeduldig

[2] *Preclear* wird allgemein jeder Mensch genannt, der dianetische Therapie begonnen hat und durchläuft. Das Wort *Patient* gibt eine weniger gute Beschreibung, weil es Krankheit andeutet, wird aber gelegentlich auch benutzt. (Anm. d. Verf.)

wird und ihn anfährt, kann er zum Angriffsziel werden; aber auch in diesem Fall hat er einen grundlegenden Fehler begangen.

Die Zielscheibe ist die Engrammbank. Es ist die Aufgabe des Auditors, die Engrammbank des Preclears anzugreifen. Es ist ebenso die Aufgabe des Preclears, diese anzugreifen. Den Preclear zu attakkieren hieße, seiner Engrammbank zu erlauben, ihn anzugreifen.

Wir wissen bereits, daß es fünf Methoden gibt, mit einem Engramm »umzugehen«. Vier davon sind falsch. Angesichts eines Engramms zu resignieren, ist Apathie; es zu ignorieren, ist Nachlässigkeit; es zu meiden oder vor ihm zu fliehen, ist Feigheit. *Angriff*, nur der *Angriff* löst das Problem. Es ist die Pflicht des Auditors, dafür zu sorgen, daß der Preclear ständig seine Engramme angreift und nicht den Auditor oder die äußere Welt. Würde der Auditor den Preclear angreifen, so wäre das fehlgeleitete Schießkunst und irrige Logik.

Die Engrammbank wird zunächst am besten durch Entladen ihrer emotionellen Ladung angegriffen, wo immer man mit ihr in Kontakt kommen kann. Danach greift man sie am besten an, indem man von dem Preclear, der sich in Reverie befindet, in Erfahrung bringt, was seiner Meinung nach mit ihm geschähe, wenn er gesund würde, wenn es ihm besser ginge, wenn er etwas herausfände usw. Und dann ist es – und zwar immer – höchst wichtig, auf jede nur mögliche Weise das früheste Ereignis von Schmerz oder Bewußtlosigkeit im Leben des Preclears zu kontaktieren. Das ist das *Basik-Basik*. Sobald der Auditor das *Basik-Basik* gefunden hat, wird sich der Fall rasch lösen lassen. Wenn der reaktive Mind des Preclears das *Basik-Basik* abblockt, dann sollte der Auditor mehr reaktive Emotion entladen, herausfinden, welche reaktive Berechnung gerade ihre Macht ausübt, und es noch einmal versuchen. Schließlich wird er an das *Basik-Basik* gelangen. Das ist wichtig – und das ist alles, was bei einem Preclear wichtig ist.

Zielt die Therapie nur auf den Release-Zustand ab, besteht die Aufgabe darin, Emotion und so viele frühe, leicht hervortretende Engramme wie möglich zu entladen. Ist Release das Ziel, kann der Abbau von Locks eingeschlossen werden. Wird auf Klärung abgezielt, sollten Locks hingegen nur dann berührt werden, wenn sie zum Basik-Basik führen.

Es gibt drei Stufen der Heilung. Auf der höchsten Stufe gelingt es, die Aufgabe wirksam zu bewältigen. Es dem Patienten bequem zu machen, liegt darunter. Darunter wiederum liegt Mitgefühl. Kurz: wenn Sie für einen Mann mit gebrochenem Rückgrat nichts tun können, so können Sie es ihm wenigstens bequem machen. Wenn nicht einmal das mehr möglich ist, können Sie mit ihm mitfühlen.

Für Bemühungen auf den unteren zwei Stufen besteht in der Dianetik keinerlei Grund. Die Aufgabe kann bewältigt, der Erfolg bewerkstelligt werden. Es dem Patienten bequem zu machen, ist Zeitverschwendung. Ihm Mitgefühl zu schenken, kann den ganzen Fall durcheinanderbringen, denn seine schlimmsten Engramme werden Mitgefühlsengramme sein, und Mitgefühl vermag sie übermäßig zu restimulieren. Der Auditor, der sich im »Händchenhalten« ergeht – gleichgültig, wie sehr es am Platze zu sein scheint –, vergeudet Zeit und verzögert die Klärung. Übertriebene Härte ist auch nicht angebracht. Eine freundliche, gutgelaunte, optimistische Haltung erledigt alles. Manchmal braucht der Preclear ein Lächeln. Aber er hat schon öfter »Händchenhalten« bekommen, als sein analytischer Mind verarbeiten konnte. *Das Engramm seiner chronischen psychosomatischen Krankheit enthält Mitgefühl.*

Jeder Auditor muß den AUDITORENKODEX[3] bestens kennen und nach ihm leben. Das hört sich vielleicht an wie »Die Blütezeit des Rittertums« oder »Die dreizehn Rituale, um himmlischen Segen und das Nirwana zu erreichen«; es ist aber nichts dergleichen. Der Auditor, der ihn nicht auf seine Patienten anwendet, wird schwer zu kämpfen haben. Die Regeln dienen nicht der Annehmlichkeit des Preclears, sie dienen allein dem Schutz des Auditors.

Der Auditorenkodex sollte *nie* verletzt werden. Die dianetische Praxis hat gezeigt, daß allein die Verletzung dieser Grundregeln den Erfolg der gemeinsamen Bemühungen von Auditor und Patient vereiteln kann.

Der Auditor soll in seiner Behandlung aller Preclears jederzeit *höflich* sein.

Der Auditor soll *freundlich* sein und keiner Anwandlung von Grausamkeit oder strafender Absicht gegen Preclears nachgeben.

Der Auditor soll in der Therapie *ruhig* sein und während der eigentlichen Sitzung nichts äußern, was nicht unbedingt zur Dianetik gehört.

Der Auditor soll *vertrauenswürdig* sein, sein gegebenes Wort halten, seine Verabredungen und seine Arbeitsverpflichtungen

[3] Es ist interessant, daß der Auditorenkodex, mit Ausnahme seiner letzten Regel, das *Verhaltensmuster des Überlebens* für den Menschen schlechthin umreißt. Der Clear arbeitet mehr oder weniger von selbst nach diesem Kodex. Die Dianetik entspricht dem menschlichen Denken, da sie den natürlichen Gesetzen des Denkens folgt. Was in der Dianetik funktioniert, funktioniert im Leben ebenfalls. (Anm. d. Verf.)

pünktlich einhalten und nie irgendein Versprechen geben, wenn er im geringsten befürchten muß, es nicht einhalten zu können.

Der Auditor soll *mutig* sein, soll niemals den Rückzug wählen oder die Grundlagen der Therapie verletzen, nur weil der Preclear es von ihm erwartet.

Der Auditor soll *geduldig* bei seiner Arbeit sein und angesichts noch so ausgefallener Handlungen oder Äußerungen des Preclears niemals unruhig oder ärgerlich werden.

Der Auditor soll *gründlich* sein und nie dulden, daß sein Arbeitsplan ins Wanken gerät oder eine Ladung gemieden wird.

Der Auditor soll *beharrlich* sein und niemals aufgeben, bevor er Ergebnisse erzielt hat.

Der Auditor soll *verschwiegen* sein und dem Patienten niemals irgendwelche Informationen geben, die dessen Fall betreffen, auch keine Datenauswertungen und keine Korrekturen hinsichtlich der Behandlungsdauer.

Wenn auch nur eine dieser Regeln verletzt wird, bleiben die Folgen nicht aus. Alle Verstöße verlangsamen den Fortschritt der Therapie und verursachen für den Auditor Mehrarbeit; sie fallen nachteilig auf den Auditor zurück.

Was beispielsweise den letzten Punkt anbelangt, so hat die Verschwiegenheitsregel ihren guten Grund. Sobald der Auditor den Preclear über irgend etwas zu informieren beginnt, koppelt dieser den Auditor sofort als Informationsquelle in den Schaltkreis ein und meidet damit die Engramme, die es anzugreifen gilt.

Der Auditor wird die heftigsten und beunruhigendsten menschlichen Emotionen ausbrechen sehen. Er mag vielleicht zu Mitgefühl verleitet werden; wenn das aber geschieht, dann hat er etwas übersehen und die Therapie behindert: jede Emotion, die sich zeigt, wird kurz danach schon Geschichte sein. Wie der Preclear sich auch drehen und winden mag, der Auditor muß fest im Auge behalten, daß jedes Klagen, jedes Aufbäumen ein Schritt näher zum Ziel ist. Warum erschrecken oder Mitleid verschwenden wegen etwas, das nach mehrmaligem Wiedererzählen einen glücklicheren Preclear hinterläßt?

Wenn ein Auditor Angst bekommt, weil der mit seinem Engramm kämpfende Preclear zu zittern beginnt, und den größten aller Fehler begeht, indem er sagt: »Komm in die Gegenwart zurück!«, dann kann er sicher sein, daß es dem Preclear ein paar Tage lang schlecht gehen wird und das Engramm beim nächsten Versuch, in es einzudringen, blockiert sein wird.

Wenn ein Auditor sich geistig so einstellt, daß er ruhig sitzen bleiben und ein Liedchen pfeifen könnte, während Rom vor ihm abbrennt, wird er optimale Arbeit leisten. Die Dinge, die er anschaut, gleichgültig, wie sie aussehen, gleichgültig, wie sie sich anhören, sind echte Gewinne; der allzu ruhig bleibende und ordentliche Patient macht nur langsam Fortschritte. Das soll nicht heißen, daß der Auditor ausschließlich auf heftige Ausbrüche abzielt, sondern daß er in einem solchen Fall glücklich und zufrieden sein kann, weil ein weiteres Engramm seine Ladung verloren hat.

Die Aufgabe des Auditors erinnert sehr an die eines Schäfers, der die Lämmer – die Engramme – zum Schlachten in die Hürde treibt. Der Preclear steht nicht unter dem Befehl des Auditors, aber er wird, wenn der Fall gut läuft, mit diesen Engrammen alles tun, was der Auditor will, denn *der analytische Mind und die Dynamiken des Preclears wollen, daß diese Arbeit getan wird. Der Mind weiß, wie der Mind funktioniert.*

Diagnose

Einer der wichtigsten Beiträge der Dianetik ist die Lösung des Diagnoseproblems auf dem Gebiet der Aberration. Man kannte bislang zwar unendlich viele Klassifikationen; aber es gab keinen gültigen optimalen Maßstab.[1] Wenn man psychiatrische Lehrbücher überprüft, findet man in bezug auf die Frage der Klassifikation große Uneinigkeit und die dauernde Klage, daß die Klassifikationen sehr schwierig und ohne praktischen Wert seien. Ohne den Maßstab optimalen Verhaltens und des optimalen geistigen Zustands und ohne die Kenntnis der Ursache aller Aberration konnte man nur Symptombeschreibungen katalogisieren. Diese waren so verwickelt und widersprüchlich, daß es nahezu unmöglich war, eine psychotische oder neurotische Person so einzuordnen, daß dies zum Verständnis ihres Falles geführt hätte.[2] Die Hauptschwäche dieses Klassifikationssystems lag darin, daß die Klassifizierung zu keiner Heilung führte, denn es gab keine einheitliche Behandlung, und man kannte keinen optimalen Zustand, der angezeigt hätte, wann eine Behandlung zu Ende ist. Und da es für Aberration und psychosomatische Krankheit kein Heilmittel gab, konnte es keine Klassifikation geben, die in die Richtung gewiesen hätte, die einzuschlagen war, oder angezeigt hätte, was von allen Fällen einheitlich zu erwarten wäre.

Das ist ganz sicher keine Kritik früherer Anstrengungen; es ist jedoch eine Erleichterung, wenn man weiß, daß es unnötig ist, Aberrationen mit so komplizierten Methoden zu klassifizieren, wie es bisher geschehen ist, und daß das Katalogisieren von psychosomati-

[1] Die Psychologie »verfügt über keine Maßstäbe, mit denen der Geist gemessen werden könnte«. »Der Psychologe befaßt sich nicht mit der Aufstellung von Normen.« (Aus *The Psychology of Abnormal People* von John J.B. Morgan, Longmans, Green & Co., New York, 1928.)

[2] »Die Arbeit des Psychiaters wurde hauptsächlich durch Symptombeschreibung und -klassifizierung ausgefüllt. Diese Verfahrensweise ist von einigen Studenten stark kritisiert worden mit der Begründung, daß sie zu nichts führe und ein Verständnis vortäusche, wo es keines gibt. Einer Sache einen Namen zu geben, vermehrt nicht unser Verständnis für sie.« (*Ebd.*, Einführung.)

schen Krankheiten – so notwendig es für den Arzt sein mag – für den Auditor unwichtig ist. In der Entwicklung der dianetischen Wissenschaft gab es einige Versuchsstadien der Klassifizierung, bis schließlich klar wurde, daß die Bezeichnung eines Krankheitszustandes nur das zum Ausdruck bringen sollte, was der Auditor überwinden muß, um Heilung zu erzielen. Dieses System, wie es nun durch die Praxis entwickelt ist, macht es dem Auditor möglich, eine »Diagnose« zu erstellen, ohne mehr zu wissen, als was in diesem Kapitel enthalten ist und was er selbst in der Zukunft an Erfahrungen erwerben wird.

Die Anzahl der möglichen Aberrationen entspricht der Anzahl der möglichen Wortkombinationen einer Sprache, wie sie in Engrammen enthalten sind. Mit anderen Worten, wenn ein Psychotiker meint, er sei Gott, dann haftet ihm ein Engramm an, das sagt, er sei Gott. Wenn er fürchtet, es sei Gift in seinem Essen, so haftet ihm ein Engramm an, das ihm sagt, es sei vielleicht Gift in seinem Essen. Wenn er meint, er könne jeden Augenblick entlassen werden, obwohl er fähig und beliebt ist, so hat er ein Engramm, das ihm sagt, er könne jeden Augenblick entlassen werden. Wenn er glaubt, er sei häßlich, so hat er ein Engramm, das ihm sagt, er sei häßlich. Wenn er vor Schlangen oder Katzen Angst hat, dann zwingen ihn Engramme, vor Schlangen oder Katzen Angst zu haben. Wenn er davon überzeugt ist, daß er alles, was er sieht, ungeachtet seines Einkommens kaufen muß, dann hat er ein Engramm, das ihm sagt, er müsse alles kaufen, was er sieht. Und angesichts der Tatsache, daß jeder, der nicht Release oder Clear ist, mindestens zwei- oder dreihundert Engramme hat, deren Inhalt ein höchst bemerkenswertes Sortiment von Redewendungen darstellt, und daß er überdies auf jedes einzelne dieser Engramme in fünferlei Art reagieren kann, ist das Problem der Aberration *für den Auditor* bedeutungslos, außer wenn es die Therapie verlangsamt.

Die meisten aberrierten Menschen sprechen größtenteils aus ihren Engrammen heraus. Was auch immer das chronische Gerede des einzelnen sein mag – sein Gerede bei Wut, sein Gerede bei Apathie, seine allgemeine Einstellung zum Leben –, dieses Gerede ist, sofern es auch nur ein ganz klein wenig von der Vernunft abweicht, in Engrammen enthalten. Der Mann, der »sich nicht sicher sein kann«, der »es nicht weiß« und alles skeptisch betrachtet, spricht aus Engrammen. Der Mann, der sicher ist, daß »es nicht wahr sein kann«, daß »es unmöglich ist«, daß »Autoritäten herangezogen werden müssen«, spricht aus Engrammen. Die Frau, die sicher ist, daß sie eine Scheidung braucht oder daß ihr Ehemann sie eines Nachts ermorden wird, spricht entweder aus ihren eigenen oder aus seinen Engrammen. Der Mann, der hereinkommt und sagt, daß er böse Magenschmerzen habe, die sich genau so anfühlen, »als ginge ein Zwei-Millimeter-Kupferdraht durch ihn hindurch«, wurde aller Wahrscheinlichkeit nach bei einem Abtreibungsversuch mit einem solchen Kupferdraht durchbohrt oder hat davon sprechen hören, als er Schmerzen hatte. Der Mann, der sagt, daß *es* »herausgeschnitten werden muß«, spricht direkt aus einem Engramm heraus, das von einer eigenen Operation oder von einer Operation seiner Mutter herstammt oder von einem Abtreibungsversuch. Der Mann, der »es loswerden muß«, spricht möglicherweise wiederum aus dem Engramm eines Abtreibungsversuchs. Der Mann, der »es nicht loswerden kann«, mag von derselben engrammatischen Ursache her sprechen, jedoch aus der Sicht einer anderen Valenz. Kurz, die Leute geben, besonders, wenn sie über die Dianetik und Engramme reden, am laufenden Band Engramminhalte von sich. Gewöhnlich ahnen sie nicht, daß das, was sie sagen, kleinere Dramatisierungen ihrer Engramme sind. Sie nehmen an, sie selbst seien auf diese Schlußfolgerungen oder Gedanken gekommen; diese Annahme ist aber bloß Rechtfertigungsdenken – der analytische Mind erfüllt seine Pflicht, indem er garantiert, daß der Organismus im Recht ist, gleichgültig, wie töricht dieser handelt.

Der Auditor kann sicher sein, daß er eine Menge Engramminhalte zu hören bekommt, besonders wenn er über die Dianetik spricht, denn gerade Diskussionen über den reaktiven Mind sind vom Wortlaut der Engramminhalte durchsetzt.

Sie werden sich erinnern, daß der reaktive Mind nur in Identitäten, in der Gleichung A = A = A »denken« kann, wobei die drei A Pferde, ein gotteslästerlicher Fluch und das Verb »spucken« sein können. Spucken ist dasselbe wie Pferde ist dasselbe wie Gott. Der reaktive Mind ist schwachsinnig, aber sehr eifrig in seiner Buchstäblichkeit. Wenn also einem Mann gesagt wird, er müsse den Inhalt der reaktiven Bank tilgen, wird er vielleicht einwenden, er sei sicher, seinen ganzen Ehrgeiz einzubüßen, wenn er das täte. Sie können davon ausgehen – die Therapie zeigt es leicht, und mancher Preclear bekommt rote Ohren dabei –, daß ihm ein Engramm anhaftet, das auf ein vorgeburtliches Erlebnis etwa folgenden Inhalts zurückgeht:

(Vorgeburtlicher Schlag oder Stoß)
VATER: Verdammt nochmal, Agnes, du mußt dieses verfluchte Baby loswerden. Wenn du das nicht tust, verhungern wir noch. Ich kann es mir nicht leisten.

MUTTER: O nein, nein, ich kann es nicht wegmachen, ich kann nicht, ich kann nicht. Ich will ganz bestimmt für es sorgen. Ich werde arbeiten und schuften, um es zu ernähren. Zwing mich bitte nicht, es wegzumachen. Wenn ich das täte, würde ich einfach sterben. Ich würde den Verstand verlieren! Ich hätte nichts, worauf ich meine Hoffnung setzen könnte. Ich würde mein ganzes Interesse am Leben verlieren. Ich würde meinen Ehrgeiz einbüßen. Bitte laß es mich behalten!

Wie häufig ist gerade dieses Engramm! Und wie »vernünftig« und ernsthaft begründet der Aberrierte seine Schlußfolgerung, er sei gerade »selbständig« zu der »Überzeugung« gelangt, daß er Verstand und Ehrgeiz verlieren, vielleicht sogar sterben müsse, wenn er »es wegmacht«.

Am Anfang der dianetischen Praxis stammten die meisten Engramme, die bei Erwachsenen gefunden wurden, aus dem ersten Viertel des zwanzigsten Jahrhunderts. Das war die Zeit von »Aha, Jack Dalton, endlich habe ich dich in der Hand«. Es war die Zeit von Filmen wie »Blut und Sand« und der Schauspielerin Theda Bara. Es war die Zeit des illegalen Whiskyhandels und des Kampfes ums Stimmrecht für Frauen. Das waren die Tage von »flammender Jugendzeit« und »Die Yankees kommen«, und solcherlei Farbkleckse vergangener Zeiten werden in den Engrammbanken Aktion hervorrufen. Dianetik-Auditoren haben ganze Passagen aus dem großen Schauspiel *Der Trunkenbold* aus vorgeburtlichen Engrammen aufgelesen, und zwar nicht als ein Stück spaßiger Sentimentalität, sondern als Mutters aufrichtige und inbrünstige Bemühung, Vater zu bessern. Superdrama, Melodrama. Und nicht nur das, sondern auch Tragödie. Der Katzenjammer der heiteren neunziger Jahre, als das »Business Girl« gerade angefangen hatte, »frei« zu sein, und Carrie Nation[3] die Welt auf Kosten der Kneipenwirte rettete, wird gängige Münze in den Engrammen der Erwachsenen von heute sein. Die Klischees und Absurditäten von gestern werden – und das ist tragisch genug – die Engrammbefehle von heute. So begegneten wir beispielsweise einem sehr sehr verdrießlichen jungen Mann, der als Zentralmotiv seines reaktiven Minds Hamlets Geschichte gewordenes Schwanken »Sein oder Nichtsein, das ist hier die Frage« hatte. Die Mutter (die von umgangssprachlich orientierten Auditoren schlicht und einfach als eine »Bekloppte« bezeichnet worden wäre) hatte es durch Ansteckung von dem Schauspieler-Vater bekommen, den sein Versagen, ein neuer John Barrymore zu werden, zur Trunksucht und zum Prügeln seiner Frau getrieben hatte; und unser

[3] *Carrie Nation*, eigtl. C. A. Moore; 1846-1911, amerikanische Reformerin, Führerin der Antialkohol-Bewegung. Sie pflegte mit einer Axt in Kneipen Flaschen und Einrichtung zu zertrümmern.

junger Mann konnte stundenlang in düsterer Apathie dasitzen und über das Leben nachgrübeln. Um seine Psychose zu klassifizieren, genügte die Feststellung, »apathischer junger Mann«.

Engramminhalte bestehen größtenteils aus Klischees, Banalitäten und Gefühlsausbrüchen der Eltern. Aber der Auditor wird ihnen auf die Spur kommen, und wenn der Preclear diese Sprüche plötzlich versteht, dann hat er etwas zum Lachen.

Aberration kann also auf jede beliebige Wortkombination zurückzuführen sein, die in einem Engramm enthalten ist. Daher ist es nicht nur ganz unmöglich, sondern auch vollkommen unnötig, Aberrationen zu klassifizieren. Ein Auditor, der seinen ersten Fall durchgemacht hat, wird das viel leichter einsehen können.

Was die in einem früheren Kapitel klassifizierten psychosomatischen Krankheiten betrifft, so hängen diese ebenfalls von zufälligen oder beabsichtigten Wortkombinationen sowie von allen möglichen Verletzungen, unausgeglichenen Körperflüssigkeiten und Wachstumsstörungen ab. Es ist gut und schön, einen rätselhaften Schmerz »Tendonitis« zu nennen; doch ist es wahrscheinlicher, daß es sich um einen Sturz oder eine Verletzung vor der Geburt handelte, und das ist die präzisere Bezeichnung. Asthma rührt ziemlich regelmäßig vom Geburtserlebnis her, wie auch Bindehaut- oder Nebenhöhlenentzündung; wenn diese jedoch in der Therapie im Zusammenhang mit der Geburt auftauchen, ist gewöhnlich ein vorgeburtlicher Hintergrund anzunehmen. Somit kann man sagen: Für einen Auditor ist es weniger wichtig, inwiefern ein Mann oder eine Frau Schmerzen hat, abgesehen davon, daß er das chronische Leiden des Patienten benutzt, um die Kette von Mitgefühlsengrammen zu lokalisieren; alles, was der Auditor über diese Krankheit wissen muß, ist, daß eine bestimmte Stelle am Körper des Patienten weh tut. Das genügt für den Auditor zur Diagnose des psychosomatischen Leidens.

Es ist nun einmal so, daß das Ausmaß der Aberration und das Ausmaß der psychosomatischen Krankheit nicht die entscheidenden Faktoren dafür sind, wie lange der Behandlungsprozeß dauern wird. Ein Patient mag ein brüllender Irrer sein und trotzdem nur hundert Stunden brauchen, um Clear zu werden. Ein anderer mag ein »ausgeglichener«, mäßig erfolgreicher Mensch sein und gleichwohl fünfhundert Stunden benötigen, bis er Clear ist. Daher ist im Licht der Tatsache, daß das Ausmaß von Aberration und Krankheit nur einen geringen Einfluß auf das hat, was den Auditor interessiert – die Therapie –, eine Klassifizierung anhand der Symptome von Aberration und Krankheit reine Zeitverschwendung.

Natürlich kommt es vor, daß jemand z. B. aufgrund von Herzbeschwerden zu krank ist, um hart angefaßt werden zu können, oder daß sich ein Patient als alltägliche Erscheinung seines Lebens ständig so große Sorgen macht, daß die Arbeit des Auditors schwierig wird. Das geschieht jedoch selten und hat ebenfalls mit der Einordnung des Falles wenig zu tun.

Bei der Diagnose gilt als Regel, daß alles, was die Person dem Auditor als unvorteilhafte Reaktion auf die Therapie anbietet, engrammatisch ist, wie sich im Verlauf der Behandlung herausstellen wird. Was auch immer den Auditor bei seiner Arbeit behindert, ist identisch mit all dem, was den Patienten in seinem Denken und Leben behindert. Stellen Sie es sich so vor: Der Auditor ist ein analytischer Mind (sein eigener), der mit einem reaktiven Mind (dem des Preclears) konfrontiert wird. Therapie ist ein Denkprozeß. Alles, was einem Patienten Schwierigkeiten macht, wird auch dem Auditor Schwierigkeiten bereiten. Alles, was dem Auditor Mühe macht, hat ebenso dem analytischen Mind des Patienten Mühe gemacht. Der Patient ist nicht nur analytischer Mind. Der Auditor wird mitunter einen Patienten erleben, der ihn ständig beschimpft, aber doch pünktlich zur Stelle ist, begierig, die Therapie fortzusetzen. Der Auditor mag auch eine Patientin finden, die ihm erzählt, wie nutzlos die ganze Prozedur sei und wie sie es hasse, behandelt zu werden, und doch würde es sofort mit ihr bergab gehen, wenn er ihr sagte: »Gut, wir brechen die Arbeit ab.« Der analytische Mind des Patienten will genau dasselbe tun, was der Auditor zu tun versucht, nämlich die reaktive Bank niederzukämpfen. Stößt der Auditor auf Abwehr, Feindseligkeit gegenüber der Dianetik, persönliche Kritik usw., so hört er keine analytischen Daten, sondern reaktive Engramminhalte. Er sollte gelassen fortfahren, in dem sicheren Wissen, daß die Dynamiken des Patienten ihm mit allem, was zur Verfügung steht, helfen werden – solange der Auditor ein Verbündeter gegen den reaktiven Mind des Preclears ist, nicht Kritiker oder Angreifer des analytischen Minds. Hier ist ein Beispiel:

(Während der Reverie, vorgeburtliche Grundzone.)

PRECLEAR (im Glauben, er meine die Dianetik): Ich weiß nicht, ich weiß nicht. Ich kann mich einfach nicht erinnern. Das funktioniert nicht. Ich weiß, daß es nicht funktionieren wird.

AUDITOR (Wiederholungstechnik, wird später beschrieben): Wiederhole das. Sage: »Es wird nicht funktionieren.«

PRECLEAR: »Es wird nicht funktionieren. Es wird nicht funktionieren. Es wird nicht funktionieren . . . (usw.)« Au, mein Magen tut weh! »Es wird nicht funktionieren. Es wird nicht funktionieren. Es wird nicht funktionieren . . . « (Lacht erleichtert.) Das ist meine Mutter. Sie hält Selbstgespräche.

AUDITOR: Schön, wollen wir einmal das ganze Engramm durchgehen. Beginne am Anfang.

PRECLEAR (zitiert den Rückruf, nennt Somatiken [Schmerzen]: »Ich weiß nicht, wie man das machen soll. Ich kann mich einfach nicht erinnern, was mir Ulla gesagt hat. Ich kann mich einfach nicht daran erinnern. Oh, ich bin entmutigt. Es wird so nicht funktionieren. Es wird einfach nicht funktionieren. Ich wünschte, ich wüßte, was mir Ulla erzählt hat, aber ich kann mich nicht erinnern. Oh, ich wünschte . . . « He, was hat sie denn hier drin? Verdammt, es fängt an zu brennen. Das ist eine Spülung. Ist denn das möglich! Laß mich hier raus. Bring mich in die Gegenwart zurück. Das brennt schrecklich!

AUDITOR: Geh zurück zum Anfang und geh noch einmal hindurch. Sammle alle zusätzlichen Daten, mit denen du in Kontakt kommen kannst.

(Der Preclear wiederholt das Engramm, findet alle alten Redewendungen wieder und einige neue und dazu ein paar Geräusche; er erzählt das Ganze vier weitere Male, alles »wiedererlebend«; fängt an zu gähnen, schläft fast ein [»Bewußtlosigkeit« löst sich]; er lebt wieder auf und wiederholt das Engramm noch zweimal; dann fängt er an, darüber zu kichern, das Somatik ist verschwunden; plötzlich ist das Engramm »weg« [umgespeichert], er kann es nicht wiederfinden. Er ist sehr zufrieden.)

AUDITOR: Geh zum frühesten jetzt erreichbaren Augenblick von Schmerz oder Unbehagen zurück.

PRECLEAR: Mmmmm. Ich kann da nicht hineinkommen. Hör mal, ich kann da nicht hineinkommen. Das ist wirklich wahr. Ich frag' mich nur, wo ..

AUDITOR: Wiederhole den Satz »Kann da nicht hineinkommen«.

PRECLEAR: »Kann da nicht hineinkommen. Kann da nicht ...« Meine Beine fühlen sich komisch an. Da ist ein scharfer Schmerz. Sag mal, was zum Teufel tut sie denn da? Verdammt nochmal! Junge, die möchte ich einmal ordentlich verprügeln. Bloß einmal!

AUDITOR: Fang beim Anfang an und erzähl es noch einmal.

PRECLEAR (gibt das Engramm mehrere Male wieder, gähnt die »Bewußtlosigkeit« weg, kichert, als er das Engramm nicht mehr finden kann; fühlt sich besser): Na ja, sie hatte sicherlich ihre Schwierigkeiten, glaube ich.

AUDITOR (nimmt mit Bedacht davon Abstand, dem zuzustimmen, daß die Mutter ihre Schwierigkeiten hatte, da ihn das zu einem Verbündeten der Mutter machen würde): Geh zum nächsten Augenblick von Schmerz oder Unbehagen.

PRECLEAR (unbehaglich): Ich kann nicht, ich bewege mich nicht auf dem Time-Track. Ich sitze fest. Ach so, na schön. »Ich sitze fest, ich sitze fest.« Nein. »Es sitzt fest. Diesmal sitzt es fest.« Nein. »Diesmal habe ich es festgekriegt.« Na, zum Teufel mit ihr! Das sind meine Herzbeschwerden! Da ist es! Das ist dieser scharfe Schmerz, den ich kriege!

AUDITOR: Fang mit dem Engramm von vorn an, und erzähle es wieder ... (usw.)

Anhand dieses Beispiels kann man sehen, daß sich der Engrammbefehl jedesmal dem Patienten selbst aufdrängte, wenn er im Zustand der Reverie dem Engramm analytisch nahekam; den Engrammbefehl führte er als analytisch verkleidete Ansicht dem Auditor vor. Ein Preclear in Reverie ist ganz dicht am Ursprungsmaterial seiner Aberrationen. Ein vollkommen wacher Aberrierter kann hochkomplizierte Meinungen von sich geben, die er bis in den Tod als seine eigenen verteidigen wird, und doch sind es in Wirklichkeit nur seine Aberrationen, die sich seinem analytischen Mind aufdrängen. Manche Patienten werden fortgesetzt erklären, sie wüßten, daß der Auditor gefährlich sei, daß er nie die Therapie mit ihnen hätte beginnen sollen usw.; und trotzdem werden sie gut und effektiv weiterarbeiten. Das ist einer der Gründe, warum der Auditorenkodex so wichtig ist: Der Patient ist so begierig auf die Befreiung von seinen Engrammen, wie man sich nur wünschen kann, die Engramme verteidigen jedoch ihre Stellung durch Reaktionen, als wäre der Patient vom Wunsch nach Befreiung weit entfernt.

Ebenso läßt das oben geschilderte Beispiel erkennen, daß der Auditor keinerlei positive Suggestionen gibt. Ist eine Äußerung nicht engrammatisch, wird es ihn der Patient sehr schnell und sehr deutlich wissen lassen; sie mag es zwar dennoch sein, aber der Auditor hat keinen großen Einfluß auf den in Reverie befindlichen Preclear, außer daß er ihm hilft, seine Engramme zu attackieren. Wenn der Preclear in so einem Fall widerspricht, dann bedeutet es, daß das Engramm, das diesen Wortlaut enthält, zur Auflösung noch nicht bereit und eine andere Satzversion angebracht ist.

Diagnose in bezug auf Aberration und Psychosomatik ist also etwas, das sich beim Vorgang des Klärens von selbst erledigt. Bevor der Auditor in unserem Beispiel auf die Engramme des Patienten stieß, hätte er erraten können – und hätte es für sich behalten –, daß eine Reihe von Abtreibungsversuchen hochkommen würde. Er hätte vielleicht erraten können, daß die Unentschlossenheit des Patienten von dessen Mutter stammte. Der Auditor teilt seine Vermutungen jedoch nicht mit. Das wäre Suggestion und könnte vom Patienten übernommen werden. Es herauszufinden ist Sache des Preclears. Beispielsweise hätte der Auditor weder wissen können, wo auf dem Time-Track das »Herzleiden« lag, noch um welche Art von Verletzung es sich gehandelt hatte. Auf der Suche nach einem spezifischen Schmerz den Time-Track auf- und abzujagen, wäre eine echte Zeitverschwendung. All diese Dinge werden sich im Laufe der Therapie preisgeben. Interessant an ihnen ist nur, ob die Aberrationen und Krankheiten verschwinden, um niemals wiederzukehren. Am Ende der Therapie werden sie weg sein. Am Anfang sind sie nur eine Komplikation.

Die Diagnose von Aberration und psychosomatischer Krankheit ist also kein wesentlicher Teil dianetischer Diagnose.

Wir sind an der mechanischen Funktionsweise des Minds interessiert. *Das* ist der Bereich der Diagnose. Was sind die Arbeitsmechanismen des analytischen Minds?

1. *Wahrnehmung*: Sehen, Hören, Tasten, Schmerzempfindung usw.

2. *Rückruf*: Sehrückruf (mit Farbe), Geräuschrückruf (mit Klang), Tastrückruf usw.

3. *Phantasie*: Sehwahrnehmung (mit Farbe), Geräuschwahrnehmung (mit Klang), Tastempfindungen usw.

Das sind die mechanischen Vorgänge. Die dianetische Diagnose geht in erster Linie von diesen Faktoren aus und kann mit deren Hilfe die ungefähre Behandlungsdauer bestimmen, die Schwierigkeit des Falles abschätzen usw. Und wir brauchen nur wenige solche Faktoren.

Das läßt sich zu einem Schlüssel vereinfachen:

1. Wahrnehmung: über oder unter dem Optimum?
   a) Sehen
   b) Hören
2. Rückruf: geschwächt?
   a) Geräuschrückruf
   b) Sehrückruf
3. Phantasie: übersteigert?
   a) Geräuschwahrnehmung
   b) Sehwahrnehmung

Mit anderen Worten, wenn wir einen Patienten am Anfang der Therapie untersuchen, sind wir nur an drei Feststellungen interessiert: zu wenig oder zu viel Wahrnehmung, zu wenig Rückruf, zu viel Phantasie.

In bezug auf die Wahrnehmung wollen wir wissen, wie gut oder wie schlecht jemand hören, sehen und fühlen kann.

In bezug auf den Rückruf wollen wir wissen, ob er mit Hören, Sehen und Somatiken (Fühlen) zurückrufen kann.

In bezug auf die Phantasie wollen wir wissen, ob er Hören, Sehen und Somatiken übertreibt (übersteigert zurückruft).

Eines sei wirklich klargestellt: Das Verfahren zur Beantwortung dieser Fragen ist sehr einfach, es ist nichts daran kompliziert, und es erfordert keine große Untersuchung. Es ist aber wichtig und bestimmt die ungefähre Dauer der Therapie.

Nichts ist verkehrt an einer lebendigen Phantasie, solange jemand *weiß*, daß es sich nur um Vorstellungen handelt. Die Art von Phantasie, an der wir interessiert sind, ist jene, die zum unwissentlichen *Dub-in* (eingebildeter Rückruf, abgeänderte Nachbildung) benutzt wird, und an dieser allein sind wir interessiert. Eine lebendige Phantasie, der sich der Patient als solcher bewußt ist, ist für ihn äußerst wertvoll. Eine Phantasie hingegen, die sich an die Stelle des Rückrufs setzt, ist in der Therapie sehr beschwerlich.

»Hysterische« Blindheit und Taubheit oder gesteigertes Sehen und Hören sind diagnostisch nützliche Kriterien. »Hysterische« Blindheit bedeutet, daß der Betreffende sich davor fürchtet zu sehen; »hysterische« Taubheit bedeutet, daß er sich davor fürchtet zu hören. Solche Fälle werden eine längerdauernde Therapie erfordern. Ebenso sind gesteigertes Sehen und gesteigertes Hören – wenn sie auch nicht so schlimm sind wie Blindheit und Taubheit – ein Anzeichen dafür, *wie verängstigt* der Patient wirklich ist. Oft sind sie auch ein direktes Anzeichen für den Grad der Heftigkeit des vorgeburtlichen Inhalts.

Wenn sich der Patient fürchtet, in der Gegenwart mit seinen Augen zu sehen und mit seinen Ohren zu hören, dann kann man sicher sein, daß es in seiner Vergangenheit viele Umstände gibt, die ihm Angst machen, denn diese eigentlichen Wahrnehmungen werden nicht so leicht »abgedreht«.

Wenn der Patient wegen Geräuschen und wegen etwas, das er sieht, erschreckt reagiert oder durch solche Vorfälle sehr beunruhigt wird, kann man seine Wahrnehmungen als gesteigert bezeichnen, was bedeutet, daß seine reaktive Bank sehr vieles enthält, was mit dem Etikett »Tod« versehen ist.

Uns interessieren bei der Diagnose nur die Rückrufe, die unter dem Optimum liegen. Liegen sie »*über* dem Optimum«, sind sie in Wirklichkeit Einbildungen, die an die Stelle echter Rückrufe treten. Geschwächter Rückruf und übersteigerte Phantasie gehören also eigentlich in die gleiche Kategorie; doch der Einfachheit und Klarheit halber halten wir sie getrennt.

Wenn der Patient Geräusche oder Stimmen in vergangenen Geschehnissen nicht »hören« kann, hat er keinen Geräuschrückruf. Wenn er vergangene Erfahrungen nicht in bewegten, farbigen Bildern zu »sehen« vermag, dann hat er keinen Sehrückruf.

Wenn aber der Patient Stimmen hört oder Szenen sieht, die es nie gegeben hat, und dabei annimmt, daß diese Stimmen und Szenen Wirklichkeit waren, dann haben wir es mit »*übersteigerter* Phantasie« zu tun. In der Dianetik wird ein der Phantasie entsprungener Geräuschrückruf als ein *Hypergeräuschrückruf* bezeichnet, ein solcher Sehrückruf als ein *Hypersehrückruf* (von griech. *hyper*, über-, übermäßig).

Anhand der folgenden spezifischen Beispiele für jede einzelne dieser drei Gruppen soll gezeigt werden, wie grundlegend diese Dinge für die Therapie sind und wie ihr Vorhandensein oder Fehlen einen Fall schwierig machen kann.

Ein Patient mit einer milden Form von »hysterischer« Taubheit hat Schwierigkeiten mit dem Hören. Taubheit kann organisch sein; doch wenn sie organisch ist, wird sie nicht ab und zu variieren. Der »hysterisch« Taube hat etwas, das zu hören er sich fürchtet. Er dreht das Radio sehr laut auf, läßt Leute ständig wiederholen, was sie gerade gesagt haben, und überhört einzelne Passagen der Konversation. Sie brauchen nicht eine Anstalt aufzusuchen, um diesem Ausmaß an »hysterischer« Taubheit zu begegnen. So manche Männer und Frauen sind »hysterisch« taub, ohne sich dessen bewußt zu sein. Sie »hören einfach nicht so gut«. In der Dianetik wird das *Hypohören* genannt (von griech. *hypo*, unter).

Der Patient, der immerzu etwas vermißt, obwohl es ihm fast unmittelbar vor der Nase liegt, der Wegweiser, Theaterkarten und Bekannte übersieht, die voll in Sicht sind, ist mehr oder weniger »hysterisch« blind. Er hat Angst zu sehen. In der Dianetik wird so etwas *Hyposehen* genannt, denn das Wort »hysterisch« ist sehr unzulänglich und übermäßig dramatisch.

Dann gibt es den Fall der *übersteigerten* Wahrnehmung. Es handelt sich nicht unbedingt um Einbildung, es kann aber so weit gehen, daß Dinge gesehen und gehört werden, die überhaupt nicht vorhanden sind. Das ist eine häufige Geisteskrankheit. Beim Standardverfahren sind wir an weniger drastischen Fällen interessiert.

Ein Mädchen z. B., das etwas sieht oder zu sehen glaubt, aber weiß, daß es nicht stimmt, das schreckhaft ist und das regelmäßig entsetzt auffährt, wenn jemand leise ins Zimmer tritt, leidet an gesteigertem Sehen. Das Mädchen befürchtet, auf etwas zu stoßen, doch anstatt blind dafür zu sein, ist es überempfindlich dafür. Das ist *Hypersehen*.

Jemand, der durch Krach, Geräusche im allgemeinen oder durch bestimmte Stimmen sehr beunruhigt wird und der Kopfschmerzen bekommt oder böse wird, wenn die Leute in der Nähe »Krach machen« oder wenn die Tür zuschlägt oder das Geschirr klappert, ist ein Opfer gesteigerten Hörens. Er hört Geräusche wesentlich lauter, als sie in Wirklichkeit sind. Das ist *Hyperhören*.

Die tatsächliche Seh- und Hörqualität braucht nicht einmal gut zu sein, die Hör- und Sehorgane können sich sogar in einem schlechten Zustand befinden. Ausschlaggebend ist nur die »Nervosität« darüber, etwas wahrzunehmen.

Soviel also zu den zwei Wahrnehmungsarten, die uns in der

Dianetik interessieren. Wenn der Auditor mit Menschen spricht und untersucht, wie sie auf Gesehenes und Gehörtes reagieren, wird er eine große Variationsbreite in der Beschaffenheit der Reaktionen finden.

Der Rückruf ist für die Therapie unmittelbar am wichtigsten, denn er ist kein Symptom, sondern ein wirkliches Arbeitswerkzeug. Man kann den Rückruf auf viele Arten einsetzen. Der Clear hat für jeden einzelnen seiner Sinne einen lebhaften und genauen Rückruf. Bei Aberrierten kommt das nur selten vor. Der Auditor ist hier nur am Gesichts- und Gehörsinn interessiert, weil die anderen Sinne im Laufe der üblichen Therapie von selbst ins Spiel kommen und dann behandelt werden. Doch wenn er einen Patienten ohne Geräuschrückruf hat, so heißt es aufpassen. Und wenn er einen Patienten hat, der weder Geräuschrückruf noch Sehrückruf hat – Achtung! Das ist ein Anzeichen der multivalenten Persönlichkeit, des Schizophrenen, des Paranoikers der Psychiatrie; die Symptome mögen nicht so akut sein, daß der Betreffende im normalen Leben so eingestuft würde. Das heißt nun *absolut* nicht, daß Menschen ohne Seh- und Geräuschrückruf geisteskrank seien; es bedeutet jedoch, daß ihr Fall überdurchschnittlich schwierig ist und eine längere Behandlung erfordern wird. Es heißt auch nicht, daß der Fall »unheilbar« sei, denn nichts wäre von der Wahrheit weiter entfernt; solche Fälle bedürfen jedoch manchmal einer Behandlung von fünfhundert Stunden. Das heißt einfach, daß ein solcher Fall kein Spaziergang durch den Park sein wird: ein Drama liegt in diesem reaktiven Mind, ein Drama, aus dem es spricht: »Sieh nicht! Hör nicht!« Einige Engramme dieses Falls befehlen die Schwächung oder Ausschaltung der Rückruffähigkeit. Die Aufnahmefähigkeit der Seh- und Gehörorgane mag dabei sogar übersteigert sein. Allerdings braucht an der Art, wie diese Person Licht- oder Schallwellen empfängt und aufzeichnet, überhaupt nichts verkehrt zu sein. Nur kann sie diese Aufzeichnungen hinterher nicht ohne weiteres aus der Standardbank zurückbekommen, weil die reaktive Engrammbank Schaltkreise (Absperr-Dämonenschaltkreise) errichtet hat, um zu verhindern, daß die Person etwas über ihre Vergangenheit erfährt. Natürlich gibt es Abstufungen in der Rückruffähigkeit.

Der Test ist einfach. Der Auditor fordert den wachbewußten Patienten auf, zu dem Zeitpunkt »zurückzugehen«, als er das Zimmer betrat, und fragt ihn, was gesagt wurde. Wenn er es bei vollem Bewußtsein »hören« kann, besitzt er Geräuschrückruf. Der Auditor weiß genau, was gesagt wurde, denn wenn er diesen Test verwenden will, äußert er eine bestimmte Reihe von Worten und vermerkt die tatsächlich vorhandenen Geräusche. Auf diese Weise wird der Auditor auch darüber informiert, ob der Patient in die nachstehend beschriebene Kategorie des *Dub-in* fällt.

Der Test zur Prüfung des Sehrückrufes ist ebenso einfach. Man zeigt dem Patienten ein Buch mit einer Illustration und fordert ihn nach einer gewissen Zeit auf »zurückzugehen«, während er hellwach ist. Er soll »mit dem geistigen Auge« das Buch anschauen und versuchen, es zu sehen. Kann er das nicht, so leidet er an *Hyposehen*.

Durch weitere, ähnliche Tests kann eindeutig festgestellt werden, ob unser Patient rückrufblind oder -taub ist oder ob er in die nächste Gruppe fällt: die der übersteigerten Phantasie, die Gesehenes und Gehörtes begeistert »fehlnachbildet« (*Dub-ins* davon macht), ohne daß der Patient davon weiß; sie behindert schnelle Therapie sehr. Es gibt viele Dämonenschaltkreise, die das Denken verheddern; sind aber diese speziellen *Dub-in*-Dämonen am Werk, so wird der Auditor eine ungeheure Ladung von – wie er es volkstümlich ausdrückt – »Müll« erhalten.[4] Im Gehirn arbeitet etwas, das in jenem respektlosen Berufsjargon, der sich durch nichts verhindern läßt und der auf diesem Gebiet üppig sprießt, »Lügenfabrik« genannt wird.[5]

Bittet man den Patienten, das Gespräch wiederzugeben, das stattfand, als er zur Tür hereinkam, indem er es wieder »hört«, so kann es sein, daß er zuversichtlich allerlei von sich gibt, das entweder ziemlich ungenau oder ganz und gar erfunden ist. Bittet man ihn, über das Bild und die Seite zu berichten, die ihm gezeigt wurde, so wird er deutlich eine Menge mehr »sehen«, als da war, oder sogar etwas ganz anderes. Drängen sich ihm Zweifel auf, so ist das ein gutes Zeichen. Ist er aber »ganz sicher«, dann geben Sie acht: es ist dann einer jener Dämonenschaltkreise am Werk, die ohne analytisches Wissen *Dub-ins* ausspeien. Der Auditor wird sich eine Unmenge Geschehnisse anhören müssen, die niemals geschehen sind. Er wird aussortieren und sich beständig seinen Weg durch diesen »Müll« bahnen müssen, um den Preclear schließlich zu dem Punkt zu bringen, wo die Daten verläßlich sind. (Die Einstufung als »Müll« erfolgt nicht aufgrund der Unwahrscheinlichkeit eines Geschehnisses, Wahrheit ist immer seltsamer als Dichtung; sie erfolgt durch

[4] *Müll* wurde in der Philosophie der Dianetik technisch als »Wahnvorstellung« bezeichnet, doch ist der Ausdruck zu hart und zu kritisch; denn wer hat nicht eine *etwas* falsche Auffassung von einem früheren Geschehnis? (Anm. d. Verf.)

[5] *Lügenfabrik* ist, technisch gesehen, eine Redewendung oder ein Satz in einem Engramm, die Tatsachenverdrehung fordern. (Anm. d. Verf.)

Versuche, Engramme zu reduzieren, die es nicht gibt, oder Engramme zu übergehen, die vorhanden sind, und so weiter in einem verworrenen Mischmasch.)

Ein optimaler Preclear wäre jemand, der auf Geräusche und Seheindrücke normal reagiert, der einen genauen Geräusch- und Sehrückruf hat und sich in farbigen Bildern und Geräuschen mit Klang Phantasien machen kann und dabei wüßte, daß es nur Phantasien sind. Dieser Mensch – das sollten Sie klar verstehen – mag dennoch Aberrationen haben, die ihn veranlassen, jeden Schornstein der Stadt zu besteigen, jede Nacht in jeder Bar alle Flaschen leerzutrinken (oder es zumindest zu versuchen), seine Frau zu schlagen, seine Kinder zu ertränken und sich selbst für einen Jupp-Jupp-Vogel zu halten. Auf psychosomatischer Ebene mag er Arthritis, Gallenblasenleiden, Hautentzündungen, Migräne und Plattfüße haben. Er kann auch an jener viel schrecklicheren Aberration leiden, dem Stolz darauf, durchschnittlich und »angepaßt« zu sein. Trotz allem ist dieser Fall noch immer verhältnismäßig einfach zu klären.

Im Fall eines Patienten, der ohne *Dub-ins* Absperrungen für Geräusch- und Sehrückruf hat, haben wir es mit Engrammen zu tun, die einige der wichtigsten Arbeitsmechanismen des Minds ausgeschaltet haben. Der Auditor wird sich Stunden und Stunden plagen müssen, bei dem Versuch, Kontakt zu Engrammen herzustellen, die der Patient weder sehen noch hören kann. Jemand, der lediglich einen ausgeschalteten Geräuschrückruf hat, wird dennoch für den Auditor erheblich mehr Arbeit machen, als er bei einem durchschnittlichen Fall aufzuwenden hätte. Es ist alles andere als unmöglich, einen solchen Fall zu lösen. Hier besteht nicht die Absicht, irgend jemanden von dem Versuch abzuschrecken, einen solchen Fall zu behandeln. Der Fall wird jedoch nur nach langer, ausdauernder Bemühung zu lösen sein. Eine solche Person mag auf den ersten Blick sehr erfolgreich, außerordentlich intelligent und fast oder gänzlich frei von psychosomatischen Krankheiten sein. Und dennoch wird sich zeigen, daß sie eine vollgestopfte Engrammbank hat, aus der beliebige Teile jederzeit restimuliert werden können, um die Person unter sich zu begraben. Gewöhnlich ist aber dieser Falltyp übermäßig besorgt und ängstlich, und diese Sorge und Ängstlichkeit werden die Arbeitszeit um einiges verlängern.

Bei *Dub-ins*, wo die Schaltkreise der Person einen veränderten Rückruf wiedergeben, ohne daß sie es weiß, haben wir einen Fall, der sich wahrscheinlich als sehr langwierig erweisen und kunstvolle Behandlung verlangen wird. Denn in dieser Engrammbank liegt irgendwo eine »Lügenfabrik«. Dieser Mensch mag in seinem Alltagsleben die Wahrhaftigkeit in Person sein. Wenn er jedoch beginnt, seine Engramme anzugehen, so kommen Engramminhalte zur Wirkung, die ihn veranlassen, falsches Material zu liefern.

Klipp und klar, ohne weitere Einschränkungen und Bedingungen, läuft also die dianetische Diagnose einfach auf Folgendes hinaus: die Aberration *ist* der Engramminhalt; die psychosomatische Krankheit *ist* die früher erfolgte Verletzung; geschwächte oder gesteigerte Seh- und Geräuschwahrnehmung, geschwächter Rückruf und übersteigerte Phantasie bestimmen die Dauer des Falles.

Wenn der Auditor noch ein wenig mehr tun will, so kann er die geistige und die körperliche Position auf der Tonskala aufzeichnen, die die Person im allgemeinen einnimmt. Eine stumpfe und apathische Frau bewegt sich natürlich in der Nähe von Tonstufe 0,5 in der Nullzone der Skala der Überlebensdynamik, wie sie an früherer Stelle in diesem Buch dargestellt ist. Ein zu Wut oder Feindseligkeit neigender Mann wird etwa auf Stufe 1,5 oder allgemein irgendwo in der Zone 1 der Überlebensskala einzustufen sein. Diese Eintragungen würden für die vermutliche Durchschnittstonstufe der Engrammansammlung im reaktiven Mind gelten. Das ist interessant, denn es bedeutet, daß ein Mensch in der Zone Null mit weitaus größerer Wahrscheinlichkeit krank wird und etwas schwieriger zu klären ist als ein anderer in der Zone 1. Und da die Therapie die Tonstufe zur Zone 4 hin anhebt, ist der Fall, der sich auf Stufe 1,5 befindet, dem Ziel bereits näher.

Die Dauer der Therapie zu bestimmen ist schwierig, denn wie schon erwähnt wurde, hängt sie von mehreren Variablen ab, wie beispielsweise von der Geschicklichkeit des Auditors, den restimulierenden Faktoren in der Umgebung des Patienten und natürlich auch einfach von der Menge der Engramme.

Dem Auditor wird angeraten, als seinen ersten Fall ein Familienmitglied oder einen Freund auszusuchen, und zwar jemanden, der an einen optimalen Preclear so nahe wie möglich herankommt, d. h. einen Menschen mit Seh- und Geräuschrückruf und durchschnittlichen Wahrnehmungen. Bei der Klärung dieses einen Falles wird er aus erster Hand viel von dem lernen, was man in der Engrammbank eines jeden Minds zu erwarten hat; und er wird deutlich sehen, wie sich Engramme verhalten. Wenn der Auditor selbst in eine der schwierigeren Gruppen fällt und mit jemandem zusammenarbeiten möchte, der auch in eine dieser Gruppen fällt, so ergeben sich keine größeren Schwierigkeiten. Beide Fälle können in einem

Hundertstel der Zeit, die jede frühere Technik auf dem Gebiet geistiger Heilung beansprucht hat, zum *Release* gemacht werden; und wenn sie nur ein bißchen geschickt sind, sollten sie nach je fünfhundert Stunden Arbeit zum *Clear* geworden sein. Doch wenn zwei Fälle sich als besonders schwierig erweisen, wären sie gut beraten, wenn jeder der beiden zuvor einen beinahe optimalen Preclear findet und klärt und sie erst dann miteinander arbeiten. Auf diese Weise werden beide befähigt werden, auch einen schwierigeren Fall anzusteuern.

Soviel über die Diagnose. Die übrigen Arten der Wahrnehmung, des Rückrufs und der Phantasie sind interessant, aber nicht unbedingt erforderlich, wenn es um die Einschätzung der für die Therapie benötigten Zeit geht. Auch der Intelligenzquotient (IQ) ist kein Faktor von größerer Bedeutung, solange er nicht gerade auf dem Niveau eines Schwachsinnigen liegt. Und selbst für diese Fälle gilt die Regel, daß der IQ jedes Patienten bei der Klärung wie eine Rakete hinaufschießt und sich während der Arbeit ständig erhöht.

Es gibt, wie gesagt, auch organische Geisteskrankheiten. Iatrogene, d. h. durch Ärzte verursachte Psychosen sind in der Dianetik ungewisse Fälle, denn ein Teil der Maschinerie kann zerstört worden sein. Gleichwohl kann bei vielen organischen Psychosen der Zustand des Falles durch dianetische Therapie ebenfalls gebessert werden, wenn auch ein Optimum nicht erreichbar ist. Ein Auditor kann also nichts weiter tun, als den Versuch zu unternehmen. Im übrigen sind Geisteskrankheiten, die durch fehlende Teile des Nervensystems verursacht werden, bisher von Auditoren nicht sehr ausgiebig untersucht worden; Tote wiederzubeleben ist nicht das Endziel der Dianetik, deren Hauptgewicht auf der Herstellung eines optimalen Geisteszustandes bei normalen oder lediglich neurotischen Personen liegt. Die Dianetik kann natürlich auch in anderer Art und Weise angewandt werden, was auch geschieht und weiterhin geschehen wird. Doch angesichts so vieler *potentiell* wertvoller Menschen, die für sich selbst und für die Gesellschaft *äußerst* wertvoll gemacht werden können, wurde das Schwergewicht auf nichtorganische geistige Störungen und organische psychosomatische Krankheiten gelegt. Die Erfolgsaussichten der dianetischen Therapie sind als fragwürdig zu betrachten, wenn der betreffende Fall einer frontopolaren Leukotomie (eine Operation, bei der ein Teil des analytischen Minds herausgesägt wird), einer Topektomie (bei der man Teile des Gehirns herausholt, so etwa wie man mit einem Apfelentkerner das Kerngehäuse herausbohrt), oder einer transorbitalen Lobotomie unterzogen wurde (bei der dem Patienten, während er Elektroschocks erhält, ein ganz gewöhnlicher Stocher durch jede Augenhöhle hinaufgestoßen wird, um den Analysator auseinanderzureißen); das gleiche gilt für Fälle, die Elektroschock-»Therapie« erfahren haben, bei der das Gehirn mit 110 Volt versengt wird, oder Insulinschocks oder anderen derartigen Behandlungen ausgesetzt waren. Es gibt andererseits auch gewöhnliche organisch bedingte Geisteskrankheiten, wie z. B. die progressive Paralyse[6]; doch solche Menschen können in den meisten Fällen trotzdem einen Nutzen aus der Dianetik ziehen.

[6] *progressive Paralyse:* fortschreitende Gehirnerweichung als Spätfolge der Syphilis; führt zu dauernder Geistesschwäche und körperlichem Verfall.

Rückkehr, der Archivar und der Time-Track

Es gibt eine Methode des »Denkens«, von der der Mensch nicht wußte, daß er sie hatte.

Wenn Sie eine Veranschaulichung dieser Behauptung haben möchten, dann fragen Sie ein kleines Mädchen, ob es »in seiner Erinnerung« gern rodeln gehen würde. Es wird versuchen, sich zu erinnern, wie es war, als es das letzte Mal mit seinem Schlitten rodelte. Es wird vielleicht die Stirn runzeln und die Augenbrauen zusammenziehen. Sagen Sie ihm nun, es solle zu dem Zeitpunkt *zurückgehen*, als es das letzte Mal Schlitten fuhr. Wenn man ihm ein wenig schmeichelnd zuredet, wird es plötzlich mit einem vollständigen Erlebnis herausrücken, und falls das Mädchen nicht arg aberriert ist, wird es Ihnen erzählen können, wie der Schlitten umkippt, wie ihm Schnee in den Mantelkragen rutscht usw. Es ist vollständig bei der Sache: beim Schlittenfahren, beim Schwimmen oder wonach immer Sie gefragt haben.

Wann immer der Mensch – falls überhaupt – darüber nachdachte, muß er dieses Phänomen mit Phantasie verwechselt haben. Es handelt sich aber nicht um Phantasie. Jeden Menschen kann man im wachen Zustand zu einem in der Vergangenheit liegenden Erlebnis »zurücksenden«, es sei denn, er wäre wirklich ernstlich aberriert. Bei ersten derartigen Versuchen sollte man Erlebnisse wählen, die nicht weit zurückliegen und die angenehm sind.

Es handelt sich hier nicht um eine Gedächtnisleistung der Art, wie man sich »an etwas erinnert«; es ist *Zurückkehren. Sich erinnern* ist ein bei weitem komplizierterer Prozeß als Zurückkehren. Warum Menschen sich das Leben erschweren, indem sie sich an spezielle und komplizierte Daten zu *erinnern* versuchen, wo sie doch einfach zu dem betreffenden Erlebnis *zurückkehren* könnten, ist irgendwie ein Rätsel, zumal im Hinblick auf verlorene Gegenstände, Dinge, die man gelesen hat, Unterhaltungen, die man geführt hat, usw. Das *Erinnern* spielt natürlich eine ganz bestimmte Rolle und ist ein automatischer Vorgang, der das »Ich« in einem nie endenden Strom mit Daten und Schlußfolgerungen versorgt. Wenn man jedoch eine sehr genaue und spezielle Information wünscht oder wenn man nach einem vergangenen Vergnügen sucht, um sich darin zu versenken, ist die *Rückkehr* die besser geeignete Methode.

Der Hypnotiseur kennt etwas, das er »Regression« nennt. Das ist eine ziemlich komplizierte Sache mit viel Hokuspokus, bestimmten Handbewegungen usw., zu der notwendig ist, daß man hypnotisiert wird. Zugegeben, die Regression hat ihren Wert für die Forschung, denn mit Hilfe der Hypnose umgeht man dabei Absperrungen, um die man sonst nicht leicht herumkommt. Und die Regression war auch für die Dianetik dienlich, als der Autor seine Daten über Gedächtnisbanken nachprüfte. Doch es war offensichtlich niemandem aufgefallen, daß die Regression eine künstliche Verwendung eines ganz natürlichen Vorgangs ist.

Ohne Zweifel verwenden manche Leute die *Rückkehr* bei ihrer geistigen Arbeit, und die Betreffenden denken vermutlich, daß das »jeder andere« auch tut, was aber durchaus nicht zutrifft. Aber sogar die Menschen, für die die *Rückkehr* Teil ihrer natürlichen Erfahrungen ist, verstehen kaum je, daß es sich hier um einen ganz bestimmten Vorgang handelt, der sich vom *Erinnern* stark unterscheidet.

Es gibt auch Menschen, die ohne hypnotisiert oder unter Drogen gesetzt zu sein, des *Wiederdurchlebens* fähig sind; das ist allerdings relativ selten. Wenn jemand für eine Weile in Erfolgserlebnissen der Vergangenheit zutiefst versunken ist, beginnt er wiederzuerleben, was mehr ist, als einfach dorthin zurückzukehren.

In der Dianetik haben wir uns an Spektren gewöhnt. Das abgestufte Spektrum ist für die Philosophie ein weitaus besseres Schema als das Pendel des Aristoteles, das von einem Extrem in das andere schwang. Wir kennen das Spektrum der Dynamiken. Wir nennen sie die vier Dynamiken, durch die sich der Befehl ÜBERLEBE! ausdrückt; diese vier umfassen eigentlich eine Vielzahl an Abstufungen, von den Zellen des »Ich« über das »Ich«, über Familie und Kinder, über Verein, Stadt und Staat, über Volk, Rasse und Hemisphäre bis hin zur ganzen Menschheit. Das ist ein Spektrum: Abstufungen, die eigentlich die gleiche Sache sind, aber dem Umfang oder der Reichweite nach immer weiter und immer breiter werden.

In sehr ähnlicher Weise wie das Spektrum der Überlebensdynamiken gibt es ein Spektrum für das *Gedächtnis*. Zunächst haben wir Gedächtnis in seiner präzisesten Bedeutung, von der Gegenwart aus. Dann gibt es Gedächtnis der Vergangenheit. Dann gibt es noch mehr

Gedächtnis der Vergangenheit. Und so bewegen wir uns in einen Teil des Spektrums hinein, der übersehen wurde: Ein Teil des »Ich« kehrt in die Vergangenheit zurück, dann kehrt ein größerer Teil des »Ich« in die Vergangenheit zurück (zu diesem Zeitpunkt haben wir es mit *Rückkehr* zu tun), und schließlich ist im Extremfall das ganze »Ich« in der Vergangenheit. Zuerst handelt es sich um *Erinnern*. Dies ist die ungenaueste Art der Datenbeschaffung (außer bei einem Clear). Dann gibt es *Zurückkehren*, wobei ein Teil des »Ich« sich tatsächlich in der Vergangenheit befindet und seine Aufzeichnungen ihm wie gegenwärtige Wahrnehmungen erscheinen. Ferner gibt es das *Wiederdurchleben*, wobei die Person in dem betreffenden Augenblick so vollständig in der Vergangenheit ist, daß sie, beim Rückruf eines Erlebnisses aus dem Säuglingsalter aufgeschreckt, genau so reagieren würde, wie sie es als Baby getan hätte.

In unserer gegenwärtigen Gesellschaft gibt es viele aberrierte Vorstellungen darüber, wie schlimm es sei, in der Vergangenheit zu leben. Sie stammen teilweise von der Abneigung aberrierter Menschen, dem Gestern ins Auge zu sehen und es zu verstehen.

Eine der Hauptquellen für ein »schlechtes Gedächtnis« ist die Mutter. Oft genug ist eine Mutter beim Gedanken daran, daß das Kind sich genau zurückrufen könnte, was sie ihm angetan hat, in ausreichende Panik versetzt worden, daß eine die ganze Menschheit umfassende Aberration aufgekommen zu sein scheint. Nach mißglückten Abtreibungsversuchen versichert die Mutter dem Kind meistens durch das ganze Säuglings- und Kindesalter hindurch, es könne sich an nichts aus der Zeit erinnern, als es noch ganz klein war. Sie möchte nicht, daß es sich zurückruft, wie geschickt, wenn auch erfolglos, sie mit verschiedenen Instrumenten zu Werke ging. Vielleicht wäre das vorgeburtliche Gedächtnis eine Selbstverständlichkeit wie unser ganz normales Gedächtnis und stünde der gesamten Menschheit für den Rückruf voll zur Verfügung, wenn sich nicht dieses Schuldbewußtsein so vieler Mütter durch all die Jahrtausende hin fortgepflanzt hätte. Der Auditor muß daher immer auf den heftigen Widerstand von Müttern gefaßt sein, die sich – aus Angst vor dem, was ihr Kind entdecken könnte – mit Händen und Füßen dagegen wehren, daß ihre erwachsenen Söhne oder Töchter die Therapie beginnen. So mancher Auditor hat schon erlebt, daß eine Mutter bei dem Gedanken, ihr Kind könne vorgeburtliche Geschehnisse zurückrufen, einen Nervenzusammenbruch erlitt. Übrigens liegt das nicht immer daran, daß sie abzutreiben versuchte. Oft gab es neben dem Vater noch ein paar andere Männer, von denen der Vater nie etwas wußte; und sehr häufig wird die Mutter in einem solchen Fall ihr Kind lieber Krankheiten, geistigen Störungen oder auch nur dem Unglücklichsein überlassen, als es den Weg des Preclears verfolgen zu lassen, obwohl sie behauptet, keinerlei Erinnerung an irgendein dem Kind jemals zugestoßenes Übel zu haben. Wenn sie selbst dianetisch behandelt wird, gibt sie die Wahrheit gewöhnlich preis. Hier haben wir die Ursache, warum in unserer Gesellschaft ein gutes Gedächtnis unerwünscht ist und kleinkindliche und vorgeburtliche Erinnerung nicht zur Kenntnis genommen werden – ganz zu schweigen von der Fähigkeit der *Rückkehr* und des *Wiederdurchlebens*.

Das Speicherungssystem der Standardbank ist bewundernswert. Es ist alles vorhanden, und es ist nach Thema, Zeit und Schlußfolgerungen gespeichert. Alle Wahrnehmungsinhalte sind da.

Das nach der Zeit geordnete Speicherungssystem ist das, was wir in der Dianetik den *Time-Track* nennen. Auf diesem Time-Track mit einem Teil des »Ich« zurückzugehen ist *Rückkehr*. Er ist sowohl für bewußte als auch für »unbewußte« Daten eindeutig vorhanden. Der *Time-Track* ist für den Auditor außerordentlich wichtig und interessant.

Der Mind ist ein wohlgebauter Computer mit verschiedenen Dienstleistungseinrichtungen. Die Auditoren (die vor Kompliziertheit zurückschrecken und den Jargon der Praxis bevorzugen) bezeichnen den Ursprung einer dieser Dienstleistungen als *Archivar*[1]. Dieser Ausdruck klingt nicht besonders würdevoll und erinnert sehr an einen Menschen. Es gibt da drinnen natürlich weder einen kleinen Mann noch eine kleine Frau mit einem grünen Augenschirm. Aber die Handlung, die stattfindet, ähnelt sehr dem, was geschähe, wenn tatsächlich ein solches Wesen im menschlichen Mind wohnen würde.

Der *Archivar* steuert die Bank. »Er« steuert sowohl die reaktive Engrammbank als auch die Standardbanken. Wenn ihn der Auditor oder das »Ich« nach einer Information fragt, wird er sie dem Auditor über das »Ich« aushändigen. Er ist ein bißchen schwachköpfig, wenn er die reaktive Engrammbank handhabt (eine Ansteckung seitens des reaktiven Minds). Manchmal händigt er Wortspiele oder wirre Träume aus, wenn er ernsthafte Daten liefern sollte.

Fragt zum Beispiel der Auditor den Preclear, wann er zuletzt im Kino war, wird der Archivar den Kinobesuch, das Datum der Vorstel-

[1] Technisch gesehen könnte der *Archivar* als die »Banksteuereinheiten« bezeichnet werden, aber dieser Begriff ist zu unhandlich. (Anm. d. Verf.)

lung, das Alter, den körperlichen Zustand der Person und alle Wahrnehmungen, die ganze Filmhandlung, das Wetter usw. liefern – alles, was vorhanden war und mit dem Film in Beziehung stand.

Im Alltagsleben liefert der Archivar mit großer Geschwindigkeit Erinnerungen an das »Ich«. Mit gutem Gedächtnis erhält man seine Daten in Bruchteilen von Sekunden. Wenn der Archivar die Erinnerung um verschiedene reaktive Absperrungen herumbugsieren muß, kann es Minuten oder Tage dauern, bis die Daten ankommen.

Eine große Datenverarbeitungsanlage modernster Bauart müßte einen »Datenspeicher« mit Lochkarten oder dergleichen haben und über eine Auswahl- und Eingabevorrichtung verfügen, um die Daten auszustoßen, die die Anlage braucht. Das Gehirn besitzt so eine Vorrichtung – es könnte ohne sie nicht arbeiten. Dies ist die Steuereinheit der Bank: der Archivar.

Behalten Sie diese zwei Bestandteile des Minds im Gedächtnis: den *Time-Track* und den *Archivar*, und vergessen Sie auch nicht den Mechanismus der *Rückkehr.* Mit diesen drei Dingen, zusätzlich zur reaktiven Bank und den Standardbanken, wird in der dianetischen *Reverie* gearbeitet.

Der Archivar ist ein sehr dienstbarer Geist. Hat er Schwierigkeiten gehabt, um die reaktiven Absperrungen und Schaltkreise im allgemeinen herumzukommen, um zum »Ich« zu gelangen, ist er besonders dienstbereit. Er kooperiert mit dem Auditor.

Das Steuerungssystem könnte als ein System von Aufmerksamkeitseinheiten betrachtet werden. Nehmen wir einmal an, jeder Mensch besäße tausend von ihnen. Somit stünden dem »Ich« des Clears tausend Aufmerksamkeitseinheiten zur Verfügung. Bei einem Aberrierten sind für das »Ich« vielleicht nur fünfzig solcher Einheiten verfügbar und fünfhundert oder sechshundert in reaktiven Engrammen absorbiert; der Rest würde unterschiedlich verwendet, u.a. um den Mechanismus zu bilden, den wir die Steuereinheit der Bank – den Archivar – nennen.

Es scheint, als würde der Archivar eines Aberrierten lieber mit dem Auditor als mit dem Aberrierten zusammenarbeiten. Das mag erstaunlich erscheinen, ist aber wissenschaftlich erwiesen. Der Archivar arbeitet also am besten, wenn er Daten aus den Banken des Preclears auswählt, um sie dem Auditor zu präsentieren. Wir erkennen hierin einen weiteren Aspekt des Affinitätsgesetzes. Der Archivar des »Ich« und der Auditor sind ein Team: sie arbeiten sehr oft in enger Harmonie, ohne in nennenswertem Grad eine Einwilligung vom Analysator des Preclears zu brauchen.

Die *Rückkehr* ist bei einem Aberrierten am leichtesten zu erreichen, wenn der Auditor direkt den Archivar und nicht den Patienten anspricht. Das ist tatsächlich möglich, während der Patient voll bei Bewußtsein ist. Der Auditor bittet ihn um eine Information und sagt ihm, er solle zu dieser zurückgehen. Plötzlich befindet sich das »Ich« im Besitz des gesamten Archivs. Irgend etwas im Innern des Minds arbeitet also mit dem Auditor in enger Harmonie und arbeitet für ihn besser als für die Person, in deren Mind es sich befindet – das ist der Archivar.

Der Auditor hat die Aufgabe, entgegenzunehmen, was der Archivar aushändigt, und den Archivar davor zu bewahren, daß er von reaktiven Daten überschwemmt wird. Sind die Daten einmal vom Archivar ausgegeben worden, hat der Auditor die Aufgabe, dafür zu sorgen, daß der Preclear das Datenmaterial oft genug durchläuft, um dessen Ladung zu entfernen. Das ist außerordentlich leicht zu bewerkstelligen. Um diesen Vorgang abzuwickeln und um den Preclear vor Ablenkungen zu bewahren, wird für jede Sitzung eine in der Praxis bewährte Routinetechnik angewandt, die ihn in die Lage versetzt, den Archivar arbeiten zu lassen.

Der Patient sitzt auf einem bequemen Stuhl mit Armstützen oder liegt auf einer Couch in einem ruhigen, vor Störungen durch unerwünschte Sinnesreize möglichst abgeschirmten Zimmer. Der Auditor fordert ihn auf, zur Decke zu blicken. Der Auditor sagt: »Wenn ich von eins bis sieben zähle, werden dir die Augen zufallen.« Dann zählt der Auditor von eins bis sieben und fährt ruhig und freundlich mit dem Zählen fort, bis der Patient die Augen schließt. Bei optimaler *Reverie* wird ein Zittern der Augenlider zu bemerken sein.

Das ist die ganze Routine. Betrachten Sie sie vor allem als ein Signal, daß nun das Verfahren beginnen wird, und als ein Mittel, den Preclear auf seine eigenen Belange und den Auditor zu konzentrieren. *Dies ist keine Hypnose.* Es ist etwas ganz anderes. Erstens weiß der Patient alles, was um ihn herum vorgeht. Er befindet sich nicht »im Schlaf« und ist jederzeit imstande, das Verfahren abzubrechen. Es steht ihm auch frei, sich zu bewegen, aber der Auditor erlaubt ihm gewöhnlich nicht zu rauchen, da es den Preclear ablenkt.

Um sicherzugehen, daß der Patient nicht hypnotisiert ist, sagt ihm der Auditor, bevor er mit dem Zählen beginnt: »Du wirst alles wissen, was vor sich geht. Du wirst dich an alles, was geschieht, erinnern können. Du kannst deine eigene Kontrolle ausüben. Wenn du nicht magst, was geschieht, dann kannst du augenblicklich aussteigen. Nun, eins, zwei, drei, vier . . .« usw.

Um doppelt sicher zu sein – denn wir wollen keine Hypnose, auch nicht versehentlich –, richtet der Auditor den *Löscher* ein. Das ist ein äußerst wichtiger Schritt, der auf keinen Fall unterbleiben sollte, selbst wenn Sie vielleicht völlig sicher sind, daß der Patient durch Ihre Worte in keiner Weise beinflußt wird. Der Auditor könnte sich in seinen Äußerungen unbeabsichtigt restimulierender Worte bedienen, die ein Engramm einkeyen würden. Besonders, wenn es ihm noch an Erfahrung in der Dianetik mangelt, benutzt er vielleicht einen *Holder*[2] oder einen *Denyer*[3], indem er dem Preclear, der auf dem Time-Track zurückgekehrt ist, sagt: »Bleib dort«, oder, was am schlimmsten ist: »Vergiß es«; letzteres gehört zu einer Klasse von Ausdrucksweisen des Vergessermechanismus, die in ihrer aberrierenden Wirkung besonders schlimm ist, da sie vollständig verhindert, daß der Analysator die Daten erhält. Um solche Erscheinungen zu vermeiden, ist der *Löscher* unerläßlich. Es handelt sich um die Übereinkunft mit dem Patienten, daß alles, was der Auditor sagt, vom Patienten weder buchstäblich gedeutet noch sonst irgendwie benutzt werden wird. Dieser Löscher wird eingerichtet, unmittelbar nachdem der Zustand der Reverie hergestellt ist, und zwar etwa mit folgenden Worten: »Wenn ich in Zukunft das Wort *gelöscht* ausspreche, wird alles, was ich zu dir während der Sitzung gesagt habe, gelöscht sein und keine Macht über dich haben. Jede Suggestion, die ich dir gegeben habe, wird ohne Kraft sein, wenn ich das Wort *gelöscht* sage. Verstehst du?«

Das Wort »gelöscht« wird dann unmittelbar, bevor der Patient am Sitzungsende die Augen öffnen darf, ausgesprochen. Es wird nichts weiter hinzugefügt, man benutzt nur dieses eine Wort.

Der Löscher ist äußerst wichtig. Er verhindert zufällige positive Suggestionen. Der Patient könnte leicht beeinflußbar oder sogar ständig in einer leichten hypnotischen Trance sein (viele Menschen gehen in einem solchen Trancezustand durchs Leben). Ein Engramm ist tatsächlich eine hypnotische Suggestion. Man könnte sagen, daß der Zweck der dianetischen Therapie darin besteht, einen Menschen

[2] *Holder* (»Festhalter«): jeder Engrammbefehl, der zur Folge hat, daß der Preclear in einem Engramm festgehalten wird oder auch an einem beliebigen Punkt auf dem Time-Track steckenbleibt. Ein Holder ist z. B. ein Satz wie »Bleib hier«, »Komm zurück und setz dich hin«, »Ich kann nicht gehen« usw.

[3] *Denyer* (»Verleugner«): verleugnet die Existenz eines Satzes oder Geschehnisses. Zum Beispiel »nein«, »nicht«, »ich will nicht«, »ich kann es nicht sagen«, »das darfst du nicht«, »es ist nicht hier«, »niemals«, »unmöglich«, »keine Ahnung«, »unvorstellbar«.

aus jeder Periode seines Lebens aufzuwecken, in der ihm eine »Bewußtlosigkeit« aufgezwungen wurde. Die Dianetik weckt Menschen auf, sie ist keine Hypnose, die die Menschen einschläfert. Dianetische Therapie weckt sie auf, während Hypnose sie zum Schlafen bringt. Könnte die Verschiedenheit extremer sein? Dianetische Therapie entfernt Engramme. Hypnose pflanzt Engramme ein. Ferner ist Dianetik eine Wissenschaft, ein systematisches Wissensgebäude. Hypnose dagegen ist ein Werkzeug und eine Kunst; sie ist so eine unberechenbare Variable, daß der Mensch, obwohl er sie seit vielen Jahrhunderten anwandte, in ihr stets etwas Gefährliches vermutete.[4]

Der Auditor wird unvermeidlich an Personen geraten, die trotz aller Vorsichtsmaßnahmen in einen hypnotischen Schlaf fallen. Solche Fälle haben Engramme, die das bewirken, so wie andere Engramme haben, die sie wachbleiben lassen. Der Auditor erwähnt dann weder das Wort »Schlafen« noch »Wachsein«. Er akzeptiert seine Fälle, auf welches verdrehte Niveau sie auch immer gefallen sind, und bringt sie von dort an nach oben. Manche Patienten werden bitten, unter Drogenwirkung oder in Trance versetzt zu werden. *Lassen Sie sie bitten!* Im Endergebnis führt die Reverie zur Klärung; Drogen und Hypnose führen zur Abhängigkeit vom Auditor und haben noch viele andere unerwünschte Aspekte. Die Behandlung eines Falles in Amnesietrance dauert länger als in der Reverie. Die Gewinne mit Hilfe der Reverie sind sicher. Dem Patienten geht es immer besser. Wenn Amnesietrance bzw. Hypnose anstelle der Reverie angewandt wird, erfährt der Patient – wie leicht die Daten auch heraufzukommen scheinen – in der Regel doch nur wenig Erleichterung, bis er nach langer Unbehaglichkeit kurz vor Behandlungsende plötzlich gesund wird. Hypnose bringt überdies das Phänomen der Übertragung[5] mit sich, erfordert ein hohes Verantwortungsgefühl beim Therapeuten und enthält andere Störfaktoren, die alle in der langen Praxis der Dianetik nicht aufgetreten sind. Hypnose wurde zu Forschungszwecken benutzt, dann aber aufgegeben.

Richten Sie also jedesmal den Löscher ein. Versäumen Sie in keiner Sitzung, ihn einzurichten. Der Patient mag in Trance fallen,

[4] Ein weiterer Unterschied besteht darin, daß ein Patient *ohne* jegliches Zählen zur *Rückkehr* veranlaßt werden kann. (Anm. d. Verf.)

[5] *Übertragung:* ein Grundbegriff der Psychoanalyse: die sich während der Analyse ergebende (positive oder negative) gefühlsmäßige Bindung an den Therapeuten; beruht darauf, daß in die Beziehung zum Therapeuten Wünsche und Gefühle eingebracht werden, die gegenüber früheren Bezugspersonen entstanden sind.

was wir nicht wünschen, aber nicht immer vermeiden und auch nicht immer entdecken können. Richten Sie darum zuverlässig den Löscher am Anfang jeder Sitzung ein, und sprechen Sie dann, nachdem Sie den Patienten in die Gegenwart zurückgebracht haben, das Löscherwort.

An dieser Stelle sei nun der gesamte Routinevorgang wiederholt:

Auditor: »Schau an die Decke. Wenn ich von eins bis sieben zähle, werden dir die Augen zufallen. Du wirst alles, was geschieht, weiterhin bewußt wahrnehmen. Du wirst in der Lage sein, dich an alles, was hier geschieht, zu erinnern. Du kannst dich von allem, in was du hineingerätst, sofort zurückziehen, wenn es dir nicht gefällt. Gut.« Langsam, beruhigend: »Eins, zwei, drei, vier, fünf, sechs, sieben.[6] Eins, zwei, drei, vier, fünf, sechs, sieben. Eins, zwei, drei . . .« Die Augen des Patienten schließen sich, die Augenlider zittern. ». . . vier, fünf, sechs, sieben.« (Der Auditor hält inne und richtet dann den Löscher ein.) »Gut. Kehren wir nun zu deinem fünften Geburtstag zurück . . .« (Die Arbeit im einzelnen übergehen wir hier; sie wird fortgesetzt, bis der Auditor für diese Sitzungsperiode mit dem Patienten genug gearbeitet hat. Er kommt dann zur routinemäßigen Beendigung der Sitzung:) »Komm in die Gegenwart. Bist du in der Gegenwart?« (»Ja.«) (Der Auditor spricht das Löscherwort.) »Wenn ich von fünf bis eins zähle und mit den Fingern schnippe, wirst du dich wach und munter fühlen. Fünf, vier, drei, zwei, eins.« (Schnipp.)

Wie man an diesem Beispiel sehen kann, *muß* der Preclear, der vielleicht zwei Stunden lang in seine Vergangenheit *zurückgekehrt* war, wenn die Arbeit für den Tag beendet ist, in die Gegenwart zurückgebracht und durch ein Fingerschnippen aufgerüttelt werden, um sein Bewußtsein für sein Alter und seine Umstände wiederherzustellen. Manchmal ist er nicht imstande, ohne weiteres in die Gegenwart zurückzukommen. Dem kann rasch abgeholfen werden, wie später noch beschrieben werden wird. Der Auditor muß sich also immer vergewissern, daß der Patient seinem eigenen Empfinden nach wirklich in der Gegenwart ist.

Das ist Reverie. Mehr braucht man über ihre Wirkungsweise nicht zu wissen. Die Erfahrung wird den Auditor viel lehren. Hier seien die grundlegenden Punkte des Verfahrens zusammengefaßt:

[6] Wenn der Patient gegen Zahlen etwas hat, benutzen Sie Buchstaben des Alphabets. Er mag bei einer früheren Operation unter Zählen eingeschläfert worden sein, so daß Zahlen ihn nervös machen. (Anm. d. Verf.)

1. Versichern Sie dem Patienten, daß er über alles, was geschieht, Bescheid wissen wird.

2. Zählen Sie, bis er die Augen schließt.

3. Richten Sie den Löscher ein.

4. Senden Sie den Patienten in einen Zeitabschnitt der Vergangenheit zurück.

5. Arbeiten Sie mit dem Archivar, um Daten zu erhalten.

6. Reduzieren Sie alle berührten Engramme, so daß keine Ladung verbleibt.

7. Bringen Sie den Patienten in die Gegenwart.

8. Vergewissern Sie sich, daß er in der Gegenwart ist.

9. Geben Sie ihm das Löscherwort.

10. Stellen Sie volles Bewußtsein seiner Umgebung wieder her.

Der Time-Track ist auf der untersten Ebene der Aufmerksamkeitseinheiten immer in ausgezeichnetem Zustand. Man kann sich darauf verlassen, daß jedes Datum und jede Stunde eines Lebens und alle diesbezüglichen Daten hier zugänglich sind. Auf den höheren Ebenen des Bewußtseins mag dieser Time-Track höchst fehlerhaft erscheinen. Die Engrammschaltkreise des reaktiven Minds stehen zwischen diesen unteren Ebenen der Aufmerksamkeitseinheiten (welche direkt an den Banken liegen) und den höheren Ebenen, die das »Ich« enthalten. Die unteren Ebenen enthalten nur einen Schatten von der Kraft des »Ich« und scheinen bei einer multivalenten Persönlichkeit ein anderes »Ich« zu sein.

Sie können das auf einem Blatt Papier schematisch darstellen, zeichnen, und es wäre nützlich, wenn Sie es täten. Zeichnen Sie links auf der Seite ein hohes Rechteck – die Standardbanken. Zeichnen sie ein halbes Dutzend Kreise von außen an die rechte Seite dieses Rechtecks; sie repräsentieren den Archivar – die Steuereinheiten der Banken. Zeichnen Sie nun, etwa in die Mitte des Blattes, ein großes Rechteck und schwärzen Sie es aus – das ist der Bereich der reaktiven Engrammschaltkreise. Es ist *nicht* die reaktive Bank; es ist das Schaltkreismuster aus der reaktiven Engrammbank, das vom Analysator einen Teil entwendet, um Dämonen, artikuliertes Denken usw. zu schaffen. Zeichnen Sie nun auf die rechte Seite des Blattes ein weiteres Rechteck, das Sie weiß lassen – hier haben wir den Teil des Analysators, der das »Bewußtsein« und das »Ich« ist.

Aufgabe der Therapie ist es, dieses schwarze Rechteck, die Schaltkreise der reaktiven Engrammbank auszulöschen, so daß der ganze Bereich von den Standardbanken auf der linken Blattseite bis zum Bewußtseinsteil des Analysators auf der rechten Blattseite *nur noch* Analysator ist. Das geht nicht mit einem Messer, wie manche angenommen haben, die die Situation von ihren eigenen Engrammen aus beurteilen; denn dieses von Ihnen gezeichnete schwarze Rechteck ist *ganz und gar* Analysator, nur wurde dieser Bereich durch Engramme untauglich gemacht. Nach Abschluß der Therapie wird dies alles für das Denken zur Verfügung stehen. Das steigert den Intelligenzquotienten in außerordentlichem Maße.

Nehmen wir an, daß der untere Rand Ihrer Zeichnung den Augenblick der Befruchtung und der obere Rand die Gegenwart darstellt. Der senkrechte Weg auf und ab ist dann der Time-Track. Nach diesem Diagramm ist die Gegenwart in jeder neuen Sekunde der oberste Punkt, jede Sekunde weiter vom Befruchtungsaugenblick entfernt, jeden Augenblick »jetzt«. Damit das »Ich« Daten aus den Standardbanken im Rechteck zur Linken erhalten kann, müßte es sich durch dieses schwarze Rechteck, die Schaltkreise des reaktiven Minds, hindurcharbeiten. In einem beträchtlichen Maße gelingt es dem »Ich«, sich durch Umgehung des schwarzen Bereichs Daten zu verschaffen. Doch in sehr viel größerem Maße gelingt ihm das nicht.

Ziehen wir nun eine senkrechte Linie am rechten Rand des Diagramms. Diese Linie ist »Bewußtsein«. Nehmen Sie an, daß diese Linie, weiterhin in senkrechter Position, nach links verschoben wird. Je weiter sich die Linie nach links verschiebt, um so tiefere »Trance« erhalten wir. Bewegt sich die Linie in den Bereich des reaktiven Minds hinein, haben wir hypnotische Trance. Und verschiebt sie sich noch weiter nach links in die durch Kreise gekennzeichneten Steuereinheiten, die wir »Archivar« nennen, so haben wir die Amnesietrance der Hypnose. So bekommen wir überall, wohin wir diese Linie auch legen, eine bestimmte »Trancetiefe«. Wir wollen drüben, rechts von der reaktiven Bank, dem wachbewußten Bereich am nächsten, arbeiten, so daß wir das »Ich« in Kontakt mit seiner Umgebung halten können und unerwünschte Daten, die dem Patienten chronisches Unbehagen bereiten würden, am Durchkommen hindern können. Schlittert aber der Patient sofort – während Sie von eins bis sieben zählen – von ganz rechts, dem Zustand vollen Bewußtseins, nach links hin zu den Kreisen, den Aufmerksamkeitseinheiten des Archivars, so ist er ein hypnotisches Medium. Wenn er aufwacht, mag er sich dessen, was geschehen ist, nicht bewußt sein, denn der Kontakt zum »Ich« war abgeschnitten. Arbeiten Sie dort mit ihm, denn er wird vollen Geräuschrückruf usw. haben; aber achten Sie sehr, sehr sorgfältig darauf, daß Sie sehr frühe vorgeburtliche Erfahrungen bearbeiten. Es kann sein, daß er sich nicht zurückrufen kann, was geschehen ist, und daß ein spätes Engramm (das sich nicht reduzieren lassen wird, wenn man es anzapft) seine volle Kraft auf das »Ich« losläßt, wenn der Patient wieder bei Wachbewußtsein ist. Außerdem könnten Sie ihm versehentlich positive Suggestionen geben. Arbeiten Sie darum vorzugsweise mit einer Trancetiefe, die – im vorstehend entwickelten Diagramm – ein gutes Stück rechts von der reaktiven Bank liegt.

Die »Archivar« genannten Steuer- oder Aufmerksamkeitseinheiten haben ähnliche Ziele wie das – geklärte – eigentliche Wesen. Deshalb ist es auch möglich, bei jedem Patienten zur *Grundpersönlichkeit* vorzustoßen, denn hier ist ein Muster davon. Der Auditor sollte sich aber mit dem Wissen zufriedengeben, daß sie existiert. Im fortschreitenden Klärungsvorgang wird er mehr und mehr davon sehen. Man bleibt man selbst, die Persönlichkeit ändert sich nicht; sie wird einfach so, wie man sie in seinen besten Augenblicken immer haben wollte.

Die Einheiten, die direkt bei den Standardbanken liegen, können als der Archivar betrachtet werden; aber der Archivar kann mehr anzapfen als nur die Standardbanken. Ihm steht auch die gesamte Engrammbank zur Verfügung, aus der er Daten herausziehen kann.

Der Time-Track kann für den Preclear auf mehrerlei Art in Erscheinung treten. Es gibt da eigentlich keine Spur außer der Zeit, und Zeit ist unsichtbar; aber das Bewußtsein, das »Ich«, kann auf ihr zurückkehren. Die Spur ist immer da – ausgestreckt. Es treten jedoch ständig aberrierte Vorstellungen vom Time-Track auf, die sich beim selben Patienten wiederholen. Er erscheint vielleicht völlig zusammengebündelt, vielleicht auch übermäßig lang. Vielleicht kann die Person überhaupt nicht auf ihn gelangen (letzteres trifft auf den Schizophrenen zu – er ist von seinem Time-Track *herunter*.) Der Time-Track ist aber da. Er ergibt sich aus dem System der Speicherung nach *Zeit*, und das »Ich« kann die Zeit entlang zurückgesandt werden. Das geschieht aufgrund der bloßen Aufforderung, zurückzugehen. Ist dies der Person nicht möglich, sitzt sie entweder in der Gegenwart oder in einem Engramm fest, was leicht zu lösen ist. Und so weiter.

Betrachten wir nun die Engrammbank. Im obigen Diagramm wurde sie als schwarzes Rechteck eingezeichnet. Wir wollen jetzt das Diagramm ein wenig verändern und das Ganze noch einmal zeichnen. Die Rechtecke werden als Dreiecke dargestellt, deren Spitzen nach unten zeigen und zusammenstoßen. Alles übrige bleibt wie zuvor – die Standardbanken, der Analysator (Bewußtsein) und das »Ich«. Das ist nun ein Arbeitsmodell zur Veranschaulichung dessen, was der Auditor kontaktieren möchte. Es ist so, als ob die Engrammbank selbst in dem schwarzen Dreieck existieren würde. Eigentlich ist das nicht der Fall, dort sind nur ihre Schaltkreise. Aber stellen wir es uns so vor. Die Dreiecke laufen also unten in einen spitzen Punkt zusammen. Dort können das »Ich« und der Archivar zusammenkommen. Das ist das untere Ende des Time-Tracks, unmittelbar nach der Empfängnis. Ein wenig höher, sagen wir zweieinhalb Monate nach der Empfängnis, ist es für das »Ich« und den Archivar schon etwas schwerer, in Kontakt miteinander zu kommen. Es liegen mehr reaktive Schaltkreise zwischen ihnen. Sieben Monate nach der Empfängnis ist es noch schwieriger. Und im Alter von zwanzig Jahren ist es bei den meisten Fällen ohne dianetische Technik beinahe unmöglich.

Wir verstehen jetzt, warum es für den Auditor zweckmäßig ist, mit dem Preclear im vorgeburtlichen Bereich zu arbeiten, und dort so nah an der Empfängnis wie möglich. Wenn der Auditor die Zeit von der Empfängnis bis zur Geburt klären kann, die Geburt mit eingeschlossen, hat er seine Aufgabe zu neun Zehnteln gelöst. Sein Ziel bleibt die Klärung der ganzen reaktiven Bank.

Die reaktive Bank stellen wir uns als eine umgekehrte Pyramide vor, die überall ziemlich gut gepanzert ist, außer an der nach unten gerichteten Spitze; der Panzer der Bank wird durch den Kontakt an der Spitze »gesprengt«. Dort trifft man die reaktive Bank an der empfindlichen Stelle. Man muß in die *Grundzone* vordringen, mit frühen Engrammen Kontakt aufnehmen, durch wiederholtes Durchgehen und Erzählen das Basik-Basik-Engramm auslöschen und dann in Richtung Gegenwart voranschreiten und weitere Engramme tilgen. Diese Engramme verschwinden offensichtlich. Man muß tatsächlich lange suchen, um sie wiederzufinden, wenn sie einmal wirklich verschwunden sind. Sie existieren nun umgespeichert als Erinnerungen in den Standardbanken. Aber diese Erinnerung ist so unwichtig, nachdem sie jetzt als Erfahrung aufgenommen wurde, daß sie nicht mehr aberrieren kann. *Nichts in der Standardbank kann aberrieren.* Aberrieren kann nur der Inhalt der reaktiven Bank – Augenblicke der »Bewußtlosigkeit« samt ihrem aufgezeichneten Inhalt – und Locks. Der Auditor betrachtet bei seiner Arbeit ein Engramm als ausgelöscht, wenn es verschwindet, wenn der Preclear mit keinem Teil des Engramms mehr in Kontakt kommen kann –

Erhalten Sie mehr Informationen über DIANETIK

Ich will mich näher informieren und bitte um unverbindliches und kostenloses Informationsmaterial von kompetenter Seite.

☐ Senden Sie mir bitte Information über weitere DIANETIK®-Bücher zu.

☐ Senden Sie mir bitte Informationen über den DIANETIK-Heimkurs.

☐ Senden Sie mir bitte Informationen über DIANETIK-Beratung.

☐ Senden Sie mir bitte Informationen über das DIANETIK-Seminar.

☐ Ich würde gerne einen Persönlichkeitstest machen.

Senden Sie diese unverbindliche Karte noch heute.

(Bitte in Blockschrift ausfüllen)

ABSENDER:

NAME:

VORNAME:

STRASSE:

PLZ/ORT:

TELEFON:

ORT DATUM UNTERSCHRIFT

Senden Sie diese Karte an eine der Adressen, die am Ende dieses Buches aufgeführt sind, oder direkt an den verlag:

NEW ERA Publications Deutschland GmbH
Bahnhofsstr. 40,
D-21629 Neu Wulmstorf

Gebühr zahlt Empfänger (innerhalb Deutschlands)

aber erst, nachdem dieser das Engramm vollständig, mit allen Somatiken, wiedererlebt hat.[7]

Diese umgekehrte Pyramide enthält in ihren oberen Bereichen Affekt (also Erregung, Gemütsbewegung). In den unteren Bereichen birgt sie die Grundursache der Aberration. Der Zement, der diese umgekehrte Pyramide zusammenhält, ist körperlicher Schmerz und schmerzliche Emotion. Jeder vom Organismus jemals aufgezeichnete körperliche Schmerz und alle schmerzlichen Emotionen sind in dieser umgekehrten Pyramide enthalten.

Der Auditor *entlädt* zuerst die schmerzliche Emotion aus dem späteren Lebensbereich, wie sie in »bewußten Augenblicken« in Erscheinung trat. Er läßt den Preclear diese Zeitabschnitte durchlaufen, als wären sie echte Engramme, bis der Preclear nicht mehr von ihnen beeinflußt wird. Dann versucht er mit dem *Basik-Basik*, dem ersten Engramm, Kontakt aufzunehmen. Er reduziert alle Engramme, die ihm auf dem Weg zu diesem Hauptziel begegnen. *In jeder Sitzung versucht er das Basik-Basik zu erreichen, bis er sicher ist, daß er es hat.*

Das *Basik-Basik* ist der tiefste Punkt auf dem Time-Track. Sobald es erobert worden ist, beginnt ein Auslöschen, bei dem der Preclear ein Engramm nach dem anderen mit allen Somatiken »wiedererlebt«, bis jedes verschwunden ist. Bevor das *Basik-Basik* erreicht war, mußten Engramme anfangs vielleicht zwanzigmal durchlaufen werden, bevor sie reduziert waren. Später mag fünfmal genügt haben, um sie zu reduzieren. Dann kontaktiert und löscht der Auditor das *Basik-Basik*. Wenn der Patient jetzt Geräuschrückruf hat - oder wenn er ihn die ganze Zeit schon hatte -, beginnen die Engramme sich nun mit nur ein oder zwei Durchgängen auslöschen zu lassen.

Der Archivar ist pfiffig. Der Auditor, der der Fähigkeit dieser Aufmerksamkeitseinheiten keinen Glauben schenkt, wird die Therapie unnötig verkomplizieren und den Erfolg hinauszögern. Der Archivar kann Daten und Geschehnisse *anhand von Redewendungen (Sätzen), anhand von Somatiken* oder *anhand von Zeit* aushändigen. Alles, was er aushändigt, wird sich gewöhnlich durch Wiedererzäh-

[7] Mit dem Archivar kann man auch unter Drogenwirkung oder in Hypnose Kontakt aufnehmen, um Engramme hervorzuholen und zu reduzieren. Aber das ist eine zu einfache Lösung. In der dianetischen Therapie tun wir mehr: Wir versuchen, das »Ich« mit dem Archivar in Kontakt zu bringen, nicht nur mit dem Archivar allein zu arbeiten. Hypnoanalyse und Narkosynthese versagten, weil sie nichts von der Engrammbank wußten und weil sie, ohne zu wissen, was er war, nur mit dem Archivar zu arbeiten versuchten. Der Wunsch eines Patienten, man möge mit ihm in Amnesietrance oder irgendeinem von Drogen beeinflußten Zustand arbeiten, ist ein Versuch, sein »Ich« zu verschonen und die Last dem Archivar aufzubürden. (Anm. d. Verf.)

len reduzieren lassen. Durch *Zusammenarbeit* mit dem Archivar und nicht etwa durch den Versuch, ihm *befehlen* zu wollen, bessert sich der Zustand des Patienten stetig, bis er Release oder Clear ist. Der Auditor sieht nur dann von dieser Verfahrensweise ab, wenn er die Wiederholungstechnik anwendet, die an späterer Stelle beschrieben wird.

Fassen wir zusammen: Das »Ich« befindet sich in *Reverie*; wir lassen es auf seinem *Time-Track* zu einer früheren Periode seines Lebens *zurückkehren*. Der *Archivar* gibt Geschehnisse heraus, die der Preclear wiedererlebt; der Auditor läßt den Preclear das *Engramm* wiedererzählen, bis es erleichtert oder »verschwunden« ist[8] (alle Engramme werden schließlich »verschwinden«, nachdem das *Basik-Basik* gelöscht wurde); alles Neue, was der Archivar anbietet (und sei es während des Wiedererzählens), wird vom Auditor angegangen, um es den Preclear wiedererleben zu lassen.

Mehr wird in der Dianetik nicht getan. Als »Zubehör« gibt es die Wiederholungstechnik und einige abkürzende Verfahren. Das ist die Therapie. Sie erfordert natürlich ausführlichere Erörterung, und im Folgenden wird der Auditor alle Informationen finden, die er noch braucht. Dies ist jedoch der komplette Abriß der dianetischen Therapie.

[8] »Verschwunden« oder »ausgelöscht«, auf ein Engramm angewendet, das behandelt wurde, bedeutet, daß das Engramm aus der Engrammbank verschwunden ist. Es kann danach nicht gefunden werden, außer indem man die Standardbanken absucht. (Anm. d. Verf.)

Die Gesetze der Rückkehr

Das Engramm sieht so aus, als wäre es eine eigenständige lebendige Einheit – was es aber nicht ist –, die sich auf verschiedene Arten verteidigt. Jede einzelne Äußerung darin kann als Befehl betrachtet werden, der auf den analytischen Mind so einwirkt, daß dieser sich seltsam verhält.

Dianetische Therapie entspricht den Methoden des Denkens und dem Denken selbst. Alles, was sich gegen die Dianetik und den Auditor wendet, kehrt sich ausnahmslos genauso gegen den analytischen Mind des Patienten. Umgekehrt sind die Denkprobleme des Patienten im täglichen Leben die Probleme des Auditors in der Therapie.

Die Hauptmasse dieser »Befehle«, die in den Engrammen enthalten sind, ist in keiner Weise berechenbar, denn sie widersprechen einander oder fordern zu unvernünftigen Handlungen auf. Was den Patienten aberriert macht, ist die Unmöglichkeit, sie zu berechnen und sie auf Denken und Dasein abzustimmen. Nehmen wir ein Engramm, das von den Darmbewegungen der Mutter beim Stuhlgang herrührt. Sie strengt sich an und preßt den Bauch zusammen. Das verursacht beim ungeborenen Kind »Bewußtlosigkeit«. Wenn sie zu Selbstgesprächen neigt, wie so viele aberrierte Frauen, sagt sie vielleicht: »Oh, das ist die reinste Hölle. Ich bin innen ganz verstopft. Ich fühle mich so verstopft, ich kann gar nicht mehr denken. Es ist zu schrecklich, es läßt sich nicht ertragen.«

Dies könnte sich in der Grundzone zutragen. Der Traummechanismus des Minds (der meist in Wortspielen denkt, den Traumdeutern zum Trotz) mag einen Traum über Höllenfeuer hervorbringen, wenn sich die Person dem Engramm nähert. Der Preclear ist möglicherweise davon überzeugt, daß die Flammen über ihm zusammenschlagen werden, wenn er auf seinem Time-Track auf dieses Engramm zugeht. Er mag auch denken, daß sein Time-Track völlig verstopft sei, was bedeuten könnte, daß die Geschehnisse alle am selben Platz auf dem Time-Track zusammengedrängt sind. Soweit die Folgen von »Das ist die reinste Hölle« und »Ich bin innen ganz verstopft«. Was geschieht mit »Ich fühle mich so verstopft, ich kann gar nicht mehr denken«? Der Preclear schnieft, denn er glaubt, die Nase sei »verstopft« und das Ganze bedeute einen Schnupfen. Und durch den Satz: »Es ist zu schrecklich, es läßt sich nicht ertragen«, wird er schon bei dem Gedanken, das Engramm anzugehen, mit Grauen erfüllt; denn dieser Befehl besagt, daß es zu schmerzhaft sei, als daß es ertragen werden könnte. Und da Engramme in ihrer Auswirkung buchstäblich sind, kann er meinen, daß *er* zu schrecklich sei, als daß er ertragen werden könnte.

Die emotionelle Reaktion auf »Hölle« – die aus einem anderen Erlebnis auf dem Time-Track, aus einem anderen Engramm stammt – mag besagen, daß »zur Hölle gehen« lautes Schluchzen sei. Daher »will« er dieses Engramm nicht wiedererzählen. Außerdem graut ihm davor, denn es ist »zu schrecklich, es läßt sich nicht ertragen«. Daß Mutter lediglich mit ihrem zweiten Ich über die Notwendigkeit von Abführmitteln sprach, geht in die Berechnung überhaupt nicht ein. *Denn der reaktive Mind überlegt nicht, er denkt in Identitäten und will seine Befehle dem analytischen Mind aufzwingen.*

Es stehen nur die Daten zur Verfügung, die im Engramm enthalten sind, und die analytische Reaktion auf dieses nichtdenkende Ding ist absolut buchstäblich.

Schauen wir uns ein anderes Engramm an, ein Koituserlebnis. Als *Somatik* enthält es wechselnden Druck. Es ist nicht schmerzhaft – übrigens ist der wiedererlebte Schmerz sehr mild, wenn man mit solchen Engrammen in der Therapie wirklich in Kontakt kommt, wie schmerzhaft und wie mächtig sie bei Restimulierung in der Gegenwart auch sein mögen, und wie schmerzhaft es war, als sie empfangen wurden. Das ungeborene Kind wird also durchgeschüttelt, das ist alles. Aber in das Engramm ging ein: »Oh, Liebling, ich habe Angst, daß du in mich hineinkommst. Ich sterbe, wenn du in mich hineinkommst. Komm bitte nicht in mich hinein!«

Was macht nun der analytische Mind damit? Denkt er an Geschlechtsverkehr? Macht er sich über Schwangerschaft Sorgen? Nein, ganz entschieden nicht. Der Engrammbefehl, der jemanden an Koitus denken ließe, würde sagen: »Denk an Koitus!«, und das Engramm, das Sorge wegen einer Schwangerschaft enthielte, würde sagen: »Ich mache mir Sorgen wegen einer Schwangerschaft.« Der Schmerz ist in diesem Koituserlebnis nicht stark, aber das Engramm besagt ganz klar, daß man nicht in es eindringen dürfe: »Komm bitte nicht in mich hinein!« Er würde sonst sterben, nicht wahr? Genau das war ja gesagt worden. Und der Patient schweift auf dem Time-Track umher, bis der Auditor die Wiederholungstechnik anwendet (die später behandelt wird).

Ein weiterer Engrammtyp: Nehmen wir an, unser armer Patient war unglücklich genug, den Vornamen seines Vaters zu erhalten. Der Patient heißt Ralf, sein Vater ebenfalls. (Seien Sie mit diesen Juniorfällen vorsichtig, sie sind hin und wieder ungewöhnlich kompliziert.) Seine Mutter (lesen Sie den Kinsey-Report[1], wenn Sie Zweifel haben) hat ein stilles Nebenverhältnis mit Herbert. Das dabei entstehene Koitus-Somatik ist nicht schmerzhafter, als wenn sich jemand vorsichtig auf einen setzte, dem Patienten geht es jedoch schrecklich dabei. Mutter: »Oh, Liebling, du bist so wundervoll. Ich wünschte, Ralf wäre mehr wie du, aber er ist ja nicht so. Er kann eine Frau einfach nicht erregen.« Liebhaber: »Ach, Ralf ist gar nicht so übel. Ich mag ihn.« Mutter: »Du kennst seinen Stolz nicht. Wenn Ralf das hier herausfände, würde es ihn umbringen. Ich weiß das, er würde einfach sterben.« Liebhaber: »Mach dir keine Sorgen, Ralf wird niemals etwas hören.«

Dieses Kleinod eines Engramms ist üblicher, als man für möglich halten würde, bevor man Mütter aus der Embryoperspektive zu sehen beginnt. Die Daten dieses Engramms werden im Analysator nicht vernünftig ausgewertet werden können. Daher werden sie zu einer Sorge. (Eine Sorge besteht aus einander widersprechenden Engrammbefehlen, die sich nicht zu einer Lösung bringen lassen.) Ralf jr. ist auf sexuellem Gebiet sehr schüchtern. Das ist das Aberrationsmuster. Nähern wir uns diesem in der Therapie, dann entdecken wir eine Mitgefühlsberechnung in bezug auf den Liebhaber. Schließlich sagt dieser ja, daß Ralf so übel nicht sei und daß er ihn möge. Für den reaktiven Mind ist der einzige Ralf natürlich der Junior. Dies hält unseren Patienten davon ab, sich dem Engramm zu nähern, denn er glaubt, er werde einen Freund verlieren, wenn er es anrührt. Ein weiterer Aberrationsaspekt ist, daß Ralf sich sein Leben lang Sorgen über den Stolz der Leute gemacht hat. Als das Engramm in der Therapie berührt wird, scheut er heftig davor zurück. Denn wenn er etwas darüber herausfände, »würde es ihn umbringen«. Und es gibt hier noch etwas – eine Absperrung des Geräuschrückrufs. Es wurde ja eindeutig gesagt, daß Ralf niemals etwas hören wird. Das ist Über-

[1] *Kinsey-Report:* Bericht über das sexuelle Verhalten in den USA veröffentlicht von A. Ch. Kinsey, 1894-1956, amerikanischer Zoologe und Sexualforscher.

leben. Daran glauben die Zellen. Deswegen hört Ralf *beim Rückruf* niemals. Es wird weitere Absperrungen des Geräuschrückrufs geben. Die Mutter ist promiskuös, und das bedeutet im allgemeinen eine Blockierung der Zweiten Dynamik. Eine Blockierung der Zweiten Dynamik heißt oft, daß die Mutter Kinder nicht mag. Kurz, es wird zusätzlich ein Fall versuchter Abtreibung sein, wobei der Junior völlig durchlöchert wurde. Junior, inzwischen zum Mann geworden, mag erweitertes Hören haben, weil er vor dem »Leben« allgemein Angst hat. Sein Geräuschrückruf ist jedoch gleich Null. Dieses Engramm würde daher, durch die Dämonenschaltkreise gefiltert, nur in Form von »Eindrücken« ins Bewußtsein gelangen. Der Auditor, der nimmt, was der Patient darüber sagt, könnte sehr bald den Inhalt des Engramms erraten und es durch die Wiederholungstechnik sprengen.

Nehmen wir nun den Fall einer Mutter, die ein Musterbeispiel von Anständigkeit ist, wenn auch ein wenig von der weinerlichen Art. Sie entdeckt, daß sie schwanger ist und geht zum Arzt. Mutter: »Ich glaube, ich bin schwanger. Ich habe Angst, daß ich es bin.« Der Arzt drückt eine Weile an ihr herum, und quetscht dabei das ungeborene Kind – das dreißig Jahre später unser Preclear ist – in einen »bewußtlosen« Zustand. Arzt: »Ich glaube nicht.« Mutter: »Ich habe wirklich Angst, daß ich es bin. Ich bin sicher, jetzt sitze ich fest. Ich weiß es.« Arzt (drückt weiter herum): »Nun, das ist so früh schwer zu sagen.«

Hier wird klar gesagt, daß dieser Mann – unser Patient – schwanger sei. Tatsächlich hat er einen dicken Bauch. Gutes Überleben, nicht wahr? Und in der Therapie stellen wir fest, daß er sich fürchtet, er selbst zu sein – »Ich habe Angst, daß ich es bin.« Und plötzlich bewegt er sich nicht auf dem Time-Track. Warum nicht? Er sitzt fest. Das bedeutet nicht, daß er schwanger ist – es bedeutet, daß er *festsitzt.* Auch kann er das engrammatische Erlebnis nicht erzählen. Warum? Weil es so früh schwer zu *sagen* ist. Also spricht er nicht darüber. Wir befreien ihn auf dem Time-Track durch die Wiederholungstechnik.

O diese Sprache, die alles mögliche sagt, was sie nicht meint! Überläßt man sie dem schwachsinnigen reaktiven Mind, welch ein Unheil wird dann mit ihr angerichtet! Alles wird wörtlich ausgelegt! Der Mann mit diesem Engramm war unter anderem sehr vorsichtig mit einer Meinungsäußerung. Schließlich war es »so früh schwer zu sagen«.

Betrachten wir nun ein Engramm einer Patientin, deren Vater

sehr aberriert war: Er schlägt die Mutter, weil er fürchtet, daß sie schwanger sei; der Vater ist auf der Ersten, Zweiten, Dritten und Vierten Dynamik blockiert. Vater: »Raus! Raus! Ich weiß, daß du mir nicht treu gewesen bist! Du warst keine Jungfrau mehr, als ich dich heiratete. Ich hätte dich schon lange totschlagen sollen. Und jetzt bist du schwanger. Raus!«

Etwa fünf Wochen nach der Empfängnis wird das Mädchen durch den Hieb auf Mutters Unterleib »bewußtlos« geschlagen. Die Folge ist ein gravierendes Engramm, weil es einen schmerzhaften emotionellen Gehalt hat, den das Mädchen im späteren Leben nie wird befriedigend dramatisieren können. Das Aberrationsmuster äußert sich im Leben der jungen Frau in Form von hysterischen Anfällen, sobald ein Mann sie der Untreue bezichtigt. Sie war eine Jungfrau, als sie einundzwanzig Jahre nach Empfang dieses Engramms heiratete, war aber sicher, daß sie keine war. Sie hatte die »kindliche Wahnvorstellung« gehabt, daß ihr Vater sie wahrscheinlich töten werde. Und sie befürchtete ständig, schwanger zu sein, weil das Engramm sagt, sie sei *jetzt* schwanger. Das heißt, daß sie immer schwanger ist, denn die Zeit ist eine fortlaufende Reihe von »Jetzt«. In der Therapie versuchen wir, an das Engramm heranzukommen. Wir schicken die Patientin in die Grundzone und hören sie plötzlich über etwas sprechen, das geschah, als sie fünf Jahre alt war. Wir lassen sie wieder zurückkehren, und jetzt spricht sie über etwas, was geschah, als sie zehn Jahre alt war. Der Auditor, der eine solche Reaktion beobachtet, weiß, daß er es mit einem *Bouncer*[2] zu tun hat. Dieser sagt: »Raus!«, und die Patientin geht »raus«. Der Auditor erkennt, was hier verkehrt ist, benutzt die Wiederholungstechnik und reduziert das Engramm oder löscht es aus.

Der analytische Mind reagiert auf solche Engramme immer und ausnahmslos wie auf Befehle. Er verhält sich auf dem Time-Track genau so, wie diese Engramme es sagen. Und er stellt über den Fall oder über das Leben Berechnungen an, wie sie von den Engrammen diktiert werden. Sehr gesund, solche Engramme! Wirklich ausgezeichnetes Überleben! Gut genug, um jeden ins Grab zu bringen.

Der Auditor hat keine sonderlichen Probleme mit Redewendun-

[2] *Bouncer* (»Rausschmeißer«): Der Preclear kann sich in einem Engramm befinden und dennoch wieder in die Gegenwart zurückprallen. So befindet er sich scheinbar in der Gegenwart, in Wirklichkeit jedoch steht er unter beträchtlicher Spannung, da er in einem Engramm feststeckt. – Ein Satz der Art »kann hier nicht bleiben« oder »Raus mit dir!« (Aussprache: baunßer)

gen (Sätzen), die die Therapie unterstützen. Ein Engramm, empfangen, als der Vater die Mutter schlug, und in dem es heißt: »Nimm das – und das, sage ich! Und das steckst du auch noch ein!«, kann bedeuten, daß unser Patient möglicherweise zum Diebstahl geneigt hat. (Solche Engrammsätze sind die ganze Ursache für die Impulse eines Diebes. Das wird dadurch bewiesen, daß der Mann nicht mehr stiehlt, wenn alle derartigen Engramme ausgelöscht sind.) Der Auditor wird feststellen, daß das Engramm eifrig wiedererzählt wird, weil es sich gemäß seinem Inhalt dem analytischen Mind selbst anbietet.

Die ganze Engrammkategorie mit der Aussage: »Komm hierher zurück! Bleib jetzt hier!« – wie das Väter so gern sagen – bietet die Erklärung für das Phänomen, daß ein Patient gleich zu einem Engramm zurückschnellt, wenn die Therapie begonnen wird. Sobald es freigelegt wird, geht er jedenfalls geradewegs zu ihm zurück. Nachdem es wiedererzählt wurde, ist der Befehl nicht mehr wirksam. Doch solange das Engramm unberührt bestand, konnte es durchaus Menschen, in Fötushaltung eingerollt, in eine Anstalt bringen. Jeder Insasse einer Anstalt, der an dieser Art Geisteskrankheit leidet, kann einfach durch Anwendung der Wiederholungstechnik von einem solchen Engramm befreit und in die Gegenwart zurückgeführt werden, wenn er nicht mit Elektroschocks oder durch frontopolare Leukotomie behandelt worden ist. Manchmal dauert das nur eine halbe Stunde.

Auf dem Time-Track umherzuwandern und durch den Wald der Berechnungen zu schweifen, die dem Analysator durch diese Engramme aufgezwungen werden, ähnelt einem Kinderspiel, bei dem es eine Anzahl von Feldern gibt, über die man eine Figur rücken muß. Man könnte sich in der Tat auf der Grundlage des Time-Tracks und der Engrammbefehle ein neues Spiel ausdenken. Rücke soundso viele Felder vor, bis du auf einem landest, auf dem »Raus!« steht, was bedeutet, daß man in die Gegenwart zurück oder in Richtung Gegenwart geht. Rücke eine Anzahl von Feldern vor, und setze einen Zug aus, weil auf dem Feld, auf dem du landest, »Bleib stehen!« steht, und die Figur würde stehenbleiben, bis der Auditor sie durch eine geeignete Technik herausholt. (Aber da ja eben die Therapie auf diesen Befehl stößt, hätte er keine Kraft, die Person lange zu halten.) Dann rücke über soundso viele Felder zu einem vor, auf dem »Schlafe ein!« steht, woraufhin die Figur einschlafen müßte. Rücke soundso viele Felder weiter bis zu einem, auf dem »Niemand darf es herausfinden« steht, und es wäre überhaupt kein Feld da. Bewege dich bis zu einem Feld, auf dem »Ich habe Angst« steht, woraufhin die Figur

Angst hätte. Bewege dich weiter bis zu einem Feld, auf dem »Ich muß weggehen« steht, und die Figur würde weggehen. Mache einen weiteren Zug bis zu einem Feld, auf dem es heißt: »Ich bin nicht da«, und das Feld wäre nicht vorhanden. Und so weiter und so fort.

Es gibt nur ganz wenige Befehlstypen, die für den Auditor besonders beschwerlich sind. Da der Mind tatsächlich einen Teil seines Denkens durch Rückkehr bewerkstelligt, besonders beim Erinnern – auch wenn die Person selbst dabei nicht zurückkehrt –, behindern all diese Befehle auch die Denkvorgänge des Minds. Während der Therapie sind sie besonders lästig, und daher achtet der Auditor ständig auf sie.

Zuerst haben wir den Befehlstyp, der Patienten hinauswirft, im dianetischen Jargon als *Bouncer* bezeichnet. Er besteht aus Äußerungen wie »Raus mit dir!«, »Komm bloß nie wieder«, »Ich muß mich da fernhalten« usw. und schließt jede Wortkombination ein, die *buchstäblich* einen Hinauswurf bedeutet.

Als zweiten Befehlstyp gibt es den *Patienten-Holder.* Das sind Äußerungen von der Art »Bleib hier!«, »Setz dich hier hin und denk darüber nach«, »Komm zurück und setz dich hin«, »Ich kann nicht gehen«, »Ich darf nicht weg« usw.

Der dritte Befehlstyp ist der *Engramm-Denyer*, der, wörtlich genommen, besagt, daß das Engramm nicht existiert: »Ich bin nicht hier«, »Das führt zu nichts«, »Ich darf darüber nicht sprechen«, »Ich kann mich nicht erinnern« usw.

Als vierten Befehlstyp gibt es den *Engramm-Grouper*, der, wörtlich genommen, bedeutet, daß sich alle Geschehnisse an einer einzigen Stelle auf dem Time-Track befinden: »Alles klebt zusammen«, »Alles geschieht auf einmal«, »Alles stürzt gleichzeitig auf mich ein« usw.

Der fünfte ist der *Patienten-Misdirector*, der den Preclear in die falsche Richtung lenkt – zeitlich zurück (d. h. früher) wenn er vorangehen soll, zeitlich voraus, wenn er zurückgehen soll, usw.: »Hier gibt es kein Zurück mehr«, »Bei dir ist alles anders herum« usw.

Der *Bouncer* katapultiert den Preclear in Richtung Gegenwart zurück. Der *Holder* hält ihn da fest, wo er ist. Der *Denyer* gibt ihm das Gefühl, daß dort kein Geschehnis vorhanden sei. Der *Grouper* läßt den Time-Track zusammenschrumpfen, so daß kein Time-Track da ist. Der *Misdirector* dreht die erforderliche Bewegungsrichtung um.

Das Kontaktieren eines beliebigen Engramms bringt den Preclear dazu, »analytisch« zu reagieren. Genau wie bei einem Engramm, das restimuliert wird, drängen sich die Befehle seinem Analysator auf, und obwohl der Analysator fest davon überzeugt sein mag, daß er die Reaktion gerade ganz aus eigenem Antrieb berechnet hat, spricht er in Wirklichkeit direkt aus dem Inhalt eines oder mehrerer Engramme.

Darauf beruht das Verfahren der *Wiederholungstechnik*.

Während der Preclear auf dem Time-Track zurückgeht und mit Engrammen in Kontakt kommt, gerät er in Bereiche von »Bewußtlosigkeit«, die durch die »Bewußtlosigkeit« oder durch Emotion abgesperrt sind. Bei den meisten frühen Engrammen kann man erwarten, daß der Preclear gähnt und gähnt. Es ist nicht der Befehl »zu schlafen«, der dafür verantwortlich wäre; vielmehr wird die »Bewußtlosigkeit« frei (was in der Fachsprache als *Boil-off* bezeichnet wird). Ganze zwei Stunden kann ein Preclear herumsuchen, in »Bewußtlosigkeit« fallen, wie betäubt erscheinen und einschlafen, ohne daß es einen entsprechenden Befehl gäbe.

Zum Dateninhalt aller Engramme gehört die Abschaltung des Analysators. Wenn der Preclear zurückgeschickt wird und mit einem Engramm Kontakt aufnimmt, erfährt er eine Schwächung des Analysators, was bedeutet, daß er in diesem Bereich sehr am Denken behindert ist. Der Boil-off von »Bewußtlosigkeit« ist ein für die Therapie sehr notwendiger Vorgang, denn diese »Bewußtlosigkeit« könnte im Alltagsleben der Person restimuliert werden. In diesem Fall wird ihre Intelligenz infolge der resultierenden Verlangsamung der Denkprozesse ein wenig oder auch sehr stark herabgesetzt.

Sobald »Bewußtlosigkeit« berührt wird, vermindert sich also das Denkvermögen des Preclears. Er träumt, murmelt sinnloses Zeug, müht sich vergeblich ab. Sein Analysator durchdringt den Schleier, der ihn von dem Engramm fernhielt. Doch ist der Analysator in diesem Zustand für Engrammbefehle höchst empfänglich.

Wenn der Auditor den Preclear drängt, durch das Engramm zu gehen und das engrammatische Erlebnis zu erzählen (er weiß natürlich, daß es mehrere Minuten dauern kann, bis genügend Boil-off dieser »Bewußtlosigkeit« stattgefunden hat, um den Patienten hindurchzulassen), wird der Preclear vielleicht klagen: »Ich kann jetzt nicht zurückgehen.« Der Auditor erkennt sofort, daß da ein Engrammbefehl durchgekommen ist. Er teilt dies dem Patienten nicht mit; gewöhnlich weiß der Patient nicht, was er sagt. Wenn der Patient dann weiterhin Schwierigkeiten hat, fordert ihn der Auditor auf: »Sage: ›Ich kann jetzt nicht zurückgehen.‹« Der Patient tut es, und der Auditor veranlaßt ihn dazu, es immer wieder zu sagen. Plötzlich schaltet sich das Somatik ein, und der Kontakt mit dem Engramm ist hergestellt.

Wenn der Auditor sich mit einem Patienten unterhält, schreibt er, ohne daß dieser es merkt, sorgfältig auf, welche Redewendungen er im Zusammenhang mit seinen Krankheiten oder mit Dianetik wählt und wiederholt gebraucht. Sagt er beispielsweise ständig, daß er »nichts erreicht«, läßt ihn der Auditor diese Redewendung wiederholen, nachdem er ihn in Reverie versetzt hat.

Die oftmalige Wiederholung einer solchen Redewendung saugt den Patienten auf dem Time-Track hinab und bringt ihn in Kontakt mit einem Engramm, das diese Redewendung enthält. Es kann sein, daß dieses Engramm sich nicht freisetzen läßt, da zu viele davor liegen; das wird allerdings nur geschehen, wenn dieselbe Redewendung in einem früheren Engramm auch vorhanden ist. Also wird die Wiederholungstechnik fortgesetzt, wobei der Auditor den Patienten veranlaßt, früher und früher nach der Redewendung zu suchen. Wenn alles planmäßig abläuft, wird der Patient sehr oft glucksen oder erleichtert lachen. Die Redewendung wurde geknackt. Das Engramm ist nicht gelöscht worden, jedoch wird dieser Bestandteil des Engramms die Therapie danach nicht mehr beeinflussen.

Wie ein Patient sich gegenüber Engrammen benimmt und welche Worte er gebraucht, um sein Verhalten zu beschreiben, ist gewöhnlich in diesen Engrammen enthalten. Die Wiederholungstechnik beseitigt die Ladung von den Redewendungen oder Sätzen, so daß die Engramme angegangen werden können.

Gelegentlich kann diese Technik den Patienten einmal in Schwierigkeiten bringen; jedoch sind Schwierigkeiten, in die man durch dianetische Therapie kommen kann, nicht sehr ernst. Wenn das Engramm im täglichen Leben restimuliert wird, kann es sich heftig geltend machen, und das tut es auch. Morde, Vergewaltigungen, Brandstiftungen, Abtreibungsversuche, Zurückbleiben in der Schule – alles, was im Leben aberriert ist – kommt von Engrammen. Aber wenn man sich ihnen in der dianetischen Therapie nähert, wird ein anderer Kanal benutzt, ein Kanal, der dichter am Ursprung des Engramms liegt. Wenn es auf einen nichtsahnenden Menschen einwirkt, hat ein Engramm gewöhnlich enorme Gewalt über Bewegung und Sprache; es nimmt im Mind eine große Anzahl von Schaltkreisen in Beschlag, die dem vernünftigen Denken dienen sollten, und richtet allen möglichen Schaden an. Seine Kontakte sind »eingelötet« und können vom Analysator nicht abgetrennt werden. Durch die dianetische Therapie wird der Patient zum Engramm hingeschickt;

diese Handlung allein beginnt einige der festen Verbindungen des Engramms zu unterbrechen. Ein Patient kann in ein Engramm versetzt werden, das ihn, wenn es nicht in der Therapie angegangen würde, eines Tages dazu bringen könnte, sich wie ein Fötus zusammenzurollen, woraufhin er mit der Einlieferung in die nächste Anstalt zu rechnen hätte. In der Therapie, bei der es sich um eine Rückkehr auf dem Time-Track handelt, hat der kräftigste Holder nur begrenzte Macht: Der Patient kann in einen Holder geraten, der im normalen Leben als Psychose in Erscheinung treten könnte – in der Therapie hingegen äußert er sich vielleicht nur so, daß der Patient bei der Aufforderung, »in die Gegenwart zu kommen«, einfach nur die Augen öffnet, ohne wirklich den Abstand auf dem Time-Track bis zur Gegenwart durchmessen zu haben. Er ahnt nicht, daß er in einem Holder sitzt, bis der Auditor, der auf solche Erscheinungen achtet, die Wiederholungstechnik anwendet.

AUDITOR: Bist du in der Gegenwart?
PRECLEAR: Klar.
AUDITOR: Wie fühlst du dich?
PRECLEAR: Ach, ich habe leichte Kopfschmerzen.
AUDITOR: Schließe die Augen. Sage jetzt: »Bleib hier.«
PRECLEAR: Na schön. »Bleib hier. Bleib hier. Bleib hier.« (Mehrere Male.)
AUDITOR: Bewegst du dich?
PRECLEAR: Nein.
AUDITOR: Sage: »Ich sitze fest. Ich sitze fest.«
PRECLEAR: »Ich sitze fest.« (Mehrere Male.)
AUDITOR: Bewegst du dich auf dem Time-Track?
PRECLEAR: Kein bißchen.
AUDITOR: Sage: »Ich sitze in der Falle.«
PRECLEAR: »Ich sitze in der Falle. Ich« – au, mein Kopf!
AUDITOR: Wiederhole es weiter.
PRECLEAR: »Ich sitze in der Falle. Ich sitze in der Falle. Ich sitze in der Falle.« Au! es wird schlimmer! (Sein Somatik wird stärker, da er sich dem Engramm nähert, das ihn auf der anderen Seite des Schleiers der »Bewußtlosigkeit« festhält.)
AUDITOR: Wiederhole es weiter.
PRECLEAR: »Ich sitze in der Falle – O mein Gott, ich sitze in der Falle. Ich komme nie wieder hier heraus. Ich komme nie wieder heraus. Ich sitze in der Falle!«
AUDITOR: Nimm damit engen Kontakt auf. Schau nach ob nicht noch mehr drin ist. (Ein Kunstgriff, um den Preclear daran zu hindern, einfach wieder abzuspielen, was er selbst gerade gesagt hat, und ihn das Engramm weiter durchlaufen zu lassen.)
PRECLEAR: Mein Kopf tut weh! Laß mich in die Gegenwart kommen!
AUDITOR: Geh noch einmal durch. (Wenn der Preclear mit soviel Ladung in die Gegenwart käme, würde er sich schlecht fühlen, und es wäre beim nächsten Mal möglicherweise schwer, in das Geschehnis einzudringen.)
PRECLEAR: »O mein Gott, ich sitze in der Falle. Ich fürchte, ich sitze in der Falle.« (Ein neues Wort ist aufgetaucht.) »Ich komme nie wieder hier heraus, solange ich lebe. Ich sitze in der Falle. Ich komme nie wieder heraus.

Ich sitze in der Falle.« (Kommentierend:) Sie weint. »Oh, warum mußte ich denn nur so einen Mann heiraten!«

AUDITOR: Wie steht es mit deinem Kopf?

PRECLEAR: Tut nicht mehr so weh. Also sowas! Das ist ja wohl das Letzte! Sie schlägt sich auf den Bauch. Das ist gemein! So eine Schweinerei!

AUDITOR: Durchlebe es noch einmal. Wir wollen sichergehen, daß da nicht noch mehr drin ist. (Derselbe Kunstgriff, um den Preclear daran zu hindern, einfach abzuspielen, was er schon vorher gesagt hat, statt das zu bringen, was er jetzt vom Engramm erhält. Wenn er nur *abspielt*, anstatt es *wiederzuerleben*, wird sich das Engramm nicht heben lassen.)

PRECLEAR: (tut das, findet ein paar neue Worte sowie verschiedene Geräusche, eingeschlossen das dumpfe Klatschen der Schläge auf den Bauch und eine Autohupe draußen auf der Straße): Sag bloß nicht, ich soll diese Geschichte noch mal durchlaufen.

AUDITOR: Erzähl sie bitte.

PRECLEAR: Na schön, diese Dame versucht mir den Kopf einzuschlagen, um mich loszuwerden. Also bin ich über sie hergefallen und habe sie ordentlich verprügelt.

AUDITOR: Durchlebe bitte das Engramm noch einmal.

PRECLEAR (fängt damit an und findet plötzlich heraus, daß das Engramm, wie eine Schnur mit Schleifen, geradegezogen wurde und an den Stellen, wo die Schleifen waren, noch mehr Daten enthält): »Ich muß mir etwas ausdenken, was ich Hans sagen kann. Der wird ganz schön über mich herfallen.« (Das war der Ursprung seines Scherzes: »bin über sie hergefallen«.)

AUDITOR: Durchlauf es bitte noch einmal. Da ist vielleicht noch mehr drin.

(Der Preclear tut das, frühere Teile schwächen sich ab. Zwei neue Geräusche tauchen auf, Schritte der Mutter und laufendes Wasser. Dann ist er glücklich und lacht darüber. Von diesem Engramm ist er *entlastet*, denn völlig verschwunden und somit gelöscht ist es wahrscheinlich noch nicht. So bietet sich ein Engramm nur dar, wenn es vor Erreichen des Basik-Basik kontaktiert wird.)

Hier sehen sie sowohl, wie die Wiederholungstechnik funktioniert, als auch, wie ein Engramm durch mehrfaches Durchlaufen zum *Zurückweichen* gebracht wird. Es kann, nachdem das Basik-Basik kontaktiert wurde, mit einer sehr schwachen zusätzlichen Ladung wieder auftauchen; es hat jedoch all seine Kraft verloren, zu aberrieren oder Kopfschmerzen bzw. andere psychosomatische Krankheiten zu erzeugen. Und doch reichte dieses Engramm aus, bevor es von der Therapie in Angriff genommen wurde, den Patienten als Jungen jedesmal vor Angst laut schreien zu lassen, wenn er aus irgendeinem geschlossenen Raum nicht herauskommen konnte (Klaustrophobie).

Die Wiederholungstechnik ist das einzige in der Dianetik, das vom Auditor Gewandtheit und Einfallsreichtum verlangt. Mit Ausdauer und Geduld kann jeder Auditor in den anderen Verfahrensaspekten dieser Wissenschaft erfolgreich arbeiten, wenn er nicht gerade völlig unintelligent ist. Bei der Wiederholungstechnik muß er zu Therapiezwecken lernen, wie ein Engramm zu denken. Und er muß beobachten können, wie sich der Preclear auf dem Time-Track verhält und welcher Art seine Reaktionen sind, um daraus seine Schlußfolgerungen über die engrammatischen Befehlstypen ziehen zu können, die dem Preclear Schwierigkeiten bereiten, wenn er nicht gut mitarbeitet oder nichts herausbekommt.

Damit soll nicht gesagt werden, die Wiederholungstechnik sei schwierig – das ist sie nicht. Aber das Geschick des Auditors, sie anzuwenden, ist der Hauptgrund, warum ein Fall bei dem einen Auditor länger dauert als bei einem anderen. Es ist ganz klar eine Fähigkeit – nämlich das oben geschilderte Therapiespiel gewandt und einfallsreich durchzuspielen. Wo sitzt der Preclear fest und aufgrund welchen Befehls? Warum arbeitet er plötzlich nicht mehr mit? Wo liegt die emotionelle Ladung, die den Fall aufhält? Mit der Wiederholungstechnik kann der Auditor all diese Probleme lösen, und ein geschickter Auditor löst sie viel schneller als ein ungeschickter.

Wie denkt ein Auditor engrammatisch? Als Ronald Ross entdeckte, daß Insekten Krankheitserreger übertragen, hielt er es für notwendig, wie ein Moskito zu denken. Hier ist eine ähnliche Bedrohung: das Engramm. Man muß zu Therapiezwecken lernen, wie ein Engramm zu denken.

Ein Auditor kann durch einen Blick in die Augen des Patienten nicht erraten, warum dieser am Mittwoch nur Blumenkohl ißt; das ist auch nicht nötig. Hier liegt eine Aberration vor, und der Auditor braucht die Ursache einer Aberration oder eines psychosomatischen Leidens nicht zu erraten; die jeweilige Ursache für all diese Dinge kommt mit der Zeit zum Vorschein, und er wird bei seiner Arbeit viel darüber lernen. Der Auditor muß jedoch dafür sorgen können, daß sein Patient auf dem Time-Track nicht durcheinandergerät, wenn er sich auf dem Time-Track in die Grundzone hinab – bzw. zum Zweck einer Reduzierung wieder aufwärtsbewegt. Die gegenwärtige Lösung hierfür ist die *Wiederholungstechnik*. Es können sehr wohl neue Verfahren für die Dianetik entwickelt werden. Man könnte mit seinen Mitmenschen nicht sehr zufrieden sein, wenn eine solche Entwicklung und Verbesserung nicht stattfände. Zur Zeit ist aber die Wiederholungstechnik das Beste, was wir haben – und das Merkmal des Besten ist, daß es bei allen Fällen zuverlässig funktioniert. Ein Auditor muß sie zum heutigen Zeitpunkt anwenden können, wenn er nennenswerte Ergebnisse bei einem Fall erwartet. Wenn der Auditor ein paar Fälle auditiert hat und die Natur dieser Bestie, des Engramms, kennt, kann – und sollte er – eigene, verbesserte Techniken vorbringen. Der Nachteil der Wiederholungstechnik liegt lediglich darin, daß sie, wie gesagt, vom Auditor Gewandtheit und Einfallsreichtum verlangt.

Gewandt und einfallsreich zu sein bedeutet nicht, viel zu reden. Beim Auditieren in der Dianetik wäre das sehr unklug. Tatsächlich verfallen Auditoren anfangs fast ausnahmslos dem Fehler, den Wohlklang ihrer eigenen Stimme und das Gefühl ihres Könnens so zu lieben, daß der arme Preclear kaum eine Chance erhält, ein reaktives Wort einzuwerfen – dabei ist es der Preclear, der geklärt werden soll; er ist auch der einzige, der über die zutreffenden Informationen verfügt und der die Auswertungen vornehmen kann.

Gewandt zu sein im Sinne der Wiederholungstechnik bedeutet, fähig zu sein, aus den Äußerungen oder Handlungen des Preclears den Engramminhalt zu ermitteln, der ihn daran hindert, die Engramme zu erreichen, durch sie hindurchzukommen usw. Die Wiederholungstechnik wendet sich nur an *Vorgänge*, nicht an die Aberration.

Im folgenden wird als Beispiel der Fall eines Mädchens geschildert, der so »versiegelt« war, daß dreißig Stunden fast ununterbrochene Wiederholungstechnik notwendig waren, um die Mauern zwischen dem analytischen Mind und den Engrammen zu durchbrechen. *Man muß sich darüber im klaren sein, daß ein Engramm kein Engramm wäre, wenn der Preclear mit ihm leicht in Kontakt kommen könnte.* Jedes Engramm, mit dem man leicht in Kontakt kommen kann und das keine emotionelle Ladung enthält, ist kaum mehr aberrierend als ein Glas Sprudelwasser.

Das Mädchen hatte Geräuschrückruf, aber gesteigertes Hören und ein derart aus dem Gleichgewicht geratenes endokrines System, daß es schon mit zweiundzwanzig Jahren eine alte Frau war. Es waren fünfundsiebzig Stunden Arbeit nötig, bis es endlich mit etwas in der Grundzone in Berührung kam. Das ist fast unglaublich, aber so war es. Bei einem Patienten, der von seinem Time-Track herunter ist und eine Absperrung des Geräuschrückrufs hat, würden fünfundsiebzig Stunden Arbeit gerade ausreichen, die Räder zu schmieren. Dieses Mädchen aber, das über Geräuschrückruf verfügte, hätte schon ein gutes Stück auf dem Weg zum Clear sein sollen, hatte aber immer noch den Kontakt mit dem Basik-Basik vor sich.

Mit der Wiederholungstechnik, und ganz allein mit ihr, wurde der Fall schließlich gelöst. Holder oder Bouncer gab es praktisch nicht. Es sah einfach so aus, als sei der gesamte vorgeburtliche Bereich leer.

Ein Engramm ist keine vernunftgemäß erfaßte Erinnerung. Es ist nur ein Wellenmuster oder eine andere Art Aufzeichnung, die auf den analytischen und den somatischen Mind einwirkt und Stimme, Muskulatur und andere Körperteile steuert. In dem Drang zu rechtfertigen, was er vorgehen sieht, und geschwächt durch das in Dramatisation befindliche Engramm, kann der analytische Mind Daten einwerfen, um das Geschehen vernünftig erscheinen zu lassen. Das macht aber ein Engramm nicht vernünftig. Wenn ein Engramm in der Therapie zum ersten Mal angegangen wird, scheint es überhaupt nicht vorhanden zu sein. Es ist möglich, daß zum »Entwickeln« dieses Engramms drei Sitzungen nötig sind. Da an vielen Engrammen gearbeitet wird, bedeutet dies nicht drei ergebnislose Sitzungen; es bedeutet vielmehr, daß das »Ich« bei der Rückkehr mehrmals über ein Engramm drübergehen muß, damit es sich »entwickeln« kann. Es ist wichtig, das zu wissen. Ebenso wie man den Mind eines Aberrierten heute ergebnislos nach einer Angabe fragen kann, um bei erneuter Anfrage eine Woche später die Antwort zu erhalten, ist es mit Engrammen. Ein Hauptprinzip in der Therapie ist: *Wenn man immer wieder nach dem Engramm fragt, wird man es schließlich zu fassen kriegen.* Schon das wiederholte Zurückkehren über den vorgeburtlichen Bereich hinweg wird die dort vorhandenen Engramme schließlich entwickeln, so daß der analytische Mind sie angreifen und reduzieren kann. Schnell geht das nicht. Doch obschon das Engramm im Laufe mehrerer Sitzungen noch entwickelt werden muß, beschleunigt die Wiederholungstechnik den Vorgang ganz beträchtlich.

Bei der erwähnten jungen Dame wären ohne eine Technik wie die Wiederholungstechnik vermutlich weitere fünfzig oder sechzig Arbeitsstunden nötig gewesen, bis die Engramme hätten kontaktiert werden können. Die Wiederholungstechnik knackte das Problem, nachdem dem Auditor aufgefallen war, daß sie immer wieder sagte: »Ich bin sicher, es gibt einen guten Grund dafür, daß ich mich in meiner Kindheit schlecht fühle. Schließlich hat mich mein Bruder vergewaltigt, als ich fünf Jahre alt war. Ich bin sicher, daß die Ursache in meiner Kindheit liegt, also viel später. Meine Mutter war fürchterlich eifersüchtig auf mich. Ich bin sicher, es ist später.«

Die junge Dame hatte, wie man sich ja vorstellen kann, im College irgendeine Richtung von geistiger Therapie studiert, in der man die Ansicht vertrat, das Geschlechtliche oder das Einnehmen von Vitaminen erzeuge geistige Aberrationen. Sie hatte oft zum Ausdruck gebracht, daß sie zwar nichts gegen »Analyse« habe, wie sie es nannte, daß sie es aber dumm fände, von einem Fötus zu erwarten, etwas hören zu können. Sie pflegte in die Periode vor der Geburt einzudringen und zu erklären, sie fühle sich ganz wohl dabei. *Die Geburt war jedoch nicht in Sicht.* Das ist wichtig. Das grundlegende Engramm oder die grundlegenden Engramme in der Grundzone – in der Embryoperiode – können und werden ohne Therapie nicht verschwinden; und wenn mit dem Geburtserlebnis nicht einmal durch ein einziges Somatik Kontakt aufgenommen werden kann, dann ist es sicher, daß etwas davor liegt. Wäre das Geburtserlebnis das erste Engramm, dann könnte jedermann in fünf Stunden geklärt werden. Die Geburt kann sogar in Sicht sein, während es noch immer ein halbes Hundert schwere vorgeburtliche Erfahrungen geben mag. In ihrem Fall war nichts in Sicht. Die Vorstellungen, die ihr beigebracht worden waren, hatten ihren Fall verlangsamt: sie versuchte immer, in der Gegenwart zu bleiben und sich zu »erinnern«, und das mit einem Gedächtnis so voll von Absperrungen, daß sie sich nicht einmal den richtigen Namen ihrer Mutter hätte zurückrufen können. (Das kam daher, daß sie zehn volle Jahre lang in den Händen von Psychotherapeuten gewesen war, die sie ausschließlich aufgefordert hatten, nichts anderes zu tun, als sich zu »erinnern«.) Wie schon gesagt, fühlte sie sich in der Situation vor der Geburt ganz behaglich; sie spürte das Fruchtwasser und war sicher, daß das Leben in der Gebärmutter für alle Betroffenen die reinste Freude sei. Die Ungereimtheit, daß sie das Fruchtwasser sowie die schwebende Behaglichkeit und Wärme empfinden konnte und doch weiterhin glaubte, daß es ein vorgeburtliches Gedächtnis nicht gäbe, entging ihr völlig. Der Auditor unternahm nicht die geringste Anstrengung, sie zu überzeugen. Da er mit seiner Arbeit vertraut war, sandte er sie nur immer wieder auf dem Time-Track vor und zurück und probierte verschiedene Mechanismen aus.

Schließlich wollte sie wissen, ob es vorgeburtliche Erfahrungen denn geben *müsse*. Ihr wurde gesagt, daß das, was da ist, eben da ist; sollte es kein vorgeburtliches Gedächtnis geben, dann würde sie auch nichts davon zurückrufen können; gäbe es das aber doch, so könne sie es vielleicht. Das ist eine gute, neutrale Haltung für einen Auditor. Wie ein anderer Auditor es einmal treffend ausdrückte, legt die Dianetik nämlich »nur die Meterware auf den Tisch« und unternimmt überhaupt keine Verkaufsanstrengungen.

Der Auditor hatte die Wiederholungstechnik mit einer Vielzahl von Redewendungen angewandt. Sie bewegte sich auf dem Time-Track; es mußte also ein Denyer vorhanden sein. Dem Auditor waren schon alle Ideen ausgegangen, als ihm plötzlich aufging, daß sie für die Wendung »viel später« eine große Vorliebe zeigte.

AUDITOR: Sage »viel später« und kehre in den vorgeburtlichen Bereich zurück.

MÄDCHEN: »Viel später, viel später«, usw. (sehr gelangweilt und nicht sehr bereit zur Zusammenarbeit).

AUDITOR: Rede weiter. (Sie sollten niemals »Fahre fort« oder »Nur vorwärts« sagen, denn das wird wörtlich genommen. Sagen Sie »Rede weiter«, wenn Sie wollen, daß jemand weiter durch ein Engramm gehen oder etwas wiederholen soll, und sagen Sie »Geh zurück und durchlaufe es noch einmal«, wenn ein bereits durchlaufenes Engramm noch einmal durchlaufen werden soll.)

MÄDCHEN: »Viel später. Viel . . .« Ich spüre da ein Somatik in meinem Gesicht! Es ist, als würde ich gestoßen. (Für den Auditor war das eine gute Nachricht, denn er wußte bereits, daß sie mitten in der vorgeburtlichen Periode eine Schmerzabsperrung hatte, die spätere Somatiken am Auftauchen hinderte.)

AUDITOR: Geh näher heran und mach weiter mit dem Wiederholen.

MÄDCHEN: »Viel später. Viel später.« Es wird stärker. (Natürlich. Bei der Wiederholungstechnik wird das Somatik so lange stärker, bis die exakte Redewendung zum Vorschein kommt. Bei einem Fall ohne Geräuschrückruf drängt sie sich dem »Ich« indirekt auf, bei Geräuschrückruf kommt das Geräusch als Geräusch durch.)

AUDITOR: Rede weiter.

MÄDCHEN: »Viel . . .« Ich höre eine Stimme! Da! Das ist es. Das ist ja die Stimme meines Vaters!

AUDITOR: Höre auf die Worte und wiederhole sie bitte.

MÄDCHEN: Er spricht mit meiner Mutter. Also, dieser Druck in meinem Gesicht ist aber unangenehm. Das geht die ganze Zeit auf und ab. Es tut weh!

AUDITOR: Wiederhole seine Worte bitte.

MÄDCHEN: Er sagt: »O Liebling, ich komme jetzt nicht in dich hinein. Wir können erst viel später eins haben.« Und hier ist die Stimme meiner Mutter. Also, dieser Druck tut mir weh. Nein, er hat schon ziemlich nachgelassen. Sehr komisch, kaum habe ich seine Stimme gehört, hat es nachgelassen.

AUDITOR: Was sagt deine Mutter, bitte, falls du sie hörst?

MÄDCHEN: Sie sagt: »Dann möchte ich dich überhaupt nicht drin haben!« Sie ist wütend! Nanu, das Somatik hat aufgehört. (Hier war der Geschlechtsverkehr zu Ende.)

AUDITOR: Kehre bitte zum Anfang davon zurück und erzähle es noch einmal.

MÄDCHEN (erreicht den Anfang, das Somatik tritt wieder auf): Ich frage mich, was die da machen. (Pause.) Ich höre ein schmatzendes Geräusch! (Dann eine Pause und Verlegenheit.) Oh!

AUDITOR: Erzähle bitte das Engramm wieder.

MÄDCHEN: Da ist zuerst eine Art schwacher Rhythmus, und der wird schneller. Ich kann das Atmen hören. Jetzt fängt es an, stärker zu drücken, aber viel schwächer als beim ersten Mal. Jetzt läßt es nach, und ich höre meinen Vater: »O Liebling, ich komme jetzt nicht in dich hinein. Wir können erst viel später eins haben. Ich bin nicht so sicher, daß ich Kinder so gern mag. Und außerdem, meine Arbeit . . .« Meine Mutter muß ihn weggestoßen haben, denn hier ist ein heftigeres Somatik. »Dann möchte ich dich überhaupt nicht drin haben. Du kalter Fisch!«

AUDITOR: Geh bitte zum Anfang zurück und erzähle das ganze nochmal.

(Das Mädchen erzählt es mehrere Male, das Somatik verschwindet schließlich. Die junge Dame ist sehr fröhlich darüber, sagt aber gar nichts mehr davon, daß sie an der Existenz vorgeburtlicher Aufzeichnungen gezweifelt hatte.)

So arbeitet man mit der *Wiederholungstechnik*. Der Auditor hatte es bei diesem Fall mit etwa zweihundert Redewendungen versucht, ohne eine einzige zu finden, die paßte. Zu Anfang waren nur ein paar Engramme von untergeordneter Bedeutung sichtbar geworden, die der Archivar ohne weiteres herauszugeben bereit war, und der Auditor ging aufs Geratewohl die ganze Reihe möglicher Denyer durch. Spätere Geschehnisse hätten eine Reihe von den benutzten Redewendungen enthalten können – was auch der Fall war; jedoch waren keine Somatiken in Erscheinung getreten. Offensichtlich war der Archivar aber willens, sich auf dieses eine Engramm einzulassen, denn es lag früh und ließ sich auslöschen.

Der Archivar händigt bei einem stark abgesperrten Fall selten etwas aus, das nicht bis zum Zurückweichen reduziert werden kann. Und ein Auditor läßt ein so angebotenes Engramm *niemals* liegen, ohne jede mögliche Anstrengung unternommen zu haben, es durch wiederholtes Erzählen zu reduzieren. In dem geschilderten Fall hätte der Archivar den Auditor übrigens im Stich gelassen, wenn er etwa das Geburtserlebnis präsentiert hätte; dieses hätte sich nicht heben lassen, viel verlorene Arbeit gekostet und der Patientin mehrere Tage lang Kopfschmerzen bereitet. Der Auditor hätte umgekehrt den Archivar im Stich gelassen, wenn er das angebotene Engramm nicht reduziert hätte, indem er dafür sorgte, daß das Mädchen bis zum Verschwinden von Stimme und Somatik wiederholt durch das Geschehnis ging.

Dieses Engramm blieb deshalb so lange verborgen, weil sein Inhalt es vorschrieb. An sich war es einfach ein Koitus. Als Engramm schien es aber zu sagen, daß die Geschehnisse erst später im Leben zu finden seien. Weiterhin sagte es, daß man nicht hineinkommen dürfe.

Die Wiederholungstechnik wird den Patienten manchmal dadurch in geringfügige Schwierigkeiten verwickeln, daß sie ihn in Geschehnisse »hineinsaugt«, die sich nicht heben lassen. Das kommt zwar nicht oft vor, doch händigt der Archivar gelegentlich ein spätes Geschehnis anstelle eines früheren aus. Doch dies ist kein Fehler des Archivars. Sie erinnern sich, daß die Engramme bei ihm nach Thema, Somatik und Zeit gespeichert sind und daß der Auditor jeden einzelnen dieser Faktoren benutzen kann. Wenn der Archivar auf eine wiederholte Redewendung, die der Auditor dem Gerede des Preclears entnommen oder selbst erraten hat, anspricht und ein Somatik aushändigt, dann jedoch (bei einem Fall mit Geräuschrückruf) dieses Somatik sich nicht heben läßt oder keine Stimme mit ihm auftaucht (bzw. bei einem Fall ohne Geräuschrückruf sich einfach das Somatik nicht heben läßt), dann hatte der Archivar einen ganzen Stapel Material abzutragen. Wenn der Auditor das bemerkt, veranlaßt er daher den Preclear, dieselbe Redewendung zu wiederholen, und weist ihn an, in immer frühere Bereiche zu gehen. Es mag sich an einer anderen Körperstelle ein anderes Somatik zeigen. Der Archivar hat ein noch früheres Somatik losgelöst, nachdem nun eine kleine Menge Unbehagen von demjenigen weggenommen wurde, das er zuerst zu fassen bekam. Dieses frühere Somatik wird nun auf ähnliche Weise angegangen. Es mag als solches mittlere Stärke erreichen, während der Preclear die Redewendung ständig wiederholt, und doch taucht vielleicht noch immer keine Stimme auf. Der Auditor sendet den Preclear dann weiter zurück. Dem Archivar gelingt es, ein noch früheres Geschehnis herauszuholen, nachdem das zweite ein wenig entlastet wurde. Jetzt schaltet sich wieder ein noch früheres Somatik ein (wahrscheinlich unten in der Grundzone – bei einem Fall, der diesen Bereich zuvor noch nicht kontaktiert hatte); diesmal kann eine Stimme gehört werden. Das Engramm läßt sich reduzieren. Kurz, der Archivar war willens, Unannehmlichkeiten zu riskieren, um mehrere Somatiken abzutragen und den Auditor ein grundlegendes Geschehnis finden zu lassen.

Es gibt dafür auch andere Möglichkeiten. Da der Speicher nach Thema, Somatik und Zeit sortiert ist, kann der Auditor auch andere Dinge als nur Redewendungen benutzen. Er kann den Preclear zu der »stärksten Intensität eines Somatiks« senden und damit oft Ergebnisse erzielen, obwohl das nicht so zuverlässig und narrensicher ist wie die Vorgehensweise nach Thema. Übrigens macht es dem Preclear nichts aus, zu irgendeiner stärksten Intensität eines Somatiks zu gehen, denn die Somatiken sind nur etwa ein Tausendstel so stark spürbar wie die ursprünglichen Qualen, obwohl sie noch immer stark genug sind. In seinem gegenwärtigen Leben (wenn sich der Preclear nicht in Therapie befindet) kann die Intensität eines solcher Somatiken drastische Ausmaße annehmen – siehe Migräne. Im Fall von Migräne kann der Preclear zu genau dem Moment zurückgesandt werden, als er sie erhalten hat und wo man ihre stärkste Intensität vermuten würde, und man würde doch nur einen leichten, dumpfen katerartigen Schmerz finden. Dies ist ein Aspekt des Prinzips, daß jeder Fall besser begonnen als überhaupt nicht in Angriff genommen wird. Denn durch Rückkehr mit Hilfe der Standardtechnik der Reverie nähert man sich der Ursache, und wenn man überhaupt mit der Ursache in Kontakt kommt, vermindert man die aberrierende Kraft des Engramms, ganz gleich, wie viele Fehler der Auditor macht.

Das Zurückkehren zur »größten Intensität« eines Somatiks ist also nicht sehr schmerzhaft. Die *wirkliche* maximale Intensität erreicht das Somatik, wenn der Preclear wach ist und bevor er Kontakt mit dem Geschehnis hergestellt hat. Auf jeden Fall kann durch Rückkehr zur »maximalen Intensität« das Geschehnis oft berührt und reduziert werden. Wenn diese »maximale Intensität« in ihrem Engramm allerdings die Redewendungen »Ich kann es nicht aushalten!«, »Das bringt mich um!« oder »Ich bin entsetzt« enthält, können Sie erwarten, daß unser Preclear dementsprechend darauf reagiert. Wenn er nicht darauf reagiert, hat er eine emotionelle Absperrung, die ein anderes Problem ist, das später noch aufgegriffen werden wird.

In ähnlicher Weise kann der Auditor mit seinem Preclear anhand von Zeit arbeiten. Im Mind gibt es eine sehr genaue Uhr. Der Archivar ist mit dieser Uhr sehr gut vertraut und wird, wo immer es möglich ist, Folge leisten. Der Auditor, der möchte, daß der Patient auf dem Time-Track bis »sechs Minuten, bevor diese Redewendung fällt«, zurückgeht, wird gewöhnlich feststellen, daß der Preclear dann sechs Minuten vor dem Geschehnis ist, selbst wenn es sich um ein vorgeburtliches Geschehnis handelt. Der Auditor kann seinen Preclear dann Minute um Minute vorwärtsführen, wie er es wünscht. Er kann ihn geradewegs durch ein Geschehnis hindurchführen, indem er ansagt: »Es ist eine Minute später, es ist zwei Minuten später, drei Minuten sind verstrichen«, und so fort. Der Auditor braucht nicht darauf zu warten, daß diese Minuten verstreichen; er sagt sie einfach an. Er kann einen Preclear veranlassen, in Intervallen von fünf Minuten, von ganzen Stunden oder Tagen durch die Zeit zu gehen, und wenn es kein engrammatisches Material gibt, das den Preclear aufhält oder die Unternehmung in irgendeiner anderen Weise beeinflußt, kann der Auditor den Preclear nach Belieben auf dem Time-Track bewegen. Es wäre sehr schön, wenn der Auditor ihn zum Zeitpunkt der Empfängnis schicken und ihm dann sagen könnte: »Es ist eine Stunde später, zwei Stunden später« und so weiter, um das erste Engramm aufzustöbern. Es sind jedoch mehr Faktoren als nur die Zeit im Spiel, und der Plan – obwohl schön – ist nicht durchführbar. Die zeitliche Verschiebung wird im allgemeinen benutzt, wenn der Auditor versucht, den Preclear vor ein Geschehnis zu plazieren, um sicherzustellen, daß er wirklich den Anfang erwischt hat. Wenn ein Auditor den Preclear um je fünf oder zehn Minuten zurückkehren läßt, kann er manchmal entdecken, daß er rückwärts in ein sehr langes und kompliziertes Geschehnis hineinläuft und daß die Kopfschmerzen, die er beim Preclear lindern wollte, in Wirklichkeit Stunden vor dem Zeitraum empfangen wurden, den der Auditor für den Beginn hielt. In so einem Fall hängt ein zweites Engramm an einem früheren Engramm, und der Auditor kann das zweite nicht heben, bevor er das erste erreicht hat.

Die zeitliche Verschiebung ist tatsächlich von begrenztem Nutzen. Der Auditor, der versucht, rückwärts durch die Zeit zu jagen, wird sich einem künstlich restimulierten Fall gegenübersehen und bemerken, daß seine Arbeit sehr behindert ist. Die Wiederholungstechnik funktioniert am besten und wird vom Archivar am leichtesten gehandhabt. Der Auditor verwendet eine zeitliche Verschiebung, um den Preclear so dicht wie möglich an die Grundzone (die frühe vorgeburtliche Zeit) heranzuführen, und wenn der Archivar sich dann nicht einfach an die Arbeit macht, Engramme auszuhändigen, die eins nach dem anderen »ausgewaschen« werden können, wendet der Auditor gewöhnlich die Wiederholungstechnik an. Die zeitliche Verschiebung und das »Aufspüren eines Somatiks« sind von begrenztem Nutzen. Einiges Experimentieren wird zeigen, wie weit ihr Nutzen in etwa geht.

Dies sind die Gesetze der Rückkehr:

1. Eine zurückgekehrte Person reagiert, theoretisch gesehen, stärker auf diejenigen Befehle, die auf dem Time-Track vor dem Punkt liegen, wo sie sich befindet, und weniger auf die Befehle, die später liegen.

2. Ein Preclear reagiert auf diejenigen engrammatischen Befehle, die a) in chronischer Restimulation sind oder b) denen er auf dem Time-Track am nächsten ist. Wenn also ein Engramm sagt: »Ich habe Angst«, dann hat er Angst. Wenn es sagt: »Ich würde lieber sterben, als dem die Stirn zu bieten«, dann würde er lieber sterben. Wenn der Befehl, dem er nahe ist, sagt: »Ich bin schläfrig«, wird er schläfrig sein. Wenn das Engramm sagt: »Vergiß es«, dann tut er das. Befehle, die sich in chronischer Restimulation befinden, verfälschen das Bild der Persönlichkeit: »Ich kann niemals irgendeiner Sache sicher sein«, »Ich weiß nicht«, »Ich kann nichts hören«, sie alle können in chronischer Restimulation sein. Wenn der Archivar die Befeh-

le nicht preisgeben will, arbeitet man mit dem Fall trotzdem weiter in deren Nähe. Sie werden nach einer gewissen Zeit kapitulieren und weichen.

3. Die Verhaltensweise des Preclears auf dem Time-Track und der Zustand des Time-Tracks werden ausnahmslos durch engrammatische Befehle gesteuert, die als *Bouncer, Holder, Denyer, Grouper* und *Misdirector* klassifiziert werden können. (Noch einmal sei gesagt, daß diese Befehle, ebenso wie die Sprache, sehr variieren. Wenn sich beispielsweise die Äußerung »Ich weiß nicht, ob ich komme oder gehe« in einem Engramm befindet, wird das Engramm sehr verwirrend. »Ich kann jetzt nicht zurückgehen« läßt den Preclear unaufhörlich in Richtung Gegenwart gehen.)

4. Der Engrammbefehl tritt entweder in der Sprache des Preclears in wachem Zustand vor einer Therapie-Sitzung auf oder wird unabsichtlich als vermeintlich »analytischer« Gedanke geäußert, wenn der Preclear sich dem Bereich nähert, in dem der Befehl enthalten ist.

5. Das Engramm ist keine bewußte, vernunftgemäß verarbeitete Erinnerung, sondern eine Ansammlung nicht analysierter Wahrnehmungen; es wird sich allmählich preisgeben, wenn man einfach durch das Verfahren der Rückkehr durch es hindurchgeht, zu ihm hingeht, es durchstreift oder nach ihm fragt.

6. Der Archivar wird dem Auditor alles aushändigen, was aus der Engrammbank herausgezogen werden kann. Der Auditor muß den Archivar unterstützen, indem er alles, was dieser anbietet, in seiner Ladung oder Heftigkeit reduziert. Das wird erreicht, indem man es den Patienten wiedererzählen läßt. (Andernfalls sammelt sich um den Archivar soviel Material an, daß er – da sich dieses Material nun in Restimulation befindet – nicht mehr an das Archiv gelangen kann. Auditoren, die sich dem Archivar widersetzen, sind nicht selten. Der Archivar, der sich dem Auditor widersetzt – ausgenommen durch Zurückhalten von Daten, die sich nicht reduzieren lassen werden – ist bisher noch nicht gefunden worden.)

Die Techniken, die dem Auditor zur Verfügung stehen, sind:

1. Die *Rückkehr*, bei der der Preclear, bevor die Therapie selbst beginnt, möglichst weit auf seinem Time-Track zurückgeschickt wird.

2. Die *Wiederholungstechnik*, mit der der Archivar nach Daten über bestimmte Themen gefragt wird, insbesondere solche, die die Rückkehr und die Bewegung auf dem Time-Track beeinflussen und die die Fähigkeit des Preclears, mit Engrammen in Kontakt zu kom-

men, unterstützen.

3. Die *zeitliche Verschiebung*, mit deren Hilfe der Preclear über kurze oder lange Entfernungen auf dem Time-Track bewegt werden kann, und zwar durch konkrete Angabe der Zeitdauer, um die er sich vorwärts- oder rückwärtsbewegen soll, oder der Zeitintervalle, um die er zurückkehren bzw. sich vorwärtsbewegen soll. (Es ist auch nützlich herauszufinden, ob sich der Preclear überhaupt bewegt oder in welcher Richtung er sich auf dem Time-Track bewegt, um die Wirkung eines bestimmten Engramms auf ihn herauszufinden.)

4. Das *Aufspüren von Somatiken*, wobei der Augenblick auf dem Time-Track gefunden wird, in dem das Somatik empfangen wurde, um herauszufinden, ob es in diesem Engramm enthalten ist, oder um ein Engramm zu finden, das dieses Somatik enthält.

Emotion und die Lebenskraft

Einer der wichtigsten Aspekte in der Therapie ist die Emotion. Im zweiten Teil dieses Buches hatten wir dieses Thema behandelt und vorläufig, rein theoretisch, drei Unterscheidungen getroffen: a) die Emotionen, die in Engrammbefehlen enthalten sind, durch welche körperlicher Schmerz mit Emotionen durcheinandergebracht wurde; b) die Emotionen, die als endokrine Reaktionen dem analytischen Mind des Clears sowie dem analytischen und dem reaktiven Mind des Aberrierten unterworfen sind; und c) die Emotionen, die in Engrammen enthalten sind, welche freie Einheiten der Lebenskraft gefesselt haben.

Weitere Arbeit und Forschung auf dem Gebiet der Emotionen werden zweifellos zu einem noch besseren Verständnis beitragen. Wir haben jedoch schon jetzt ein Wissen über Emotionen, mit dem wir arbeiten können. Wir können unser Wissen anwenden und Resultate damit erzielen. Wenn wir mehr wissen, werden wir in der Lage sein, viel bessere Resultate zu erzielen; doch im Augenblick können wir bereits Releases und Clears hervorbringen. Wenn wir Emotion als gefesselte Lebenskraft behandeln und wenn wir den allgemeinen Regeln für deren Freisetzung folgen, werden wir bei jedem Preclear einen sehr großen Erfolg erzielen; tatsächlich werden wir unsere größten Fortschritte erzielen, indem wir Emotion auf diese Weise freisetzen.

Bei einer Ingenieurwissenschaft wie der Dianetik können wir auf Knopfdruckbasis arbeiten. Wir wissen, daß das Bedienen eines Schalters einen Motor stoppen wird und das Einschalten ihn wieder startet und daß der Motor, unabhängig davon, wie oft wir den Schalter ein- und ausschalten, starten und stoppen wird. Wir benutzen hier eine Kraft, die für uns noch so geheimnisvoll ist, wie es für

James Clerk Maxwell die Elektrizität war. Benjamin Franklin[1] hatte viel früher schon beobachtet, daß Elektrizität existiert, und einige interessante Versuche mit ihr angestellt; aber er hatte sie nicht oft verwendet und konnte sie nicht kontrollieren. Ein Philosoph wie Henri Bergson[2] isolierte etwas heraus, das er *élan vital* – Lebenskraft – nannte. Der Mensch lebt, es muß also irgendeine Kraft oder Strömung geben, die ihn am Leben erhält; wenn der Mensch tot ist, ist keine Kraft oder Strömung mehr da. Das ist Lebenskraft im Benjamin-Franklin-Stadium. So wie er die Elektrizität betrachtete, so tat das Bergson mit der Lebenskraft. Mit der Dianetik sind wir jetzt auf – oder fast auf – der James-Clerk-Maxwell-Stufe. Wir wissen, daß über die Lebenskraft bestimmte Formeln aufgestellt werden können, und wir können diese Formeln benutzen. Wir können auch vermuten, daß »Lebenskraft« und das, was als eine bestimmte Art »Emotion« eingestuft wurde, entweder ähnlich oder dasselbe sind. Wir mögen die falsche Theorie haben, doch das konnte auch bei James Clerk Maxwell der Fall gewesen sein. Vielleicht sind Maxwells Theorien tatsächlich falsch: doch wir haben auf jeden Fall elektrisches Licht. Wir sind in der Dianetik ziemlich sicher, daß die Mehrzahl der Lehrsätze mit den Naturgesetzen in Einklang steht; das gilt jedenfalls für die Grundüberlegungen. Wir sind nicht sicher, ob wir Emotion völlig richtig eingeteilt haben; aber sicher sein könnten wir erst, wenn wir tatsächlich imstande wären, einen toten Mann wieder mit Lebenskraft vollzupumpen. Abgesehen von diesem endgültigen Beweis befinden wir uns in bezug auf Emotion als Lebenskraft auf festem Grund.

Man kann beispielsweise ein Mädchen mit einem Elektroenzephalographen[3] (einem Instrument zur Messung von Nervenimpulsen und -reaktionen) auf seinen Hintergrund hin untersuchen und dann die so erhaltenen Informationen entweder zu ihrem Schaden oder ihrem Nutzen verwenden. Die eine Möglichkeit wäre, sie allein durch die Verwendung dieser Daten krank oder geistesgestört zu machen. Eine solche Behandlung ist unmenschlich und kommt natürlich für die Dianetik nicht in Frage. (Wenn man hingegen die

[1] *B. Franklin:* 1706-1790, amerikanischer Staatsmann und Wissenschaftler, erfand den Blitzableiter.

[2] *H. Bergson:* 1859-1941, französischer Philosoph. Nach ihm kann der »Verstand« das materielle Universum messen, aber nicht die lebendige, fließende Wirklichkeit, die von einem *élan vital*, einer schöpferischen Lebenskraft, getragen wird. Das Lebendige kann nur mittels Intuition erfaßt werden.

Daten in der Therapie erhält, geschieht das durch wirklichen Kontakt mit Engrammen, und ein in der Reverie berührtes Engramm hat seine Aberrationskraft verloren; die dianetische Therapie schließt also eine solche Möglichkeit absolut aus.) Für uns sehr viel wichtiger aber ist die Tatsache, daß man unter Verwendung derselben Daten in der dianetischen Therapie erreichen kann, daß dieses Mädchen ein Optimum an Kraft, Interesse, Durchhaltevermögen, Lebenszähigkeit und an körperlichem und geistigem Wohlbefinden wiedergewinnt. Könnten diese Effekte nicht in beiden Richtungen geschaffen werden, dann hätten wir nicht die Antwort, zumindest nicht in brauchbarer Form. (Sollte sich übrigens irgendein Schriftsteller versucht fühlen, die negative Anwendungsmöglichkeit für Schauergeschichten zu verwerten, muß er daran erinnert werden, daß die Daten unter Zuhilfenahme von Apparaten gewonnen wurden, die so kompliziert und schwer zu verwenden waren, daß sie selbst einen Doktor Frankenstein verblüfft hätten; und daß die dianetische Therapie die Daten an ihrem Ursprung kontaktiert. Die Apparatur ist notwendig, um zu verhindern, daß der Ursprung angerührt wird, denn im gleichen Augenblick, wo die Therapie den Ursprung berührt, verschwindet dessen Kraft wie die Schlagzeilen von gestern. Also bitte keine Horrorstücke über die Dianetik – sie wären technisch ungenau.)

Das ist insofern nicht so einfach wie der Umgang mit Elektrizität, als der Schalter nicht ein- und ausgestellt werden kann. In der Dianetik kann er nur eingeschaltet werden. Wir haben also einen Regelwiderstand (veränderlicher Widerstand), der nicht zurückstellbar ist, der aber, wenn er vorangeschoben wird, immer mehr dynamische Kraft an die Person freigibt und ihr immer mehr Kontrolle über ihren Gebrauch einräumt.

Der Mensch ist als selbstbestimmter Organismus gedacht. Solange er also seine Daten ohne künstliche Zwänge und Verdrängun-

[3] Der Elektroenzephalograph, das Hypnoskop (ein Apparat, mit dem man feststellt, ob jemand hypnotisierbar ist), Intelligenztabellen, Tests für verschiedene Dynamiken usw. sind alles mechanische Hilfsmittel für die Dianetik. Sie werden vorwiegend in der Forschung benutzt. Sie können auch, wenn sie zur Verfügung stehen und das Können des Auditors es zuläßt, in der dianetischen Therapie verwendet werden. Doch sind sie nicht allgemein dafür eingesetzt worden und werden in der Therapie gegenwärtig auch nicht benötigt. Irgendein Chemiker wird eines Tages, so hoffe ich, das perfekte »Trancegas« erfinden, das die Klärung eines Schizophrenen beschleunigt. Ferner baue ich darauf, daß irgendein Ingenieur einen Apparat zur Messung von Nervenimpulsen konstruieren wird, der für den allgemeinen Gebrauch billig genug ist. Zur Zeit können wir ohne diese Dinge auskommen, wie wünschenswert sie auch für die Zukunft sein mögen. (Anm. d. Verf.)

gen (die heruntergedrückte Sieben auf der Rechenmaschine) auswerten kann, vermag er mit maximaler Leistungsfähigkeit zu arbeiten. Wenn der Mensch in den Zustand gerät, von außen bestimmt zu werden, also ohne Zustimmung der eigenen Vernunft gezwungen oder gehindert wird, etwas zu tun, wird er zum Knopfdruckroboter. Dieser Knopfdruckfaktor ist so scharf ausgeprägt, daß ein Auditor, der im Zuge der Therapie eine Schlüsselredewendung in einem Engramm entdeckt (und es nicht entlastet), diese für eine Weile benutzen könnte, um einen Patienten nach Belieben husten oder lachen zu lassen. Da der Auditor die Daten beim Ursprung erhielt – er kam mit dem Engramm selbst in Kontakt, was diesem einige Kraft entzog –, wird der Knopf in diesem Fall nicht sehr lange vorhalten, ganz sicher weniger als zwei- oder dreihundert Wiederholungen lang. Alle Versuche, menschliche Wesen mit Hilfe der Triebkraft »Schmerz« zu kontrollieren, sowie die meisten Daten, die von verschiedenen Schulen der Vergangenheit zusammengetragen wurden, sind, ohne daß man es wußte, dieses Knopfdruckmaterial gewesen. Wenn das Engramm nicht beim Ursprung angerührt wird, kann das Knopfdruckmaterial unendlich oft angewandt werden, ohne daß seine Kraft jemals nachläßt. Beim Ursprung berührt, wird dagegen die Originalaufzeichnung erreicht, wodurch das Engramm seine Kraft verliert. Der »geschickte Umgang mit Menschen« und das, was die Menschen grob als »Psychologie« bezeichnet haben, waren in Wirklichkeit eine Knopfdruckkontrolle mit den aberrierenden Redewendungen und Geräuschen aus den Engrammen des Menschen. Kinder entdecken diese bei ihren Eltern und benutzen sie ganz gehörig. Der Büroangestellte findet heraus, daß sein Chef einen vollen Papierkorb nicht ausstehen kann und leert ihn deswegen nicht. Der Bootsmann auf einem Schiff stellt fest, daß sich einer seiner Matrosen immer duckt, wenn er den Ausdruck »Memme« hört; darum benutzt er das Wort, um den Mann einzuschüchtern. Das ist Knopfdruckkrieg unter Aberrierten. Eine Ehefrau mag herausfinden, daß bestimmte Worte ihren Mann zusammenzucken lassen, ihn wütend machen oder ihn davon abhalten, etwas Bestimmtes zu tun, und so benutzt sie diese »Knöpfe«. Und Ehemänner finden die Knöpfe ihrer Frauen und halten sie davon ab, Kleider zu kaufen oder das Auto zu nehmen. Dieser defensive oder offensive Zweikampf zwischen Aberrierten wird dadurch hervorgerufen, daß Knöpfe auf Knöpfe reagieren. Ganze Bevölkerungen werden mittels ihrer Knopfdruckreaktionen gelenkt. In der Werbung sammelt man Erfahrungen über Knöpfe und benutzt sie bei »Körpergeruch« oder »Verstopfung«. In der Unterhaltungsbranche und in Schlagertexten werden Knöpfe in ganzen Registern und Batterien gedrückt, um aberrierte Reaktionen zu erzeugen. Pornographie wendet sich an Leute mit pornographischen Knöpfen. Ein Wohlfahrtsstaat spricht Leute an, die »Sorgt-für-mich«- und andere Knöpfe haben. Man könnte sagen, es sei unnötig, an die Vernunft zu appellieren, wenn es so viele Knöpfe gibt.

Da eben diese Knöpfe durch Schmerz und Emotion heruntergehaltene Siebenen sind (dem Computer durch Engramme aufgezwungene falsche Daten – und jede Gesellschaft hat ihre eigenen Engramm-Muster), sind sie auch dafür verantwortlich, daß Leute geisteskrank werden oder Krankheiten bekommen, und richten ganz allgemein Chaos an. Der einzige Knopf bei einem Clear ist das, was sein eigener Computer, der auf der Grundlage seiner Erfahrungen auswertet, die ihrerseits vom Computer ausgewertet worden sind, ihm als Überlebensverhalten entlang seiner vier Dynamiken angibt. Und da er somit keine Marionette in den Händen gewissenloser oder berechnender Menschen ist, bleibt er an Körper und Seele gesund.

Es ist jedoch nicht wahr, daß ein Clear keine Emotionen zeigt, daß er ein kalter Verstandesmensch und eine selbstbewußte Marionette seiner eigenen Berechnungen ist. Sein Computer arbeitet so schnell und auf so vielen Ebenen, wobei so viele seiner Berechnungen gleichzeitig, jedoch außerhalb der Sicht des »Ich« erfolgen (obwohl das »Ich« jede einzelne von ihnen sofort untersuchen könnte), daß seine *Unentschiedenheit* oder übersteigerte Selbstbewußtheit minimal ist. *Unentschiedenheit* ist der Zustand des Aberrierten, dessen armer Computer mit schweren Unwägbarkeiten und heruntergedrückten Siebenen in seinen Engrammen ringt, wie beispielsweise: »Ich muß das tun. Ich muß das ganz einfach tun. Ach nein, ich sollte doch lieber etwas anderes tun.«

Der Unterschied des Berechnungsvermögens zwischen einem Clear und einem Aberrierten ist sehr groß. Es gibt aber noch einen erheblich größeren Unterschied: in der Lebenskraft. Die Dynamiken haben offensichtlich soundso viel potentielle Kraft. Diese Kraft drückt sich als zähes Festhalten am Leben aus, als Durchhaltevermögen im Anstreben von Zielen, als Kraft im Denken und Handeln und als Fähigkeit, Vergnügen zu erleben. Die Dynamiken in den Zellen eines Menschen mögen nicht stärker sein als die in den Zellen einer Katze. Aber die Dynamiken im ganzen Menschen sind zweifellos größer als die in jedem Tier. Was auch immer der Grund dafür sein mag, der Mensch ist grundsätzlich *lebendiger*, denn er hat ein weitaus wandlungsfähigeres Reaktionsvermögen. Mit *lebendiger* meinen wir, daß sein bewußt empfundener, emotioneller Lebensdrang größer ist als bei anderen Lebensformen. Wäre das nicht wahr, dann übte er jetzt nicht die Herrschaft über das Tier- und Pflanzenreich aus. Gleichgültig, was ein Hai oder ein Biber tut, wenn er von endgültiger Vernichtung bedroht ist: kommen sie mit den Dynamiken des Menschen in Berührung, wird kurzer Prozeß mit ihnen gemacht; der Hai wird als Leder getragen oder in Form von Vitaminen gegessen, und der Biber schmückt den Rücken einer Dame.

Wie grundlegend dieser Aspekt ist, zeigt sich in einer einzigen Reaktion. Tiere begnügen sich damit, in ihrer Umgebung zu überleben, und suchen sich dieser Umgebung anzupassen. Das sehr gefährliche Tier – oder der Gott – namens Mensch hat eine etwas andere Vorstellung. Alte Lehrmeinungen haben dem armen, verrückten Aberrierten gern erzählt, daß er der Wirklichkeit ins Auge sehen *müsse*. Das war das optimale Verhalten: der Wirklichkeit ins Auge zu sehen. Nur ist das nicht die optimale Verhaltensweise des Menschen. Ebenso wie diese alten Lehren den fundamentalen Fehler begingen, vom Aberrierten anzunehmen, daß er seiner Umwelt nicht ins Auge sehen *wolle*, während er sie in Wirklichkeit aufgrund von Engrammen nicht sehen *kann*, nahmen sie auch an, allein schon dadurch, daß man der Wirklichkeit ins Auge sähe, würde geistige Gesundheit erreicht. Vielleicht ist das so, aber es führt den Menschen nicht zum Sieg über die Elemente und über andere Lebensformen. Der Mensch hat noch etwas: manche Leute nennen es schöpferische Phantasie, einige geben ihm diesen, andere jenen Namen; doch wie es auch immer genannt wird, es läuft auf die interessante Tatsache hinaus, daß sich der Mensch im Gegensatz zu den meisten anderen Lebensformen nicht damit begnügt, »der Wirklichkeit ins Auge zu schauen«. *Der Mensch sorgt dafür, daß die Wirklichkeit ihm ins Auge schaut.* Propaganda über »die Notwendigkeit, der Realität ins Auge zu schauen«, und solche mit dem Inhalt, daß ein Mensch durch einen »Kindheitswahn« (was das auch immer sein mag) in eine Geisteskrankheit getrieben werden könne, sieht selbst nicht die Realität, daß der Biber durch seine ganze Evolution hindurch Lehmdämme gebaut hat und damit fortfährt, während sich der Mensch in einem halben Jahrhundert gradweise vom Bau eines Stein- und Holzdamms für einen Mühlteich zu Bauwerken wie dem 1200 Meter langen Grand-Coulee-Damm verbessert hat und weiterhin einen beachtlichen Teil des Grundbesitzes der Natur vollständig umformt – aus einer Wüste wird fruchtbares Land, aus fließendem Wasser werden leuchtende Blitze. Es mag nicht so poetisch sein, wie es Rousseau gern gehabt hätte, es mag nicht so hübsch sein, wie es einige »Naturliebhaber« wollen, aber es ist eine neue Realität. Vor zweitausend Jahren bauten die Chinesen eine Mauer, die vom Mond aus sichtbar gewesen wäre, hätte jemand dort oben gestanden, um sie anzuschauen; vor dreitausend Jahren war Nordafrika grün und fruchtbar; vor zehntausend Jahren war der Mensch mit irgendwelchen anderen Projekten beschäftigt; doch hat er die Dinge immer so hergerichtet, daß sie seinen Bedürfnissen recht gut entsprachen.

Es ist also eine besondere Qualität am Werk – oder vielleicht einfach mehr davon, und zwar soviel mehr, daß es wie etwas ganz Neues aussieht.

All dies ist nun keine große Abschweifung von der Therapie; es wird als ein Aspekt der Lebenskraft angeführt. Wenn ein Mensch feststellt, daß er »immer weniger Lebenskraft besitzt«, verliert er irgendwo einige der freien Einheiten. Und die freien Einheiten dieser Lebenskraft sind in einer Gesellschaft oder in einem Einzelmenschen der zusätzliche Schwung, der notwendig ist, um Nordafrika zu bezähmen, Atome zu spalten oder die Sterne zu erreichen.

Die mechanische Theorie – und bedenken Sie, es ist nur Theorie, und die Dianetik kann ohne sie bestehen – besagt, daß es pro Individuum soundso viele Krafteinheiten gibt. Diese Einheiten können von einer Gruppe gemeinsam besessen und mit steigendem »Enthusiasmus« zu immer größeren Mengen aufgebaut werden; doch für unsere Zwecke genügt es anzunehmen, daß der Mensch als Individuum oder als Gesellschaft – beides sind Organismen – in jeder beliebigen Stunde oder an jedem beliebigen Tag eine bestimmte Anzahl für den Gebrauch sofort zur Verfügung hat. Ob er diese Lebenseinheiten je nach Notwendigkeit fabriziert oder ob er einfach über einen bestimmten Vorrat verfügt, ist nebensächlich. Wesentlich ist jedoch, daß er zu jeder Stunde und an jedem Tag soundso stark *lebendig* ist. Das ist sein dynamisches Potential, wie wir es in unserem Schaubild an früherer Stelle dargestellt haben.

Was geschieht also mit diesem dynamischen Potential bei einem Aberrierten? Er hat eine große Anzahl von Engrammen in seiner Bank. Wir wissen, daß diese Engramme sein ganzes Leben lang schlafen *können*, ohne einzukeyen, und wir wissen, daß jedes einzelne oder alle von ihnen eingekeyt werden können, um danach auf Restimulatoren aus der Umwelt zu warten, die sie in Tätigkeit setzen. Wir wissen auch, daß seine Notwendigkeitsstufe plötzlich ansteigen und sich über all diese eingekeyten Engramme hinwegsetzen kann. Und wir wissen, daß ihm eine hohe Überlebensaktivität eine solche Aussicht auf mögliches Vergnügen bringen kann, daß die Engramme, obwohl sie eingekeyt sind, unrestimuliert bleiben können. Wir können annehmen, daß diese Engramme von einer Lebensperiode zur anderen tatsächlich wieder auskeyen und ausgekeyt bleiben können, wenn irgendeine umfassende Veränderung der Umgebung oder der Überlebenschancen eintritt.

Gewöhnlich bleiben jedoch ein paar Engramme ununterbrochen eingekeyt und werden fast ständig durch die Umgebung des Menschen restimuliert; wird die Umgebung gewechselt, können die alten auskeyen, schließlich aber werden neue einkeyen.

Die meisten Aberrierten befinden sich in einem Zustand chronischer Restimulierung, der die Talfahrt auf der enger werdenden Abwärtsspirale in der Regel ziemlich schnell in Gang bringt.

Im Hinblick auf die Lebenskraft besteht die mechanische Wirkungsweise eines Engramms – sobald es eingekeyt wird – darin, daß es eine gewisse Anzahl von Einheiten der Lebenskraft einfängt. Eine plötzliche und umfassende Restimulierung dieses Engramms läßt es noch weitaus mehr Einheiten der Lebenskraft an sich reißen. In einem gewöhnlichen Fall wird bei jeder nachfolgenden Restimulierung ein immer größerer Teil der übriggebliebenen Lebenskraft eingefangen und festgehalten. Wenn Enthusiasmus oder Schwung die Absicht einer Person auf ein echtes Überlebensziel (im Gegensatz zu einem Scheinziel in den Engrammen) ausrichtet, gewinnt sie einige dieser Einheiten zurück. Aber die Spirale windet sich abwärts; mit Ausnahme ganz ungewöhnlicher Umstände kann die Person nicht so viele Einheiten zurückgewinnen, wie sie an die Engrammbank verloren hat.

Somit kann im Hinblick auf diese Theorie über die Vorgänge der Lebenskraft gesagt werden, daß mehr und mehr Einheiten der Lebenskraft aus dem Vorrat der Person geraubt und in der Engrammbank festgehalten werden. Hier wird ihr wahrer Gebrauch ins Gegenteil verkehrt; die Einheiten werden als Dynamik ausgegeben (wie bei Fällen von Manie und starker Euphorie) und zwingen dem somatischen sowie dem analytischen Mind ein bestimmtes Verhalten auf. In dieser Engrammbank sind die Einheiten der Lebenskraft nicht als freies Gefühl oder für freies Handeln verfügbar, sondern sie werden von innen her gegen die Person benutzt.

Eine Beobachtung kann diese Wirkungsweise bestätigen: Je restimulierter ein Aberrierter ist, um so weniger freies Gefühl besitzt er. Wenn er in einem manischen Engramm festsitzt (einem höchst schmeichelhaften überlebensfreundlichen Engramm), wird seine Lebenskraft geradewegs durch das Engramm geleitet, und sein Benehmen – gleichgültig, wie enthusiastisch oder euphorisch er sich gebärdet – ist in Wirklichkeit hoch aberriert; wenn er so viel Lebenskraft besitzt, die in dieser Weise kanalisiert werden kann, so läßt sich zeigen, daß er als Clear sogar noch mehr, und zwar vernünftig gelenkte Lebenskraft bei der Hand hat. (Dieser Beweis wurde geführt.)

Wir haben den parasitären Charakter der »Dämonenschaltkreise« vorgeführt, die Teile des analytischen Minds und seiner Denkvorgänge benutzen. Diese parasitäre Eigenschaft haben Engramme auch auf andere Weise gemeinsam. Wenn ein Mensch, sagen wir, tausend Einheiten Lebenskraft besitzt, hat er als Clear die Fähigkeit, diese auf ein äußerst reizvolles Dasein auszurichten; in einem manischen Zustand hingegen, in dem sich ein überlebensfreundliches Engramm in voller Restimulierung befindet, wird die Lebenskraft durch einen aberrierten Befehl gelenkt und gibt ihm vielleicht fünfhundert Einheiten pseudodynamischer Stoßkraft.

Mit anderen Worten, die Kraft kommt aus der gleichen Batterie: ein solches Engramm hat auf jeden Fall weniger Kraft, als der ganze Organismus im geklärten Zustand haben würde. (Die Existenz der manischen Person oder der neurotischen Superpersönlichkeit hat einige der alten Schulen geistiger Heilung zu der durch und durch aberrierten und durch schlechte Beobachtung gekennzeichneten Meinung verleitet, daß allein Geistesstörungen die Überlebensfähigkeit des Menschen ausmachen – eine Auffassung, die in der Praxis ganz einfach dadurch widerlegt werden kann, daß man einen dieser manisch Kranken oder irgendeinen anderen Aberrierten klärt.)

Das Engramm benutzt denselben Strom, nur unter umgekehrten Vorzeichen – genauso wie es denselben analytischen Mind benutzt, ihn jedoch gewaltsam in Beschlag nimmt. Das Engramm hat nicht nur kein eigenes Leben, sondern geht auch (wie viele andere Parasiten) mit der Lebenskraft des Wirtes verschwenderisch um. Es ist vollkommen unbrauchbar. Wenn man eine vergleichbare Vorrichtung in eine elektronische Schaltung einsetzte, so würde die Vorrichtung lediglich einige Funktionen des Geräts, die veränderlich bleiben sollten, durch eine Fehlleitung des Stroms »unabänderlich« fixieren und zusätzlich einfach durch verlängerte Leitungen und schlechte Kondensatoren und Röhren den für die Maschine lebenswichtigen Energienachschub verbrauchen.

Im menschlichen Mind nimmt das Engramm seine kraftvollste »Beistands«-Position bei einem manisch Kranken ein, indem es den

Organismus in wilde Aktivität und monomanische[4] Konzentration hineinlenkt und -kommandiert. Der »Superverkäufer«, der überkandidelte »Fröhlichkeitsprotz«, der fanatische und scheinbar nicht kleinzukriegende religiöse Eiferer sind als manisch Kranke einzuordnen. Der Überfluß an »Kraft« in diesen Leuten, selbst wenn sie so grausam wie bei Torquemada[5] oder so zerstörerisch wie bei Dschingis-Khan ausgeübt wird, ist in vielen Kreisen ein Gegenstand der Bewunderung. Der Ursprung einer Manie ist, wie wir später sehen werden, ein »überlebensfreundlicher«, »hilfreicher« Befehl in einem Engramm, der jedoch die Person auf eine ganz bestimmte Richtung festlegt. Ein Engramm verfügt aber nur über soviel »Kraft«, wie im Wirt vorhanden ist, ebenso wie es nur soviel vom Analysator in Beschlag nehmen kann, wie vorhanden ist.

Betrachten wir einen kraftvollen Maniker, der, sagen wir, fünfhundert Einheiten Lebenskraft entfaltet. Nehmen wir an, das ganze Wesen besitzt insgesamt tausend Lebenskrafteinheiten. Stellen wir uns vor, wir haben hier einen Alexander den Großen. Die Dynamiken des Durchschnittsmenschen erhalten in den meisten Fällen keine Hilfe von manischen Engrammen, sondern werden von ihnen zerstreut, wie etwa ein Elektronenstrom von einem Hindernis zerstreut wird. Das Resultat ist zerstreute Aktivität, zerstreute Gedanken, nicht berechenbare Probleme und Mangel an Ausrichtung. Bei einer Person, die 1000 Einheiten besitzt, könnten 950 in den Engrammbanken gefangen sein und doch so gründlich gegeneinanderwirken, daß die Person nach außen hin eine Kapazität von nur 50 Einheiten einsetzen kann. Im Falle Alexanders des Großen entsprach das manische Engramm in seiner Ausrichtung wohl der allgemeinen Richtung seiner eigenen Grundziele. Seine *Grundabsicht* war ein starker Drang, weite Bereiche zu beherrschen; das manische Engramm wirkte zufällig in der gleichen Richtung; ein sehr fähiger und mit großer persönlicher Tapferkeit ausgestatteter Mensch kam aufgrund eines manischen Engramms in den Besitz von 500 Einheiten, hielt sich für einen Gott und ging hinaus, um die ganze bekannte Welt zu erobern. Er wurde in dem Glauben erzogen, ein Gott zu sein; sein manisches Engramm sagte ebenfalls, er sei einer, und enthielt einen Holder. Alexander der Große eroberte die Welt und starb mit 33 Jahren. Er vermochte an seinem manischen Engramm nur so

[4] *monomanisch:* krankhaft besessen von einer einzigen Wahnidee oder Zwangsvorstellung; mit einer fixen Idee behaftet.

[5] *Tomas de Torquemada:* 1420-1498, Großinquisitor von Spanien, Organisator der spanischen Inquisition, der schlimmsten Ketzerverfolgung.

lange festzuhalten, wie er ihm gehorchen konnte; als ihm das nicht mehr möglich war, veränderte das Engramm seine Valenz, war kein manisches Engramm mehr und trieb ihn mit Schmerz in ziellose Handlungen. Das Engramm, das er von seiner Mutter Olympia erhielt, kann noch heute, so viele Jahre später, ungefähr rekonstruiert werden. Es muß gesagt haben, daß er ein fröhlicher Gott sei und die ganze Welt erobern würde; daß er immer weiter erobern und immer danach streben müsse, sich höher und höher zu erheben. Inhalt des Engramms war vermutlich irgendein ritueller Gesang seiner Mutter, die eine Hohepriesterin von der Insel Lesbos war und kurz vor dem Ritual irgendeine Verletzung erhalten haben muß. Im übrigen haßte sie ihren Ehemann Philipp. Die Lösung war ein Sohn, der alles erobern würde. Alexander mag wohl fünfzig oder hundert solcher »Beistands«-Engramme gehabt haben – die wilden Gebete einer Frau, die aberriert genug war, um zu morden. Somit kann man annehmen, daß er solange eroberte, bis er die Nachschublinien für seine Eroberungen nicht mehr weiter ausdehnen konnte. Da aber war er natürlich nicht mehr in der Lage, dem Engramm zu gehorchen, und darum wandte sich dessen Kraft in Form von Schmerz gegen ihn. Die Engramme diktierten Angriff, um zu *erobern*, und sie setzten den Befehl mit Hilfe von Schmerz durch; sobald aber die *Eroberung* nicht weiter fortgesetzt werden konnte, wandte sich der Schmerz gegen Alexander. Eines Tages begriff er, daß er sterben mußte, und eine Woche später war er tot – auf der Höhe seiner Macht. So wirkt – hier in einem großen Maßstab gezeigt – eine manische Äußerung in einem Engramm.

Nehmen wir einmal an, Alexander wäre zum Clear gemacht worden, so daß er sich nur aufgrund seiner Erziehung gegen seinen Vater gewandt hätte und ihn lediglich Gebete und keine Engramme aufgefordert hätten, die Welt zu erobern. Antwort: Mit einem ausreichenden und vernünftigen Grund wäre er ganz sicher imstande gewesen, die Welt zu erobern und hätte durchaus mit achtzig noch am Leben sein und sie genießen können. Wie können wir so etwas annehmen?

Der Maniker mit 500 Einheiten gelenkter Absicht ist geklärt worden. Nun hat er 1000 Einheiten *bewußt* gelenkter Absicht. Er ist genau zweimal so kraftvoll wie zu dem Zeitpunkt, als er in einem kraftvollen manischen Engramm steckte; seine Grundabsicht mag ähnlich sein, kann aber jetzt klar erkannt werden und wird sich nicht gegen ihn wenden, sobald er ein Ziel erreicht hat oder gescheitert ist.

Dies sind Daten aus der Praxis, die die Theorie der Lebenskraft untermauern. Sie wurde mit der Absicht formuliert, beobachtete Erscheinungen zu erklären. Die Theorie mag falsch sein, die beobachteten Daten sind es nicht. Die Theorie muß aber der Wahrheit recht nahekommen, denn mit ihr konnte eine beträchtliche Menge Erscheinungen vorhergesagt werden, von deren Existenz man zuvor nichts gewußt hatte; mit anderen Worten, es ist eine einträgliche Theorie. Sie entstand, nachdem die Dianetik gut formuliert war, denn es tauchte eine eigentümliche, für den Therapeuten sehr wichtige Tatsache auf: *Der Preclear kam in der Therapie genau in dem Maße vorwärts, wie aus seiner reaktiven Bank emotionelle Ladung freigesetzt wurde.*

Absicht und Beharrlichkeit eines Aberrierten waren in dem Maße behindert, wie sich emotionelle Ladung in seiner Engrammbank befand. Die Menge seines wiedergewonnen Überlebenspotentials vergrößerte sich im Verhältnis zu der Menge der aus der Engrammbank freigesetzten Energie. Seine Gesundheit verbesserte sich im Verhältnis zu der Menge der aus der Engrammbank freigesetzten Energie.

Die Engramme, aus denen die größte Menge an Ladung freigesetzt werden konnte, waren diejenigen, die um den Verlust von Faktoren herum lagen, die als überlebensförderlich empfunden wurden.

So wurde diese Theorie der Lebenskraft formuliert. Jeder geklärte Maniker wies offenbar weit mehr echte Kraft und Energie auf als vor seiner Klärung. Und jeder geklärte »Normale« vermehrte seine zugänglichen Lebenskrafteinheiten im gleichen Maße, wie das bei einer geklärten manischen Person der Fall war.

Weitere Arbeit und Beobachtung werden diese Theorie ohne Zweifel verfeinern. Zum gegenwärtigen Zeitpunkt reicht sie aber aus. Sie ist eine von jenen »wissenschaftlichen Theorien«, die man zur Erklärung eines Vorganges oder einer langen Reihe von Beobachtungen einsetzt. Diese Theorie stimmt mit den Grundsätzen der Dianetik gut überein, denn sie sagt Daten voraus, die dann gefunden werden können, und stößt frühere, durch die grundlegende Mathematik und Philosophie der Dianetik vorausgesagte Daten nicht um.

Hier sprechen wir eigentlich nicht von dem etwas verschwommenen Begriff »Emotion«, sondern, wie wir glauben, von der Lebenskraft. Diese Lebenskraft wird durch Erfolg und Vergnügen im allgemeinen bedeutend gefördert, und die Anzahl ihrer freien Einheiten, wie wir sie uns vorgestellt haben, wird entsprechend dieser Theorie durch Vergnügen vergrößert. Mit anderen Worten: Vergnügen ist etwas, das die Batterien wieder auflädt oder ermöglicht, daß diese wieder aufgeladen werden; und bei einem Clear führt sie keineswegs zur Weichheit, sondern vielmehr zu erneuter Aktivität, denn Trägheit ist engrammatisch.

Vergnügen ist ein lebenswichtiger Faktor: schöpferisches und konstruktives Streben, das Überwinden von nicht unerkennbaren Hindernissen in Richtung auf ein Ziel, das Betrachten von erreichten Zielen der Vergangenheit – all das wirkt gemeinsam darauf hin, die Lebenskraft wieder aufzuladen. Ein Mensch zum Beispiel, der außerordentlich erfolgreich war, dann diesen Erfolg verliert und daraufhin krank wird, folgt nicht einem vernunftbestimmten Ablauf, sondern einem schematischen Ablauf, der auf einen Engrammbefehl zurückgeht. Auf irgendeine Weise hat er einem Engrammbefehl nicht gehorcht, und deshalb erleidet er Schmerz. Das »Wunderkind«, das frühzeitig »ausbrennt«, ist, wie sich in der Therapie zeigt, in Wirklichkeit etwa ebenso ausgebrannt wie ein Ofenfeuer, das mit frischem Brennstoff belegt wurde, um den Zug zu vermindern. Jedes »Wunderkind« steht unter einem Zwang: stellen Sie sich nur die Wunschträume vor, die Mama in seine Engramme hineingeschüttet haben muß. Sie ist verletzt: »Oh, das werde ich mir nie verzeihen! Wenn ich mein Kind zerstört habe, werde ich mir nie vergeben. Mein Kind soll der größte Geiger der Welt werden!« Oder: »O du Untier! Du hast mich geschlagen. Du hast unser Kind verletzt. Ich werd' es dir zeigen. Ich werde es zum größten Klavierwunder in ganz Brooklyn machen! Es soll ein großartiges Kind, ein Wunderkind, sein. Und du hast es geschlagen, du brutaler Kerl. Ich werde hier auf der Stelle sitzenbleiben, bis du weggehst!« (Diese Aussagen wurden tatsächlich in Engrammen gefunden.) Das zweite hier geschilderte Engramm stellt die Berechnung an, der Weg, mit Vater abzurechnen, bestehe darin, der größte Pianist in ganz Brooklyn zu werden. Der Junge hat tatsächlich großen Erfolg – dank musikalischem Gehör, Übung und großem »Ehrgeiz«. Sein Engramm wird ständig von der Mutter restimuliert. Aber eines Tages verliert er einen Wettbewerb; plötzlich weiß er, daß er kein Kind mehr ist, er hat versagt. Sein Ehrgeiz ist erschüttert. Er bekommt Kopfschmerzen (Vaters Schlag) und ist am Ende »neurotisch« und »ausgebrannt«. Als Clear kehrte dieser Mann zur Pianistenlaufbahn zurück, nicht als ein »angepaßter« Mensch, sondern als einer der bestbezahlten Konzertpianisten in Hollywood. Musik stimmte mit seiner Grundabsicht überein.

In einem anderen Fall (wiederum ein manischer Zustand) schwärmte ein Patient, der einige Zeit lang in der Therapie war –

und er war nicht der erste, der das tat –, hingerissen und verzückt, daß er durch die Dianetik »angeturnt« worden sei. Er schwebte etwa einen halben Meter über dem Boden, mit geschwellter Brust usw. Seine Brillengläser wollten ihm plötzlich nicht mehr passen, seine Augen waren zu gut. Er war ein strahlender Fall kraftvoller Euphorie. Künstliche Restimulierung hatte ein manisches Engramm berührt und es zum ersten Mal in seinem Leben aktiviert. Er fühlte sich wunderbar. Der Auditor wußte, daß der Patient innerhalb von sechsunddreißig Stunden bis drei Tagen (die übliche Zeit) eine vollständige Bauchlandung machen würde, weil eine künstliche Restimulierung in der Therapie das Engramm angezapft hatte. Es stellte sich heraus, daß seine Großmutter ihrer Tochter erzählt hatte, sie dürfe das Kind nicht abtreiben, weil es eines Tages ein »großer aufrechter Mann oder eine schöne Frau« werden könnte. Aufrecht war er ganz bestimmt – er überanstrengte fast seine Rückenmuskeln. Ein zweiter Kontakt mit dem Engramm in der Therapie, und die manische Phase war verschwunden.

Man kann also annehmen, daß dieses manische Engramm, wie im Fall des Wunderknaben, verfügbare Lebenskraft aufgesammelt und diese plötzlich so kanalisiert hatte, daß sie mit der Grundabsicht parallel verlief, was die Lebenskraft stark konzentrierte. Im Fall des Pianisten lag seine geklärte Kraft weit über der Kraft, die er mit dem manischen Engramm hatte. In dem anderen Fall, der noch in Behandlung ist, wurde eine Ebene erreicht, die sich der früheren Ebene nähert und diese bei weitem übersteigen wird.

Enthusiasmus für ein Projekt wird auf die gleiche Art Lebenskraft in einer bestimmten Zielrichtung kanalisieren; und Notwendigkeit wird plötzlich den Engrammen genügend Kraft entreißen, um einen Menschen sehr erfolgreich sein zu lassen, obwohl er überhaupt keine aktiven manischen Engramme besitzt.

Nun kommen wir zum Kern dieser Sache: dem überlebensfreundlichen Engramm. Es ist Pseudoüberleben, wie alle engrammatischen »Hilfen«, eine Fata Morgana, die sich auflöst und heißen Sand hinterläßt.

Zuvor sprachen wir hauptsächlich von überlebensfeindlichen Engrammen. Diese liegen quer zu den Dynamiken der Person und ihrer Grundabsicht.[6]

[6] Bei jedem Menschen gibt es eine zusätzliche Spezialisierung der Dynamiken, eine Art eingebaute persönliche Dynamik. Es ist eine in der Praxis bestätigte Tatsache, daß die Grundabsicht dem Menschen offensichtlich schon vor Vollendung des zweiten Lebensjah-

Ein überlebensfeindliches Engramm ist für die Dynamiken wie die Blockierung eines wichtigen Flusses durch eine Masse von Baumstämmen. Die Dynamik ist zu einem gewissen Grade blockiert. Jede Blockierung einer der vier Dynamiken (oder irgendeines Teiles dieses Spektrums) verursacht eine Zerteilung der Strömung. Sie vermindert die Dynamik nicht besonders, leitet sie aber auf die gleiche Weise in die Irre, wie aus dem obigen Fluß, dessen natürliches Strömen blockiert wird, vielleicht fünf Ströme entstehen, die in verschiedene Richtungen fließen oder fruchtbare Weiden überfluten, statt sie lediglich zu bewässern.

Das überlebensfreundliche Engramm gibt vor, der Dynamik auf ihrem Weg Hilfe zu leisten (hilft ihr aber in Wirklichkeit nicht). Es täuscht vor, die Dynamik zu *sein*. In unserem Gleichnis, dem Fluß, wäre das überlebensfreundliche Engramm ein Kanal, der dem Fluß die Kraft entreißt und diese in eine andere, nicht beabsichtigte Richtung laufen läßt. Ein überlebensfreundliches Engramm ist nicht dasselbe wie ein manisches Engramm; es kann jedoch manische Redewendungen enthalten.

Ein überlebensfeindliches Engramm sagt: »Er ist wertlos, töten wir ihn.«

Das überlebensfreundliche Engramm sagt: »Ich rette ihn.« Wenn es noch hinzufügte: »Er ist goldig, und die Frauen fliegen auf ihn«, dann hätten wir ein überlebensfreundliches Engramm *und gleichzeitig* ein manisches Engramm.

In dem Schaubild, mit dem an früherer Stelle in diesem Buch die Überlebensdynamik und der Unterdrücker dargestellt wurden, wäre das überlebensfeindliche Engramm ein Teil (ein aberrierter Teil) des Unterdrückers und das überlebensfreundliche Engramm ein Teil (ein aberrierter Teil) des dynamischen Antriebs.

Keines von beiden ist wirklich ein vernünftiger und berechenbarer Teil der Überlebensdynamik oder des Unterdrückers.

Das Engramm (vielleicht aus einem Krankheitsdelirium), das

res bekannt ist: Talent, angeborene Persönlichkeit und Grundabsicht sind ein Bündel. Sie scheinen Teil des genetischen Musters zu sein. Jeder kann dianetisch dazu gebracht werden, das Alter von zwei Jahren voll wiederzuerleben, und stellt man ihm dann die Frage nach seiner Absicht im Leben, wird er sich sehr genau darüber äußern, was er im Leben erreichen will (eine Überprüfung der Aktivitäten im Alter von zwei Jahren hat das bestätigt). Man wird entdecken, daß sein späteres Leben diesem allgemeinen Muster gefolgt ist, wann immer er Erfolg hatte. Bei fünfzehn untersuchten Personen fand man, daß die Grundabsicht mit zwei Jahren geformt war, und nachdem diese Personen geklärt worden waren, benutzten und verfolgten sie diese Grundabsicht. (Anm. d. Verf.)

sagt: »Ich werde bei dir bleiben, Liebling, solange du krank bist«, macht offenbar einen allerdings finsteren Teil der Überlebensdynamik aus. Der reaktive Mind hat jedoch, wenn er restimuliert ist, keinen Zeitsinn, und wenn dieses Engramm eingekeyt ist und aufgrund eines seiner Wahrnehmungsinhalte zum Beispiel durch einen Geruch oder die Stimme einer Person (die nicht einmal die ursprüngliche Person zu sein braucht) ständig restimuliert wird, so verlangt dieses Engramm, daß die Person, die das Engramm hat, krank wird, genau wie sie krank war, als die engrammatische Äußerung fiel. Für den schwachsinnigen reaktiven Mind ist der Weg des Überlebens dann dieser: »Ich hatte jemanden, der sich um mich kümmerte, als ich krank war. Ich brauche jemanden, der sich um mich kümmert. Ich muß krank werden.« Hier haben wir das Grundmuster aller Mitgefühlsengramme. Es ist das Grundmuster des Engramms, das bei jedem beliebigen Patienten, der eine chronische psychosomatische Krankheit hat, als Ursache vorliegt. All diese Engramme sind natürlich sehr verschieden, immer aber bestehen sie darauf, daß die Person, die das Engramm hat, krank wird, um zu überleben.

Das Engramm vom Unterdrückertyp, das stets ein überlebensfeindliches Engramm ist, kann auf genau dieselbe Art restimuliert werden wie das überlebensfreundliche Engramm. Ein Engramm ist ein Engramm, und sämtliche Mechanismen sind immer gleich. Die Tatsache, daß der analytische Mind das Engramm zeitlich nicht einzuordnen vermag, kann jedes beliebige Engramm allgegenwärtig erscheinen lassen. Die Zeit kann vielleicht die Erfahrungen des analytischen Minds »heilen«, aber nicht die des reaktiven Minds, der keine Zeit kennt – eine Tatsache, die die Zeit nicht zum Heiler aller Wunden, sondern lediglich zum König der Scharlatane macht. Diese Unterdrückerdaten mögen überhaupt nicht den Tatsachen entsprechen. Es sind falsche Daten. Eine Person sieht beispielsweise einen Schmetterling, und diese Engramme sagen ihr, er sei gefährlich; sie beginnt, den Frühling zu verabscheuen, denn das ist die Zeit, wo sie Schmetterlinge sieht. Oder das Engramm besagt: »Ihr seid alle gegen mich. Ihr seid gegen alles, was ich tue« – in Wirklichkeit Mutters Worte, die sich gegen ihren Mann und ihre Schwiegermutter zur Wehr setzte. Es enthält als Wahrnehmungsinhalt auch die Aufzeichnung des Geräusches einer Nähmaschine. Der Mann, der dieses Engramm besitzt, hört in einem Augenblick, in dem er müde und dösig ist, eine Nähmaschine (wenn dieses Engramm irgendwann einmal eingekeyt wurde) und sieht, zur Maschine hinschauend, seine Frau (er identifiziert niemals das Geräusch als den eigentlichen Restimulator, denn diese Engramme schützen sich). Sie ist der *Nebenrestimulator*, etwas, das sein analytischer Mind, der den Auftrag erhielt, Gefahr zu wittern, als die Ursache aufgreift. Also sucht er herum und findet etwas, worüber er wütend ist (etwas beinahe »Vernünftiges«), und beginnt ihr zu erzählen, sie sei gegen ihn. Oder es kann ein Engramm auf so niedriger emotioneller Tonstufe wie Apathie sein, und darum setzt er sich hin und weint und klagt, daß sie gegen ihn sei. Wenn während der »Bewußtlosigkeit« bei der Geburt der Arzt gesagt hat, daß er ihm einen Klaps geben müsse, dann heult er und bekommt Kopfschmerzen, wenn er einen Klaps bekommt; als Erwachsener klapst er seine Kinder, denn diese sind für ihn der stärkste Unterdrücker, den er sich denken kann.

Es besteht also ein Unterschied zwischen den überlebensfreundlichen und den überlebensfeindlichen Engrammen, ganz besonders zwischen dem überlebensfreundlichen Mitgefühlsengramm und dem überlebensfeindlichen Engramm. Zwar haben wir in diesem Kapitel schon einen langen Anmarschweg hinter uns gebracht, aber dieser Unterschied ist für den Auditor von höchstem Interesse.

Jeder wirkliche Widerstand, den Preclears gegen die Therapie leisten, kommt aus diesen überlebensfreundlichen Mitgefühlsengrammen. Sie ergeben einige sehr seltsame Berechnungen. Sie sagen dem Patienten, daß er besser daran täte, »es nicht loszuwerden«, und deshalb kämpft der Patient darum, seine Engramme zu behalten. Ein solches Engramm ist weitverbreitet. Ein typischer Fall ist jene Mutter, die Vater wegstößt, der darauf besteht, sich kein Kind leisten zu können; der Kampf verletzt das Kind, und in der »Bewußtlosigkeit« erhält es natürlich ein Engramm; die Mutter weigert sich, es loszuwerden, die Mutter befindet sich auf der Seite des Babys; deswegen ist es am besten, wenn das Baby genau das tut, was Mutter sagt, und »es nicht los wird«. Das stimmt mit dem grundlegendsten Ziel überein: zu überleben. Wenn das Kind seine Engramme los wird, wird es sterben, denn sie loszuwerden bedeutet den Tod, weil die Mutter sagte, sie würde sterben, wenn sie es loswürde. Später im Leben hatte Mutter vielleicht noch die üble Angewohnheit, dem Kind, wenn es krank war, zu erzählen, daß sie »für ihr Kind sorgen und es vor seinem Vater schützen wird«, und das bringt neue Kraft in die alte Berechnung hinein.

Somit kommen wir zu der *Verbündetenberechnung*. Sie wird für den Auditor der wichtigste und schlimmste Gegner sein. Sie wird ihm auf unerklärlichste Weise widerstehen, und sie liegt dem Kern eines Menschen sehr nahe.

Die *Verbündetenberechnung* ist so schwerwiegend, daß sie einmal einen Auditor zu der Äußerung veranlaßte, ein Mensch sei nicht das Opfer seiner Feinde, sondern werde von seinen Freunden ermordet. Engrammatisch gesprochen ist das sehr wahr.

Die einzigen Aberrationen und psychosomatischen Krankheiten, an denen der Patient dauernd festhalten wird, sind jene, die durch ein überlebensfreundliches Engramm, das Teil einer Verbündetenberechnung ist, anbefohlen sind. Das könnte man hier fünfzigmal schreiben, ohne es überzubetonen. Die Verbündetenberechnung ist außerordentlich wichtig, sie ist das erste, wogegen der Auditor anstoßen wird, wenn er die Therapie beginnt, die erste Sache, die er entladen muß, wenn er einen raschen Fortgang der Therapie wünscht. Er mag viele überlebensfeindliche Engramme zu berühren und zu reduzieren haben (denn sie kommen schnell genug, wenn man sie herbeiruft), bevor er sich auch nur eine Vorstellung davon bilden kann, wie die Verbündetenberechnung aussehen mag. Wenn er aber auf eine solche stößt, sollte er diese lieber auslöschen und alle ihre Emotionen entladen; andernfalls wird der Fall sich verzögern.

Die Verbündetenberechnung ist die schwachsinnige Annahme des reaktiven Minds, das Überleben hänge von Großmutter oder Tante Frieda oder von einem seit dreißig Jahren toten Dienstmädchen ab. Diejenigen, die sich um den Menschen kümmerten, als er krank war, die Leute, die seine schwangere Mutter baten, mit den Abtreibungsversuchen aufzuhören, oder die ihn fütterten oder sonst vor Schaden zu bewahren suchten – das sind die Verbündeten.

Der reaktive Mind operiert vollständig nach einer zweiwertigen Logik. Dinge sind entweder Leben oder Tod, sie sind richtig oder falsch, je nachdem wie die Engrammworte lauten. Die im Engramm enthaltenen Personen sind entweder Freunde oder Feinde. Die Freunde, die Verbündeten, bedeuten Leben! Die Feinde bedeuten Tod! Es gibt kein Mittelfeld. Jeder Restimulator oder Nebenrestimulator des überlebensfreundlichen Engramms bedeutet Leben; und jeder Restimulator oder Nebenrestimulator eines überlebensfeindlichen Engramms bedeutet Tod!

Der Auditor kann natürlich eine wirklich restimulierende Person sein (ein Pseudovater, ein Pseudoliebhaber der Mutter vor der Geburt usw.); aber er ist auf jeden Fall ein Nebenrestimulator, jemand, der diese so ungeheuer lebenswichtigen Dinge, die überlebensfreundlichen Engramme, wegzunehmen droht. Die überlebensfeindlichen Engramme überwiegen diesen Faktor jedoch, und der analytische Mind des Preclears ist natürlich immer ganz und gar für den Auditor und die Therapie eingestellt.

Die Schwierigkeiten kommen, wenn der analytische Mind durch Restimulation ausgeschaltet ist und der Auditor die Verbündetenberechnung sucht. Dann weicht der reaktive Mind des Preclears aus und versteckt sich.

Die Verbündetenberechnung ist indes einfach aufzuspüren. Und es ist absolut unverzichtbar, das zu tun, denn diese Berechnung kann den Großteil der ganzen emotionellen Ladung enthalten, die sich bei dem Fall freisetzen läßt. Die gesamte Verbündetenberechnung völlig freizusetzen, bevor man das Basik-Basik erreicht hat, ist allerdings ganz unmöglich. Dem Preclear muß jedoch soviel Lebenskraft wie möglich zurückgegeben werden, damit der Fall in der Therapie gute Fortschritte machen kann.

Denn mehr als alles andere kapselt die Verbündetenberechnung die Lebenskraft der Person ein. Hier wird *freie Emotion* festgehalten, der eigentliche Puls des Lebens selbst. Ein Preclear verfällt nur aufgrund von Verbündetenberechnungen in Apathie. Der Körper kann angesichts von Gegnerschaft fast tot sein und trotzdem neue Kräfte sammeln und kämpfen. Er kann aber nicht seine Freunde bekämpfen. Das Gesetz der Affinität wurde aberriert, so daß es in die reaktive Engrammbank eintreten konnte. Und dieses Gesetz wirkt immer fort, selbst wenn es von den trüben Schatten der Unvernunft im reaktiven Mind verdreht wird. Es ist ein gutes Gesetz. Es ist zu gut, wenn der Auditor Engramme zu finden und zu reduzieren versucht, die dem Preclear arthritische Schmerzen oder innere Blutungen durch ein Magengeschwür einbringen. Warum kann er sich seiner Arthritis nicht entledigen? Mutter rief, nachdem sie elegant über ein Schwein gestolpert war: »Oh, ich kann nicht aufstehen! Oh, mein armes, armes Baby! Oh, mein Baby! Hoffentlich habe ich mein armes, armes Baby nicht verletzt! Oh, ich hoffe, mein Baby lebt noch. Lieber Gott, laß es bitte am Leben. Bitte, lieber Gott, laß mich mein Baby behalten. Bitte, bitte!« Leider war der Gott, zu dem sie betete, der reaktive Mind, der eine seiner schwachsinnigen Berechnungen auf der Basis anstellt, daß alles allem gleicht. Ein Holder, ein Gebet um das Leben, ein gründlich gequetschtes Babyrückgrat, Mutters Mitgefühl, das Grunzen eines Schweins, ein Gebet zu Gott – all diese Dinge sind für den reaktiven Mind gleich; somit haben wir einen schweren Arthritisfall, insbesondere da unser Patient das »Überleben« durch die Heirat einer Frau suchte, deren Stimme genauso klingt wie die seiner Mutter, als er sich in der Gebärmutter befand. Fragen Sie ihn, ob er seine Arthritis loswerden will. Der reaktive

Mind sagt: »NEIN!« Arthritis ist ein Baby ist ein Schweinegrunzen ist ein Gebet zu Gott ist das Mitgefühl der Ehefrau ist Armsein ist Mutters Stimme – und all diese Dinge sind wünschenswert. Er blieb arm, er behielt seine Arthritis, er heiratete eine Frau, die eine Dirne zum Erröten brächte, und all das ist überlebensfördernd: schönes Zeug, dieses Überleben, wenn der reaktive Mind es berechnet! Und was das Magengeschwür betraf, so war das Baby schon vorher gründlich durchlöchert worden: Die Mutter müht sich schrecklich ab, das Baby so abzutreiben, daß sie eine Fehlgeburt vortäuschen kann, und benutzt zu diesem Zweck verschiedene Haushaltsgeräte, die sie in den Gebärmutterhals hineinstößt. Unterleib und Magen des Babys sind an mehreren Stellen gänzlich durchbohrt worden; dennoch wird es weiterleben, da es von Protein umgeben ist, mit Nahrung versorgt wird und weil die Fruchtblase einem dieser pannensicheren Reifen gleicht, deren Schlauch sich von selbst wieder abdichtet. (Die Natur setzt sich gegen Abtreibungsversuche schon seit langer, langer Zeit geschickt zur Wehr.) In diesem Fall führt Mutter zwar keine Selbstgespräche, doch sind die meisten ihrer derartigen Handlungen eine Dramatisierung und enthalten auch Gesprochenes. Zufällig kommt Großmutter, die im Nachbarhaus wohnt, unerwartet herein, und zwar kurz nach der letzten Anstrengung, das Baby der Vergessenheit anheimzugeben. Großmutter hat vielleicht zu ihrer Zeit auch Abtreibungsversuche unternommen, jetzt ist sie aber alt und höchst moralisch, und außerdem bringt ihr dieses Baby hier kein morgendliches Erbrechen ein; sie findet darum viel zu tadeln, als sie im Badezimmer eine blutige Stricknadel sieht. Das Baby ist noch immer »bewußtlos«. Großmutter erteilt Mutter eine ordentliche Lektion: »Jede meiner Töchter, die so furchtbare Sachen macht, sollte von Gottes Strafe getroffen und durch die Straßen getrieben werden.« (Nach dem Prinzip: Mach's nicht so, wie ich es mache, sondern tu, was ich sage! Denn wer gab Mutter überhaupt diese Dramatisation?) »Dein Baby hat ein vollkommenes Recht auf Leben; wenn du glaubst, für das Kind nicht sorgen zu können, werde *ich* das ganz sicher tun. Und nun gehst du mit deiner Schwangerschaft bis zum Ende durch, Elise, und wenn das Baby geboren ist und du es nicht haben willst, bringst du es mir! Was für ein Gedanke, das arme Ding verletzen zu wollen!« Und wenn das Baby geboren ist, dann gibt es Großmutter, und dort ist Schutz und Sicherheit. Großmutter ist hier die Verbündete (und sie kann auf tausend verschiedene Arten zur Verbündeten werden, wobei das immer nach dem Prinzip funktioniert, daß sie mitfühlend mit dem Baby spricht, wenn es durch Krankheit völlig erledigt ist, und daß sie gegen Mutter für es kämpft, wenn es »bewußtlos« ist), und wenn das Baby zu einem Jungen heranwächst, beobachtet man eine übermäßige Anhänglichkeit an die Großmutter, worüber sich die Eltern sehr wundern (denn *sie* taten dem kleinen Robert nie etwas an, *sie* doch nicht). Und Robert wird, wenn Großmutter tot ist, ein blutendes Magengeschwür entwickeln, um sie zurückzubekommen.

Jeden, der ein Freund ist, muß man sich mit Stahlbändern an der Brust halten, sagt das große Genie, der reaktive Mind, auch wenn es den Organismus umbringt.

Die Verbündetenberechnung ist etwas mehr als die bloße Schwachkopfkalkulation, daß jeder, der ein Freund ist, nur dadurch als Freund erhalten werden kann, daß man sich den Umständen nähert, unter denen die Freundschaft erkannt wurde. Es handelt sich um eine Berechnung auf der Grundlage, daß man nur in der Nähe bestimmter Leute sicher ist und man nur dadurch in der Nähe dieser Leute sein kann, daß man krank, verrückt oder arm und allgemein unfähig ist.

Zeigen Sie einem Auditor ein Kind, das durch Bestrafung leicht zu erschrecken war, das sich zu Hause nicht wohlfühlte, das Verbündete hatte, die ihm wichtiger schienen als die Eltern (Großeltern, Tanten, Kostgänger, Ärzte, Kindermädchen usw.), und das kränkelte – und der Auditor kann gewöhnlich als Ursache einen Abtreibungsversuch ans Licht bringen, denn meistens gibt es einen solchen. Zeigen Sie einem Auditor ein Kind, das für einen Elternteil außerordentliche Anhänglichkeit empfindet, während es den anderen verabscheut, und der Auditor kann durch tatsächliche Geschehnisse, die in der Therapie gefunden werden, belegen, daß der eine Elternteil das Kind loswerden oder es verletzen wollte, während der andere Elternteil dagegen war.

Die Verbündetenberechnung ist also wichtig. Und sie liegt auch sehr im Verborgenen. Der Versuch, die echten Verbündeten bei einem Fall herauszufinden, ist oft ein schwerer Kampf. In manchen Fällen kann es sein, daß der Patient acht oder zehn von diesen Verbündeten hatte und verzweifelt versuchte, an ihnen festzuhalten und, als das nicht gelang, Gefährten und Freunde suchte und fand, die seinen Verbündeten ähnelten. Eine Ehefrau, in deren Nähe Herr A ununterbrochen krank ist, die er aber unter keinen Umständen verlassen will, ist gewöhnlich ein Pseudoverbündeter, was bedeutet, daß irgendeines ihrer Verhaltensmuster dem des wirklichen Verbündeten nahekommt, daß sie z. B. eine ähnliche Stimme oder sogar einen ähnlichen Vornamen hat. Herr B, der eine Stellung nicht verlassen will, obwohl er weit unter dem Niveau seiner Fähigkeiten dort arbeitet, tut das vielleicht, weil sein Chef ein Pseudoverbündeter ist oder weil ein Verbündeter eine ähnliche Stellung im Leben hatte und er damit beschäftigt ist, der Verbündete zu sein.

Alles, was das Leben eines Menschen so sehr verderben kann, wird natürlich in der Therapie einige Schwierigkeiten hervorrufen, denn wenn man ihn auffordert, sich seiner Verbündetenberechnung zu entledigen, wird er wahrscheinlich ebensowenig einen Hinweis auf diese Berechnung geben, wie er seinem Verbündeten ins Gesicht gespuckt hätte.

Diese überlebensfreundlichen Engramme mit Verbündetenberechnung enthalten Menschen, die des Patienten Dasein in Augenblicken verteidigten, als er der Auffassung war, es sei bedroht. Das braucht keine wirkliche, vernünftige Verteidigung zu sein, sondern der Engramminhalt braucht dies lediglich anzudeuten; man kann aber mit Sicherheit annehmen, daß diejenigen Verbündetenberechnungen am schlimmsten sind, in denen das Leben des Patienten von dem Verbündeten gegen Angreifer verteidigt wurde. Die meisten Verbündetenberechnungen haben ihren Ursprung im vorgeburtlichen Bereich.

Bei jedem Fall wird als erstes nach der Verbündetenberechnung gesucht; und während der gesamten Behandlung sucht man weiterhin nach neuen Verbündetenberechnungen.

Diese überlebensfreundlichen Mitgefühlsengramme, aus denen die Verbündetenberechnungen hervorgehen, unterscheiden sich nur ihrer Intensität nach von den normalen überlebensfreundlichen Engrammen. Ein normales überlebensfreundliches Engramm ist bloß deswegen schlimm, weil jemand Freundschaft für den Patienten oder für einen anderen zum Ausdruck brachte, als der Patient »bewußtlos« war; es ist schwer zu entdecken und zu klären, selbst wenn es völlig falsch ausgelegt wurde, d. h., wenn der überlebensförderliche Inhalt nicht für den Patienten, sondern für eine andere Person bestimmt war und vom Patienten lediglich fehlgedeutet wurde. Wenn der Patient »bewußtlos« ist und irgend jemand sagt: »Er ist ein guter Kerl«, womit er eine ganz andere Person meint, wird der egozentrische reaktive Mind annehmen, daß diese Redewendung auf ihn gemünzt war. In einem überlebensfreundlichen Mitgefühlsengramm (die Verbündetenberechnung besteht nur aus solchen) schützt ein Verbündeter die Person tatsächlich vor Gefahr; das kann unterschiedlich aussehen – es kann eine dramatische Szene sein, in der jemand drauf und dran war, den Patienten umzubringen, als der Verbündete wie die Kavallerie gerade noch zur rechten Zeit ankam, oder auch ein Geschehnis, wo der Patient einfach vor der Vernichtung oder der vermeintlichen Vernichtung, z. B. durch Ertrinken, Überfahrenwerden usw. bewahrt wurde. Und beim überlebensfreundlichen Mitgefühlsengramm zählt nur der Wortinhalt, denn die Vorgänge werden nicht durchdacht. Es sind Engramme entdeckt worden, in denen der Patient um ein Haar ermordet wurde, nach deren Wortinhalt er aber überzeugt war, jemand rette ihn; darunter fällt auch das, was die Auditoren »gemeinsamen AV« nennen (Vater und Mutter versuchen abzutreiben; »AV« bedeutet »Abtreibungsversuch«), sofern die Mutter zum Beispiel völlig einverstanden war und sich für die Operation auch zur Verfügung stellte, dann aber Angst bekam und in der Bemühung, sich selbst vor Verletzungen zu bewahren, über ihr »kostbares Baby« herumzuschreien begann. Patienten mit dieser Art von überlebensfreundlichem Mitgefühlsengramm können über ihre Mutter in ziemliche Verwirrung geraten.

Es gibt mehrere tückische Seiten der überlebensfreundlichen Mitgefühlsengramme. 1) Sie stimmen mit der grundlegenden Überlebensdynamik im buchstäblichsten Sinne überein und liegen daher mit der Absicht der Person auf einer Linie; 2) sie sind wie Zysten[7], um die herum überlebensfeindliche Engramme als äußere Hülle dienen; 3) sie beeinträchtigen die Gesundheit der Person sehr drastisch und sind immer der Grundfaktor der psychosomatischen Krankheit, die die Person aufweist; 4) sie bringen den reaktiven Mind (aber nicht den analytischen) dazu, sich der Therapie zu widersetzen; und 5) sie stellen für die Einheiten der Lebenskraft den größten Aderlaß dar.

Was den Punkt 3) anbelangt, so tut das überlebensfreundliche Mitgefühlsengramm mehr, als nur die Verletzung weiterzuführen, aus der die psychosomatische Krankheit wird. Jedes Engramm ist ein Datenbündel, das nicht nur alle Wahrnehmungen und alles zur betreffenden Zeit Gesagte, sondern auch die genaue Aufzeichnung von Emotion und körperlichem Befinden enthält. Das letztere, das Aufzeichnen des körperlichen Befindens, wäre ernst genug. Diese Aufzeichnung besagt, daß die *Struktur* in dem Augenblick, als das überlebensfreundliche Mitgefühlsengramm empfangen wurde, so und so aussah; im Falle eines Embryoengramms kann also der reak-

[7] *Zyste:* krankhafter, mit Flüssigkeit gefüllter sackartiger Hohlraum im Gewebe.

tive Mind, wenn er das Engramm wieder zur Aktion zwingt, dem Körper auch das Strukturmuster wieder aufzwingen; so etwas führt gelegentlich zu einer Entwicklungsverzögerung, einer embryoartigen Haut, einer embryoartigen Rückenverkrümmung usw. Sogar die Drüsen, die ja körperliche Organe sind, werden manchmal in dem Bestreben des reaktiven Minds, allen Bedingungen von damals so nahe wie möglich zu kommen, in dieser Weise unterdrückt. Unterentwickelte Keimdrüsen, eine verkümmerte Schilddrüse, verkümmerte Gliedmaßen – all diese Erscheinungen kommen oft von überlebensfreundlichen Mitgefühlsengrammen. Das ist so deutlich zu beobachten, daß bei der Klärung einer Person schon vor Abschluß der Behandlung der Wachstumsprozeß einsetzt und den Körper nach dem genetischen Bauplan auszubilden beginnt; der Wandel, der mit dem Körper des Patienten stattfindet, ist manchmal so bemerkenswert und markant, daß er weit mehr verblüfft als das bloße Verschwinden einer langen Reihe psychosomatischer Krankheiten wie z. B. Herzkranzbeschwerden, Geschwüre, Arthritis, Allergien usw.

Man sollte annehmen, daß etwas, das stark genug ist, den körperlichen Bauplan zu fälschen und den Körper von der normalen Entwicklung abzuhalten oder ihn weiterwachsen zu lassen, wo er zu wachsen hätte aufhören sollen, jeglicher Therapie widerstehen würde. Das trifft nur in ganz beschränktem Umfang zu. Wenn man sich erst einmal darüber im klaren ist, was einen Fall unterdrückt, kann man damit beginnen, die Unterdrücker zu überwinden, denn ein überlebensfreundliches Engramm hat im Gegensatz zu seinem überlebensfeindlichen Kollegen eine Achillesferse.

Die brauchbarste Antwort, die der Dianetik bis jetzt bekannt ist, liegt im Prinzip der Lebenskrafteinheiten und einer Technik, diese wieder in Umlauf zu bringen. Nach dieser Theorie sammelt und bindet das überlebensfreundliche Engramm solche Einheiten und bricht zusammen, wenn seine Kraft, diese Einheiten festzuhalten, gebrochen ist.

Wenn der Auditor also einen Patienten zu behandeln beginnt, der eine chronische psychosomatische Krankheit hat (und wer hat das nicht, auch wenn sie so geringfügig ist wie ein gelegentlicher Anfall von Niesen oder Schluckauf), überprüft er zuerst durch routinemäßige Rückkehr, wie weit die Person zurückgehen und dabei fündig werden kann, wie es mit dem Geräuschrückruf steht, wie sehr die Jugend- und Kindheitsjahre des Menschen abgesperrt sind usw. Nach einer solchen Übersicht beginnt er, seine Berechnungen über den Fall anzustellen: War das Kind sowohl mit dem Vater als auch mit der Mutter glücklich, und wenn nicht, bei wem war das Kind am glücklichsten? (Dort werden die Verbündeten zu finden sein.) War ein Elternteil ein übermäßig mächtiger Faktor in der Ausbildung der kindlichen Denkkraft? (Hier mag es wieder einen Verbündeten geben, wenn auch einen weniger bedeutenden.) Hatte der Patient Großeltern oder andere Verwandte – wie stand er zu ihnen? All diese Daten werden durch Dämonenschaltkreise mehr oder weniger abgesperrt und verzerrt sein und sind nicht zuverlässiger als die Daten, die der Patient unweigerlich von »durchgedrehten« Eltern oder Verwandten zu erhalten versucht, die nicht nur nicht wissen, was ihm geschehen ist, sondern vielleicht auch sehr darum besorgt sind, daß nichts herauskommt.

Was geschah wirklich? Erlauben Sie, wenn Sie es verhindern können, den Patienten nicht, daß sie Verwandte oder Eltern nach irgend etwas fragen, denn sie sind die schlimmsten Restimulatoren und verfügen nie über Daten, die Sie benutzen können. Der Patient versucht nur, diese Personen als Umgehungsschaltkreis zu benutzen, um den Schmerz beim eigenen Zurückrufen zu vermeiden. Wenn der Fall abgeschlossen ist, wird er nicht mehr das Verlangen haben, die Angehörigen zu bedrängen; und wenn Sie zu Forschungszwecken eine Kontrolle durchführen wollen, dann nehmen Sie einen dieser Verwandten und lassen Sie ihn durch die Therapie gehen.

Nun hat der Auditor eine gewisse Vorstellung davon, wer die Verbündeten sein mögen. Und jetzt kommt die Achillesferse der Verbündetenberechnung: Jede Verbündetenberechnung kann den Verlust des Verbündeten mit eingeschlossen haben. Und der *Verlust des Verbündeten* kann der Auslöser für eine Kettenreaktion sein. Denn wir versuchen, aus der reaktiven Engrammbank so viele Lebenskrafteinheiten wie möglich freizusetzen oder zu entladen und somit die Engrammbank zu schwächen. Jede Ladung, die wir aus der Bank herauslösen, wird die Fähigkeit des Patienten stärken, im Leben weiterzukommen, und seinem analytischen Mind helfen, in die Engrammbank einzudringen. Deshalb ist das Entladen dieser eingefrorenen Einheiten ein unerläßlicher und bedeutender Teil der Therapie, und der Zustand des Falles wird sich in direktem Verhältnis zu der Anzahl der so entladenen Einheiten verbessern.

Betrachten Sie diese Lebenskrafteinheiten als freie Lebensenergie. Ein Engramm, das sie einfängt, kann sich durchaus selbst als eine Lebenskraft aufbauen. Es ist dann, und nur dann, etwas eigenständig Existierendes, ähnlich einem eigenständigen Wesen. Die Dämonenschaltkreise, die Valenzwände (die den Analysator sozusagen abteilen und Multivalenz hervorrufen), die Stärke und die Kraft des Engramms selbst – all das ist, entsprechend der Theorie und den Beobachtungen in der Praxis, von Lebenskrafteinheiten abhängig, die in Beschlag genommen wurden.

Diese Einheiten zu befreien ist die Hauptaufgabe der Therapie; Schmerz engrammatischen Ursprungs zu beseitigen ist die zweitwichtigste Aufgabe; es dem Patienten während der Therapie angenehm zu machen zählt überhaupt nicht, obschon es keinen Grund dafür gibt, daß er es unangenehm haben sollte. Der Doppelcharakter der Therapie besteht also eigentlich aus zwei Seiten derselben Sache: der Beseitigung von Engrammen. In Engrammen gibt es nämlich insofern eine Doppelnatur, als sie schmerzliche Emotion (soweit es in Beschlag genommene Lebenskraft bedeutet) und körperlichen Schmerz (soweit es Schmerz durch Verletzungen, Krankheit usw. bedeutet) zum Inhalt haben.

So schnell wie möglich so weit zurück wie möglich zu gelangen und das Basik-Basik zu finden ist Stoßrichtung und Absicht der Therapie in ihren ersten Phasen; um dies zu erreichen (wenn das nicht sofort durch bloße Rückkehr und durch Finden des Basik-Basik zu bewerkstelligen ist, was man versuchen kann und immer versuchen sollte), entlastet man den Fall und plündert die Engrammbank, indem man Lebenskrafteinheiten (die von schmerzlicher Emotion eingefangen worden waren) aus den Verbündetenberechnungen befreit.

Kurz, die ganze Absicht und das Vorgehen der Therapie bestehen in der Auffindung und Auslöschung des ersten Engramms und weiterhin in der Auslöschung aller anderen Engramme als Engramme, so daß sie nicht mehr aufzufinden sind (sie werden in die Standardbanken umgelagert, jedoch erfordert es Genie und viele Stunden des Suchens, um sie dort zu finden; daher können sie für den Auditor als »ausgelöscht« gelten, denn sie sind nun keine Engramme mehr, sondern Erfahrungen). Die erste, letzte und einzige Aufgabe des Auditors besteht darin, die frühesten zur Verfügung stehenden Engramme zu finden und diese auszulöschen. Das kann nicht oft genug gesagt und nicht stark genug betont werden.

Die verschiedenen Wege, dies zu erreichen, machen die Techniken und Fertigkeiten der Therapie aus. Alles, was diese Auslöschung von Engrammen in der reaktiven Bank und deren Umspeicherung als Erfahrungen zuwege bringt, ist nützlich und berechtigt, *was auch immer dazugehört.* Ein Ingenieur beabsichtigt, einen Berg, der einem Fluß im Wege ist, zu versetzen; seine Absicht und all sein Bemühen sind darauf konzentriert, den Berg zu versetzen; die Wege und

Mittel, die er anwendet, um jenen Berg mit Hilfe von Löffelbaggern, hydraulischen Widdern[8] oder Dynamit zu beseitigen, sind die Fertigkeiten und Techniken, die angewandt werden, um die Aufgabe zu bewerkstelligen.

Bei unserer Aufgabe gibt es drei Wissensstufen: 1) In der Dianetik kennen wir das Ziel; wir kennen die Resultate, die erreicht werden, wenn man an diesem Ziel ankommt; 2) wir kennen den Charakter der Hindernisse, die zwischen uns und dem Ziel liegen, doch über den *genauen Charakter* der Hindernisse können wir nie zuviel lernen; 3) die Fertigkeiten und Techniken, die verwendet werden, um die Hindernisse zwischen uns und dem Ziel zu beseitigen, sind nur anhand des Kriteriums gerechtfertigt, ob sie die Hindernisse beseitigen oder nicht.

Die Methode, das Problem anzugreifen, kann immer verbessert werden, indem man mehr über den Charakter der mit dem Problem verbundenen Faktoren lernt, indem man sich neue Fertigkeiten und Techniken aneignet, die auf das Problem angewandt werden können, und indem man beharrlich daran arbeitet, sein Geschick in der Ausübung der existierenden Fertigkeiten und Techniken zu verbessern. Die gegenwärtig vorhandene Praxis und Technik ist nicht einfach deshalb als optimal anzusehen, weil sie die Aufgabe erfüllt. Die Zeit und der Arbeitsaufwand könnten durch neue Techniken oder durch eine Fortentwicklung der Fertigkeiten, mit denen die alten Techniken angewandt werden, verkürzt werden.

All dies wird eingefügt, damit die Dianetik, im Gegensatz zur Logik und Naturgeschichte des Aristoteles, als eine vorwärtsschreitende und sich ändernde Wissenschaft erkannt wird. Es wird an dieser Stelle eingefügt, weil sich kein Auditor einfach mit dieser Routine begnügen sollte, ohne jemals den Versuch ihrer Verbesserung zu unternehmen.

Nun gut, das ist die Routine; *sie funktioniert*, kann aber niemals zu rasch oder zu gut funktionieren.

1. Versetzen Sie den Patienten in den Zustand der Reverie und untersuchen Sie den vorgeburtlichen Bereich, um zu sehen, ob Engramme ohne weitere Arbeit für die Hebung verfügbar sind. Wenn das der Fall ist, entfernen Sie die Ladung aus ihnen und löschen Sie sie, wenn möglich, aus. Versuchen Sie nicht, etwas auszulöschen, das

[8] *hydraulischer Widder:* Pumpe, die mit der Energie von strömendem Wasser betrieben wird.

vom Basik-Basik so weit entfernt ist wie die Geburt, es sei denn, der Archivar besteht darauf, die Geburt vorzulegen. Mit anderen Worten, bringen Sie den Preclear in den vorgeburtlichen Bereich und halten Sie Ausschau nach den frühesten Engrammen. Fragen Sie nicht nach speziellen Geschehnissen, besonders nicht nach so etwas wie dem Geburtserlebnis. Nehmen Sie einfach das, was gerade angeboten wird. Wenn Sie nicht in einen frühen Bereich zurückgelangen können, wählen Sie Schritt zwei.

2. Durchsuchen Sie das Leben des Patienten, während er sich in Reverie befindet (tun Sie das auf jeden Fall früher oder später, wenn sich der Fortschritt des Falles verlangsamt, aber nur, wenn er sich bis zu einem Grad verlangsamt, wo sich frühe Engramme entweder nicht reduzieren lassen oder ohne jede Emotion sind). Stellen Sie bei dieser Durchsuchung fest, von wem der Patient abhängig gewesen sein könnte; argwöhnen Sie immer, daß er Ihnen nicht die wirklich wichtigen Verbündeten genannt hat, aber teilen Sie ihm nichts von Ihrem Argwohn mit.

3. Finden Sie heraus, wann der Patient irgendeinen Verbündeten durch Tod oder Trennung verlor. Nähern Sie sich diesem Moment und entladen Sie, indem Sie früheres Material und dieses Geschehnis oder nur allein dieses Geschehnis aufgreifen, auf die eine oder andere Weise die Trauer über den Verlust aus den Geschehnissen. Behandeln Sie jedes Geschehnis, in dem der Verbündete fortgeht oder der Patient von ihm getrennt wird, als ein Engramm und löschen Sie es entsprechend aus, oder durchlaufen Sie es so lange, bis es keine »Ladung« von Kummer mehr enthält. Wenn die »Ladung« bestehenbleibt, vermuten Sie einen frühen kummervollen Augenblick im Zusammenhang mit diesem Verbündeten; finden Sie diesen und behandeln Sie ihn als Engramm.

4. Die Aufgabe besteht jederzeit und ausnahmslos darin, das Basik-Basik und danach immer den jeweils frühesten Augenblick von Schmerz oder Kummer zu fassen sowie jedes Geschehnis auszulöschen, wie es vom Archivar vorgelegt oder durch die Wiederholungstechnik gefunden wird.

5. Zu jedem Geschehnis, mit dem es nicht vorangeht, gibt es immer ein früheres ähnliches Geschehnis, und der Patient sollte zu dem früheren Geschehnis zurückgeführt werden, wenn sich ein Engramm beim Wiedererzählen nicht »reduzieren« läßt.

6. Immer, wenn die Engramme emotionslos zu werden beginnen, selbst wenn sie sich abschwächen, vermuten Sie eine weitere Verbündetenberechnung; und ob früh oder spät im Leben des Patien-

ten, fassen Sie sie und reduzieren Sie sie mindestens so lange, bis die emotionelle Ladung verschwunden ist. Bringen Sie nicht alles in einem Fall in Restimulation, indem Sie von einem unreduzierten Geschehnis zu etwas anderem wechseln, das fruchtbarer erscheint, sondern reduzieren Sie alles, was in Sicht ist, bevor Sie sich auf die Suche nach einer neuen Kummerladung machen.

7. Es ist besser, ein emotionsloses frühes Engramm zu reduzieren, als den Fall durch die Jagd nach einer Verbündetenberechnung durcheinanderzubringen, wenn eine geschickte Suche keine solche zutage fördern kann. Die Auslöschung von frühen emotionslosen Engrammen wird schließlich eine neue Verbündetenberechnung ans Licht bringen, wenn Sie hin und wieder nach ihr Ausschau halten.

8. Gehen Sie davon aus, daß jeder Stillstand in der Therapie und jede Abneigung gegen die Zusammenarbeit mit dem Auditor von einer Verbündetenberechnung stammt.

9. Behandeln Sie alle Dämonenschaltkreise als etwas, das durch Lebenskrafteinheiten aufrechterhalten wird, die von der Bank aufgesogen worden sind, und gehen Sie das Problem der Dämonenschaltkreise durch Befreiung von Kummerladungen an.

10. Denken Sie daran: Der Verlust eines Verbündeten durch Tod oder Abschied bedeutet, daß ein Teil des Patienten gestorben ist; die Reduzierung von Tod oder Abschied eines Verbündeten wird dem Patienten genauso viel Leben wiederschenken. Und denken Sie auch daran, daß große Kummerladungen nicht immer Tod oder Abschied bedeuten, sondern auch einfach durch einen plötzlichen Meinungsumschwung des Verbündeten verursacht worden sein können.

Behalten Sie immer im Auge, daß derjenige Mensch, der sich am stärksten mit der Person des Patienten identifiziert, z. B. eine mitfühlende Mutter oder ein mitfühlender Vater, Großvater, Verwandter oder Freund, vom reaktiven Mind als Bestandteil der Person selbst betrachtet wird; man kann daher sagen, daß alles, was dieser mitfühlenden Person geschah, dem Patienten selbst geschehen ist. Wenn in einem solchen Fall ein Verbündeter an Krebs starb, kann man gelegentlich feststellen, daß der Patient eine wunde oder schuppige Stelle hat, wo er den Krebs beim Verbündeten vermutete.

Der reaktive Mind denkt ausschließlich in Identitäten. Das überlebensfreundliche Mitgefühlsengramm setzt den Patienten mit einer anderen Person gleich. Tod oder Verlust (durch Abschied oder Ablehnung) der anderen Person führt daher im reaktiven Mind zu der Überzeugung, daß der Patient selbst zu einem gewissen Teil gestorben ist.

Emotionelle Ladungen können in jedem Engramm enthalten sein; die Emotion der Leute, die einen »Bewußtlosen« umgeben, überträgt sich in dessen reaktiven Mind mit eben dieser Tonstufe. Wut dringt in ein Engramm als Wut ein, Apathie als Apathie, Scham als Scham. Was auch immer Menschen in der Nähe einer »bewußtlosen« Person emotionell empfunden haben, sollte in dem Engramm, das aus dem Geschehnis hervorging, zu finden sein. Wenn die Emotion von Personen in einem Engramm nach dem Wortgehalt offensichtlich ärgerlich oder apathisch ist und der Patient sie dennoch beim Wiedererzählen nicht fühlt, dann gibt es irgendwo etwas, das eine *Valenzwand* zwischen dem Patienten und der Emotion aufgebaut hat. Diese Valenzwand zerbricht fast immer mit der Entdekkung eines früher oder später im Leben des Patienten liegenden Engramms mit einer Kummerladung.

Der einzige legitime Grund, in spätere Perioden des Lebens einer Person einzutreten, bevor der vorgeburtliche Bereich gründlich ausgeschöpft wurde, ist die Suche nach Kummerladungen, die durch Tod, Verlust oder Ablehnung eines Verbündeten hervorgerufen wurden. Und mit »Ablehnung« meinen wir, daß der Verbündete zu einem (wirklichen oder eingebildeten) aktiven Feind des Patienten wurde. Das Gegenstück des Verbündeten, der Pseudoverbündete, ist eine Person, die der reaktive Mind mit dem wirklichen Verbündeten verwechselt hat. Tod, Verlust oder Ablehnung eines Pseudoverbündeten können eine Kummerladung enthalten.

Der Theorie zufolge können Lebenskrafteinheiten nur durch diese Emotion des Verlustes eingeschlossen werden. Wenn es eine Methode gäbe, nichts anderes zu tun, als alle Lebenskrafteinheiten zu befreien, so könnte der körperliche Schmerz vernachlässigt werden.

Einen *Release* erhält man dadurch, daß auf die eine oder andere Art aus Zeiten von Verlust so viele Lebenskrafteinheiten wie möglich befreit werden – wobei man wirkliche Engramme so wenig wie möglich berührt.

Der Verlust eines Verbündeten oder eines Pseudoverbündeten braucht darüber hinaus keinen körperlichen Schmerz und keine andere »Bewußtlosigkeit« zu enthalten, als der Verlust selbst hervorruft. Das ist schlimm genug. Es ergibt ein Engramm.

Jede Person im Leben eines Patienten, von der man plötzlich entdeckt, daß sie abgesperrt ist, kann mit einiger Sicherheit als Verbündeter oder als Pseudoverbündeter angesehen werden. Wenn beim *Erinnern* oder bei der *Rückkehr* größere Zeiträume der Beziehung eines Patienten mit jemand anderem fehlen, können wir diesen anderen eine abgesperrte Person nennen. Umfaßt die Absperrung den Tod einer Person oder einen Abschied von bzw. eine Abweisung durch die Person, so haben wir eine noch bessere Garantie dafür, daß wir es mit einem Verbündeten zu tun haben. Absperrung kann auch aus Bestrafungsgründen erfolgen, d. h. die abgesperrte Person kann auch ein Erzfeind sein. In so einem Fall wird allerdings jede vorhandene Erinnerung mit Tod, Niederlage oder Krankheit der abgesperrten Person zu tun haben. Die Absperrung der Beerdigung einer Person im Gedächtnis des Patienten würde sie theoretisch als einen Verbündeten oder Pseudoverbündeten kennzeichnen. Erinnert sich jemand an das Begräbnis einer Person, sperrt jedoch angenehme Zusammenhänge ab, dann könnte angenommen werden, daß diese Person ein Feind war. Das sind bloß Arbeitshypothesen. Mit Sicherheit bedeutet aber jede Absperrung, daß ein Mensch im Leben des Patienten sehr großes und bisher verborgen gebliebenes Gewicht hatte. Das sollte aufgeklärt werden.

Hier sei vermerkt, daß die Wiederherstellung des Patienten erheblich davon abhängt, wieviele Lebenskrafteinheiten aus der reaktiven Bank freigesetzt werden. Es handelt sich hierbei um Kummerentladungen, und sie können recht heftig sein. Gewöhnlich »vergißt« man so etwas, und »je eher vergessen, um so schneller verheilt«. Leider funktioniert das nicht. Es wäre gut, wenn es so wäre, aber jede vergessene Sache ist eine eiternde Wunde, wenn sie mit Verzweiflung verknüpft ist. Wenn der Auditor den Erzverleugner »Vergiß es« findet, wird er jedesmal auch das Engramm zu fassen kriegen, das dieser unterdrückt hat. Wenn er kein Engramm finden kann, obwohl er ein Somatik gefunden hat, wird es im Zusammenhang mit diesem Engramm ein »Vergiß-es«, ein »Denk-nicht-daran«, ein »Kann-mich-nicht-erinnern«, ein »Erinnere-dich-nicht-daran« oder irgendeinen anderen Denyer geben. Vergessen ist eine ungesunde Sache: Wenn etwas »aus den Gedanken entfernt« worden ist, wurde es direkt in die reaktive Engrammbank eingelagert und kann dort Lebenseinheiten absorbieren. Diese verrückte Vorstellung, daß Dinge durch Vergessen erträglich werden, ist kaum zu fassen, wenn man bedenkt, daß ein Hypnotiseur beispielsweise mit einer positiven Suggestion Resultate erzielt, wenn er einen dieser *Denyer* (»Verleugner«) an ihr Ende setzt. Das ist schon seit Äonen bekannt. Es war eines der ersten Dinge, die der Autor lernte, als er asiatische Praktiken studierte. Von Indien her sickerte die Methode vor langer Zeit nach Griechenland und Rom durch, und zu uns ist sie durch Franz Anton Mesmer[9] gekommen. In verschiedenen mystischen Praktiken ist es ein grundlegendes Prinzip. Sogar der Sioux-Medizinmann kannte den Mechanismus. Und doch glaubten die Menschen allgemein, da sie diesbezüglich bisher im dunkeln tappten und vielleicht weil es kein wirkliches Heilmittel gab, daß man Kummer vergessen sollte. Dabei stellte selbst Hippokrates[10] fest, daß eine Operation nicht völlig abgeschlossen ist, bevor der Patient den Vorfall all seinen Freunden nacheinander erzählt hat; obwohl dies eine unzulängliche Therapie ist, gehört sie, ähnlich der Beichte, nun schon seit undenklichen Zeiten zur Volksweisheit. Trotzdem unterdrücken die Menschen weiterhin ihren Kummer.

Der Auditor wird bei seiner Tätigkeit oft von einem Patienten gebeten werden, »nicht über den Tod von Soundso mit mir zu sprechen«. Wenn er töricht genug ist, diese weinerliche Bitte zu beachten, während sich der Patient in Reverie befindet, blockiert er aktiv die Entlastung. *Dieses* Geschehnis sollte er als erstes hervorholen!

Vielleicht wäre es schlecht, derartiges ohne dianetische Technik anzugehen; mit unseren Fertigkeiten kann der Patient jedoch nicht nur leicht in den tatsächlichen Augenblick des Geschehnisses eindringen, sondern es dann auch wiedererzählen, bis die Tränen und das Wehklagen nur noch Echos im Fallbuch sind. Behandelt man diesen Verlust wie ein Engramm, das wiedererzählt wird, bis es gefühlsmäßig nicht mehr weh tut, so wird man dem Patienten die Vitalität zurückgeben, die er nicht mehr hatte, seit das Geschehnis stattfand. Und wenn es sich nach einem Dutzend Wiedererzählungen nicht lindert, dann gleiten Sie auf dem Time-Track seines Kummers genauso hinab, wie Sie es bei jedem anderen Engramm täten, um immer früher liegende Augenblicke zu finden. Ein Patient, der damit beginnt, Kummer aus seinem fünfzigsten Lebensjahr zu entladen, mag sich zwei Stunden später in der Grundzone wiederfinden, wo er über den ersten Moment von Kummer berichtet, an jenem Punkt, als der verlorene Verbündete ursprünglich zum Verbündeten wurde. Wenn der Auditor für irgendeinen einzelnen Verbündeten die vollständige Kette findet, aus jedem Geschehnis, immer weiter zurückgehend, allen Kummer herausholt, den er herausholen kann, und die

[9] *F. A. Mesmer:* 1734-1815, österreichischer Arzt, der die Lehre von der Heilkraft des »animalischen Magnetismus« begründete, was damals die Bezeichnung für die Phänomene der Hypnose war.

[10] *Hippokrates:* ca. 460-370 v. Chr., griechischer Arzt, genannt der »Vater der Heilkunst«.

ganze Engrammserie entlädt, so mag er dabei den Fall mit wenigen Stunden Arbeit von genügend emotioneller Ladung befreien, daß jetzt mit einer methodischen Auslöschung begonnen werden kann.

Bitte achten Sie auf folgenden Unterschied: Die Achillesferse der Verbündetenberechnung liegt spät auf der Kette der Geschehnisse, die diesen Verbündeten betreffen, d. h. wir haben hier einen aufrecht durch die Zeit ragenden Trichter, den man spät betreten kann, um zu frühen Geschehnissen zu gelangen. Die Achillesferse einer überlebensfeindlichen Engrammkette hingegen liegt in den frühesten Geschehnissen, ganz im Gegensatz zu den emotionell schmerzhaften Engrammen.

Um aus der Engrammbank Lebenseinheiten wiederzugewinnen, so daß genügend freie Emotion verfügbar ist, um einen Fall zum Release oder Clear zu machen, beginnen Sie mit späten Verlusten von Verbündeten oder von Pseudoverbündeten und arbeiten Sie in die Vergangenheit zurück.

Um den körperlichen Schmerz der Person aus der Engrammbank zu befreien, beginnen Sie früh (so dicht an der Empfängnis, wie Sie können) und arbeiten Sie sich in Richtung Gegenwart durch.

Körperlicher Schmerz in der überlebensfeindlichen Kette kann in der überlebensfreundlichen Kette schmerzliche Emotion unterdrücken.

Schmerzliche Emotion in der überlebensfreundlichen Kette kann körperlichen Schmerz in den überlebensfeindlichen Engrammen unterdrücken.

Fertigte man vom vorgeburtlichen Bereich der reaktiven Engrammbank eine Zeichnung an, so sähe diese etwa folgendermaßen aus: Eine lange waagerechte Linie stellt die Zeit dar, dunkle Kleckse auf ihr die Engramme. Am Anfang der Linie läge die Befruchtung, am Ende die Geburt. Oberhalb der Linie läge eine dunkle Zone, einem schweren Nebel ähnlich, die sich vom Anfang der Linie bis zum Ende erstreckt und beinahe auf ihr aufliegt. Oberhalb dieses dunklen Nebels gäbe es eine weitere horizontale Linie, den *scheinbaren* Time-Track, an dem entlang der Patient zurückkehrt. Die erste lange Linie ist der wirkliche Time-Track, der Nebel stellt schmerzliche Emotion dar, und die zuoberst liegende dunkle Linie ist das, was der Patient mit seinem Time-Track verwechselt und als solchen verwendet.

Die schmerzliche Emotion wird natürlich gelegentlich im vorgeburtlichen Bereich selbst angezapft, und der Auditor sollte die Gelegenheit, sie zu zerstreuen, indem er solche vorgeburtlichen emotionellen Ladungen entdeckt, niemals ungenutzt verstreichen lassen. Tatsächlich kann eine große Menge schmerzlicher Emotion bei den frühen Engrammen gefunden werden, sobald ein großer Teil der schmerzlichen Emotion des späteren Lebens entladen worden ist. Der größere Teil dieses Nebels – oft der erste, mit dem der Auditor in Kontakt kommt – befindet sich im späteren Leben. Obwohl er als Ladung seinen Ursprung im späteren Leben hat, kann man doch sagen, daß er dem vorgeburtlichen Bereich aufliegt.

Augenblicke des Verlustes – Verlust durch Tod oder Abschied eines Verbündeten des Patienten sowie der Verlust eines Verbündeten, weil er sich gegen den Patienten wendet – kapseln diese emotionellen Ladungen ein und schieben sie zwischen den Patienten und die Wirklichkeit. Obwohl der Augenblick des Verlustes nach der Geburt stattfand – im Babyalter, in der Kindheit, der Jugend oder im Erwachsenenalter –, unterdrückte er nachträglich frühe Engramme.

Es handelt sich hier um einen weiteren Aspekt schmerzlicher Emotion, nämlich daß der Verlustmoment die frühen Geschehnisse einkeyt. Mit anderen Worten: Ein Augenblick großen Verlustes drückt die betreffende Person auf der Tonskala bis an einen Punkt hinunter, wo sie dem Niveau früher Engramme nahekommt. Diese werden eingekeyt und halten danach die Ladungseinheiten fest.

Die so beschlagnahmten Lebenskrafteinheiten werden festgehalten und geben den Engrammen ihr Leben. Wie in der Elektrizität positive Ladungen einander abstoßen, so stoßen sich gleichartige Ladungen auch hier voneinander ab. Als Vergleich könnte man sagen, daß der Analysator mit derselben Art von Ladung arbeitet, wie sie im Engramm enthalten ist. Dadurch wird er vom Engramm abgestoßen (richtet seine Aufmerksamkeit rasch woandershin), das somit unbekannt und unversehrt bleibt.

Wenn die Person in den Bereich der frühen Engramme zurückkehrt – die aufgrund der eingefangenen Ladungen aus späteren Geschehnissen eingekeyt bleiben –, kann sie recht gut an enormen Mengen aberrierenden Materials vorbeigehen, ohne von dessen Existenz auch nur etwas zu ahnen. Wenn aber die späteren Augenblicke schmerzlicher Emotion freigesetzt sind, kann der Auditor unmittelbar in den frühen Bereich eindringen und Engramme mit körperlichem Schmerz finden, die er bis dahin nicht hatte aufspüren können.

Im Grunde sind sowohl die frühen als auch die späten Augenblicke Engramme; die Nachricht oder die Beobachtung eines Verlustes schaltet den Analysator aus, und alles, was dann eindringt, ist engrammatisch und wird im reaktiven Mind gespeichert. Aufgrund des Gesichtssinns und der Erinnerung an Vorgänge, die mit der Gegenwart verbunden sind (all das trägt dazu bei, jemandes Orientierung aufrechtzuerhalten), kann sich ein Mensch den Augenblick eines Verlustes oft zurückrufen, während ihm das bei vorgeburtlichem Material nicht möglich ist, da ihm in diesem Bereich jegliche Verbindung mit Orientierungsfaktoren fehlte, die auf den Analysator einwirken würden. Obschon das ungeborene Kind besonders in den letzten Stadien der Schwangerschaft ganz eindeutig einen Analysator hat, sind Erfahrungen und Gedächtnis nicht koordiniert, und die Existenz von Engrammen wird vom analytischen Mind daraufhin nicht vermutet. Das gilt nicht für die späteren Lebensperioden, besonders nachdem die Sprache erlernt worden ist und benutzt wird. Tatsache ist, daß diese Fähigkeit im späteren Leben – nämlich Umstände zurückzurufen, ohne irgendwelche extremen Schmerzen zu fühlen – auch den Effekt hat, in diesem Lebensbereich die Existenz eines wirklichen Engramms zu verbergen. Die Person glaubt, analytisch alles über einen solchen Augenblick des Verlustes zu wissen. In Wirklichkeit hat sie aber mit dem Engramm selbst, das einen Augenblick der »Bewußtlosigkeit« enthält, der von geringerer Tiefe ist als beispielsweise eine durch Narkose hervorgerufene »Bewußtlosigkeit«, keinen Kontakt. *Verluste von Verbündeten in der Kindheit können jedoch so vollständig abgesperrt sein, daß die Person sich nicht einmal an die Verbündeten überhaupt erinnert.*

Der Auditor wird bemerken, daß er mit sehr späten Engrammen leicht Kontakt aufnehmen kann. Er wird auch noch etwas anderes entdecken: Der Patient befindet sich, während er zu einem solchen Augenblick des Verlustes zurückkehrt, unter Umständen nicht in seinem eigenen Körper. Dieses »Phänomen« ist seit einigen tausend Jahren bekannt, aber selbst als zuletzt die Rede davon war, wurde dies lediglich als »interessant« bezeichnet; es wurde keine weitere Anstrengung unternommen, herauszufinden, *warum* eine Person, die in hypnotischer Regression in die Vergangenheit zurückgekehrt war, manchmal in sich selbst gefunden wurde (d. h. sie sah alles so, als wäre sie sie selbst) und manchmal alles, sich selbst eingeschlossen, von außen sah (als hätte sie einen abgelösten Blickpunkt). Wenn wir entdeckt haben, daß die Rückkehr zu vergangenen Geschehnissen im wachen Zustand eine natürliche Funktion des Minds ist, so ändert das nichts an der Tatsache, daß wir auf Aspekte stoßen, die bisher als mysteriöse »Phänomene« bei Drogenträumen und Hypnose angesehen wurden. Wir üben keineswegs Hypnose aus; folglich bedeutet dies, daß sich die Hypnose und die Dianetik ähnlicher Fähigkeiten des Minds bedienen – es bedeutet nicht, daß solche Fähigkeiten in das Gebiet der Hypnose gehören. Und einer der verschiedenen Aspekte der *Rückkehr* ist, daß sie gelegentlich – oder bei manchen Patienten ständig – auf Bereiche stößt, in denen sich der Patient »außerhalb« seines Körpers befindet. Für diese Selbstbeschauungen von außen gibt es zwei Erklärungen. Eine davon ist die *Valenz:* Der Patient hat die Identität einer anderen Person angenommen und sieht die Szene durch deren Augen. Die andere ist *Exteriorisation:* Schmerzliche Emotion ist hierbei in so großer Menge vorhanden, daß der Patient nicht in seinem eigenen Körper sein kann. Diese schmerzliche Emotion kann von vergangenen oder zukünftigen (früheren oder späteren) Geschehnissen stammen, von dem Augenblick aus gesehen, in dem der Patient eine Szene, zu der er dianetisch zurückgekehrt ist, beobachtet. Durch mehrmaliges Wiedererzählen dieser Szene wird der Patient immer näher daran herankommen, den Blickpunkt seines eigenen Körpers einzunehmen, bis er die Situation schließlich von innerhalb des Körpers aus beobachtet. Manchmal findet solange keine emotionelle Entladung (Tränen usw.) statt, bis der Patient mehrere Male durch das Geschehnis gegangen ist und sich in seinem eigenen Körper befindet. Es ist so, als ob er, nachdem er zurückgekehrt ist, das Gelände auskundschaften müßte, um herauszufinden, ob es sicher ist, den eigenen Körper einzunehmen. Wenn nach mehrmaligem Wiedererzählen keine Entladung, z. B. in Form von Tränen, auftritt, dann hängt die Emotion anderswo – früher oder später, gewöhnlich jedoch viel später. *Exteriorisation* aufgrund von Emotion ist für die Zwecke des Auditors das gleiche wie Exteriorisation aufgrund von körperlichem Schmerz. Wenn er auf einen Fall stößt, der – den ganzen Time-Track auf und ab – ständig exteriorisiert ist, sollte er sein Können darauf konzentrieren, Augenblicke schmerzlicher Emotion zu befreien.

Alle Patienten scheinen die Vorstellung zu haben, die Zeit heile Wunden und ein zehn oder zwanzig Jahre zurückliegendes Geschehnis habe keine Wirkung mehr auf sie. Die Zeit ist ein großer Scharlatan und nicht der Heiler aller Wunden, wie schon erwähnt wurde. Die Zeit verändert durch Wachstums- und Verfallsprozesse die Restimulatoren; die Umwelt bringt neue Gesichter und Tätigkeiten ins Spiel und ändert sie auf diese Weise ebenfalls. Ein Augenblick schmerzlicher Emotion in der Vergangenheit hat, wie jedes andere Engramm, seine eigenen Restimulatoren und hält überdies all die frühen Engramme, die mit ihm in Beziehung stehen, eingekeyt, so daß deren Restimulatoren ebenfalls wirksam sind; jeder Restimulator hat eine Reihe weiterer Restimulatoren, die vom analytischen Mind (der den wirklichen Restimulator nicht sehen kann) mit ihm assoziiert werden. All das erzeugt ein kompliziertes Muster; in der Therapie ist es aber nur dann kompliziert, wenn man den Ursprung der Aberration nicht kennt. Wenn ein Auditor einen Patienten zu irgendeinem Augenblick schmerzlicher Emotion in der Vergangenheit zurückführt und diesen als Engramm durchlaufen läßt, wird er entdecken, daß dessen ganze ursprüngliche Ladung vorhanden ist und sich entladen wird.

Gewöhnlich wird er feststellen, daß der Patient vor jedem Gedanken, in das eigentliche Engramm einzudringen, zurückscheut; der Preclear mag versuchen, allerlei Krimskrams sehr ausführlich zu berichten – seine eigenen Gedanken, die Gründe, aus denen es nicht mehr schmerzlich für ihn ist, usw. Diese Gedanken und diese Daten über die Zeit vor oder nach dem eigentlichen Geschehnis sind für das Behandeln eines Engramms nicht wertvoller, als es eine Abhandlung über »Kindheitswahn« im Hinblick auf das Problem war, Aberrationen aus dem menschlichen Mind zu entfernen. Der Auditor, der sich diese »Gründe« und »Ich-erinnere-mich« anhört, anstatt das eigentliche Engramm anzugehen, macht seinen Patienten nicht gesund und verschwendet wertvolle Therapiestunden. Ein Auditor, der das tut, gehört der Schule der »Händchenhalter« des Denkens an, die glaubt, daß Mitgefühl von Wert sei. Er gehört nicht auf den Stuhl des Auditors. Es ist vergeudete Zeit, vergeudete wertvolle Zeit, sich irgend etwas anzuhören, was der Patient dachte, sagte, tat oder glaubte, wenn er statt dessen in das Engramm eindringen und es als solches durchlaufen sollte. Natürlich ist es erforderlich, anhand dessen, was der Patient sagt, herauszufinden, wo sich das Engramm befindet, aber wenn es einmal ausfindig gemacht wurde, ist jedes weitere Wort unnütz.

Nehmen Sie einen Augenblick, als ein Kind die Nachricht vom Tod seiner Eltern erhielt. Der Auditor erfährt, daß die Eltern starben, als das Kind zwei Jahre alt war. Daraus kann er mühelos und fraglos schließen, daß jemand seinem Patienten vom Tod der Eltern erzählt haben muß, daß es also einen ganz bestimmten Augenblick in der frühen Kindheit des Patienten gegeben hat, in dem er von dem Tod erfuhr. Beim Erzählen der Sache in der Gegenwart, ohne zurückgekehrt zu sein, benutzt der Patient all die dazwischenliegenden Jahre als Puffer gegen die schmerzliche Emotion. Ohne weitere Einleitung als die gewöhnliche Routine, durch die der Patient in Reverie versetzt wird, läßt ihn der Auditor zu dem Augenblick zurückkehren, als er von dem Tod seiner Eltern erfuhr. Der Patient mag etwas herumtasten, um sich in der Vergangenheit zu orientieren, wird jedoch bald mit dem Augenblick, in dem er informiert wurde, Kontakt haben. Seien Sie sicher, daß hier ein Engramm vorhanden ist, wenn das Kind seine Eltern nur ein wenig liebte. Das Engramm beginnt mit dem ersten Augenblick, als das Kind die Nachricht erhielt, zu dem Zeitpunkt also, wo man erwarten kann, daß der Analysator abgeschaltet wurde. Das Ende des Engramms liegt einen Augenblick, eine Stunde, einen Tag oder sogar eine Woche später, dort wo sich der Analysator wieder einschaltete. Vom ersten Augenblick analytischer Schwächung bis zum Wiedergewinn der analytischen Kraft liegt das Engramm. Die ersten Minuten davon sind die schwersten. Eine Stunde davon zu durchlaufen (eine Stunde des Geschehnisses, nicht der Therapie), sollte mehr als ausreichen. Die meisten Auditoren lassen nur die ersten paar Minuten mehrmals durchlaufen, wenn sie ausprobieren wollen, ob sie eine emotionelle Entladung erhalten werden oder nicht. Durchlaufen Sie einen solchen Zeitraum von Verlust, der schmerzliche Emotion enthalten muß, ebenso, wie Sie einen Zeitraum von körperlichem Schmerz und »Bewußtlosigkeit« durchlaufen würden, der eine andere Ursache hat. Denn der Zeitraum schmerzlicher Emotion ist ebenso sicher ein Zeitraum von »Bewußtlosigkeit«, wie wenn der Patient einen Schlag mit einer Keule empfangen hätte. Wenn mit der Emotion in diesem Zeitraum durch vier oder fünf Wiedererzählungen Kontakt aufgenommen werden kann (wobei jedesmal am Anfang begonnen wird und man sich versichert, daß der Patient zurückgekehrt ist, mit *allen* Wahrnehmungen des Geschehnisses in Kontakt ist und es als das durchläuft, was es ist – als Engramm), dann sollte das Engramm so oft wiedererzählt werden, bis die in ihm enthaltene Emotion *verschwunden* und der Patient gelangweilt oder sogar fröhlich darüber ist. Wenn der Patient nach vier- oder fünfmaligem Wiedererzählen immer noch stark exteriorisiert ist und mit keinerlei Emotion Kontakt aufgenommen hat, dann wird die Ladung an anderer Stelle – früher oder später – festgehalten. Andere Verluste sollten gesucht werden, um eine Entladung zu erhalten, gleichgültig, wie viele Jahre sie von dem unnachgiebigen Geschehnis entfernt sind. Nachdem an anderer Stelle eine Entladung erfolgt ist, mag sich das zuerst angesprochene Geschehnis – wie etwa in dem Fall des zwei Jahre alten Kindes, das seine Eltern verloren hatte – auch entladen. Es ist sicher, daß sich ein solches Geschehnis früher oder später entlädt. Ebenso sicher ist, daß man kaum größere Mengen körperlich schmerzhafter Engramme zu fassen bekommt, bevor ein solches schweres Geschehnis gründlich entladen ist.

Entladungen erhält man oft an ganz unerwarteten Stellen. Manchmal sind sie der Oberfläche nahe genug, so daß eine leichte Berührung durch den zurückgekehrten Patienten erlaubt, Lebenskrafteinheiten freizusetzen, Engramme auszukeyen und diese an den richtigen Stellen auf dem Time-Track in Sicht kommen zu lassen.

Die Engrammbank wird durch schmerzliche Emotion stark verzerrt; die Bereiche schmerzlicher Emotion werden ihrerseits durch an anderer Stelle befindlichen körperlichen Schmerz stark verzerrt. Das Speichersystem des reaktiven Minds ist schlecht. Der Archivar kann zu einem gegebenen Zeitpunkt nur eine begrenzte Anzahl von Engrammen mit schmerzlicher Emotion oder körperlichem Schmerz hervorholen und dem Auditor ausliefern. Die Position dieser jeweiligen Engramme auf dem Time-Track mag keine Ordnung aufweisen, d. h. der Auditor kann mit einem frühen Engramm körperlichen Schmerzes in Kontakt kommen (was immer seine wichtigste Aufgabe ist), danach mit einem, das in der Mitte der vorgeburtlichen Periode liegt, und dann mit einem nach der Geburt – und danach scheint es keine weiteren Engramme mit körperlichem Schmerz mehr zu geben (Engramme der körperlichen Art, die Ohnmacht durch Unfälle, Krankheiten, Operationen oder Verletzungen enthalten). Das bedeutet weder, daß die Behandlung in eine Sackgasse geraten, noch daß der Patient geklärt ist. Wahrscheinlicher ist, daß es Geschehnisse der anderen Engrammart gibt (schmerzliche Emotion, die von einem Verlust durch Tod, Abschied oder Ablehnung eines Verbündeten herstammt), mit denen jetzt Kontakt aufgenommen werden kann. Der Auditor sucht dann nach Verlustengrammen, die gewöhnlich später im Leben liegen, und entleert sie von der emotionellen Ladung. Nachdem aus diesen Engrammen die Lebenskrafteinheiten freigesetzt und in den Kreislauf zurückgegeben wurden, können frühere Engramme mit körperlichem Schmerz auftauchen, und der Auditor reduziert jedes einzelne, mit dem er Kontakt aufnehmen kann. Sobald sich keine Engramme mit körperlichem Schmerz mehr finden lassen, geht er wieder dazu über, nach Engrammen mit schmerzlicher Emotion zu suchen usw. – das geschieht wechselweise, wie erforderlich. Der Mind, der ein sich selbst schützender Mechanismus ist, wird dem Patienten früher oder später den Kontakt mit Engrammen körperlichen Schmerzes verwehren, wenn Engramme mit schmerzlicher Emotion bereitliegen; ebenso wird er ihm Engramme mit schmerzlicher Emotion vorenthalten, sobald Engramme mit körperlichem Schmerz verfügbar sind.

Beginnen Sie bei späten Geschehnissen im Leben eines Patienten, um schmerzliche Emotion zu finden, und arbeiten Sie auf frühere hin; beginnen Sie bei frühen, um Engramme mit körperlichem Schmerz zu finden, und arbeiten Sie auf spätere hin. Und wenn mit irgendeinem Engramm Kontakt aufgenommen wird, durchlaufen Sie es stets so lange, bis es dem Patienten überhaupt keine Schwierigkeiten mehr macht oder bis es vollständig verschwunden ist (umgespeichert, jedoch verschwunden nach allem, was Auditor und Patient im Moment sagen können). Nur dann, wenn ein Geschehnis nach häufigem Wiedererzählen keine Anzeichen von Erleichterung zeigt (also nachlassendes Somatik oder nicht ausgedrückte bzw. sich nicht verringernde Emotion), sollte der Auditor nach einem anderen Geschehnis suchen. Bei einem Engramm mit schmerzlicher Emotion liegt die Ladung oft später im Leben; bei einem Engramm mit körperlichem Schmerz wird das »Hängenbleiben« ausnahmslos dadurch verursacht, daß in einem früheren Engramm mit körperlichem Schmerz, mit dem Kontakt aufgenommen werden kann, dieselbe Redewendung vorhanden ist; in diesem Fall sollte der Auditor die Redewendungen, die ihn zu dem Somatik brachten, wieder durchgehen, bis er dieses Engramm kontaktieren und heben kann.

Es sollte mittlerweile völlig klar geworden sein, daß Rationalisierungen[11] von Tun, Verhalten oder Zuständen die Therapie nicht fördern und daß sie, abgesehen von gelegentlicher Hilfe beim Lokalisieren von Engrammen, nutzlos sind. Es sollte ebenso klar sein, daß noch so viel Erklärungen, Händchenhalten oder Bewerten durch den Auditor die Auslöschung der Engramme selbst nicht fördert. Es sollte klar sein, daß die Gedanken einer Person zur Zeit des Geschehnisses nicht aberrierend waren. Es sollte klar sein, daß schmerzliche Emotion die Trennwände und die Dämonenschaltkreise im Mind installiert und daß die physischen Engramme Aberrationen und körperlichen Schmerz im Körper aufrechterhalten.

Die gesamte Verfahrensweise ist mechanisch. Sie hat nichts mit rechtfertigendem Denken, Scham oder Begründungen zu tun; sie zielt lediglich auf die Entleerung der Engrammbank ab. Wenn der Großteil der schmerzlichen Emotion verschwunden ist, ist die Person *Release*; wenn die Engrammbank von ihrem Inhalt entleert wurde, ist die Person *Clear*.

[11] *Rationalisierung:* rechtfertigendes Denken – die Entschuldigungen, die man vorbringt, um sein irrationales Verhalten zu rechtfertigen.

Der Mind gleicht einem Gerät von besonderer Feinheit: Er selbst und sein Mechanismus sind fast unzerstörbar, außer man entfernte einige seiner Teile; Engramme entfernen keine Teile des Minds, sie fügen ihm aber unnötige Dinge hinzu. Stellen Sie sich eine schöne, leistungsfähige Maschine vor, die perfekt funktioniert – das wäre der Mind ohne die Zusätze von Schmerz und schmerzlicher Emotion. Denken Sie sich nun diese wunderschöne Maschine in den Händen einer Mannschaft schwachsinniger Mechaniker; sie beginnen, daran herumzuarbeiten, und wissen nicht, daß ihr Tun sich auf die Maschine überhaupt auswirkt. Dann bemerken sie, daß mit der Maschine etwas nicht stimmt; keiner von ihnen ist sich bewußt, daß sie diverse Schraubenschlüssel, Hutnadeln, Zigarrenstummel und den Abfall von gestern in sie hinein- und um sie herumgeworfen haben. Ihr erster Gedanke ist, der Maschine etwas Neues hinzuzufügen, um sie dadurch zu korrigieren, und sie bauen verschiedene, nach Gutdünken ausgewählte Apparate an, damit die Maschine einigermaßen weiterläuft. Einige dieser Apparate scheinen der Maschine zu helfen (Mitgefühlsengramme) und können bei Vorhandensein des übrigen Krimskrams von der Maschine selbst zur Stabilisierung herangezogen werden. Die Schwachköpfe unterbrechen die Brennstoffzufuhr (das sind die Engramme mit schmerzlicher Emotion) oder versuchen, ähnlich jenem japanischen Hauptmann, der mit dem Rohrstock auf sein Auto einprügelte, als es nicht fahren wollte, die Maschine anzutreiben (Bestrafung als Druckmittel), was die Schwierigkeiten nur vermehrt. Am Ende scheint die Maschine ein hoffnungsloses Wrack zu sein, das unter all dem hinzugefügten und hineingestoßenen Zeug fast gänzlich verschwunden ist. Die schwachsinnigen Mechaniker schütteln die Köpfe und sagen: »Bauen wir noch was ein, sonst bleibt sie stehen!« Sie tun das, woraufhin die Maschine scheinbar den Geist aufgibt (sie ist verrückt geworden).

In der Dianetik wird der in der Maschine und um sie herum aufgehäufte Unrat fachgerecht weggeräumt, nicht jedoch durch weiteres Hinzufügen von Schutt. Die Schwachköpfe von Mechanikern (der Inhalt des reaktiven Minds) scheinen über diese Aktion bestürzt zu sein, aber die Maschine selbst, die plötzlich bemerkt, daß etwas für sie getan wird, was sie wirklich wieder in gute Funktion versetzen wird, beginnt zu helfen. Je mehr von diesem Schutt weggeräumt wird, um so besser läuft sie und um so weniger Macht haben die schwachköpfigen Mechaniker. Die Reparatur sollte schnell durchzuführen sein und ist es auch. Wir können aufhören, wenn die Maschine mindestens so gut läuft wie eine »normale« Maschine (ein Release) oder wenn wir sämtlichen Schutt aus der Maschine entfernt haben (ein Clear). Wenn wir einen Clear erreicht haben, stehen wir vor etwas, das man nie zuvor gesehen hat, denn es existierte nie zuvor in einem schuttfreien Zustand: eine perfekte Maschine, gut geölt, kraftvoll, schimmernd und imstande, all ihre eigenen Funktionen ohne jede weitere Wartung abzustimmen und zu steuern.

Einige Engrammtypen

Für jede Engrammart werden zwei Beispiele gegeben, damit der Auditor klar und deutlich ihre Unterschiede verstehen kann.

DAS ÜBERLEBENSFEINDLICHE ENGRAMM

Dies ist der Typ von Engrammen, die quer über den Dynamiken liegen und der Absicht des Menschen nicht entsprechen. Hier als Beispiel eine Auseinandersetzung zwischen Mutter und Vater kurz nach der Empfängnis: Vater stößt Mutter in den Bauch. Sie schreit (die ersten Sinneswahrnehmungen des Embryos sind Schmerz, Druck, Geräusch des Stoßes und des Geschreis), und er sagt: »Gott verdamme dich, ich hasse dich! Du taugst nichts. Ich werde dich umbringen!« Die Mutter fleht: »Schlag mich nicht noch einmal. Bitte nicht. Ich bin verletzt. Ich bin verletzt. Ich werd' rasend vor Schmerzen!« Der Vater sagt: »Bleib da liegen und verrotte! Auf Wiedersehen!«

Mit diesem vorgeburtlichen Engramm haben wir eine ernste aberrierende Situation – erstens, weil es früh liegt; zweitens, weil sein Inhalt sagt, daß die Person, die es hat, verletzt und rasend ist; drittens, weil es einen Holder hat und weil daher ein erhebliches Risiko besteht, daß es chronisch wird (»bleib da liegen«); viertens, weil es Krankheit erzeugen kann (»und verrotte«); fünftens, weil es eine religiöse Nebenbedeutung hat, die sich auf Gott und Verdammtwerden bezieht; sechstens, weil es dem betreffenden Menschen das Gefühl gibt, daß andere Leute nichts taugen (»du« gilt gewöhnlich für andere Leute); siebtens, weil es dem Wortlaut nach die emotionelle Tonstufe der Feindseligkeit enthält (»ich hasse dich«); und achtens, weil der Mensch nach der Geburt mit den restimulierenden Personen, Vater und Mutter, zusammenleben muß. Es hat noch weitere Auswirkungen, da es dem Aberrierten – wie alle Engramme – zusätzliche und unnötige Valenzen gibt, in diesem Falle zwei; die eine, die der Mutter, ist eine Feiglingsvalenz, und die andere, die des Vaters, eine Tyrannenvalenz. Unser Mann kann das auf verschiedene Arten dramatisieren: Wenn er es nicht dramatisiert, fühlt er jedesmal, wenn das Engramm restimuliert wird, den Schmerz (da er dann in seiner eigenen Valenz wäre); dramatisiert er die Mutter, fühlt er den Schmerz, den *sie* empfing, also einen Stoß in den Bauch (während der eigene Schmerz am Kopf und am Herzen war); dramatisiert er den Vater, kommt er mit der Gesellschaft in Schwierigkeiten, ganz zu schweigen von seiner eigenen Frau und seinen Kindern. Kein Engramm, welcher Art auch immer, bietet irgendeinen Vorteil, doch solange eine Person Engramme hat, helfen manche Arten, insbesondere die Mitgefühlsengramme, feindliche Engramme fernzuhalten.

Das zweite Beispiel eines überlebensfeindlichen Engramms ist ein morgendliches Erbrechen, wobei sich die Mutter so heftig übergibt, daß das Kind durch den überaus starken Druck »bewußtlos« wird. Die Mutter erbricht sich, schnappt nach Luft und sagt zwischen den Anfällen zu sich selbst: »Oh, warum bin ich überhaupt geboren worden? Ich wußte, ich hätte ihn nie in mich hineinlassen sollen. Ich wußte es, ich wußte es. Es war falsch, aber er mußte es trotzdem tun. Urrg – wie eklig. Sex ist eklig. Schrecklich ist er. Ich verabscheue Sex. Ich hasse Männer. Ich hasse sie. Urrg – es will nicht hochkommen, es will nicht hochkommen. Mir ist so schlecht, und es will nicht hochkommen.«

Eine Frau könnte so etwas während einer Schwangerschaft dramatisieren; ein Mann dagegen könnte es so natürlich nicht dramatisieren, sondern nur als Magenverstimmung. Das morgendliche Erbrechen scheint hauptsächlich eine aus Engrammen stammende Aberration zu sein. Irgendwann vor langer Zeit hat sich wohl eine Mutter aufgrund einer Lebensmittelvergiftung übergeben und die ganze Sache ins Rollen gebracht – vielleicht als die Menschen noch auf Bäumen lebten. Beachten Sie aber, daß sich die Mutter wirklich erbricht, daß ihr Mageninhalt wirklich ausgespien wird. Das Engramm sagt jedoch, daß es *nicht* hochkommen will. Dramatisiert die Person dieses Engramm in ihrer eigenen Valenz, dann erlebt sie Druck und »Bewußtlosigkeit«. Daher ist eine solche Dramatisierung unmöglich; wenn es dramatisiert wird, muß es als die Mutter dramatisiert werden; es wird aber weniger die *Handlung* dramatisiert, als vielmehr der Befehl, und so entsteht die Situation, daß die Person mit einem solchen Engramm, wenn ihr übel ist, sich nicht erbrechen kann. Der *Befehl* des Engramms ist wichtiger als die Handlungen, die die Menschen darin ausführen. Auf reaktivem Niveau gibt es keine Vernunft. Wenn dies auf bewußtem Niveau läge, wo es natürlich nicht aberrierend wäre, könnte die Handlung nachgeahmt werden und enthielte dann tatsächlich Erbrechen, denn auf bewußter Ebene ist die Handlung wichtiger als der Wortinhalt.

Wenn wir in der Therapie auf dieses Engramm stoßen, können wir Schwierigkeiten haben, in es einzudringen, denn es sagt: »Ich hätte ihn nicht in mich hineinlassen sollen«; das ist ein *Denyer.* Außerdem finden wir in der Redewendung »Es will nicht hochkommen« einen *Holder.* Das Engramm wird sich ganz sicher in dem Augenblick heben lassen, in dem diese Worte und das Somatik ans Licht kommen – der Wortinhalt könnte das Durchlaufen des Engramms nicht unterbrechen. Läßt sich das Engramm nicht heben, so liegt es daran, daß es ein früheres Engramm sehr ähnlichen Inhalts gibt (ein Aberrierter folgt einem Dramatisierungsmuster, das er ständig wiederholt, und so verabreicht er den Menschen um sich herum viele Geschehnisse, die außer ihrer Position in der Zeit mehr oder weniger gleich sind). Der obige Befehlssatz könnte in der Umwelt (jedoch nicht in der Therapie) so stark restimuliert werden, daß er Wahnsinn zur Folge hätte, denn »es« kann sich auch auf das Kind beziehen, das nicht in die Gegenwart vordringen kann, wenn es sich mit dem Wort »es« identifiziert. In der Therapie wird dem Engramm schon dadurch etwas von seiner Kraft genommen, daß es von dem zurückgekehrten analytischen Mind berührt wird. Weiterhin entdeckt der Auditor, daß sich der Patient nicht auf dem Time-Track bewegt. Eine Untersuchung der Situation läßt bald den Holder erkennen, denn der Patient wird früher oder später »will nicht hochkommen« sagen, auch wenn der Auditor nicht gleich darauf gekommen ist.

Hinsichtlich der Aberration würde dieses Engramm vermutlich eine schwere Sperre quer über die Zweite Dynamik legen; wir würden feststellen, daß die Person frigide, prüde und mit Kindern grob ist (diese Dinge treten in verschiedenen Kombinationen auf). Weiterhin würden wir feststellen, daß der Betreffende sich davor fürchtet, »er« werde, wenn er etwas als falsch erkennt, es trotzdem tun müssen. Im psychosomatischen Bereich könnten durch dieses Engramm Kopfschmerzen während oder wegen des Beischlafs oder eine Neigung zur Übelkeit bei jedem Geschlechtsverkehr verursacht werden. Jede einzelne Redewendung dieses Engramms kann, wie jede beliebige andere engrammatische Redewendung, sowohl das Somatik als auch die Aberration einschalten, vorausgesetzt natürlich, daß sich die Person in einem Zustand geringer analytischer Kraft befindet, wie es bei Erschöpfung oder leichter Krankheit der Fall ist. Somit wartet dieses Engramm, bis jemand während einer zukünftigen Periode der »Bewußtlosigkeit« äußert (und nach Möglichkeit mit einer Stimme, die sich so anhört wie die der Mutter durch die Wände des Bauches und der Gebärmutter): »Urrg – wie eklig!«, oder irgendeine andere Redewendung, die es einkeyt. »Ekliger«, nebenbei bemerkt, würde es nicht einkeyen; »würg« würde es trotz der Ähnlichkeit mit »urrg« nicht einkeyen. Das Geräusch des Erbrechens selbst würde es wahrscheinlich einkeyen.

DAS ÜBERLEBENSFREUNDLICHE ENGRAMM

Das kann jedes Engramm sein, das aufgrund des Inhalts den Anschein erweckt, das Überleben zu fördern, wobei überlebensfreundlich nicht heißt, daß es für jemanden, der das Engramm hat, irgendeinen wirklichen Nutzen hat. Betrachten wir ein Beischlafengramm: Mutter und Vater sind beim Geschlechtsverkehr, der infolge des Drucks für das ungeborene Kind schmerzhaft ist und es »bewußtlos« macht (ein ganz gewöhnliches Ereignis, so wie das morgendliche Erbrechen; es ist normalerweise in jeder Engrammbank vorhanden). Die Mutter sagt: »Oh – ohne das kann ich nicht leben. Es ist wunderbar. Es ist wunderbar. Oh – wie schön. Mach das noch einmal!« Der Vater sagt: »Komm! Komm! Oh – du bist so phantastisch. Du bist so wunderbar! Ahhhh!« Der Orgasmus der Mutter gibt der »Bewußtlosigkeit« des Kindes den letzten Schliff. Die Mutter sagt: »Es ist schön.« Der Vater, der jetzt fertig ist, sagt: »Mach, daß du hochkommst«, und meint damit, sie solle eine Spülung machen (beide wissen nicht, daß sie schon schwanger ist); dann beginnt er zu schnarchen.

Ganz offensichtlich ist das ein wertvolles Geschehnis, denn man »kann ohne das nicht leben«. Ferner ist es »schön«, und »es ist wunderbar«. Es ist aber auch (für den Embryo) außerordentlich schmerzhaft. Man kann ihm nicht gehorchen, denn zuerst enthält es etwas, das einen Teil des Minds zurücklockt – »Komm!« –, und später sagt es ihm: »Mach, daß du hochkommst.« Dinge, die »schön« und »wunderbar« sind, können unsere Patientin außerhalb der Therapie einen Orgasmus erleben lassen, wenn sie schöne und wunderbare Dinge anschaut, allerdings unter der Voraussetzung, daß sie so bezeichnet werden.

Dieses Engramm kann entweder in der Vater- oder in der Muttervalenz dramatisiert werden. Würde man es in der eigenen Valenz dramatisieren, hätte das körperliche Schmerzen zur Folge. Man wird daher finden, daß die Person, die dieses Engramm hat, nach dem Geschlechtsakt wie Vater ist, nämlich angewidert, und den Partner auffordert: »Mach, daß du hochkommst« – allenfalls abgewandelt durch ihre anderen Beischlafengramme. Die Emotion ist darin enthalten *wie* die Worte »Mach, daß du hochkommst« gesprochen wurden; dies ist eine Übermittlung von Emotion durch den Tonfall, nicht durch den Wortgehalt; Engramme enthalten immer beides.

Während der Therapie bemerken wir, daß der reaktive Mind dieses Engramm nur sehr zögernd ans Licht läßt, denn schließlich: »ohne das kann ich nicht leben«. Es gibt in Engrammen zahllose solche Redewendungen *vorteilhafter Bewertung*, und immer, wenn der Auditor auf eine trifft, wird er feststellen, daß ihm der reaktive Mind des Preclears etwas vorenthält: »Ich möchte dich nicht verlieren«, »Halte daran fest«, »Ich kann es nicht loslassen, ich würde fallen« usw. Aber wir haben es letzten Endes eben doch mit einem Engramm zu tun, und ob es nun »angenehm« ist oder nicht, es ist aberrierend.

Masochistische und sadistische Impulse stammen oft aus Beischlafengrammen mit entsprechendem Inhalt. Der Auditor soll also nicht annehmen, daß nur deswegen, weil dieser Geschlechtsakt für das Kind schmerzhaft ist, aus ihm ein Masochist oder Sadist werden wird. Wenn Masochismus oder Sadismus bei einem Patienten vorhanden sind, wird das durch Engramme verursacht, die Vergewaltigung, Schläge zur sexuellen Befriedigung, Vergnügen an Schmerzen usw. enthalten, sowie durch Engramme, die doppeldeutig auszusagen scheinen, daß das Geschlechtliche und Schmerz gleich seien, z. B. wenn bei einem »normalen« Koitus gesagt wird: »Es tut so schön weh! Tu mir nochmal weh, Billy! Oh, stoß ihn in mich hinein, tief hinein! Tu mir weh, so daß ich kommen kann!« Von einem Jungen dramatisiert, könnte das sehr wohl anale Homosexualität erzeugen, denn das Engramm ist keine beobachtete Handlung, sondern eine Reihe von Befehlen, die wörtlich genommen werden.

Unser erstes Beispiel für ein überlebensfreundliches Engramm, das obige Koitusengramm, ist also in dem Aberrationsmuster einer Person noch relativ harmlos. Jedoch könnten die Worte in diesem Engramm durch unglückliche Zusammensetzung einen gänzlich anderen Aberrationseffekt entstehen lassen.

Das zweite Beispiel eines überlebensfreundlichen Engramms betrifft ein anderes vorgeburtliches Engramm. (Ein Auditor erwähnte einmal während seiner eigenen Klärung, daß er sich sein Leben vor der Kenntnis der Dianetik schaubildartig als einen Zeitraum vorgestellt habe, in dem die Periode zwischen Empfängnis und Geburt ein Fünfzigstel des Abstands zwischen Empfängnis und Gegenwart einnehme, daß er aber nun von der vorgeburtlichen Periode glaube, daß sie zwei Drittel der Entfernung zwischen dem Anfang und dem Jetzt ausmache. – Der vorgeburtliche Bereich ging für ihn schließlich, nachdem er geklärt war, in seiner Bedeutung auf ein Fünfzigstel der Gesamtstrecke zurück.)

Die Mutter, die zu hohem Blutdruck neigte, verursachte in diesem zweiten Beispiel dem ungeborenen Kind immer wieder große Schmerzen, besonders wenn sie aufgeregt war. (Das ist eine Hauptursache von Migräne.) Was den Blutdruck hochtrieb, als dieses Engramm empfangen wurde, ist unbekannt – und ein Großteil der »Story« des vorgeburtlichen Lebens mag unbekannt bleiben, da die Daten, die alles erklären würden, oft vor dem Schmerz und dem Engramm liegen und da eine vollständige Aufzeichnung erst nach dem Augenblick des Schmerzes stattfindet, wenn eine gewisse »Bewußtlosigkeit« einsetzt. Zu Beginn des Engramms, als sich der Blutdruck zu erhöhen begann und das ungeborene Kind schmerzhaft davon aufgebläht wurde, weinte die Mutter. Sie war allein. »Ach, wie soll ich da nur jemals herauskommen? Alles sieht so trüb und farblos aus. Ach, warum habe ich jemals damit angefangen? Ich kann da unmöglich durchkommen. Aber ich muß, ich muß. Ich wäre krank, würde ich das nicht tun. Gott, alles kommt auf einmal auf mich zu. Ich sitze total fest. Aber trotzdem, ich werde es durchstehen, ich werde mich besser fühlen. Ich werde tapfer sein und es tun. Ich muß einfach tapfer sein. Ich bin tapfer. Ich bin der tapferste Mensch der Welt. Ich muß es sein, und ich bin es.« Der Druck ließ nach.

Worum es da genau ging, wird für den Auditor, der das Engramm reduzierte, ebenso ein Geheimnis bleiben wie für den Patienten, den Autor und den Leser. So ist das oft bei Engrammen. Sie werden bei der Entstehung mißverstanden, und sie brauchen inhaltlich nicht verstanden zu werden; nur der mechanische Aspekt ist wichtig und ihre Tilgung aus der Engrammbank.

Dieses Engramm ist besonders gefährlich, denn es enthält eine manische Redewendung in den Worten »der tapferste Mensch der Welt«. »Ich« wird von dem (zum Zeitpunkt des Empfangs noch ungeborenen) Kind natürlich meist auf sich selbst bezogen, sobald das Engramm später auf einen Analysator Einfluß ausüben kann, in dem Sprache vorhanden ist. Vor diesem Augenblick gibt es natürlich nur eine Aufzeichnung ohne Wortbedeutung. Das Engramm kann allerdings aberrierend sein, noch bevor den Worten eine Bedeutung gegeben wird. – Es ist außerdem gefährlich, weil es sagt: »Ich sitze fest«, und: »Alles kommt auf einmal auf mich zu.« »Festsitzen« ist unser Feind, der *Holder.* »Alles kommt auf einmal auf mich zu« hingegen ist ein *Grouper.* Ferner wird sich der Rest des Inhalts als Engramm im Analysator nicht berechnen lassen. Es heißt: »Muß da durchkommen«, aber andererseits »kann man da nicht durchkommen«; es sagt: »Ich wäre krank, würde ich das nicht tun«, aber es ist »unmöglich«. Da ja nach der Berechnungsmethode unseres schwachsinnigen Gegners, des reaktiven Minds, alles gleich allem ist, wird dieses Engramm die Therapie sowohl anziehen als auch abstoßen; es erzeugt im analytischen Mind eine Unentschlossenheit, die unerträglich ist.

Die Person mit diesem Engramm könnte sich – wie es als Aberration auch tatsächlich zur Wirkung kam – zuerst im manischen Teil befinden und der tapferste Mensch der Welt sein. Dann könnte sie – zeitlich etwas zurückverschoben durch einen kleinen Restimulatorenwechsel, wie beispielsweise eine Verschlimmerung ihrer Migräne – über all ihr Handeln äußerst unschlüssig werden und aufgrund der übertragenen Emotion, die in Mutters Tränen enthalten ist, sehr deprimiert sein. Es ist aber ein überlebensfreundliches Engramm, weil es scheinbar einen Weg diktiert, der aus einer Situation hinausführt. Als Zusatzfaktor ruft es durch die Aussage, daß »alles trüb und farblos aussieht« Farbenblindheit mindestens beim Rückruf hervor, so daß die zurückgerufenen Bilder der Vergangenheit im Geist farblos gesehen werden. Wenn dieses Engramm durch genügend viele nachfolgende Dramatisierungen gestärkt wird, kann es zu wirklicher Farbenblindheit führen. Das ganze Engramm kann – wenn noch andere Faktoren hinzukommen – die Person sehr wohl in eine Heilanstalt bringen. Dabei kann ihr Somatik (Migräne) vollständig aufgedreht werden, und zusätzlich können wegen des Groupers auch alle anderen Schmerzen auftreten, die sie je im Leben gespürt hat. Dieser Grouper packt den ganzen Time-Track der Engrammbank an eine Stelle und setzt dann die Person mitten hinein.

Als dieses Engramm in der Therapie berührt wurde, wurde eine Patientin, die als »geisteskrank« klassifiziert worden war, zum *Release* gemacht und war damit »normal«. Sie war in eine Anstalt gesperrt worden, wo sie in der Fötushaltung lag und sich körperlich zurückentwickelt hatte. Daß sie immer wieder genau diese Worte schrie und weinte, war in ihren Akten als »Äußerung eines Kindheitswahns« vermerkt. Der Fall wurde durch die Wiederholungstechnik unter Verwendung der Worte, die sie immer wieder schrie, geöffnet, nachdem man ihre Aufmerksamkeit durch ein lautes, monotones Geräusch auf den Auditor geheftet hatte. Es gab einige frühere Geschehnisse, die diese Worte enthielten. Diese mußten erreicht werden, bevor das dramatisierte Geschehnis nachgab. Es ist indes ganz üblich, bei mehr oder weniger »normalen« Leuten Engramme wie dieses zu berühren und sie routinemäßig zu erleichtern. Diese Patientin war sehr stark restimuliert worden und hatte mehrere schwere Verlustengramme erlebt, die frühere Engramminhalte eingekeyt gehalten hatten.

Von all diesen Fällen, die »festsitzen«, »gefangen sind«, »nicht herauskommen können« (was bedeutet, daß mehrere Holder vorhanden sind und auch sehr viel schmerzliche Emotion), könnte auch noch gesagt werden, daß bestimmte Fötusaspekte zu sehen sein werden, selbst wenn der Fall »normal« ist. Glänzende Haut, Rückgratkrümmung, unterentwickelte Keimdrüsen, all das kommt häufig vor, und eines oder viele dieser Anzeichen können vorhanden sein.

DAS MITGEFÜHLSENGRAMM

Das erste Beispiel bezieht sich auf eine Krankheit, an der ein Patient als kleiner Junge litt. Mit zweieinhalb Jahren erkrankte er an Lungenentzündung. Er wies eine erhebliche Vorgeschichte von Abtreibungsversuchen auf und hatte die übliche Engrammlast von aberrierten Eltern erhalten. Er war über den Zank und den Streit zu Hause außerordentlich bekümmert; viele seiner Engramme waren eingekeyt worden, darunter auch die Lungenentzündung. Seine Großmutter kam und nahm ihn zu sich, denn immer, wenn er krank war, ging seine Mutter weg und kümmerte sich nicht um ihn. Das Geschehnis war extrem abgesperrt und konnte erst erreicht werden, nachdem mehrere spät im Leben liegende Engramme mit schmerzlicher Emotion von ihrer Ladung befreit und fast hundert vorgeburtliche Engramme mit körperlichem Schmerz entlastet worden waren. Als er im Fieberwahn weinte, hielt seine Großmutter das irrtümlicherweise für ein Zeichen, daß er »bei Bewußtsein« sei, und versuchte mit ihm vernünftig zu reden. Sie sagte: »Diese Menschen meinen es eigentlich nicht so schlecht mit dir, mein Liebling. Ich weiß, daß sie in Wirklichkeit ein gutes Herz haben. Tu einfach, was sie sagen, und glaube, was sie dir erzählen, und es wird dir gut gehen. Versprich mir, daß du das tust, mein Schatz.« Das Kind antwortete mit letzter, schwacher Reaktion und versprach ihr, daß es ihnen glauben wolle und tun würde, was sie sagen. »Ich habe dich sehr lieb«, fuhr die Großmutter fort, »und ich werde mich um dich kümmern. Und nun mach dir keine Sorgen, mein Liebling. Vergiß es jetzt. Gönn dir ein bißchen Ruhe.«

Die Redewendungen, die in diesem Engramm enthalten sind, hatten auf das Kind eine sehr tiefgreifende Wirkung, da sie zu ihm auf Tranceniveau gesprochen und durch Fieber und Schmerz festgehalten werden konnten. Es mußte glauben, was auch immer gesagt wurde. Das bedeutete *buchstäblich* glauben und kostete es unter anderem viel von seinem Sinn für Humor. Da es wollte, daß es ihm gut ging, mußte es glauben, was seine Eltern sagten. Die Dinge, die sie vor seiner Geburt gesagt hatten, enthielten alle nur möglichen üblen Äußerungen darüber, wer hier der Herr sei und wieviel Spaß es mache, die Mutter zu schlagen, usw. All das wurde dann zu »wahren Daten« gemacht, die das Kind *glauben* mußte, weil sein Mitgefühlsengramm es so befahl. Kein schrecklicherer Fluch könnte je einem Menschen auferlegt werden, als es in diesen Mitgefühlsengrammen geschieht, die sagen: »Glaube, was gesagt wird«, »Glaube, was du liest«, »Glaube den Leuten«, denn so ein Engramm bedeutet buchstäblich, daß der arme alte Analysator jetzt nie mehr seine eigenen Daten auswerten kann, außer die Person lehnte sich durch äußerste Rebellion gegen die ganze Welt auf, was gelegentlich auch jemand fertigbringt. Lassen Sie diesen Mann aber, wie es hier der Fall war, eine Frau heiraten, die ähnliche Merkmale hat wie seine Großmutter (also eine Pseudogroßmutter), und er wird a) chronisch unter Schmerzen und Krankheit leiden, die er in den von seiner Großmutter empfangenen Mitgefühlsengrammen erlebte (notwendig, um ihr Mitgefühl zu bekommen und zu behalten), und b) zum Opfer all seiner vorgeburtlichen Engramme, denn die Pseudogroßmutter stößt ihn in seine eigene Valenz. Das macht ihn streitsüchtig, seine Frau wehrt sich, und plötzlich ist diese Frau nicht mehr die Pseudogroßmutter, sondern die Pseudomutter. Aus ist es mit der geistigen Gesundheit.

Wenn wir schließlich in der Therapie auf dieses Mitgefühlsengramm stoßen, entdecken wir, daß es auf zwei Arten verborgen gewesen war: a) es lag mit der Absicht der Person auf einer Linie, und b) es enthielt einen *Vergessermechanismus.*

Infolge Punkt a) gestattete der Selbstschutz des Minds erst dann die Auslieferung des Engramms, als dem Fall genügend Spannung genommen worden war, um es dem Mind zu ermöglichen, auch ohne dieses Engramm auszukommen.

In Punkt b) haben wir einen Mechanismus, der in Engrammen üblich ist. Immer, wenn wir ein Engramm zu durchlaufen versuchen, das derart viele Somatiken enthält, daß der Preclear sich auf der Couch windet, ohne daß ein Wortinhalt zu finden ist, müssen wir einen *Vergessermechanismus* vermuten. Es gibt offenbar Menschen, die meinen, daß Vergessen das Allheilmittel für jegliches geistige Unbehagen sei. »Ich muß es mir aus dem Sinn schlagen«, »Wenn ich mich daran erinnerte, würde ich verrückt werden«, »Junge, du vergißt alles, was ich dir sage«, »Niemand kann sich an irgend etwas erinnern«, »Kann mich nicht erinnern« und ganz einfach »Ich weiß nicht« sowie die Krone dieser Redewendungen: »Vergiß es!« – sie alle sperren dem Analysator Informationen ab. Am Anfang der Behandlung wird vielleicht alles andauernd mit einem dieser *Denyer* beantwortet. (Wie Sie sich erinnern, gibt es noch viele andere *Denyer*.) Mit Hilfe der Wiederholungstechnik wird es schließlich gelingen, die Redewendung aus verschiedenen Engrammen zu befreien und Geschehnisse zutage zu bringen. Eine Großmutter zu haben, die jedesmal »Vergiß es« sagt, wenn ein Kind sich verletzt, bedeutet, daß ein scheußlicherer Fluch auf einem lastet als auf Macbeth. Ein Vergesser, der von einem Verbündeten verwendet wird, ohne daß überhaupt in nennenswertem Grade Schmerz oder Emotion vorhanden ist| läßt ganz von selbst Daten untertauchen, die als erreichbare Erinnerungen nicht aberrierend wären, die aber – wenn sie auf diese Art durch einen Vergesser begraben werden – bewirken, daß etwas, das kurz vorher gesagt wurde, aberrierend ist und wortgetreu aufgefaßt wird.

Deshalb blieb dieses Engramm bis kurz vor Abschluß des Falles völlig außer Sicht. Kaum wurde es berührt, brach die schon geschwächte reaktive Bank zusammen, und der Patient wurde geklärt.

Das zweite Beispiel eines Mitgefühlsengramms betrifft ein Kindheitserlebnis eines Patienten, der am Anfang der Therapie außerordentlich durcheinander war. Hier haben wir ein Beispiel für ein Mitgefühlsengramm, das nicht selten ist. (Ein solches Engramm ist bei Verbündetenberechnungen nicht von größerer Bedeutung; es wird jedoch aberrierend, da seine Inhalte oft beim selben Fall wiederholt werden.) Das Geschehnis fand statt, als das Kind bei einem Unfall schwer verletzt worden war. Der Junge hatte einen Schädelbruch mit einer Gehirnerschütterung erlitten und lag viele Tage im Koma. Er hatte niemals erfahren, daß ihm ein solcher Unfall zugestoßen war, obwohl eine spätere Untersuchung den Nachweis für einen Schädelbruch lieferte. Es zeigt sich auch, daß er sich nie auch nur einen Augenblick lang über die Verwachsungen an seinem Schädel gewundert hatte, obwohl er von ihnen wußte. Vater und Mutter standen zu diesem Zeitpunkt am Rande der Scheidung und stritten sich in diesen paar Tagen mehrere Male in Gegenwart des Kindes, das nur teilweise bei Bewußtsein war. Sie waren über den Unfall offensichtlich erregt und warfen sich gegenseitig vor, daran schuld zu sein. Der erste Teil der Engrammreihe innerhalb dieses einen großen Engramms ist als Beispiel unwichtig, außer daß er die Bedingungen herbeiführte, unter denen sich die Mutter als Verteidigerin des Kindes hervortun konnte, obwohl es vom Vater *nicht* angegriffen wurde. Die Worte der Mutter wiesen in ihrem aberrierenden Gehalt darauf hin, daß der Vater das Kind angreife; und in einem Engramm sind die Worte als aberrierende Faktoren erheblich wichtiger als die Handlungen. Schließlich verließ der Vater Haus und Familie. Die Mutter setzte sich an das Bett des Jungen und erzählte ihm weinend, daß sie ihn vor dem Tode bewahren werde, daß sie »arbeiten und schuften und ihre Finger bis auf die Knochen durchscheuern« werde, um ihn am Leben zu erhalten; ferner sagte sie: »Wenn ich nicht wäre, wärest du schon tot. Ich habe dich gegen dieses tierische Monstrum verteidigt. Wäre ich nicht da, so wärest du längst tot, und ich werde für dich sorgen und dich schützen. Achte also auf nichts, was dir andere Leute erzählen. Ich bin eine gute Mutter. Ich bin immer eine gute Mutter gewesen. Hör nicht auf sie. Bitte, mein Bub, bleib hier und werde gesund, bitte!«

Dieses bemerkenswerte Stück Unsinn kam natürlich direkt aus ihrem reaktiven Mind. Sie fühlte sich infolge ihrer Sorge für ihr Kind an nichts schuldig, obwohl sie seit der Empfängnis diesem Kind wiederholt das Schlimmste angetan hatte. (So etwas wie Schuld oder einen Schuldkomplex gibt es nicht, außer direkt aus einem Engramm heraus, das »Ich bin schuldig« oder eine ähnliche Redewendung enthält.)

Hier ist *Ambivalenz* am Werk. Mit »ambivalent« meinen wir Kraft auf zwei Seiten. Man sollte es eher *Multivalenz* nennen, denn es ist beweisbar, daß Leute viele Valenzen haben, wobei zwanzig oder dreißig für einen »Normalen« nicht ungewöhnlich sind. Diese Mutter mit ihrem unsinnigen Flehen und ihrer widerlichen Gefühlsduselei sprang durch die Valenzen wie ein Wirbelwind. Sie konnte bösartig grausam sein und ihr Kind mit »willkürlichen und ausgefallenen Bestrafungen«, wie das in der Marine genannt wird, martern; doch eine dieser Valenzen, die zum Unglück für den Patienten nur dann in Aktion trat, wenn er krank war, war eine, in der sie wilden Beschützerdrang für den Jungen an den Tag legte und ihm versicherte, daß sie ihn liebe und nie hungern lassen werde usw. Sie erzeugte in dem Kind, bevor es zehn Jahre alt war, aufgrund ihres eigenen reaktiven Verhaltensmusters und ihrer Unzulänglichkeit nahezu tausend Engramme. Das hier wiedergegebene Einzelbeispiel war ziemlich alltäglich.

Der aberrierende Aspekt dieses Engramms war die »Überzeugung«, daß man hungern, sterben oder allgemein leiden werde, wenn man die Mutter nicht um sich und kein gutes Verhältnis zu ihr hätte. Aufgrund der Umstände, unter denen es verabreicht wurde, bedeutete es außerdem, daß man schlimme Kopfschmerzen haben mußte, wenn man leben wollte. Diese ganze Engrammreihe erzeugte ein hochkompliziertes Muster psychosomatischer Krankheiten, darunter Nebenhöhlenentzündung, chronische Ausschläge, Allergien und zahllose andere körperliche Krankheiten. Und das, obwohl der Patient immer versucht hatte, wegen seiner körperlichen Verfassung kein großes Aufheben zu machen, und in keiner Weise ein Hypochonder war.

In der Therapie wurden die gesamte Kette der Auseinandersetzungen in diesem Bereich, vieles aus der vorgeburtlichen Zone und die meisten Engramme mit schmerzlicher Emotion aus dem späteren Leben erleichtert, bevor sich dieses Mitgefühlsengramm zeigte.

Zum Thema der Mitgefühlsengramme sei noch bemerkt, daß sie keineswegs nur in der Kindheit gefunden werden; es gibt sie vor der Geburt und nach der Geburt – und manchmal auch spät im Leben. Alle Personen, die das Kind gegen weitere Abtreibungsversuche verteidigen, werden ein Teil der Mitgefühlsengrammketten, und natürlich sind sie Verbündete, deren Verlust als schrecklich empfunden würde. Späte Mitgefühlsengramme sind bei einem Alter von fünfzig Jahren entdeckt worden. Eines, das beim Alter von dreißig Jahren entdeckt wurde, rührte von einer mannstollen Krankenschwester her, die den noch immer narkotisierten und unter Schmerzen leidenden Patienten mit obszönen Worten traktierte, an seinen Geschlechtsorganen herumspielte und es durch den Inhalt ihrer Bemerkungen auch noch fertigbrachte, ein Mitgefühlsengramm einzupflanzen, das den Patienten psychisch schwer schädigte. (Es ist keineswegs so, daß betäubte Patienten oft sexuellen Spielereien ausgesetzt wären. Daß es sich um eine häufig auftretende psychotische Wahnidee handelt, ist jedoch kein Grund, zu behaupten, daß es überhaupt nie vorkäme.)

Das Mitgefühlsengramm braucht nur wie ein Mitgefühlsengramm zu lauten, um eins zu werden; der reaktive Mind nimmt keine Auswertung der tatsächlichen Absicht vor.

DAS ENGRAMM MIT SCHMERZLICHER EMOTION

Es werden drei von ihnen angegeben, um jeden einzelnen Typ zu veranschaulichen. Sie können sich jederzeit ereignen, auch vor der Geburt, lassen sich aber am leichtesten im weniger weit zurückliegenden Leben anzapfen. Von da aus können sie dann zu früheren Geschehnissen, die mit körperlichem Schmerz verbunden waren, und früheren Mitgefühlsengrammen und ähnlichem zurückführen. Das erste Beispiel ist ein Fall von Verlust durch den Tod eines Verbündeten. Ein Mädchen im Alter von achtzehn Jahren erhielt ein Engramm mit schmerzlicher Emotion, als es durch die Eltern vom Tod ihrer Tante hörte. Die Tante war eine Hauptverbündete. Die Patientin, die im Alter von einunddreißig behandelt wurde, konnte sich an den Tod ihrer Tante erinnern, schrieb aber ihren Kummer anderen Dingen zu wie beispielsweise einer Restimulierung ihres – wie sie es nannte – eigenen »Todesinstinktes« (was in Wirklichkeit engrammatisches Geschwätz ihrer Mutter war, nämlich sterben zu wollen und alles hinter sich zu bringen). Die Tante hatte in der Tat am meisten geholfen, als es darum ging, der Mutter auszureden, das Kind »loszuwerden«; sie hatte der Mutter das Versprechen abverlangt, es nicht zu tun. Die Tante hatte das Kind auch nach der Geburt während seiner Krankheiten gepflegt und war in der Tat die einzige Zuflucht für das Mädchen, wenn eine streitsüchtige Mutter und ein religiös fanatischer Vater es drangsalierten, denn beide hatten es nicht haben wollen, und es hatte eine ganze Reihe von Versuchen gegeben, die Schwangerschaft vorzeitig zu beenden.

Der Vater überbrachte dem Mädchen die Nachricht mit feierlich tönender Stimme und angemessen ernstem Gesicht: »Ich möchte, daß du auf der Beerdigung große Ehrfurcht zeigst, Agathe.« – »Was für eine Beerdigung?« – »Deine Tante ist gerade zur ewigen Ruhe eingegangen.« – »Sie ist tot?« – »Ja, der Tod wird jeden von uns eines Tages ereilen, und wir müssen alle vorbereitet sein, das Schicksal zu erleiden, das uns am Ende des Weges erwartet. Denn es ist ein langer Weg, das Leben; Gott oder die flammende Hölle wartet am anderen Ende, und eines Tages müssen wir alle sterben. Sei nun wirklich bei der Beerdigung sehr ehrfürchtig.« Bei dem Wort »Beerdigung« war sie bleich geworden, sie war praktisch »bewußtlos«, als sie das Wort »Tod« hörte, und sie blieb zwei ganze Tage lang »bewußtlos«, obwohl sie umherlief. Der Fall war, bis dieses Engramm entdeckt und durchlaufen wurde, nur sehr langsam vorangekommen. Enorm viel Traurigkeit, die sich vorher nie gezeigt hatte, floß ab. Das Engramm wurde durch achtmaliges Wiedererzählen bis zur Langeweile hin reduziert, woraufhin der erste Moment von Tantes Einschreiten gegen die Abtreibungsversuche von selbst kontaktiert und freigesetzt wurde. Nachdem nun das Verbot gegen das »Loswerden« entfernt worden war und (da jetzt laut Theorie freie Einheiten zur Verfügung standen) die Ladung vom vorgeburtlichen Bereich weggekommen war, machte der Fall danach im vorgeburtlichen Bereich Fortschritte. Es gab bei diesem Fall fünf weitere Verbündete, da sich das Mädchen, dessen Eltern so hart zu ihm gewesen waren, an jeden gehängt hatte, der ihm Interesse zeigte und Schutz gewährte. Nachdem tieferliegender körperlicher Schmerz zum Vorschein gekommen war, tauchten mehr Verbündete auf, und weitere Engramme mit schmerzlicher Emotion wurden entladen, wodurch sich wiederum neue Engramme mit körperlichem Schmerz zeigen konnten.

Das nächste Beispiel ist ein Engramm eines Patienten, der sein ganzes Leben lang von wohlhabenden Eltern versorgt und erzogen worden war. Er hatte einen sehr ernsten vorgeburtlichen Bereich, der sich jedoch nicht zeigen wollte. Es wurde schließlich entdeckt, daß seine Kindermädchen die einzige Quelle von Liebe und Zuneigung für ihn gewesen waren und daß seine Mutter, als eine Frau, die den Haushalt mit besonderer Vorliebe so oft wie möglich durcheinanderbrachte, jedes Kindermädchen hinauswarf, sobald sie feststellte, daß das Kind es in sein Herz geschlossen hatte. Gleichzeitig ließ die Mutter selbst keinen Zweifel aufkommen, daß sie das Kind als »widerlich« betrachtete. Das Engramm erhielt der Junge so: Er sieht sein Kindermädchen mit dem Koffer in der Hand aus dem Haus kommen; er hört auf, im Hof zu spielen, und rennt auf sie zu, um sie zu »erschrecken«; aufgrund des Auftritts, der sich gerade ereignet hat, ist sie ziemlich ärgerlich – sie ist Irin –, entspannt aber trotzdem ihre Züge, kniet neben dem Jungen nieder und sagt: »Ich gehe fort, mein Lieber. Ich kann hier nicht mehr bleiben. Nein, ich kann jetzt nicht mehr dein Kindermädchen sein. Aber du wirst schon sehen, bald hast du wieder ein anderes. Weine nicht. Es ist nicht gut für kleine Jungen, zu weinen. Auf Wiedersehen, Kleiner. Ich liebe dich.« Und sie geht.

Gleich als sie sagte, sie gehe fort, war er wie vom Donner gerührt. Das Verbot zu weinen stammte von einem Verbündeten; alles, was ein Verbündeter sagt, muß gut sein und muß geglaubt werden, weil Verbündete Überleben bedeuten, und man muß überleben. Verbündeten muß somit geglaubt werden. In all den folgenden Jahren hatte er, mit Ausnahme seltener Anlässe überwältigenden Kummers, nicht geweint. Acht solcher Trennungen waren ergebnislos berührt worden, doch nach dieser einen lockerten und entluden sich alle, eine nach der anderen.

Jeder Abschied von einem Verbündeten enthält eine emotionelle Ladung, die, wenn sie sich nicht zeigt, irgendwo anders unterdrückt wird.

Und hier ein Beispiel für ein Engramm mit schmerzlicher Emotion des dritten Typs: Verlust eines Verbündeten, indem sich dieser gegen einen wendet. Eine Frau liebte ihren Mann zärtlich. Sie waren gut miteinander ausgekommen, bis seine Eltern in die Nähe zogen und begannen, schlecht über sie zu reden. Er war darüber wütend und stritt sich mit ihnen. Seine Frau war eine Pseudoverbündete, und unglücklicherweise hatte der dazugehörige Verbündete ihm, als er ein Kind war, erzählt, er müsse seinen Eltern glauben. (Das tun Verbündete ziemlich oft; würden sie dem Kind, wenn es emotionell gestört oder krank ist, korrekte Daten geben, gäbe es weniger Schwierigkeiten. Eine Bemerkung wie: »Na, du wirst eines Tages groß sein und für dich selber sorgen können« ist viel besser als ein Haufen wohlmeinender Plattheiten.) Das brachte einen tragischen Umschwung mit sich. Der reaktive Mind, der durch den Anblick der Ehefrau restimuliert wurde (der Ehemann war emotionell gestört und durch seine Eltern schon sehr restimuliert), warf die Information aus, daß man seinen Eltern glauben muß. Das ließ die Frau gemäß dem aberrierten Geschwätz der Eltern als nichtsnutzig erscheinen. Er begab sich in die Valenz seines Vaters, um dieser unwägbaren Situation zu entgehen, und diese Valenz schlug Frauen. Er schlug seine Frau wiederholte Male, wobei er eines der Engramme seines Vaters dramatisierte: »Ich hasse dich. Du taugst nichts. Ich hätte früher auf sie hören sollen. Du taugst nichts.«

Die Frau durchlief die Therapie. Diese Ladung unterdrückte sich selbst, nicht aus Scham über die Taten ihres Mannes, sondern aus dem mechanischen Grund, daß der frühe Bereich zuerst erleichtert werden mußte, bevor sich diese Geschichte entladen ließ (schlauer Archivar). Ihr Fall hatte sich bis zu einem Punkt verlangsamt, wo alles fast wie geklärt aussah, obwohl Somatiken (die sie natürlichen Ursachen zuschrieb) und Aberrationen (die sie als verständliche Reaktionen bezeichnete) noch immer in Erscheinung traten. Plötzlich, als der Auditor aufs Geratewohl die Wiederholungstechnik mit der Redewendung »Ich hasse dich« anwandte – denn es war bekannt, daß sie das gelegentlich zu ihrem Mann sagte –, tauchte dieses Geschehnis auf. Dreimaliges Wiedererzählen entlud diese schmerzliche Emotion trotz ihrer Heftigkeit (sie weinte, bis sie fast erstickte). Unmittelbar darauf tauchten zwölf vorgeburtliche Engramme auf – alles heftige Auseinandersetzungen zwischen ihrer Mutter und ihrem Vater (ein Verbündeter, zu dem ihr Mann der Pseudoverbündete war). In diesen Geschehnissen schlug sich die Mutter auf den Bauch und verfluchte das Kind. Sie kamen ans Licht und wurden ausgelöscht, worauf die Frau mühelos geklärt werden konnte.

Der Verlust von Hunden, Puppen, Geld, einer Stellung, ja sogar ein drohender Verlust – das alles kann ein Engramm mit schmerzlicher Emotion erzeugen, solange es ein Verlust ist. Es kann ein Verlust durch Tod, durch Abschied oder dadurch sein, daß sich ein Verbündeter gegen einen wendet. Der Verlust all solcher Dinge oder Personen, die mit dem Leben des Patienten verbunden sind und die von ihm mit seinem eigenen Überleben assoziiert werden, vermag offenbar Lebenskrafteinheiten einzukapseln. Schmerzliche Emotion dieser Art braucht allerdings frühe körperlich schmerzhafte Engramme, an die sie sich anhängen kann. Das Engramm mit körperlichem Schmerz ist immer noch der Schurke, es hat allerdings im Engramm mit schmerzlicher Emotion einen Komplizen.

Mechanismen und Aspekte der Therapie

DER EINSTIEG IN DEN FALL

Jeder Fall stellt ein neues Problem für den Einstieg dar. Es gibt keine zwei Menschen, die einander völlig gleichen, und es gibt keine zwei Fälle, die exakt dem gleichen Muster folgen. Für die Dianetik ist das allerdings kein Problem, da die Mechanismen immer dieselben sind.

Es gibt drei Falleinstufungen: Patienten mit Geräuschrückruf, solche ohne Geräuschrückruf und solche mit Phantasierückruf (den die Auditoren auch Dub-in-Rückruf nennen).

Bei einem Fall mit Geräuschrückruf ist der Einstieg sehr einfach. Bei allen Fällen ist das grundlegende Verfahren jedoch dasselbe. Versetzen Sie den Patienten in Reverie. (Seien Sie nicht besorgt, wenn er nicht sehr tief in Reverie versinkt; denn sie dient nur dazu, seine Aufmerksamkeit auf sich selber und den Auditor zu ziehen, und das können Sie auf jeden Fall erreichen.) Richten Sie einen Löscher ein. Lassen Sie den Patienten in die Kindheit zurückkehren, und lassen Sie ihn ein angenehmes Geschehnis aufgreifen. Finden Sie dann ein mit geringem Schmerz verbundenes Geschehnis, etwa eine Ohrfeige. Lassen Sie ihn dieses ein paarmal durchlaufen, nur, damit er eine Vorstellung bekommt. Wenn das nicht gut läuft, versetzen Sie ihn in den gestrigen Tag zu der Zeit, als er zur Arbeit fuhr. Fragen Sie ihn, was er hört und sieht; schicken Sie ihn danach wieder in die Kindheit.

Mit Hilfe eines unbedeutenderen Geschehnisses, wie einer Ohrfeige, wollen wir herausfinden, ob der Patient eine Schmerzabsperrung hat. Eine Schmerzabsperrung stellt die Dianetik nicht vor besondere Schwierigkeiten. Man kann in die Zeit vor dem Befehl zurückgehen, der die Schmerzbetäubung eingebaut hat. Es ist aber interessant, von dieser Absperrung zu wissen; denn Sie müssen ziemlich zu Anfang der Behandlung danach suchen. Untersuchen Sie dann, ob der Patient eine emotionelle Absperrung hat. Auch das ist nicht besonders beschwerlich; es handelt sich aber wiederum um Daten, die Sie früher oder später herausfinden müssen.

Machen Sie nun mit dem Patienten einen Versuch, um herauszufinden, ob er sich in sich selbst befindet oder ob er außerhalb seiner selbst ist und sich selbst beobachtet. Ist er exteriorisiert, dann haben Sie es mit einem Fall zu tun, der eine erhebliche Menge eingeschlossener Emotion hat, die entladen werden muß.

Machen Sie nun einen Versuch, an das Basik-Basik heranzukommen. Vielleicht erleben Sie eine Überraschung und finden es sofort. Vielleicht arbeiten Sie auch fünfzig Stunden daran, was nicht schadet, da Sie währenddessen den Fall entlasten. Nehmen Sie alles, was Ihnen der Archivar in der vorgeburtlichen Zone anbietet, und *reduzieren* Sie es.

Ob mit dem Basik-Basik Kontakt aufgenommen wurde oder nicht, machen Sie so viele vorgeburtliche Engramme ausfindig, wie sich ohne weiteres anbieten, und reduzieren Sie jedes davon.

Wenn Sie keine vorgeburtlichen Engramme finden, dann bringen Sie den Patienten in die Gegenwart zurück; doch erinnern Sie ihn daran, die Augen geschlossen zu halten. Nun stellen Sie ein paar Fragen über die Familie, die Großeltern, die Frau beziehungsweise den Mann. Fragen Sie nach früheren Ehemännern oder Ehefrauen. Fragen Sie nach Kindern. Und fragen Sie ganz besonders nach Todesfällen. Sie suchen nach einem Engramm mit schmerzlicher Emotion, nach einem Augenblick des Verlustes, der sich entladen läßt.

Wenn Sie eines entdecken – und sei es nur der Tod eines Lieblingshundes –, dann schicken Sie den Preclear zu diesem Geschehnis, und durchlaufen Sie es von dem ersten Augenblick an, als er davon erfuhr, bis zu einem Zeitpunkt ein paar Minuten später. Dann fangen Sie wieder am Anfang an. Reduzieren Sie den Augenblick wie ein Engramm. Ihr Ziel ist die Entladung der Emotion. Durchlaufen Sie es mehrere Male. Wenn Sie es nicht entladen können, dann machen Sie einen anderen Verlustmoment, ein Versagen, irgend etwas, das sich entladen läßt, ausfindig; gehen Sie sehr ruhig vor – scheinbar voller Teilnahme. Wenn sich keinerlei Erfolg einstellt, beginnen Sie mit der Wiederholungstechnik. Lassen Sie den Patienten keinen Augenblick etwas anderes fühlen, als daß Sie in aller Ruhe um sein Wohlbefinden bemüht sind (auch wenn seine Körperverrenkungen Sie beunruhigen). Versuchen Sie es mit solchen Redewendungen wie »Armer kleiner . . .«, wobei Sie seinen Kindernamen benutzen.

Nachdem der Preclear dies mehrmals wiederholt hat (wobei der

Auditor sagt, daß der *Somatikstreifen*[1] zu einem Geschehnis zurückkehren wird, das diese Redewendung enthält; dies dient dazu, das »Hinabgesaugtwerden« zu erleichtern), mag er sich in einem Geschehnis mit starker Spannung wiederfinden, das sich entladen läßt. Wenn sich noch immer nichts entlädt, bleiben Sie ruhig (all diese Arbeit wird in der nächsten, übernächsten oder überübernächsten Sitzung Früchte tragen), suchen Sie weiter und beobachten Sie. Irgendwo gibt es emotionelle Ladung, die abfließen wird. Versuchen Sie andere Wortkombinationen, z. B. solche, die man zu einem kranken und unruhigen Kind sagen würde, und lassen Sie sie vom Preclear wiederholen.

Wenn Sie noch immer keinen Erfolg hatten, machen Sie einen anderen Test, ohne zu sagen, daß es ein Test ist, um zu sehen, ob der Preclear die Gegenwart wirklich verläßt. Lassen Sie ihn nicht »versuchen, sich zu erinnern« – Sie wollen, daß er *zurückkehrt*, und das ist ein anderer Vorgang, obwohl er für das Gehirn genauso natürlich ist. Sollte er in der Gegenwart festsitzen, dann beginnen Sie wieder mit der Wiederholungstechnik und versuchen es mit *Bouncern*: »Raus mit dir und komm niemals wieder!«, »Du kannst nie wieder zurückkehren!« usw., die erklären würden, warum er sich noch immer in der Gegenwart befindet. Wenn er danach nicht zurückkehrt, dann probieren Sie *Holder*-Redewendungen: »Ich sitze fest!«, »Beweg dich nicht!« usw.

Bleiben Sie ruhig, wirken Sie nie nervös. Wenn Sie mit der Wiederholungstechnik in dieser ersten Sitzung weder eine Entladung noch ein Engramm, noch eine Bewegung auf dem Time-Track erreichen, dann lesen Sie dieses Handbuch noch einmal und versuchen es mit Ihrem Patienten nicht später als drei Tage nach der ersten Sitzung erneut. Zu diesem Zeitpunkt mögen einige der Daten, nach denen Sie gefragt haben, zur Verfügung stehen.

Gewöhnlich werden Sie jedoch entweder ein vorgeburtliches Engramm oder eine Entladung erreichen. Sollten Sie eine Entladung erreichen, dann fordern Sie den Somatikstreifen auf, zu dem vorgeburtlichen Engramm zurückzugehen, an dem sie hing. Reduzieren Sie alles, was Sie finden können. Wenn das Geburtserlebnis auf-

[1] *Somatikstreifen:* anscheinend ein physischer Anzeigemechanismus, der mit Zeit zu tun hat; auf Befehl wird er zu jedem beliebigen Punkt im Leben des Preclears gehen, außer wenn das auf dem Fall lastende *Entheta* so massiv ist, daß der Somatikstreifen an einer Stelle festsitzt. Das »Ich« des Preclears kann in der Gegenwart bleiben, während der Somatikstreifen in frühere Perioden seines Lebens zurückgeschickt wird. – *Entheta*: enturbuliertes (in einen turbulenten, aufgewühlten, gestörten Zustand versetztes) Theta (Denken oder Leben).

taucht und offenbar gut zurückgerufen wird, dann versuchen Sie, es zu reduzieren. Doch tun Sie dies mit dem Wissen, daß es vermutlich nicht sehr weit gehoben werden kann und daß es immer und immer wieder durchlaufen werden sollte, damit es sich so gründlich wie möglich entschärft.

Mitunter wird der Preclear tiefer in Reverie gehen, als Sie es wünschen. Versuchen Sie aber nicht, ihn in eine weniger tiefe Reverie hochzubringen. Arbeiten Sie mit ihm da, wo er sich befindet. Doch wenn er in einem Zustand ist, der einer hypnotischen Trance nahezukommen scheint, dann seien Sie mit dem, was Sie sagen, sehr vorsichtig. Sagen Sie ihm beispielsweise niemals, er solle irgendwohin zurückgehen und dort bleiben, bis er etwas findet. Das ist ein Holder. Benutzen Sie in der Dianetik niemandem gegenüber Holder, Bouncer, Grouper usw., sondern drücken Sie sich etwa in folgender Art aus: »Würdest du bitte in die vorgeburtliche Zone zurückkehren?« »Wir wollen einmal sehen, ob der Somatikstreifen einen frühen Augenblick von Schmerz oder Unbehagen ausfindig machen kann«, »Nimm bitte das Somatik am Anfang auf und durchlaufe das Engramm«, »Was hörst du, bitte?«, »Sprich weiter« (wenn Sie beabsichtigen, daß er von dem Punkt des Engramms, an dem er sich befindet, zu dessen Ende weitergehen soll), »Erzähl das bitte noch einmal.«

Es gibt keinerlei Grund zur Nervosität. Wenn Sie nervös werden, wird er es auch.

Manchmal werden Sie auf eine Schmerzabsperrung stoßen. Sie hat die Tendenz, den Schmerz in die Muskeln zu verlegen, und die Muskeln werden sich ruckartig bewegen und zittern; der Patient kann das wahrnehmen und trotzdem nichts weiter fühlen. Ganz selten einmal wird ein Preclear eine so gründliche Schmerzabsperrung haben, daß er sich herumwirft, ohne zu wissen, was er tut, und fast von der Couch fällt. Wenn Sie auf so etwas stoßen, brauchen Sie nicht unruhig zu werden: der Schmerz ist auf irgendeine Weise eingesperrt. Suchen Sie in Zeiträumen, die früh genug liegen, und Sie werden ein Somatik finden, das er fühlen kann; oder suchen Sie spät auf dem Time-Track nach einer emotionellen Ladung.

Lassen Sie sich nicht irreführen, wenn er Ihnen in bezug auf Emotion erzählt, daß er das alles in der Psychoanalyse oder dergleichen schon verarbeitet habe. Er mag den Tod seiner Frau, seiner Geliebten oder seines Kindes eingemauert haben, aber das ganze Engramm ist immer noch da, vollgestopft mit gefangenen Lebenskrafteinheiten, und liegt bereit, um exakt als ein Engramm durchlaufen zu werden.

Wenn Sie auf eine starke emotionelle Ladung stoßen, dann lassen Sie den Patienten einfach weinen, und halten Sie ihn bei der Stange, das Engramm weiter zu durchlaufen; tun Sie das mit sanfter und teilnehmender Stimme; lassen Sie es ihn wiedererzählen, bis nirgendwo mehr Ladung darin übrig ist. Danach führen Sie ihn in einen frühen Zeitraum – in den vorgeburtlichen Bereich oder in die frühe Kindheit –, um ein Engramm mit körperlichem Schmerz zu fassen zu bekommen, das unterhalb dieser emotionellen Ladung gelegen haben muß und sie aufrechterhielt.

Das Übermaß an emotioneller Entladung ist kein Grund zur Beunruhigung. Brächte man den Patienten plötzlich heraus und in die Gegenwart, dann würde er über das Geschehnis unglücklich werden. Das Durchlaufen des Engramms mit schmerzlicher Emotion wird mit mehrmaligem Wiedererzählen Kummer abfließen lassen, von dem die Gesellschaft glaubte, daß man ihm außer durch Verdrängung niemals begegnen oder abhelfen könnte. Finden Sie den ersten Augenblick, als er die Nachricht hörte oder das beobachtete, was ihn so unglücklich machte. Durchlaufen Sie es vom Anfang an weit genug, um sicherzustellen, daß Sie den ganzen ersten Schock zu fassen bekommen – ein paar Minuten Engrammzeit werden genügen –, und lassen Sie es ihn dann erneut wiedererzählen. Möglicherweise sieht er sich anfangs weit außerhalb seiner selbst. Vielleicht entlädt sich der Augenblick erst, nachdem er ihn mehrere Male durchlaufen hat. Bedenken Sie, daß er zu dem Geschehnis *zurückgekehrt* ist. Er durchläuft es nicht als Erinnerung, denn das hätte überhaupt keinen Nutzen.

Lassen Sie ihn niemals irgend etwas wiederabspielen. *Wiederabspielen* ist die schlechte Angewohnheit mancher Preclears, noch einmal wiederzugeben, was sie ihrer Erinnerung nach beim letzten Mal sagten, anstatt bei jedem Wiedererzählen neu durch das Engramm voranzuschreiten und mit dem Inhalt des Engramms selbst Kontakt aufzunehmen. Sagen Sie dem Preclear, daß da möglicherweise noch mehr drin ist. Fragen Sie ihn nach der Farbe des Bettes in dem Raum, zu dem er zurückgekehrt ist, und halten Sie unauffällig seine Aufmerksamkeit auf die Szene gerichtet. Lassen Sie ihn aber niemals bei irgendeinem Engramm etwas wiederabspielen. Er könnte das ohne jeden therapeutischen Wert eine Ewigkeit tun, wobei er nur jedesmal aus der Erinnerung erzählen würde, was er beim letzten Mal gesagt hat. Dies ist etwas anderes als das wiederholte Wiedererleben des Engramms, bei dem weiterer Inhalt aufgelesen und die Ladung abgebaut wird.

Entladen Sie Emotion, und reduzieren Sie mit körperlichem Schmerz verbundene Geschehnisse so früh im vorgeburtlichen Bereich wie möglich. Wenn Sie zunächst nicht in den vorgeburtlichen Bereich eindringen können, dann enthält er viele Bouncer; die Wiederholungstechnik wird Ihnen den Weg dorthin bahnen.

Wenn der Patient z. B. immer wieder sagt: »Ich kann mich nicht erinnern«, dann haben Sie Geduld – folgen Sie immer dem Kodex. Gehen Sie diese Redewendung durch die Wiederholungstechnik bei ihm an. Wenn ein Somatik spürbar wird, er aber mit nichts anderem in Kontakt kommt, dann senden Sie ihn weiter zurück. Wenn die Redewendung (in unserem Beispiel »Ich kann mich nicht erinnern«) nichts weiter bewirkt, als ein neues Somatik einzuschalten, dann schicken Sie ihn weiter zurück. Sie muß bei dem armen Kerl über die ganze Engrammbank verteilt sein. Jemand wollte offenbar sehr gründlich verhindern, daß er wußte, was ihm geschehen war. Schließlich werden Sie zu einem Engramm zurückgelangen, das eine Redewendung freilassen wird. Wenn er diese Redewendung noch ein paarmal durchlaufen hat, wird er lächeln oder glucksen oder sich vielleicht lediglich erleichtert fühlen. Sie können ihn jetzt entweder das Engramm durchlaufen lassen, in dem Sie die früheste Redewendung gefunden haben – was am besten ist –, oder Sie können ihn in Richtung Gegenwart zurückkommen lassen und die Redewendung so heben, wie sie später auftrat. Sie können auch etwas anderes angehen, wenn es den Fall blockiert.

Das alleinige Ziel ist, die Standardbank dem Bewußtsein der Person vollständig zugänglich zu machen. Dies geschieht durch Auslöschung a) zunächst früher und dann aller weiteren Engramme mit körperlichem Schmerz; b) aller Dämonenschaltkreise (die lediglich in Engrammen enthalten sind und mehr oder weniger von selbst verschwinden); und c) aller Engramme mit schmerzlicher Emotion.

Der Arbeitsgang besteht darin, daß Sie so weit zurückgehen, wie Sie können – vorzugsweise in den vorgeburtlichen Bereich und dort in die sehr frühe Zone. Versuchen Sie, ein Engramm zu finden und vollständig zu reduzieren – mit allen Somatiken (Schmerzen) und Wahrnehmungen (Worten und anderen Sinnesempfindungen). Wenn Sie damit keinen Erfolg haben, suchen Sie in einer späteren Zeit – jede beliebige Zeit zwischen Geburt und Gegenwart –, und finden Sie einen Augenblick mit Verlust oder drohendem Verlust, aus dem sich emotionelle Ladung abzapfen läßt. Gehen Sie danach sehr, sehr weit zurück, und finden Sie das Engramm, an dem sie hing. Versuchen Sie immer, das Basik-Basik – das früheste Engramm – zu erreichen, bis Sie sicher sind, es gefunden zu haben. Reduzieren Sie so viele frühe Engramme, wie Sie finden können, indem Sie den Archivar und die Wiederholungstechnik benutzen. Wenn Ihnen das Material auszugehen scheint, gehen Sie ins spätere Leben, und versuchen Sie, eine weitere emotionelle Ladung zu finden.

Die körperlich schmerzhaften Engramme verdecken spätere emotionelle Ladungen. Emotionelle Ladungen verdecken körperlich schmerzhafte Engramme. Hin und her, her und hin. Gehen Sie so viel frühen Inhalt an, wie Sie nur irgend finden können; wenn er auszugehen oder zuwenig emotionell zu werden scheint, machen Sie sich an einiges spätere Material.

So wird mit einem Fall gearbeitet – unabhängig davon, um welche Art Fall es sich handelt, in welchem Zustand sich sein Rückruf befindet und ob er normal, neurotisch oder psychotisch ist oder was auch immer.

Dies sind die *Werkzeuge:*

1. Reverie; wenn Sie diese nicht erreichen können – fixierte Aufmerksamkeit;
2. Rückkehr;
3. Wiederholungstechnik;
4. Wissen über Bouncer, Holder, Grouper, Misdirectors und Denyer;
5. Wissen über Engramme mit schmerzlicher Emotion;
6. Reduzierung oder Auslöschung;
7. die *Blitzantwort* (erklärt auf Seite 363);
8. der Valenzwechsel.

Weiter brauchen Sie nichts zu tun:

1. Halten Sie den Patienten beweglich – er muß sich auf dem Time-Track bewegen können.

2. Reduzieren oder löschen Sie alles, was Sie zu fassen bekommen.

3. Schließen Sie aus den Bemerkungen des Patienten, die er innerhalb oder außerhalb der Therapie macht, welche Bouncer, Holder, Grouper, Misdirectors und Denyer er hat.

4. Vergessen Sie nie, daß das Ziel Nummer eins das Basik-Basik ist, der früheste Augenblick von Schmerz und »Bewußtlosigkeit«.

5. Behalten Sie im Auge, daß der Patient »Berechnungen« haben mag, die ihm seine Krankheit oder seinen aberrierten Zustand

»wertvoll« erscheinen lassen, und finden Sie mittels Blitzantwort auf Ihre Fragen heraus, woher diese »Berechnungen« kommen.

6. Sorgen Sie dafür, daß der Fall beständig Fortschritte macht und gewinnt. Arbeiten Sie nur auf Fortschritt und Gewinne hin, nicht auf plötzliche, phantastische Ergebnisse. Machen Sie sich nur dann Gedanken, wenn der Fall nicht vom Fleck kommt, und richten Sie Ihre Aufmerksamkeit dann darauf, das Engramm zu finden, das den Weg versperrt. Dessen Inhalt wird nahe an das herankommen, was der Patient sagt, wenn er seine Gefühle darüber äußert; es wird denselben oder einen ähnlichen Wortlaut enthalten.

7. Bringen Sie den Patienten am Ende jeder Sitzung in die Gegenwart zurück und geben Sie ihm das Löscherwort. Testen Sie ihn mit einer *Alters-Blitzantwort.* Greifen Sie seine erste Antwort auf, und finden Sie den Holder bei diesem Alter, wenn er nicht in der Gegenwart ist.

8. Behalten Sie Ihre Ruhe, ganz gleich, was der Patient sagt.

9. Versuchen Sie ihm niemals zu sagen, was seine Daten bedeuten; er allein weiß das.

10. Behalten Sie die Nerven, und bleiben Sie bei der dianetischen Therapie; ganz wie der amerikanische Admiral Farragut sagte: »Zum Teufel mit den Torpedos! Vorwärts!«

11. Gleichgültig, in welcher Beziehung Sie zu dem Preclear stehen mögen (Ehefrau, Sohn usw.), *Sie* sind der Auditor, wenn Sie auditieren. Er kann seine eigenen Engramme durch Überlegungen nicht finden. Wenn er das könnte, wären es keine Engramme. Sie aber können es. Tun Sie das, was ein guter Auditor Ihrer Meinung nach tun würde, und niemals das, was der Patient sagt, es sei denn, daß seine Vorstellung von der Handlungsweise eines guten Auditors zufällig mit Ihrer Entscheidung übereinstimmt. Seien Sie der Auditor und nicht ein Aufnahmegerät. Sie und der Archivar in seinem Mind arbeiten zusammen, um den Fall zu behandeln. Was seine Engramme und sein analytischer Mind glauben, sollte auf keine Ihrer Berechnungen irgendeinen Einfluß haben. Sie und sein Archivar kennen sich aus. Er als »Ich« dagegen nicht.

12. Seien Sie von nichts überrascht. Auditieren Sie.

Hier sind die Dinge, die Sie nicht tun dürfen:

1. Vermischen Sie die Dianetik nicht mit einer Praktik oder Anschauung von vorgestern; Sie würden einen Fall nur verlangsamen oder auf Abwege führen. Die Analyse erhaltener Daten zu einem anderen Zweck, als damit weitere Engramme zu finden, verzögert die Therapie und verwirrt den Preclear. Es ist eine Versuchung,

dieses Material zu anderen Zwecken als zum Aufspüren von Engrammen zu benutzen, wenn man auf einem anderen Gebiet als der Dianetik ausgebildet wurde. Dieser Versuchung nachzugeben, bevor man weiß, wie die Dianetik funktioniert, ist ein sehr unfairer Test der Dianetik, ganz abgesehen davon, daß es den Fall durcheinanderbringt. Die Versuchung ist groß, weil man mit Hilfe der Dianetik eine solche Fülle von Daten bekommen kann.

2. Schüchtern Sie den Patienten nicht ein. Wenn der Fall nicht voranschreitet, dann liegt der Fehler beim Auditor. Verfallen Sie nicht dem alten Brauch, über einen Patienten ärgerlich zu werden, nur weil er nicht gesund wird. *Sie* mögen zwar *sicher* sein, daß der Grund, aus dem er kein Bad nimmt, in dem Engramm lag, das Sie gerade in seiner reaktiven Engrammbank reduziert haben; doch wenn er immer noch nicht baden will, dann gibt es bestimmt noch einen früheren Grund.

3. Seien Sie nicht so großspurig, zu glauben, Sie hätten es mit einem »besonderen« Fall zu tun, nur weil er sich nicht schnell löst. Alle Fälle sind »besonders«.

4. Suchen Sie keine Hilfe bei jemandem, der die Dianetik nicht kennt, wenn Sie die Nerven verlieren. Der Grund, warum der Fall nicht voranschritt oder immer verwickelter wurde, liegt klar auf der Hand: Sie haben die Nerven verloren. Nur durch Dianetik kann ein dianetisches Problem gelöst werden.

5. Hören Sie sich die Klagen eines Patienten nicht als Klagen an; benutzen Sie sie als Daten, mit denen sich Engramme finden lassen.

6. Nehmen Sie nicht an, daß jemand keine vorgeburtlichen Engramme hat, nur weil Sie keine bei ihm erreichen können. Es gibt sie bei jedem Fall in rauhen Mengen. Bedenken Sie, daß ein Engramm keine Erinnerung ist; es muß entwickelt werden, damit es dem Rückruf zugänglich wird. Es gibt heute nicht ein einziges menschliches Wesen auf der Erde, das nicht eine Vielfalt von vorgeburtlichen Engrammen hat.

7. Erlauben Sie dem Patienten nicht, seine Mutter zu fragen oder seine Erinnerung an das, was ihm berichtet wurde, zu benutzen, um vorgeburtliche Engramme zu umgehen. *Jedesmal wenn Sie einen Patienten in der Vergangenheitsform anstatt in der Gegenwartsform reden hören, ist er nicht zu einem Geschehnis zurückgekehrt.* Wenn er nicht zurückgekehrt ist, wird sich das Engramm nicht heben lassen.

8. Nehmen Sie nicht an, ein Patient habe keine Verzweiflungsladung auf dem Time-Track an der Stelle, wo ihn die Verzweiflung

überkam, nur weil er heute über den Kummer von gestern nicht betrübt ist. Die Zeit mag Dinge einkapseln, zu heilen vermag sie nicht.

9. Denken Sie nicht in Begriffen von »Schuldkomplexen« oder »Scham«, außer Sie betrachten sie als Engramminhalt, denn dort werden sie zu finden sein. Deuten Sie einem Patienten niemals an, daß die Schuld in einem Engramm bei ihm liegen könnte.

10. Jede Abweichung vom optimalen Verhalten, Betragen oder vernünftigen Denken beim Patienten ist engrammatisch; erlauben Sie sich ebensowenig »Nachsicht mit der menschlichen Natur«, wie Sie als Mathematiker Nachsicht mit einer Rechenmaschine hätten, die falsche Ergebnisse hervorbringt. Sexualängste, Verdrängungen und Abwehrmechanismen sind nicht »natürlich«, wie in der Vergangenheit vermutet wurde.

11. Machen Sie sich über die Aberrationen des Patienten keine Sorgen. Arbeiten Sie darauf hin, mit Engrammen Kontakt aufzunehmen, diese zu reduzieren und auszulöschen. Bei jedem Patienten werden Sie genügend Aberrationen finden, um ein Wörterbuch zu füllen.

12. Ärgern Sie sich nicht, wenn Ihr Patient nicht an einem Abend oder in einem Monat zum Clear wird. Arbeiten Sie einfach weiter. Sie werden ihn so schnell über das Stadium eines »Normalen« hinausbringen, daß Sie übersehen werden, wann dieser Moment überschritten ist. Jenseits dieses Punktes gehen Sie auf ein sehr hohes Ziel zu.

»IN DER GEGENWART FESTGENAGELT«

Wenn man die Therapie angeht, findet man die Patienten an unterschiedlichen Stellen und in verschiedenen Situationen auf dem Time-Track; manchmal sind sie ganz vom Time-Track herunter, und manchmal ist der Time-Track zu einem Knäuel verheddert. Hin und wieder findet man ihn in einem guten Zustand vor, und die Engramme stehen zur Verfügung – das ist jedoch ungewöhnlich.

Außer im Hinblick auf Rückrufe, »Dub-ins« und Absperrungen kann man von keinem Fall sagen, er sei schwieriger als ein anderer. Ein Patient jedoch, der in der Gegenwart festgenagelt zu sein scheint und bei dem keine Redewendung der Wiederholungstechnik wirkt, ist für den Auditor sehr oft ein großes Rätsel. Der Preclear kehrt nicht zu Engrammen zurück. Gewöhnlich liegen Schmerz- und emotionelle Absperrungen vor, und die schmerzliche Emotion kann nicht rasch entladen werden. Mitunter werden sich Somatiken einschalten, ohne daß jedoch ein Inhalt gewonnen werden kann. Manchmal gibt es kein Somatik, jedoch einen Inhalt. Die Situationen sind recht unterschiedlich.

Der Auditor kann Verschiedenes tun. Zunächst einmal sollte er seinen gesunden Menschenverstand anwenden. Zweitens sollte der Patient in der Rückkehr trainiert werden. Dieses Training ist recht einfach. Der Auditor führt den Patienten ein paar Stunden zurück und läßt ihn erzählen, was er sieht. Geräusch- und Sehrückruf mögen abgesperrt sein, der Patient mag jedoch eine gewisse Vorstellung davon haben, was vor sich geht. Danach führt ihn der Auditor ein paar Tage zurück, dann einige Monate und schließlich mehrere Jahre, wobei der Patient jedesmal seine »Umgebung«, so gut er kann, beschreiben soll. Nun hat der Patient eine Vorstellung von der Rückkehr. Er kann zumindest solche Teile seines Lebens durchlaufen, die nicht durch Engramme abgesperrt sind.

Sobald der Patient zu einem frühen Augenblick seines Lebens zurückgekehrt ist, beginnen Sie die Wiederholungstechnik bei ihm anzuwenden und richten Ihre Bemühungen auf offensichtliche Dinge, z.B. Gefühlsabsperrungen (lassen Sie ihn wiederholt das Wort »fühlen« sagen) oder Vergessermechanismen (z.B. »vergessen«). Dabei könnte ein Engramm berührt und dann reduziert werden.

Wenn die Wiederholungstechnik noch immer nicht funktioniert und keine Daten hervorholt, stellen Sie aufgrund seines Verhaltens in der Therapie und seiner Aussagen fest, was ihm wahrscheinlich Schwierigkeiten macht oder seine Rückrufe absperrt, und verwenden Sie diese Vermutungen wiederum in der Wiederholungstechnik. Beispielsweise mag ihm die Erinnerung an irgendein Mitglied seiner Familie fehlen. Lassen Sie ihn dessen Namen, wie er in der Familie gebraucht wurde, wiederholen. Oder lassen Sie ihn seinen eigenen Spitz- oder Kosenamen aus der Kindheit wiederholen, bis mit einem Geschehnis Kontakt aufgenommen wird.

Schlägt auch das fehl, dann sollten Sie einige leichte Locks – Geschehnisse, die minimalen Schmerz enthalten – aufspüren und durchlaufen. Vom Dreirad zu fallen, vom Tisch weggeschickt zu werden, einen Klaps zu bekommen, ausgeschimpft zu werden, Nachsitzen usw. sind hierfür geeignet. Nachdem der Patient einige Locks reduziert hat, versuchen Sie wieder, ein Engramm zu finden.

Das Durchlaufen von Locks wird keine große Genesung mit sich bringen; und es gibt bei jedem Fall Tausende und aber Tausende von Locks, von denen die meisten ohne Hilfe des Auditors verschwinden werden, sobald die schweren Engramme gefunden sind. Locks können jedoch benutzt werden, um den Patienten in der Rückkehr und in der Therapie im allgemeinen zu üben; und es kann dabei sogar sein Zustand verbessert werden, indem Sie ihm zeigen, daß er seiner Vergangenheit ins Auge sehen *kann*.

Die wichtigsten Aufgaben zu Beginn jeder Behandlung sind 1. zu versuchen, das Basik-Basik aufzufinden und auszulöschen, und 2. schmerzliche Emotion zu entladen. Je eher Emotion freigesetzt werden kann, um so besser ist es. Emotion aber ist in jedem Fall vorhanden, wie auch stets eine ganze Menge vorgeburtlicher Geschehnisse.

Wenn jedoch ein Fall zu Beginn oder im Laufe der weiteren Behandlung »in der Gegenwart festgenagelt« ist, ist er mit abgesperrter Emotion stark geladen und gehorcht einem restimulierten Engramm, das besagt, daß er den ganzen Weg bis ins Jetzt gehen und dort bleiben muß. Der Patient äußert den Wortlaut dieses Engramms gewöhnlich selbst, wenn er über seine Schwierigkeiten klagt. Solche Fingerzeige werden durch die Wiederholungstechnik ausgenutzt. Mißlingt dies, dann trainieren Sie den Patienten, indem Sie ihn zu etwas zurückschicken, mit dem er Kontakt aufnehmen kann. Sobald das Training, wie oben beschrieben, erfolgt ist, benutzen Sie erneut die Wiederholungstechnik.

Es gibt ein Motto, das für die ganze Therapie gilt: »Wenn Sie immer wieder danach fragen, werden Sie es erhalten.« Alle Engramme kapitulieren, wenn der Patient immer wieder – Sitzung für Sitzung – in den betreffenden Bereich zurückgebracht wird. Es kann sein, daß die Engrammbank widerspenstig ist. Wird jedoch mit genügender Ausdauer danach gefragt, dann kommt jeder Inhalt früher oder später ans Licht. Fragen Sie einfach immer wieder, und machen Sie mit der Therapie routinemäßig weiter. Selbst ein »in der Gegenwart festgenagelter« Fall wird schließlich allein durch das Prinzip der Wiederholungstechnik zurückzukehren beginnen.

Der Auditor kann bestimmte Fehler machen. Er mag versuchen, einen Fall aufgrund von Daten zu bearbeiten, die von Eltern oder Verwandten stammen. Das ist gewöhnlich fruchtlos, weil dadurch das Vertrauen des Preclears in seine eigenen Daten unterminiert wird (alle Daten werden mit denen der Verwandten übereinstimmen; Sie brauchen sich nicht darum zu kümmern, sie zu überprüfen, bevor der Fall abgeschlossen ist). Der Auditor könnte auch versuchen, mit dem Patienten in Gegenwart anderer Leute zu arbeiten. Er könnte ferner den Auditorenkodex verletzen. Eine Liste dieser Hindernisse für den Fortschritt der Therapie ist an anderer Stelle in diesem Buch zu finden.

DAS BASIK-BASIK

Das primäre Ziel des Auditors ist das Erreichen des Basik-Basik und danach immer des frühesten Augenblicks von Schmerz oder Unbehagen, den er erreichen kann. Er muß vielleicht in späten Perioden nach emotionellen Ladungen fahnden, und diese selbst könnten körperlich wehtun. Emotion kann den Patienten vom Basik-Basik absperren. Doch immer ist diese erste Ausschaltung des Analysators wichtig; und wenn man dort hingelangt, können spätere Engramme viel leichter reduziert werden.

Aus zwei Gründen ist das Basik-Basik das wesentliche Ziel: 1. Es enthält eine Ausschaltung des Analysators, die jedesmal, wenn ein neues Engramm empfangen wird, ihrerseits restimuliert wird. Ein gemeinsames Merkmal aller Engramme ist die Ausschaltung des Analysators. Schalten Sie ihn an dem Zeitpunkt ein, wo er das erste Mal abgeschaltet wurde, und Sie werden eine gewaltige Verbesserung des Falles bewirken, denn danach ist die Ausschaltung des Analysators nicht mehr so stark. 2. Eine »Auslöschung« des Basik-Basik (d. h. eine offensichtliche Tilgung des Engramms aus dem Archiv der Engrammbank und seine Umspeicherung als Erinnerung in die Standardbank) öffnet den Time-Track nach oben hin merklich und bringt viele neue Engramme ins Blickfeld.

Das Basik-Basik des Preclears wird gelegentlich Wochen vor Mutters erster ausgebliebener Periode gefunden. Es läge dann viel früher als jede Schwangerschaftsüberprüfung und jeder Abtreibungsversuch. Mitunter findet man im Basik-Basik Geräuschrückruf bei einem Patienten, der ansonsten keinen Geräuschrückruf hat – das ist jedoch keineswegs immer der Fall.

Manchmal muß viel Material »ausgelöscht« werden, bevor das Basik-Basik auftaucht.

Bisweilen wird das Basik-Basik »ausgelöscht«, ohne daß Auditor und Preclear wissen, daß es erreicht wurde, weil es sich im Aussehen von anderen Engrammen der Grundzone nicht unterscheidet. Manchmal muß viel schmerzliche Emotion in den Bereichen des späteren Lebens entladen werden, bevor sich das Basik-Basik enthüllt.

Das Basik-Basik bleibt jedoch immer das Ziel. Bis der Auditor fest davon überzeugt ist, es gefunden zu haben, macht er einmal in jeder Sitzung den Versuch, es aufzuspüren. Danach versucht er *in jeder Sitzung*, den frühesten Augenblick von Schmerz oder Unbehagen zu finden, den er erreichen kann. Wenn er nichts Frühes finden kann, versucht er, ein spätes emotionelles Engramm zu entladen; ist dieses vollständig entladen, d. h. als Engramm »reduziert« oder »ausgelöscht«, dann geht er zum frühesten Material, das der Archivar aushändigt.

Bevor er weiter nach neuem Material sucht, entlädt der Auditor gründlich alles, was auftaucht, gleichgültig, ob es sich bei dieser Ladung um Schmerz oder Emotion handelt. Er tut dies, indem er den zurückgekehrten Patienten einfach viele Male durch das Geschehnis gehen läßt, bis es ihn nicht mehr beeinflußt – weder schmerzhaft noch emotional – oder zu verschwinden scheint.

REDUZIERUNG UND AUSLÖSCHUNG

Diese zwei Ausdrücke sind sehr umgangssprachlicher Art. Es wurde zwar ernstlich versucht, sie aus dem Verkehr zu ziehen und durch wohlklingendere und kompliziertere zu ersetzen; doch bis jetzt ohne Erfolg. Auditoren ziehen saloppe Ausdrücke vor, wie »AV« für Abtreibungsversuch, »verkorkst« für jemanden mit schwer aberrierenden Engrammen, »Aberrierter« für Leute, die nicht Release oder Clear sind, »Zombie«[2] für einen mit Elektroschock oder neurochirurgisch behandelten Patienten usw. Man muß befürchten, daß sie zur Respektlosigkeit gegenüber den geweihten und heiligen Wälzern der Vergangenheit sowie gegenüber der Würde früherer Autoritäten neigen, die vieles mit einem Etikettchen versahen, aber wenig taten. Wie dem auch sei, die Ausdrücke »Reduzieren« und »Auslöschen« sind so allgemein in Gebrauch, daß es kaum nötig ist, etwas daran zu ändern.

Reduzieren bedeutet, alle Ladung oder allen Schmerz aus einem Geschehnis zu entfernen. Es bedeutet, den Preclear das Geschehnis von Anfang bis Ende wiedererzählen zu lassen (in Reverie, nachdem er zu ihm zurückgekehrt ist) – immer wieder durch das Geschehnis hindurchgehend, wobei alle vorhandenen Somatiken und Wahrnehmungen genau so aufgenommen werden, als fände das Geschehnis gerade statt. Reduzieren bedeutet technisch, aberrierendes Material soweit wie möglich abzuräumen, damit der Fall voranschreitet.

Ein Engramm »auslöschen« bedeutet, es wiedererzählen zu lassen, bis es vollständig verschwunden ist. Zwischen einer »Reduzierung« und einer »Auslöschung« gibt es einen eindeutigen Unter-

[2] *Zombie:* eigtl. »wandelnder Leichnam«; Bezeichnung für eine angeblich durch übernatürliche Kraft wieder zum Leben erweckte Leiche. Bestimmte magische Praktiker auf den Karibischen Inseln sollen diese Kraft besitzen, so daß die Leiche dann stumm und tranceähnlich durch die Gegend läuft.

schied. Der Unterschied hängt mehr davon ab, was sich mit dem Engramm machen läßt, als davon, was der Auditor gerne möchte. Wenn es sich um ein frühes Engramm handelt und es kein noch früheres Material dazu gibt, das es festhält, wird dieses Engramm »verlöschen«. Der Patient will es fürs zweite oder sechste Wiedererzählen erneut aufsuchen und bemerkt plötzlich, daß er nicht mehr die leiseste Ahnung hat, was der Inhalt des Engramms war. Er könnte den Auditor fragen, der ihm natürlich nichts sagen darf. (Der Auditor, der nachhilft, verzögert die Therapie, indem er sich zum Gedächtnis des Patienten macht.) Nach dem Durchlaufen des Engramms wird der Patient recht belustigt sein, wenn er es auf einmal nicht mehr finden kann. Es könnte ihn auch verblüffen, denn hier gab es etwas, das beim ersten Kontakt ein schmerzhaftes Somatik und einen stark aberrierenden Inhalt hatte, die plötzlich nicht mehr da zu sein scheinen. Das ist eine »Auslöschung«. Technisch gesehen ist das Engramm nicht ausgelöscht. Wenn der Auditor einige Zeit darauf verwenden will, natürlich nur zu Forschungszwecken, wird er dieses Engramm nun in den Standardbanken wiederfinden. Es ist dort mit dem Etikett versehen »früher aberrierend; ziemlich belustigend; Information, die eventuell analytisch nützlich sein kann«. Eine solche Suche gehört aber nicht zur Therapie. Wenn das Geschehnis ein Somatik einschloß, einige Male wiedererzählt wurde und dann verschwand, nachdem der letzte Rest des Inhalts gefunden wurde, ist es *ausgelöscht*, soweit es die Engrammbank anbelangt. Es wird nicht mehr in die motorischen Schaltkreise »eingelötet« sein, es wird nicht mehr dramatisiert, es blockiert keine Dynamik mehr und ist jetzt nicht mehr ein Engramm, sondern eine Erinnerung.

Die »Reduzierung« hat einige interessante Aspekte. Nehmen wir einmal ein Kindheitsgeschehnis (sagen wir aus dem Alter von vier Jahren), einen Unfall – das Kind verbrühte sich. Das Erlebnis wird berührt, aber es gibt viele frühere Daten, solche aus der Grundzone. Es liegt also viel früheres Material vor, das das Engramm an Ort und Stelle festhält. Jedoch enthält dieses Geschehnis emotionelle Ladung, die die Therapie verlangsamt. Der Archivar händigt das Geschehnis der Verbrühung aus. Es wird nicht *auszulöschen* sein, aber es wird sich reduzieren lassen. Für diese Arbeit braucht man länger als für eine Auslöschung. Bei dieser Arbeit können verschiedene Aspekte auftauchen.

Es wird Kontakt mit dem Somatik aufgenommen. Der Auditor versucht, mit dem Geschehnis so nah wie möglich am Anfang zu beginnen. Dann wird das Geschehnis wiedererzählt. Die Verbrühung hat – sagen wir – Apathie (Tonstufe 0,5) als emotionelle Stufe. Der Preclear schleppt sich apathisch durch das Geschehnis. Er ist dabei ziemlich stark exteriorisiert und sieht sich selbst, wie er verbrüht wird. Dann erfolgt vielleicht plötzlich – aber nicht unbedingt – eine emotionelle Entladung. Der Preclear kehrt an den Anfang zurück und erzählt (durchlebt) die ganze Sache noch einmal. Und noch einmal. Und noch einmal. Bald beginnt er, auf die am Geschehnis beteiligten Leute wütend zu werden, weil sie so unvorsichtig oder so herzlos sind. Er ist bis zu Wut (Tonstufe 1,5) hochgekommen. Der Auditor schickt den Preclear geduldig ein weiteres Mal durch das Geschehnis, obwohl der Patient jetzt gern erzählen würde, wie boshaft seine Eltern sind oder daß Gesetze gegen das Verbrühen von Kindern geschaffen werden sollten. Jetzt hört der Preclear auf, wütend zu sein, und äußert, daß ihn der Stoff langweilt. Er ist auf der Tonskala zu Langeweile (Tonstufe 2,5) aufgestiegen. Er beklagt sich beim Auditor vielleicht über »diese Zeitverschwendung«. Der Auditor schickt ihn erneut durch das Geschehnis. Nun mögen sich neue Daten zeigen. Das Somatik kann jetzt noch vorhanden sein oder auch nicht, der emotionelle Ton ist aber immer noch tief. Der Auditor schickt den Preclear wiederum durch das Geschehnis, und der Preclear wird vielleicht sarkastisch werden oder witzeln. Das Geschehnis wird noch einmal wiedererzählt. Plötzlich amüsiert sich der Preclear darüber (jedoch nicht immer). Wenn das Geschehnis eindeutig eine hohe Tonstufe erreicht hat, kann es verlassen werden. Es wird vermutlich nach ein paar Tagen absinken, jedoch hat das keine größere Bedeutung, da dieses Geschehnis auf dem Weg zurück vom Basik-Basik vollständig ausgelöscht werden wird. Auf jeden Fall wird es nie wieder so aberrierend sein wie vor der Reduzierung.

Eine Reduzierung wird manchmal zur Folge haben, daß das ganze Engramm scheinbar verschwindet. Man kann dies jedoch leicht als bloßes Zurückweichen erkennen. Ohne daß das Geschehnis sonderlich auf der Tonskala steigt, gerät es beim Wiedererzählen einfach außer Sicht. Das ist Reduzieren bis zum Punkt des *Zurückweichens*. In wenigen Tagen wird dieses Geschehnis wieder in Kraft sein, und fast so stark wie vorher. Es liegt Material davor und emotionelle Ladung dahinter, so daß es nicht nachgibt.

Während des Arbeitsverlaufs können mit einem Engramm also verschiedene Dinge geschehen. Es kann reduziert werden, d. h. sich emotionell und somatisch entladen, und hat danach keine große aberrierende Kraft mehr. Es kann zurückweichen, d. h., daß es nach mehrfachem Wiedererzählen lediglich außer Sicht gerät. Es kann verlöschen, d.h. es kann verschwinden und danach – was die Engrammbank betrifft – aufgehört haben zu existieren.

Mit etwas Erfahrung kann der Auditor sagen, was mit einem Engramm geschehen wird, nachdem es kontaktiert ist. Eine Auslöschung findet gewöhnlich nur statt, nachdem das Basik-Basik erreicht worden ist bzw. wenn in der Grundzone gearbeitet wird. Die Reduzierung wird von einer emotionellen Entladung begleitet. Wenn es in der Engrammbank zuviel gibt, was das Geschehnis unterdrückt, weicht es lediglich zurück.

Dann und wann wird auch der beste Auditor ein Engramm zu fassen bekommen und beschließen, es jetzt, nachdem es kontaktiert worden ist, wenigstens *auszuschmirgeln*. Das ist ein trostloses Stück Arbeit. Vielleicht ist es besser, es auszuschmirgeln, als es lediglich zu restimulieren (was den Patienten ein paar Tage lang irritieren würde); vielleicht auch nicht. Wie auch immer, ein Engramm, das sich nur bis zum Zurückweichen reduzieren läßt, hätte man gar nicht erst berühren sollen.

Auditoren ohne Erfahrung blasen stets zum Angriff auf die Geburt, die ein so offensichtlich scheinendes Angriffsziel ist. Jeder hat sein Geburtserlebnis. Es läßt sich bei den meisten Patienten ziemlich leicht finden. Es ist jedoch ein schmerzhaftes Geschehnis, und bis die Grundzone gründlich bearbeitet, die schmerzliche Emotion aus dem späteren Leben entladen und der Archivar bereit ist, das Geburtsgeschehnis auszuhändigen, sollte man es lieber in Ruhe lassen. Gewöhnlich weicht es nur zurück und taucht dann immer wieder auf, um den Auditor zu plagen. Der Patient bekommt unerklärliche Kopfschmerzen, Schnupfen und fühlt sich unwohl, bis die Geburt auf dem Rückweg (von der Grundzone aufwärts) aufgegriffen wird. Natürlich vergeudet der Auditor Zeit mit dem Versuch, diese Kopfschmerzen und den Schnupfen zu beseitigen, weil das Geburtserlebnis sich angesichts des ganzen davorliegenden vorgeburtlichen Lebens nicht ordentlich reduzieren oder auslöschen lassen wird, sondern lediglich zurückweicht. Allzu häufig verursacht das Geburtserlebnis dem Patienten Kopfschmerzen und eine Erkältung, wenn es vorzeitig berührt wird. Diese Unbequemlichkeiten sind an sich unbedeutend, die Arbeit jedoch, die ein Auditor in die Behandlung eines Geschehnisses investiert haben mag, das sich nur bis zum Zurückweichen reduzieren läßt, ist verschwendet. Es stimmt zwar, daß der Archivar das Geburtserlebnis gelegentlich aushändigt; in diesem Fall liegt eine emotionelle Ladung darauf, die sich entladen lassen wird, und das Geschehnis wird sich angemessen reduzieren lassen. Der Auditor sollte es unbedingt aufgreifen. Es kann auch durchaus sein, daß ein Fall stagniert und der Auditor auf gut Glück die Geburt angeht, nur um zu sehen, ob er die Sache beschleunigen kann. Doch zum Geburtserlebnis zurückzugehen, nur um ein Engramm aufzugreifen, weil der Auditor weiß, daß es dort eines gibt, bringt Unbehagen und ist verlorene Zeit. Gehen Sie so tief wie möglich in den vorgeburtlichen Bereich zurück, um zu sehen, was der Archivar aushändigt. Versuchen Sie es in der Grundzone mit der Wiederholungstechnik. Möglicherweise erhalten Sie Geschehnisse, die sich auslöschen lassen. Wenn dort nichts ist, dann finden Sie ein Engramm mit schmerzlicher Emotion im späteren Leben – den Tod eines Freundes, den Verlust eines Verbündeten, geschäftlichen Mißerfolg oder was es auch sein mag. Entladen Sie es, reduzieren Sie es als Engramm, gehen Sie dann in den möglichst frühen vorgeburtlichen Bereich zurück und schauen Sie nach, was dort aufgetaucht ist. Wenn der Archivar glaubt, daß jetzt das Geburtserlebnis benötigt wird, dann wird er es aushändigen. Verlangen Sie aber nicht nach dem Geburtserlebnis, nur um ein Engramm zu haben, mit dem Sie arbeiten können, denn das kann sich, wie gesagt, als ausgesprochen unangenehme und fruchtlose Bemühung erweisen. Die Geburt taucht auf, wenn sie auftaucht. Der Archivar versteht sein Fach.

Geht man irgendeinen späteren Zeitraum von »Bewußtlosigkeit« an, z.B. eine Operation unter Narkose, wo körperlicher Schmerz in großen Mengen vorhanden ist, kann ebenfalls das Engramm unnötig restimuliert werden. Bei solchen Dingen kommen Sie natürlich mit Reverie besser zurecht als mit Hypnose oder Narkosynthese, bei denen eine derartige Restimulation schwerwiegende Folgen haben kann. In der Reverie sind die Auswirkungen geringfügig.

DAS ARBEITEN MIT DEM SOMATIKSTREIFEN

An beiden Seiten des Gehirns hängen je zwei Männchen an den Hacken vom Gehirnlappen herunter. Der äußere ist die »motorische Bahn«, der innere die »Sinnesbahn«.[3]

Wenn Sie mehr über die Struktur dieser Paare wissen wollen, so wird die dianetische Forschung in einigen Jahren Antwort haben. Vorläufig begnügen wir uns mit einer Beschreibung. Für einen Inge-

[3] Die »Sinnesbahn« könnte man als die »geistige« und die »motorische Bahn« als die physische Seite des Schaltpults ansehen.

nieur, der die Dianetik kennt, ist die Beschreibung, die man gegenwärtig in unseren Bibliotheken findet, nicht befriedigend. Sie sind möglicherweise eine Art Schaltpulte. In ihrer Nähe – direkt hinter den Schläfen – können mit einem sehr empfindlichen Galvanometer[4] Messungen vorgenommen werden. Das Galvanometer muß empfindlicher sein als alle heute auf dem breiten Markt erhältlichen Typen. Die Messungen zeigen, daß eine Art Feld einen Strom erzeugt. Wenn wir einmal die Art der hier fließenden Energie genau bestimmt haben werden, können wir sie vermutlich mit größerer Präzision messen. Wenn wir genau wissen werden, wo im Körper das Denken stattfindet, werden wir über die erwähnten Bahnen mehr wissen. Die dianetische Forschung hat bis heute lediglich festgestellt, daß unter dem Dickicht der Benennungen nichts wirklich über diese Strukturen bekannt ist, das erwähnenswert wäre, von der Tatsache abgesehen, daß sie etwas mit der Koordinierung verschiedener Körperteile zu tun haben. Mangels Besserem beziehen wir uns jedoch im Laufe der Therapie auf sie. Und da wir jetzt etwas über Funktion wissen, wird die weitere Forschung unweigerlich auch präzise Antworten auf Strukturfragen geben können.

Der Auditor kann bei einem Patienten Somatiken ein- und ausschalten, wie ein Techniker Schalter bedient, oder er kann, besser gesagt, Somatiken in dessen Körper kommen und verschwinden lassen – mit derselben Zuverlässigkeit, wie ein Straßenbahnfahrer seinen Wagen über die Schienen leitet. Als wir über den Time-Track sprachen, wurde dieser Vorgang bereits erwähnt.

Bei einem Patienten, mit dem sich gut arbeiten läßt, kann man dem »Somatikstreifen« befehlen, sich zu jedem beliebigen Teil des Time-Tracks zu begeben. Auch im normalen Alltag wandert der Somatikstreifen Tag für Tag und Stunde um Stunde den Time-Track hinauf und hinab, je nachdem wie die Engramme restimuliert werden. Während der Auditor mit einem Patienten arbeitet, beobachtet er vielleicht, daß sein eigener Somatikstreifen seinen Anweisungen gehorcht und sich daher auch einige seiner eigenen Somatiken ein- und ausschalten – ein Umstand, der im schlimmsten Fall etwas unbehaglich ist. Was sich da nun genau bewegt – der ganze Organismus, die Zellen oder was auch immer –, wissen wir nicht genau. Aber wir können damit umgehen, und wir können annehmen, daß die

[4] *Galvanometer:* Instrument für die Messung schwacher elektrischer Ströme und Spannungen.

Vorgänge zumindest über die Schaltpulte der an den Hacken herabhängenden Männchen laufen.

»Der Somatikstreifen geht jetzt zur Geburt«, sagt der Auditor.

Schon beginnt der Patient in Reverie den Druck der Wehen zu fühlen, die ihn den Geburtskanal hinunterpressen.

»Der Somatikstreifen geht jetzt zu dem Augenblick, als du dich das letzte Mal verletzt hast«, sagt der Auditor.

Der Preclear fühlt, wenn auch weniger intensiv, die Schmerzen infolge jener Verletzung – vielleicht eines angeschlagenen Knies. Wenn er Geräusch- und Sehrückruf hat, wird er sehen, wo er sich befindet, und plötzlich erkennen, daß es im Büro war; er wird die Angestellten, die Schreibmaschinen und die Autogeräusche von draußen hören.

»Der Somatikstreifen geht jetzt in den vorgeburtlichen Bereich«, sagt der Auditor.

Und der Preclear wird sich in diesem Bereich vorfinden, vermutlich wie schwebend, und sich nicht unbehaglich fühlen.

»Der Somatikstreifen geht jetzt zum ersten Augenblick von Schmerz oder Unbehagen, der jetzt erreicht werden kann«, sagt der Auditor.

Der Patient treibt einen Augenblick umher und fühlt plötzlich einen Schmerz in der Brust. Er beginnt zu husten und fühlt überall Druck. Die Mutter hustet (das ist oft der Ursprung von chronischem Husten). »Huste weiter«, sagt der Auditor. Der Patient findet sich am Anfang des Engramms und beginnt es zu durchlaufen. »Hust-hust-hust«, macht der Patient. Dann gähnt er. »Es tut weh. Ich kann nicht aufhören«, zitiert er seine Mutter. »Geh zum Anfang zurück und durchlaufe es noch einmal«, sagt der Auditor. »Hust-hust-hust«, beginnt der Patient, aber er hustet diesmal nicht so stark. Er gähnt stärker. »Autsch. Es tut weh. Es tut weh. Ich kann gar nicht mehr aufhören«, zitiert der Preclear. Er hört unmittelbar zu, wenn er Geräuschrückruf hat, und begnügt sich mit Eindrücken vom Gesagten, wenn er keinen hat. Er hat jetzt Worte aufgelesen, die infolge der »Bewußtlosigkeit« bisher im Engramm unterdrückt waren. Die »Bewußtlosigkeit« beginnt mit dem Gähnen zu verschwinden. »Geh noch einmal durch«, sagt der Auditor. »Ich kann nicht aufhören«, sagt der Preclear, indem er alles zitiert, was er diesmal findet. Das Somatik ist verschwunden. Er gähnt noch einmal. Das Engramm ist ausgelöscht.

»Der Somatikstreifen geht jetzt zum nächsten Augenblick von Schmerz oder Unbehagen«, sagt der Auditor.

Das Somatik schaltet sich nicht ein. Der Patient fällt in einen seltsamen Schlaf. Er murmelt was von einem Traum. Plötzlich verstärkt sich das Somatik. Der Patient beginnt zu zittern. »Was ist los?« fragt der Auditor. »Ich höre Wasser laufen«, sagt der Preclear. »Der Somatikstreifen geht zum Anfang des Geschehnisses«, sagt der Auditor. »Durchlaufe es.« »Ich höre immer noch Wasser laufen«, sagt der Preclear. (Er muß festsitzen; die Somatiken haben sich nicht verändert. Da ist ein Holder am Werk.) »Der Somatikstreifen geht zu der Redewendung, die es festhält«, sagt der Auditor. »Ich werde es da drin eine Weile an dieselbe Stelle halten und sehen, ob es was nützt«, zitiert der Preclear. »Geh jetzt zum Anfang des Geschehnisses und durchlaufe es«, sagt der Auditor. »Ich fühle mich herumgestoßen«, sagt der Preclear. »Autsch, irgend etwas hat mich gestoßen.« »Geh zum Anfang und durchlaufe es noch einmal«, sagt der Auditor. »Ich muß schwanger sein«, zitiert der Preclear. »Ich werde es da drin eine Weile an dieselbe Stelle halten und sehen, ob es was nützt.« »Ist da noch etwas Früheres?« fragt der Auditor. Der Somatikstreifen des Preclears geht zu dem früheren Augenblick, in dem er einen Druck verspürt, als sie versucht, etwas in den Gebärmutterhals zu stoßen. Der Preclear durchläuft dann das Engramm, und es wird ausgelöscht.

So wird der Somatikstreifen gehandhabt. Man kann ihn überall hinschicken. Er wird zuerst gewöhnlich das Somatik und dann den Inhalt auflesen. Mit Hilfe der Wiederholungstechnik wird der Somatikstreifen zu dem Geschehnis »hinuntergesaugt«, und die Somatiken schalten sich ein. Dann wird das Geschehnis durchlaufen. Wenn es sich nicht heben läßt, suchen Sie ein früheres Geschehnis, indem Sie den Somatikstreifen einfach anweisen, zu dem früheren Geschehnis zu gehen.

Bewegt sich der Somatikstreifen nicht, d. h. schalten sich Somatiken (körperliche Empfindungen) nicht ein und aus, dann sitzt der Patient irgendwo auf dem Time-Track fest. Er kann »in der Gegenwart festgenagelt« sein, was bedeuten würde, daß er einen Bouncer hat, der ihn den ganzen Time-Track hinaufstößt. Benutzen Sie die Wiederholungstechnik, oder versuchen Sie einfach, den Somatikstreifen zurückzusenden. Wenn der Somatikstreifen sich nicht rührt, lassen Sie den Patienten verschiedene Bouncer-Redewendungen wiederholen, beispielsweise »Kann nicht zurückgehen«, »Hau ab, so weit du kannst« usw.; saugen Sie mit ihrer Hilfe den Somatikstreifen zu dem Geschehnis hinab, und durchlaufen Sie es.

Der Somatikstreifen kann sogar mehrere Male mit voller Empfindung durch ein Geschehnis gehen, ohne deshalb Daten hervorzubringen. Bei manchen Engrammen kann man das endlos lange und ohne Erfolg tun; die Somatiken bleiben fast unverändert, sie tauchen jedesmal wellenartig in dem Geschehnis auf, ohne daß weiterer Inhalt zum Vorschein kommt. Der Auditor kämpft in diesem Fall gegen einen Denyer an, eine Redewendung wie z. B. »Das ist ein Geheimnis«, »Laß ihn nichts davon wissen«, »Vergiß es« usw. In so einem Fall schickt er den Somatikstreifen zu der Redewendung, die die Daten verleugnet: »Geh zu dem Augenblick, in dem eine Redewendung geäußert wird, die diese Daten verleugnet.« Nach einem Moment zitiert der Preclear – entweder aufgrund von Geräuschrückruf oder aus Eindrücken: »Wenn er das herausbekäme, würde es ihn umbringen.« Dann sendet der Auditor den Somatikstreifen zum Anfang des Geschehnisses zurück. Dieser durchläuft es und liest diesmal andere Wahrnehmungsinhalte auf. Die Somatiken werden nun – außer wenn das Geschehnis ein sehr spätes vorgeburtliches Engramm ist und die Grundzone noch voller Material steckt – auf und ab wogen (stärker und schwächer werden, je nachdem, was im Engramm geschieht) und sich schließlich durch mehrfaches Wiedererzählen bis zur Reduzierung oder Auslöschung verringern.

Wenn der Auditor den Somatikstreifen anweist, früherzugehen, geht dieser manchmal in die andere Richtung. Das ist ein *Misdirector.* »Ich weiß nicht, wohin«, »rückwärtsgehen«, »Tu genau das Gegenteil« sind Misdirector-Redewendungen. Der Auditor erkennt, daß ein Misdirector am Werk ist, errät ihn oder entdeckt ihn anhand der Worte, mit denen sich der Preclear über die Aktion beschwert, und greift durch die Wiederholungstechnik oder durch direkten Befehl an den Somatikstreifen die Redewendung und das Engramm auf, reduziert es oder löscht es aus und geht weiter.

Wenn der Somatikstreifen nicht gemäß dem gegebenen Befehl reagiert, dann wurde ein Bouncer, Holder, Misdirector oder Grouper restimuliert und sollte entladen werden. Der Somatikstreifen wird sich dort befinden, wo der Befehl ist, der ihm verbietet, so zu funktionieren, wie es gewünscht wird.

Unter Auditoren gibt es gute und schlechte Führer des Somatikstreifens. Der gute Führer arbeitet eng mit dem Archivar zusammen und verwendet allgemeingehaltene Befehle, wie z. B.: »Der Somatikstreifen greift den frühesten Augenblick von Schmerz oder Unbehagen auf, der erreicht werden kann«, oder: »Der Somatikstreifen geht zur höchsten Intensität des Somatiks, das du jetzt hast« (wenn den Patienten ein Somatik belästigt). Der schlechte Führer greift spezielle Geschehnisse heraus, von denen er glaubt, daß sie aberrierend sein könnten, drängt den Somatikstreifen grob in sie hinein und kämpft sie irgendwie nieder. Es gibt Augenblicke, in denen der Somatikstreifen gutes Zureden braucht, und Augenblicke, wo es notwendig ist, Geschehnisse mit körperlichem Schmerz aufzugreifen. Der Auditor muß jedoch im Einzelfall entscheiden, was geschehen soll. Solange der Somatikstreifen reibungslos arbeitet, neue Geschehnisse findet und diese durchläuft, sollte sich der Auditor nicht weiter einmischen, als erforderlich ist, um sicherzustellen, daß er alles reduziert, womit der Streifen in Kontakt kommt.

Eine »ausgezeichnete« Art, die Therapie gründlich zu verpfuschen, wäre es, den Somatikstreifen in ein Geschehnis hineinzusteuern, zu dem Schluß zu kommen, daß ein anderes wichtiger sei, und darauf loszustürmen, dieses aber nur zur Hälfte zu heben und wieder zu etwas Neuem überzugehen. Wenn dann drei oder vier Geschehnisse auf diese Weise berührt, aber nicht reduziert worden sind, kommt der Somatikstreifen schließlich zum Stillstand, der Time-Track beginnt sich zu bündeln, und der Auditor hat ein Knäuel vor sich; viele Stunden therapeutischer Arbeit bzw. eine oder zwei Wochen des Ausbalancierens (den Fall zur Ruhe kommen lassen) mögen dann erforderlich sein, bevor mit dem Patienten weitergearbeitet werden kann.

Mitunter will ein Patient ein bestimmtes Somatik abgeschaltet bekommen, das ihn gerade plagt – was bedeutet, daß der Somatikstreifen irgendwie in einem Geschehnis, das durch die Therapie oder die Umgebung des Patienten restimuliert wurde, hängengeblieben ist. Gewöhnlich ist es weder Zeit noch Mühe wert, es zu finden. Es wird nach ein oder zwei Tagen von selbst nachlassen; vielleicht ist es auch ein Geschehnis, das aufgrund der früheren Engramme nicht reduziert werden kann.

Der Somatikstreifen wird bei einem späten Geschehnis genauso gehandhabt wie bei einem früheren. Mit Verzweiflungsladungen wird auf die gleiche Weise Kontakt aufgenommen.

Wenn Sie testen wollen, ob sich der Somatikstreifen bewegt oder wie der Rückruf des Patienten funktioniert, senden Sie ihn ein paar Stunden zurück und sehen Sie sich an, was Sie erhalten. Obschon die vorgeburtliche Zone bei vielen Fällen leichter zu erreichen ist als der gestrige Tag, bekommt man dann eine gewisse Vorstellung davon, wie der Patient arbeitet.

GEGENWART

Der Anfang des Time-Tracks ist die Befruchtung. Ihre Patienten haben manchmal am Anfang des Time-Tracks das Gefühl, Spermien oder Eizellen zu sein; in der Dianetik nennt man das den »Spermatraum«. Soweit wir das heute beurteilen können, hat er zwar keinen großen Wert, ist jedoch sehr interessant. Er muß dem Preclear nicht suggeriert werden. Man braucht ihn lediglich an den Anfang des Time-Tracks zu schicken und hören, was er zu sagen hat. Manchmal hat er ein frühes Engramm, das mit der Empfängnis durcheinandergekommen ist.

Am späten Ende des Time-Tracks liegt natürlich das Jetzt – die Gegenwart. Dann und wann geschieht es, daß Patienten nicht in die Gegenwart zurückgelangen, weil sie unterwegs auf Holder gestoßen sind. Wiederholungstechnik mit Hilfe von Holdern wird den Somatikstreifen im allgemeinen befreien und in die Gegenwart bringen.

Ein Patient kann durch all das, was im Laufe einer Sitzung mit ihm geschehen ist, ein wenig benommen werden. Seine Widerstandskraft gegenüber Engrammen kann im Augenblick verringert sein, und so kann er, während er auf den Time-Track zurückkommt, einen Holder auslösen. Der Auditor sollte sich hundertprozentig vergewissern, daß der Patient in die Gegenwart zurückgekehrt ist. Gelegentlich wird der Patient zu später Stunde so gründlich festsitzen, daß der Versuch, ihn ganz heraufzubringen, zu diesem Zeitpunkt nicht durchführbar ist. Schicken Sie ihn schlafen. Das wird es im allgemeinen lösen.

Es gibt einen Test, mit dessen Hilfe der Auditor prüfen kann, ob sich der Preclear wieder in der Gegenwart befindet. Er stellt ihm mit Fingerschnippen die Frage: »Wie alt bist du?« Der Preclear gibt ihm eine »Blitzantwort«. Wenn sein Alter stimmt, ist er in der Gegenwart. Nennt er ein früheres Alter, dann gibt es an jener Stelle einen Holder; der Preclear ist nicht in der Gegenwart. Natürlich gibt es auch andere Methoden, das festzustellen; doch wenn der Preclear es tatsächlich nicht schafft, ist das im allgemeinen nicht sehr wichtig.

Wenn man Leute mit einem Fingerschnippen am Ende der Frage nach ihrem Alter fragt, kann man überraschende Antworten hören. Auf dem Time-Track festzusitzen ist für »normale« Menschen so üblich, daß es durchaus nicht beunruhigend ist, wenn ein Preclear ein, zwei Tage oder ein, zwei Wochen lang die Gegenwart nicht erreichen kann.

Jeder, der eine chronische psychosomatische Krankheit hat, ist mit Sicherheit irgendwo auf dem Time-Track hängengeblieben. Auf Blitzfragen darüber bekommt man gewöhnlich »drei Jahre« oder »zehn Jahre« oder dergleichen zur Antwort, sogar bei Leuten, die sich für ganz gesund halten. In der Reverie enthüllt sich ihnen, wo auf dem Time-Track sie sich befinden. In der ersten Sitzung geschieht es gelegentlich, daß ein Preclear in der Reverie seine Augen schließt und sich im Alter von drei Jahren auf dem Stuhl eines Zahnarztes wiederfindet. Dort hat er die letzten dreißig Jahre gesessen, denn der Zahnarzt und die Mutter des Patienten sagten ihm beide: »Bleib da«, während er durch Schmerz und Lachgas unter Schockwirkung stand. Also tat er das. Die chronischen Zahnschmerzen, die er sein ganzes Leben lang hatte, sind dieses Somatik.

Es kommt nicht sehr oft vor, doch können auch Sie in Ihrem Bekanntenkreis mit Sicherheit jemanden finden, der z. B. »zehn Jahre« als Blitzantwort angibt und sich in der Reverie, sobald das Engramm in Sicht kommt, auf einem Fußballplatz wiederfindet, wo er flach auf dem Rücken liegt, wobei ihm jemand sagt, daß er sich nicht bewegen darf, bis der Krankenwagen kommt – und das ist seine Arthritis!

Probieren Sie das einmal aus.

DIE BLITZANTWORT

Ein in der Therapie allgemein angewandtes Hilfsmittel ist die *Blitzantwort.* Sie wird auf zweierlei Art verwendet. Die folgende Art wird weniger gebraucht. »Wenn ich bis fünf zähle«, sagt der Auditor, »wird dir plötzlich eine Formulierung in den Sinn kommen, die angibt, wo du dich auf dem Time-Track befindest. Eins, zwei, drei, vier, fünf!« – »Spät im vorgeburtlichen Bereich«, sagt der Preclear, oder »Gestern« oder was ihm gerade einfällt.

Die Blitzantwort ist das erste, was einer Person in den Sinn kommt, wenn ihr eine Frage gestellt wird. Sie kommt gewöhnlich aus der Engrammbank und ist nützlich. Sie mag »Dämonengeschwätz« sein, ist aber meistens zutreffend. Der Auditor stellt lediglich eine Frage, z. B. was den Patienten festhält, was ihm Wissen verweigert usw., wobei der Frage die Bemerkung vorausgeht: »Ich möchte hierauf eine Blitzantwort.«

»Ich möchte hierauf eine Blitzantwort«, sagt der Auditor: »Was geschähe, wenn du geistig gesund würdest?« – »Sterben«, sagt der Patient. »Was geschähe, wenn du sterben würdest?« fragt der Auditor. »Ich würde gesund werden«, sagt der Patient. Mit diesen Daten gelangt man dann zu einer Einschätzung der gegenwärtig erreichbaren Verbündetenberechnung oder dergleichen. In diesem Fall sagte der Verbündete zu dem Preclear, als dieser krank war: »Ich werde sterben, einfach sterben, wenn du nicht gesund wirst. Wenn du noch lange krank bist, werde ich verrückt.« Ein früheres Engramm besagte, daß der Preclear krank sein müsse. Aber schließlich ist dies nichts weiter als ein Engramm. Auf das Wort »sterben« wird daher die Wiederholungstechnik angewandt; ein Verbündeter wird entdeckt, von dessen Existenz der Preclear überhaupt nichts wußte, und eine Ladung wird zum Verschwinden gebracht.

Durch kluge Verwendung der Blitzantwort lassen sich viele wertvolle Daten gewinnen. Wenn überhaupt keine Antwort kommt, bedeutet das, daß die Antwort abgesperrt ist, und das ist eine fast ebenso gute Antwort wie echte Daten, da wir nun wissen, daß Informationen verdeckt sind.

TRÄUME

Träume sind von verschiedenen Richtungen geistiger Heilung ausgiebig verwendet worden. Ihre »Symbollehre« ist eine mystische Marotte, die als Erklärung für Dinge vorgeschoben wurde, über die diese Mystiker nicht das Geringste wußten. Träume sind Rummelbuden-Zerrspiegel, durch die der Analysator in die Engrammbank hinabblickt.

Träume sind Wortspiele mit Wörtern und Situationen aus der Engrammbank.

Da Träume Wortspiele sind, helfen sie nicht sehr.

Träume werden in der Dianetik kaum verwendet.

Patienten werden Ihnen Träume erzählen. Wenn sie damit anfangen, sind sie schwer zu bremsen. Sie verschwenden Ihre Zeit, wenn Sie zuhören.

VALENZWECHSEL

Ein in der Dianetik verwendeter Mechanismus ist der Valenzwechsel.

Wir wissen, auf welche Weise ein Patient in Valenzen gerät, wenn er seine Engramme im Leben dramatisiert. Er nimmt die gewinnende Valenz an, und er sagt und tut weitgehend das, was die gewinnende Person in jenem Engramm tat.

Die Theorie des Valenzwechsels ist folgende: Wenn der Patient zu einer Zeit zurückgekehrt ist, in die einzudringen er für zu schmerzhaft hält, kann er in eine Valenz versetzt werden, die keine Schmerzen fühlte. Ihm zu sagen, er brauche den Schmerz oder die Emotion nicht zu fühlen, und ihn so durch das Engramm gehen zu lassen, wäre eine dumme Methode, ihn zu überreden, und überdies sehr schlechte Dianetik, denn das wäre eine positive Suggestion. Suggestionen müssen um jeden Preis vermieden werden, denn der Patient kann sehr beeinflußbar sein, auch wenn es nicht so scheint. Es gibt aber den Valenzwechsel, und diese Methode erlaubt dem Patienten, den Schmerzen zu entgehen und dennoch in dem Engramm zu bleiben, bis er es wiedererzählen kann.

Beispiel: Vater schlägt Mutter. Das ungeborene Kind wird »bewußtlos«. Diese Daten können in der Valenz des Vaters ohne Schmerzen erreicht werden, in der Valenz der Mutter mit deren Schmerzen und in der Valenz des Kindes mit dessen Schmerzen.

Wenn der Patient sich mit Bestimmtheit weigert, in das Engramm hineinzugehen, obwohl er Somatiken hat, löst man das Problem, indem man ihn in eine andere Valenz versetzt. Der Auditor sagt: »Nimm die Valenz deines Vaters an, und sei für den Augenblick dein Vater.« Nach ein wenig Überredung tut es der Patient. »Brüll deine Mutter an«, sagt der Auditor. »Sag ihr richtig die Meinung.« Der Patient ist nun in dem Schaltkreis, der keine »Bewußtlosigkeit« enthält, und seine Emotion und seine Worte entsprechen ungefähr denen, die sein Vater gegen seine Mutter gebrauchte. Der Auditor läßt ihn das zwei- oder dreimal tun, bis etwas Ladung von dem Engramm abgeflossen ist. Dann versetzt er den Patienten in die Valenz der Mutter: »Sei nun für den Augenblick deine Mutter, und gib es deinem Vater zurück.« Der Patient wechselt die Valenz, ist seine Mutter und wiederholt ihre Sätze. »Sei jetzt du selbst«, sagt der Auditor, »und erzähle bitte das ganze Geschehnis mit allen Somatiken und Emotionen.« Der Patient ist nun imstande, das Geschehnis als er selbst wiederzuerleben.

Das funktioniert sehr gut, wenn man versucht, an einen Verbündeten heranzukommen. »Wechsle die Valenz«, sagt der Auditor zu dem zurückgekehrten Patienten, »und bitte deine Mutter inständig, das Baby nicht zu töten.« »Sei jetzt ein Kindermädchen«, sagt der Auditor, wenn der Preclear zu irgendeinem Geschehnis zurückgekehrt ist, in das einzudringen er sich offenbar sehr fürchtet, »und flehe einen kleinen Jungen an, wieder gesund zu werden.« Der Patient wird die Vorstellung, die der Auditor von der Handlung hat, korrigieren und wird die Aufforderung gewöhnlich ausführen.

Oft wird der Patient sich weigern, eine Valenz anzunehmen, weil er sie haßt. Auf der Person, die er nicht sein will, muß demgemäß erhebliche Ladung liegen.

Der Mechanismus des Valenzwechsels wird selten verwendet, ist aber nützlich, wenn ein Fall steckenbleibt. Der Vater gehorchte den Holdern oder Befehlen nicht; er sprach sie ja aus. Das Kindermädchen war ebenfalls den eigenen Befehlen nicht unterworfen. Und so weiter. So können viele Holder und Denyer hochgespült werden. Es ist eine nützliche Methode für den Anfang der Therapie.[5]

ARTEN VON KETTEN

Engramme ordnen sich, besonders im vorgeburtlichen Bereich, in Ketten an; d. h. es gibt eine Reihe von Geschehnissen ähnlicher Art. Diese Arten zu klassifizieren ist nützlich, denn es führt zu einigen Lösungen. Die Ketten, mit denen man bei einem Preclear am leichtesten Kontakt aufnehmen kann, sind die am wenigsten geladenen. Die aberrierendsten Ketten sind gewöhnlich am schwersten zu erreichen, denn sie enthalten die aktivsten Daten. Denken Sie an die Regel, daß das, was der Auditor nur mit Mühe finden kann, auch dem Analysator des Patienten zu erreichen schwerfiel.

Hier ist eine – durchaus nicht alle Möglichkeiten erschöpfende – Liste von Ketten, die bei einem Patienten gefunden wurden, der 36 Jahre lang als »normal« gegolten hatte.

BEISCHLAFKETTE, VATER. Erstes Geschehnis: Zygote. 56 nachfolgende Geschehnisse. Zwei Zweige: Vater betrunken und Vater nüchtern.

BEISCHLAFKETTE, LIEBHABER. Erstes Geschehnis: Embryo. 18 nachfolgende Geschehnisse. Alle schmerzhaft wegen des stürmischen Liebhabers.

VERSTOPFUNGSKETTE. Erstes Geschehnis: Zygote. 51 nachfolgende Geschehnisse. Jedes Geschehnis übt großen Druck auf das Kind aus.

SPÜLUNGSKETTE. Erstes Geschehnis: Embryo. 21 nachfolgende Geschehnisse, einmal pro Tag, bis die Periode ausbleibt – alle Spülungen in den Gebärmutterhals.

KRANKHEITSKETTE. Erstes Geschehnis: Embryo. Fünf nachfolgende Geschehnisse; drei Erkältungen, eine Grippe, ein Brechanfall – Kater.

[5] Valenzwechsel wird selten benutzt, außer man vermutet ein Engramm, dem sich der Patient auf andere Weise nicht nähern kann. Mit dieser Methode wird er sich dem Engramm oft nähern, wenn er es als er selbst nicht tun kann. Valenzwechsel ist aber nicht wünschenswert, wenn er bei einer Person angewandt wird, die für Suggestionen empfänglich ist, denn er verstößt gegen das Gesetz der Dianetik, daß keinerlei positive Suggestionen verwendet werden dürfen, außer wenn solche Formulierungen für das Zurückkehren, das Wiedererzählen und die Aufdeckung von Daten absolut notwendig sind. Deswegen wird Valenzwechsel selten – und fast nie bei einer für Suggestionen anfälligen Person – verwendet. Er sollte als letzter Ausweg betrachtet und nur eingesetzt werden, wenn der Preclear ganz und gar außerstande ist, einem Engramm, das nach dem sicheren Wissen des Auditors bereitliegt, ins Auge zu sehen und es anzugreifen – und das ist selten. (Anm. d. Verf.)

KETTE VON MORGENDLICHEM ERBRECHEN. Erstes Geschehnis: Embryo. 32 nachfolgende Geschehnisse.

VERHÜTUNGSMITTELKETTE. Erstes Geschehnis: Zygote. Ein Geschehnis. Salbe in den Gebärmutterhals.

STREITKETTE. Erstes Geschehnis: Embryo. 38 nachfolgende Geschehnisse. Dreimal hingefallen, laute Stimmen, keine Schläge.

ABTREIBUNGSVERSUCH MIT MECHANISCHEN MITTELN. Erstes Geschehnis: Embryo. 21 nachfolgende Geschehnisse.

ABTREIBUNGSVERSUCH, SPÜLUNG. Erstes Geschehnis: Fötus. Zwei Geschehnisse, eins mit Salbe, das andere mit konzentriertem Desinfektionsmittel.

ABTREIBUNGSVERSUCH DURCH DRUCK. Erstes Geschehnis: Fötus. Drei Geschehnisse. Eines, bei dem der Vater auf der Mutter sitzt. Zwei, bei denen die Mutter von Kisten springt.

SCHLUCKAUFKETTE. Erstes Geschehnis: Fötus. Fünf Geschehnisse.

UNFALLKETTE. Erstes Geschehnis: Embryo. 18 Geschehnisse. Verschiedene Stürze und Zusammenstöße.

ONANIEKETTE. Erstes Geschehnis: Embryo. 80 nachfolgende Geschehnisse. Mutter onaniert mit den Fingern, schüttelt das Kind durch und verletzt es mit dem Orgasmus.

DOKTORKETTE. Erstes Geschehnis bei der ersten ausgebliebenen Periode. 18 Besuche. Die Untersuchungen des Arztes sind schmerzhaft; aber er ist ein Verbündeter, er entdeckt, daß die Mutter abzutreiben versucht, und schilt sie kräftig aus.

SCHMERZEN DURCH VORZEITIGE WEHEN. Drei Tage vor der eigentlichen Geburt.

GEBURT. Instrument. 29 Stunden Wehen.

Da die Mutter halblaut mit sich selbst zu sprechen pflegte, entstand eine bemerkenswerte Menge an auszulöschendem Material, denn das restliche Leben des Patienten kam noch hinzu. Er war ein 500-Stunden-Fall; der Patient hatte keinen Geräuschrückruf, jedoch Phantasierückrufe, die durch die Aufdeckung von Lügenfabriken ausgeschaltet werden mußten, ehe man die oben angeführten Daten erhalten konnte.

Weitere Ketten sind möglich. Dieser Fall wurde jedoch herausgegriffen, weil er jene umfaßt, die am häufigsten vorkommen. Daß die Mutter einen Liebhaber hatte, ist nicht gerade ungewöhnlich – unglücklicherweise, denn ein Liebhaber bringt Heimlichkeit in den Fall hinein. Dies trifft in solchem Grade zu, daß man ein oder zwei Liebhaber vermuten muß, wenn der Fall sehr, sehr geheimnisvoll erscheint. Suggerieren Sie aber solche nicht, denn der Preclear könnte sie als Ausflucht benutzen.

WAS MAN IN DER DIANETIK NICHT TUN DARF

Geben Sie einem Patienten keine positiven Suggestionen, weder als therapeutische Methode noch um die Therapie zu unterstützen.

Versäumen Sie nicht, zu Beginn jeder Sitzung einen Löscher einzusetzen und ihn am Ende jeder Sitzung zu benutzen.

Sagen Sie einem Patienten *niemals*, er könne »sich daran in der Gegenwart erinnern«, denn das Somatik wird in die Gegenwart kommen, und das ist sehr unangenehm.

Sagen Sie einem Patienten nie, nie, nie, nie, daß er sich an alles, was ihm jemals geschehen ist, in der Gegenwart erinnern könne, denn das würde (als ein *Grouper*) alles in der Gegenwart »zusammenpacken«, falls der Patient in Tieftrance geglitten ist. Der ganze Fall muß dann entwirrt werden. Wollen Sie zweihundert Stunden vergeuden?

Üben Sie nie auf irgendeine Weise Vergeltung, wenn ein Patient in Reverie auf Sie wütend wird. *Befolgen Sie den Auditorenkodex.* Wenn Sie mit ihm böse werden, können Sie ihn dadurch in eine Apathie stoßen, die wieder in Ordnung zu bringen Sie viele Stunden kosten wird.

Bewerten Sie niemals die erhaltenen Daten, und erzählen Sie dem Patienten nicht, was mit ihm nicht stimmt.

Trumpfen Sie nicht auf. Wenn der Preclear Ihre Frau, Ihr Mann oder Ihr Kind ist, dann reiben Sie ihm nicht unter die Nase, daß sein Lieblingsausdruck bei Streitereien aus einem Engramm stammte. Selbstverständlich ist das so!

Stellen Sie die Richtigkeit von Daten nicht in Frage. Behalten Sie Ihre Vorbehalte für sich. Werten Sie die Informationen zu Ihrer eigenen Orientierung aus. Wenn der Patient nicht weiß, was Sie denken, erhalten die Engramme niemals eine Chance, sich der Behandlung zu entziehen.

Bringen Sie einen Patienten niemals plötzlich in die Gegenwart, nur weil er darum bettelt. Wenn er sich mitten in einem Engramm befindet, ist der einzige Weg hinaus der Weg *hindurch*. Die Macht des Engramms ist gering, wenn der Patient zu ihm zurückgekehrt ist. Es schaltet sich massiv ein, wenn der Patient in die Gegenwart kommt. Der Patient bekommt einen Schock, wenn er plötzlich in die Gegenwart versetzt wird.

Werden Sie niemals ängstlich, ganz gleichgültig, wie sich der Patient krümmt oder wie er schreit. Nichts davon ist ernsthaft, auch wenn es manchmal dramatisch ist.

Versprechen Sie niemals, einen Fall zu klären; versprechen Sie lediglich, ihn zum Release zu machen. Vielleicht müssen Sie fortgehen oder an etwas Dringlicherem arbeiten. Und den Bruch eines Versprechens nimmt der Preclear sehr übel.

Mischen Sie sich nicht in das Privatleben eines Preclears ein, und geben Sie ihm keine Ratschläge. Sagen Sie ihm, er solle für sich selbst entscheiden, was er tut.

Verstoßen Sie nicht gegen den Auditorenkodex. Er soll *Sie* schützen, nicht nur den Preclear. Therapie kann ihm nicht schaden, selbst wenn Sie nur halbe Arbeit leisten und davon noch die Hälfte falsch machen; gegen den Kodex zu verstoßen kann für Sie sehr unangenehm werden, weil es Sie zur Zielscheibe des Preclears macht und Sie erhebliche Mehrarbeit kostet.

Lassen Sie Engramme nicht halbreduziert liegen, wenn Sie sie vom Archivar erhalten haben.

Werden Sie in der Dianetik nicht erfinderisch, bevor Sie mindestens einen Fall ganz durchgearbeitet, einen zweiten mit Geräuschrückruf, einen dritten mit abgesperrtem Geräuschrückruf und einen vierten mit eingebildetem Geräuschrückruf gelöst haben. Klären Sie diese Patienten, und Sie werden Bescheid wissen. Sie werden dann auch genügend Engrammen begegnet sein, um auf einige Ideen zu kommen, die für die Dianetik von großem Wert sein können. Wenn Ihnen danach, und nachdem Sie selbst geklärt wurden, keine Ideen kommen, dann ist etwas nicht in Ordnung. Die Dianetik ist eine expandierende Wissenschaft; aber versuchen Sie sie nicht zu erweitern, bevor Sie wissen, wie sie funktioniert.

Vermischen Sie die Dianetik und andere Therapiemethoden ebensowenig, wie Sie Benzin und Alkohol mischen würden; ausgenommen ist natürlich die rein medizinische Behandlung durch einen zugelassenen *Arzt.*

Bringen Sie einen Patienten nicht durcheinander, um ihn dann zu einem Psychiater zu schicken, der die Dianetik nicht kennt. Nur Dianetik kann Dianetik entwirren, und die Methoden von gestern werden Ihrem Patienten nicht im geringsten helfen, wenn er doch lediglich das Engramm nochmals durchlaufen muß, aus dem Sie ihn zu rasch herausgerissen haben. Stählen Sie Ihre Nerven, und senden Sie ihn noch einmal durch das Geschehnis. In der dianetischen Therapie ist ein heute völlig Zusammengebrochener der fröhlichste Mensch von morgen.

Ziehen Sie sich nicht zurück. Zögern Sie nicht. Machen Sie einfach weiter damit, Engramme zu durchlaufen. Und eines Tages wird Ihr Patient ein Release sein, eines Tages ein Clear.

ARTEN VON SOMATIKEN

Es gibt zwei Arten von Somatiken: diejenigen, die zum Patienten selbst gehören, und diejenigen, die zu seiner Mutter oder einer anderen Person gehören. Die ersten sind ebenso tatsächlich geschehen wie die zweiten. Aber der Patient sollte nicht die Somatiken seiner Mutter haben. Ist das jedoch der Fall – hört man ihn über Kopfschmerzen klagen, sobald seine Mutter Kopfschmerzen hat –, dann gibt es ein sehr frühes Engramm, das ihm sagt, er müsse alles haben, was sie hat: »Das Kind ist ein Teil von mir«, »Es soll genauso leiden wie ich« usw. Die Redewendung kann auch völlig mißverstanden sein, aber wörtlich genommen werden. Wie auch immer, all das kommt nach und nach in Ordnung und sollte dem Auditor keine sonderlichen Sorgen machen.

»BEWUSSTLOSIGKEIT«

»Bewußtlosigkeit« ist an anderer Stelle schon aus verschiedenen Blickwinkeln betrachtet worden; in der Therapie wird sie jedoch in zwei speziellen Erscheinungsformen sichtbar, dem Gähnen und dem »Boil-off«.

Das Engramm mit körperlichem Schmerz enthält tiefe »Bewußtlosigkeit«, und wenn es im Begriff ist, sich zu heben – besonders in der Grundzone –, löst es sich unter Gähnen. Nach dem ersten oder zweiten Wiedererzählen beginnt der Patient zu gähnen. Dieses Gähnen zeigt, daß sich sein Analysator einschaltet.

Bei der Behandlung eines äußerst heftigen Engramms – ein vorgeburtlicher Elektroschock, den die Mutter erhielt –, verschwand die »Bewußtlosigkeit« in der Therapie durch fünf Stunden »Boil-off«. Der Schock dauerte weniger als eine Minute, er brachte aber die Person dem Tode so nahe, daß sie bei der ersten Berührung des Geschehnisses während der Therapie in ein schwerfälliges, nebelhaftes »Schwimmen« geriet, merkwürdige Träume hatte, murmelte und brummelte. Und das ging fünf Stunden lang so weiter. Das ist ein Rekord. Fünfundvierzig Minuten dieses »Boil-off« sind schon selten. Fünf oder zehn Minuten sind nicht ungewöhnlich.

Der Auditor schickt einen Patienten in einen bestimmten Bereich zurück. Es zeigt sich kein Somatik. Der Patient beginnt jedoch zu dösen und fällt in eine merkwürdige Art von Schlaf. Von Zeit zu Zeit wacht er auf, murmelt etwas, gewöhnlich etwas Idiotisches, erwacht wieder und hat etwas mit einem Traum und macht allem

Anschein nach allgemein keinen Fortschritt. Dem ist aber nicht so. Es kommt ein Zeitraum an die Oberfläche, in dem er fast tot war. Bald schaltet sich ein Somatik ein, der Patient wird auf Anweisung ein Engramm einige Male durchlaufen, ein wenig gähnen und sich dann aufheitern. Ein solches Ausmaß an »Bewußtlosigkeit« reichte natürlich aus, seinen Analysator zu etwa neun Zehnteln ausgeschaltet zu halten, wenn er wach war, denn wenn die »Bewußtlosigkeit« nahe am Basik-Basik lag, war sie Teil jedes anderen Engramms. Die Freisetzung eines Engramms mit derartig tiefer »Bewußtlosigkeit« erzeugt bei einem Fall eine ausgeprägte Verbesserung – ebenso wie manchmal die Freisetzung eines Engramms mit schmerzlicher Emotion.

Der Auditor hat die Aufgabe, durchzuhalten, ganz gleich wie lange es dauert. Diesen ganzen Ablauf anzuschauen kann einen nicht geklärten Auditor sehr schläfrig machen; es ist aber nicht zu umgehen. Er wird selten auf ein Engramm treffen, bei dem das eine ganze Stunde dauert, aber jeder Fall weist eine solche Periode auf, die von zehn Minuten bis zu einer halben Stunde dauern kann.

Der Auditor sollte den Patienten in Abständen ein bißchen aufrütteln und versuchen, ihn durch das Engramm gehen zu lassen. Es gibt eine ganz besondere Art, einen Patienten wieder etwas zu beleben: *Berühren Sie nicht seinen Körper*, denn das kann sehr restimulierend sein und ihn sehr verstören. Berühren Sie nur seine Fußsohlen mit Ihrer Hand oder Ihren eigenen Füßen, und zwar gerade genug, um seine Aufmerksamkeit für einen Augenblick wachzurütteln. Das hält den »Boil-off« in Gang und verhindert, daß der Patient in gewöhnlichen Schlaf versinkt.

Den »Boil-off« kann ein unerfahrener Auditor mit einem Engrammbefehl, einzuschlafen, verwechseln. Doch wenn er den Patienten genau beobachtet, wird er bemerken, daß der Patient beim »Boil-off« völlig den Eindruck erweckt, unter Drogen zu stehen, während er bei einem Schlafbefehl einfach ganz sanft einschläft. Der »Boil-off« verläuft ein wenig unruhig; er ist voll von Gemurmel, Gebrabbel und Träumen. Der Schlaf hingegen ist gleichförmig.

Ein engrammatischer Einschlafbefehl, der auf den zurückgekehrten Preclear einwirkt, wird gebrochen, indem man den Somatikstreifen zu dem Augenblick schickt, in dem der Einschlafbefehl gegeben wird. Wenn ihn der Preclear berührt und durchläuft, wird er auf dem Time-Track bald aufwachen und mit der Therapie fortfahren.

Der »Boil-off« kann voll von Gähnen, Gemurmel oder Grunzlauten sein. Der Schlaf ist gewöhnlich ruhig und sanft.

Warum das nun gerade »Boil-off« (engl. für »Abkochen«, »Verdampfen«) genannt wird und Auditoren den Ausdruck mögen, ist unklar. Ursprünglich hieß es ganz feierlich »komatische Reduzierung«, aber diese gelehrte Ausdrucksweise wurde stillschweigend fallengelassen, weil sie sowieso nie verwendet wurde.

Wenn Sie Träumen zuhören wollen, dann werden Sie beim »Boil-off« reichlich zufriedengestellt. Ebenso wie Eindrücke in der Wüste durch die flimmernden Hitzewellen verzerrt werden, so werden die engrammatischen Befehle für den Analysator durch den Schleier der »Bewußtlosigkeit« verzerrt.

LOCKS

Es ist ein Geschenk der Natur, daß Locks wenig Aufmerksamkeit verlangen. Ein Lock ist ein Geschehnis, das mit oder ohne Ladung bewußt zurückgerufen werden kann und das der Grund dafür zu sein *scheint*, daß der Aberrierte aberriert ist. Das war für die Bank vielleicht eine weitere Art von Selbstschutz. Ein Lock ist ein Augenblick geistigen Unbehagens, der keinen körperlichen Schmerz und keinen großen Verlust enthält. Schelte oder eine gesellschaftliche Demütigung sind Locks. Bei jedem Fall gibt es Tausende und aber Tausende von Locks. Der Auditor wird sie in großer Fülle entdecken, wenn er seine Zeit mit der Suche nach ihnen vergeuden möchte. Die Behandlung dieser Locks war das Hauptziel einer alten Methode, die heute als »Hypnoanalyse« bekannt ist. Die meisten Locks lassen sich reduzieren.

Der Key-in eines Engramms geschieht irgendwann in der Zukunft, von dem Zeitpunkt aus gesehen, in dem das Engramm tatsächlich empfangen wurde. Der Augenblick des Key-ins enthält eine analytische Abschwächung als Folge von Müdigkeit oder leichter Krankheit. Eine Situation, die dem Engramm, welches »Bewußtlosigkeit« enthielt, ähnlich ist, keyt dann das Engramm ein. Das ist ein *primäres Lock*. Wenn man es finden kann und es beseitigt, wird das Engramm ausgekeyt. Das zu tun kann jedoch als Zeitverschwendung betrachtet werden, auch wenn es einen gewissen therapeutischen Wert hat. Dies wurde von einigen Schulen der Vergangenheit ohne Verständnis des dahinterliegenden Mechanismus getan.

Wenn ein Auditor wissen möchte, wie der Fall auf das Leben reagiert hat, dann kann er einige dieser tausend und aber tausend Locks ausfindig machen und sie prüfen. Aber das ist vermutlich alles, was ihn daran interessieren kann; denn Locks entladen sich. Sie entladen sich von selbst, und zwar in dem Augenblick, wo das Engramm ausgelöscht wird, an dem sie hängen. Das ganze Leben kommt wieder ins Gleichgewicht, wenn die Engramme verschwunden sind, und die Locks bedürfen keiner weiteren Behandlung. Ebensowenig muß der Preclear im Denken erzogen werden, soald er Clear ist: es geschieht von selbst, genau wie das Verschwinden der Locks.

Diese Locks liegen manchmal unten zwischen den Engrammen. Der Preclear befindet sich tief im vorgeburtlichen Bereich, und plötzlich denkt er an einen Augenblick, als er zwanzig Jahre alt war, oder – was in der Therapie häufig geschieht – an ein Engramm, das ihm jemand erzählt hat. Das ist ein guter Anhaltspunkt. Schenken Sie aber dem Lock keine weitere Beachtung; finden Sie das Engramm, an das es sich angehängt hat, denn in seiner unmittelbaren Nähe muß es eines geben. In Träumen tauchen Locks in verzerrter Form aus der Bank auf und verkomplizieren den Traum.

DER JUNIOR-FALL

Behandeln Sie als ersten Patienten keinen Junior, wenn Sie es vermeiden können. Wenn der Vater Georg hieß und der Patient auch, müssen Sie mit Schwierigkeiten rechnen. Die Engrammbank versteht Georg als Georg, und das ist Identitätsdenken sondergleichen.

Mutter sagt: »Ich hasse Georg!« »Sie meint den Junior«, sagt das Engramm, obwohl die Mutter den Vater meinte. »Georg ist gedankenlos.« »Georg darf nichts wissen.« »Ach, Georg, ich wünschte, du hättest ein bißchen Sex-Appeal, aber du hast einfach keinen.« Und so zieht sich das durch die Engramme. Ein Junior-Fall ist selten einfach.

In der Dianetik schaudert einem gewöhnlich bei dem Gedanken, es mit einem Junior-Fall aufzunehmen. Man kann erwarten, daß ein Auditor am härtesten schuften muß, wenn er einen Patienten hat, der keinen Geräuschrückruf hat, vom Time-Track herunter ist und nach dem Vater oder der Mutter benannt wurde. Solche Fälle lassen sich natürlich lösen; wenn Eltern jedoch wüßten, was sie ihren Kindern antun, ihnen einen Namen zu geben, der in der Engrammbank auftauchen könnte – z. B. von Eltern, Großeltern oder Freunden –, dann würde dieser Brauch gewiß auf der Stelle verschwinden.

DAS RESTIMULIEREN DES ENGRAMMS

»Frage oft genug, und du wirst es bekommen« trifft immer zu, wenn man mit der Engrammbank arbeitet. Einfach dadurch, daß der Patient oft genug in einen bestimmten Bereich zurückkehrt, werden Engramme auftauchen. Wenn es heute nicht in Sicht kommt, kommt es morgen. Kommt es morgen nicht, dann kommt es übermorgen usw. Emotionelle Ladungen lassen sich mit Sicherheit dadurch aufspüren, daß man immer wieder danach fragt und den Patienten über den Teil auf dem Time-Track zurückkehren läßt, von dem man annimmt, daß er die Ladung enthält. Was der Wiederholungstechnik nicht gelingt, kann dadurch erreicht werden, daß man den Patienten Sitzung für Sitzung zu einem Abschnitt seines Lebens zurückkehren läßt. Früher oder später wird das Engramm in Sicht kommen.

ABGESPERRTE LEBENSABSCHNITTE UND PERSONEN

Man wird feststellen, daß ganze Bereiche auf dem Time-Track abgesperrt sind. Diese enthalten Unterdrücker in Form von Engrammbefehlen, Verbündetenberechnungen und schmerzlicher Emotion. Aus diesen Gründen können Personen vollständig außer Sicht geraten. Sie kommen zum Vorschein, nachdem ein paar Engramme in der Grundzone gehoben wurden oder nachdem der Bereich, wie oben beschrieben, entwickelt wurde.

FEINDSELIGKEIT GEGENÜBER DEN ELTERN

Bei der Klärung – sei es eines Kindes oder eines Erwachsenen – geht der Preclear unweigerlich durch Stadien der Verbesserung, die ihn die Tonskala hinaufbringen. Er passiert dabei natürlich auch die zweite Zone, Wut. Ein Preclear kann dann auf seine Eltern und andere Missetäter in seiner Engrammbank sehr wütend werden. Das ist zu erwarten. Es ist ein natürliches Nebenprodukt der Therapie und kann nicht vermieden werden.

Wenn der Preclear Fortschritte macht, steigt er natürlich auf der Tonskala hoch, und er ist gegenüber den Bösewichten, die ihm etwas angetan haben, dann in einem Zustand der Gleichgültigkeit, der Langeweile. Schließlich erreicht er Tonstufe 4, die Stufe des Clears. Zu diesem Zeitpunkt ist er sehr fröhlich und gewillt, mit den Menschen gut Freund zu sein, ob diese ihm Unrecht angetan haben oder nicht; er ist natürlich darüber informiert, was er von ihnen zu erwarten hat, aber er hegt keine Feindseligkeit.

Eltern irren, wenn sie glauben, daß das Kind sich gegen sie wenden würde, wenn es alles erführe. Das Kind hat sich als Aberrierter bereits sehr gründlich gegen den betreffenden Elternteil gewandt, unabhängig davon, ob sein Analysator alles wußte oder nicht, und aus weiterem Verbergen der Tatsachen kann ein höchst ungewisses und unerfreuliches Verhalten entstehen.

Es wurde immer wieder beobachtet, daß der fortgeschrittene Release und der Clear überhaupt keine Feindseligkeit den Eltern oder anderen gegenüber hegen, die ihre Aberrationen verursacht hatten, und daß sie tatsächlich aufhören, so unvernünftig zu trotzen, um jeden Preis zu kämpfen und sich zu verteidigen. Für eine gute Sache wird der Clear gewiß kämpfen, und er ist dabei der denkbar gefährlichste Gegner. Jedoch kämpft er nicht wie ein Tier aus unvernünftigen Gründen. Sein Verständnis für Menschen hat sich erheblich vergrößert, und seine Zuneigung kann nun, da er Clear ist, echt und tief sein. Wenn sich die Eltern von einem Kind Liebe und Zusammenarbeit wünschen, dann sollten sie – gleichgültig, was sie dem Kind getan haben – die Therapie zulassen und dadurch dessen Liebe und Zusammenarbeit auf der Grundlage von Selbstbestimmung erreichen – und nicht mehr mit unterschwelliger Apathie oder Wut. Schließlich hat der Clear die Quelle sowohl seiner eigenen Aberrationen als auch der seiner Eltern kennengelernt; er versteht, daß noch vor ihm selbst auch sie Engrammbanken hatten.

GÜNSTIGSTIMMEN

Im Verlaufe der Arbeit wird in der oberen Zone der Apathie das Stadium des Günstigstimmens durchlaufen. Dies bedeutet eine Bemühung, eine durch und durch zerstörerische Kraft zu füttern oder ihr Opfer zu bringen. Es ist ein Zustand, in dem der Patient aus tiefer Furcht vor einem anderen mit teuren Geschenken und sanften Worten kommt, die andere Wange auch noch hinhält, sich als Fußmatte anbietet und sich allgemein zum Narren macht.

Zum Beispiel werden viele, viele Ehen nicht aus Liebe geschlossen, sondern aufgrund dieses schäbigen Ersatzes, des Günstigstimmens. Die Menschen haben die Angewohnheit, Partner zu heiraten, die einen ähnlichen reaktiven Mind haben. Das ist ein Unglück, denn solche Ehen sind für beide Partner zerstörerisch. Die Frau hat eine bestimmte Reihe von Aberrationen, die zu den Aberrationen des Mannes passen. Sie ist eine Pseudomutter, er ist ein Pseudovater. Sie mußte ihn heiraten, da ihr Vater sie umzubringen versuchte, bevor sie geboren war. Er mußte sie heiraten, weil ihn seine Mutter schlug, als er klein war. So unfaßbar es auch scheinen mag, diese Ehen sind sehr häufig. Einer der Partner wird geisteskrank, oder es geht mit beiden bergab. Er ist unglücklich und kann sich für nichts mehr begeistern; sie fühlt sich elend. Jeder könnte mit einem anderen Partner glücklich sein, und doch können sie sich aus Furcht nicht voneinander trennen. Sie müssen einander günstig stimmen.

Der Auditor, der eine Ehe in diesem Zustand vorfindet und einen der Partner zu behandeln versucht, sollte lieber beide gleichzeitig behandeln. Oder solche Partner sollten sich gegenseitig behandeln, und zwar bald. Toleranz und Verstehen werden durch gegenseitige Hilfe fast immer gefördert.

Günstigstimmen wird hier erwähnt, weil es einen diagnostischen Wert hat. Leute, die anfangen, dem Auditor teure Geschenke zu machen, wollen ihn günstig stimmen. Wahrscheinlich bedeutet es, daß sie eine engrammatische Berechnung haben, die ihnen sagt, daß sie sterben müssen oder verrückt werden, wenn sie geistige Gesundheit erlangen. Der Auditor mag sich über die Geschenke freuen, doch sollte er lieber nach einem noch nicht vermuteten oder angezapften Mitgefühlsengramm Ausschau halten.

LIEBE

Vermutlich hat der Mensch keinem anderen Thema so viel Aufmerksamkeit gewidmet wie der Liebe.

Es ist gewiß wahr, daß dort, wo die größten Auseinandersetzungen herrschen, auch am wenigsten Verstehen zu finden ist. Und dort, wo die Tatsachen am unklarsten sind, kann man auch die größten Meinungsverschiedenheiten finden. So steht es auch mit der Liebe.

Ohne Zweifel hat die Liebe mehr Leben zerstört als der Krieg und auch mehr Glück geschenkt als alle Träume vom Paradies zusammen.

Strapaziert durch tausend Schlager jährlich und erdrückt unter tonnenschwerer Last billiger Literatur, sollte Liebe endlich einmal richtig definiert werden.

Zwischen Mann und Frau gibt es, wie entdeckt wurde, drei verschiedene Arten von Liebe: Die erste fällt unter das Affinitätsgesetz und ist die Zuneigung, die die Menschheit zusammenhält; die zweite ist sexuelle Partnerwahl, sie ist eine echte Magnetkraft; die dritte Art ist zwanghafte »Liebe«, sie ist, fern aller Vernunft, durch Aberration diktiert.

Vielleicht gab es in den Legenden von Helden und Heldinnen Fälle der zweiten Art, und wenn man sich in der Gesellschaft umsieht, kann man sicherlich viele glückliche Partnerschaften finden, die auf natürlicher und starker, zärtlicher Bewunderung beruhen. Die dritte Art finden wir im Überfluß: Die Ramschliteratur hat sich ihr und ihren Qualen verschrieben; sie überflutet die Gerichte mit dringenden Scheidungsgesuchen, mit Straftaten und Zivilklagen; sie schickt Kinder weinend von Streitigkeiten weg in die Ecke und sendet gebrochene junge Männer und Frauen aus zerrütteten Elternhäusern ins Leben hinaus.

In der Dianetik wird diese dritte Art von Liebe als »Partnerschaft des reaktiven Minds« klassifiziert. Hier trifft ein menschlicher Geist den anderen – auf der niedrigsten Denkebene, die der Mensch einnehmen kann. Von Zwang getrieben, tun sich Männer und Frauen zusammen, um in dieser Ehe nichts weiter zu finden als Kummer und zerschlagene Hoffnungen.

Er ist der Pseudobruder, der sie regelmäßig verprügelte, oder der Pseudovater, dem sie gehorchen mußte. Er ist vielleicht sogar die Pseudomutter, von der sie unaufhörlich angeschrien wurde und die sie friedlich stimmen mußte. Oder er ist der Doktor, der sie grausam verletzte. Sie mag seine Pseudomutter oder Pseudogroßmutter sein, die er zu lieben hatte, obwohl sie seinen Willen brach. Sie ist vielleicht eine Pseudokrankenschwester aus irgendeiner längst vergangenen Operation oder die Pseudolehrerin, die ihn nach der Schule dabehielt, um ihren Sadismus an ihm auszulassen.

Bevor die Ehe geschlossen wird, wissen sie nur, daß ein Zwang sie zusammentreibt, ein Gefühl, daß jeder zu dem anderen außerordentlich nett sein muß. Und dann wird geheiratet; mehr und mehr Restimulierung alter Schmerzen wird fühlbar, bis schließlich beide krank sind und das Leben – durch unglückliche Kinder nun vielleicht noch schwerer geworden – ein kläglicher Schiffbruch ist.

Der Mechanismus des Günstigstimmens enthält versteckte Feindseligkeit. Geschenke, die ohne Anlaß gegeben werden und die der Geber sich nicht leisten kann, Selbstaufopferung, die momentan so edel erscheint – das ist es, woraus Günstigstimmen besteht. Günstigstimmen ist ein Versuch der Apathie, eine gefährliche »Quelle« von Schmerz fernzuhalten. Verwechselte Identität ist einer der kleineren Fehler des reaktiven Minds. Den möglichen Zorn einer Person, die vielleicht schon lange tot ist, die aber nun im Partner weiterlebt, aufzuheben und sich davon freizukaufen, ist die Hoffnung dessen, der sich um Gunst bemüht. Aber ein Mensch, der nicht gelegentlich kämpft, ist tot. Die Feindseligkeit mag eine Maske tragen; sie mag der Person, die sie betreibt, ganz und gar »unbekannt« sein. Gewiß ist sie in den Augen der Person, die sie ausübt, immer gerechtfertigt und wird als natürliche Reaktion auf ein (ach so offensichtliches) erlittenes Unrecht betrachtet.

Die Frau, die vor den Gästen »unabsichtliche« Fehler macht und dabei »zufällig« die Wahrheit über die Lieblingsillusion ihres Mannes preisgibt, die Frau, die die kleinen Gefälligkeiten vergißt, um die er sie gebeten hat, die Frau, die seinen Hoffnungen plötzlich einen »logischen« Dolchstoß verpaßt – das alles sind Frauen, die mit einem Partner leben, den sie aufgrund eines Unrechts, das Jahre vor der Beziehung von einem ganz anderen Mann begangen wurde, günstig stimmen müssen; es sind Frauen, die in diesem Bemühen die Hoffnungen ihres Mannes zerschlagen und seinen Kummer mißachten.

Der Ehemann, der mit einer anderen Frau schläft und »aus Versehen« die Spuren ihres Lippenstiftes an seinem Schlips läßt, der Ehemann, der die ausgezeichneten Kochkünste seiner Frau schlecht findet und meint, sie lebe faul in den Tag hinein, der Ehemann, der vergißt, ihre Briefe in den Kasten zu werfen, der Ehemann, der ihre Ansichten albern findet – das alles sind Ehemänner, die mit einem Partner leben, den sie günstig stimmen müssen.

Eine steile Achterbahnkurve von häuslichem Krieg und Frieden, mißglückte Versuche des Verstehens, gegenseitiges Beschneiden von Freiheit und Selbstbestimmung, unglückliches Leben, unglückliche Kinder und Ehescheidung sind das Ergebnis von Ehen des reaktiven Minds. Von einer unbekannten Drohung zur Heirat getrieben, aus Angst vor Schmerz unfähig, Vertrauen zu schenken – so zeigt sich diese »Mind-Verwandtschaft« als Hauptursache aller Ehekatastrophen.

Im Gesetzbuch fehlen Definitionen, und so legt es jenen, die in solche Ehen verwickelt sind, große Schwierigkeiten in den Weg. Dieser Weg ist die enger werdende Abwärtsspirale des Elends, die alle chronischen Restimulationen begleitet und nur abwärts zu Mißerfolg und Tod führt. Eines Tages wird es vielleicht ein viel vernünftigeres Gesetz geben, das nur Nichtaberrierten erlaubt, zu heiraten und Kinder in die Welt zu setzen. Das gegenwärtige Gesetz sorgt nur dafür, daß Ehen schwer zu scheiden sind, wenn überhaupt. Es ist für den Ehemann, die Ehefrau und die Kinder – für alle Beteiligten – wie eine Verurteilung zu Gefängnis.

Eine Ehe kann gerettet werden, indem man beide Partner von

ihren Aberrationen befreit. Das wäre in einer optimalen Lösung auf jeden Fall mit einbegriffen, da es für eine Frau oder einen Mann selbst nach einer Ehescheidung sehr schwierig sein wird, sich in der Zukunft auf irgendeine Ebene des Glücks zu erheben; und wenn Kinder vorhanden sind, wären ohne Klärung große Ungerechtigkeiten unvermeidlich.

Wenn beide Partner einer Ehe des reaktiven Minds von Aberration geklärt werden, stellen sie gewöhnlich fest, daß das Leben bedeutend mehr als nur erträglich wird; Menschen haben nämlich oft eine natürliche Zuneigung, auch wenn keine sexuelle Partnerwahl stattgefunden hat. Die Wiederherstellung einer Ehe durch Klären der Partner mag nicht zu einer jener großen Romanzen führen, die die Dichter besungen haben, sie wird aber mindestens einen hohen Grad an Achtung und Zusammenarbeit auf das gemeinsame Ziel hin bringen, das Leben lebenswert zu machen. Und in vielen Fällen geklärter Ehepartner entdeckte man, daß sich die Partner unterhalb des schmutzigen Gewandes der Aberration wirklich liebten.

Für die Kinder bedeutet ein solches Klären einen großen Gewinn. Der Hauptfaktor fast aller ehelichen Unzufriedenheit ist Aberration auf der Zweiten Dynamik, der Sexualität. Und immer hat eine solche Aberration auch eine nervöse Einstellung Kindern gegenüber zur Folge.

Wo Kinder vorhanden sind, ist eine Scheidung keine Lösung – Klären ist eine. Und mit dem Klären tut sich eine neue Seite des Lebens auf, die mit Glücklichsein überschrieben werden kann.

Im Fall einer Ehe des reaktiven Minds wird das gegenseitige Klären oft durch die versteckte Feindseligkeit erschwert, die unter dem Mechanismus des Günstigstimmens schwelt. Die Ehepartner handeln klug, wenn jeder einen Freund außerhalb des Hauses für die gegenseitige Therapie gewinnt. Wenn gegenseitiges Klären angestrebt wird, indem die Partner miteinander arbeiten, müssen sie Wut in hohem Grade zurückhalten und sehr viel Geduld üben, und der Auditorenkodex muß strengstens eingehalten werden. Es erfordert den Langmut eines Heiligen, den Ton eins des Partners zu ertragen, der, zu einem Streiterlebnis zurückgekehrt, die Wiedererzählungen mit weiteren Angriffen würzt. Die gegenseitige Behandlung ist zwar möglich, wenn es anders nicht geht; gab es jedoch bei einem Ehepaar viel Streit und Kummer, dann ist es sicher einfacher, wenn sich beide nach einem Therapiepartner außerhalb des Hauses umsehen.

Außerdem wird zwischen Auditor und Preclear immer eine Art Zusammengehörigkeitsgefühl hergestellt, und nach erfolgter Sitzung ist die natürliche Affinität so verstärkt, daß eine kleine Handlung oder ein kleines Wort als grausamer Angriff empfunden wird, was Streit zur Folge hat und die Therapie hemmt.

Man kann annehmen, daß Männer am besten von Männern und Frauen am besten von Frauen auditiert werden. Das gilt nicht, wenn man es mit einer Frau zu tun hat, die in bezug auf Frauen so schwere Aberrationen hat, daß sie in deren Nähe Furcht empfindet, oder wenn man einen Mann auditiert, der große Furcht vor Männern hat.

Die Dynamiken von Männern und Frauen unterscheiden sich etwas voneinander, und manchmal findet es eine Frau schwierig, beim Auditieren ihres Mannes beharrlich genug zu sein, besonders wenn es jemals größeren Streit gegeben hat. Der Ehemann kann gewöhnlich ohne große Schwierigkeiten auditieren, doch wenn er sich selbst in der Therapie befindet, zwingt ihn sein Gefühl, daß er sich über die Situation erheben müsse, zu dem Versuch, sich selbst zu kontrollieren – was ganz unmöglich ist.

DIE AUSLÖSCHUNG

Wenn Sie es immer wieder versuchen, werden Sie früher oder später das Basik-Basik erreichen, den frühesten Augenblick von »Bewußtlosigkeit« und körperlichem Schmerz. Wenn Sie es erreicht haben, werden Sie das vielleicht nur daran erkennen, daß sich die Geschehnisse von nun an nicht mehr bloß reduzieren, sondern auslöschen lassen. Hat der Patient noch immer eine Absperrung des Geräuschrückrufs, können Sie dennoch Geschehnisse auslöschen; der Geräuschrückruf wird sich früher oder später einschalten, vielleicht sogar erst, wenn der Fall fast abgeschlossen ist. Jedenfalls werden Sie früher oder später das Basik-Basik erreichen.

Die Auslöschung folgt also mehr oder weniger der gleichen Verfahrensweise wie der Einstieg in den Fall. Sie löschen alle frühen Engramme aus, immer das früheste, das Sie finden können, und Sie entladen immer wieder Engramme mit schmerzlicher Emotion; dies geschieht entweder in der Grundzone oder in der Zeit nach der Geburt und im späteren Leben. Sie löschen in dem frühen Teil des Falles soviel aus, wie Sie finden können; dann befreien Sie aus späteren Bereichen alle verfügbare Emotion (sie löschen in jedem Engramm, das Sie berühren, alles aus), und dann bringen Sie den Patienten zurück und suchen nach frühem Material.

Die reaktive Engrammbank ist ein wildes Chaos. Der Archivar muß ziemlich viel Mühe mit ihr haben. Denn alles mögliche ist früh und spät eingekeyt; manchmal kann er Material nur unter bestimmten Themenkreisen bekommen, manchmal kann er Material nur unter bestimmten Somatiken erhalten (z. B. im gesamten Bereich der Zähne), manchmal kann er geordnet in der Zeit voranschreiten und Geschehnisse in chronologischer Folge hergeben: Letzteres ist die wichtigste dieser Verfahrensweisen.

Erst wenn Sie jeden Moment von körperlichem Schmerz erschöpft und alle Augenblicke schmerzlicher Emotion entladen haben, wird der Fall geklärt sein. Es wird Zeiten geben, da Sie sicher sind, fast am Ziel zu sein, um bei erneutem Eindringen in den vorgeburtlichen Bereich eine weitere Reihe von Material zu entdecken, das von den schmerzlichen Emotionen des späteren Lebens, die Sie gerade befreit haben, verdeckt war.

Eines Tages werden Sie einen Patienten vor sich haben, der nirgendwo auf dem Time-Track eine Absperrung hat, der sich nicht mehr für Engramme interessiert (Apathie-Fälle sind anfangs nicht interessiert; Clears, am Ende der Therapie, sind auch nicht interessiert, womit ein Zyklus abgeschlossen ist – obwohl der Clear weit von Apathie entfernt ist), der alle Rückrufe hat, alle Berechnungen richtig durchführt und keine Fehler macht (in den Grenzen der zur Verfügung stehenden Daten), kurz – dessen Engrammbank ausgeschöpft ist. Seien Sie jedoch niemals zu optimistisch. Suchen Sie weiter, bis Sie keine Zweifel mehr haben. Beobachten Sie den Menschen, um sicherzugehen, daß sich keinerlei Aberrationen zeigen, daß seine Dynamiken stark sind und daß das Leben ihm Freude macht. Wenn dieser Mensch nun das Gefühl hat, daß er alle Probleme des Lebens lösen, die Welt mit dem kleinen Finger bezwingen und allen Menschen ein Freund sein kann, dann ist er ein Clear.

Irren können Sie sich nur, wenn Sie von der Vorstellung ausgehen, daß menschliche Wesen voller Fehler, Übel und Sünden stecken und daß jemand schon als Clear bezeichnet werden müßte, wenn er bloß weniger unglücklich und über das Normale hinausgewachsen ist. Das aber ist ein *Release*.

Beim Goldwaschen ist es so, daß jeder Grünschnabel Eisenkies – Narrengold – für Gold hält. Er wird über das glänzende Zeug in seinem Sieb entzückt jubeln, obwohl es in Wirklichkeit nur ein paar Dollar pro Tonne wert ist. Und dann sieht er wirkliches Gold! Sobald er echtes Gold in seinem Sieb hat, weiß er, wie Gold wirklich aussieht. Es ist nicht zu verwechseln.

Abgesehen davon, daß die Psychometrie[6] einem Clear außergewöhnliche Intelligenz, große Begabung und erstaunliche Vielseitigkeit bescheinigen würde, hat er noch eine andere Qualität – den menschlichen Wert eines freien Wesens. Sie können einen *Release* psychometrisch testen und zeigen, daß auch er sich oberhalb des Durchschnitts befindet. Ein Clear ist aber ein Clear, und wenn Sie ihn sehen, dann werden Sie mit Sicherheit wissen, was das heißt.

Daß sich ein Clear nicht mehr für seine erloschenen Engramme interessiert, bedeutet nicht, daß ihn die Schwierigkeiten anderer nicht kümmern. Daß jemand an seinen eigenen Engrammen nicht interessiert ist, ist nicht unbedingt ein Zeichen dafür, daß er Clear ist; es kann sehr wohl ein anderer Mechanismus sein, nämlich apathische Vernachlässigung. Engramme zu haben und sich nicht darum zu kümmern ist eine weitverbreitete Aberration, bei der der reaktive Mind auf der Stufe der Apathie arbeitet. Keine Engramme zu haben und sich nicht darum zu kümmern ist eine ganz andere Sache. Jeder Apathie-Fall, der auf sein Leid reagiert, indem er seine Engramme vernachlässigt und darauf besteht, daß er glücklich und mit *ihm* doch alles in bester Ordnung sei, während er sich zerstört, wird im Laufe der Arbeit und ganz besonders nach Hebung des Basik-Basik an seinen Engrammen Interesse bekommen, und sein Interesse am Leben wird größer werden. Es ist einfach, den Apathie-Fall vom Clear zu unterscheiden – sie befinden sich an entgegengesetzten Enden des Lebensspektrums: Der Clear hat sich zu Sieg und Triumph aufgeschwungen, der Apathie-Fall weiß, daß Sieg und Triumph für ihn verschlossen sind, und erklärt, daß sie der Mühe nicht wert sind.

Die Frage nach der Lebenserwartung eines Clears kann jetzt noch nicht beantwortet werden; fragen Sie in hundert Jahren.

Wie erkennt man einen Clear? Wie nahe kommt er dem Optimalzustand des Menschen? Kann er sich seiner Umwelt reibungslos anpassen? Und – weitaus wichtiger – kann er diese Umwelt an sich anpassen?

Sechzig Tage und dann noch einmal sechs Monate nachdem der Zustand des Clears offensichtlich erreicht wurde, sollte der Auditor noch einmal prüfen, ob etwa Material übersehen wurde. Er sollte den möglichen Clear sorgfältig nach den Ereignissen des vergangenen

[6] *Psychometrie* (griech. *psyche* = Seele, Geist, *metron* = Maß; Seelenmessung): die Messung der Dauer, Kraft, wechselseitigen Beziehungen oder anderer Aspekte geistiger Prozesse, vor allem durch psychologische Tests; allgemeine und umfassende Bezeichnung für alle quantitativen Methoden der Psychologie.

Zeitraums befragen. Auf diese Weise kann er von allen Sorgen, Kümmernissen oder Krankheiten erfahren, die möglicherweise aufgetreten sind, und sie auf Engramme zurückzuverfolgen suchen. Wenn er dann keine Engramme finden kann, handelt es sich eindeutig und ohne Frage um einen Clear. Und das wird er bleiben.

Wenn ein Fall jedoch lediglich zum Stillstand kommt, Engramme aber nicht gefunden werden können, obwohl die Aberration offensichtlich ist, liegt der Grund wahrscheinlich bei gut verborgenen Verzweiflungsladungen – Engrammen mit schmerzlicher Emotion. Diese liegen nicht unbedingt nach der Geburt, sie können innerhalb der vorgeburtlichen Periode liegen und mit Gegebenheiten zu tun haben, die streng geheim sind – oder von den Engrammen dafür ausgegeben werden. Auch sind schon Fälle zum Stillstand gekommen und haben sich als »undurchdringlich« erwiesen, weil es einen gegenwärtigen oder gerade erst vergangenen Umstand gab, den der Patient nicht enthüllt hat.

Es gibt zwei Gründe, die einen Fall aufhalten können: a) die Person kann sich ihrer Vergangenheit derart aberriert schämen oder so sicher sein, für Enthüllungen aus der Vergangenheit bestraft zu werden, daß sie nichts anderes tut, als sie zu vermeiden; b) die Person mag sich aufgrund eines wirklich existierenden Umstandes oder einer Drohung fürchten.

Der Auditor ist nicht daran interessiert, was der Patient tut oder was er getan hat. Die Dianetik beschäftigt sich in der Therapie ausschließlich mit dem, was der Person *angetan wurde*. Was ein Patient *getan hat*, ist belanglos. Der Auditor, der sich in irgendeiner Weise mit letzterem abgibt, verstößt gegen die Regeln der Dianetik. Ein Patient kann jedoch aufgrund seiner Engramme von der Idee besessen sein, etwas aus seinem Leben vor dem Auditor verbergen zu müssen. Die zwei obengenannten generellen Klassen betreffen die allgemeinen Bedingungen.

Gründe, wie sie unter a) genannt sind, können z.B. eine Gefängnisstrafe sein, ein bisher nie enthüllter Mord (obwohl so manche Leute glauben, einen Mord begangen zu haben, in Wirklichkeit aber nicht einmal damit drohten), abnormale sexuelle Praktiken oder Ähnliches. Der Auditor sollte routinemäßig immer versprechen, keinerlei vertrauliche Dinge weiterzugeben, und ihm das Prinzip »Erlitten, nicht getan« erklären. Und nie würde ein Auditor einen Patienten verspotten oder schmähen, weil er das Opfer seiner Engramme geworden ist. Unter b) fallen Patienten, die von jemandem – selbst Ehefrau oder Ehemann – durch Einschüchterung gezwungen wurden, Dinge zu verschweigen. Es ist ein Fall bekannt, bei dem kein Fortschritt zu verzeichnen war, obwohl man mit vielen Geschehnissen in Kontakt kam; die Geschehnisse wollten sich nicht reduzieren oder auslöschen lassen, ganz gleich, wo auf dem Time-Track sie sich befanden. Man entdeckte, daß diese Patientin, eine Frau, oft von ihrem Mann brutal geprügelt und ihr mit dem Tode gedroht worden war für den Fall, daß sie dem Auditor auch nur ein Wort darüber erzählen würde; und gerade diese Geschehnisse enthielten die ganzen Verzweiflungsladungen des Falles und mußten entlastet werden. Dem Auditor, der gut beobachtete und schließlich Verdacht schöpfte, gelang es, ihr Vertrauen zu gewinnen und die Verzweiflungsladungen zu finden. Doch selbst wenn er ihr Vertrauen nicht gewonnen hätte, wäre sie durch andauernde Restimulierung später Lebensbereiche schließlich in Tränen ausgebrochen. In einem anderen Fall, dem eines kleinen Kindes, war der Dub-in-Rückruf so offensichtlich und die Lügenfabriken arbeiteten so emsig, daß der Auditor schließlich erkannte, daß er nicht nur die Heimlichkeit eines Engramms zu durchdringen versuchte, sondern auch die Geheimhaltung, die ein Außenstehender dem Kind aufzwang. Die Mutter hatte in diesem Fall aus Angst vor einer Verhaftung dem Kind mit wilden Drohungen eingeschärft, daß es nichts über die häusliche Behandlung erzählen durfte. Hinter diesem Fall lag noch mehr verborgen, es gab auch einundachtzig Abtreibungsversuche, eine unglaubliche Anzahl.

Den Auditor geht alles etwas an, woraus ein Engramm geworden ist. Wenn die Gesellschaft einen Mann eingesperrt hat oder wenn zu Hause nicht alles in Ordnung ist, dann ist das etwas, was jemandem *angetan* wurde. Was er tat, um diese Behandlung zu »verdienen«, ist für die Therapie belanglos.

DER FREMDSPRACHEN-FALL

Hin und wieder wird der Auditor bei einem Fall auf eine merkwürdige Barriere stoßen – es ist unmöglich, in der vorgeburtlichen Zone irgend etwas zu finden, was sich klären läßt oder einen Sinn ergibt. Manchmal trifft das auch noch für die Kindheit zu. Es kann sich um einen »Fremdsprachen-Fall« handeln. Es kommt vor, daß ein Kind, ohne davon zu wissen, bei anderen Eltern geboren wurde (die eine fremde Sprache gesprochen haben) als denen, die es als seine Eltern kannte. Das ist eine besondere Art der Verwirrung; auch sie wird ziemlich leicht gelöst, indem man einfach Engramme behandelt. Es ist immer möglich, daß der Patient vergißt, daß seine Eltern zu Hause eine andere Sprache sprachen. Eine andere Sprache als die, die der Patient spricht oder die in dem Land, in dem er lebt, gesprochen wird, ist einerseits ein Vorteil: Der vorgeburtliche Bereich ist sehr schwer zu restimulieren, obschon er dennoch auf den Mind des Patienten einwirken kann. Für den Auditor jedoch ist das kein Vorteil, denn er muß sich nun mit einem Patienten beschäftigen, der die in die Engramme eingegangene Sprache nicht kennt, der vielleicht keinen Geräuschrückruf hat und der dennoch eine Engrammbank voller Daten mit sich herumträgt, die einst eine Bedeutung hatten und die in Wirklichkeit seine Grundsprache sind.

Für so einen Fall besteht die beste Lösung in einem Auditor, der beide Sprachen kennt – die in der vorgeburtlichen Zone und die gegenwärtig benutzte. Man könnte auch ein Wörterbuch heranziehen und sich die Bouncer usw. zusammenreimen. Oder man versetzt den Patienten oft genug in das Kleinkindalter zurück, so daß er schließlich beginnt, die Sprache wiederzuerlangen (indem man die Archivschublade dafür hervorzieht), um dann den Patienten nach Redewendungen zu fragen, die in der fremden Sprache dies oder jenes bedeuten würden. Nach und nach kann er so die Sprache wiedergewinnen und auf diese Weise die reaktive Bank ausschöpfen. Äußerst schwierig wird der Fall nur, wenn die andere Sprache während der Kindheit nicht gesprochen wurde. War das aber der Fall, so sendet der Auditor den Patienten einfach immer wieder in die Kindheit zurück, in der er die Sprache kannte, um ihn dann in die vorgeburtliche Zone zurückkehren zu lassen; der Patient kann übersetzen, was geschieht. Die Redewendungen anderer Sprachen als der, die der Auditor spricht, erzeugen oftmals ganz andere buchstäbliche Bedeutungen als die vergleichbaren Redewendungen der Sprache des Auditors. Dieser Unterschied ist weitgehend für die besonderen gesellschaftlichen Aberrationen eines Volkes verantwortlich. »Ich habe warm«, sagt der Spanier, »Ich bin warm«, der Engländer. Engrammatisch sind das zwei verschiedene Dinge, obwohl sie jeweils für den Analysator das gleiche bedeuten.

Mechanismen und Aspekte der Therapie

AUSSERSINNLICHE WAHRNEHMUNG

Wenn der Auditor einen Fall mit Dub-in-Rückruf oder mit starker emotioneller Ladung hat, kann es geschehen, daß der Patient in die vorgeburtliche Zone zurückkehrt und anfängt, die Umgebung zu beschreiben. Das versetzt manche Beobachter in Staunen und Verwunderung. Da befindet sich der Patient also in der Gebärmutter, und doch kann er »sehen«, was draußen geschieht. Der Patient erzählt von Vater und Mutter, wo sie sitzen und wie das Schlafzimmer aussieht – und das alles, während er sich im Mutterleib befindet. Dazu lassen sich ein paar schöne Theorien vorbringen: Eine davon besagt, daß der gemarterte Fötus außersinnliche Wahrnehmung (ASW) entwickelt, um zu sehen, was als nächstes geschieht. ASW ist eine ausgezeichnete Theorie, und manche Beobachtungen mögen sie bestätigen, *jedoch nicht beim Fötus*.

Man sollte sich erinnern, daß der Fötus, obwohl er hochentwickelte und kluge Zellen hat, doch kein wirklich vernünftiger Organismus ist. Das Vorhandensein eines Engramms bedeutet nicht unbedingt, daß der Fötus zu jener Zeit denken konnte. Das Engramm wurde erst dann außerordentlich aberrierend, als das Kind schließlich sprechen lernte. Das Engramm ist keine Erinnerung, sondern eine Aufzeichnung von Schmerz und Wahrnehmungen.

Mit einem Erwachsenen oder einem Kind sendet man in den vorgeburtlichen Bereich einen erfahrenen Mind zurück, der Schlüsse zieht, wenn er mit diesen Engrammen in Berührung kommt. Wenn man so manchen Preclears zuhört, könnte man den Eindruck bekommen, daß sie während der ganzen vorgeburtlichen Periode jeden Nachmittag um vier Uhr Goethe gelesen und Limonade getrunken haben.

Wird *Vernunft* und analytische Kraft in eine Periode zurückgeschickt, in der es weder Vernunft noch analytische Kraft gab, so drängen sich der zurückgekehrten Person natürlich viele Ideen auf. Alles, was man von ihr erwartet, ist aber das Durchlaufen der Engramme und ihrer Inhalte. Sie mag versuchen, durch Traummechanismen und Überlegungen aus der Gegenwart einen ganzen Farbfilm von der Szenerie mit hineinzuflicken.

Solche vorgeburtliche ASW gibt es tatsächlich nicht. Nach umfassenden Versuchen wurde bewiesen, daß jedesmal, wenn ein zurückgekehrter Preclear etwas zu sehen glaubt, die betreffende Szenerie in den Engrammen erwähnt wird, was bei ihm ein Phantasiebild davon erzeugt. Mit anderen Worten, es gibt keine vorgeburtliche ASW. Es gibt nur Beschreibungen und Abläufe, die eine Szenerie suggerieren, und diese Suggestionen – jetzt auf die Phantasie einwirkend – erzeugen den vermeintlichen Sehrückruf.

Das ist ein ständiges Phänomen besonders solcher Patienten, die kraftvolle Lügenfabriken haben. Wenn der Auditor so etwas sieht, beginnt er sich von dem Fall, mit dem er sich beschäftigt, eine Vorstellung zu machen – er weiß, daß voraussichtlich Dub-in-Geräuschrückruf benutzt werden wird, und er sollte alle erreichbare schmerzliche Emotion finden und entladen, denn es ist diese schmerzliche Emotion, die einen Fall veranlaßt, auf solche Weise auszuweichen. Er kann dann die Lügenfabrik selbst finden, nicht eine Lügenfabrik, die von der Lügenfabriken produzierenden Lügenfabrik erzeugt wurde. Er findet das wirkliche Engramm, das all diese Täuschungen hervorruft.

Unterbrechen Sie einen Preclear aber niemals dabei, wenn er solches Material vorbringt. Sagen Sie ihm nicht, daß es Einbildung ist, denn Sie würden die Lügenfabrik nur zu größeren Anstrengungen aufreizen. Denn hier begegnen wir Mitgefühlsberechnungen, Verlusten, die voller Verzweiflung sind, großen vorgeburtlichen Schmerzen und Vernachlässigung in der Kindheit. Schon eine Kleinigkeit könnte das Selbstvertrauen erschüttern, das dieser Patient aufgebracht hat. Gehen Sie daher vorsichtig vor, suchen Sie Verzweiflungsladungen, Verbündete, Mitgefühlsengramme, und finden Sie die Lügenfabrik. Dann wird sich der Fall stabilisieren und zur Klärung voranschreiten.

ELEKTROSCHOCK

Es hat sich als wichtig erwiesen, zu Beginn der Therapie alle Engramme zu finden und zu entlasten, die durch irgendeine Form von Elektroschock verursacht wurden. Diese scheinen ein Zusammenpacken von Engrammen zu verursachen, unabhängig davon, ob sie vor der Geburt (wie das bei manchen der Fall war), durch Unfall oder im Zuge psychiatrischer Behandlung empfangen wurden. Jeder Elektroschock scheint in der Engrammbank außergewöhnliche Kraft zu haben und zerrüttet offenbar die Gedächtnisspeicher sowohl vergangener wie auch zukünftiger Ereignisse in der zeitlichen Umgebung des Schockbereichs. Weiterhin enthält eine Elektroschockverletzung sehr tiefe »Bewußtlosigkeit«, die den analytischen Mind danach in geschwächtem Zustand hält.

STILLSCHWEIGENDE ÜBEREINKUNFT

Wenn zwei Preclears miteinander arbeiten, wobei jeder abwechselnd die Auditorenrolle übernimmt, kann ein Zustand entstehen, in dem sie sich gegenseitig daran hindern, mit bestimmten Engrammen Kontakt aufzunehmen.

Beispielsweise hat Preclear A eine Verbündetenberechnung in bezug auf einen Hund. Ohne es zu wissen, versucht er dieses »überlebensfreundliche« Engramm zu schützen, obwohl natürlich die Therapie behindert wird, wenn man es nicht entlastet. Wenn er Preclear B auditiert, neigt er dazu, seine eigenen Probleme in B hineinzulegen, das heißt, er verwechselt die Identitäten ein wenig. Wenn nun von Preclear B bekannt ist, daß er ein »überlebensfreundliches« Engramm in bezug auf einen Hund hat, dann wird Preclear A es beim Auditieren tatsächlich vermeiden, Preclear B mit dessen eigenem Engramm Kontakt aufnehmen zu lassen. A ist beherrscht von der irrigen Vorstellung, daß er sein Hunde-Engramm behalten kann, indem er B gestattet, sein Hunde-Engramm zu behalten. Das ist »stillschweigende Übereinkunft«. Man könnte es als einen Handel zusammenfassen: »Wenn du mich nicht gesund machst, werde ich dich auch nicht gesund machen.« Dagegen sollten Vorkehrungen getroffen werden; sobald den Beteiligten bewußt wird, daß dieser Zustand besteht und eine solche Abneigung gegen das Klären des anderen aufgetreten ist, verliert die »stillschweigende Übereinkunft« ihre Wirkung.

Es kann auch vorkommen, daß Ehemann und Ehefrau eine Zeit voller Streitereien und Unglück gemeinsam haben. Wenn sie sich klären – abwechselnd als Auditor arbeitend –, vermeiden sie unwissentlich aufgrund reaktiver Berechnung diese gemeinsam durchlebte Zeit und lassen so Engramme mit schmerzlicher Emotion bestehen.

Stillschweigende Übereinkunft wird von den darin verwickelten Personen nicht leicht erkannt. Preclears, die sich gegenseitig auditieren, sollten davor sehr auf der Hut sein, weil die Therapie dadurch unweigerlich verlangsamt wird.

EMOTIONS- UND SCHMERZABSPERRUNGEN[1]

Ein Fall, der keine Emotionen aufweist oder keinen Schmerz fühlen kann, obwohl diese in einem Geschehnis vorhanden sein sollten, leidet unter einer »Gefühls«-Absperrung; diese wird höchstwahrscheinlich in der vorgeburtlichen Zone zu finden sein. Das Wort »Gefühl« bedeutet sowohl Schmerz als auch Emotion; daher kann die Redewendung »Ich fühle nichts« für beide als Betäubungsmittel wirken.

Wenn der Patient das Geschehnis aus einem exteriorisierten Blickwinkel heraus betrachtet (wobei der Patient sich selbst sieht und nicht in sich selbst ist) oder etwas vorliegt, das sich als vorgeburtliche ASW ausgibt, dann stammt die emotionelle Absperrung wahrscheinlich aus Engrammen mit schmerzlicher Emotion, die im späteren Leben oder zumindest nach der Geburt liegen. Wenn kein exteriorisierter Blickwinkel vorliegt und der Patient in sich selbst ist, aber keine klaren Schmerzen oder Emotionen auftreten, während er ein Engramm durchläuft, muß man eine frühe emotionelle Absperrung oder eine frühe Schmerzabsperrung vermuten und durch die Wiederholungstechnik finden. Gehen Sie das Engramm mit Variationen des Begriffs »keine Emotion« an, bis Sie einen ähnlichen Ausdruck aufspüren; versuchen Sie es mit »Ich kann nichts fühlen« oder irgendeiner anderen Äußerung mit der gleichen Bedeutung, und der Patient wird schließlich darauf ansprechen, wenn die Engramme erreichbar sind und nicht durch andere unterdrückt werden.

Es mag auch geschehen, daß ein Fall sehr gut »arbeitet«, was bedeutet, daß sich Engramme anbieten und durchlaufen sowie reduziert werden können, ohne daß sich Emotion als Teil ihres Inhalts zeigt, während die Somatiken dumpf sind und nicht so sehr Schmerz als vielmehr nur Druck enthalten. Wenn die Schmerz- und Emotionsabsperrungen auf die Wiederholungstechnik hin zunächst nicht nachgeben, kann es sein, daß in der Grundzone viele Engramme ohne Schmerz oder Emotion, nur mit Druck und Wortinhalt durchlaufen werden müssen. Bei so einem Fall kann schließlich mit

[1] Der Somatikstreifen funktioniert auch bei allen Absperrungen, ob der Patient es *fühlt* oder nicht. Der Somatikstreifen gehorcht auch, wenn das Geschehnis durch »Bewußtlosigkeit« abgesperrt ist, doch schaltet sich kein Somatik ein. Es taucht erst nach dem »Boil-off« auf. (Anm. d. Verf.)

Schmerz und Emotion Kontakt aufgenommen werden, wonach die Therapie nutzbringender wird.

EXTERIORISIERTER BLICKWINKEL

Wenn Sie feststellen, daß sich ein zurückgekehrter Patient außerhalb seiner selbst befindet und sich selbst sieht, dann ist er vom Time-Track herunter. Man sollte ihm das nicht sagen, jedoch sollten die Verzweiflungsladungen, das heißt die Engramme mit schmerzlicher Emotion, sobald wie möglich gefunden und entladen werden. Das ist etwa der gleiche Mechanismus wie die oben beschriebene ASW.

TELEPATHIE

Manche Preclears werden versuchen, Telepathie als einen aberrierenden Faktor hinzustellen. Hiermit würde man ebenfalls nach Seifenblasen jagen. Telepathie mag es zwar geben, aber nach den vorliegenden Forschungsergebnissen empfängt der Fötus keinerlei Telepathie – und selbst wenn er sie empfangen sollte, ist dies doch keineswegs ein aberrierender Faktor.

Zur Telepathie und ASW wurden umfangreiche Tests angestellt, und in jedem Fall wurde eine Erklärung gefunden, die sich nicht auf Gedankenlesen oder »Radarsehen« zu stützen brauchte.

Wenn ein Patient dem Auditor zu erzählen versucht, er zitiere die Gedanken seiner Mutter, die er vor der Geburt aufgenommen habe, dann können Sie sicher sein, daß es irgendwo in diesem Bereich ein Engramm gibt, in dem sie genau dieselben Worte tatsächlich ausspricht. Mütter haben viele Engramme, die sie dramatisieren – vor allem, wenn sie ernstlich aberriert sind, und besonders dann, wenn sie schwer genug aberriert sind, um einen Abtreibungsversuch zu unternehmen. Die Kraft der Dramatisation tritt gewöhnlich in Form von Selbstgesprächen in Erscheinung. Manche Mütter haben sehr viel zu sich selbst zu sagen, wenn sie allein sind. Alles, was da gesprochen wird, überträgt sich natürlich auf das Kind, wenn es verletzt ist; und das Kind kann verletzt sein, ohne daß die Mutter verletzt ist – z. B. im Fall eines Abtreibungsversuchs. Noch längere Zeit nach einer solchen Verletzung ist das Kind gewöhnlich »bewußtlos« und hat Schmerzen; es zeichnet diese Selbstgespräche daher in Engrammen auf (und häufig ist die Stimme ziemlich laut). Das Kind hört es nicht; die Aufzeichnung findet einfach auf der Ebene der

Zellen statt. Alle Selbstgespräche dieser Art sind natürlich aberrierend und erzeugen einige bemerkenswerte Muster von Geisteskrankheit und Neurose.

Was jedoch Telepathie betrifft: Soweit wir es bis heute wissen, gibt es keine aberrierende Telepathie. Der Auditor sollte also Telepathie genausowenig Glauben schenken wie ASW.

DIE LEBENSBEDINGUNGEN VOR DER GEBURT

In der Gebärmutter ist es sehr laut. Jemand mag glauben, Geräuschrückruf zu besitzen, obwohl er keine »Bauch«-Laute hört; das bedeutet, daß er keinen Geräuschrückruf hat, sondern nur »Dub-in«. Ächzen und Rumoren der Eingeweide, fließendes Wasser, aufstoßen, Darmwinde und andere Körperaktivitäten der Mutter erzeugen ununterbrochen Geräusche.

Im späteren vorgeburtlichen Leben ist es obendrein sehr eng.

Bei hohem Blutdruck der Mutter ist es absolut scheußlich in der Gebärmutter.

Wenn die Mutter Chinin schluckt, kann das in den Ohren des Fötus (genauso wie in ihren eigenen) ein hohes klingendes Geräusch zur Folge haben – ein Klingen, das den Menschen durch sein ganzes Leben begleiten kann.

Der Mutter wird am Morgen schlecht, sie hat Schluckauf, Erkältungen, Husten und Schnupfen.

So steht es mit dem Leben vor der Geburt.

Der einzige Grund, weshalb irgend jemand den »Wunsch« hätte »in den Mutterleib zurückzukehren«, liegt darin, daß jemand die Mutter schlug und schrie »Komm hierher zurück!«, und aufgrund dieses Engramms tut es die Person dann auch.

DAS ENGRAMM-SPEICHERSYSTEM

Engramme werden nicht auf solch geordnete Art und Weise gespeichert, wie das eine geklärte Standardbank zuwege brächte. Engramme werden auf eine Weise gespeichert, die Alexander den Großen ratlos machen würde. Darum ist es schwierig zu wissen, wann das eigentliche nächste Geschehnis auftauchen wird.

Zeit, Thema, Wert, Somatik und Emotion sind die Speicherkriterien.

Die Rückkehr vom Basik-Basik kann ein scheinbar geordnetes Voranschreiten ins spätere Leben verheißen. Plötzlich aber wird eine

Verzweiflungsladung ausgelöst und entladen. Der Auditor blickt in den vorgeburtlichen Bereich zurück und findet eine ganze neue Reihe von Geschehnissen, die nun in Sicht sind. Dann beginnt Schritt für Schritt wieder das Voranschreiten in Richtung Gegenwart, eine weitere Entladung wird ausgelöst, und eine neue Reihe von vorgeburtlichen Engrammen kommt in Sicht. Diese werden ausgelöscht, und man schreitet wieder in Richtung Gegenwart voran, woraufhin noch eine weitere Verzweiflungsladung freigesetzt wird und noch mehr vorgeburtliche Engramme in Sicht kommen. Diese werden ausgelöscht usw.

Das Engramm-Speichersystem gibt Daten nach Somatik, Zeit, Thema, Wert oder Emotion aus. Gewöhnlich händigt der Archivar auf der Grundlage von Zeit und Thema Material aus. Emotion in der Bank hindert aber den Archivar daran, an eine bestimmte Reihe von Geschehnissen heranzukommen. Wird die Emotion entladen, werden die Geschehnisse erreichbar, und es werden Geschehnisse ausgehändigt, bis eine weitere emotionelle Ladung den Archivar aufhält. Die Findigkeit des Auditors ist nicht so sehr beim Fassen von vorgeburtlichen Engrammen erforderlich als vielmehr beim Finden dieser emotionellen Ladungen im späteren Leben sowie bei ihrer Entladung.

Im großen und ganzen ist das Speichersystem der Engramme, im Gegensatz zu dem der Standardbank, sehr armselig. Es ist aber jetzt, da wir es kennen, auch sehr verwundbar.

Die Daten des Engramm-Speichersystems können ausgelöscht werden; Daten der Standardbank können nicht gelöscht werden. Schmerz ist vergänglich – Vergnügen bleibt bestehen.

ERLEICHTERUNG

Der Psychoanalytiker oder ein Berater in Fragen menschlicher Beziehungen steht manchmal vor Problemen, die mit ein wenig Dianetik leicht gelöst werden können.

Wenn jemand infolge eines Vorkommnisses des Tages zu verstört ist, um sich den gegenwärtigen Aufgaben zuwenden zu können, ist es möglich, diese Aufregung mit ein paar Minuten Arbeit zu beheben.

Eine plötzliche Veränderung im Aussehen des Patienten, eine plötzliche Beeinträchtigung seiner Gemütsruhe, diese Dinge stammen gewöhnlich von einem Geschehnis her, das ihm seelische Qual bereitet hat. Obwohl diese Gemütswandlung ihre Ursache in der

Restimulierung eines Engramms hat, kann der Augenblick der Restimulierung – ein Lock – angegangen und erfolgreich erleichtert werden.

In der Reverie oder einfach dadurch, daß der Patient gebeten wird, seine Augen zu schließen, kann ihn der Analytiker auffordern, zu dem Augenblick der Verstimmung zurückzukehren und dort zu sein. Dieses Vorkommnis mag sich am gleichen Tag oder gerade erst in dieser Woche abgespielt haben. Man wird einen Augenblick der Ausschaltung des analytischen Minds entdecken, in dem irgendeine restimulierende Person oder ein restimulierender Umstand das Gleichgewicht des Patienten umwarf. Dieser Augenblick ist ein Lock. Es kann gewöhnlich wie ein Engramm wiedererzählt werden, und die jüngste Spannungsquelle wird sich erleichtern lassen, so daß die Arbeit fortgesetzt werden kann. Das Engramm selbst, von dem das Lock abhing, mag ohne vollständige dianetische Inangriffnahme des Problems nicht zugänglich sein.

Wenn ein Auditor einen Patienten in sehr verstörter Verfassung vorfindet, kann er oft Zeit sparen, indem er das Lock erleichtert, das die gegenwärtige Verstörtheit hervorrief.

Locks en gros zu lokalisieren, lohnt sich vom dianetischen Gesichtspunkt her nicht, da es davon bei jedem Fall Tausende und aber Tausende gibt. Hingegen das letzte Lock zu finden, das die Arbeit behindert, kann von Nutzen sein.

DIE TONSKALA UND DIE REDUZIERUNG VON ENGRAMMEN

Da der Mechanismus der Reduzierung eines späten Engramms mit schmerzlicher Emotion sehr wichtig ist, muß er besonders ausführlich behandelt werden.

Die Anwendungsmöglichkeiten der Reduzierung bei späten Engrammen sind weit und vielfältig. Wenn der Auditor durch eine Verletzung des Auditorenkodex mit seinem Preclear in Schwierigkeiten gerät, kann er diesen Verstoß als ein Engramm mit schmerzlicher Emotion behandeln und es reduzieren, worauf sein Schnitzer auf den Preclear keine Wirkung mehr haben wird. Der Auditor läßt den Preclear einfach zu dem Schnitzer zurückkehren und den Fehler selbst als Engramm durchlaufen. Wenn der Ehemann sich mit seiner Frau gestritten oder wenn sie einige unangenehme Tatsachen über seine Aktivitäten herausgefunden hat, kann er den Streit oder die

Entdeckung als Engramm mit schmerzlicher Emotion behandeln und es entlasten, mit dem Ergebnis, daß seine Frau in dieser Beziehung keinen Kummer mehr hat. Wenn einem kleinen Jungen gerade der Hund überfahren wurde, kann das Geschehnis als Engramm mit schmerzlicher Emotion behandelt und entlastet werden. Wenn dem Preclear gerade seine Frau davongelaufen ist, behandeln Sie das Verlassenwerden als Engramm mit schmerzlicher Emotion und entlasten es. Man kann jeden Schock und jede beliebige Bestürzung bei einer Person durch die gewöhnliche Reduzierungstechnik reduzieren, und was die schmerzliche Emotion angeht, so wird sie ihr nicht mehr zu schaffen machen.

Es spielt keine Rolle, ob das Engramm vor zwei Stunden oder zehn Jahren empfangen wurde – man kann dessen Ladung an schmerzlicher Emotion reduzieren. Es wird genauso wie jedes andere Engramm durchlaufen, indem man den Patienten zum Beginn des Schocks zurückkehren und ihn weit genug hindurchgehen läßt, um dessen erste Einwirkung vollständig genug wiederzuerleben.

Das Erscheinungsbild solcher Reduzierung ist ein Muster, das nicht sehr variiert. Wenn die Nachricht die Person in Apathie versetzt hat, dann wird sie das Geschehnis beim Wiedererzählen vielleicht ein- oder zweimal durchlaufen, bevor sie damit richtig in Kontakt kommt (vorausgesetzt, daß nicht woanders eine schwere emotionelle Absperrung vorliegt). Dann werden die Tränen und die Verzweiflung der Apathie kommen. Zwei oder drei weitere Durchläufe sollten Wut aufkommen lassen. Weiteres Wiedererzählen (immer von Anfang bis Ende als Wiedererleben) steigert die Tonstufe dann auf Langeweile. Weiteres Wiedererzählen sollte die Tonstufe auf Stufe drei oder vier heben, zur Entlastung, oder am besten zu befreitem Lachen.

Diese aufsteigende Folge der Stimmungen war der Hinweis, der zur Festlegung der Tonskala von null bis vier führte. Tonstufe vier ist Lachen.

Mitunter gibt es in der Gegend der Tonstufe zwei ein Stadium, in dem der Patient lässig und schnodderig wird. Das ist nicht mit Stufe vier zu verwechseln; es zeigt an, daß noch mehr Daten vorhanden sind. An diesem Punkt mag er sich gegen das Wiedererzählen sträuben und sagen, daß das Geschehnis entlastet sei. Wenn der Auditor bemerkt, daß der Preclear nicht gewillt ist, nochmals wiederzuerzählen, muß er auf jeden Fall darauf bestehen; denn da werden Daten unterdrückt, und es ist weitere Ladung vorhanden. Man stellt gewöhnlich fest, daß die Schnodderigkeit ein Ausweichmechanismus ist und mitunter in genau den engrammatischen Redewendungen zum Ausdruck gebracht wird, die der Preclear noch nicht gefunden hat. Dann wird weiterhin wiedererzählt (ohne daß der Auditor darauf besteht, bestimmte Redewendungen zu finden), bis der Patient Tonstufe vier erreicht.

Hier sehen wir in Kleinformat das Verhalten der gesamten Engrammbank im Verlauf der Therapie. Die ganze Engrammbank steigt von ihrer anfänglichen Tonstufe schließlich auf Tonstufe vier hinauf – sie kommt immer höher, je mehr Engramme ausgelöscht oder reduziert werden. Der Aufstieg der Bank ist jedoch keine glatte Aufwärtskurve, denn man wird mit neuen Engrammen in Kontakt kommen, die Apathie enthalten; und einige enthalten manische Redewendungen. Bei einem Engramm mit schmerzlicher Emotion hingegen steigt die Tonstufe ziemlich gleichmäßig. Wenn es überhaupt entlastet wird, wird es auf der Tonskala steigen. Steigt es nicht auf der Skala – von Apathie auf Wut, von Wut auf Langeweile, von Langeweile auf Fröhlichkeit oder zumindest auf Unbeteiligtsein –, dann wird es durch ein Geschehnis ähnlichen Inhalts unterdrückt.

Ein Engramm kann bei Tonstufe eins – Wut – beginnen und von da aus steigen. Wenn es sich schon zu Anfang auf Stufe zwei – Langeweile – befindet, handelt es sich kaum um ein Engramm.

Es kann jedoch in einer falschen Tonstufe zwei und von anderen Daten unterdrückt sein, so daß der Patient darüber lediglich gelangweilt und sorglos erscheint. Ein mehrmaliges Wiedererzählen mag eine Freisetzung des Engramms zur Folge haben, woraufhin es sofort zu Apathie – Tonstufe null – absacken wird, um dann erst über die Tonskala nach oben zu kommen. Es kann aber auch notwendig werden, mit einem anderen Engramm Kontakt aufzunehmen.

Dieser Tonskala folgen im Verlauf der Therapie die ganze körperliche und geistige Verfassung. Engramme mit schmerzlicher Emotion folgen ihr ebenfalls.

Bei einer Auslöschung unten in der Grundzone oder auf dem Rückweg vom Basik-Basik werden zwei oder drei Durchläufe ein Engramm jeglicher Art auslöschen, außer es ist das Basik (das erste Geschehnis) auf einer neuen Kette ähnlicher Geschehnisse. Engramme jedoch, die scheinbar keine Emotion aufweisen, sind, wo sie auf dem Time-Track auch liegen mögen, durch emotionelle oder Gefühlsabsperrungen, durch späte schmerzliche Emotion oder durch frühe Engramme, die Schmerz oder Emotion einfach direkt durch ihren Wortinhalt absperren, unterdrückt.

Der Fall sollte »lebendig« gehalten werden. Die Emotion muß

sich wandeln. Ein gleichbleibendes Wiedererzählen, das die Engramm-Tonstufe nicht verändert, sondern nur reduziert, ist in der Grundzone manchmal nötig; jedesmal aber, wenn ein Patient »brav« wird und »gut gedrillt« zu sein beginnt und beim Wiedererzählen seiner Engramme kein Interesse mehr für sie zeigt, ist späte schmerzliche Emotion, die abgezapft werden muß, oder frühe emotionelle Absperrung vorhanden. Wenn sich umgekehrt der Patient allzu kontinuierlich über alles und jedes emotionell gibt, wenn er bald weint, bald hysterisch lacht, macht die Therapie zwar Fortschritte, aber man sollte etwas Engrammatisches im vorgeburtlichen Bereich suchen, das sagt, daß er »überemotionell« sein muß – was bedeutet, daß er Engramme hat, die ihm Emotionalität befehlen.

Die Tonskala ist sehr nützlich und ein guter Anhaltspunkt. Sie tritt am deutlichsten hervor bei der Reduzierung von Engrammen, die der Preclear nach Erlernen der Sprache erhalten hat, zeigt sich aber auch bei früheren Geschehnissen.

Jedes Engramm mit schmerzlicher Emotion kann durchlaufen werden. Wenn es sich richtig reduziert und nicht durch etwas anderes unterdrückt ist, steigt es auf der Tonskala aufwärts bis zur Tonstufe vier.

WENN DIE WIEDERHOLUNGSTECHNIK BEI DEM PRECLEAR NICHT GUT FUNKTIONIERT

Gelangt der Patient nicht zu einem Geschehnis, während er eine Äußerung wiederholt, die ihm der Auditor gegeben hat, können drei Dinge verkehrt sein: Erstens kann es sein, daß der Patient sich auf dem Time-Track nicht bewegen kann; zweitens mag die Redewendung vom Archivar klugerweise so lange zurückgehalten werden, bis sie geklärt werden kann; oder drittens kann es sein, daß die Redewendung nicht als engrammatisches Material existiert.

Der Patient kann auch starke »Beherrsche-dich«-Engramme haben, die sich so äußern, daß er dem Auditor die Kontrolle entreißt, sehr rechthaberisch ist oder einfach die Zusammenarbeit verweigert. Die Wiederholungstechnik kann dann zur Wirkung kommen, wenn man sie auf Redewendungen wie »Beherrsche dich« und »Ich muß handeln« und dergleichen anwendet.

Wenn die Wiederholungstechnik nicht funktioniert, sitzt der Patient gewöhnlich durch einen Holder fest. Wenn er zurückgekehrt ist, sich aber auf dem Time-Track bei Anwendung der Wiederholungstechnik nicht bewegt, dann wenden Sie sie auf die Holder an.

Bedenken Sie, daß eine »Gefühls«-Absperrung alle Somatiken verleugnen kann, so daß der Patient sie nicht fühlt. Wenn der Patient gegenüber Not und Mißgeschick auf dem Time-Track unempfindlich zu sein scheint, dann können Sie sicher sein, daß er eine Gefühlsabsperrung hat.

Eine große emotionelle Ladung kann die Wiederholungstechnik ebenfalls behindern.

Der Somatikstreifen dringt in emotionelle Ladungen – Engramme mit schmerzlicher Emotion – nicht leicht ein, und deswegen ist die Wiederholungstechnik angezeigt.

Sollte die Wiederholungstechnik nicht funktionieren, kann man – obschon das selten nötig ist – den Patienten auffordern, sich »das Schlimmste, was einem Baby geschehen könnte« und dergleichen mehr vorzustellen; aus dem, was er sagt, können neue Redewendungen für die Arbeit mit der Wiederholungstechnik gesammelt werden, die den Patienten in ein Engramm hineinbringen werden.

DIE EINZELWORTTECHNIK

Wörter sind ebenso wie Engramme in Ketten vorhanden. Im Leben einer Person gibt es immer ein erstes Mal der Aufzeichnung eines Wortes. Die gesamte Alltagssprache kann im Innern der Engrammbank enthalten sein. Es gibt beinahe unendlich viele mögliche Wortkombinationen dieser Alltagssprache. Die Formulierungen der verschiedenen Denyer, Bouncer usw. sind unzählbar.

Zwei »glückliche« Umstände gibt es indessen, die die Mühsal des Auditors erleichtern. Erstens sind zum jetzigen Zeitpunkt alle Akteure (Mitspielenden) in den Engrammen des Preclears aberriert. Jeder Aberrierte ergeht sich in typischen Dramatisationen, die er in restimulierenden Situationen immer wieder durchspielt. Beispielsweise wiederholen sich die Reaktionen des Vaters gegenüber der Mutter; wenn er in einer engrammatischen Situation eine Reihe von Redewendungen äußert, wird er sie in späteren ähnlichen Situationen auch benutzen. Wenn die Mutter dem Vater gegenüber z. B. eine anklagende Haltung einnimmt, dann wird sich diese Haltung in bestimmten Wendungen ausdrücken; diese Wendungen werden Engramm für Engramm wieder erscheinen. Zweitens beginnt der eine Ehepartner, wenn der andere ihn beschimpft, nach einiger Zeit unter ansteckender Aberration zu leiden und wiederholt die Redewendungen des anderen. Wo bei einem erstgeborenen Kind elterliche Brutalität am Werk war, kann man die Eltern anhand der Engramme des Patienten beobachten und sehen, wie ein Partner nach und nach die Redewendungen des anderen übernimmt, entweder um sich damit selbst zu quälen oder um sie dem anderen seinerseits an den Kopf zu werfen. All das bewirkt letzten Endes, daß die Engramme in Geschehnisketten auftreten, wobei jedes Geschehnis dem anderen sehr ähnlich ist. Wenn man von einer Kette das Basik gefunden hat, erweisen sich die nachfolgenden Geschehnisse auf der jeweiligen Kette als hinreichend ähnlich, um sofort die Reduzierung oder Auslöschung vieler Geschehnisse zu ermöglichen. Das *erste* Geschehnis auf der Kette, ihr Basik, hält die anderen mehr oder weniger an ihrem Platz fest und außer Sicht; deswegen ist das Basik auf der Kette das Ziel.

Jedes in der Bank vorhandene Wort ist der Bank irgendwann zum ersten Mal eingegeben worden. Wörter lassen sich ebenfalls in Ketten reduzieren, was den Vorteil hat, daß jedes weitere Auftreten des Wortes in der Bank ganz von selbst ein neues Engramm verrät, das natürlich reduziert oder ausgelöscht wird, sobald man damit in Kontakt kommt oder sobald sein Basik lokalisiert werden kann.

Die Einzelworttechnik ist sehr wertvoll und nützlich. Sie ist eine Sonderform der Wiederholungstechnik. Bei den meisten Patienten bewirkt das Wiederholen eines einzelnen Wortes, daß sich die damit verbundenen Wörter von selbst aufdrängen. Daher fordert man den Patienten auf, das Wort »vergessen« zu wiederholen und mit ihm zurückzukehren. Er beginnt das Wort »vergessen« zu wiederholen und findet kurz darauf eine zusammenhängende Reihe von Wörtern, die z. B. die Redewendung »Du kannst mich niemals vergessen« ergeben. Nun haben wir eine Redewendung in einem Engramm, und der Rest des Engramms kann durchlaufen werden.

Wenn man mit einem späten Engramm Kontakt aufnehmen mußte, um einen Fall voranzubringen, dieses aber nicht nachgeben will, ist es möglich, jedes Wort oder jede Redewendung dieses späten Engramms herauszugreifen und es mit der Wiederholungstechnik auf dem Time-Track zurückgehend zu verfolgen. Auf diese Weise können die früheren Engramme, die dieses spätere aufrechterhalten, gefunden und reduziert werden; und schließlich wird man das späte Engramm selbst reduziert haben. Das ist übrigens ein gebräuchliches und nützliches Verfahren.

Hierzu eine Regel: *Wenn sich eine Redewendung oder ein Wort in einem Engramm nicht reduzieren läßt, dann taucht dieselbe Redewendung oder dasselbe Wort in einem früheren Engramm auf.* Man muß vielleicht später Emotion entladen, um an die frühere Redewendung heranzukommen, gewöhnlich wird man sie aber durch Wiederholungstechnik mit Einzelwörtern oder Redewendungen erreichen.

Es sind nur wenige Dutzend Wörter nötig, um an beinahe jedes Engramm heranzukommen. Ihrer bedient man sich bei den Einzelwortwiederholungen in erster Linie. Dazu gehören Wörter wie die folgenden: *vergessen, erinnern, Gedächtnis, blind, taub, stumm, sehen, fühlen, hören, Emotion, Schmerz, Furcht, Schreck, Angst haben, aushalten, stehenbleiben, lügen, kriegen, kommen, Zeit, Unterschied, Einbildung, recht, dunkel, schwarz, tief, aufwärts, abwärts, Wörter, Leiche, tot, verfault, Tod, Buch, lesen, Seele, Hölle, Gott, erschrocken, elend, schrecklich, Vergangenheit, schauen, alles, jeder, immer, niemals, überall, alle, alles, glauben, zuhören, Sache, suchen, ursprünglich, Gegenwart, zurück, früh, Anfang, geheim, sagen, sterben, gefunden, Mitgefühl, irre, verrückt, wahnsinnig, loswerden, Kampf, Faust, Brust, Zähne, Kiefer, Magen, Weh, Elend, Kopf, Sex, unanständige Sex- und Fluchwörter, Haut, Kind, Baby, es, Vorhang, Schale, Hindernis, Wand, denken, Gedanke, schlüpfrig, verwirrt, gemischt, gescheit, arm, klein, krank, Leben, Vater, Mutter, Kosenamen der Eltern oder anderer, die während der vorgeburtlichen Periode und der Kindheit zum Haushalt gehören, Geld, Essen, Tränen, nein, Welt, Entschuldigung, halt, lachen, hassen, eifersüchtig, Scham, schämen, Feigling* usw.

Bouncer, Denyer, Holder, Grouper, Misdirectors usw. haben ihre immer wieder vorkommenden Einzelwörter, und das sind nicht viele. Bouncer würden enthalten: *raus, rauf, zurück, geh, spät, später* usw.

Holder würden enthalten: *fangen, gefangen, Falle, in der Falle sein, halt, liegen, sitzen, bleiben, kann nicht, festsitzen, festhängen, halten, lassen, Verschluß, eingeschlossen, komm* usw.

Grouper würden enthalten: *Zeit, zusammen, einmal, Unterschied* usw.

Die Einzelworttechnik entfaltet ihre Wirkung nirgendwo besser als beim Junior-Fall (einem Patienten, der den Namen des einen oder anderen Eltern- oder Großelternteils trägt). Indem der Name des Patienten aus den vorgeburtlichen Engrammen herausgelöst wird (wo er einer anderen Person gilt, aber von ihm fälschlich auf sich selbst bezogen wird), kann der Patient sein eigenes Selbstverständnis und seine eigene Valenz wiedergewinnen. Verwenden Sie den Vornamen und den Nachnamen des Patienten (getrennt) immer für die Wiederholungstechnik, gleichgültig ob er ein »Junior« ist oder nicht.

Wenn die Engrammbank auf eine Redewendung nichts hergibt, rückt sie wahrscheinlich bei einem häufig verwendeten Wort etwas heraus. Jedes *kleine* Wörterbuch wird eine reiche Auswahl für die Einzelworttechnik liefern. Verwenden Sie auch eine Liste von üblichen Vornamen, männlichen und weiblichen. So kann man Verbündete oder Liebhaber entdecken, mit denen man sonst nicht in Kontakt kommen könnte.

Das Engramm mit schmerzlicher Emotion gibt mitunter nur langsam nach, wenn man lediglich den Somatikstreifen dorthin lenkt. Manchmal findet es der Patient schwierig, sich einem allzu stark geladenen Bereich zu nähern. Die Einzelworttechnik mit dem Namen des Verbündeten, sofern er bekannt ist, oder Wörtern des Mitgefühls, der Zuneigung, des Todes, der Abweisung oder des Abschieds und insbesondere mit dem Kosenamen des Patienten aus seiner Kindheit liefert oft rasche Ergebnisse.

Übrigens darf der Auditor bei Anwendung der Wiederholungstechnik mit Wörtern oder Redewendungen den Fall *nicht* zu sehr aufrühren. Nehmen Sie, was sich anbietet, und reduzieren Sie es. Reduzieren Sie das Somatik, das sich bei der Person zeigt, wenn sie in Reverie geht, bzw. versuchen Sie immer eine Zeitlang, es zu finden, auch wenn Sie damit keinen Erfolg haben. Wenn Sie auf dem Weg eine Kette hinab etwas aufrühren, das sich nicht reduzieren läßt, sollten Sie es sich als etwas vermerken, das reduziert werden muß, sobald Sie das Basik gefunden haben.

Durch die Einzelworttechnik erhält man oft Redewendungen, die sonst verborgen bleiben würden, die aber zum Vorschein kommen, sobald das Schlüsselwort angezapft wird. Durch die Verwendung von »Hör« als Einzelwort kamen bei einem Preclear all die im folgenden Beispiel wiedergegebenen Redewendungen ans Licht, die den Fortschritt der Behandlung gründlich behindert hatten. Es war gar nicht versucht worden, mit einem solchen Engramm im vorgeburtlichen Bereich in Kontakt zu kommen. Tatsächlich hatte man die »Prügelkette« überhaupt nicht vermutet, da sie der Patient niemals dramatisiert hatte. Weil aber eine solche gewaltsame vorgeburtliche Prügelkette existierte, war die Tatsache, daß die Eltern des Patienten zu Hause heftige Auseinandersetzungen hatten, so vollständig aus seinen Standardbanken ausgestrichen, daß er zweifellos einen derartigen Verdacht schockiert abgelehnt hätte, wäre er darauf angesprochen worden. Das Somatik war ungewöhnlich heftig und war dadurch verursacht worden, daß der Vater auf der Mutter kniete und sie würgte.

Der Patient wiederholte mehrere Male »Hör«, und der Auditor forderte ihn auf, zu einem Geschehnis zurückzukehren, das dieses Wort enthielt. Der Patient wiederholte es weiterhin und fiel dann plötzlich, als er den vorgeburtlichen Bereich erreichte, in eine Betäubung. Er blieb etwa dreißig Minuten im Zustand des »Boil-off«, während er vom Auditor gelegentlich geweckt und aufgefordert wurde, das Wort »Hör« zu wiederholen, und hatte dann ein starkes Somatik. »Hör« wurde zu »Bleib hier«[2]. Das Somatik wurde stärker, und »Bleib hier« wurde so lange wiederholt, bis sich der Patient frei auf dem Time-Track durch das Engramm bewegen konnte. Er kam mit der Stimme seines Vaters in Kontakt und sträubte sich wegen der Heftigkeit der Emotionen sehr, das Engramm weiter zu durchlaufen. Erst nachdem er vom Auditor überredet und hineinmanövriert worden war, wurde das Engramm wiedererzählt.

VATER: »Bleib hier! Bleib unten, verdammt noch mal, du Hure! Diesmal bring ich dich um. Diesmal tu ich's. Nimm das! (Verstärktes Somatik, als sich sein Knie in den Unterleib der Mutter bohrt.) Ja, schrei nur! Schrei ruhig weiter, schrei um Gnade! Warum brichst du nicht zusammen? Keine Angst, das wirst du schon! Du wirst noch hier herumheulen und um Gnade winseln! Je lauter du schreist, um so schlimmer wird es dir gehen. Ja, das hör' ich gern! Ich bin ein Hurenbalg, was? Du bist der Hurenbalg! Ich könnte dich jetzt fertigmachen, aber ich mach's nicht. (Der Auditor hat plötzlich Schwierigkeiten, der Patient nimmt die letzte Redewendung wörtlich und hört mit dem Wiedererzählen auf; der Auditor startet ihn wieder.) Das ist nur ein Vorgeschmack. Ich hab noch sehr viel mehr auf Lager. Ich hoffe, es tut weh! Ich hoffe, es bringt dich zum Heulen! Und wenn du nur ein Wort zu jemandem sagst, dann bringe ich dich im Ernst um! (Der Patient läuft jetzt mit einer solchen emotionellen Aufwallung voran, daß Befehle auf ihn weniger wirken. Diese Anweisung, nichts zu sagen, wurde nicht beachtet.) Ich schlag' dir die Fresse ein! Du weißt nicht, was Schmerzen sind! (Das Somatik läßt nach, da das Knie weggenommen wird.) Ich weiß, was ich jetzt mit dir mache! Ich werde dich strafen! Ich werde dich strafen, und Gott wird dich strafen! Ich vergewaltige dich! Ich steck' ihn in dich rein und reiß' dich kaputt! Du mußt tun, was ich sage! Leg dich aufs Bett! Leg dich hin! Lieg still! (Knochen krachen, als er ihr einen Faustschlag ins Gesicht versetzt. Der Blutdruck steigt und tut dem Baby weh.) Lieg still! Du kommst hier niemals weg! Jetzt ist Schluß! Du bist dreckig! Du bist schmutzig und krank! Gott hat dich gestraft, und jetzt werde ich dich strafen! (Das durch den Koitus verursachte Somatik beginnt und ist sehr heftig; das Kind wird noch mehr verletzt.) Du hast etwas Schreckliches in deiner Vergangenheit. Gemein zu mir sein? Du versuchst, mich fühlen zu lassen, daß ich eine Null bin! *Du* bist eine Null! Hier hast du eine und noch eine!« (Es folgt eine Reihe von Obszönitäten, die etwa fünf Minuten lang herausgeschrien werden.) Der Patient erzählte es dreimal, und es war ausgelöscht. Das war das Basik-Basik! Drei Tage nach der Befruchtung, soweit es nach den Tagen bestimmt werden konnte, die bis zur ersten ausgebliebenen Periode verstrichen. Es brachte fast alle anderen

[2] Die englischen Wörter für »hör« und »hier« (*hear* und *here*) werden gleich ausgesprochen.

wichtigen Daten des Falles in Sicht, der sich dann lösen ließ und geklärt wurde.[3]

Das einzelne Wort hätte den Patienten bei einem anderen »Hör« in diesem Geschehnis landen lassen können. In einem solchen Fall wäre es notwendig, es bei seinem frühesten Auftreten aufzugreifen, andernfalls könnte der Rest des Engramms wahrscheinlich nicht ausgelöscht oder reduziert werden.

Das Wort »Hör« hätte den Patienten auch später auf dem Time-Track landen lassen können. In diesem Fall sucht man nach früheren Engrammen, bis man eines findet, das verlöscht. Dabei reduziert man jedes Engramm, auf das man trifft, bis man zu dem frühesten gelangt, worauf sie sich alle auslöschen lassen.

Bei der Technik der Einzelwortwiederholung ebenso wie bei der Wiederholung von Redewendungen sollte der Auditor keine rasche, gedankenlose Wiederholung zulassen, sondern auf einer langsamen Wiederholung bestehen, während derer der Auditor den Somatikstreifen auffordert, zurückzukehren und den Patienten ersucht, mit allem Kontakt aufzunehmen, was sich mit dem Wort assoziieren mag.

Warnung: Wenn sich der Patient auf dem Time-Track nicht bewegt, dann geben Sie ihm keine Wiederholungswörter oder -redewendungen aufs Geratewohl, da diese an der Stelle Engramme auftürmen würden, wo der Patient feststeckt. Bemühen Sie sich ausschließlich, den Patienten auf dem Time-Track wieder in Bewegung zu bringen, indem Sie die Redewendung finden und reduzieren, die ihn festhält.

Warnung: Das Basik-Basik enthält nicht immer Worte; oft ist es nur schmerzhaft und von Geräuschen des Mutterleibs begleitet. Durch die in ihm enthaltenen Wahrnehmungen wird es nichtsdestoweniger alles an Ort und Stelle festhalten.

[3] Zu diesem Beispiel läßt sich nebenbei noch bemerken, daß das Engramm die »Prügelkette« mit der »Koituskette« verkreuzte und beide absperrte. Woher dieses Engramm kam oder woher die Engramme stammen, die in ihm zusammengebündelt waren, ist natürlich eine Frage der »Altertumsforschung«. Das hier war Papas übliches Auftreten zu Hause; dieser Eindruck von seinem Charakter wurde durch die Tatsache bestätigt, daß sowohl seine Frau als auch sein Kind fast psychotisch waren. Papa war nicht »psychotisch«. Er war ein »derber, kraftvoller, direkter Mann«, Präsident einer Bank und für seinen starken, nüchternen Willen bekannt. Der Sohn war ein Trinker und militanter Atheist, der gegen alles war, was sein Vater repräsentierte, Geld eingeschlossen. Während sich der Sohn noch in Therapie befand, erzählte er seinem Vater unvorsichtigerweise von diesem Engramm, worauf dieser zwei Tage lang wild gegen die Dianetik tobte und dann mit »rheumatischem Fieber« zusammenbrach. In diesem Zustand schickte er nach dem Auditor seines Sohnes, um sich klären zu lassen – das wurde getan. Beide Patienten hatten Absperrungen von Geräuschrückruf, Schmerz und Emotion. (Anm. d. Verf.)

BESONDERE BEFEHLSTYPEN

Es gibt einige klar zu unterscheidende Typen von Befehlen. Sie werden hier jeweils mit einigen Beispielen aufgeführt, damit man sie sich leicht vergegenwärtigen kann.

Aberrierende Befehle können alles enthalten. Der Auditor beschäftigt sich nicht sehr mit ihnen. Denken Sie zurück an unseren jungen Mann mit der Jacke aus dem zweiten Teil dieses Buches; dort bekommt man – in der Gestalt hypnotischer Befehle – eine Vorstellung davon, was ein aberrierender Befehl ist. »Ich bin ein komischer Vogel«, »Ich kann keinen Dixie pfeifen«, »Die ganze Welt ist gegen mich«, »Ich hasse Polizisten«, »Ich bin der häßlichste Mensch der Welt«, »Du hast kein Rückgrat«, »Der Herr wird mich strafen!«, »Ich muß immer mit meinen Ding spielen«. Solche Redewendungen mögen für den Patienten sehr interessant und für den Auditor sogar lustig sein. Dem Patienten können sie im Leben sehr viele Schwierigkeiten bereitet haben. In der dianetischen Therapie kommen all diese Befehle früher oder später zum Vorschein. Nach einer besonderen Aberration oder nach einem bestimmten Somatik zu suchen ist mitunter interessant und manchmal recht nützlich; gewöhnlich ist es aber nicht wichtig. Diese aberrierenden Befehle können genügend Daten enthalten, um aus dem Patienten einen rasenden Fanatiker, einen Paranoiker oder einen Weiß-der-Himmel-Was zu machen; für den Auditor bedeuten sie aber nichts. Sie tauchen auf, wenn die Zeit gekommen ist. An ihnen oder mit ihnen zu arbeiten ist zweitrangig oder nicht einmal das.

Die Hauptaufgabe des Auditors besteht bei jedem Fall darin, den Patienten auf dem Time-Track beweglich zu halten, seinen Somatikstreifen fürs Hin- und Herbewegen freizuhalten und *Engramme zu reduzieren.* Sobald der Patient so handelt oder reagiert, als würde er sich nicht bewegen, oder der Archivar keine Daten mehr hergibt, ist irgend etwas nicht in Ordnung; und das hat mit einigen wenigen Typen von Redewendungen zu tun. In Engrammen sind Tausende solcher Redewendungen – unterschiedlich formuliert – enthalten, aber sie lassen sich in nur fünf Gruppen unterbringen.

DENYER (»Verleugner«)

»Laß mich in Ruhe« bedeutet buchstäblich, daß der Preclear das Geschehnis in Ruhe lassen soll.

»Kann ich nicht sagen« bedeutet, daß er Ihnen dieses Engramm nicht sagen kann.

»Schwer zu sagen« bedeutet, daß es *schwer* zu sagen ist.

»Will ich nicht wissen« bedeutet, daß er kein Verlangen hat, etwas über dieses Engramm zu wissen.

»Vergiß es« ist der klassische Vertreter des Vergessermechanismus, einer Untergruppe der Denyer. Wenn das Engramm einfach nicht zum Vorschein kommen will, sich jedoch ein Somatik oder ein Muskelzucken zeigt, dann senden Sie den Somatikstreifen zum Denyer. Oftmals heißt er »Vergiß es« oder »Kann mich nicht erinnern« als Teil des Engramms. »Ich weiß nicht, was vor sich geht« kann Mutter sein, die Vater etwas erzählt; der Analysator des Preclears jedoch, auf den dies einwirkt, weiß daraufhin nicht, was vor sich geht.

»Das liegt mir fern« bedeutet, daß er sich an Ort und Stelle befindet, aber glaubt, anderswo zu sein.

»Halte daran fest, es ist dein Leben!« macht das Engramm für die Existenz »lebenswichtig«.

»Das kann nicht erreicht werden«, »Ich kann da nicht reinkommen«, »Niemand darf es wissen«, »Es ist ein Geheimnis«, »Wenn das jemand herausfände, würde ich sterben«, »Sprich nicht«, sind weitere Denyer, und es gibt Tausende mehr.

HOLDER (»Festhalter«)

Der Holder kommt am häufigsten vor und wird am meisten angewandt, denn wenn sich der Preclear auf dem Time-Track nicht bewegen oder nicht in die Gegenwart kommen kann, befindet er sich in einem Holder. Ein Holder, der mit einem Denyer kombiniert ist, wird trotzdem festhalten. Wenn er nicht gefunden werden kann, dann suchen Sie zuerst nach dem Denyer und dann nach dem Holder.

»Ich sitze fest« ist die klassische Redewendung.

»Jetzt steckt es fest« ist eine weitere.

»Ich bin in der Klemme« bedeutet für den Preclear nicht das, was es für die Mutter bedeutete, als sie es sagte. Für sie mag es geheißen haben, daß sie schwanger ist; dem Preclear sagt es aber nur, daß er auf dem Time-Track festgeklemmt ist.

Weitere Beispiele sind: »Beweg dich nicht«, »Bleib dort sitzen, bis ich dir sage, daß du dich rühren kannst«, »Halt, erst mal nachdenken.« (Wenn diese letzte Redewendung beim ersten Wiedererzählen geäußert wird, muß der Auditor den Preclear möglicherweise wieder in Bewegung setzen, denn er tut genau dies: Er hält an und denkt nach. Er würde eine ganze Zeitlang anhalten und nachdenken. Der Auditor wird diesen seltsamen und unsinnigen buchstäblichen Gehorsam zu sehen bekommen, wenn er einen Fall bearbeitet.) Und es gibt noch Tausende mehr – alle möglichen Arten, in denen Wörter buchstäblich so verstanden werden können, daß sie jemanden aufhalten oder ihn davon abhalten, sich zu bewegen.

BOUNCER (»Rausschmeißer«)

Den Bouncer könnte man am besten durch eine Kurve darstellen. Der Preclear geht in den vorgeburtlichen Bereich zurück und findet sich plötzlich bei einem Zeitpunkt wieder, als er zehn Jahre alt war, oder gar in der Gegenwart. Da ist ein Bouncer am Werk. Wenn der Preclear zu einem frühen Punkt des Time-Tracks zurückgeht, sagt der Bouncer: »Geh wieder rauf.«

Wenn der Preclear anscheinend nicht weiter zurückgelangen kann, dann gibt es einen Bouncer, der ihn von einem Engramm wegkatapultiert. Lassen Sie den Preclear kurz beschreiben, was vor sich geht. Greifen Sie die Beschreibung oder eine Redewendung, die voraussichtlich ein Bouncer ist, auf, und benutzen Sie die Wiederholungstechnik so lange, bis er wieder am Engramm ist. Wenn ihm der Kontakt leichtfällt, wird es ihn nicht wieder hinauskatapultieren.

»Raus!« ist der klassische Bouncer. Der Patient bewegt sich dann gewöhnlich auf die Gegenwart zu.

»Ich kann jetzt nicht mehr zurück« kann bedeuten, daß sich die Mutter entschlossen hat, das Kind nun doch zu kriegen oder die Abtreibung zu Ende zu führen; für den Preclear heißt es aber, daß er sich auf dem Time-Track zur Gegenwart hin bewegen muß oder daß er keine frühere Zeitperiode erreichen kann.

»Auf!«, »Verschwinde!«, »Ich muß weit, weit weg«, »Ich komme hoch«, »Er schießt ganz schön hoch«, »Es geht aufwärts« sind Bouncer. Und es gibt Tausende mehr.

GROUPER (»Zusammenpacker«)

Der Grouper ist von allen Befehlstypen der übelste. Er kann sehr unterschiedlichen Wortlaut haben, und seine Wirkung auf den Time-Track ist sehr ernst: Der ganze Time-Track kann sich zu einem Knäuel zusammenrollen, so daß alle Geschehnisse an der gleichen Stelle zu sein scheinen. Das wird deutlich, sobald der Preclear auf einen trifft. Der Grouper wird nicht einfach zu entdecken sein. Doch er wird sich mit fortschreitender Therapie bereinigen, und man kann mit dem Fall auch arbeiten, wenn ein Grouper restimuliert ist.

»Ich habe keine Zeit« und »Es ist alles gleich« sind klassische Grouper. »Alles stürzt auf einmal auf mich ein« bedeutet genau das. »Sie sind alle zusammen da drin«, »Zusammengewürfelt«, »Zusammengeballt«, »Alles ist genau hier«, »Du kannst dich an all das in der Gegenwart erinnern« (ein schwerer Fehler, wenn ein Auditor dies zu einem beeinflußbaren Patienten sagt, denn das wird den Fall unglaublich vermurksen).

»Du assoziierst alles«, »Alles ist ein einziges Knäuel«, »Stopf einfach alles da hinein«, »keine Zeit« und Tausende mehr.

MISDIRECTOR (»Mißweiser«)

Der Misdirector ist ein heimtückischer Bursche. Wenn er in einem Engramm auftaucht, bewegt sich der Patient in die falsche Richtung, zur falschen Stelle usw.

»Du machst alles falsch herum«, »Alle zusammen hoch« ist ein Grouper und ein Misdirector.

»Es kommt mir immer hoch« bringt den Preclear ein Stück auf dem Time-Track nach oben (in Richtung Gegenwart), und von dort aus versucht er Engramme aufzulesen.

»Du kannst nicht nach unten gehen« ist teils ein Bouncer, teils ein Misdirector.

»Wir können dem nicht auf den Grund gehen« hält den Preclear vom Basik-Basik ab.

»Du kannst noch einmal von vorn anfangen« hält ihn davon ab, das Wiedererzählen zu beenden; er geht daraufhin zum Anfang des Engramms zurück, anstatt es weiter zu durchlaufen.

»Kann das nicht noch einmal durchmachen« hält ihn davon ab, es wiederzuerzählen.

»Ich kann dir nicht sagen, wie es anfing«, läßt ihn seine Engramme immer wieder in der Mitte beginnen, und sie werden sich dann nicht reduzieren lassen. Es gibt viele solcher Redewendungen.

»Wir wollen uns niederlassen« und alle Formen von »Niederlassen« lassen ihn den Time-Track rückwärts hinabtreiben.

»Ich steuere auf eine Erkältung zu« versetzt den Aberrierten in ein Schnupfenengramm. Man kann sich darauf verlassen, daß hierdurch jede Erkältung weitaus schlimmer wird.

»Komm hierher zurück« ist eigentlich ein *Call-back*[4] (»Zurückrufer«), steuert ihn aber auch von dort weg, wo er sein sollte. Ein Patient, der nur unter Schwierigkeiten die Gegenwart erreicht und gleich wieder zurückzugehen beginnt, ist ein Opfer eines Befehls wie »Komm hierher zurück« oder »Laß dich nieder«.

»Da bin ich ganz unten durch« leitet ihn nicht nur von der Gegenwart weg, sondern auch an das untere (früheste) Ende des Time-Tracks und vom Time-Track herunter. Das ist gleichzeitig ein Misdirector und ein Entgleiser.

»Kann nicht an mir vorbeikommen« ist ein Misdirector in der Art eines Umkehrers.

»Du kannst hinten von vorn nicht unterscheiden« ist die klassische Redewendung.

»Ich dreh mich jetzt um.«

Der *Entgleiser* ist ein Sonderfall, der den Preclear »vom Time-Track herunterwirft« und dazu führt, daß er den Kontakt mit ihm verliert. Das ist eine sehr gefährliche Redewendung, da sie Schizophrenie erzeugen kann. Etwas Derartiges ist bei Schizophrenie immer zu finden. Einige dieser Redewendungen stoßen den Patienten in andere Valenzen, die keinen richtigen Time-Track haben; manche entfernen nur die Zeit, andere werfen ihn gänzlich aus der Zeit hinaus.

»Ich habe keine Zeit« ist sowohl ein Entgleiser als auch ein Grouper.

»Ich bin außer mir« bedeutet, daß er jetzt zwei Personen ist, eine neben der anderen.

»Ich muß so tun, als ob ich jemand anderer wäre« ist eine ideale Redewendung zur Verwirrung der Identität.

»Du bist hinter der Zeit zurück« ist einer von vielen weiteren Misdirectors.

»Jetzt« wird manchmal mit der Gegenwart verwechselt, aber nicht oft. Der Auditor sollte nicht sagen: »Komm ins Jetzt«, denn wenn er es täte, würde er mehr »Jetzt« finden, als er ohne weiteres in den Griff bekommen könnte. »Gegenwart« ist ein Wort, das als Engramminhalt seltener vorkommt, und deshalb wird dieses Wort benutzt. »Jetzt« kommt zu häufig vor.

Bei verschiedenen schwer aberrierten Personen, die sich an die Vergangenheit schlecht erinnern konnten, wurde festgestellt, daß sie

[4] *Call-back:* Redewendungen oder Sätze, die den Preclear in der Gegenwart veranlassen würden, zu einer anderen Position im *Raum* zurückzugehen, in Engrammen jedoch die Wirkung haben, ihn von der *Zeit* der Gegenwart weg in die Engramme hineinzuziehen.

zu Anfang der Behandlung vollständig von ihrem Time-Track herunter waren und in die vorgeburtliche Zone regrediert[5] waren und dort festsaßen. Was ihre geistige Fähigkeit betraf, so hatten sie nur wenige Monate Vergangenheit – von der Empfängnis bis zu der Stelle, wo sie sich befanden. Und doch hatten diese Menschen es fertiggebracht, irgendwie noch als »Normale« durchs Leben zu gehen.

Emotionelle Ladungen halten einen Menschen gewöhnlich von seinem Time-Track herunter und sind nach den gegenwärtigen Entdeckungen in der Tat das einzige, was diesen Engrammbefehlen überhaupt Kraft gibt.

UNTERSCHIEDE

Es gibt zwei Axiome über die Funktion des Minds, mit denen der Auditor vertraut sein sollte.

I. DER MIND ERKENNT, STELLT UND LÖST PROBLEME, DIE DAS ÜBERLEBEN BETREFFEN.

II. DER ANALYTISCHE MIND DENKT IN UNTERSCHIEDEN. DER REAKTIVE MIND DENKT IN GLEICHSETZUNGEN.

Das erste Axiom ist für den Auditor bei seiner Arbeit deswegen interessant, weil er damit klar feststellen kann, ob er es mit einer vernünftigen Reaktion zu tun hat oder nicht. Das sieben Jahre alte Mädchen, das schaudert, wenn es von einem Mann geküßt wird, stellt keine Berechnungen an; es reagiert auf ein Engramm, denn mit sieben sollte es an einem Kuß nichts Verkehrtes sehen, nicht einmal an einem leidenschaftlichen. Es muß für das Kind eine frühere Erfahrung geben, möglicherweise eine vorgeburtliche, die Männer oder Küsse zu einer üblen Sache gemacht hat. Alle Abweichungen von der optimalen Vernunft sind zum Auffinden von Engrammen nützlich, alle unvernünftigen Befürchtungen usw. sind Wasser auf die Mühlen des Auditors. Zusammen mit dem obenstehenden Gesetz sollte der Auditor auch die Formel der optimalen Lösung studieren. Jede Abweichung vom Optimum ist verdächtig. Er kümmert sich zwar wenig um Aberrationen, jedoch wird ein Fall manchmal zum Stillstand kommen oder keine Engramme zu haben scheinen. Dann

[5] *regrediert:* auf eine frühere Stufe der Entwicklung zurückgegangen.

kann der Auditor das Verhalten seines Patienten sowie dessen Reaktionen auf das Leben beobachten, um Daten zu gewinnen.

Das zweite Gesetz ist der Beitrag der Dianetik zur *Logik*. In künftigen philosophischen Schriften der Dianetik wird darauf näher eingegangen werden. Das Pendel des Aristoteles und seine zweiwertige Logik wurden nicht wegen irgendeiner Abneigung gegenüber Aristoteles verworfen, sondern weil umfassendere Maßstäbe nötig waren. Einer dieser Maßstäbe war das Prinzip des Spektrums, bei dem Abstufungen von Null bis Unendlich und von Unendlich bis Unendlich verwendet sowie Absoluta für wissenschaftliche Zwecke als völlig unerreichbar angesehen werden.

Im Lichte des zweiten Axioms muß man sich den Mind so vorstellen, daß er Unterschiede sehr deutlich und genau erkennt, wenn er der vollkommenen Vernunft am nächsten kommt. Je weiter er von der Vernunft abfällt, desto weniger Unterschiede erkennt er, bis er schließlich fast völlig unfähig wird, irgendeinen Unterschied in Zeit, Raum oder Denkinhalten zu bestimmen. Er muß dann als völlig geisteskrank betrachtet werden. Zeigt sich das nur bei einem Gedanken, z. B. der verallgemeinernden Behauptung, daß »alle Katzen gleich seien«, dann ist das entweder Nachlässigkeit oder Geisteskrankheit, denn es sind nicht alle Katzen gleich, auch nicht zwei Katzen, die gleich aussehen, gleich handeln und sich gleich anhören. Man könnte sagen: »Katzen sind im großen und ganzen gleich« und hätte es noch immer mit ziemlich unvernünftigem Denken zu tun. Oder man könnte feststellen, daß es eine Gattung *Felis catus* gibt, daß sich aber innerhalb derselben die Katzen jedoch nicht nur von Rasse zu Rasse, sondern auch von Katze zu Katze eindeutig unterscheiden. Das wäre Vernunft, und zwar nicht deswegen, weil man sich lateinisch ausgedrückt hat, sondern weil man die Unterschiede zwischen Katzen feststellen kann. Die Furcht vor Katzen hat als Ursache ein Engramm, das gewöhnlich nur eine Katze enthält, und das ist eine ganz bestimmte Katze einer bestimmten Rasse, mit einer bestimmten (oder vielleicht ungewissen) Persönlichkeit. Der Preclear, der sich vor allen Katzen fürchtet, fürchtet sich in Wirklichkeit nur vor einer Katze, und zwar vor einer, die höchstwahrscheinlich seit vielen Jahren tot ist. Der Wechsel von vollständiger Vernunft hinab zu Unvernunft wird vollzogen, indem sich die Unterschiede verringern, bis sie fast verschwinden und zu Ähnlichkeiten und Gleichheiten werden.

Aristoteles' Vernunftschluß, nach dem zwei Dinge, die einem dritten gleichen, auch untereinander gleich seien, ist in der Logik nicht einmal annähernd brauchbar. Logik ist keine Arithmetik, die ein vom Menschen erfundenes, künstliches Gebilde ist (und auch funktioniert). Um ein Problem logisch zu behandeln, windet sich der Mind mit hoher Geschwindigkeit durch eine enorme Datenmasse und stellt mit Dutzenden, ja sogar mit Hunderten von Variablen Berechnungen an. Er denkt und dachte nie auf der Grundlage, daß zwei Dinge, die einem dritten gleichen, untereinander gleich sind, außer bei der Anwendung der Mathematik, die der Mind zur Lösung abstrakter Probleme für besser geeignet hält. Es ist eine abstrakte Wahrheit, daß zwei und zwei vier ist. Zwei wovon und zwei wovon sind gleich vier? Keine Waage, kein Maßstab, kein Greifzirkel und kein Mikroskop beweisen zum Beispiel, daß zwei Äpfel plus zwei Äpfel tatsächlich *gleich* vier Äpfel sind. Zwei Äpfel und zwei Äpfel sind – jetzt – vier Äpfel, sofern es dieselben Äpfel sind. Sie würden vier anderen, noch so ähnlichen Äpfeln nicht gleichen. Der Mensch begnügt sich mit Annäherungswerten und nennt sie, ganz locker, exakte Werte. Es gibt nichts Absolutes, außer in abstrakten Begriffen. Diese werden vom Mind aufgestellt, um andere, außerhalb liegende Probleme auszuarbeiten und Annäherungen zu erreichen. Diese Auffassung mag weit hergeholt scheinen, sie ist es aber nicht. Der Mathematiker ist sich voll und ganz bewußt, daß er mit in Ziffern und Analogien ausgedrückten Annäherungen arbeitet, die in Systeme gebracht wurden und die, bevor der Mensch kam, nicht unbedingt da waren und die nicht unbedingt da sein werden, wenn er verschwunden ist. Logisches Denken, sogar ein so einfaches wie bei der Überlegung, ob es klug ist, um zehn Uhr einkaufen zu gehen, bezieht zahllose Variablen, Annäherungen und unbestimmte Werte ein. Mathematik kann waggonweise erfunden werden. Es gibt kein tatsächliches Absolutum, es gibt lediglich eine enge Annäherung. Nur unsere Grammatiker, die hinter der Zeit weit zurück sind, bestehen auf absoluter Realität und Wahrheit, vermutlich den Metaphysikern zum Gedenken.

Das wird hier teils deswegen niedergeschrieben, weil es manche interessieren mag, hauptsächlich jedoch, weil der Auditor erkennen muß, daß er einen genauen Maßstab für geistige Gesundheit hat. *Geistige Gesundheit ist die Fähigkeit, Unterschiede zu erkennen.* Je besser jemand Unterschiede zu erkennen vermag, wie winzig sie auch sein mögen, und je genauer er sie bestimmen kann, desto vernünftiger ist er. *Je weniger man Unterschiede zu erkennen vermag und je mehr man sich dem Denken in Gleichsetzungen nähert (A = A), um so weniger ist man geistig gesund.*

Ein Mann sagt: »Ich mag keine Hunde!« Merken Sie auf, Auditor: Er hat ein Engramm über einen oder zwei Hunde. Ein Mädchen sagt: »Die Männer sind alle gleich!« Merken Sie auf, Auditor: Hier ist jemand *wirklich* aberriert. »Berge sind so schrecklich!« »Juweliere gehen nie aus!« »Ich hasse Frauen!« Merken Sie auf! Das sind Engramme im hellsten Tageslicht.

Engramme, die den analytischen Mind daran hindern, Unterschiede zu sehen, hemmen das Denken am schlimmsten.

»Es macht keinen Unterschied« ist ein übliches Engramm. »Es gibt keinen Unterschied«, »Von jetzt an ist mir alles gleich«, »Die Leute sind alle schlecht«, »Alle hassen mich« – das ist Verrücktenfutter, wie Auditoren sagen, und macht »irrenhausreif«.

Es gibt noch eine andere Art von Gleichsetzungsdenken: die Art, die Zeitunterschiede zerstört. »Du weißt nicht, wann es war!« ist eine klassische Redewendung. »Ich weiß nicht, wie spät es ist« und andere Wendungen haben eine eigentümliche Wirkung auf den Mind, denn der Mind arbeitet nach seiner eigenen Präzisionsuhr, und die Engramme können das Zifferblatt völlig falsch ablesen. Auf bewußter Ebene kommt man ziemlich gut mit der analytischen Zeit zurecht. Die Engramme gleiten umher, hin und zurück, je nachdem, wann sie eingekeyt oder restimuliert werden. Einer heutigen Handlung mag ein Engramm zugrunde liegen, das vierzig Jahre auf dem Time-Track zurückliegt und eigentlich dort bleiben sollte. Es sind nicht so sehr Bemerkungen über Zeitunterschiede, die aberrieren, es ist der zeitlich unbestimmte Charakter der Engramme. Die Zeit ist der große Scharlatan, sie heilt nichts; sie ändert nur das Aussehen der Umwelt und verändert oder wechselt die Menschen, mit denen man in Kontakt ist. Das Engramm von vor zehn Jahren, mit all seiner schmerzlichen Emotion, mag eingekapselt und »vergessen« sein; es ist jedoch immer da und bereit, Handlungen zu erzwingen, wenn es heute restimuliert wird.

Der reaktive Mind läuft nach einer Spielzeugarmbanduhr, der analytische Mind hingegen arbeitet mit einer ganzen Batterie sich gegenseitig kontrollierender Chronometer, auf die ein Ozeanriese stolz sein könnte. Die Zellen denken, daß die Spielzeugarmbanduhr ein ganz annehmbares Gerät sei – und das war sie auch; sie war es in den Zeiten, als des Menschen stammesgeschichtliche Urahnen von den Wellen angespült wurden und es fertigbrachten, sich im Sand festzukrallen.

Daher ist das Denken in Ähnlichkeiten und Gleichsetzungen ein Hauptkriterium für Aberration. Das Hauptkriterium für Vernunft ist das Vermögen der Unterscheidung und wie fein oder grob sie bewerkstelligt werden kann.

»Die Männer sind alle gleich«, sagt das Mädchen. Und sie sind es auch! Für sie. Armes Ding. Gleich dem Burschen, der sie als Kind vergewaltigte, gleich ihrem verabscheuten Vater, der es sagte.

RELATIVE WICHTIGKEITEN UND »GLAUBEN« UND »KANN NICHT GLAUBEN«

Der Auditor wird sich zwei Erzfeinden gegenüberfinden – »Du mußt es glauben« und »Ich kann es nicht glauben«.

Der Mind hat sein eigenes Gleichgewicht und seine eigene Fähigkeit, und er wird durch Engramme nicht mehr unterstützt als eine Rechenmaschine durch eine heruntergehaltene Sieben[6]. Eine der wichtigsten Funktionen des Minds ist die Bestimmung der relativen Wichtigkeit von Daten.

Die Dianetik zum Beispiel sah sich im Entwicklungs- und Forschungsstadium Milliarden von Daten über den Mind gegenüber, die sich in den letzten paar tausend Jahren angehäuft hatten. Jetzt, da wir einen zwei Meter hohen Rückspiegel zur Verfügung haben, können wir zurückschauen und sehen, daß einige Menschen dann und wann Meinungen zum Ausdruck gebracht hatten oder mit unausgewerteten Tatsachen aufgekreuzt waren, die nun als Daten in einigen der dianetischen Axiome oder als Teil ihrer Entdeckungen zu finden sind. Einige von diesen schon in der Vergangenheit bekannten Tatsachen sind also jetzt in der Dianetik zu finden – mit einem außerordentlichen Unterschied jedoch: sie sind jetzt ausgewertet. Die *Auswertung* der Daten hinsichtlich ihrer Wichtigkeit war unerläßlich, bevor die Informationen einen Wert hatten. Dr. Sententius mag um 1200 geschrieben haben, daß nach seiner Meinung wirkliche Dämonen im Mind nicht vorkämen; Frau Sophie hatte 1782 verlauten lassen, sie sei sicher, daß vorgeburtlicher Einfluß gar manch ein Leben auf die falsche Bahn geführt habe; Dr. Zamba mag 1846 geschrieben haben, daß man einer hypnotisierten Person sagen könnte, sie sei verrückt, worauf sie sich tatsächlich verrückt verhalte. Dr. Sententius mag *ebenso* gesagt haben, daß nicht Dämonen, sondern Engel Geisteskrankheit verursachen, weil der Patient böse gewesen sei; Frau Sophie mag auch gesagt haben, daß Feuerschwamm-Um-

[6] (Oder eine Fünf – wie kürzlich an der Harvard-Universität, wo ein Lötklecks in einem elektronischen Computer die *Fünf* fixierte, sehr zum Verdruß der Herren, die von seinen Antworten abhingen.) (Anm. d. Verf.)

schläge »Tollheit« heilten; Dr. Zamba mag auch erklärt haben, daß hypnotisierte Patienten nur ein paar weitere positive Suggestionen bräuchten, um gesund und stark zu werden. Kurzum, jeder Angabe, die der Wahrheit nahekam, standen Milliarden gegenüber, die falsch waren. Was allen diesen Daten fehlte, war eine wissenschaftliche Auswertung darüber, ob sie für die Lösung von Bedeutung waren. Es ist unmöglich, aus einem Ozean gewöhnlicher Wassertropfen ein paar spezielle Wassertropfen herauszusuchen. Die Aufgabe, wahre Daten zu entdecken, konnte nur gelöst werden, indem alle früheren Theorien über die Menschheit und den menschlichen Geist sowie alle »Fakten« und Lehrmeinungen jeglicher Art über Bord geworfen wurden und ein neuer Anfang gemacht, nämlich die gesamte Wissenschaft mit einem neuen gemeinsamen Nenner von Grund auf entwickelt wurde. (Und es ist wahr, daß die Dianetik nichts entlehnte. Zuerst wurde entdeckt und geordnet. Erst nachdem das Ordnen abgeschlossen und eine Technik entwickelt war, wurden die Daten mit vorhandenem Wissen verglichen.)

Der springende Punkt ist hier, daß die Beimessung gleicher Wichtigkeit für all die Daten eines gegebenen Bereichs zu nichts anderem führt als zur wildesten Verwirrung. Hier ist das Prinzip richtigen Auswertens: Meinungen sind nichts, Autorität ist nutzlos, Daten sind zweitrangig – das Bestimmen der relativen Wichtigkeit ist der Schlüssel. Mit der Welt und den Sternen als Laboratorium und einem Mind zur Berechnung der relativen Wichtigkeit dessen, was er wahrnimmt, können keine Probleme ungelöst bleiben. Mit Unmengen von Daten, die mit gleicher Bewertung gegeben werden, hat man etwas, das vielleicht nett, aber nicht nützlich ist.

Der verdutzte Blick frischgebackener Marineleutnants, die die Gegenstände und Instrumente, von denen sie so fleißig gelesen haben, zum ersten Mal in Metall sehen, ist ein Zeugnis für mehr als nur das fehlerhafte Ausbildungssystem, das gegenwärtig üblich ist. Das System versucht etwas zu trainieren, das an sich schon perfekt ist – das Gedächtnis. Die Ausbildung zielt fast überhaupt nicht auf Zweck oder Anwendbarkeit ab und mißachtet, daß ein Mensch alle Daten persönlich daraufhin auswerten muß, ob sie gebraucht werden und anwendbar sind. Der verdutzte Blick ist auf die überwältigende Erkenntnis zurückzuführen, daß sie über das, was sie sehen, zwar Tausende von Daten haben, aber nicht wissen, ob es wichtiger ist, daß sie das Chronometer ablesen, während sie den Sextanten bedienen, oder daß nur blaue Tinte zum Ausfüllen des Logbuchs benutzt wird. Diese Herren sind nicht deshalb falsch ausgebildet worden, weil man ihnen nicht Tausende von Daten über Schiffe vermittelt hätte, sondern weil man ihnen nichts über die relative Wichtigkeit jeder einzelnen Angabe beibrachte und weil sie mit dieser unterschiedlichen Wichtigkeit keine Erfahrung hatten. Sie kennen mehr Fakten als weniger geschulte Leute, wissen aber weniger über den eigentlichen Zusammenhang des Ganzen.

Von größerem Belang für den Auditor sind zwei Arten von Engrammbefehlen, die undifferenziertes Bewerten von Daten verursachen. Menschen, die eine dieser Befehlsarten als beherrschenden Inhalt in ihrer Engrammbank haben, werden auf ähnliche Weise aberriert sein, wobei aber ihre Aberrationen umgekehrte Vorzeichen haben.

Ab und zu hat ein Auditor das Pech, auf einen Fall mit dem Satz »Ich kann es nicht glauben« zu stoßen; ein solcher Fall ist äußerst mühsam. In diese Rubrik fallen auch die Fälle mit »Ich bezweifle das«, »Ich bin mir nicht sicher« und »Ich weiß nicht«.

Ein solcher Fall ist leicht zu erkennen, denn kaum kommt die Person in die Therapie, beginnt sie die Dianetik, den Auditor, sich selbst, die Möbel und die Jungfräulichkeit ihrer Mutter in Zweifel zu ziehen. Der chronische Zweifler ist kein einfacher Fall, denn er traut seinen eigenen Daten nicht. Der Analysator hat einen eingebauten Schiedsrichter, der Daten aufnimmt, abwägt und sie nach »richtig«, »falsch« oder »vielleicht« beurteilt. Der engrammatische Zweifler hat eine »untengehaltene Sieben«, die die Wirkung hat, daß er alles bezweifeln muß – was sich von einer Beurteilung sehr unterscheidet. Er wird aufgefordert zu zweifeln. Er muß zweifeln. Wenn Zweifeln göttlich ist, dann ist der Gott bestimmt Moloch[7]. Er zweifelt, ohne zu untersuchen, er untersucht den genauesten Beweis und zweifelt immer noch.

Der Auditor läßt einen solchen Patienten zu einem Somatik zurückkehren, das ihm gewaltig zusetzt und das durch Narben und seine Aberration bestätigt ist, und doch wird der Patient das Geschehnis bezweifeln.

Einen solchen Fall löst man, indem man die stehenden Redewendungen des Patienten aufgreift und sie ihm mit der Wiederholungstechnik innerhalb oder außerhalb der Reverie einfüttert. Veranlassen Sie ihn, diese immer zu wiederholen, und senden Sie seinen Somatikstreifen zu ihnen zurück. Bald wird eine Freisetzung der

[7] *Moloch* (nach der Bezeichnung für ein Opfer, besonders Kinderopfer, im alten Testament, die als Name eines Gottes mißdeutet wurde): grausame Macht, die immer wieder schreckliche Opfer fordert.

Redewendung stattfinden. Füttern Sie dem Patienten auf diese Weise alle Zweifler-Redewendungen ein, die er benutzt hat. Dann führen Sie den Fall fort. Das Ziel ist nicht, ihn zu einem Gläubigen zu machen, sondern ihn in die Lage zu versetzen, seine eigenen Daten zu bewerten. Streiten Sie mit ihm nicht über die Dianetik – gegen Engramme zu argumentieren ist sinnlos, da die Engramme selbst sinnlos sind.

In zehn oder zwanzig Therapiestunden wird ein derartiger Patient der Realität ausreichend in die Augen schauen können, um nicht mehr bezweifeln zu müssen, daß die Sonne scheint, daß der Auditor auditiert und daß er eine Art Vergangenheit hat. Er ist nur deswegen schwierig, weil er diese Stunden zusätzliche Arbeit braucht. Übrigens ist er gewöhnlich sehr aberriert.

Einem Patienten mit dem engrammatischen Befehl »Ich kann es nicht glauben« fällt das Bewerten schwer, weil er einer Tatsache genausowenig Glauben schenken kann wie einer anderen; das Resultat ist die Unfähigkeit, die relativen Wichtigkeiten der Daten zu beurteilen; das führt dazu, daß ihn die Farbe des Schlipses, den sein Vorgesetzter trägt, ebenso intensiv beschäftigen kann wie die Ehe, die er gerade zu schließen beabsichtigt. Der Fall mit dem Befehl »Du mußt es glauben« hingegen hat Schwierigkeiten im Unterscheiden zwischen den Wichtigkeiten verschiedener Daten. Er mag dem Gedanken, daß Papier aus Bäumen gemacht wird, dieselbe Bedeutung zumessen wie der Tatsache, daß er kurz vor der Entlassung steht. Beide Falltypen »machen sich Sorgen«, was bedeutet, daß sie nicht in der Lage sind, effektive Berechnungen anzustellen.

Vernünftiges Berechnen beruht auf *persönlicher* Auswertung der relativen Wichtigkeit verschiedener Daten. Reaktives »Berechnen« arbeitet ausschließlich mit der Formel, daß sehr unterschiedliche Objekte oder Ereignisse ähnlich oder gleich sind. Ersteres ist geistige Gesundheit, letzteres ist Geisteskrankheit.

Der Fall mit dem Befehl »Muß es glauben« hat eine verworrene reaktive Bank, denn die Bank sieht bei den unwahrscheinlichsten Unterschieden noch große Ähnlichkeit. Der »Muß-es-glauben«-Engrammbefehl kann diktieren, daß einer Person, einer ganzen Kategorie von Personen oder sogar jedermann geglaubt werden muß, gleichgültig, was geschrieben oder gesagt wird. Wenn der Auditor den Patienten zurücksendet, wird er feststellen, daß größere Aberrationen durch ein Lock aufrechterhalten werden, das nichts weiter enthält als ein Gespräch.

Wenn der Vater die eigentliche Quelle dieses Befehls und überdies ein Verbündeter des Patienten ist, wird der Auditor entdecken, daß das Kind fast alles, was der Vater sagte, *wortwörtlich* und ohne es in Frage zu stellen akzeptierte. Der Vater mag sich nicht bewußt gewesen sein, daß er diesen »Muß-es-glauben«-Zustand schuf; er mag sogar ein humorvoller und zu Scherzen aufgelegter Mann sein. Man wird feststellen, daß jeder Witz wortwörtlich akzeptiert wurde, außer der Vater hätte ihn sorgsam als solchen bezeichnet, was bedeuten würde, daß er nicht wörtlich genommen werden darf! Das Folgende entstammt einer Fallakte, bei der der Vater die Quelle solchen »Muß es glauben« war: Eines Abends nahm er seine dreijährige Tochter mit zur Küste und zeigte auf den nebelverhangenen Leuchtturm – ein gespenstischer Anblick. »Dort haben wir Herrn Wollemann«, sagte der Vater und meinte damit, daß der Leuchtturmwärter Wollemann dort zu Hause sei. Das Kind nickte gläubig, wenn auch ein wenig ängstlich, denn »Herr Wollemann« schüttelte seine Mähne – Schatten –, schweifte mit einem glühenden Auge in weitem Bogen über das Meer, stand dreißig Meter groß da und stieß ein grausiges Ächzen aus. Er stand auf einem Felsenriff. Zwanzig Jahre später stellte sich in der dianetischen Therapie heraus, daß die Tochter vor jedem tiefen, ächzenden Laut Angst hatte. Der Auditor spürte geduldig der Quelle nach und fand zum eigenen und zum Entzücken der jungen Dame »Herrn Wollemann«. Des weiteren stellte sich heraus, daß eine Unzahl von Aberrationen, eigentümlichen Auffassungen und seltsamen Vorstellungen von beiläufigen Bemerkungen stammte, die der Vater gemacht hatte. Da der Auditor gut geschult war, kümmerte er sich nicht darum, alles, was der Vater gesagt hatte, zu lokalisieren und auszulöschen – das hätte viele Jahre gedauert; statt dessen machte er das vorgeburtliche Engramm, das »Du mußt mir glauben« befahl, und dessen engrammatische Locks ausfindig. Alle nichtengrammatischen Locks verschwanden daraufhin natürlich und wurden automatisch neu bewertet, und zwar als erlebte Daten, nicht als »untengehaltene Sieben«. Natürlich gibt es immer noch sehr viel mehr, was bei einem Fall nicht in Ordnung ist, als ein bloßes »Du mußt mir glauben«; aber die Veränderung des Blickwinkels, die die Patientin unmittelbar danach erlebte, war verblüffend: sie hatte nun die Freiheit, die Daten ihres Vaters auszuwerten, was ihr vorher nicht möglich gewesen war.

Da die existierenden Bildungseinrichtungen mit Überlegenheit[8] und Autorität unterrichten, sind sie selbst die Quelle einer gesellschaftlichen Aberration von der Art »Du mußt es glauben«. Es ist unmöglich, eine ganze Universitätsausbildung zu reduzieren, selbst wenn das manchmal wünschenswert erschiene; aber dadurch, daß man die Momente anspricht, in denen der Patient gezwungen wurde, der Schule zu *glauben* oder sie zu akzeptieren (und zwar vom Kindergarten an), kann manchem mit Fakten verstopften Mind die Beweglichkeit wiedergegeben werden, die er vorher nicht hatte; denn die Tatsachen werden daraufhin vom Mind automatisch nach ihrer Wichtigkeit umbewertet und nicht aufgrund undifferenzierter Bewertung akzeptiert, wie das bei der schulischen Ausbildung der Fall ist.

Der Falltypus »Kann es nicht glauben« ist in der Therapie so beklemmend und ermüdend, daß der Auditor sich nach Abschluß einiger solcher Fälle dabei ertappen mag, wie er einem weiteren geschickt aus dem Weg geht. Fälle von »Ich weiß nicht« und »Ich bin nicht sicher« sind nicht so schlimm wie »Ich kann es nicht glauben«. Der Patient, der in der Dianetik ein Maximum an Schwierigkeiten bietet, ist ein Junior, der den Vornamen des Vaters oder der Mutter hat und bei dem nicht nur Schmerz, Emotion, Seh- und Geräuschrückruf abgesperrt sind, sondern der auch für diese Dinge Dub-in Rückrufe aus einer mit Volldampf arbeitenden Lügenfabrik bekommt, der ferner nicht zur Zusammenarbeit bereit ist und »es nicht glauben kann«.

Undifferenzierte Bewertung hindert eine Person mit dem Befehl »Ich kann es nicht glauben« daran, irgendwelche Tatsachen zu akzeptieren. Bei jedem Fall kann in der Bank an ein paar Stellen der Satz »Kann es nicht glauben« vorhanden sein, aber manche Fälle sind durch diese Redewendung so gründlich aberriert, daß sie nicht nur die Wirklichkeit, sondern auch ihre eigene Existenz anzweifeln.

Der Mind hat einen »eingebauten Zweifler«, der, von Engrammen ungehindert, sehr schnell Wichtigkeiten aussortiert und anhand ihres Gewichts Probleme löst und zu Schlußfolgerungen gelangt. Der vernünftige Mind konzentriert sich auf die ihm vorgelegten Daten, vergleicht diese mit Erfahrungen, bewertet ihren Wahrheitsgehalt und weist ihnen dann ihre relative Wichtigkeit im Plan der

[8] Mit *Überlegenheit* ist ein Unterschied des Prestigeniveaus gemeint – jemand von höherer Überlegenheit überzeugt jemanden von geringerer Überlegenheit lediglich aufgrund seiner Position. Der Auditor mag sich außerstande sehen, bei manchen Patienten genügend *Überlegenheit* zu gewinnen, um mit ihnen reibungslos arbeiten zu können; bei anderen wiederum mag er soviel Überlegenheit besitzen, daß sie alles glauben, was er sagt. Verfügt er über zu wenig Überlegenheit, glaubt man ihm nicht; hat er zuviel, dann glaubt man ihm zu leicht. (Anm. d. Verf.)

Dinge zu. Das geschieht bei einem *Clear* mit einer Geschwindigkeit, die mitunter nur Bruchteile von Sekunden beansprucht. Bei einem *Normalen* variiert diese Geschwindigkeit sehr stark, und die Schlußfolgerungen gründen sich oft eher auf die Meinung eines anderen, insbesondere einer Autorität, als auf persönliche Erfahrung. Das ist von Grund auf die Folge unseres zeitgenössischen Ausbildungssystems. Die Ausbildung folgt noch heute, ohne selbst besonders daran schuld zu sein und trotz all ihrer Versuche zur Selbstbefreiung, in Ermangelung besserer Werkzeuge zwangsläufig den scholastischen[9] Methoden. Aufgrund der ansteckenden Wirkung der Aberration widerstehen diese Methoden allen Anstrengungen fortschrittlicher Erzieher. Dem *Normalen* wird auf der einen Seite beigebracht, zu *glauben*, wenn er nicht scheitern will, und auf der anderen Seite *mißtrauisch zu sein*, da dies eine wissenschaftliche Notwendigkeit sei. Glauben und Mißtrauen kann man aber nicht beibringen, sie müssen aus persönlicher Auswertung hervorgehen. Wenn man den Mind mit einem General und seinem Stab vergliche, könnte man sehen, daß er über eine Nachrichtenabteilung verfügt, die Tatsachen sammelt, diese nach Wichtigkeit abwägt und dann über eine Situation ein Urteil bildet bzw. den Wert einer Schlußfolgerung bestimmt. Ebenso wie ein Nachrichtenoffizier versagen würde, wenn er den unterschriebenen Befehl hätte, nichts zu glauben, so versagt der Mind, der einen solchen reaktiven Befehl hat. Andererseits würde natürlich jede Armee selbst einem hoffnungslos unterlegenen Feind unterliegen, wenn ihre militärische Organisation den Befehl hätte, alles zu glauben. Und ein Mensch wird scheitern, wenn er einen Befehl des reaktiven Minds hat, allen Informationen aus der Umwelt zu glauben.

Die *Glaubens-* und *Mißtrauens*-Engramme zeigen sich auf unterschiedliche Weise. Obwohl man schwer sagen kann, welche von beiden aberrierender sind, ist doch sicher, daß das Zweifelsengramm im großen und ganzen den weniger umgänglichen Menschen erzeugt.

Mißtrauen tritt natürlich in den unterschiedlichsten Abstufungen auf. Beispielsweise gibt es ein gesellschaftliches Zweifelsengramm, das eine Art Literatur fördert, die ebenso unaufrichtig wie geistlos ist. Unaufrichtigkeit, Scham vor Gefühlsäußerung und die Angst zu loben können auch andere Ursachen haben als lediglich ein

[9] *scholastisch:* spitzfindig, pedantisch, dogmatisch und die Wirklichkeit nicht genügend berücksichtigend.

Zweifelsengramm; ein solches ist aber in der Mehrzahl dieser Fälle mit Sicherheit vorhanden.

Wenn der Auditor die Arbeit mit einem durch »Ich kann es nicht glauben« schwer gestörten Fall beginnt, wird er feststellen, daß alles angezweifelt wird, die eigene Erfahrung, der Auditor, die Hoffnung auf Behandlungserfolg, und daß womöglich die lächerlichsten und unvernünftigsten Beleidigungen und Argumente vorgebracht werden. Der Patient windet sich vielleicht in einer wahren Schlangengrube von Somatiken und glaubt noch immer nicht, daß er irgend etwas wiedererlebt.

Es ist leider häufig zu beobachten, daß ein Aberrierter eine bestimmte Anzahl Phrasen aus seiner Engrammbank immer wieder verwendet. Er wird diese Phrasen bei jeder Gelegenheit und in allen Umständen wiederholen. Mutter, die ihre Engrammbank, und Vater, der die seine hat, äußern praktisch immer wieder dasselbe. Das sind Dramatisationen. Ein Elternteil mag allem, was er sagte, ein »Ich weiß nicht« vorangestellt haben, was einen ganzen »Stapel« von »Ich weiß nicht« in der Engrammbank ergibt und jedes Verstehen sehr einschränkt. Auf gleiche Art und Weise können »Du mußt es glauben!« oder »Du kannst es nicht glauben!« in der Engrammbank »gestapelt« werden. Sobald der Auditor vom Patienten ein paar Engramme gehört hat, weiß er, daß der Patient noch viele, viele ähnliche Engramme von der gleichen Quelle haben wird. Sobald ein Auditor den Personen, die aus der Engrammbank des Patienten sprechen, ein wenig zugehört hat, ist er ziemlich gut darüber informiert, was er in vielen, vielen weiteren Engrammen finden wird. Es ist somit wahrscheinlich, daß eine beliebige Redewendung, wenn auch mit unterschiedlichen Somatiken und begleitenden Wahrnehmungen, in der Engrammbank häufig wiederholt wird. Wenn Mutter unter hohem Blutdruck leidet und dieser durch Vater noch erhöht wird – was dem Kind großes Unbehagen verursacht und ihm später oft Migräne einbringt –, äußert sie vielleicht »Ich kann nicht glauben, daß du mich so behandelst«. Unter uns gesagt, sie muß schwer zu überzeugen gewesen sein (gegen engrammatisches »Denken« gibt es nicht viel Überzeugendes), denn er behandelte sie etwa alle drei Tage so; und alle drei Tage sagte sie: »Ich kann dir nicht glauben«, »Ich kann nicht glauben, daß du mir das antust« oder »Ich glaube nichts von dem, was du sagst« oder dergleichen.

Der Fall mit der Wendung »Kann es nicht glauben« neigt zu Feindseligkeit, da die Redewendung oft feindseligen Gesprächen entstammt. »Du mußt mir glauben« entstammt eher einer Art bittenden oder weinerlichen Engramms. »Glaub mir, was ich dir sage, verdammt noch mal«, ist dagegen an Feindseligkeit kaum zu überbieten.

Wenn ein Auditor feststellt, daß ein Preclear übertrieben skeptisch ist, sollte er damit rechnen, einen Stapel solcher »Kann-es-nicht-glauben«-Wendungen in der Engrammbank zu finden. Wenn er feststellt, daß ein Patient außerstande ist, eine eigene Meinung zu haben, und sich wie eine Wetterfahne nach jedem richtet, der neu ins Spiel kommt, oder Autoritäten zitiert (alle Autoritäten werden in der reaktiven Bank leicht mit dem Vater identifiziert), dann sollte er neben anderen Ursachen irgendeine Form von »Muß-es-glauben« vermuten. Für beide Fälle gibt es viele Erscheinungsformen. In der Therapie sieht das so aus: Auf der Grundlage von »Kann es nicht glauben« zweifelt der Patient seine eigenen Daten immer wieder so stark an, daß er sie ununterbrochen abändert; und die Engramme, die schließlich nur *einen* ganz bestimmten Inhalt haben, lassen sich daher nicht richtig reduzieren. Im Fall von »Muß es glauben« faßt er jedes Engramm, von dem er hört, als sein eigenes auf, und das ist für *ihn* nicht besonders gut.

Glauben Sie jedoch nicht, daß irgendein Fall ein eigentlich typisches Erscheinungsbild aufweist. Die Sprache enthält viele Wörter und Wortkombinationen, und es ist nicht ungewöhnlich, daß bei aberrierten Personen die ganze grundlegende Sprache und alle ihre Idiome fest mit dem einen oder anderen Somatik verbunden sind. »Kann es nicht glauben« und »Muß es glauben« sind aber als Redewendungen gewöhnlich bei ein und demselben Fall in der Bank vorhanden. Nur wenn diese Redewendungen übergewichtig werden, reagiert die Person nach einem fixierten Muster. Existiert für eine dieser beiden Gattungen ein fixiertes Muster, dann hat der Auditor einen Patienten vor sich, der zumindest ein sehr unglückliches Leben geführt haben muß. Aber beide Falltypen lassen sich klären. Alle Falltypen lassen sich klären – sogar Junior-Fälle.

BEFEHLE MIT KÖRPERLICHEM SCHMERZ UND SCHMERZLICHER EMOTION

Neben dem Seh- und dem Geräuschrückruf gibt es als weiteren für die Therapie höchst wichtigen Rückruf den des Somatiks, d. h. des körperlichen Schmerzes, der mit einem Geschehnis verbunden war. Ein körperlich schmerzhaftes Geschehnis ohne ein Somatik zu durchlaufen ist nutzlos.

Wenn körperlicher Schmerz vorhanden ist, tritt er möglicherweise erst auf, nachdem eine Menge »Bewußtlosigkeit« durch »Boiloff« verschwunden ist. Wenn das Geschehnis Schmerz enthält, das Somatik jedoch nicht eingeschaltet ist, wird der Patient mit den Zehen wackeln, tief und nervös atmen oder vielleicht Muskelzucken haben. Das Fußzappeln ist ein ausgezeichneter Hinweis darauf, daß ein Somatik vorhanden ist, ob es nun eingeschaltet ist oder nicht. Schweres Atmen und Muskelzucken sowie andere Zuckungen ohne Schmerz deuten auf zweierlei hin: Entweder steckt ein Denyer in dem Geschehnis, und mit dem Inhalt wurde noch kein Kontakt aufgenommen, oder aber das Somatik ist, wenn der Preclear wiedererzählt, in dem Geschehnis oder an anderer Stelle abgesperrt – sei es an früherer Stelle infolge Befehls oder an späterer aufgrund schmerzlicher Emotion. Der Patient, der sehr viel zappelt oder überhaupt nicht zappelt, leidet unter einer Schmerz- oder Emotionsabsperrung, unter späten Engrammen mit schmerzlicher Emotion oder unter beiden.

Es gibt eine ganze Gattung von Befehlen, die gleichzeitig Schmerz und Emotion absperren. Das liegt daran, daß das Wort »fühlen« verschiedene Bedeutungen hat. »Ich kann nichts fühlen« kommt am häufigsten vor, aber der Befehl tritt in vielen verschiedenen Formulierungen auf. Der Auditor kann über diese Befehle anhand dessen, was die Patienten sagen, wie sie sich fühlen, oder besser, wie sie sich nicht fühlen (womit sie die Befehle preisgeben), Buch führen. »Es tut nicht weh« gehört zu einer Kategorie von Redewendungen, die Schmerz ausdrücklich absperrt, einer Kategorie, die natürlich auch Wendungen wie »Es gibt keinen Schmerz« etc. umfaßt. Emotion wird durch eine Kategorie von Redewendungen abgesperrt, die das Wort »Gefühl« enthalten oder die ausdrücklich (buchstäblich) Emotion absperren.

Der Auditor sollte ein Buch führen, in dem er alle entdeckten Denyer, Misdirectors, Holder, Bouncer und Grouper festhält, alle unter ihrer jeweiligen Rubrik. Auf diese Weise sammelt er Material, das er für die Wiederholungstechnik verwenden kann, sobald er bemerkt, daß der Patient sich auf dem Time-Track nicht richtig bewegt. Es gibt aber noch vier andere Arten von Redewendungen, die er ebenfalls studieren und aufschreiben sollte: *Absperrer, Übertreiber, Entgleiser* und *Lügenfabriken*. Weitere Arten mag er selbst hinzufügen.

Er wird entdecken, daß es in Engrammen eine enorme Zahl von Befehlen gibt, die diese unterschiedlichen Erscheinungen hervorrufen können. Er sollte ganz besonders auf Schmerz- und Emotions-*Absperrer* sowie auf *Übertreiber* achten, d. h. diejenigen engrammatischen Befehle, die den Eindruck von zuviel Schmerz und zuviel Emotion erwecken. Es besteht kein Grund, hier viele Beispiele dafür aufzuzählen. Sie können sehr verschieden sein – die Sprache gibt das alles her.

Viele Kombinationen sind möglich. Man kann einen Patienten haben, der über die größten Trivialitäten weint, die geschahen, nachdem er sprechen gelernt hatte, und doch nur wenige oder gar keine Somatiken hat. Dafür kann es verschiedene Ursachen geben. Entweder hatte er eine Mutter oder einen Vater, die, bevor er geboren wurde, neun Monate lang weinten, oder es ist bei ihm ein Übertreiber am Werk, der befiehlt, auf alles gefühlvoll zu reagieren: »Zuviel Gefühl.« Gleichzeitig kann er einen Befehl haben, der sagt, er könne keinen Schmerz empfinden oder es könne ihm nichts wehtun oder sogar er könne nichts empfinden.

Ein Patient, der Schmerzen hat, der leidet und trotzdem nicht weinen kann, hat einen umgekehrten Satz von Befehlen; er hat früh auf dem Time-Track einen Befehl des Inhalts »Kein Gefühl«, oder vielleicht eine lange Kette davon; er hat aber außerdem Befehle, die Schmerz im Überfluß diktieren: »Ich kann den Schmerz nicht aushalten«, »Der Schmerz ist zu groß«, »Ich bin dauernd von Qualen gepeinigt« etc. Andererseits ist »Ich habe ein schlechtes Gefühl« ein Absperrer, denn dadurch wird ausgedrückt, daß mit dem Mechanismus des Fühlens etwas nicht stimmt, und es deutet ein Unvermögen zu fühlen an.

Sowohl Schmerz als auch Emotion können auf Befehl übersteigert werden. Es ist jedoch eine bemerkenswerte Tatsache, daß der Körper von sich aus keinen Schmerz produziert. Jeder gefühlte Schmerz ist echt, auch wenn er übertrieben ist. Eingebildeten Schmerz gibt es nicht. Der Mensch kann sich Schmerz nur dann »einbilden«, wenn er ihn wirklich gefühlt hat. Er kann sich keine Schmerzen vorstellen, die er nie gefühlt hat. Ein Mensch mag sich einen Schmerz einige Zeit nach dem eigentlichen Geschehnis »einbilden«; wenn er jedoch Schmerz fühlt – unabhängig davon, wie psychotisch er ist – existiert dieser Schmerz irgendwo auf seinem Time-Track. In der Dianetik sind wissenschaftliche Tests mit großer Sorgfalt durchgeführt worden, um diese Tatsache zu erhärten, und sie stellte sich als nützlich heraus. Das können Sie auch selbst testen, indem Sie Patienten auffordern, unterschiedliche Schmerzen zu fühlen – sie sich in der Gegenwart »vorzustellen«. Die Personen werden so lange Schmerzen fühlen, wie Sie sie nach Schmerzen fragen, die sie wirklich hatten. Mitunter werden Sie auf einen Patienten stoßen, der nicht in der Lage ist, die Schmerzen wirklich zu fühlen, die er sich »vorzustellen« versucht. Ob er sich dessen bewußt ist oder nicht – er hat überall da, wo er sich Schmerzen »vorstellt«, wirklich einmal welche gehabt, und er läßt einfach für Sie den Somatikstreifen in geringerem Ausmaß dorthin zurückkehren.

Dieser Aspekt des Schmerzes ist insofern recht interessant, als viele Patienten dann und wann in ihrem Leben der Familie oder der Welt vorgespielt haben, sie hätten Schmerzen. Der Patient glaubte zu lügen, als er diesen »simulierten« Schmerz vorbrachte. In der Therapie kann der Auditor diese »Einbildungen« benutzen, denn sie führen direkt zu Mitgefühlsengrammen und tatsächlichen Verletzungen hin. Diese »eingebildeten« Schmerzen werden außerdem gewöhnlich der Person oder Pseudoperson vorgeführt, die im engrammatischen Augenblick als mitleidiger Verbündeter anwesend war. Wenn also ein kleiner Junge der Großmutter ständig Schmerzen in den Hüften vorgespielt hat – und auch dachte, daß er sie vorspielt –, wird man schließlich entdecken, daß er sich irgendwann früh in seinem Leben an genau dieser Hüfte gestoßen hatte und während des engrammatischen Augenblicks, der für den Analysator jetzt im dunkeln liegt, mit Mitgefühl bedacht wurde. Patienten fühlen sich wegen dieser Vorspiegelungen oft ziemlich schuldig. Aus dem letzten Krieg kamen Soldaten nach Hause, die vorgaben, verwundet gewesen zu sein; in der Therapie hatten sie dann Angst, der Auditor würde die »Lüge« herausfinden und weitererzählen. So ein Soldat ist im Krieg vielleicht nicht verwundet worden, man wird aber ein Engramm finden, das Mitgefühl für die Verletzung enthält, über die er klagt. Er bittet mit Hilfe einer farbenreich erzählten Geschichte um Mitleid und glaubt, eine Lüge zu erzählen. Ohne ihn über diese dianetische Entdeckung zu informieren, kann der Auditor in einem solchen Fall oft ein Mitgefühlsengramm ans Licht ziehen, das andernfalls vielleicht nur unter größten Schwierigkeiten hätte aufgespürt werden können.

»Du Heulsuse!« ist ein Ausdruck, gegen den sich der Preclear in einem Engramm sträuben wird; dadurch werden Tränen unterdrückt. Es kommt recht häufig vor, daß der Preclear sich selbst mit älteren Brüdern oder Schwestern verwechselt, die sein vorgeburtliches Leben beeinflußt haben: deren Gespött, Mutters Anweisungen usw. werden in Engrammen gespeichert. Wenn der Preclear von älteren Kindern weiß, sollte der Auditor in den vorgeburtlichen Engrammen nach ihnen Ausschau halten, denn Kinder sind ziemlich munter und hopsen oft auf Mutters Schoß herum oder stoßen mit ihr zusammen. Kindliches Gespött stammt also nicht unbedingt aus der Zeit nach der Geburt.

Im Zuge der dianetischen Forschung wurde angenommen, daß die Klärung zu neun Zehnteln geschafft sei, wenn man alle schmerzliche Emotion des gesamten Lebens entlasten würde. Die schmerzliche Emotion ist jedoch nur ein Oberflächensymptom der Engramme mit körperlichem Schmerz und wäre nicht schmerzlich, wenn der körperliche Schmerz nicht gleichzeitig oder bereits vorher existierte.

Gibt es bei einem Fall Emotions- und Schmerzabsperrungen, dann hat der Patient gewöhnlich angespannte Muskeln, ist nervös und neigt zu Zuckungen oder einfach Verspannungen. Wenn Schmerz und Emotion durch Befehle übersteigert werden, hat man es mit einem stark dramatisierenden Fall zu tun.

VERBÜNDETER UND WIDERSACHER

Es ist erforderlich, daß der Auditor weiß, wie der reaktive Mind Wichtigkeiten bewertet. Wie schwachsinnig er auch sein mag, der reaktive Mind unterscheidet kraß zwischen Freund und Feind, und das ist praktisch die einzige Differenzierung, die er vornimmt.

Für die Entdeckung eines Verbündeten gibt es ein entscheidendes Kriterium. Denken Sie daran, daß der Verbündete Teil von Mitgefühlsengrammen ist, derjenigen Engrammsorte also, die am ehesten psychosomatische Krankheiten, Entwicklungshemmungen und riesige Verwirrung verursacht. Solange der reaktive Mind rebellieren und ablehnen kann, schützt er, soweit er dazu in der Lage ist, den Organismus vor Feinden. Natürlich kann er aufgrund besonderer Umstände in die Valenz des Feindes gedrängt werden, so daß er Chaos verursacht und sich allgemein abreagiert, falls es sich um eine gewinnende Valenz handelte. Gewöhnlich wird er aber die Daten des Feindes, die in einem überlebensfeindlichen Engramm enthalten sind, nur als »rotes Tuch« benutzen. Nähert sich die allgemeine Tonstufe der Zone eins, dann beginnt der reaktive Mind natürlich, feindliche Befehle aufzulesen und ihnen zu gehorchen. Wenn der Vater der Bösewicht ist, also ein Widersacher, dann werden die Befehle des Vaters reaktiv nicht befolgt, sondern gewöhnlich abgelehnt oder zu vermeiden gesucht.

Mit dem Verbündeten ist das jedoch nicht der Fall. Dem Verbündeten – dem Menschen, von dem Mitgefühl kam, als der Patient krank oder verletzt war – wird Beachtung und Gehorsam entgegengebracht, da seine »Absicht« mit der Absicht des Patienten (zu überleben) offensichtlich parallel läuft. Wenn etwas an einer Person richtig ist, dann ist nach dem schwachsinnigen reaktiven Mind alles an dieser Person richtig – alles, was diese Person sagt und tut, ist richtig, und ganz besonders das, was sie im engrammatischen Geschehnis sagte.

Die chronische psychosomatische Krankheit stammt gewöhnlich aus einem Mitgefühlsengramm. Das ist sehr wichtig, denn das Mitgefühlsengramm wird als letztes oder am schwersten erreichbar sein, da es mit der Absicht zu überleben konform geht.

Ein »Mußt-es-glauben« von einem Verbündeten bedeutet, daß die Person glauben *muß*. Ein »Mußt-es-glauben« von einem Widersacher bringt gewöhnlich mit sich, daß die Person *nicht* glauben darf.

Hier, im Verbündeten und im Widersacher, haben wir die uralte Geschichte vom Helden und dem Schurken, der Heldin und der Schurkin, von Mazda und Ahriman[10], von dem Cowboy mit dem weißen Hut und dem Cowboy mit dem schwarzen Hut. Die Quelle der Hindu-Dreieinigkeit liegt in Vater, Mutter und ungeborenem Kind. Aber den Kampf zwischen »Gut und Böse« finden wir als reaktive Daten in der Engrammbank – in Form des Verbündeten und des Widersachers.

Der Gipfel aller Logik, zu der der reaktive Mind fähig ist, ist zweiwertig, weiß und schwarz, und zweiwertige Logik findet nur in der reaktiven Bank Widerhall. Der reaktive Mind rechnet alle Probleme mit absoluten Größen aus und erzeugt damit logische Monstrositäten, denn dort gibt es das absolut Gute, das absolut Böse und das absolute Gleichsetzungsdenken. Jede vernünftige Überlegung zeigt, daß etwas Absolutes vom Standpunkt der Wahrheit oder Brauchbarkeit her unmöglich ist; aber der reaktive Mind hat niemals Bedenken, er reagiert einfach. Er erkennt einen Fürsprecher auf den ersten Blick (meint er), und er erkennt einen Bösewicht (nimmt er an). Der Verbündete, der Fürsprecher, ist jeder, der irgendein Merkmal des Verbündeten besitzt. Der Widersacher, der Bösewicht, ist jeder, der irgendein Merkmal des Widersachers hat. Weiterhin ist alles, was mit dem Verbündeten zusammenhängt, förderlich und alles, was mit dem Widersacher zu tun hat, bösartig. Ist der Verbündete eine Tante, dann sind Tanten gut. Ist der Widersacher

[10] *Mazda und Ahriman:* die personifizierten Mächte des Guten und des Bösen im alten Persien.

ein Schildermaler, dann sind alle Schildermaler böse. Die Deckchen, die Tantchen häkelte, sind gut, und somit sind Deckchen überhaupt gut, alle Häkelarbeit ist gut, alles, das mit Gehäkeltem bedeckt ist, ist gut und alles, was ähnlich wie Häkelarbeit aussieht, ist gut usw. – mit der widersinnigen Konsequenz, wie sie nur der reaktive Mind ohne den leisesten Zweifel zuwege bringt. Und die Schilder, die der Maler herstellte, sind böse, Stellen, wo sie sich befinden, sind böse, Farbe ist böse, der Geruch von Farbe ist böse, und Pinsel sind böse, daher sind Haarbürsten böse, und Frisiertische, auf denen Haarbürsten liegen, sind böse usw.

Hier haben wir ein Axiom, das man bei der Arbeit mit einem Patienten auf keinen Fall unterschätzen sollte:

> JEDE CHRONISCHE PSYCHOSOMATISCHE KRANKHEIT HAT IHREN URSPRUNG IN EINEM MITGEFÜHLSENGRAMM.

Und ein weiteres:

> DER REAKTIVE *MIND* WIRD NICHT ZULASSEN, DASS EIN MENSCH ABERRIERT ODER CHRONISCH PSYCHOSOMATISCH KRANK WIRD, ES SEI DENN, DIE KRANKHEIT HAT ÜBERLEBENSWERT.

Das bedeutet nicht, daß die Person hierüber analytisch frei entscheiden kann. Es bedeutet, daß der reaktive Mind, der im stillen arbeitet und bisher so gut verborgen war, auf der Grundlage von Identitätsberechnungen körperliche und geistige Zustände herausgreift, um jeglichen Umständen gerecht zu werden, die irgendeinem Wahrnehmungsinhalt in der Engrammbank auch nur entfernt ähnlich sind.

Allerdings gibt es auch die Notwendigkeitsstufe. Diese hebt sich und keyt Engramme aus; sie kann sogar die Kontrolle des reaktiven Minds selbst auskeyen. Die Notwendigkeitsstufe hebt sich oft. Die Person kann das analytisch erzwingen, ob nun ein wirklicher Anlaß besteht oder nicht. Eine Person hat vielleicht kein Engramm, das mit der Hinrichtung auf dem elektrischen Stuhl wegen Mordes zu tun hat, kann aber ein Engramm haben, das Mordlust beinhaltet. Die Notwendigkeitsstufe hebt sich und überwindet analytisch alle Impulse zu töten, denn der Analysator weiß alles über elektrische Stühle. Wenn sich die Notwendigkeitsstufe nicht heben kann, haben wir es mit einer Person von geringer Dynamik zu tun. Ein Künstler, der in bezug auf seine Arbeit aufgrund der freundlichen Anstrengungen von ätzend hilfsbereiten Kritikern furchtbar aberriert ist, kann seine Notwendigkeitsstufe steigern, sich zusammenreißen und ein weiteres Bild malen – und zum Teufel mit der Tante, die sagte, er habe ihr in ihrem Porträt ein Doppelkinn gegeben, und das Werk in Stücke riß, oder zum Teufel mit den Kritikern, die sagten, er sei zu avantgardistisch und seine Arbeitsweise zu flüchtig. Die Notwendigkeitsstufe kann sich – mit den Worten eines Marineoffiziers – »durch Schneid allein« mit einem Schwung über den reaktiven Mind hinausheben.

Wenn eine Person von allzu vielen Restimulatoren umgeben ist und ihr das Leben zu übel mitspielt, kommt sie – gefangen in der enger werdenden Abwärtsspirale reaktivierter Engramme – schließlich an den Punkt, wo sie nicht länger gesund bleiben kann. Wenn das ihr erstes ernstes Absacken ist und es sie weit hinunterführt, wird sich eine psychosomatische Krankheit einstellen und mehr oder weniger chronisch werden, die – das ist wichtig – direkt einem Mitgefühlsengramm entstammt.

Alle psychosomatischen Krankheiten führen aberrierende Befehle mit sich – auch wenn das nicht so offensichtlich ist –, was bedeutet, daß eine Person, die unter einer psychosomatischen Krankheit leidet, auch unter der Aberration leidet, die Teil desselben Engramms ist, ob es ihr nun gefällt oder nicht.

Wenn der Auditor die *echten* Holder finden möchte, die *echten* Gründe, aus denen ein Fall Widerstand gegen das Gesundwerden zu leisten scheint, die *wirklichen* aberrierenden Faktoren und Krankheiten, dann muß er nach dem oder den Verbündeten (denn bei jedem Fall kann es viele davon geben) schauen. Er muß die schmerzliche Emotion des Verlustes oder der Ablehnung, die mit ihnen verbunden sind, ausschöpfen und dann sofort weiter zurückgehen, um die zugrundeliegenden Engramme zu finden.

Denken Sie auch daran, daß der reaktive Mind zu dumm ist, um zu erkennen, daß die zwei Seiten einer Person zur selben Person gehören. Somit können wir Mutter als den weißen Engel und Mutter als die schreiende Vettel finden. Als weißem Engel wird ihr unbedingt gefolgt, als Vettel wird sie abgelehnt. Vater mag Vater der Wohltäter und Vater der Kindesmörder sein. Und so ist das mit allen Verbündeten. Doch nur der reine, der absolute, der unwandelbare Verbündete, der entschlossen und fest die kalte, scharfe Hand des Todes zurückstieß und zärtlich in das ermattende Händchen des sehnsüchtigen Kindes die starke, leuchtende Lebensfackel legte (oder wenigstens sagte: »Armes Kind, dir geht es so schlecht; bitte weine nicht!«), ist das Vorbild, das überragende Beispiel, das lorbeerbekränzte Idol, das zu den Göttern freien Zugang hat. (Das war der alte Opa; er trank zuviel und schummelte beim Kartenspiel; der reaktive Mind sieht es jedoch nicht so, denn Opa schleppte das Kind durch die Lungenentzündung und wußte genau, daß es durchkommen würde; eine gute Tat, wenn er kein solches Melodrama daraus gemacht und nicht soviel geredet hätte, als das arme Kind »bewußtlos« war.)

Fragen Sie den Patienten geschickt über Vater und Mutter aus; ist er über ihren Tod nicht sehr verstört (sofern sie nicht mehr leben) oder zeigt er sich ihnen gegenüber einfach gleichgültig bzw. bleckt er seine Zähne, dann sind sie Widersacher; hier werden Sie keinen Verbündeten finden. Wenn Mutter und Vater mit gleichgültiger, zorniger oder unterwürfiger Haltung betrachtet werden, dann können Sie sicher sein, daß der Patient zwischen Empfängnis und Geburt und auch danach ein hartes Dasein fristete, und Sie können demzufolge sicher sein, daß es zahllose Verbündete geben wird, denn das Kind wird bei jeder Schramme oder Verletzung zu einem Verbündeten Zuflucht genommen haben. Aber durch bloße Fragen werden Sie die Verbündeten gewöhnlich nicht finden. Der reaktive Mind hält sie für pures Gold, auch wenn die Engramme, in denen sie vorkommen, genügend Somatiken enthalten, um die Person für ihr ganzes Leben zugrunde zu richten. Er versteckt Verbündete. Der Auditor muß nach ihnen suchen, indem er schmerzliche Emotion entlädt. Wenn ein Verbündeter starb, fortging oder den Patienten ablehnte, wurde auf jeden Fall ein Engramm mit schmerzlicher Emotion aufgezeichnet. Aber ob man nun von späteren schmerzlichen Emotionen oder von früheren Engrammen mit körperlichem Schmerz aus daran arbeitet, die Verbündetenberechnung wird schließlich enthüllt; sie kann dann als Erinnerung in die Standardbanken übertragen und als Krankheit aus der Engrammbank ausgelöscht werden.

Die Lösung des Problems chronischer psychosomatischer Leiden liegt vor allem auf dem Gebiet der Mitgefühlsengramme. Diese lassen sich jedoch nicht in einem frühen Stadium tilgen, denn sie sind die innere Bastion, hinter der sich der reaktive Mind duckt und den Ansturm der Widersacher auf die äußeren Befestigungsanlagen beobachtet. Die schmerzliche Emotion des Verlustes von Verbündeten verdeckt manchmal nicht nur Verbündete, sondern auch Widersacher. Das Mitgefühlsengramm ist keineswegs die einzige Quelle psychosomatischer Krankheiten; es ist aber die Quelle *chronischer* psychosomatischer Krankheiten.

Diese Ausführungen über Verbündete sind übrigens keineswegs so auszulegen, daß man einem Kind keine Liebe schenken sollte. Manche Beobachter sind in der Vergangenheit auf fragwürdige Ideen verfallen, weil sie den Eindruck hatten, daß offen gezeigte Zuneigung ein Kind aberriere. Mangel an Zuneigung kann es umbringen, das Gegenteil trifft jedoch nicht zu. Ein Verbündeter kann ein Kind nur aberrieren, *indem er mit ihm spricht und Mitleid zeigt, wenn es sehr krank oder aufgrund einer Verletzung »bewußtlos« ist.* Tut er das, vermengt er die Persönlichkeit des Kindes mit seiner eigenen; er schafft eine spätere Anfälligkeit für psychosomatische Krankheit und für Aberrationen und kann das Kind für das Leben allgemein untauglich machen (vorausgesetzt natürlich, daß es keine Dianetik gäbe). Lieben Sie das Kind aus ganzer Kraft, und tun Sie für es, soviel Sie können, wenn es wohlauf ist. Erweisen Sie ihm Gutes, wie Sie wollen, und sagen Sie alles zu ihm, was Ihnen einfällt, solange es gesund ist. Ist es krank oder verletzt, dann ist es am besten, es »zusammenzuflicken und das Maul zu halten«, wie der Bootsmann sagen würde.

ERINNERUNGSMERKMALE

Ein magisches Amulett, der glückbringende Talisman oder wunderkräftige Hasenpfoten, all jene Gegenstände und merkwürdigen Angewohnheiten, die man sich als Andenken bewahrt – sie sind die »Herzensschätze« des reaktiven Minds.

Es ist nichts dagegen einzuwenden, daß ein Mann Lamas im Wohnzimmer hält, lila und grün gestreifte Hosenträger trägt oder dreimal auf Holz klopft, um das Glück herbeizurufen; ebenso kann man nichts dagegen einwenden, wenn jemand über einem gestohlenen Damenpantoffel seufzt oder eine spezielle Marke billiger Stumpen raucht. Jede Aufstellung der Menschenrechte sollte solchen Exzentrizitäten Raum lassen. Der Auditor aber kann diese Daten benutzen, um wesentliche Informationen zutage zu fördern.

Nach der dianetischen Definition umfaßt der Begriff *Erinnerungsmerkmal* die Gegenstände und Gewohnheiten, die ein Mensch oder eine Gesellschaft behält bzw. beibehält, indem sie nicht wissen, daß sie Erweiterungen eines Verbündeten sind.

Aufgrund des reaktiven »Denkens« in Gleichsetzungen gibt es für jeden Restimulator in der Umwelt *Nebenrestimulatoren*, also Dinge, die mit dem Restimulator verknüpft sind. Da der analytische Mind keine Ahnung hat, was ihm geschieht, jedoch aufgrund der körperlichen Reaktion bemerkt, daß für irgend etwas ein Restimulator in der Nähe ist, führt er sein Unbehagen auf einen Nebenrestimulator zurück, kann aber nicht den wirklichen Restimulator finden. (In dem Beispiel vom jungen Mann mit der Jacke, das im zweiten Teil dieses Buches geschildert wurde, war das Berühren des Schlipses das Signal, die Jacke auszuziehen; er beklagte sich aber nicht über den Schlips; am nächsten kam er diesem in der Person und der Kleidung des Hypnotiseurs. Das waren *Nebenrestimulatoren.*)

Der Restimulator eines überlebensfeindlichen Engramms mag eine Glühbirne sein, aber der Aberrierte hält den Schirm, den Zugschalter, das Zimmer oder die Person unter der Lampe für die Ursache seines Unbehagens. Er hat nicht nur keine Ahnung, daß ein Restimulator vorhanden ist, sondern glaubt sogar, daß es die mit dem Restimulator assoziierten Gegenstände sind, die ihm von sich etwas antun.

Der Nebenrestimulator für ein überlebensfeindliches Engramm braucht keinen anderen Namen als eben *Nebenrestimulator*. Der Schmerz ist das »Ding«; und die Dinge, die auf irgendeine Weise mit dem Ding assoziiert werden, sind das Ding, sind andere Dinge usw. – das ist das reaktive Gleichsetzungsdenken, das die Welt des Aberrierten mit Furcht und Schrecken erfüllt. Bringen Sie ein Kind an einen Ort oder in ein Zimmer, wo es unglücklich war, so kann es krank werden, denn es findet sich einem Restimulator gegenüber. Es kann die Furcht ebenso wie der Erwachsene bestenfalls durch etwas erklären, das rational nicht mit dem Restimulator verknüpft ist. Das ist der Mechanismus engrammatischer Restimulierung.

Es ist für einen Aberrierten meist schrecklich unangenehm, wenn er beim besten Willen nicht sagen kann, warum er eine Person, einen Gegenstand oder einen Ort nicht mag. Er kann diese drei nicht mit dem wirklichen Restimulator verknüpfen; er weiß auch nicht, daß er in diesem Zusammenhang ein Engramm hat. Auf diese Weise Engramme zu suchen, führt zu nichts, denn man kann sich nicht einfach Gegenstände, Personen und Orte heraussuchen und davon ausgehen, daß es sich um Restimulatoren handele. Sie sind vielleicht nur Nebenrestimulatoren zum wirklichen Restimulator in der Umgebung. (In Engrammen enthaltene Worte und jeder andere wirkliche Restimulator können übrigens den Aberrierten »auf Knopfdruck« in Aktion setzen oder in Apathie stoßen, wenn sie bei ihm zur Auswirkung kommen. Im Fall von Wörtern muß es genau *das* Wort sein; beispielsweise wird »malen« nicht die Reaktion auslösen, wenn im Engramm »Maler« enthalten ist. Die Tätigkeit des Malens kann dagegen generell ein Nebenrestimulator sein, und der Aberrierte kann zum Ausdruck bringen, daß er Malen nicht mag; das bedeutet jedoch nicht, daß Malen ihn »auf Knopfdruck« zum Husten oder Seufzen bringt, ihn ärgerlich oder krank macht, oder was auch immer das Engramm, das das Wort enthält, ihm zu tun diktiert.)

Das *Erinnerungsmerkmal* ist eine besondere Art von Restimulator. Während der Auditor im Zusammenhang mit überlebensfeindlichen Engrammen nicht viel Verwendung für Nebenrestimulatoren haben mag, kann er doch das *Erinnerungsmerkmal* als Hilfsmittel benutzen, um Verbündete ausfindig zu machen.

Ein *Erinnerungsmerkmal* ist jeder Gegenstand, jedes Verhalten oder jede Gewohnheit, derer sich ein oder mehrere Verbündete bedienten. Aufgrund des reaktiven Identitätsdenkens bedeutet der Verbündete Überleben; alles, was der Verbündete benutzt hat oder tat, ist daher Überleben. Zu der Valenz des Verbündeten greift der Aberrierte am häufigsten. Während sich der Clear willentlich und wie es ihm beliebt in fremde Valenzen versetzen kann, die er sich vorstellt oder sieht, und sie willentlich wieder verlassen und sich in seiner eigenen stabilisieren kann, schlittert der Aberrierte ohne sein Wissen und Wollen in Valenzen hinein und befindet sich meist in irgendeiner fremden Valenz, statt in der eigenen. Eine Person, die, wenn man sie trifft, jedesmal jemand anderer zu sein scheint, oder die jedem, dem sie begegnet, anders gegenübertritt, wobei sich eine Valenz speziell hier und eine andere dort zeigt, gleitet von einer gewinnenden Valenz in die andere; wird sie in diesen ständigen Wechseln gestört, begibt sie sich in zweitrangige Valenzen; zwingt man sie in ihre eigene Valenz, dann wird sie krank. Natürlich weisen alle Valenzen etwas von der Person selbst auf.

In Verbündetenvalenzen hineinzuschlüpfen gehört zum Grundverhalten eines Aberrierten. Er wird sich am wohlsten fühlen, wenn seine eigene Valenz mit der Valenz eines Verbündeten bis zu einem gewissen Grad gemischt ist. Solange der Verbündete oder Pseudoverbündete nicht verfügbar ist, erinnert sich der Aberrierte durch Erinnerungsmerkmale an die Verbündetenvalenz. Diese Erinnerungsmerkmale sind das, was der Verbündete besaß, ausübte oder tat.

Ein Aberrierter wird sich oftmals unentrinnbar mit einem Pseudoverbündeten zusammentun, beispielsweise durch eine Ehe, um dann erstaunt zu entdecken, daß er keinen Partner mit dem optimalen Verbündetenverhalten gefunden hat. (Die Mutter war eine Verbündete, Mutter hat Brot gebacken; die Frau ist die Pseudomutter, obwohl sich weder er noch sie darüber im klaren sind; die Frau bäckt kein Brot. Die Mutter mißbilligte Lippenstifte, die Frau benutzt sie; die Mutter ließ ihm seinen Willen, die Frau zeigt eine herrische Haltung. Die Frau ist nur deswegen die Pseudomutter, weil sie eine ähnliche Stimme hat.) Der Aberrierte versucht dann reaktiv und ohne es zu wissen, Frau oder Partner in die Verbündetenvalenz zu locken, weil er den Augenblick des Mitgefühlsengramms mit der Gegenwart verwechselt – eine mechanische Verschiebung, die einfach dadurch verursacht wird, daß das Mitgefühlsengramm durch die Stimme oder etwas Ähnliches restimuliert wird –, und läßt daraufhin die engrammatische Krankheit, Verletzung oder Operation als eine psychosomatische Krankheit bei sich in Erscheinung treten. Die Überlegung des reaktiven Minds ist ausgesprochen einfältig; er will den Verbündeten herbeizwingen, indem er das Somatik produziert, das den Verbündeten zu Mitgefühl veranlaßte. Das kann auch ein Versuch sein, einen Partner in die Mitgefühlsvalenz umzuwandeln, den der reaktive Mind als jemanden erkannt zu haben glaubt, der sowohl ein Freund als auch ein Feind sein kann. Die Ehefrau ist grausam. Mutter war grausam, doch nach der Verletzung war sie dann nett. Zeige die Verletzung als chronische psychosomatische Krankheit – und die Ehefrau wird nett sein! In Wirklichkeit wird die Frau aber nicht netter, also wird die reaktive Berechnung stärker eingesetzt; die Krankheit verschlimmert sich, und so gleiten wir abwärts in die schwindelerregend enger werdende Spirale. Die psychosomatische Krankheit soll gleichzeitig zum Ausdruck bringen, daß man ungefährlich und hilflos ist. Sie ist etwas Ähnliches wie das Sichtotstellen eines Tieres, um einem Feind zu entgehen, eine Art Angstlähmung: »Ich bin keine Bedrohung für dich! Ich bin krank!«

Der Aberrierte begibt sich in seine eigene Valenz aus der Zeit des Mitgefühlsengramms, wenn er nach Mitleid heischt und demonstrieren will, daß er ungefährlich ist. Die eigene damalige Valenz ist natürlich durch die Altersangabe und das Somatik jenes Engramms belastet, in dem er unreif und krank war.

Die psychosomatische Krankheit ist auch ein Erinnerungsmerkmal, d.h. eine Sache, die den Betreffenden an eine Zeit erinnert, als er Liebe und Fürsorge erfuhr und dies auch in Worten ausgedrückt wurde. Er braucht die Krankheit natürlich ebensowenig wie eine Atombombenexplosion – sie ist jedoch gutes, solides »Überleben« nach Art des reaktiven Minds. Der reaktive Mind wird es so einrichten, daß der Mensch überlebt – und wenn es ihn umbringt.

Das alles geschieht mechanisch. Im Grunde handelt es sich einfach um die Restimulierung eines Engramms, doch man versteht es besser, wenn man es als eine Berechnung auf niedriger Ebene sieht.

In Abwesenheit eines Verbündeten, aber auch in seiner Anwesenheit ahmt die Person diesen reaktiv nach. Bewußtes Nachahmen ist eine sehr gute Art des Lernens. Reaktives Nachahmen jedoch verdirbt die Persönlichkeit. Auf reaktiver Ebene hatte die Person einst einen Verbündeten, den sie nun imitiert. Bewußt kann sie sich an diesen Verbündeten oder dessen Gewohnheiten vielleicht nicht einmal erinnern.

Bedenken Sie, daß der Verbündete jemand ist, der in die innere Welt des Minds eindrang und Mitgefühl oder Schutz gewährte, als der Analysator durch eine Krankheit, Verletzung oder Operation ausgeschaltet war. Der Verbündete ist Teil des Mitgefühlsengramms. Wenn ein Kind die Großeltern liebte und in ihrer Nähe zu seinem Glück nicht krank war, bzw. wenn es krank oder verletzt war, von ihnen nicht voller Mitgefühl angesprochen wurde, würde es sie immer noch lieben. In der Dianetik wird nur der als Verbündeter bezeichnet, der in einem engrammatischen Geschehnis Mitgefühl oder Schutz bot. Um geliebt zu werden oder um zu lieben, brauchen wir keine Engramme – ganz im Gegenteil: ohne Engramme wird man mehr geliebt und liebt man mehr.

Das Erinnerungsmerkmal bezieht sich in der Dianetik nur auf den Verbündeten und ist ein Gegenstand, eine Verhaltensweise oder eine Angewohnheit, die einem Gegenstand, einer Verhaltensweise oder einer Angewohnheit des Verbündeten ähnlich ist.

Der Verbündete rauchte Brasil-Zigarren, und so raucht der Aberrierte vielleicht auch Brasil-Zigarren, gleichgültig, was das seinem Hals oder seiner Frau antut. Der Verbündete trug Jockey-Mützen, die aberrierte Dame ist in Reiterkleidung vernarrt, hat aber niemals ein Pferd bestiegen. Die Verbündete strickte; der Aberrierte trägt vorwiegend Stricksachen oder will, wenn er eine Frau ist, wenigstens den Anschein erwecken, daß er auch strickt; und sie wundert sich manchmal, warum sie damit überhaupt angefangen hat, wo sie doch so schlecht damit zurechtkommt. Der Verbündete fluchte gern, der Aberrierte gebraucht die gleichen Flüche. Der Verbündete bohrt in der Nase und wischt sich die Nase am Ärmel ab, der Aberrierte wischt sich die Nase am Smoking ab und fummelt an seinen Nasenlöchern herum.

Das Erinnerungsmerkmal kann eine Erinnerung an einen reinen Verbündeten oder an die Freund-Seite eines ambivalenten Freund-Feindes sein. Es kann auch eine gewinnende Valenz sein, die sich außerdem dem Aberrierten gegenüber ambivalent verhielt. Das Erinnerungsmerkmal ist niemals ein Nebenrestimulator in dem Sinne, daß es an einen Widersacher erinnert, denn Nebenrestimulatoren werden verabscheut.

Das beständigste Erinnerungsmerkmal oder Gehabe, die dauerhafteste Angewohnheit oder Verhaltensweise eines Preclears sind ein direkter Hinweis auf den reinen Verbündeten. Und diesen reinen Verbündeten wird der reaktive Mind bis ins oberste Geschoß seines belagerten Burgfrieds beschützen. Auf ihn zielt der Auditor. Er kann gezwungen sein, den größten Teil der Engrammbank zu entladen, bevor er das Engramm auslöschen kann, das den Preclear am meisten aberriert, ihn mit seltsamen Gewohnheiten belastet und chronisch krank macht.

Beobachten Sie den Preclear, und stellen Sie fest, was er tut und sagt, was aber nicht zu seiner Persönlichkeit paßt. Schauen Sie, an welchen seiner gewohnheitsmäßigen Handlungen er keine rechte Freude zu finden scheint. Beobachten Sie, was er benutzt und was seine Eigenarten sind. Mittels dieser Beobachtungen können Sie durch unauffällige Fragestellungen vielleicht einen Verbündeten in sein Gedächtnis rufen, den er vergessen hatte. Hierdurch spüren Sie möglicherweise schnell das Mitgefühlsengramm auf, in dem der Verbündete enthalten ist, oder Sie können eine emotionelle Entladung erreichen, wenn Sie das Engramm mit schmerzlicher Emotion finden, das den Verlust dieses Verbündeten, dessen Krankheit oder ihn betreffende Geschehnisse enthält.

Ein anderes, jedoch spezielles Erinnerungsmerkmal geht auf einen Befehl zurück, der besagt, daß man stirbt, wenn man sich nicht so und so verhält. Ein Vater beispielsweise, der Zweifel an seiner Vaterschaft hegt, droht mitunter, während er die Mutter prügelt oder in inneren Aufruhr versetzt, daß er das Kind umbringen werde, wenn es nicht genau wie er, der Vater, sein werde. Das ist ein sehr unglücklicher Typ eines Erinnerungsmerkmals, ganz zu schweigen davon, daß dadurch zumeist auch ein übles Engramm entsteht. Es kann sogar bewirken, daß die Körperstruktur verformt wird, Nasen länger werden oder daß Haar fehlt; es kann den Aberrierten in einen Beruf zwingen, zu dem er keine Lust hat – alles wegen des Engrammbefehls, daß das Kind dem Vater gleichen müsse. Da ein solcher Befehl gewöhnlich vor der Geburt gegeben wird, ist er oft unwissentlich an ein Mädchen gerichtet, nachdem Väter gewöhnlich nicht hellseherisch begabt sind; in einem solchen Fall wird er die bemerkenswertesten Veränderungen der Körperstruktur bei einer Frau hervorrufen und ungewöhnliche Eigenheiten fixieren, »Ambitionen« erzeugen (wie beim Hund, der gepeitscht wird, wenn er die Ente nicht bringt) sowie zu Gewohnheiten führen, die – gelinde gesagt – erstaunlich sind. Um nach der Geburt die Reaktivierung eines solchen Engramms zu erreichen, muß der Vater ein ziemlich ambivalentes Verhalten an den Tag legen, damit die Freund-Feind-Berechnung in Gang kommen kann. Nicht wie der Vater zu sein bedeutet zu sterben. Um durchzusetzen, daß der Vater sich wieder so verhält wie im Mitgefühlsengramm, muß der reaktive Mind das Erinnerungsmerkmal der Krankheit zeigen. Erinnerungsmerkmal und Ähnlichkeit sind das Ergebnis einer solchen Berechnung. Und erinnern Sie sich daran, daß all diese Berechnungen nicht einfach sind und dadurch noch verwickelter gemacht werden, daß Dutzende anderer engrammatischer Berechnungen hinzukommen.

Wer dem Preclear sowohl als Feind wie auch als Freund begegnet ist, ist als Feind ziemlich leicht wiederzufinden und auch nicht allzu schwer als Freund. Durch die Standardtechnik in Form der Wiederholung von Redewendungen und Rückkehr usw. könnte allein schon jedes Engramm schließlich lokalisiert und die Bank ausgelöscht werden, so daß die Geschehnisse umgespeichert werden. Die Verwendung des Erinnerungsmerkmals erleichtert das Auditieren noch.

Im Fall des reinen Verbündeten, des Vorkämpfers für das Recht, kommt die Standardtechnik schließlich auch zum Ziel. Aber wie einfach wird hier der Weg bisweilen, indem man das Erinnerungsmerkmal als Hinweis benutzt! Denn dieses kann so auffällig und eigenartig sein wie ein Elefant in einem Vogelkäfig. Es ist ein *wirklicher* Verbündeter nötig, um solche sonderbaren Angewohnheiten am Leben zu halten.

Beurteilen Sie den Preclear im Verhältnis zu seiner Umgebung, seiner Ausbildung, seiner Gesellschaftsschicht und seinem Beruf. Schauen Sie dann nach dem, was sich mit seinem sonstigen Leben nicht in Einklang bringen läßt; achten Sie auf die Dinge oder Verhaltensweisen, derer er sich bedient, die Gegenstände, die er verehrt, und die Eigenarten, die seine Freunde so merkwürdig finden. Finden Sie dann heraus, ob er oder seine Frau irgend jemanden kannten, der diese Dinge tat oder mochte.

Der Leser sollte nach all diesem nicht annehmen, daß unser *Clear* alle merkwürdigen Eigenarten über Bord geworfen hat. Selbstbestimmung ist extreme Individualität; die Persönlichkeit ist angeboren und ragt, durch das Klären enthüllt, hoch über der aberrierten Person auf. Die Engramme drücken einen Menschen zusammen und machen ihn klein und ängstlich. Im befreiten Zustand kommt seine Kraft zur Entfaltung. Das Mitgefühlsengramm ist für einen Menschen gleich einer Krücke, obwohl er zwei gesunde Beine hat. Aber ach, wie der Preclear schluchzt, wenn er den lieben Onkel Gustav loswerden soll, dessen übernommene Angewohnheit, auf den Boden zu spucken, die Freunde und Geschäftspartner unseres Preclears so sehr befremdete! Doch der Gram ist kurz; gewöhnlich dauert er nur die halbe Stunde an, die man braucht, um das Mitgefühlsengramm auszuschöpfen. Plötzlich kann sich der Preclear an Onkel Gustav erinnern, und er kann sich tausend Dinge, die Onkel Gustav und er zu tun pflegten, zurückrufen, denn das Engramm hatte Onkel Gustav abgesperrt und ihn zusammen mit anderen Leuten außerhalb der Sicht des »Ichs« gehalten – auch wenn es im Engramm geheißen haben mag: »Schon gut, na, na, na, Willy. Ich werd' für dich sorgen. Wirf dich nicht so hin und her. Dir wird es wieder gut gehen. Na, na, na, armer kleiner Kerl. Armer kleiner Kerl. Was für einen furchtbaren Ausschlag du hast. Wie fiebrig! Na, na, na, Willy. Alles wird gut gehen, solange ich da bin. Ich werde für meinen Willy sorgen. Schlaf jetzt. Schlaf ein und vergiß es.« Und Willy war die ganze Zeit »bewußtlos« und »wußte« nie davon. Später bekam er einen Geschäftspartner, der wie Onkel Gustav aussah (aber unglücklicherweise ein Dummkopf war), und als er bankrott war, bekam er irgendwie einen Hautausschlag und einen chronischen Husten. Er wurde sehr »fiebrig« bei seinen Geschäften. Er begann, auf den Boden zu spucken, gleichgültig, wo er sich befand, seine Gesundheit verschlechterte sich, und es ging mit ihm bergab. Wenn Sie ihn jedoch vor der Therapie nach irgendwelchen Onkeln gefragt hätten, hätte er sich sehr vage ausgedrückt. »Geben Sie mir eine Blitzantwort«, sagt der Auditor. »Wer spuckte immer auf den Fußboden?« »Onkel Gustav«, antwortet der Preclear. »Mensch, ist das ulkig (Räuspern, Spucken), seit Jahren habe ich nicht mehr an ihn gedacht. Er hat sich auch nie besonders viel sehen lassen (nur zehn Jahre lang am laufenden Band, entdeckt der Auditor vielleicht später). Ich glaube nicht, daß er wichtig ist. Greifen wir lieber Frau Bierbach, meine Lehrerin, auf ...« »Gehen wir nun zu der Zeit zurück, wo Ihnen Onkel Gustav geholfen hat«, sagt der Auditor. »Der Somatikstreifen geht jetzt zu der Zeit zurück, wo Onkel Gustav Ihnen geholfen hat.« »Ich habe das Gefühl, als würde meine Haut brennen«, klagt der Preclear. »Das muß – he, das ist meine Allergie! Aber ich sehe niemanden. Wirklich nicht ... Warte mal, ich bekomme einen Eindruck von jemandem. Irgend jemand – nein, das ist ja Onkel Gustav!« Er durchläuft das Engramm, und der Ausschlag verschwindet. Der Auditor hatte aber vielleicht hundert Engramme beseitigen müssen, bevor er an dieses eine herankam. Und dann erinnert sich der Preclear plötzlich an die ganze Zeit damals mit ihm und Onkel Gustav – doch setzen Sie die Therapie fort.

Vollkommene Erinnerung scheint mit vollständiger geistiger Gesundheit gleichbedeutend zu sein. Doch nehmen Sie nicht an, daß ein Clear, nur weil er seine Onkel Gustavs und seine Angewohnheit, auf den Boden zu spucken, losgeworden ist, keine Eigenwilligkeiten mehr hätte. Der Unterschied besteht darin, daß er nicht gegen seinen Willen in Exzentrizitäten hineingezwungen wird. Großer Gott, was kann sich ein geklärter Geist nicht alles ausdenken, um der Langeweile zu entgehen!

WAS MAN TUT, WENN EIN FALL KEINE FORTSCHRITTE MEHR MACHT

Sogar bei den leichtesten Fällen werden Zeiten kommen, wo der Fortschritt der Behandlung aufzuhören scheint. Hier folgt eine Liste möglicher Ursachen:

1. Der Preclear bewegt sich nicht auf dem Time-Track, auch wenn es vielleicht so scheint, sondern steht unter dem Einfluß eines der fünf Befehlstypen, die seine freie Bewegung oder den Datenfluß hemmen können. Der üblichste ist der Holder; man wird vielleicht feststellen, daß sich der Preclear in einem Engramm und in einer seltsamen Valenz befindet.

2. Es liegt eine Emotions- oder Schmerzabsperrung vor. Diese können immer, auch zu Beginn eines Falles, entdeckt werden. Die Muskeln des Patienten werden zittern oder zucken, wenn er sich in einem Engramm befindet, er wird jedoch das Somatik nicht fühlen: das ist ganz eindeutig eine Schmerzabsperrung. Außerhalb der Therapie kann der Patient sehr angespannt sein, besonders seine Nakkenmuskeln können verkrampft sein; das ist oft eine emotionelle Absperrung. Vor dem Therapiebeginn können beide Zustände bei vielen Aberrierten beobachtet werden. Tauchen sie während der Therapie auf, dann halten Sie nach Schmerz- oder Emotionsabsperrern Ausschau.

3. Es gibt einen Emotionsübertreiber und eine Schmerzabsper-

rung, so daß der Patient über alles weint, sich aber dreht und windet, wenn man ihn auffordert, sich dem Schmerz zu nähern. Er fühlt Emotion, ohne den Schmerz zu spüren.

4. In irgendeinem Bereich, der noch nicht entladen wurde, aber dafür reif ist, gibt es eine emotionelle Ladung. Oder umgekehrt, wenn Sie versucht haben, ein spätes Engramm mit schmerzlicher Emotion zu entladen, aber keinen Erfolg hatten, dann gibt es im frühen vorgeburtlichen Bereich eine Gefühlsabsperrung.

5. Der Auditorenkodex wurde verletzt. Wechseln Sie den Auditor, oder reduzieren Sie die Augenblicke, in denen gegen den Kodex verstoßen wurde.

6. Es gibt eine emotionelle Verstimmung im gegenwärtigen Leben des Patienten, während gleichzeitig die Therapie läuft. Fragen Sie genau nach und entfernen Sie, wenn möglich, die Ladung der emotionellen Verstimmung wie bei einem Engramm.

7. Sie haben in diesem Buch einen wichtigen Punkt nicht mitbekommen, den ein Auditor beachten muß. Studieren Sie diesen Punkt.

WENN DIE GENESUNG »VERWEIGERT« WIRD

Es war lange Zeit eine gängige Auffassung, auch wenn sie falsch ist, daß die Menschen ihre Neurosen behalten wollen. Bei jedem Patienten, der der Therapie »widersteht«, können Sie jedoch sicher sein, daß es die Engramme sind, die Widerstand leisten, und nicht der Patient; greifen Sie deshalb nicht den Patienten an, sondern die Engramme.

Es gibt viele reaktive Berechnungen, die den Eindruck erwekken, es würde Widerstand geleistet. Die häufigste ist die Verbündetenberechnung, die aus Engrammen kommt, in denen Verbündete auftreten, die den Patienten inständig zu bitten scheinen, ja nichts loszuwerden. Recht oft war das eine Situation, wo ein Verwandter oder ein Freund der Mutter riet, das Kind nicht abzutreiben. Der Verbündete bittet: »Mach es nicht weg!« Der Preclear hält diese Person für den besten aller Freunde. Er kann die Worte dahingehend auslegen, daß er sich seiner Engramme nicht entledigen dürfe.

Eine weitere hinderliche Berechnung ist die Dummheitsberechnung, aufgrund derer der Preclear befürchtet, dumm zu werden oder den Verstand zu verlieren, wenn er Engramme aufgibt. Das könnte von der Mutter herkommen, die sagte, daß sie den Verstand verliere, wenn ihr das Kind verlorengehe; sie nennt das Kind »es«. Dazu kann es bei einem Fall eine ganze Kette geben, die den Preclear glauben macht, er verlöre den Verstand, wenn er sich von irgendeinem Engramm trennte. Das ist der Hauptgrund, weswegen frühere Schulen glaubten, der Mind bestehe aus Neurosen, anstelle einer angeborenen Persönlichkeit. Engramme erschienen als sehr wertvoll, obwohl ihr Wesen unbekannt war; das stimmt natürlich nicht – kein einziges ist wertvoll.

Die Geheimnisberechnung ist ein weiterer Typ. Der Preclear glaubt, sein Leben hänge vom Bewahren eines Geheimnisses ab. Das ist gewöhnlich dann vorzufinden, wenn die Mutter einen Liebhaber hatte. Mutter und Liebhaber machten sich Geheimhaltung zur Pflicht. Der Preclear, der Engrammbefehlen gehorcht, glaubt viel zu verlieren, wenn er dieses Geheimnis erzählt, auch wenn die beiden sich seines Vorhandenseins nicht einmal bewußt waren oder – wenn doch – nicht ahnten, daß er »zuhörte«. Eine Geheimnisberechnung kann aber auch darauf zurückzuführen sein, daß die Mutter nicht wagte, dem Vater ihre Schwangerschaft zu gestehen; wenn die Mutter eine Verbündete des Kindes ist, wird das Kind an diesem Engramm sehr zäh festhalten.

Alle Fälle haben eine oder mehrere Berechnungen, die die Preisgabe von Engrammen behindern. Manche haben alle oben genannten und noch mehr. Für einen Auditor ist das kein großes Problem, denn durch die Wiederholungstechnik kann er die Engrammbank öffnen.

DROGEN

Die sogenannten Hypnotika spielen in der Dianetik kaum eine Rolle. Eine Ausnahme wird gelegentlich im Fall eines psychotischen Patienten gemacht, wenn Narkosynthese angewandt wird. Als Hypnotika gelten Präparate wie z. B. Phenobarbital, Scopolamin, Opium. Diese einschläfernden Drogen sind unerwünscht, sofern sie nicht lediglich als Beruhigungsmittel angewandt und als solche von einem Arzt verordnet werden. Ein Patient, der Beruhigungsmittel wirklich braucht, hat bereits einen Arzt, in dessen Sparte dies fällt. Der Auditor sollte sich daher auf keinerlei hypnotische Drogen oder einschläfernde Mittel einlassen. Manche Preclears werden darum bitten, Schlafmittel nehmen zu dürfen, »um die Therapie zu erleichtern«, aber jede derartige Droge ist ein Betäubungsmittel und sperrt Somatiken ab, was die Therapie behindert. Außerdem sollte mit Ausnahme von Geisteskranken niemand in Amnesietrance und ganz besonders nicht in einer durch Drogen herbeigeführten Trance behandelt werden, denn die Arbeit dauert dann länger als nötig, und der Erfolg der Therapie ist behindert, wie an anderer Stelle bereits erklärt wurde. Die Dianetik weckt Leute auf; sie versucht nicht, sie zu betäuben oder einzuschläfern. Daher sind hypnotische Drogen für den Auditor wertlos.

Patienten, die mit Bleirohren über den Kopf geschlagen oder anderweitig in Tieftrance versetzt zu werden wünschen, sollte man nicht den Willen lassen, auch wenn sie spaßeshalber ihre eigenen Bleirohre anbieten.

Der Kunstgriff besteht darin, das »Ich« mit dem Archivar in Kontakt zu bringen. Alle einschläfernden oder betäubenden Drogen aber schalten das »Ich« ab. Obschon bei Einsatz von Drogen der Archivar erreicht werden kann, Geräusch- und Sehrückruf zur Verfügung stehen und die Klärung, wenn auch mit viel Mühe, sogar möglich sein wird, ist es selbst beim »hoffnungslosesten« Fall besser, den Kontakt zwischen »Ich« und Archivar aufrechtzuerhalten. Die Arbeit geht schneller voran, ist befriedigender und weniger beschwerlich.

Wenn man die Wissenschaft des Geistes entwickelt, findet man unweigerlich eine Menge anderer Dinge, die eigentlich nicht dazugehören. Hierunter fällt auch die Verwirrung, die über hypnotische Drogen bestand. Die oben angeführten »Hypnotika« sind überhaupt keine Hypnotika, sondern Betäubungsmittel (Anästhetika). Und die Mittel, die als »Betäubungsmittel« bezeichnet werden, sind keine solchen, sondern Hypnotika. Das wird dem Auditor sehr einleuchten, wenn er bei einem Preclear mit seinem ersten, zum Zweck der Anästhesierung erhaltenen Lachgas-Engramm zu kämpfen hat. Vielleicht liegt ein anderes Engramm vor, in welchem dem Patienten tage-, ja wochenlang Morphium verabreicht wurde, was den Patienten in eine Benommenheit versetzte, die nach der Definition von »Hypnotikum« (einschläferndes Mittel) eine Trance hätte sein sollen; statt dessen wird das aberrierende Material zwar vorhanden sein, sich aber im Vergleich zu einem Chloroform- oder Lachgas-Engramm als geringfügig erweisen.

Die »Betäubungsmittel« Äther, Chloroform und Lachgas versetzen den Patienten in eine tiefe hypnotische Trance; die reaktive Bank steht weit offen, und jeder Eindruck ist scharf, klar und extrem aberrierend. Von den drei genannten erweist sich Lachgas eindeutig als das schlimmste, da es keineswegs ein Betäubungsmittel ist, das Schmerzen dämpfen würde, sondern ein erstklassiges Hypnotikum. Bei Anwendung von Lachgas werden Schmerz und Inhalt mit brillantester Genauigkeit gespeichert. Vor einigen Jahren fragte sich ein Forscher, ob Lachgas nicht das Gehirn schädige. Glücklicherweise sind Gehirne nicht so leicht zu schädigen; Lachgas erzeugt aber besonders ernste Engramme. Die ernsten Engramme des späteren Lebens, auf die der Auditor stoßen wird, können an erster Stelle der Liste das Lachgas-Engramm einer Zahnbehandlung, einer Operation oder einer Geburtshilfe umfassen. Lachgas-Engramme sind besonders schlimm im Zusammenhang mit Zahnziehen. Sie sind oft das ernsteste Engramm des späteren Lebens. Abgesehen davon, daß alle Zahnärzte in der Vergangenheit zuviel gesprochen haben und in Behandlungsräumen arbeiten, die infolge Straßenlärms, laufenden Wassers und unnötiger Apparaturgeräusche viel zu laut sind, wirkt Lachgas keineswegs betäubend, sondern verschärft den Schmerz eher, als daß es ihn dämpft.

Statt dessen ist Lachgas ein ausgezeichnetes Hypnotikum für die Anstaltstherapie. Es ist bei weitem nicht das bestmögliche Erzeugnis der Chemie, und irgendein guter Chemiker wird sicher in der Lage sein, ein gutes gasförmiges Hypnotikum zu entwickeln, jetzt, da es die Dianetik gibt und da erkannt wird, wie dringend sie in Anstalten gebraucht wird.

Es gibt indes einige Drogen, die die Reverie unterstützen. Die üblichste und am leichtesten erhältliche ist starker schwarzer Kaffee. Ein oder zwei Tassen muntern den Analysator gelegentlich genügend auf, daß er tiefere Schichten der »Bewußtlosigkeit« durchdringen kann. Benzedrin und andere im Handel erhältliche Stimulanzien (Anregungsmittel) sind, besonders bei psychotischen Patienten, mit einigem Erfolg verwendet worden. Sie machen den Geist wach genug, um ihn engrammatische Befehle überwinden zu lassen. Derartige handelsübliche Stimulanzien haben den Nachteil, im Verstand eine gewisse Q-Quantität aufzuzehren.

Diese Q-Quantität ist nicht eingehend studiert worden. Es ist so, als ob das Gehirn eine bestimmte Menge Q verbrennt, wenn es Engramme entlädt. Zum Beispiel mögen tägliche Therapiesitzungen schneller Erfolge bringen, aber es wird auch ein paar unbefriedigende Sitzungen geben. Therapie jeden zweiten oder dritten Tag gewährleistet nach unseren Beobachtungen die besten Ergebnisse. (Sitzungen nur einmal wöchentlich lassen die Engramme absinken und verzögern die Therapie, da eine Woche eine zu lange Unterbrechung ist.) Benzedrin verbrennt Q. Nach einigen Sitzungen mit Benzedrin ist der vorhandene Vorrat an Q erschöpft, und die Arbeit wird immer mühsamer, bis entweder eine höhere Dosis verabreicht werden muß

– und dem sind strikte Grenzen gesetzt – oder mehr Q erzeugt worden ist.

An dieser Stelle muß auf eine bedeutende, ja wesentliche Tatsache hingewiesen werden. Sie sollte in Großbuchstaben auf einer eigenen Seite stehen. Alle Patienten in Therapie sollten täglich (oral oder injiziert) eine Dosis Vitamin B1 von mindestens 10 Milligramm erhalten. Das Reduzieren von Engrammen erschöpft Q, das in gewissem Maße von B1 abzuhängen scheint. Ein Patient, der kein B1 nimmt, bekommt mit Sicherheit Alpträume. Wenn er reichliche Dosen B1 nimmt, wird er keine Alpträume haben. Delirium tremens (DT) wird vermutlich in ähnlicher Weise, durch Verbrennen der Q-Quantität, verursacht. DT behandelt man am besten durch B1 und Dianetik. Etwas ähnliches wie DT, wenn auch nur sehr geringen Grades, ist gelegentlich bei Patienten beobachtet worden, die versäumt hatten, ihr B1 zu nehmen. Mit diesem Vitamin geht es jedermann während der Therapie gut.

Alkohol ist für den Auditor selten eine Hilfe. Grundsätzlich ist Alkohol überhaupt selten eine Hilfe. Als dämpfendes Mittel, das man bestenfalls als Gift bezeichnen kann, hat Alkohol nur den einseitigen Vorzug, hohe Steuern einzubringen. *Alle* Alkoholiker sind wegen ihrer Engramme Alkoholiker. Alle Alkoholiker können entlastet werden, außer ihr Gehirn hätte schon Schaden genommen – eine Möglichkeit, die hier nur angeführt wird, weil es denkbar ist und nicht, weil die dianetische Forschung echte Beweise dafür erbracht hätte. Alkoholismus ist engrammatisch. Es ist verständlich, daß Alkohol eine Art ansteckende Aberration wurde: Der reaktive Mind verwechselt Alkohol und »ein netter Kumpel sein«, »Spaß haben« oder »seine Sorgen vergessen« miteinander. Einiges hiervon könnte man auch mit Strychnin und Zyankali erreichen. Alkohol hat seinen Nutzen: man kann Exemplare von Fröschen und dergleichen darin aufbewahren; man kann Nadeln damit keimfrei machen; er brennt gut in Raketen. Man würde aber kaum seinen Magen in einem Glasbehälter aufbewahren wollen oder sich als Nadel betrachten, außer man wäre geisteskrank. Obgleich manche Betrunkene glauben, sie seien Raketen, sind wenige beobachtet worden, die anderswohin als zum Fußboden flogen. Alkohol ist nicht nur ein schlechtes Anregungs- und Beruhigungsmittel, sondern auch ein Hypnotikum im reinsten Sinne: was einem Betrunkenen getan wird, wird zu einem Engramm.[11] Der chronische Alkoholiker ist körperlich und seelisch krank. Die Dianetik kann ihn ohne allzu große Schwierigkeiten klären oder zumindest entlasten, denn die Sucht nach Alkohol ist offensichtlich nicht physiologischer Natur. Warum Regierungen ausgerechnet ein überaus aberrierendes, aber nicht einmal gut stimulierendes Präparat legalisiert haben, wo ihnen doch eine ganze Reihe von chemischen Anregungs- und Beruhigungsmitteln zur Verfügung steht, ist ein Problem für bessere Mathematiker, vermutlich solche, die sich ausschließlich mit Problemen der Steuereinnahmen beschäftigen. Opium ist weniger schädlich, Marihuana ist nicht nur körperlich weniger schädlich, sondern auch besser, wenn es darum geht, einen Neurotiker produktiv zu halten; Phenobarbital stumpft die Sinne nicht annähernd so stark ab und hat weniger Nachwirkungen; Ammoniumchlorid und eine Menge anderer Anregungsmittel erzeugen bessere Resultate und sind für den Körper kaum schädlicher. Aber nein, in unerfreulicher Weiteransteckung seit dem ersten primitiven Gebräu, das einen unserer Vorfahren betrunken machte, bestehen die Engramme darauf, daß nur Alkohol hilft, wenn man »alles vergessen« und »ein paar schöne Stunden haben will«. Der Alkohol hängt in seiner Wirkung vor allem von Engrammen und sonstiger Reklame ab und leistet im übrigen wenig. Daß er so gut für das Entstehen aberrierender Engramme sorgt, ist vermutlich die Grundlage seines Ruhms bzw. seiner Schande. Daß die eine Droge als unmoralisch hingestellt und eine andere besteuert wird, ist ein Beispiel für das Alkoholengramm der Gesellschaft. Es ist jedoch zweifelhaft, ob der Auditor für Alkohol in der Therapie eine Verwendung finden wird, wie legal er auch immer sein mag.

Und da wir gerade von Drogen reden – dieser Ton von dreitausend Hertz in Ihren Ohren kommt entweder von einem Lachgas-Engramm oder daher, daß Ihre Mutter vor Ihrer Geburt Unmengen Chinin nahm, in der Hoffnung, sie würde dann nicht Mutter werden, und dabei sagte: »Meine Ohren klingen so. Es geht einfach immer weiter und weiter und weiter und hört nicht auf.«

SELBSTKONTROLLE

Seit dem Anfang der dianetischen Forschung vor elf Jahren waren die Patienten mehrheitlich der Meinung, daß sie ihre Behandlung wohl auch unter eigener Kontrolle durchführen könnten.

[11] Ich werde nicht vom W.C.T.U. (Women's Christian Temperance Union = Temperenzverein christlicher Frauen) für diese Zeilen bezahlt; ich habe nur zu viele Alkoholiker klären müssen.

Wenn der Patient nicht versteht, daß der Auditor nur daran interessiert ist, was ihm *angetan* wurde, und nicht daran, was er *angestellt* hat, fördert häufig eine gewisse Scheu oder eingebildete Schuld die nichtige Hoffnung, man könne die Therapie auf eigene Faust durchführen.

Das ist aber unmöglich. Dies ist eine klare Aussage und eine wissenschaftliche Tatsache. Der Auditor ist aus vielen Gründen notwendig. Er ist nicht dazu da, den Preclear zu kontrollieren oder herumzukommandieren, sondern um zuzuhören, beharrlich zu sein, die Schwierigkeiten des Preclears einzuschätzen und diese zu beheben. Die Arbeit geschieht nach folgenden Gleichungen:

Die Dynamiken des Preclears sind geringer als die Kraft in seiner reaktiven Bank.

Die Dynamiken des Preclears und die Dynamiken des Auditors zusammen sind größer als die Kraft in der reaktiven Bank des Preclears.

Der analytische Mind des Preclears wird jedesmal abgesperrt, wenn er ein Engramm erreicht. Er ist dann nicht in der Lage, es ohne Hilfe eines Auditors zu durchlaufen und es genügend oft wiederzuerzählen, um es zu entladen.

Der analytische Mind des Preclears und der analytische Mind des Auditors zusammen können Engramme entdecken und diese mit Wiedererzählen durchlaufen.

(Es gibt noch eine andere, nirgendwo sonst erwähnte Gleichung, die aber zum Auditorenkodex gehört und mathematisch die Notwendigkeit dieses Kodex beweist:

Die Kraft der Engrammbank des Preclears und die Kraft des analytischen Minds des Auditors zusammen sind größer als der analytische Mind und die Dynamiken des Preclears.

Das erklärt, warum man den Preclear niemals persönlich angreifen darf. Es erklärt ebenso das Verhalten des Aberrierten, wenn er im täglichen Leben angegriffen wird, und warum er ärgerlich oder apathisch wird, denn mit dieser Gleichung ist sein Analysator überwältigt.)

Diese Gleichungen geben tatsächliche Naturgesetze wieder.

Wenn der Preclear eine Behandlung in Selbstkontrolle durchführen will, versucht er etwas anzugreifen, das sein Analysator nie hat überwinden können, obwohl dieser nach innen hin nie ein anderes Problem zu lösen trachtete als das, wie die Engrammbank zu besiegen sei. Die Tatsache, daß sich der Analysator des Preclears jedesmal ausschaltet, wenn er in einen Bereich von »Bewußtlosigkeit« gelangt, war ja der Grund, weshalb die Engramme, wenn sie restimuliert wurden, den Preclear übernehmen und ihn wie eine Marionette benutzen konnten – sie sperrten einfach den Analysator ab.

Viele Patienten haben zahllose Anstrengungen unternommen, Selbstkontrolle in die Dianetik einzuführen. Alle diese Versuche sind fehlgeschlagen, und bis heute muß angenommen werden, daß sie nie Erfolg haben werden. Der Preclear kann in Reverie unter Selbstkontrolle vielleicht einige Locks erreichen; ganz sicher kann er angenehme Erlebnisse erreichen und sich Daten durch Zurückkehren wieder zugänglich machen, aber ohne das standardgemäße Team von Auditor und Preclear kann er seine Engramme nicht angehen.

Es gab ein paar Preclears, die töricht genug waren, neben der dianetischen Reverie Selbsthypnose auszuprobieren, um so ihre Engramme zu erreichen. Hypnose, in welcher Form auch immer, ist in der Dianetik nicht gerechtfertigt. Die Verwendung von Selbsthypnose in der Dianetik ist kaum etwas anderes als fruchtloser Masochismus. Wenn sich ein Patient selbst in Hypnose versetzt und zurückkehrt, um Krankheits-, Geburts- oder vorgeburtliche Engramme zu erreichen, wird er höchstens krank. Natürlich werden einige es dennoch versuchen. Von der Idee der Selbstkontrolle einmal angesteckt, werden sie so lange nicht überzeugt sein, bis sie es probiert haben. Geben Sie aber acht, daß Sie einen Freund und dieses Buch bereit haben, so daß er die Kopfschmerzen und dergleichen Erscheinungen, die sich plötzlich einschalten, wegauditieren kann.

Dianetische Reverie, d.h. mit einem Auditor, ist weder gefährlich noch schwierig. Selbstkontrolle ist oft sehr unangenehm und oft fruchtlos. Man sollte die Finger davon lassen.

Nur der Clear kann seinen ganzen Time-Track bis zur Empfängnis zurück selbst kontrollieren, was er auch tut, wenn er besondere Daten aus irgendeiner Periode seines Lebens braucht. Doch er ist ja auch ein Clear.

ORGANISCH BEDINGTE GEISTIGE VERÄNDERUNGEN

Das Nervensystem, einschließlich Gehirn, kann geschädigt werden, was strukturelle Veränderungen zur Folge haben kann. In der Dianetik bezeichnen wir dies als organisch bedingte geistige Veränderungen. Sie werden nicht »organische Neurosen« oder »organische Psychosen« genannt, weil die Veränderung der Struktur nicht unbedingt Aberrationen hervorruft. In der Vergangenheit wurde der Unterschied zwischen Verhalten, das durch organische Unterschiede, und Verhalten, das durch Engramme erzeugt wird, nicht gesehen; diese Verwirrung entstand, weil die Engrammbank und der reaktive Mind nicht bekannt waren.

Jeder Mensch mit einer organisch bedingten geistigen Veränderung hat auch Engramme. Aus Engrammen diktiertes Verhalten und durch organische Veränderungen hervorgerufene Handlungen sind zwei verschiedene Dinge. Engramme bringen Dramatisationen, Wahnvorstellungen, Wutausbrüche und die unterschiedlichsten Arten von Unvermögen mit sich, organische Veränderungen die Unfähigkeit zu denken, wahrzunehmen, aufzuzeichnen oder zurückzurufen. Einem Radioapparat kann man z.B. neue Filter und Schaltkreise einbauen, die seine Funktionen abändern und seine Leistung beeinträchtigen; das wären Engramme. Es können Röhren oder Schaltkreise entfernt oder einige Drähte falsch angeschlossen worden sein; das wäre organisch bedingte geistige Veränderung.

Die Ursachen organisch bedingter geistiger Veränderungen sind folgende:

1. Abwandlung des genetischen Bauplanes aufgrund einer Veränderung im Genmuster. Einige Teile des Körpers wachsen zu stark oder zu wenig, was zu Strukturveränderung führt. Diese Veränderung ist gewöhnlich so groß, daß sie auffällt. Schwachsinnige usw. leiden an Engrammen oder an einem veränderten Bauplan – gewöhnlich leiden sie jedoch an beidem.

2. Veränderung des Nervensystems durch Krankheiten oder Wucherungen. Diese können in zwei Klassen unterteilt werden:

a) Zerstörung durch Krankheit, z.B. bei progressiver Paralyse;

b) Zusätzlicher Aufbau von Gewebe, wie im Fall von Tumoren.

3. Veränderungen des Nervensystems durch Drogen oder Gifte.

4. Veränderungen durch körperliche Störung, wie beim Schlaganfall, wobei bestimmte Gewebe in ihrer Funktion beeinträchtigt oder zerstört werden.

5. Körperliche Strukturveränderungen aufgrund von Verletzungen, wie im Fall einer Kopfwunde.

6. Strukturveränderung durch chirurgische Eingriffe, die nötig wurden, um eine Verletzung oder Krankheit zu beheben.

7. Iatrogene (durch Ärzte verursachte) Veränderungen, die aufgrund mißverstandener Gehirnfunktionen vorgenommen wurden. Diese können in zwei Klassen unterteilt werden:

a) Chirurgische Eingriffe, z.B. transorbitale Lobotomie, frontopolare Leukotomie, Topektomie (operative Entfernung von Teilen der Hirnrinde) usw.

b) Schock-»Therapien« aller Art wie Elektroschock, Insulinschock usw. usw. usw.

Die ersten sechs Ursachen organisch bedingter geistiger Veränderung sind weitaus seltener, als bisher angenommen wurde. Der Körper ist ein äußerst robuster Mechanismus, und seine Wiederherstellungsfähigkeiten sind enorm. Wenn eine Person überhaupt in der Lage ist, zu sprechen und Anweisungen zu befolgen, ist es vorstellbar, daß dianetische Techniken angewendet werden können, um die Engramme in der Engrammbank zu reduzieren und so eine bedeutende Verbesserung des Zustandes und der geistigen Fähigkeit der Person zu erzielen. Wenn diese verschiedenen Ursachen so ernst sind, daß sie jede Anwendung von Therapie verhindern, und wenn feststeht, daß Therapie mit Sicherheit nicht anspricht und daß es ganz und gar unmöglich ist, die Engrammbank mit Hilfe von Standardtechnik, Hypnose oder Drogen zu erreichen, dann kann solchen Fällen dianetisch nicht geholfen werden.

Gruppe 7 bietet ein anderes Problem. Hier ist gezielt herumexperimentiert worden, und es ist schlechthin unmöglich, ohne monatelanges Studium der Versuchspersonen eine Vorstellung davon zu bekommen, wie viele Operationen welcher Art ausgeführt und wie viele seltsame und groteske Schocks erteilt wurden.

Alle iatrogenen Veränderungen des Nervensystems kann man unter der Überschrift »verminderte Fähigkeit«, mit anderen Worten »Unfähigkeit« einordnen. Bei jedem dieser Fälle wurde etwas unternommen, das die Fähigkeit der Person, wahrzunehmen, aufzuzeichnen, zurückzurufen oder zu denken, reduzierte. Jede dieser Unfähigkeiten macht den Fall für die Dianetik kompliziert, schließt jedoch nicht unbedingt die erfolgreiche Anwendung der Dianetik aus.

Infolge Schockbehandlung (z.B. nach Elektroschock) ist eventuell Gewebe zerstört, die Gedächtnisbanken können irgendwie durcheinandergebracht sein, der Time-Track mag verschoben oder abgeändert sein. Es kann auch noch andere Veränderungen geben.

Bei allen derartigen iatrogenen Veränderungen müssen die Resultate, die durch die Dianetik erreichbar sind, als unsicher angesehen werden. ABER IN ALL DIESEN FÄLLEN – BESONDERS SOLCHEN, DIE ELEKTROSCHOCKS ERHALTEN HABEN – SOLLTE DIE DIANETIK IN JEDER NUR MÖGLICHEN ART UND WEISE BENUTZT WERDEN, UM DEN ZUSTAND DES PATIENTEN ZU BESSERN.

Alle Schocks und Operationen sollten als das aufgegriffen werden, was sie sind – als Engramme.

KEIN MENSCH, DER ROUTINEAUFGABEN ERLEDIGEN ODER DESSEN AUFMERKSAMKEIT ERREGT UND FESTGEHALTEN WERDEN KANN, SOLLTE VERZWEIFELT ODER ALS HOFFNUNGSLOS BETRACHTET WERDEN.

Eine solcher Behandlung unterzogene Person kann optimale geistige Leistungsfähigkeit vielleicht nicht mehr erreichen, mag aber immerhin eine Stufe der Rationalität erreichen können, die über dem derzeitigen Durchschnittsniveau liegt. Man muß es einfach versuchen. Trotz allem, was geschehen ist oder was getan wurde, ist bei den allermeisten Patienten die Aussicht auf eine ausgezeichnete Wiederherstellung vorhanden.[12]

ORGANISCHE STÖRUNGEN

Ein Standardtyp vorgeburtlicher Engramme hat die Sorge der Eltern zum Inhalt, daß das Kind schwachsinnig sein wird, wenn man es jetzt nicht allen Ernstes abtreibt. Dies fügt solchen Engrammen eine emotionelle Überlastung hinzu und erzeugt, was ebenso wichtig ist, beim jetzt erwachsenen Patienten die aberrierte Einstellung, daß er »nicht in Ordnung«, »ganz verdreht«, »schwachsinnig« sei usw. Die Schwierigkeit einer erfolgreichen Schwangerschaftsunterbrechung wird fast immer unterschätzt; die angewandten Mittel sind oftmals verblüffend oder grotesk; die quälende Sorge darüber, daß das Kind nach dem Abtreibungsversuch nicht abgegangen ist, und die Sorge, das Kind sei nun unheilbar geschädigt, schaffen stark aberrierende Engramme, die zudem wegen ihres Inhalts schwer zu erreichen sind.

Bemerkungen über möglichen »Schwachsinn« sind natürlich stark aberrierend. Derartige engrammatische Äußerungen können echten Schwachsinn zur Folge haben. Weitverbreitet ist auch die Sorge, daß das Kind blind, taub oder sonst irgendwie behindert geboren werden könnte. Entsprechende Bemerkungen führen, wenn es noch günstig ausgeht, zu vermindertem Seh- oder Geräuschrückruf.

Die in der Gesellschaft allgemein verbreitete engrammatische Vorstellung, daß ein ungeborenes Kind blind, gefühllos und gar nicht

[12] Abtreibungsversuche können dem Gehirn mitunter eigenartige Schädigungen zufügen, die unter die Rubrik »Verletzungen« gehören. Die meisten Geräuschrückrufe können wiederhergestellt werden. Sollten verschiedene Rückrufe nicht wiederhergestellt werden können, so lassen sich immerhin Engramme beseitigen. Die Intelligenz bei solchen Fällen wird sich steigern und ist oft bereits äußerst hoch. (Anm. d. Verf.)

am Leben sei, führt ebenfalls zu Rückrufabsperrungen. Dieser Glaube wird durch die Selbstrechtfertigungen von Leuten in ein Engramm eingebracht, die gerade eine Abtreibung probieren: »Naja, es kann ja sowieso nichts sehen, fühlen oder hören«, oder: »Es weiß nicht, was vor sich geht. Es ist blind, taub und stumm. Es ist wie ein Gewächs. Es ist kein Mensch.«

Die Mehrzahl aller Absperrungen von Geräusch- und Sehrückruf hat ihren Ursprung in Bemerkungen, die bei solchen Gelegenheiten gemacht wurden, oder sie gehen auf schmerzliche Emotion und andere engrammatische Daten zurück. Hunderte von Therapiestunden können vergehen, bevor diese Rückrufe in Gang kommen.

Die meisten Absperrungen werden sich im Verlauf der Therapie einschalten. Es gibt Tausende von engrammatischen Bemerkungen und emotionsgeladenen Situationen, die bei einem Preclear den Rückruf unterbinden; es ist damit zu rechnen, daß sich in solchen Fällen der Rückruf wiederherstellt.

Bei einem Patienten mit sehr schwacher Dynamik (denn Menschen haben von Natur aus eine unterschiedlich stark ausgeprägte Dynamik) können Rückrufe ziemlich leicht abgesperrt werden. Bei einem Patienten mit starker Dynamik wäre dazu viel mehr aberrierendes Material notwendig. Die Rückrufe können in diesen Fällen einfach durch erschöpfendes Durchlaufen der Engramme mit körperlichem Schmerz und schmerzlicher Emotion wieder funktionsfähig gemacht werden.

Es darf indessen nicht unerwähnt bleiben, daß Abtreibungsversuche das Gehirn und das Nervensystem über die fötale Wiederherstellungsfähigkeit hinaus zerstören können. Dies ist selten, kann aber vorkommen. Das Ergebnis ist eine tatsächliche, organisch bedingte Unfähigkeit.

Als schwachsinnig geltende Kinder und Erwachsene können demnach in zwei Gruppen eingeteilt werden: die eigentliche, organisch gestörte Gruppe und die aberrierte Gruppe. Rückrufabsperrungen müssen, ungeachtet der Dynamik und Intelligenz der Person, ebenfalls in zwei Gruppen unterteilt werden: solche, die von Gehirnschädigung aufgrund eines Abtreibungsversuches herrühren, und solche, die einzig und allein auf Aberrationen, also engrammatische Befehle und Emotionen, zurückzuführen sind.

Die Fähigkeit des Fötus, Schäden wieder zu reparieren, ist phänomenal. Hirnschäden können gewöhnlich vollkommen behoben werden, unabhängig davon, womit und wie oft in das Gehirn hineingestochen wurde. Ein Abtreibungsversuch, bei dem das Gehirn berührt wurde, ist aber noch lange kein Grund für die Annahme, daß die Rückrufabsperrung hier ihren Ursprung hat; denn das ist die seltenere der beiden Ursachen.

Es ist anzunehmen, daß viele Leser ebenfalls Rückrufabsperrungen haben; wenn sie durch diese Erklärungen verstimmt werden, ist das verständlich. Bedenken Sie aber, daß *Geräusch- und Sehrückruf nicht unbedingt notwendig sind, um einen fast vollkommenen Release zu schaffen.* Die Feststellungen hier über organische Schäden bedeuten nicht, daß ein Release-Zustand, der den Betreffenden fähiger und glücklicher machen wird, nicht erreicht werden könne, denn das ist unabhängig von den Rückrufen immer möglich. Und vergessen Sie nicht: Rückrufe schalten sich fast immer ein, selbst wenn es 500 Stunden oder mehr erfordern sollte. Dieser Umstand wird hier nur erwähnt, weil man ihn bei einigen Fällen vorfinden wird.

Die »Versuche« und »Experimente« mit Vivisektionen am menschlichen Gehirn, wie sie in Anstalten durchgeführt werden, sind leider wertlos. Trotz aller durch sie verursachten Schmerzen, Komplikationen und Zerstörungen wurden diese »Experimente« ohne Kenntnis der Ursachen von Aberration und geistigen Störungen vorgenommen. Diese Eingriffe zeigen höchstens, daß man das Gehirn auf unterschiedliche Weise zerschneiden kann, ohne den Menschen ganz zu töten. Denn die so behandelten Patienten reagierten sowohl auf die engrammatische Störung als auch auf die vom Psychiater verursachte körperliche Störung, und nach der Operation gibt es keine Möglichkeit zwischen diesen Ursachen zu unterscheiden, außer mit Hilfe der Dianetik. Schlußfolgerungen, die auf so gewonnenen Daten beruhen, sind daher nicht stichhaltig, denn die Reaktionen des Patienten nach der Operation können immer auf mehrere Ursachen zurückzuführen sein: auf Engramme, die er hat, auf das Engramm der Operation selbst, auf einen Schaden infolge Abtreibungsversuchs in vorgeburtlicher Zeit, auf beeinträchtigte Gehirnfunktion infolge der Operation usw. Ziehen Sie daher nicht den Schluß, daß beispielsweise eine Verschlechterung des begrifflichen Denkvermögens nur dann eintritt, wenn ein Teil des Gehirns entfernt wurde, oder daß der Rückruf nur dann abgesperrt ist, wenn das Gehirn viviseziert wurde usw. Aus wissenschaftlicher Sicht bewiesen all diese »Experimente« nichts weiter, als daß das Gehirn eines erwachsenen Menschen beschädigt werden kann, ohne den Menschen ganz zu töten, und daß chirurgische Eingriffe jeglicher Art oft zu einer geistigen Veränderung des Patienten führen. Allerdings mag die Entdeckung gelungen sein, daß durch die Entfernung dieses oder jenes Teils des Schaltpults, das wir Gehirn nennen, auch diese oder jene Fähigkeit weggeschnitten wurde.

DIANETISCHE ERSTE HILFE

Für jemanden, der in einem Unfallkrankenhaus arbeitet, wird es von besonderem Interesse sein, daß die Heilung und Wiederherstellung eines jeden Patienten durch das Entfernen des Engramms, das im Augenblick der Verletzung entstand, enorm begünstigt werden können und die Krankheitsdauer damit stark verkürzt wird.

Manchmal stirbt der Unfallpatient ein paar Tage später aufgrund des Schocks, oder der Genesungsprozeß ist langwierig. Jede Verletzung – sei es eine Verbrennung, ein Schnitt oder eine Quetschung – hinterläßt ein Trauma im verletzten Bereich. Der Augenblick der Verletzung erzeugte ein Engramm. Dieses Engramm verhindert, daß das Trauma freigesetzt wird. Die Tatsache, daß die verletzte Stelle noch immer schmerzt, ist ein organischer Restimulator, der die Genesungskräfte des Patienten verringert.

Im Zustand der Reverie oder einfach dadurch, daß man mit dem Patienten arbeitet, während er die Augen geschlossen hat, kann der Arzt, die Krankenschwester oder ein Angehöriger die verletzte Person zu dem Zeitpunkt zurückkehren lassen, als sie verletzt wurde; das sollte so früh wie möglich nach der Verletzung geschehen. Auf diese Weise kann man das Geschehnis meist zu fassen bekommen und es als gewöhnliches Engramm erschöpfen. Sobald das Engramm der Verletzung reduziert worden ist, verbessert sich die allgemeine geistige Tonstufe des Patienten, und die Heilung des verletzten Bereichs wird nicht mehr behindert.

Experimentelle Arbeit in dieser Richtung zeigte, daß manche Verbrennungen in ein paar Stunden verheilten und verschwanden, nachdem das Engramm, das diese Verbrennungen begleitete, entfernt worden war. Bei ernsteren Verletzungen trat eine eindeutige Beschleunigung der Genesung ein.

Wenn bei Operationen Betäubungsmittel angewandt wurden, kann die Dianetik auf zweierlei Weise helfen: 1. durch vorbeugende Maßnahmen und 2. durch Genesungshilfe. Die Vorbeugung besteht daraus, daß mit dem »bewußtlosen« oder halbbewußtlosen Patienten und in seiner Umgebung nicht gesprochen wird. In der Genesungshilfe wird das Trauma der Operation selbst möglichst sofort danach angegangen und entlastet.

EIN PROBLEM BEI GEGENSEITIGER THERAPIE

R. und seine Frau C. klärten sich gegenseitig innerhalb von acht Monaten mit Dianetik. Sie arbeiteten an vier Abenden in der Woche je vier Stunden lang, wobei jeder den anderen zwei Stunden lang auditierte. Die Sache war dadurch erschwert, daß R. sehr begierig darauf war, geklärt zu werden, während seine Frau eine ziemlich apathische Einstellung zu dieser Arbeit hatte; nur mit viel Überredung hatte R. schließlich erreicht, daß sie mit der Arbeit beginnen konnten.

Er war ein Mann mit starker Dynamik und viel eingekapselter Emotion; sie dagegen war bis zu dem Grad apathisch, daß ihr die eigenen Schwierigkeiten völlig gleichgültig waren (Schwarzer-Panther-Mechanismus). Er litt unter einem chronischen Magengeschwür und Berufsangst; sie war gegen alles mögliche allergisch und war dauernd schlampig in den häuslichen Angelegenheiten. Sie restimulierten sich gegenseitig nicht besonders, hatten jedoch Probleme mit einer »stillschweigenden Übereinkunft«, indem sie die Themenkreise, die sie in ihrem gemeinsamen Leben am meisten bestürzt hatten, nicht anrührten; dazu gehörten eine Fehlgeburt, ein vernichtender Brand ihres Hauses vor vielen Jahren und andere Schockerfahrungen. Ein weiteres Problem war R.'s Heftigkeit sowie seine Introversion, die bewirkte, daß er sich um die Therapie seiner Frau nicht sonderlich bemühte. Andererseits kam die Apathie seiner Frau seinem Verlangen, mehr Zeit für seine Therapie aufzuwenden als für ihre, entgegen, bewirkte aber auch, daß sie weniger Interesse hatte, ein guter Auditor zu werden.

Eine weitere Komplikation trat dadurch ein, daß C. den Auditorenkodex weder verstand noch anzuwenden wußte und verschiedentlich ärgerlich und ungeduldig geworden war, als R. sich in Reverie befand und auf dem Time-Track zurückgekehrt war, eine Haltung, die R. in eine Wutvalenz hineinzuzwingen neigte.

Auf diesem unsicheren Weg war die Therapie fortgesetzt worden. R. wurde dann über das Wesen der »stillschweigenden Übereinkunft« unterrichtet. Ihm wurde geraten, einige ihrer gemeinsamen schmerzlichen Emotionen zu befreien. Daraufhin nahm er sich das Engramm mit dem brennenden Haus vor und konnte plötzlich einige frühe Mitgefühlsengramme seiner Frau auditieren, die bis dahin nicht zugänglich gewesen waren. Es wurde entdeckt, daß ihre Allergien von einer Mitgefühlsberechnung über ihren Vater stammten und daß R. der Pseudovater war. Das führte zu einer bemerkenswerten Verbesserung in C's Fall. Ihre Allergien ließen nach. Ein chronisches Herzstechen, das sie schon so lange gehabt hatte, daß sie es nicht mehr beachtete, verschwand ebenfalls. Sie wollte jetzt eine gute Auditorin werden und studierte das Gebiet. Als R. mehr als die ihm zustehende Auditierzeit verlangte, wurde sie auf ihn etwas ärgerlich. (Dieser Anstieg des Interesses zeigt sich bei jedem Apathie-Fall, der seine Engramme zunächst vernachlässigt hat.)

R. war indes durch ihre zeitweilige Ärgerlichkeit sehr behindert und kontrollierte sich jetzt in der Therapie fast ausschließlich selbst – *er* bestimmte, was von ihm durchlaufen werden sollte und was nicht. Die Selbstkontrolle ist natürlich nutzlos, denn wenn jemand von seinen Aberrationen und den Daten in seinen Engrammen wüßte, wären es keine Engramme. Es folgte daher eine Phase, in der er sich weigerte, Emotionen irgendwelcher Art zu zeigen, da sie sich darüber lustig gemacht hatte. Er wollte ihren Anweisungen nicht folgen und gehorchte, um es kurz zu sagen, den Engrammen, die sie ihm verpaßt hatte, als sie in vergangenen Sitzungen ärgerlich auf ihn war. C. bekam den Rat, die Augenblicke des Ärgers, den sie als Auditorin während der Therapie gezeigt hatte, bei ihm aufzugreifen. Als diese reduziert waren, kam R. wieder voran und war zur Zusammenarbeit bereit.

Sein Magengeschwür stammte von einem Abtreibungsversuch. Sein Vater, der ein außerordentlich aberrierter Mensch gewesen war, hatte den Fötus im Alter von sieben Monaten abtreiben wollen. Die Mutter gab zu bedenken, das Baby könne trotzdem lebend zur Welt kommen. Der Vater sagte, wenn es bei der Geburt lebte, würde er es sofort umbringen. Er sagte außerdem, die Mutter müsse stillhalten, während er an ihr herumdokterte. Bei einer anderen Gelegenheit hatte der Vater gedroht, er würde die Mutter so lange in die Besenkammer einschließen, bis sie sich zur Abtreibung bereiterklärte. (Sehr erschwerend kam noch hinzu, daß die Mutter die Schwangerschaft verschwiegen und drei Monate lang vorgetäuscht hatte, nicht schwanger zu sein. Dadurch erhielt der Ehemann den Eindruck, der sieben Monate alte Fötus sei nur vier Monate alt. So gab es bei diesem Fall viel Heimlichkeit, Verwirrung und widersprüchliche Daten.) R. hatte folglich einen schweren *Holder* im vorgeburtlichen Bereich; er wurde durch das Engramm festgehalten, bei dem auch sein Magen durchbohrt worden war. Dies war das *Schlüsselengramm*, d.h. andere Engramme hatten sich aufgrund des Mechanismus ähnlicher Somatiken und Inhalte um es herum gruppiert und es unterdrückt. Das war der Geschehnisknäuel, dem C. ahnungslos gegenüberstand;

durch ihren Ärger hatte sie das Ganze noch mehr verwirrt. R. war nun bereit zur Zusammenarbeit, jedoch hatte sich sein Time-Track um das Holder-Engramm – das Schlüsselengramm – zu einem Knäuel zusammengewunden. Zwei weitere Geschehnisse, die das Ziehen von Weisheitszähnen unter Lachgasbetäubung beinhalteten, unterdrückten die vorgeburtlichen Engramme ebenfalls.

C. versuchte eine Zeitlang, an die späten Engramme der Zahnbehandlung heranzukommen, die viel Konversation zwischen dem Zahnarzt, seinen Assistenten und R's Mutter enthielten. Diese hatte ihn zum Nachteil für seine geistige Gesundheit in die Zahnarztpraxis begleitet.

R. fühlte sich wegen der ununterbrochenen Restimulierung von Engrammen, die noch nicht erreicht werden konnten, sehr unbehaglich – aber immerhin nicht schlechter als oft in der Vergangenheit. Sein Unbehagen wäre ihm erspart geblieben, wenn C. den Auditorenkodex verstanden und befolgt hätte. Seine Therapie machte mehrere Wochen lang keinen Fortschritt.

C's Therapie ging voran. Mit ihr zu arbeiten war für R. außerordentlich restimulierend und steigerte sein Unbehagen. Je mehr er aber mit ihr arbeitete, um so besser auditierte sie und um so intelligenter wurde sie (ihr IQ war mit fünf Wochen Therapie um etwa fünfzig Punkte gestiegen). C. wollte wissen, wie sie mit den Sackgassen in seinem Fall fertig werden könnte. Ihr wurde klar gemacht, daß sie nun »stillschweigende Übereinkunft« praktizierte, denn lange Zeit vor der Therapie hatte sie sich viele Male unnötigerweise rücksichtslos gegen R. verhalten: Sie erkannte jetzt, was sie ihm angetan hatte, und doch konnte sie der Tatsache nicht ins Auge sehen, daß sie selbst zu seinem Unglück so viel beigetragen hatte. Sie hatte sehr oft zornige Worte benutzt, die ihn, wie sie sehr wohl wußte, auf »Knopfdruck« veranlaßten, etwas Bestimmtes zu tun oder sich von einem Streit zurückzuziehen; diese Worte waren schon lange, bevor die Therapie begann, für ihn restimulierend gewesen.

C. drang daraufhin in Engramme mit schmerzlicher Emotion aus R's späterem Leben ein, und indem sie abwechselnd frühe Engramme mit körperlichem Schmerz bearbeitete, die sagten, daß er »nichts fühlen könne«, und späte Engramme, die von starker Emotion begleitet waren, die er aber nicht zeigen konnte, begann sie die Emotionen des Falles freizusetzen. R's Zustand verbesserte sich zusehends. Spätere schmerzliche Emotion wurde befreit, und frühe vorgeburtliche Engramme tauchten auf und wurden reduziert, woraufhin sich mehr späte Emotion zeigte und reduziert werden konnte.

Plötzlich wurde entdeckt, daß der Grund, weshalb R. so leicht von C. aus der Fassung gebracht werden konnte, in einer Krankenschwester lag, die ihn gepflegt hatte, als man ihm mit fünf Jahren die Mandeln herausgenommen hatte. C. ähnelte der Krankenschwester in einigen ihrer Verhaltensweisen. Das war ein Mitgefühlsengramm. Nachdem es befreit war, begann sich der Time-Track zu entwirren, und die Abtreibungsengramme konnten leichter kontaktiert werden.

Es zeigte sich, daß R. die meiste Zeit seines Lebens eindeutig von seinem Time-Track herunter gewesen war. Seine Erinnerung war abgesperrt gewesen und sein Rückruf schlecht. Es wurde gefunden, daß der Grund dafür in dem verborgenen Schlüsselengramm lag, dem Abtreibungsversuch, bei dem sein Vater geschworen hatte, ihn zu töten, wenn er herauskäme, und noch hinzugefügt hatte, daß das Kind sowieso nichts sehen, fühlen oder hören könne – engrammatisches Material, das sich darin zeigte, daß R. sich auf dem Time-Track nicht bewegen konnte.

Kaum war der Schlüssel gefunden – zweihundertachtzig Therapiestunden waren inzwischen verstrichen –, kam R. auf seinen Time-Track zurück; er konnte sich auf ihm bewegen, und seine Engramme konnten ordnungsgemäß gelöscht werden.

C. war, etwa zwei Monate bevor R. das letzte Engramm erreichte, zum Clear geworden. Ihre Allergien verschwanden jedoch schon lange vorher; ebenso verschwanden R's Magengeschwüre und einige andere psychosomatische Beschwerden lange vor dem Abschluß seiner Klärung.

EIN BEISPIEL FÜR DIE PROBLEMATIK EINES RESTIMULIERTEN FALLES

G. wurde in zehn Monaten sporadischer Sitzungen geklärt. Die anfängliche Diagnose in seinem Fall lautete: kein Geräuschrückruf, kein Sehrückruf, Schmerz- und Emotionsabsperrung, leichte Dauertrance, dauernde »Regression« in ein Alter von drei Jahren. Das heißt, daß er sich im gleichen Augenblick, als er in Reverie ging, überrascht und erschrocken im Stuhl eines Zahnarztes wiederfand. Er war drei Jahre alt, und man zog ihm einen Zahn. Das war ein Engramm, in dem er unwissentlich etwa die Hälfte seines nachfolgenden Lebens festgesessen hatte. Es war teilweise der Grund seines chronischen Zahnverfalls sowie seiner Schlaflosigkeit gewesen, weil er sich gegen das Betäubungsmittel gesträubt hatte. Die Situation war eindeutig, denn sofort fing er an, um sich zu schlagen und zu lispeln. Dieser Zustand wurde auf der Stelle behoben, indem man ihn das Engramm durchlaufen ließ, so daß er in die Gegenwart kommen konnte – was er auch tat.

Er hatte im Leben beträchtliche Schwierigkeiten gehabt; er war sehr dynamisch, legte aber Apathie an den Tag. Nach fünfundsiebzig Stunden entdeckte man – woraufhin er zum Release wurde –, daß seine Frau manchmal seine Pseudogroßmutter und, aufgrund von Ambivalenz, auch seine Pseudomutter war. Da seine Mitgefühlsberechnung verlangte, krank zu sein (damit seine Großmutter bei ihm bliebe), und ihm seine überlebensfeindlichen Engramme eingaben, seine Mutter wäre nur bei Krankheit gut zu ihm, ergab sich als Summe der reaktiven Berechnung, daß er ständig krank sein müsse. Dieser Forderung war sein Körper dreiundzwanzig Jahre lang nachgekommen. All das wurde – natürlich nur durch das Reduzieren seiner Engramme – aufgedeckt und behoben.

Die Auslöschung begann nach etwa zweihundert Therapiestunden und war im besten Fortgang – da blieb die Behandlung plötzlich stecken. Fünfzig oder mehr Therapiestunden lang konnten nur wenige Engramme aufgespürt werden; sie ließen sich jedoch nicht reduzieren. Es ließen sich keine schmerzlichen Emotionen erreichen, und die Engramme, die gefunden und reduziert wurden, wurden nur deshalb lokalisiert und behandelt, weil der Auditor in diesem Fall äußerstes Geschick erfordernde Zwangstechniken anwandte, die beinahe niemals notwendig sind und die, mit Ausnahme psychotischer Fälle, niemals angewandt werden sollten. Eine solche Anstrengung war zu Beginn der Behandlung nicht notwendig gewesen. Irgend etwas war offensichtlich nicht in Ordnung.

Bei genauer Befragung stellte sich heraus, daß G's Frau die Dianetik heftig ablehnte. Sie versäumte keine Gelegenheit, deshalb gegenüber G. die vernichtendsten Attacken zu reiten, und das ganz besonders in Anwesenheit seiner Freunde. Sie verhöhnte ihn als Psychotiker. Sie ging zu ihrem Anwalt, um sich scheiden zu lassen (sie verkündete es, nachdem G. die Therapie begonnen hatte; sie hatte den Anwalt aber in Wirklichkeit schon seit zwei Jahren deswegen konsultiert), und erregte und störte G. in solchem Maße, daß er ununterbrochen neue Engramme mit schmerzlicher Emotion erhielt, obwohl er gegen sie keinerlei Gefühlsaufwallung zeigte.

Sie hatten einen neun Jahre alten Sohn, den G. sehr liebte. Das Kind hatte ungewöhnlich viele Kinderkrankheiten gehabt und litt unter Sehschwierigkeiten sowie chronischer Nebenhöhlenentzündung; es war in der Schule zurückgeblieben. Die Frau war mit dem Kind ziemlich streng. Alles, was der Junge tat, machte sie nervös.

Der Auditor des Mannes unterhielt sich mit ihr über ihn, nachdem er von ihrer Einstellung zu ihrem Mann im allgemeinen und zur Dianetik im besonderen erfahren hatte. Sie zeigte sich nicht abgeneigt, sich selbst der Therapie zu unterziehen. Bald nach dem Gespräch hatten G. und seine Frau einen kurzen Streit, in dem G. die Bemerkung fallen ließ, daß sie aberriert sein müsse. Sie zeigte sich darüber sehr beleidigt und erwiderte, sein Interesse an der Dianetik beweise, daß er der Verrückte sei. Er konterte, daß er weniger aberriert sei als sie, denn er unternehme wenigstens etwas dagegen. Sie aber müsse aberriert sein, sonst würde sie mit dem Kind nicht so zänkisch umgehen. Das zeige klar, daß sie auf der Zweiten Dynamik, der Geschlechtsdynamik, blockiert sei.

Als er am nächsten Tag von der Arbeit nach Hause kam, stellte er fest, daß sie das Geld von der Bank abgehoben hatte und mit dem Jungen in eine andere Stadt gefahren war. Er fuhr ihr nach und fand sie bei ihren Verwandten. Sie hatte ihnen erzählt, daß er sie geschlagen habe und so verrückt geworden sei, daß er nun Therapie brauche. In Wahrheit hatte er sie jedoch nie im Leben brutal angefaßt. Bei dieser Begegnung begann sie vor Zeugen jedwedes »psychiatrische System« wild zu beschimpfen, das von Erinnerungen an die Zeit vor dem Sprechalter ausgehe. Er wies darauf hin, daß auch andere Richtungen an solchen Erinnerungen festgehalten hatten und daß man in der Geschichte der Psychiatrie schon lange von »Erinnerungen an die Zeit im Mutterleib« gesprochen hatte, ohne allerdings zu wissen worum es sich handele, usw.

Als ihre Verwandten sahen, wie ruhig er auf die Situation reagierte, zwangen sie sie, mit ihm wieder nach Hause zu fahren. Unterwegs unternahm sie als dramatische Geste einen Selbstmordversuch; sie sprang aus dem Auto, obwohl er sie in keiner Weise bedroht hatte.

Der Auditor des Mannes sprach bald nach ihrer Rückkehr mit ihr unter vier Augen. Er hatte etwas verspätet die Schlußfolgerung gezogen, daß es in ihrem Leben etwas geben müsse, das sie vor ihrem Mann geheimhalten wollte. Die Vorstellung, daß es hier eine Wissenschaft gab, die alle Erinnerungen wieder hervorholen konnte, erregte sie deshalb außerordentlich. Schließlich gab sie nach eingehender Befragung zu, daß dies tatsächlich der Fall sei und daß ihr Mann nie davon erfahren dürfe. Sie war so verstört, daß ihr der Auditor mit ihrer Einwilligung ein paar Therapiestunden gab. Es wurde sofort entdeckt, daß ihr Vater viele Male gedroht hatte, die Mutter zu töten, und daß er das Kind nicht gewollt hatte. Weiterhin kam heraus, daß ihr Vater F. hieß und ihre Engrammbank mit Bemerkungen übersät war wie: »F., bitte verlaß mich nicht. Ich werde sterben ohne dich.« Nach der Sitzung rückte sie auch von sich aus damit heraus, daß sie ihr ganzes Leben lang Verhältnisse mit Männern gehabt hatte, die F. hießen, unabhängig von Gestalt, Größe und Alter – ein Umstand, der für sie eine Quelle hysterischer Heiterkeit war. Sie war weit davon entfernt, ein Release zu sein. Weil jedoch G., sein anderer Preclear, durch all dieses Hin und Her gefährdet war und seine Therapie aufgehalten wurde, stellte ihr der Auditor weitere Fragen. Sie gab zu, daß sie oft versucht hatte, ihren Sohn abzutreiben – weil sie schreckliche Angst hatte, er könnte blond sein, während sie und ihr Mann dunkles Haar hatten. Außerdem wußte sie, daß die Engramme des Kindes Daten enthalten mußten, die ihr noch kompromittierender erschienen als ein bloßer Abtreibungsversuch. Während sie schwanger war, hatte sie außer mit ihrem Mann mit drei anderen Männern geschlafen.

Der Auditor wies sie darauf hin, daß dieses Schuldgefühl, wie begründet auch immer, dennoch engrammatisch sei und daß ihr Mann sie wegen dieser Dinge sicher nicht umbringen werde. Er machte ihr klar, daß sie ihr Kind zu einem Dasein zweiter Klasse verdamme, daß sie ihren Mann wegen ihrer Befürchtungen in Apathie versetze und ihm, dem Auditor, unnötige Arbeit mache. In Anwesenheit ihres Mannes und des Auditors gestand sie ihre Untreue und erfuhr staunend, daß ihr Mann seit Jahren davon wußte. Er hatte allerdings nichts von ihren Abtreibungsversuchen gewußt.

Sie wurde aufgefordert, ein Therapiehandbuch zu studieren und ihr Kind zu klären, was sie mit Hilfe ihres Mannes auch tat. Der Auditor brachte G. weiter bis zur Klärung, und er klärte seinerseits seine Frau.

RATSCHLÄGE FÜR DEN AUDITOR

Die Ursache der menschlichen Aberration blieb aus einer Reihe ganz bestimmter Gründe verborgen. Der Auditor wird auf all diese Gründe stoßen. Wenn auch die Widerstandskraft der reaktiven Engrammbank mit Hilfe der hier beschriebenen Techniken zusammenbrechen muß, sollte er doch das Wesen der »Bestie«, die er angreift, gut kennen.

Die Schutzmechanismen, die die Engrammbank hatte – obschon sie nicht besonders gut sind, nachdem wir jetzt wissen, wie man diese

Panzerung der Ursache von Geisteskrankheit durchdringt –, sind folgende:

1. Körperlicher Schmerz,
2. Emotion in Form von gefesselten Einheiten,
3. »Bewußtlosigkeit«,
4. der Zeitunterschied zwischen Engramm und Key-in,
5. der Zeitunterschied zwischen Restimulierung und Krankheit,
6. äußerste Irrationalität.

Vom körperlichen Schmerz wissen wir viel – der Mind suchte ihn in der Erinnerung ebenso zu meiden, wie er ihn im Leben als äußeren Einfluß zu meiden sucht: daher Gedächtnisblockierung.

Emotion infolge von Verlust häuft sich an und bildet einen Puffer zwischen dem lebenden Menschen und der Realität des Todes.

»Bewußtlosigkeit« ist nicht nur ein Mechanismus, um Daten zu verbergen, sie behindert auch die Erinnerung, die nun die Lücken in der Vergangenheit, Augenblicke, in denen die »Sicherungen durchgebrannt« waren, nicht durchdringen kann.

Ein Engramm mag für die längste Zeit des Lebens schlummern, um dann, wenn die richtige Zusammenstellung von Restimulatoren in einem Augenblick körperlicher Müdigkeit oder Krankheit auftritt, zum Vorschein zu kommen. Daraus ergibt sich ein *scheinbarer* Grund für Geisteskrankheit oder weniger auffällige Aberration, der viele Jahre später liegt, als das verursachende Geschehnis stattgefunden hat.

Eine andere Seite des Schutzmechanismus der Bank war der Zeitunterschied zwischen Restimulierung und Krankheitsausbruch: wenn ein eingekeytes Engramm restimuliert wird, braucht es oft zwei oder drei Tage, bevor es sich körperlich auswirkt. (Beispiel: Nehmen wir an, daß eine Migräne ein rhythmisches Stoßgeräusch als Restimulator hat; die Person hört dieses Geräusch; drei Tage später hat sie plötzlich Migräne.) Wie konnte man bei einer solchen Verzögerung die Ursache einer bestimmten Restimulierung einer hin und wieder auftretenden Krankheit ausfindig machen?

Die äußerste Irrationalität eines Engramms – dieser Gipfel an Unvernunft, daß in einem Engramm alles allem anderen gleicht und daß diese Dinge wiederum Dingen in der äußeren Umwelt gleichen, wenn sie ihnen auch nur schwach ähneln – ist ein Meisterstück des Schwachsinns. Es war zu erwarten, daß jeder vernünftige Mensch diese Art von »Denkprozeß« übersehen würde.

Der Mensch hat einige Jahrtausende lang nach dieser Ursache

gesucht; aber er suchte nach etwas Kompliziertem in der Annahme, daß alles, was so quälend, so zerstörerisch, so bösartig und so sehr imstande sein konnte, komplexe Symptome zu erzeugen, eine komplizierte Ursache haben müsse. Kennt man sie, erweist sie sich jedoch als bemerkenswert einfach.

Der Auditor wird sich wenig damit beschäftigen, eine Linie zwischen geistiger Gesundheit und Geisteskrankheit zu ziehen – diese Begriffe sind so relativ. Man könnte ihn auffordern, die Dianetik mit früheren Normen wie z.B. mit den komplizierten Klassifizierungen von Kraepelin[13] zu vergleichen; das ließe sich zwar machen, aber es wäre ebensowenig von Nutzen wie die Naturlehre des Aristoteles, die nur den Historiker interessiert.

Wenn ein Mensch unfähig ist, sich in seine Umwelt einzugliedern, also mit seinen Mitmenschen auszukommen, ihnen zu gehorchen oder ihnen Anweisungen zu geben, oder – was noch wichtiger ist – wenn er unfähig ist, seine Umwelt an sich anzupassen, so kann er als »geisteskrank« angesehen werden. Das ist aber ein relativer Begriff. Der Begriff der geistigen Gesundheit nähert sich mit der Dianetik jedoch einer potentiellen absoluten Bedeutung, denn wir kennen den optimalen Mind. Modifizierungen durch Erziehung und Gesichtspunkt können verursachen, daß die vernünftige Handlungsweise einer Person einer anderen unvernünftig erscheint. Das ist jedoch kein Problem der geistigen Gesundheit, es ist ein Problem von Gesichtspunkt und Erziehung, etwas, worüber sich der Auditor nur wenige Gedanken zu machen braucht.

Die Patienten, auf die der Auditor treffen wird, fallen somit in die drei allgemeinen dianetischen Kategorien: Rückruf ohne Geräusche, Phantasierückruf und Geräuschrückruf. Die Frage nach geistiger Gesundheit stellt sich nicht; die Frage nach der voraussichtlichen Schwierigkeit oder nach der Dauer der Behandlung ist durch den Grad dieser drei Faktoren ziemlich gut bestimmt.

Es kann einem Auditor jedoch passieren, daß ihm ein wirklich »geisteskranker« Fall, ein »Psychotiker«, in die Hände fällt. Die Behandlung eines solchen Falles hängt davon ab, in welche der drei oben genannten Gruppen der psychotische Patient fällt. Das Problem besteht darin, die Engramme des Patienten möglichst schnell zu entschärfen.

Die Umstände und Mechanismen, die die Engrammbank verbergen, variieren nicht: es gibt sie ohne Ausnahme bei jedem Patien-

[13] *E. Kraepelin:* 1856-1926, deutscher Psychiater.

ten, bei jedem menschlichen Wesen. Die Techniken der Dianetik können verbessert werden – auf welche wissenschaftliche Technik trifft das nicht zu, besonders wenn sie erst wenige Jahre alt ist? –, sie sind aber ebenfalls nicht nur bei ausgewählten Patienten wirksam, sondern sind auf alle Menschen anwendbar.

Daher ändert sich das grundlegende Problem im Falle eines »geisteskranken« Patienten nicht. Die dianetische Technik funktioniert hier ebenso wie bei jedem anderen Fall. Die Aufgabe besteht darin, die Intensität der Ladung, die auf dem Fall lastet, zu reduzieren, so daß er mit Hilfe der Standardtechnik gelöst werden kann.

Man stellt oft fest, daß geisteskranke Patienten auf dem Time-Track steckengeblieben sind; in einem solchen Fall versucht man es so lange mit Holdern, bis sie sich wieder bewegen. Befindet sich der Patient in einer kompletten Regression, dann ist er so gründlich festgefahren, daß er mit der Gegenwart den Kontakt verloren hat. Bei jedem Patienten kann es vorkommen, daß er beginnt, ein Geschehnis *wiederzudurchleben*, statt nur zurückzukehren; der Auditor begegnet dem, indem er einem solchen Patienten einfach unvermittelt sagt, daß er sich daran erinnern kann. Das bringt den Patienten wieder in einen *zurückgekehrten* Zustand. Oft erlebt man, daß geisteskranke Patienten sich ein einziges Engramm immer wieder anhören. In einem solchen Fall braucht man wiederum lediglich ihre Aufmerksamkeit zu fesseln und sie mit Holdern zu »füttern«, bis sie sich wieder auf dem Time-Track bewegen. Geisteskranke Patienten findet man manchmal vollständig vom Time-Track herunter; sie hören dann auf »Dämonen« oder sehen Illusionen. Die Probleme sind aber immer die gleichen. Benutzen Sie die Wiederholungstechnik, nachdem die Aufmerksamkeit des Patienten auf die eine oder andere Weise fixiert worden ist, und bringen Sie ihn dann entweder dazu, sich auf dem Time-Track zu bewegen, oder bringen Sie ihn auf den Time-Track zurück. Der Schizophrene ist gewöhnlich weit von seinem Time-Track herunter.

Der beste Weg, um die Intensität der Ladung bei einem Fall abzubauen, so daß man mit der Routinetherapie beginnen kann, besteht darin, daß man zunächst Engramme mit schmerzlicher Emotion entdeckt und entlädt. Wenn die gewöhnlichen Mittel versagen, ziehen Sie einen Arzt zur Mitwirkung herbei, setzen Sie den Patienten unter Lachgas oder Natriumpentothal, und versetzen Sie ihn in Tieftrance. Dann kann er sich gewöhnlich auf seinem Time-Track bewegen, selbst wenn er im wachen Zustand von seinem Time-Track herunter war. Man versucht dann, ein spätes Verzweiflungsengramm zu finden und so zu entladen, wie dies im Kapitel über Emotion bereits beschrieben wurde. Die Technik gegenüber Patienten in Tieftrance folgt dem üblichen Schema, wobei jedoch besonders darauf zu achten ist, daß nichts gesagt wird, was den Patienten noch mehr aberriert; alles Gesagte muß sich auf die Therapiesprache begrenzen, und es ist sehr darauf zu achten, daß ein Löscher eingerichtet wird.

Der geisteskranke Patient gehorcht einem Engrammbefehl – vielleicht auch vielen –, ganz gleich, was er tut. Solche Befehle können aufgrund der Fehlinterpretationen des Patienten seltsame Handlungen diktieren; sie können »Dämonen« diktieren; sie können alles diktieren, was sich nur denken läßt. Die Diagnose besteht jedoch nur darin, daß man den Patienten beobachtet, um aufgrund seiner Handlungen herauszufinden, wie der engrammatische Befehl lauten könnte.

Abgesehen von diesen wenigen Bemerkungen beschäftigt sich das vorliegende Buch nicht mit Anstalts-Dianetik. Immerhin könnte ein Auditor, der die Grundlagen der Dianetik aus diesem Buch kennt und sich einigermaßen eingefühlt hat, bei so manchen Patienten in kurzer Zeit normale »geistige Gesundheit« hervorbringen, so daß Anstaltsleiter dies geradezu als Wunderheilung betrachten würden. Der Patient wäre allerdings sehr weit davon entfernt, ein *Release* zu sein, und viele weitere Stunden sollten damit verbracht werden, weitere schmerzliche Emotion zu entladen und Engramme zu reduzieren, bevor der Auditor es als sicher erachten sollte, die Person aus der Therapie zu entlassen.

Der Auditor sollte mindestens die nächsten zwanzig Jahre mit allen Fällen, die bereits in einer Anstalt waren, außerordentlich vorsichtig sein, denn er könnte einem Fall von iatrogener (durch Ärzte verursachte) Psychose begegnen, wobei dieser Eingriff zu den anderen Engrammen des Patienten hinzukommt. Die Dianetik kann einem Patienten, dessen Gehirn neurochirurgisch »durchstochert« oder »entkernt« worden ist, wohl ein wenig helfen; sie kann solche Geisteskrankheit jedoch nicht heilen, bevor ein kluger Biologe einen Weg findet, ein neues Gehirn wachsen zu lassen. Der Erfolg einer dianetischen Behandlung bei früheren Elektroschock-Patienten ist unsicher: sie sprechen auf die Behandlung an oder auch nicht, denn es kann sein, daß soviel Gehirnzellen verbrannt wurden, daß das Gehirn nicht mehr normal arbeiten kann. Beim Einstieg in einen solchen Fall wird der Auditor bestürzt sein, wie sehr die Standardbank durcheinandergeworfen ist, ganz zu schweigen von den Schaltkreisen, mit denen er in der Lage sein sollte, die Engrammbank zu erreichen. Syphilis und andere Umstände, die eine Auflösung des Gehirns bewirken, sind ähnlich zu bewerten. Solche Fälle sollten nur mit dem vollen Wissen angegangen oder angenommen werden, daß die Dianetik der halbzerstörten Maschine vielleicht überhaupt nicht zu helfen vermag. Es wurden Tausende und aber Tausende dieser »Gehirnoperationen« und Hunderttausende von Elektroschockbehandlungen durchgeführt. Der Auditor sollte daher auf der Hut sein, sich auf eine vielleicht hoffnungslose Sache einzulassen, wo es so viele Menschen gibt, denen man besser helfen kann. Jeder Fall, der in einer Anstalt gewesen ist, sollte mit Vorsicht betrachtet werden. Und wenn man bei jemandem eine ungewöhnliche Gedächtnisverwirrung oder einen auffälligen Mangel an Koordinationsvermögen beobachtet, so kann es sein, daß eine eingehende Untersuchung einen früheren Anstaltsaufenthalt aufdeckt. Ferner sollte der Auditor immer wachsam sein, wenn man ihn bittet, einem Menschen zu helfen, der kurz vor der Einlieferung in eine Nervenheilanstalt steht. Wer in eine Nervenklinik eingeliefert werden soll, ist vielleicht schon früher in einer gewesen, auch wenn Verwandte oder Freunde das abstreiten.

Ebenso sollten Personen mit Kriegsneurosen mit Vorsicht angenommen werden. Oft sind Soldaten vor der Entlassung aus der Armee behandelt worden. Dabei können ohne Wissen und Einwilligung des Patienten Elektroschock, Gehirnoperation oder Narkosynthese angewandt worden sein.

Diese Warnungen werden nicht deswegen gegeben, weil sich der Auditor etwa in einer körperlichen Gefahr befände. Patienten, die dianetisch behandelt werden, pflegen bis auf wenige Ausnahmen mitzuarbeiten, seien sie nun geistig gesund oder krank, selbst wenn sie über die Behandlung murren. Der Grund ist vielmehr, daß viel Arbeit vergeudet werden kann, nur um zu entdecken, daß die ganze geistige Maschinerie so zerstört ist, daß sie nicht mehr repariert werden kann.

Übernimmt der Auditor dennoch einen Elektroschock-Patienten, sollte er als erstes seine Aufmerksamkeit der Befreiung dieses engrammatischen Schocks widmen, denn in diesen Anstaltsengrammen ist alles mögliche gedankenlose Geschwätz enthalten, das die Behandlung noch mehr behindern mag. Dies gilt noch zusätzlich zu der Tatsache, daß jeder Elektroschock, an welcher Körperstelle er auch verabreicht wird, die Engrammbank durcheinanderbringen und den Time-Track so zusammenziehen kann, daß die Geschehnisse mehr als gewöhnlich verknotet sind.

Lediglich um des Fortschritts der Dianetik willen und um dem

Auditor Zeit zu sparen, muß darauf hingewiesen werden, daß die Folterverhöre mancher Polizeidienststellen sowie allgemein die Mißhandlung von Straftätern oder auch gewöhnlichen Bürgern durch die Polizei oft zu Engrammen führen, die als erstes entladen werden müssen, bevor der Patient weiter behandelt werden kann. Gefängnisaufenthalte bringen oft heftige Verzweiflungsladungen mit sich, die den Mind gründlich zerrütten können; trotzdem werden sie vom Patienten möglicherweise verborgen, weil er die falsche Vorstellung hat, der Auditor könnte schnüffeln wollen oder wegen seines »Charakters« enttäuscht sein.

Auch verschiedene andere Dinge finden ihren Weg in die Engrammbank und stellen Hindernisse für die Therapie dar, die man ohne Fingerzeig nicht vermuten würde. Hypnose kann außerordentlich aberrierend sein und die Therapie aufhalten. Ein Auditor sollte genügend praktisches Wissen über sie haben, nicht weil er das für die Dianetik braucht, sondern damit er die Engramme entlasten kann, die durch sie entstehen. Hypnose ist die Kunst, positive Suggestionen in die Engrammbank zu pflanzen. Hier können sie sich an Engramme anhängen und zu Locks dieser Engramme werden. Da die meisten Engrammbanken mit ihrem Querschnitt durch die Umgangssprache die alltäglichsten Wörter umfassen, hat jede Hypnose fast mit Sicherheit aberrierende Wirkung. Die Verminderung der analytischen Kraft durch künstliche Mittel schafft hervorragende Bedingungen für den Empfang eines Engramms. Der Hypnotiseur verwendet bei den meisten seiner Suggestionen den Vergessermechanismus, und die meisten Leute haben Engramme, die ähnliche Äußerungen zum Inhalt haben, so daß eine Befreiung von der Suggestion des Hypnotiseurs nicht ohne weiteres möglich ist. Man kann Hypnose als ein besonders starkes Lock betrachten; sie kann in der Engrammbank des Patienten ein ernstes Hindernis bilden. Mit der Klärung verschwinden die Suggestionen als Locks, da sie nicht mehr durch Schmerz in zugrundeliegenden Engrammen verankert sind. Hypnotische Suggestionen mögen aber erst gefunden und beseitigt werden müssen, bevor die Behandlung Fortschritte machen kann. Hypnose wird in unserer Gesellschaft recht häufig angewendet, und die meisten Patienten sind aufgrund des Vergessermechanismus nicht in der Lage, sich zu erinnern, ob sie jemals hypnotisiert wurden oder nicht. Mit Hilfe der Rückkehrtechnik wird dies ans Licht gebracht; die Wiederholungstechnik wird solche Geschehnisse zuverlässig lokalisieren, wenn man den Patienten zurückkehren läßt, indem er Redewendungen wiederholt, die in der Hypnose gebräuchlich sind, z.B.: »Du schläfst, du schläfst, du schläfst.«

Nicht alle Hypnose findet im Salon statt. Perverse bedienen sich ihrer recht häufig, obschon man annimmt, daß sich die »moralische« Eigenart eines Hypnotisierten erhöhen soll. Bei verschiedenen Patienten wurden, als man ihre Kindheit untersuchte, sogar Geschehnisse gefunden, an denen Leute mit gesellschaftlichem Ansehen beteiligt waren. Diese Geschehnisse waren für den Patienten oft ganz und gar abgesperrt, so enorm einschüchternd waren die Befehle, die in der hypnotischen Suggestion enthalten waren.

Dianetik und Hypnose lassen sich verbinden, aber dann kann man auch Dianetik und Astronomie verbinden. Der Auditor wird gelegentlich mit hypnoseanfälligen Patienten (die leicht in Trance fallen) zu tun haben und muß dann sehr vorsichtig mit dem sein, was er sagt, damit er so wenig seiner Worte wie möglich in die Engrammbank einbaut, so daß die Dianetik nicht zur Hypnose wird.

Hypnose hat höchstens einen Nutzen in der Forschung oder beim Einbau eines zeitweiligen manischen Engramms. Aber letzteres richtet weitaus mehr Schaden an, als es Nutzen bringt. Hypnotische Schmerzbetäubung wird weit überschätzt. Und Hypnose als Unterhaltungsspiel darf von keiner Gesellschaft geduldet werden; denn sie kann so zerstörerisch sein, daß die Engramme bis zur Geistesgestörtheit restimuliert werden. Der Hypnotiseur kennt ja den Inhalt der Engrammbank nicht. Sofern es ihm gelingt, seine Geschwätzigkeit zu zügeln, sollte jeder gute Hypnotiseur ein guter Auditor werden können. Wenn er jedoch versucht, Dianetik mit Hypnose kombiniert anzuwenden, wird er bald einen sehr kranken Patienten auf dem Gewissen haben. *Pflanzen Sie einem Patienten niemals eine positive Suggestion gleich welcher Art ein, wie sehr er auch darum bitten mag. Dies hat sich als beinahe tödlich erwiesen.*

Man kann eine ganze Fallbehandlung in tiefer Amnesietrance vornehmen. In vielen Fällen ist es möglich, einen schlafenden Menschen in eine Tieftrance heraufzuholen, indem man einfach mehrere Nächte hintereinander zur selben Stunde ruhig zu ihm spricht und ihn schließlich dazu bringt, daß er auf die Aufforderung hin antwortet. Dann kann man die dianetische Therapie einleiten und durchführen; sie wird Erfolg haben, vor allem wenn der Auditor es vermeidet, ein spätes Engramm mit körperlichem Schmerz künstlich zu restimulieren, denn er sollte aus der Zeit nach der Geburt hauptsächlich Engramme mit schmerzlicher Emotion behandeln. Wenn sich die betreffende Person der Vorgänge bewußt ist, kann sie in Reverie versetzt werden, so daß frühere Daten erreichbar sind, denn das

»Ich« ist stärker als die schwachen, wenn auch klugen Aufmerksamkeitseinheiten, die die Grundpersönlichkeit ausmachen. Mit der Person wird abwechselnd in Amnesietrance und in Reverie gearbeitet. Der Fall wird sich schließlich lösen, selbst wenn nicht mit Reverie gearbeitet wurde. Bei der Arbeit mit Amnesietrance hat der Auditor aber schwerwiegende Verpflichtungen: in jeder Sitzung muß ein Löscher eingebaut und benutzt werden. Es ist so wenig wie möglich zu sprechen. Alle Wünsche des Auditors sollten möglichst als Fragen geäußert werden, da diese nicht so aberrierend sind wie Anweisungen. Diese Methode wurde erfolgreich angewandt und kann benutzt werden. Die Reverie ist jedoch – obschon sie langsamer erscheint und selbst wenn kein Geräuschrückruf vorhanden ist – unbestreitbar weitaus befriedigender, weil sich der Patient schneller und außerdem stetig erholt. Amnesietrance hingegen kann einen Menschen für mehrere Tage außer Gefecht setzen, wenn Geschehnisse in Tieftrance scheinbar gehoben wurden, im wachen Zustand jedoch immer noch »herumhängen«. Amnesietrance wird definitiv nicht empfohlen. Es wurde auf diesem Gebiet sehr viel geforscht und festgestellt, daß sie für den Patienten unbehaglich und für den Auditor aufreibend ist. Wenn andere Methoden jedoch aus dem einen oder anderen Grunde nicht anwendbar sind, kann Amnesietrance benutzt werden. (Zu diesen Gründen gehören aber nicht die Wünsche des Preclears, der, wenn der Auditor ihn nur ließe, womöglich nach Drogen, Hypnose und positiven Suggestionen verlangen würde, um so seinen Engrammen zu entkommen, und der sich, wenn man ihn ließe, einen wunderschön verkorksten Fall zuziehen würde, den der Auditor dann entwirren darf.) Amnesietrance darf, wenn überhaupt, nur mit der größten Vorsicht und immer nur im vollen Wissen verwendet werden, daß die Genesung des Patienten dreimal so lange dauert, weil das Arbeiten auf der Ebene der Engrammbank beim Entladen die Analysatorschaltkreise unbeteiligt läßt. Mit der Reverie geht es wirklich am besten.

ÄUSSERE PROBLEME VON PATIENTEN

Es kann vorkommen, daß ein Patient, der gut vorangekommen ist, plötzlich keine weiteren Fortschritte mehr macht. Möglicherweise liegt die Antwort außerhalb der Therapie. Die Umgebung des Preclears mag so restimulierend sein, daß er durcheinander ist, ständig restimuliert ist und daher langsam vorankommt. In einem solchen Fall entdeckt man vielleicht, daß der Preclear (wie dies in einem Fall vorgekommen ist) mit seinem Ehepartner, der sich scheiden lassen will, das Abkommen getroffen hat, mit der Scheidung bis zur Klärung zu warten. Auch andere Lebensumstände können es dem Patienten wertvoll erscheinen lassen, nicht geklärt zu werden. Der Auditor hat nichts mit dem Privatleben des Preclears zu tun; wenn jedoch die Therapie selbst durch bestehende Umstände erschwert wird, hat der Auditor, um dessen Zeit es schließlich geht, ein gutes Recht, den Grund herauszufinden. All diese Gründe werden darauf hinauslaufen, daß es von der Umwelt her ein Vorteil zu sein scheint, nicht Clear zu werden. So kann beispielsweise eine zeitweilige Entfernung des Preclears aus seinem Zuhause seine Umwelt verändern und die Therapie fördern. Der Auditor hat das Recht, vom Patienten zu verlangen, daß er – Clear hin, Clear her – das Problem aus eigener Initiative löst. Häufig bemerkt der Preclear nicht, daß er bereits *Release* ist, denn das Ziel, *Clear* zu sein, ist so leuchtend, daß er aufhört, sich mit dem Durchschnittsmenschen zu vergleichen, den er bereits hinter sich gelassen hat.

Man kann bei einem Patienten im Laufe der dianetischen Therapie gemeinhin erwarten, daß er sehr stark introvertiert. Nach etwa drei Vierteln des Weges erreicht diese Introvertiertheit einen Höhepunkt und geht danach zurück. Aufmerksamkeit und Interesse frei nach außen und innen richten zu können ist ein ausgeprägtes Merkmal des *Clears*. Wenn ein Preclear sehr introvertiert war, ist sein Interesse an Dingen der Umwelt ein ziemlich guter Maßstab für den Fortschritt des Falles.

Fast alle Preclears sprechen viel über ihre Engramme, bis sie einen Punkt gründlicher Entlastung erreicht haben. Wenn sie in gewöhnlicher Unterhaltung nicht über ihre Engramme reden oder nicht darüber reden wollen, kann der Auditor annehmen, daß in der Engrammbank etwas sehr gut Geschütztes liegt, das mit der Notwendigkeit zu tun hat, etwas unbedingt geheimzuhalten. Der Auditor kann entsprechend handeln. Auch wenn der Auditor solcher Gespräche müde sein mag, enthüllen sie ihm doch viel neues Material, wenn er auf die Redewendungen achtet, die der Preclear gebraucht, während er über Engramme spricht.

Es ist nun einmal so, daß Aberration durch das hervorgerufen wird, was dem Patienten *angetan* wurde, und nicht durch das, was er *getan* hat. Die Handlungen des Patienten, während er dramatisiert, Verbrechen begeht usw. sind für ihn nicht aberrierend. Deswegen braucht sich der Auditor um die Aktivitäten des Preclears überhaupt nicht zu kümmern. Es sind schon Fälle vollständig abgeschlossen worden, ohne daß der Auditor wußte, womit der Preclear seinen Lebensunterhalt bestritt. Obgleich eine aberrierte Gesellschaft nicht anders kann, als ihn für seine Handlungen verantwortlich zu machen, sind es doch nur Engramme, die asoziales Handeln diktieren. Der Patient ist nicht verantwortlich für das, was er selbst getan hat. Für den Clear sieht die Sache anders aus. Ein Clear kann für seine eigenen Handlungen als voll verantwortlich betrachtet werden, denn er kann vernünftige Überlegungen auf der Grundlage seiner Erfahrungen anstellen. Der Aberrierte jedoch hat wenig oder gar keine wirkliche Kontrolle über das, was er tut. Deswegen sollte der Auditor deutlich machen, daß es ihn nicht kümmert, was der Aberrierte, der nun geklärt werden soll, im Leben getan hat. Das Problem, das Auditor und Preclear zu bewältigen haben, ist eine Engrammbank, die ausschließlich das enthält, was andere Leute im Leben getan haben und was dem Preclear in Augenblicken, in denen er sich nicht schützen konnte, angetan wurde. Diese Art, an die Sache heranzugehen, entspricht nicht nur der Wahrheit, sie hat auch einen therapeutischen Wert, denn der Auditor, der dies klarstellt, wird dadurch oft die Zusammenarbeit erreichen, die ihm sonst verweigert würde.

Der Auditor soll gegenüber einem Patienten nie den Auditorenkodex verletzen. Solche Verletzungen verlängern die Therapie unvermeidlich.

RESTIMULATION

Der Mind ist ein sich selbst schützender Mechanismus. Das trifft auch auf die Dianetik zu. Eine funktionierende Wissenschaft vom Denken würde den Wirkungsprinzipien des Minds so nahekommen, daß sie mit den Gesetzen und Spielregeln des Minds selbst übereinstimmt; so ist es mit der Dianetik: Der Mind wird anhand seiner Reaktionen auf die Therapie diagnostiziert (analysiert), und die Therapie wird anhand der Beobachtung seiner Reaktionen auf sie verbessert. Das ist ein sehr wertvolles Arbeitsprinzip, da es viele beobachtete Phänomene erklärt und den größten Teil der übrigen Phänomene immerhin voraussagt. Eines dieser Merkmale, in denen die Dianetik mit dem Mind übereinstimmt, ist der Selbstschutz.

Es ist fast unmöglich, den Mind zu verletzen; er ist ein äußerst zäher Mechanismus. Natürlich ist es verhängnisvoll, wenn man ihm mit Messer oder Säge zusetzt, ihn mit Drogen oder Bakterien vergiftet oder seine natürliche Panzerung durch Hypnose beiseite räumt.

Pfuscherei ist so gut wie unmöglich, wenn die Dianetik mit ihren Prinzipien wirklich angewandt wird. Entweder praktiziert man ausschließlich die Dianetik und erzielt Ergebnisse, oder man praktiziert sich in Grund und Boden. Das ist eine unumgängliche, wissenschaftliche Tatsache. Die Dianetik ist eine Wissenschaft, die sich selbst schützt, erfordert Ausübung durch Clears oder zumindest durch gute Releases. Ein Clear befolgt die wesentlichen Punkte des Auditorenkodex ohnehin bereits strengstens bei allem, was er tut. Sein ethisches Niveau ist außerordentlich hoch. Jeder, der eine dianetische Praxis aufmacht, wird daher – unabhängig von seiner ursprünglichen Absicht – feststellen, daß es ihn selbst auf das Ziel der Klärung hindrängt.

Dafür gibt es einen ausgezeichneten Grund: die Restimulierung des Auditors. Wir verstehen jetzt, wodurch ein Engramm restimuliert wird. Wenn es restimuliert wird, zwingt es dem Organismus den Schmerz oder die Handlung des Engramminhalts auf. Wird in der Umgebung etwas wahrgenommen, das einer Aufzeichnung im Engramm ähnlich ist (Geräusch, Seheindruck oder Organempfindung), dann wird das Engramm mehr oder weniger stark zur Wirkung gebracht. Das trifft auch auf einen Auditor zu, der selbst nicht geklärt ist oder sich nicht in Therapie befindet und der daran arbeitet, eine Person zu klären – er wird restimuliert. Schließlich hört er ununterbrochen von engrammatischem Material des Patienten. Dieses engrammatische Material ist genau der Stoff, aus dem Geisteskrankheit entsteht. Jeder hat Engramme, und früher oder später wird ein Patient ein Engramm durchlaufen, das einem Engramm des Auditors ähnelt. Das ist für den Auditor sehr unbehaglich, außer er befindet sich selbst auch in Therapie, durch die er von diesem Unbehagen befreit werden kann. Solange man lediglich mit späten Locks arbeitet, tritt das nicht so häufig ein. Deswegen konnten die früheren Therapeuten und Praktiker geistiger Heilung einem Großteil der Folgen ihrer eigenen Aberrationen entkommen. Wenn man jedoch solche Aberrationen an den Wurzeln faßt und handhabt, kann die ständige intensive Einwirkung von Restimulatoren einen ernsten Zustand herbeiführen. Das ist der Mechanismus, der das Personal in Irrenanstalten selbst zum Opfer von Psychosen werden läßt, obwohl man entsprechende Engramme schon vorher gehabt haben muß, sonst könnten sie nicht restimuliert werden.

Der Auditor kann einen oder zwei Fälle vielleicht ohne irgendwelche ernste Rückwirkungen bearbeiten. Und welche Folgen für ihn auch immer eintreten, sie können durch die Dianetik beseitigt werden. Um seines eigenen Wohlbefindens willen sollte er jedoch so bald wie möglich selbst zum Clear oder Release gemacht werden. Als Release kann er ohne allzu große Schwierigkeiten arbeiten. Das ermöglicht eine Abmachung wechselseitiger Arbeit: Sein Preclear ist auch sein Auditor, und sie behandeln sich abwechselnd. So kann die Situation entstehen, daß zwei Preclears auch Auditoren sind. Das Wechseln von der Couch zum Auditorenstuhl und wieder zurück funktioniert gewöhnlich sehr gut.

Zwei Personen können jedoch, nachdem sie angefangen haben, miteinander zu arbeiten, entdecken, daß sie sich gegenseitig restimulieren; das bedeutet, daß jeder eine Pseudoperson in den Engrammen des anderen ist, oder einfach nur, daß der eine den anderen (durch seine Stimme oder aufgrund bestimmter Geschehnisse) restimuliert. Das sollte für die Therapie kein Hindernis sein. Selbst außerordentlich restimulierende Umstände wurden überwunden, und die Therapie ging voran. Eine häufige Ausweichtechnik besteht darin, daß der Preclear behauptet, der Auditor restimuliere ihn; doch das ist nicht wichtig genug, um die Therapie abzubrechen. Es ist jedoch möglich, daß zwei Personen eine dritte einbeziehen und dadurch, daß einer jeweils den nächsten klärt, die Spannung bedeutend abgebaut wird. Die Dreier-Gruppe, bei der keiner den auditiert, von dem er auditiert wird, ist sehr erfolgreich.

Ein Mann und seine Frau, die sich lange und häufig gestritten haben, könnten gegenseitiges Klären zu restimulierend finden. Wenn andere Möglichkeiten sich nicht finden, läßt es sich aber doch bewerkstelligen – es ist schon oft geschehen; läuft die Therapie jedoch nicht gut, dann sollten beide einen anderen Therapie-Partner finden. Mütter, die ihre Kinder abzutreiben versuchten oder sie auf sonstige Weise übel behandelt haben, können mit ihnen die Therapie erfolgreich durchführen. Jedoch muß sich der Auditor einem jeden solchen Fall restimulierender Umstände außerordentlich streng nach dem Auditorenkodex richten; gegenteiliges Verhalten kann in die Therapie viel überflüssige Spannung bringen. Eine solche Mutter sollte lieber selbst zumindest ein Release sein, bevor sie ihre Kinder zu klären versucht – und sie sollte das nicht versuchen, bevor sie nicht mindestens acht Jahre alt sind.

Das Thema der Auditor-Restimulierung, bei der der Auditor den Preclear oder der Preclear den Auditor restimuliert, hat nichts damit zu tun, daß Engramme des Preclears durch die Standardtechnik in jedem Fall künstlich restimuliert werden. Ein Engramm kann restimuliert werden, indem es mehrmals kontaktiert wird, so daß es sich dann heben läßt. Falls der Auditor ein Pseudofeind ist, also jemandem ähnelt, der dem Patienten geschadet hat, ist das Problem der Auditor-Restimulierung besonders ausgeprägt. Hierauf ist heftige Feindseligkeit eines Patienten gegenüber einem Auditor gewöhnlich zurückzuführen. Manchmal haben Preclears einen derartigen Haß auf Männer, daß nur Frauen mit ihnen arbeiten können, oder einen solchen Haß auf Frauen, daß nur Männer mit ihnen arbeiten können. Aber selbst bei starker Abneigung kann mangels eines anderen Auditors oder einer Person, die rasch dazu ausgebildet werden kann, die Therapie fortgesetzt und ein Erfolg erzielt werden.

AUSBALANCIEREN DES FALLES

Immer wenn die Therapie abgebrochen wird, wird der Patient in wenigen Wochen ein neues, besseres Gleichgewicht finden. Solange keine Drogenhypnose oder andere in der Dianetik unzulässigen Methoden angewendet werden, gelingt es dem Preclear immer, seinen Zustand so auszubalancieren, womit er auf eine weit bessere Ebene gelangt ist. Restimulierungen infolge der Therapie werden sich abbauen. Der Patient wird als Release nach und nach zu seinem eigenen Niveau finden. Fälle müssen nicht unbedingt zum *Clear* vorangebracht werden, falls der Auditor nicht soviel Zeit hat; besser wäre es natürlich immer, und die Mehrzahl der Patienten wird auch darauf bestehen.

DIE DAUER DER THERAPIE

Eine Sitzung dauert üblicherweise zwei Stunden. In diesen zwei Stunden wird beim durchschnittlichen Patienten alles erreicht werden, was an diesem Tag erreicht werden kann. Es ist nicht nötig, daß jeden Tag auditiert wird, alle zwei oder drei Tage ist aber erstrebenswert. Mit Zwischenräumen von einer Woche zu arbeiten ist nicht optimal, denn der Fall neigt dazu, sich auszubalancieren. Gewöhnlich tritt am vierten Tag nach einer Sitzung ein »Absinken« ein, wenn nicht spätestens nach drei Tagen weiterauditiert wird. Dieses »Absinken« am vierten Tag ist ein natürlicher, mechanischer Vorgang. Wird ein eingekeytes Engramm im Leben restimuliert, dann braucht es etwa vier Tage, bevor es einschneidende Wirkungen zeigt. In der Therapie sind manchmal drei Tage nötig, um ein Engramm zu »entwickeln«. Das bedeutet nicht, daß drei Tage verstreichen müssen, bevor es erreichbar ist, und ebensowenig, daß die Arbeit für drei

Tage unterbrochen werden muß; es bedeutet jedoch, daß es bei Engrammen – da sie keine Erinnerungen sind und daher nicht so ohne weiteres in Erscheinung treten – manchmal drei Tage dauern kann, bis sie an die Oberfläche kommen.

Um es klarer auszudrücken: Nach einem Engramm kann am ersten Tag gefragt werden, und man wird es am dritten Tag finden. In der Zwischenzeit stößt der Auditor auf andere Engramme. Dieser Prozeß verläuft so automatisch, daß er keine Aufmerksamkeit erfordert und nicht bemerkt wird, außer bei Fällen, mit denen nur einmal in der Woche gearbeitet wird. Am ersten Tag wird nach dem Engramm gefragt, am dritten Tag ist es soweit, reduziert zu werden, am vierten Tag sinkt es ab und hat sich am siebten Tag wieder ausbalanciert.

Der Drei-Tage-Aspekt ist noch auf andere Weise interessant. Die dreitägige Zeitspanne ergab sich aus der Beobachtung des Durchschnittsverhaltens der Preclears. Mit genauerer Untersuchung könnte sie auf 2,5 oder 3,6 Tage festgelegt werden (das variiert von Person zu Person), drei Tage ist für unsere Zwecke jedoch genau genug. Wenn man nur einen Release erreichen will, wird man manchmal feststellen, daß es nötig ist, ein spätes Engramm anzugehen und zu durchlaufen: Das Engramm mit körperlichem Schmerz aus der Zeit nach der Geburt scheint zu steigen, bleibt drei Tage lang unverändert und sinkt dann wieder ab. Wenn es absinkt, wird der Auditor zu ihm zurückgehen und es den Patienten noch einmal durchlaufen lassen müssen. Indem der Auditor dieses »abgesunkene« Engramm aus dem späteren Leben immer wieder angeht, wird es schließlich außer Sicht gehen und im zurückgewichenen Zustand bleiben.

Oft gerät der Patient in Euphorie, wenn der Auditor ein Engramm berührt, das eine manische Redewendung enthält. Der Patient wird dann umherlaufen und sagen, wie wunderbar die Dianetik sei, da er sich jetzt in prachtvoller Verfassung befinde und sich so glücklich fühle. Geben Sie acht. In drei oder vier Tagen wird dieses manische Engramm zurückgesunken sein, so daß er sich in einem depressiven Zustand befindet. Seien Sie auf der Hut, wenn jemand eine dieser »Blitzgenesungen« erlebt, denn sie sind nicht dauerhafter als die Flamme eines brennenden Streichholzes. Sie verlöscht und hinterläßt kalte Asche. Wenn der Auditor diese Euphorie sieht, tut er besser daran, in den Fall wieder einzusteigen und dieses Engramm gründlicher zu reduzieren oder ein grundlegenderes Engramm zu finden.

Die Zeit, die für die Klärung eines Menschen erforderlich ist, variiert sehr stark. Indem er Verzweiflungsladungen beseitigt und einige frühe Engramme reduziert, kann der Auditor bei einem Patienten in zwanzig oder dreißig Stunden einen besseren Seinszustand erzielen als jede frühere Therapie: das ist ein Release. Ähnliches erreicht man mit früheren Methoden nur in zwei oder drei Jahren therapeutischer Arbeit. Die Zeit, die man braucht, um einen Clear zu erzielen, ist an keinem früheren Maßstab zu messen, denn nie zuvor hat man sich von einem Clear auch nur träumen lassen.

Bei einem Fall mit Geräuschrückruf und allgemein guter Rückruffähigkeit kann die Klärung durchaus in hundert Stunden zustande gebracht werden. Bei einem Fall mit gründlich abgesperrten Rückrufen kann es sehr viel länger, ja bis zum Extrem von tausend Stunden dauern. Ebenfalls sehr lange können Patienten mit Phantasierückruf brauchen, die also Geschehnisse anbieten, die sich nie ereignet haben.

Betrachten Sie es von dieser Seite: wir können die Ergebnisse von zwei oder drei Jahren Psychoanalyse mit zwanzig oder vierzig Stunden Dianetik erreichen, und was wir in der dianetischen Therapie einmal behandelt haben, ist erledigt – im Gegensatz zur Psychoanalyse. Das ist der *Release*. Er erledigt seine Aufgaben weitaus besser, da er von seinen emotionellen Ladungen größtenteils befreit ist. Mit dem Ziel der Klärung vor Augen bemühen wir uns, einen überdurchschnittlichen Zustand des Minds zu erreichen, und das erreichen wir auch. Tausende und aber Tausende von Stunden wurden für die Erziehung und Ausbildung mancher Menschen verwendet; ein Aufwand von zwei- oder sogar zehntausend Stunden Arbeit, um ihn auf ein Niveau zu heben, das weit über dem liegt, was früher für ihn möglich war, wäre immer noch gut investierte Arbeit. Aber wir brauchen nicht annähernd soviel Zeit dafür. Manche Personen wurden mit einem Aufwand von dreißig Stunden an aufwärts geklärt, wenn sie Geräuschrückruf und nur wenige Engramme hatten, und es dauerte bis zu fünfhundert Stunden bei anderen, wenn ihr Rückruf abgesperrt war und sie zudem Phantasierückruf hatten. Wie lange ein Auditor bei seinen ersten paar Fällen braucht, ist schwer zu sagen. Er wird schließlich einen Clear zuwege bringen und selbst bei einem ernsten Fall bestimmt weniger als zwölfhundert Stunden dafür benötigen. Indem er ständig auf die Klärung hinarbeitet, erreicht sein Patient zunehmende Entlastung, und sein Zustand erhebt sich nach fünfzig Stunden bereits über die gegenwärtige Norm und verbessert sich weiterhin. Der Patient verbessert sich so rasch, daß von Woche zu Woche merkliche körperliche Veränderungen und verblüffende geistige Fortschritte auftreten. Wer glaubt, daß der Weg zur Klärung ein kurzer Sprung und ein kleiner Gewinn sei, der hat keinen Begriff davon, wie hoch dieses Ziel wirklich liegt.

Die meisten Auditoren werden sich zuerst um die Schaffung eines Release bemühen und sind gut damit beraten. Erst wenn sie schließlich selbst geklärt sind, werden sie plötzlich erkennen, daß der Zustand weitaus mehr Zeit wert war, als sie zu seinem Erreichen aufgewandt haben.

Es ist ganz unmöglich, einem angehenden Auditor vorauszusagen, wieviel Zeit die Fehler, das Erlernen seines Handwerks und das Erlangen eines gewissen Geschicks in Anspruch nehmen werden. Daher kann er auch unmöglich abschätzen, wie lange er wird arbeiten müssen, damit aus seinem Patienten ein Clear wird. Ein gut trainierter Auditor benötigt im schlimmsten Fall niemals mehr als achthundert Stunden; fünfhundert Stunden sind viel.

INFORMATIONEN VON VERWANDTEN

Der Patient wird den Auditor immer mit seinem Eifer plagen, von Verwandten oder Freunden Informationen zu erhalten. Solche Fragen sind an sich schon sowohl für den Preclear als auch für den Verwandten restimulierend. So manche Mutter erkrankte, weil ihr Kind, das dies oder jenes »plötzlich herausfand«, ihr die Restimulatoren ihrer eigenen vergangenen Krankheiten präsentiert hatte.

Die Erfahrung hat ohne Ausnahme gelehrt, daß Daten, die der Preclear von Eltern und anderen Verwandten oder von Freunden bekommt, völlig wertlos sind. Hier würden wir uns auf das Gedächtnis eines Aberrierten verlassen, obwohl wir mit Hilfe der Dianetik eine zuverlässige Quelle genauen Materials zur Verfügung haben. Es kam vor, daß die Behandlung wirklich gut voranging, und dann plötzlich stockte. Durch eine Nachforschung stellte sich in diesen Fällen heraus, daß der Preclear zu seinen Eltern und Verwandten gelaufen war, um von ihnen Informationen zu erhalten. Diese wünschten nichts sehnlicher, als daß er alles vergäße, was sie ihm angetan hatten, und setzten ihn auf alle möglichen falschen Spuren, die in der Therapie mühsam beseitigt werden mußten. Diese Leute sind die Bösewichte in unserem Drama: die Leute, die dem Preclear die Dinge angetan haben, die ihn zum Aberrierten machten. Erwartete man von ihnen genaue Daten, so könnte man ebenso erwarten, daß der Mond aus grünem Käse besteht.

Wenn der Auditor von diesen Personen Daten haben will und sich danach erkundigt, ohne es den Preclear wissen zu lassen, kann er vielleicht etwas erreichen. Aber alle Daten, die man auf diese Weise erhält, haben jedenfalls nur einen Wert, der im Geheimdienst als »unzuverlässige Quelle – fragwürdiges Material« bezeichnet wird.

Legen Sie dem Preclear ans Herz, seine Eltern und andere Verwandte nicht zu belästigen, und erklären Sie ihm, daß er sie aufgrund des Restimulatorprinzips krank machen kann, wenn er nach Daten fragt. Wenn wir die in der Therapie erhaltenen Daten bestätigt haben wollen, können wir das nur auf die Weise erreichen, daß wir den betreffenden Elternteil oder Verwandten die Therapie durchlaufen lassen. Dabei kommen wir an die ursprünglichen Quellen der Dramatisierungen – das vorgeburtliche Leben und die Kindheit des Vaters oder der Mutter. Doch das ist ein Problem der Forschung, nicht der Therapie.

Wenn der Auditor auch die Mutter behandelt, kann er natürlich die Geburt erst vom Kind und dann auch von der Mutter durchlaufen lassen, und zwar ohne daß die beiden zwischendurch darüber sprechen. In dieser Weise vermag er das Material der Therapie auf Genauigkeit zu prüfen. Auch andere Daten können so verglichen werden, wenn entsprechende Absicherungen eingesetzt werden.

Für den Auditor ist aber die wesentliche Frage die subjektive, nicht die objektive Realität. Der entscheidende Punkt ist immer: *Wird der Patient gesund?*

DAS ABBRECHEN DER THERAPIE

Das Verhalten einer verschmähten Frau findet ein Gegenstück in dem Groll des Preclears, dessen Therapie durch Beschluß des Auditors abgebrochen worden ist.

Den Preclear in der Therapie zu halten, wie selten auch die Sitzungen sein mögen, befriedigt bis zu einem gewissen Grad die Bemühung seiner Grundpersönlichkeit, sich von den Aberrationen freizukämpfen.

Die Grundpersönlichkeit, der Archivar, der Kern des »Ichs«, der den Organismus beherrschen möchte, und die grundlegendsten Wünsche der Persönlichkeit können für unsere Zwecke als gleichbedeutend angesehen werden. Im grundlegenden Selbst – das die eigentliche Person ist – besteht ein enormer, aufwallender Drang, die Engramme zu meistern. Die Engramme hingegen, die parasitär Leben von ihrem Wirt borgen, erscheinen als etwas, das nicht erobert werden will. Gleichgültig, wie mechanisch all dies eigentlich ist: der Auditor wird sich oft über den Widerstand wundern, den die Engramme aufbringen können, und über die Anstrengungen der Grundpersönlichkeit staunen, die Engramme zu besiegen. Er arbeitet *mit* der Grundpersönlichkeit, der Person selbst, und ignoriert die engrammatischen Störversuche. Doch gibt es eine Situation, in der die Grundpersönlichkeit in der Bemühung, Therapie zu erhalten, den Engrammen freies Spiel zu geben scheint.

Während der Arbeit mag ein »Patient« dem Auditor gegenüber skeptisch, sarkastisch oder sogar bösartig gewesen sein. Oder er mag den Anschein erweckt haben, seiner Engrammbank völlig gleichgültig gegenüberzustehen. Oder der Patient hat vielleicht sogar wild herausgeschrien, daß er die Therapie verabscheue. Aus einem solchen Grund mag der Auditor unüberlegterweise beschließen, die Arbeit mit dem Patienten abzubrechen. Dem Patienten wird das mitgeteilt. Für kurze Zeit zeigt er vielleicht keine Reaktion. Doch nach ein paar Minuten, Stunden oder Tagen wird die Grundpersönlichkeit, der so der Ausweg versagt wurde, voraussichtlich alle zur Verfügung stehenden Waffen einsetzen, um den Auditor zur Wiederaufnahme der Therapie zu zwingen.

Weil der Expatient über den Abbruch der Therapie aufgebracht ist – auch wenn er vielleicht selbst darauf bestanden hat –, kann es sein, daß entweder sein Zustand sich schnell zu verschlechtern beginnt oder er den Auditor offen oder hinter dessen Rücken angreift. Er kann sich sogar gegen die Therapie selbst wenden. Eine verschmähte Frau hat selten einen so totalen Aufruhr verursacht wie Expatienten, denen die Weiterbehandlung verweigert wurde. Auditoren haben es erlebt, daß sie persönlich bösartig verunglimpft und daß andere Preclears aufgesucht und durch heftige Angriffe gegen die Therapie negativ beeinflußt wurden. Manche Auditoren wurden so zur Zielscheibe aller möglichen Anschuldigungen und Flüsterkampagnen. Preclears, denen die Weiterbehandlung noch vor der Release-Ebene verweigert worden war, konnten ihren ehemaligen Auditoren geradezu das Leben schwermachen. Und sogar echte Releases, deren psychosomatische Krankheiten verschwunden waren und die zufrieden und fröhlich hätten sein sollen, sind schon zu Unruhestiftern geworden, wenn sie der Auditor nicht bis zur vollständigen Klärung weiterbehandeln wollte. Alle möglichen Mechanismen können von Expatienten benutzt werden – alles, was Menschen benutzen, um andere zum Handeln zu zwingen. Einer dieser Mechanismen ist der Rückfall in die Apathie und ein »rascher Niedergang«. Ein anderer ist wildes Agitieren gegen die Therapie. Ein weiterer ist der persönliche Angriff auf den Auditor. All dies zielt nachweisbar darauf ab, die Weiterbehandlung durchzusetzen.

Der Mind weiß, wie der Mind funktioniert. Und von dem Mind, der erlebt hat, daß es einen Ausweg aus Schmerz und Unglück gibt, kann man erwarten, daß er alles versucht, um die Wiederaufnahme der Therapie herbeizuführen, wenn dieser Ausweg versperrt wird.

Wie ungenießbar der Expatient auch gewesen sein mag, er ändert seine Einstellung sofort, sobald der Auditor die Therapie mit ihm wieder aufnimmt. Die destruktiven Anstrengungen gegen den Auditor oder die Therapie verschwinden. Alles ist beinahe wieder so gut, wie es vor der Mitteilung des Behandlungsabbruchs war.

Glauben Sie aber nicht, daß der Preclear die Therapie nun als demütiger Patient wiederaufnehmen wird, wenn er vorher nachlässig, widerspenstig oder generell nicht zur Zusammenarbeit geneigt war. Weit gefehlt: es ist jetzt mindestens ebenso schwer, mit ihm zu arbeiten. Hinzu kommt ein gewisser Unmut wegen des Therapieabbruchs.

In so einem Fall ist der Auditor in einer mißlichen Lage, wenn er weiterauditiert, und in einer doppelt mißlichen, wenn er es nicht tut. Es gibt jedoch einen Ausweg. Das Phänomen der »Übertragung«, bei der der Patient einfach seine Kümmernisse auf den Praktizierenden überträgt, ist nicht der Mechanismus, der sich hier auswirkt. Übertragung ist etwas anderes, das vom Durst nach Aufmerksamkeit stammt und von einem Gefühl her, in dieser Welt Unterstützung nötig zu haben. Wenn man Übertragung nicht verhindert, kann man damit rechnen, daß sie ewig andauert. Der Patient eines Arztes kann beispielsweise ununterbrochen Krankheiten haben, nur um den Arzt ständig um sich zu behalten. Übertragung kann auch in der dianetischen Therapie auftreten: Der Patient versucht vielleicht, sich sehr auf den Auditor zu stützen oder ihn um Ratschläge zu bitten, und scheint vielleicht Engramme zurückzuhalten, damit dieser weiterhin hart arbeite, bei ihm ausharre und interessiert an ihm bleibe – all das ist das Resultat einer Mitgefühlsberechnung und ist aberriertes Verhalten. Der kluge Auditor wird keine Ratschläge erteilen und nicht versuchen, irgend jemandes Leben zu steuern, denn eine Person arbeitet nur als selbstbestimmter Organismus gut. Gleichgültig, welche Einstellung der Patient hat, gleichgültig, wie groß sein Krankheitsbedürfnis ist, gleichgültig, wie stark er seine Belastungen überträgt, ja sogar ungeachtet seiner boshaften Bemerkungen gegenüber dem Auditor während der Sitzungen – der Zustand kann in der dianetischen Therapie nicht ewig andauern. Die Grundpersönlichkeit versucht durchzukommen; das »Ich« versucht, zu sich selbst zu finden. Sogar nur mittelmäßige Auditierarbeit wird eines Tages so viel Ladung freigesetzt und so viele Engramme reduziert haben, daß der Patient stabiler wird. Die Grundpersönlichkeit wird immer stärker und gewinnt somit an Selbstvertrauen. Je mehr Fortschritte der Patient macht, desto mehr vermindert sich die Introvertiertheit, die durch die ständige Anstrengung hervorgerufen wird, die innere Welt der Engrammbank zu erreichen. Immer stärker richtet sich die Aufmerksamkeit des Preclears nach außen. Der Weg hinaus besteht darin, mit dem Patienten reibungslos und gut zu arbeiten, und eines Tages wird dieser ein guter Release oder ein Clear sein. Wenn Sie aber die Therapie mit jemandem abbrechen, wundern Sie sich über nichts, was dann geschieht; Sie können dem nur abhelfen, indem Sie die Behandlung wiederaufnehmen.

AUSWERTUNG DURCH DEN AUDITOR

Der Auditor muß für sich selbst viele Auswertungen durchführen. *Niemals vollzieht er für den Preclear Bewertungen, noch zwingt er ihm irgendwelche Überlegungen auf.* Wenn der Preclear zu dem Ergebnis gelangt, daß es dies und jenes war, das ihn krank machte, dann wird das vom Auditor akzeptiert. Dem Preclear zu erläutern, welcher Inhalt eines Engramms ihn so oder so beeinflußte, ist nicht nur Zeitverschwendung, sondern bringt ihn auch durcheinander. Der Auditor wertet aus, um sich zu vergewissern, daß er keine eingebildeten oder unvollständigen Daten als Engramme akzeptiert.

Ein Geschehnis wird sich nicht heben lassen, wenn die darin enthaltenen Daten falsch sind; das ist einfach so. Ändern Sie nur eine einzige Silbe in dem Geschehnis, so wird es hängenbleiben. Scheint es trotzdem zu weichen, wird es wiederkommen. Es gibt somit keinen Grund zu der Befürchtung, daß ein Geschehnis, das durch Wiedererzählen schwächer wird, nicht stimme. Die darin enhaltenen Daten müssen mehr oder weniger richtig sein, denn andernfalls würde das Geschehnis sich nicht reduzieren lassen. Daher würde der Auditor, der Geschehnisse oder Daten anzweifelt oder auf andere Weise den lieben Gott spielt, einen gründlich verkorksten Fall vor sich haben, noch bevor er mit der Behandlung weit gekommen ist. Sein Patient wird keinen Fortschritt mehr machen. Wenn der Preclear ein Engramm durchläuft, dem zufolge die Mutter mit fünf Eskimos Geschlechtsverkehr hat, dann lassen Sie es ihn durchlaufen, und sagen Sie nie, nie, nie, daß Sie es für unwahr halten. Wenn Sie einem Preclear sagen, Sie glaubten, er bilde sich Dinge ein, dann können Sie einen ernsten Rückschlag verursachen. Wenn Sie ihm sagen, daß die Mutter wohl ihre Gründe hatte, dann haben Sie sich der Gegenseite angeschlossen: Sie greifen nicht das Engramm an, sondern Sie helfen Mama, den Preclear anzugreifen. Den Preclear zu kritisieren, zu korrigieren oder anderweitig zu beurteilen, hat nicht das Geringste mit Dianetik zu tun und wird die Behandlung mehr verlangsamen als jeder andere einzelne Fehler. Ein Auditor, der das ihm gegebene Material in Frage stellt, mag Hexenkunst, chinesische Akupunktur, Schamanismus oder Wudu praktizieren, aber ganz bestimmt nicht Dianetik. Er wird keine Erfolge erzielen. Eine einzige Bemerkung an den Preclear zu richten wie: »Ich glaube, Sie irren sich, wenn Sie annehmen, daß Ihre Mutter Sie abtreiben wollte«, oder: »Ich habe das Gefühl, daß Sie sich das einbilden«, kann Ihren Preclear um fünfzig Stunden zurückwerfen. Der Auditor kritisiert oder beurteilt den Preclear nicht, er bewertet ihm gegenüber auch nicht seine Daten.

Die Auswertung durch den Auditor geschieht ganz privat und im stillen. Wenn der Patient, sagen wir, sein fünftes vorgeburtliches Zugunglück erzählt hat, dann wissen Sie, daß Sie auf eine Lügenfabrik aus einem Engramm gestoßen sind. Der falsche Ansatz, um dies zu korrigieren, wäre, es dem Preclear mitzuteilen. Richtig ist, die Lügenfabrik zu finden, ein Engramm, das eine Äußerung wie etwa folgende enthält: »Erzähl mir irgend etwas! Erzähl mir, was du willst. Mich kümmert es nicht, solange du etwas sagst. Aber erzähl mir um Himmels willen nicht die Wahrheit. Die kann ich nicht vertragen!« oder: »Du kannst ihm nicht die Wahrheit sagen. Das würde zu sehr weh tun.« Es gibt Tausende mögliche Lügenfabriken. Und sie kommen gar nicht so selten vor.

Sagen Sie dem Preclear *niemals*, warum Sie nach etwas suchen. Wenn Sie sagen, daß Sie eine Lügenfabrik haben wollen, dann wird die Lügenfabrik eine Lügenfabrik fabrizieren. Wenn Sie sagen, daß Sie auf eine emotionelle Ladung erpicht sind, dann werden Sie jede emotionelle Ladung an der Entladung hindern. Schätzen Sie ganz einfach im stillen die Situation ab, reduzieren Sie alles, was stichhaltig erscheint, und versuchen Sie weiterhin, den Grund zu finden, warum der Fall nicht so gut läuft, wie er könnte.

Der Test für die Echtheit eines Engramms ergibt sich nicht aus der *Story*. Die Story ist wertlos. Engramme sind einfach Ansammlungen von Äußerungen, die in Zeitabschnitten von »Bewußtlosigkeit« enthalten sind. Es hat überhaupt keine Bedeutung, ob diese Äußerungen mit den Auffassungen des Auditors darüber, wie man sein Leben führen sollte, übereinstimmen oder ob sie der Art, wie ein Preclear zu seinen Eltern aufblicken sollte, entsprechen. Anhand einer Story schreiben Schriftsteller eine Geschichte, einen Roman. Auditoren haben damit nichts zu tun. Ein Engramm ist grundsätzlich unlogisch und irrational. Versuchen Sie daher nie, Vernünftigkeit in eines hineinzulesen! Wenn die Eltern als ehrenhafte und respektable Mitglieder der Gesellschaft bekannt waren und die Engramme anzudeuten scheinen, daß Mama nachts die Prostituierte spielte, dann akzeptieren Sie die Engramme.

Die Echtheit eines Engramms läßt sich sehr leicht testen. Stellen Sie sich folgende Fragen:

1. Hat es ein Somatik?
2. Wechselt die Intensität des Somatiks beim Durchlaufen des Engramms?
3. Läßt es sich reduzieren? (Wenn nicht, dann ist der Inhalt falsch, den der Preclear durchläuft, oder es gibt frühere Engramme auf der Kette.)
4. Stimmt der Engramminhalt mit der Aberration des Patienten überein?
5. Paßt das Somatik zu psychosomatischen Leiden, von denen bekannt ist, daß der Patient sie hatte?
6. Bringt das Durchlaufen des Engramms dem Patienten Erleichterung? Und dieser letzte Punkt ist wichtiger als alle übrigen.

Wenn Seelenheiler der Vergangenheit großspurig sagten: »Das entspricht nicht *meiner* Vorstellung vom Leben«, so ist das für den Auditor kein Grund, die dianetische Therapie entgleisen zu lassen. Die Seelenheiler von gestern erzielten keine Ergebnisse. Die Dianetik erzielt Ergebnisse; und einer der wichtigsten Gründe dafür ist, daß sie nicht versucht, das Leben so zu verdrehen, daß es in die Dianetik paßt, sondern daß die Dianetik sich auf das Leben ausrichtet. Dem Auditor werden viele neue und verblüffende Dinge zu Gesicht kommen. Sein Motto könnte wie der Text eines altenglischen Wappens lauten, das einen dreißig Meter hohen Raben zeigt, der auf einer Burg steht: »Wundere dich über gar nichts!«

Der *Kinsey-Report* ist nichts gegen das, was Sie als Auditor in der Dianetik zu hören bekommen werden. Daß Mutters wahres Gesicht, wenn sie allein ist, nicht das ist, das sie ihrem Kind zeigte, noch jenes, das sie der Gesellschaft präsentierte, und daß Vater und Mutter, wenn sie nicht beobachtet werden, sich anders verhalten, als die Gesellschaft es von ihnen erwartet, ist kein ausreichender Grund, einen Preclear zu zwingen, aberriert zu bleiben.

In psychiatrischen Werken treffen wir ständig auf Patienten, die den Psychiatern von vorgeburtlichem Leben zu erzählen versuchten und denen mit komischer Feierlichkeit geantwortet wurde, daß diese Geschehnisse Einbildung seien. Patienten, die von allen bestehenden Schulen völlig aufgegeben worden waren, da ihre Daten nicht in die Vorstellungen dieser Schulen paßten, wurden durch die Dianetik vollständig wiederhergestellt und erreichten eine optimale Geistesverfassung, die die ihrer früheren Berater weit übertraf – und das lag zum Teil daran, daß sich die Dianetik nicht über die Tatsachen des Lebens hinwegsetzt. Der Auditor verlangt nicht nur, daß der Patient der Wirklichkeit ins Auge sieht, indem er seine Engramme durchläuft, sondern er verlangt auch von sich selbst, der Wirklichkeit ins Auge zu sehen, indem er die Tatsache akzeptiert, daß jeglicher Engramminhalt, sofern er *irgendeinem* der obigen Kriterien genügt, in der Therapie Gültigkeit hat.

Auditieren bedeutet zuhören; es bedeutet auch Berechnungen anstellen. Berechnungen über einen Fall anzustellen besteht darin, festzustellen, wo der Patient in seiner Lebensführung von der optimalen Vernunft abweicht – aber was noch wichtiger ist, welche Engramme mit körperlichem Schmerz und schmerzlicher Emotion es gibt und wie man sie angehen und reduzieren kann.

Patienten entdecken in der Therapie so manche erstaunliche Dinge über ihre Eltern und Verwandten. Oft entdecken sie auch – wie jener Patient, der immer geglaubt hatte, täglich von seinem Vater geschlagen worden zu sein –, daß das Leben eigentlich viel besser verlaufen war, als es den Anschein hatte.

Fälle von vorehelicher Empfängnis kommen sehr häufig vor; der noch ungeborene Patient entdeckt sich dann auf der Hochzeit seiner Eltern. Solche Fälle sind oft sehr schwierig zu lösen, da die Engramme dieser Patienten soviel Geheimnistuerei enthalten.

Die Lügenfabrikmechanismen werden oft versuchen, der Mutter andere Liebhaber anzudichten und den Vater zu einem rasenden Untier zu machen. Eine Lügenfabrik ist jedoch leicht zu entdecken: die vorgebrachten Geschehnisse lassen sich nicht wie Engramme durchlaufen; durchläuft sie der Patient zum zweitenmal, zeigt sich ihr Inhalt stark verändert; es treten keine Somatiken auf, und ihr Inhalt ist nicht aberrierend.

Kurz – die Frage lautet, ob man es mit einem tatsächlichen Engramm zu tun hat oder nicht, und nicht, ob das Engramm einen Sinn macht. Denn der Vater könnte durchaus ein rasendes Untier im Schlafzimmer gewesen sein, und die Mutter könnte durchaus mit den Untermietern geschlafen haben; ebenso könnte der Vater brav wie ein Lamm gewesen sein, im Gegensatz zu dem schlechten Ruf, für den die Mutter nach der Geburt sorgte, und die Mutter könnte ohne weiteres frigide und prüde gewesen sein, trotz der wilden Geschichten, die der Preclear gehört haben mag. Die Wahrheit wird sich bei der Reduzierung zeigen; doch interessiert den Auditor diese Wahrheit nur insoweit, als sie mit dem Heraufholen von Engrammen zusammenhängt.

Immer kommt es in erster Linie darauf an, Engramme zu fassen – frühestmögliche, was Schmerzen betrifft; spätere, was Emotionen anbelangt. Finden Sie sie, löschen Sie sie aus, entladen Sie sie, beseitigen Sie sie. Daß sie sich nicht als echte Daten in Berechnungen gebrauchen ließen, das machte den Aberrierten aberriert. Überlassen Sie die Storys den Schriftstellern – unsere Aufgabe ist die Therapie.

Akzeptieren Sie aber keinen »Müll«; fragen Sie nach dem Somatik, und sehen Sie, ob es sich verändert, während der Preclear den Wortinhalt äußert. Suchen Sie nach wirklichen Engrammen. Und kümmern Sie sich nicht um die Story.

DIANETIK – VERGANGENHEIT UND ZUKUNFT

DIE GESCHICHTE DER DIANETIK

Die Geschichte der Dianetik ist die Geschichte einer Entdekkungsreise, einer Erforschung neuen und fast unbekannten Gebietes, einer *Terra incognita*, des menschlichen Minds – eines Bereiches, der zwei Zentimeter hinter Ihrer Stirn beginnt.

Die Reise hat zwölf Jahre gedauert, und die Arbeit war mühsam; aber jetzt haben wir Landkarten und können nach Belieben kommen und gehen.

Beobachtungen primitiver und zivilisierter Rassen, die nahe von uns oder weit entfernt leben, bildeten das Fundament für die anthropologische Forschung. Die Schriften von einigen Männern der letzten viertausend Jahre waren die gelehrten Führer. Die alten Hindu-Schriften, die Werke der frühen Griechen und Römer, u.a. des Lukrez[1], die Arbeiten Francis Bacons, die Forschungen Charles Darwins und einige Gedanken Herbert Spencers machen den Großteil des philosophischen Hintergrundes aus. Die unvermeidliche Aufnahme von Daten unserer gegenwärtigen Kultur stellte viele bisher übersehene Informationen zur Verfügung. Der Rest war »unbekanntes Gewässer«.

Im Jahre 1935 wurde mit der ersten Grundlagenforschung begonnen, 1938 wurden die grundlegenden Axiome entdeckt und formuliert. In den darauffolgenden Jahren wurden diese Axiome im Laboratorium der Welt getestet. Der Krieg unterbrach die Arbeit, wie das durch Kriege – chaotisch, wie sie sind – immer geschieht. Doch kurz nach dem Waffenstillstand wurde die Forschung wieder aufgenommen. Innerhalb eines Jahres waren die Grundlagen dieser Wissenschaft in ihrer Anwendung auf den menschlichen Mind in einheitliche Form gebracht. Sie wurden an einer langen Reihe zufällig ausgewählter Patienten erprobt. Jede Testbehandlung vervoll-

[1] *Lukrez:* römischer Dichter im 1. Jahrh. v. Chr.

ständigte das Werk mehr; trotzdem brachte eine jede Behandlung ganz spezifische Ergebnisse.

Fünf Jahre nach Wiederaufnahme der Arbeit, 1950, wurde das Werk zur Veröffentlichung vorbereitet, da alle Tests zu dem Schluß geführt hatten, daß die Dianetik eine gültige Wissenschaft des Minds ist, daß sie in der Tat bisher unbekannte Gesetze über die Arbeitsweise des menschlichen Minds offenbart und daß sie bei jedem Typ nichtorganisch-geistiger und organisch-psychosomatischer Krankheit erfolgreich angewandt werden kann. Ferner erwies es sich bei der erreichten Verfeinerung der Methoden als möglich, daß die Techniken auch leicht von Menschen angewandt werden können, die keine lange Ausbildung hinter sich haben.

Das hier erreichte Ziel ist eine Wissenschaft, die funktioniert und die von nur kurzfristig ausgebildeten Personen erfolgreich angewandt werden kann. Dieses Ziel hat man nie zuvor erreicht, man war ihm nicht einmal nahegekommen.

Hat man erst einmal auf unbekanntem Boden Fuß gefaßt, erschließen sich einem weitere Tatsachen, wobei sich mit jeder neuen Information der Horizont erweitert, so daß weitere Wissensbereiche mit eingeschlossen werden. Die Dianetik heilt, ohne Ausnahme. Und es gibt weitere Ziele.

Erziehung, Medizin, Politik und Kunst, ja praktisch alle Wissenszweige des menschlichen Denkens werden durch die Dianetik erhellt. Und auch dies ist noch nicht alles.

Die Dianetik hat bisher eine nur kurze Geschichte; sie ist ein kräftiges Kind und läßt auf eine noch bessere Zukunft hoffen. Zweifellos wird sie bald noch weitere Bereiche umschließen. Die Geschichte der Dianetik hat kaum begonnen.

Plan A umfaßte die Vervollkommnung der Wissenschaft, ihre Erprobung an Patienten aller Art und schließlich die Verbreitung der Dianetik als Therapie. Dieser Plan ist mit der Herausgabe dieses Buches erfüllt.

Plan B umschließt die weitere Erforschung der Lebenskraft, einen Lösungsversuch für einige der Krankheiten, die bisher noch nicht von der Dianetik erfaßt werden, wie beispielsweise Krebs und Diabetes, ferner die Vervollkommnung der entdeckten Techniken sowie deren Verbreitung. Damit wird Plan B abgeschlossen sein.

Plan C gilt dem Versuch, eine höhere Ebene von Ursprung und Ziel des Universums – falls es sich um ein Problem von Ursprung und Ziel handelt – und die damit verbundenen Faktoren und Kräfte zu entdecken. Das so gewonnene Wissen – wenn es auf diese Weise erreichbar ist – könnte dann besser verstanden, nützlich angewandt und verbreitet werden.

Zu Plan B gehört auch der Aufbau einer Stiftung zur Förderung der Forschungsarbeiten.

Die Geschichte der Dianetik hat gerade erst begonnen. Welche weiteren Entwicklungen die Tatsache, daß wir jetzt eine Wissenschaft über den Geist haben, nach sich zieht, kann nur die Zukunft sagen.

DIE RECHTSLEHRE DER DIANETIK

Diese kurze Zusammenfassung der Rechtslehre der Dianetik wird als eine Hilfe für den Auditor in das vorliegende Werk aufgenommen.

Die Rechtslehre der Dianetik beschäftigt sich mit der Rechtsprechung in der Gesellschaft und zwischen den unterschiedlichen Gesellschaften der Menschheit. Sie umfaßt notwendigerweise die Rechtswissenschaft und die Gesetzgebung und stellt genaue Definitionen und Formeln auf, die die Verwirklichung menschlicher Gerechtigkeit möglich machen. Sie ist die Wissenschaft von der Urteilssprechung.

Rechtswissenschaft und Rechtsprechung ruhen auf den Grundpfeilern *richtig* und *falsch*, *gut* und *böse*. Die Definition dieser Begriffe ist in der Dianetik selbstverständlich zu finden; mit Hilfe dieser Definitionen können alle Handlungen des Menschen richtig beurteilt werden.

Das grundlegende Kriterium für Rationalität (Vernunft) ist die Fähigkeit, *richtig* und *falsch* zu unterscheiden. Die Grundfaktoren dafür, ob eine Handlung zu billigen oder zu verurteilen ist, sind *gut* und *böse*. Wenn diese vier Begriffe nicht genau definiert werden, verliert jede Struktur von Gesetzgebung oder Rechtsprechung ihre Wirkung und wird kompliziert, weil sie willkürliche Faktoren einführt. Diese führen zwar Entscheidungen herbei, sind aber doch nur neue Fehler, mit denen alte Fehler ausgeglichen werden sollen. Ein allen Anforderungen genügendes Strafrecht kann nur aufgestellt werden, wenn präzise wissenschaftliche Definitionen für die vier genannten Grundfaktoren vorliegen. Von dieser Bedingung ist auch die Begründung und Formulierung eines bürgerlichen Rechts abhängig, das nicht zu Ungerechtigkeiten führt.

Die Probleme der Rechtswissenschaft und tatsächlich allen menschlichen Urteils sind unlöslich mit den Problemen des Verhaltens verwoben.

Eine ideale Gesellschaft wäre eine Gesellschaft nichtaberrierter Menschen – Clears –, die in einer nichtaberrierten Kultur leben; denn sowohl der einzelne als auch die ganze Gesellschaft bzw. deren Kultur können aberriert sein. Die Aberrationen der Kultur dringen in die grundsätzlichen und besonderen Überlegungen, die der Mensch über sein Verhalten anstellt, als irrationale Faktoren ein, und zwar über Erziehung und Ausbildung sowie über die gesellschaftlichen Bräuche und das Rechtswesen. Es genügt nicht, als einzelner nicht aberriert zu sein, wenn man in den Schranken einer Gesellschaft, die eine Kultur aus vielen unvernünftigen Vorurteilen und Sitten einwickelt hat, leben muß.

Die wirkliche Ursache von Falschem und Bösem festzustellen ist ein grundlegendes Problem aller Rechtsprechung. Die eigentliche Ursache liegt unglücklicherweise in den Irrationalitäten jener Mitglieder vergangener Generationen begründet, die nur ein begrenztes Wissen hatten, dem Druck ihrer Umwelt ausgesetzt waren und so Lösungen mit Hilfe von Grundsatzüberlegungen suchten, die falsche und unbestimmte Faktoren enthielten. Diese längst begrabenen Generationen können nicht vor Gericht gestellt werden. Wir sind die Erben aller früheren Zeitalter, und das ist gut; wir sind aber auch die Erben aller Irrationalitäten der Vergangenheit, und das ist schlecht. Unter solchen Umständen und ohne allgemeine Vernunft in der Umwelt kann der Auditor keine exakte Beurteilung des Preclears im Hinblick auf böse oder falsche Handlungen aufstellen. Der Verbrecher und der Geisteskranke, der Hypochonder und der Frauenprügler, der erbarmungslose Diktator, der die Welt aus den Angeln heben will, und der Straßenfeger, der nur dasitzt und weint – sie alle sind gefesselt und getrieben von den in ihnen liegenden Ursachen der Unvernunft, von der Umwelt, die in die verborgenen Tiefen ihres schmerzgequälten Minds eingedrungen ist und außerdem in Gestalt gesellschaftlicher Aberrationen von außen her auf sie einhämmert.

Der Auditor ist daran interessiert, was seinem Patienten *getan wurde*, und nicht daran, was der Patient *getan hat*; denn was der Patient auch getan haben mag, ist seinem Gedächtnis für immer unzugänglich; und es war nicht die Ursache, sondern nur der Ausdruck seiner Kümmernisse.

Nur in einer Gesellschaft von nichtaberrierten Menschen mit einer Kultur, aus der alle Unvernunft entfernt wurde, kann der Mensch für seine Handlungen wirklich verantwortlich sein, dann und nur dann. Doch aufgrund der gegebenen Situation müssen wir einen kleinen Teil der Verantwortung jetzt übernehmen. Ein Mensch *muß* nicht seinen Engrammen unterliegen.

Vielleicht werden in ferner Zukunft nur dem Nichtaberrierten die Bürgerrechte verliehen. Vielleicht ist das Ziel irgendwann in der Zukunft erreicht, wenn nur der Nichtaberrierte die Staatsbürgerschaft erlangen und davon profitieren kann. Dies sind erstrebenswerte Ziele, deren Erreichung die Überlebensfähigkeit und das Glück der Menschheit erheblich zu steigern vermöchten.

Schon jetzt könnte das Strafrechtsverfahren reformiert werden, und es läßt sich mit Genauigkeit feststellen, ob die Tat, die eine Person vor Gericht brachte, eine aberrierte Handlung war, von einer Aberration der Kultur herrührte oder frei davon zum Schaden eines anderen oder der Gesellschaft begangen wurde. Sicher könnte der »Strafvollzug« so verfeinert und humanisiert werden, daß der Rechtsbrecher nicht als Gefängnisinsasse oder als ruinierter Mensch zu verstärkter Aberration verurteilt, sondern durch Auslöschung seiner Aberrationen auf eine höhere Ebene der Vernunft gehoben wird.

Die vergangenen Taten eines geklärten Menschen sollten ebenso wie seine Krankheiten aus den Akten gestrichen werden, denn nachdem die Ursache entfernt wurde, gibt es keinen Grund zur Strafe mehr, außer eine Gesellschaft wäre so aberriert, daß sie sadistischen Prinzipien folgen möchte.[2] Hier geht es um mehr als Idealismus, denn es läßt sich zeigen, daß die Aberration des einzelnen und der Gesellschaft in direktem Verhältnis zum Ausmaß verhängter Strafen zunimmt.

Bemühungen, die Probleme einer Rechtspflege zu lösen, welche bis jetzt nicht über genaue Definitionen von *richtig* und *falsch*, *gut* und *böse* verfügte, nahmen lediglich Zuflucht zu einer Methode, die in der Dianetik als das Prinzip der Einführung von Willkürfaktoren beschrieben wird. Allgemeine, starre Regeln wurden den Problemen als Lösungsversuche aufgestülpt, wobei aber jede neue Regel die Vernunft tiefer unter sich begrub, so daß wieder neue Regeln nötig wurden. Eine Willkürstruktur besteht dann, wenn ein Fehler beobachtet wurde und man versucht hat, ihn durch Einführung eines weiteren Fehlers zu korrigieren; in immer größer werdender Kompliziertheit müssen dann neue Fehler eingeführt werden, um die üblen Auswirkungen der alten auszugleichen. Eine Kultur – von der Rechtswis-

[2] Unsere gegenwärtige Gesellschaft ist in dieser Hinsicht insofern nicht aberriert, als der Geisteskranke für seine Handlungen nicht verantwortlich gemacht und nicht schuldig gesprochen wird. In Ermangelung einer präzisen wissenschaftlichen Definition für Geisteskrankheit und in Unkenntnis der Tatsache, daß alle Straftaten als irrationale Handlungen auf vorübergehende Geisteskrankheit zurückzuführen sind, verfehlte aber die Gesellschaft bisher ihre grundlegende Absicht. (Anm. d. Verf.)

senschaft gar nicht zu reden – wird kompliziert und schwerfällig im direkten Verhältnis zur Anzahl der neuen Übel, die sie in der Absicht einführen muß, alte Übel zu kompensieren. Zum Schluß kann es keine Vernunft mehr geben, sondern nur noch Gewalt, und wo keine Vernunft, statt dessen aber Gewalt herrscht, wütet das Chaos des Wahnsinns. Wo der Wahnsinn nicht unter Kontrolle gebracht wird, muß schließlich Apathie eintreten; und Apathie führt auf dem Weg hinab unvermeidlich in den Tod.

Wir stehen hier an einer Brücke zwischen zwei Seinsebenen der Menschheit. Unter uns liegt der Abgrund, der eine tiefere Ebene von einer höheren trennt; und dieser Abgrund markiert eine künstliche Entwicklungsstufe im Fortschritt der Menschheit.

Der Auditor steht an dieser Brücke; wenn er geklärt ist, wird er an ihrem höheren Ende stehen. Er wird sie stark befahren finden. Er wird vielleicht zu sehen bekommen, wie Sitten, Gesetze, Organisationen und Gesellschaften die Brücke zu meiden suchen, nur um – davongefegt – ins Nichts hinabzutaumeln.

Es wird ihm nichts nützen, wenn der Auditor seine Preclears oder die Gesellschaft im allgemeinen im Licht seiner jetzigen Erkenntnis für vergangene Fehler tadelt und verurteilt. Es wird nicht nur nichts nützen, sondern den Fortschritt sogar unterbinden. Es ist eine harte Tatsache, daß der Kampf gegen die Unvernunft begonnen hat. Attackieren Sie die Unvernunft, nicht die Gesellschaft oder den Menschen.

DIE DIANETIK UND DER KRIEG

Die gesellschaflichen Organismen, die wir Staaten und Nationen nennen, reagieren und verhalten sich in jeder Beziehung so, als wären sie individuelle Organismen. Die Kultur hat ihren analytischen Mind – die kombinierte Vernunft und bewußte Empfindung ihrer Bürger im allgemeinen und ihrer Künstler, Wissenschaftler und Staatsmänner im besonderen. Die gesellschaftliche Standard-Gedächtnisbank besteht aus den Daten, die über Generationen zusammengetragen wurden. Der gesellschaftliche Organismus hat aber auch seinen reaktiven Mind, der in den Vorurteilen und Irrationalitäten der gesamten Gruppe in Erscheinung tritt. Dieser reaktive Mind bedient sich einer Engrammbank, in der vergangene schmerzliche Erfahrungen liegen und die reaktive Handlungen auf gewissen Gebieten diktiert, sobald diese Erfahrungen in der Gesellschaft restimuliert werden. Dies ist – allzu kurz hier – eine Analogie, die in der politischen Dianetik verwendet wird.

Der gesellschaftliche Organismus verhält sich in einer Art, die auf der Tonskala darstellbar ist; er hat seine Überlebensdynamik und seine Unterdrücker; er hat seine innere Unterdrückung aufgrund von Engrammen und seinen Drang nach potentiell unendlicher Dauer. Kriminelle, Verräter und Fanatiker sind Beispiele für innere Engramme, die das Überlebenspotential auf der Tonskala hinunterdrücken.

Für jede gesellschaftliche Stufe gibt es eine exakte, auf die Tonskala bezogene Definition. Eine freie Gesellschaft, die in vollständiger Zusammenarbeit auf gemeinsame Ziele hinstrebt, wäre eine Gesellschaft auf Ton 4. Eine Gesellschaft, die durch willkürliche Einschränkungen und unterdrückerische Gesetze behindert wird, wäre eine Gesellschaft auf Ton 2. Eine Gesellschaft, die durch die Launen eines einzigen Mannes oder einiger weniger Männer verwaltet und kommandiert wird, wäre eine Gesellschaft auf Ton 1. Eine Gesellschaft, die vom Geheimnis und Aberglauben irgendeiner mystischen Gruppe gesteuert wird, wäre eine Gesellschaft auf Ton 0. Das jeweilige Überlebenspotential ist überall in der Geschichte sichtbar. Jedes »goldene Zeitalter« befindet sich auf Ton 4. Unterdrükkungspraktiken, individuelle Gier und falsche Beurteilungen im allgemeinen beeinträchtigen die Gesellschaft dadurch, daß unzufriedene Elemente in sie eingeführt werden. Um mit ihnen zurechtzukommen, wurde in der Vergangenheit noch mehr Unterdrückung verwendet. Das Überleben der Gesellschaft verminderte sich weiter. Durch noch mehr Unterdrückung entstanden neue Engramme, und so sanken die Chancen, langes Überleben zu erreichen, mit dem Abstieg auf der Tonskala. Mit dieser Verminderung des Potentials kam, als die unteren Zonen betreten wurden, der Schmerz.

Gesellschaften steigen und fallen auf der Tonskala. Aber es gibt einen Gefahrenpunkt, unter den eine Gesellschaft nicht abfallen kann, ohne so zu reagieren, wie eine unterdrückte Einzelperson reagieren würde: die Gesellschaft erreicht eine Grenze und wird irrsinnig. Dieser Punkt liegt um 2,0.

Die Auseinandersetzungen zwischen Gesellschaften und Nationen haben viele Gründe, die alle mehr oder weniger irrational sind. Es hat oft Zeiten gegeben, da eine Gesellschaft gezwungen war, eine andere, die weniger vernünftig war als sie, zu überwältigen. Mit jedem Zusammenstoß wurden jedoch neue Engramme geboren – sowohl auf der internationalen Szene als auch in den Gesellschaften selbst.

Krieg ist Ton 1 in internationalem Maßstab. Er ist nicht vernünftiger als ein einzelner Mensch, der in eine Irrenanstalt gebracht wird, weil er allgemein und chronisch Ton 1 erreicht hat, oder eingesperrt wird, weil er, vorübergehend auf Ton 1, dieses oder jenes Verbrechen begangen hat. Doch für Gesellschaften gibt es keine Gefängnisse, sondern bis jetzt nur den Tod; so sterben sie, und so sind sie gestorben.

Bis heute hatte eine Nation kein anderes Mittel als die Gewalt, wenn sie einer anderen, irrsinnig gewordenen Nation gegenüberstand. Infolge der ansteckenden Wirkung der Aberration wurden dann beide Nationen irrsinnig. Keine Nation hat jemals einen Krieg vollständig gewonnen. Keine Nation hat jemals durch Waffengewalt endgültig triumphiert. Keine Nation hat jemals durch Drohung oder offen gezeigte Verteidigungsmittel einen Krieg verhindert.

Der stetig wachsende Haß hat Waffen von solcher Gewalt hervorgebracht, daß der Mensch sich selbst von der Erde fegen kann. Diese Waffen zu kontrollieren ist kein Problem – sie explodieren, wann und wo der Mensch ihnen zu explodieren befiehlt. Das Problem ist, den Menschen zu kontrollieren.

Es gibt heute in der Welt kein nationales Problem, das nicht durch Vernunft allein gelöst werden könnte. Alle Faktoren, die eine Lösung des Kriegs- und Rüstungsproblems hemmen, sind willkürlicher Art und haben keine größere Stichhaltigkeit als die rechtfertigenden Erklärungen eines Diebes oder Mörders.

Der Bauer von Idaho hat keinen Streit mit dem Ladeninhaber in Stalingrad. Diejenigen, die etwas Derartiges behaupten, *lügen*.

Es gibt keine internationalen Probleme, die nicht mit friedlichen Mitteln gelöst werden könnten – nicht durch eine übernationale Regierung, sondern durch Anwendung von Vernunft.

Nichtexistente Wesen in Form von Ismus-Göttern marschieren alptraumhaft durch die Welt, indem sie auf undefinierbaren Ideologien herumreiten und mit der Unwissenheit der Massen spielen.

Kein Eigeninteresse kann groß genug sein, um das Abschlachten der Menschheit zu rechtfertigen. Wer so etwas verlangt, wer es nicht durch jedes vernünftige Mittel verhindert, ist geisteskrank. Für Krieg gibt es *keine* Rechtfertigung.

Hinter den Vorhängen von Sprache und unterschiedlichen Sitten lehrt man die Völker, keine Gemeinsamkeiten mit anderen Völkern zu sehen. Getrieben von ihren eigenen Schrecken und von ihren eigenen Aberrationen beherrscht, stellen die Führer andere Ismen als verabscheuungswürdig hin.

Es gibt auf der Erde heute keinen perfekten politischen Staat, es gibt nicht einmal eine gute Definition für eine perfekte politische Überzeugung. Die Staaten sind die Opfer innerer und äußerer Aberrationen.

Die Dianetik greift den Krieg deswegen auf, weil es einen klaren Wettlauf zwischen der Wissenschaft des Minds und der Atombombe gibt. Vielleicht gibt es keine zukünftige Generation, die wissen wird, wer ihn gewann.

Vernunft allein kann den Menschen über diese tödliche Bedrohung hinausführen.

Es gibt keine Geisteskrankheit, die nicht mit einer Verwirrung von Definitionen und Zielsetzung einhergeht. Die Lösung des internationalen Problems liegt weder in Rüstungsverträgen noch -begrenzungen, noch in der Einschränkung persönlicher Freiheit. Die Lösung liegt darin, daß die politischen Theorien und Richtlinien so definiert werden, daß es über die Verfahrensweisen keine Unklarheiten geben kann; sie liegt in der Aufstellung von vernünftigen Zielen, für die Gesellschaften gemeinschaftlich und einzeln arbeiten können; und sie liegt in einem zwischen den Gesellschaften stattfindenden Wettbewerb, der so große Gewinne bringt, daß auf keinen Teilnehmer verzichtet werden kann.

Der grundlegende Kampf des Menschen richtet sich nicht gegen den Menschen – das ist Irrsinn. Sein Kampf richtet sich hauptsächlich gegen jene Elemente, die ihn als Art unterdrücken und die seinen Drang nach höheren Zielen versperren. Der Mensch kämpft mit den Naturgewalten, mit Raum und Zeit und mit Arten, die sein Überleben gefährden. Er hat seine Eroberung gerade erst begonnen. Er ist erst jetzt mit Werkzeugen und wissenschaftlichen Kenntnissen so gut ausgerüstet, daß er das Universum erobern kann. Er hat keine Zeit, über den Gartenzaun hinweg über Atombomben zu diskutieren, zu toben und zu krakeelen.

Die Zähmung der Atomkraft durch den Menschen bringt andere Welten in seine Reichweite. Warum sich um diese eine hier zanken? Die letzten Entdeckungen auf dem Gebiet der Photosynthese versprechen ihn auch dann noch gut zu ernähren und fürstlich zu kleiden, wenn er die jetzigen zwei Milliarden auf der Erde selbst um das Tausendfache übersteigen würde. Aus welchem Grunde muß er streiten? Warum?

Zwei vernünftige Männer würden einen Wettbewerb um Gewinn, Wert und Produktion beginnen. Sind die mächtigen Nationen, diese gewaltigen, furchterregenden und donnernden »Giganten« in Wirklichkeit kleine unerzogene und ziemlich durchgedrehte Buben, die sich mit lautstarken Beleidigungen um eine tote Katze streiten? Was ist mit den Armeen? Armeen sterben. Wenn Macht Recht verliehe, würde Rom noch immer die Welt regieren. Wer fürchtet heute jene archäologische Kuriosität, die einst Rom war?

Es gibt ein höheres Ziel, ein besseres Ziel, einen glorreicheren Sieg als ausgebrannte Städte und strahlenverbrannte Tote. Es gibt Freiheit, Glück und Überfluß und ein ganzes Universum zu gewinnen.

Wer das nicht sehen kann, taugt überhaupt nicht zum Herrscher. Wer an seinem Haß festhält, ist zu geisteskrank, um Berater zu sein.

Wieviel kann der Mensch erobern? Er verliert, wenn er den Mitmenschen erobert. Er gewinnt, wenn er seine eigenen Ängste besiegt und danach die Sterne erobert.

Greifen Sie die natürlichen Feinde des Menschen an, und tun Sie das gründlich; der Krieg des Menschen mit dem Menschen kann dann kein Problem mehr sein. Das ist Vernunft.

Die Dianetik ist nicht daran ineressiert, die Welt zu retten; sie ist nur daran interessiert, die Welt davor zu bewahren, gerettet zu werden. Noch einmal wäre tödlich! Die Dianetik ist nicht gegen Kampf; sie sagt, was bekämpft gehört, wer die Feinde sind. Dazu gehören die Ursachen aller menschlichen Leiden – im einzelnen und in der Gesellschaft – so wie die Feinde der ganzen Menschheit. Der Mensch hat in seinem verwirrten Zustand seine Feinde nicht erkannt. Jetzt sind sie sichtbar; greifen Sie an!

DIE ZUKUNFT DER THERAPIE

In zwanzig oder hundert Jahren werden die in diesem Buch angebotenen therapeutischen Techniken veraltet erscheinen. Sollte das nicht der Fall sein, hätte sich das Vertrauen des Autors in die Erfindungsgabe seiner Mitmenschen als nicht gerechtfertigt erwiesen. Wir haben hier etwas, das es zuvor nicht gab: eine ausnahmslos funktionierende Wissenschaft vom menschlichen Geist; aber die Anwendungsmethoden werden unweigerlich verfeinert werden.

Alle Wissenschaften beginnen mit der Entdeckung von grundlegenden Axiomen. Sie machen durch die Entdeckung neuer Daten und dadurch, daß die Reichweite der Wissenschaft erweitert wird, Fortschritte. Fortwährend entstehen neue Werkzeuge und Techniken, die immer mehr verbessert werden. Die grundlegenden Axiome, die anfänglichen Entdeckungen der Dianetik, sind so festverankerte wissenschaftliche Wahrheiten, daß sie sich nur wenig ändern werden. Die Daten, die mit Hilfe dieser Axiome entdeckt wurden, sind schon sehr umfangreich und vermehren sich täglich. Die Techniken der Anwendung dieser Daten, so wie sie in diesem Band dargestellt sind, werden schon in recht kurzer Zeit modifiziert und verbessert sein. Der augenblickliche Wert liegt darin, daß diese Techniken funktionieren und gute, verläßliche wissenschaftliche Ergebnisse erbringen.

Irgendwann vor langer Zeit stellte jemand die Grundprinzipien für den Umgang mit Feuer auf. Bis dahin hatte man das Feuer nicht kontrollieren können. Das Kochen, das Heizen und schießlich die Gewinnung und Verarbeitung von Metallen schufen eine neue Kultur. Die Grundprinzipien des Feuers wurden kaum geändert. Die Techniken, die zum Handhaben des Feuers kurz nach seiner Entdekkung durch den Menschen angewandt wurden, würden uns heute etwas veraltet erscheinen. Wir haben heute Streichhölzer, Feuerzeuge und allerhand Brennstoffe. Kurz nachdem man das Feuer verstanden hatte und damit umzugehen begann, wären aber die Methode des Feuerbohrens, Feuerstein und Stahl als wunderbare Erfindungen betrachtet worden; immerhin hatte der Mensch das Feuer schon lange benutzt und es mit Vorteil sowohl als Waffe als auch als Hilfe im Haushalt verwendet, bis dann erst der Feuerbohrer, Feuerstein und schließlich der Stahl entdeckt bzw. erfunden wurden.

Was das Rad betrifft, so wurden Grundprinzipien festgestellt, die sich bis heute nicht verändert haben. Das erste funktionierende Rad muß zwar ein ziemlich schwerfälliges Ding gewesen sein; aber verglichen mit dem Leben *ohne* Rad war es ein Wunder.

Das gleiche gilt für die dianetische Therapie. Die Grundprinzipien, Axiome und allgemeinen Entdeckungen der Dianetik bilden ein geordnetes Ganzes, das der Mensch zuvor nicht besaß. Ähnlich der Entwicklung, die vom ersten Feuer und vom ersten Rad ausging, kann die Technik der Therapie außerordentlich verbessert werden. Dessen ungeachtet funktioniert sie schon jetzt und kann sicher und wirksam benutzt werden.

Die gegenwärtigen Techniken weisen zwei deutliche Nachteile auf. Sie verlangen vom Auditor mehr Fertigkeit, als notwendig sein sollte, und wirken nicht so rasch, wie es sein könnte. Der Auditor sollte überhaupt keine Berechnungen machen müssen; man könnte sich tatsächlich eine Therapiemethode vorstellen, bei der kein Auditor mehr notwendig ist; zur Zeit ist er jedoch unentbehrlich. Die vollständige Klärung sollte nicht mehr als eine Handvoll Stunden dauern. Alles läuft darauf hinaus, die Technik so zu verbessern, daß weniger Geschick und Arbeit erforderlich sind.

Man könnte sagen, daß es für einen Mathematiker und Philosophen eine Zumutung sei, von ihm zu verlangen, alle Probleme selbst zu lösen und mit allen Verbesserungen selbst aufzuwarten. Und tatsächlich ist es eine Zumutung, daß von ihm verlangt wird, überhaupt Anwendungstechniken zu entwickeln, denn in jeder Gesellschaft sollte eine Arbeitsteilung vorhanden sein.

Nach der endgültigen Formulierung der grundlegenden Axiome und Berechnungen war es noch nicht möglich, diese zu veröffentlichen, denn es gab niemanden, dem diese Forschungsergebnisse zur Ausarbeitung der Anwendung übergeben werden konnten. Die Arbeit mußte daher bis zum Schluß durchgeführt werden, also nicht nur bis zum Experimentierstadium, sondern bis zur Entwicklung und Erprobung der Anwendungstechniken.

Man könnte hier einen Vergleich aus dem Brückenbau heranziehen. Angenommen, es gibt zwei Ebenen, von denen die eine höher gelegen ist als die andere und zwischen denen sich eine Schlucht befindet. Ein Ingenieur sieht, daß das bisher unbenutzte höhere Plateau, das viel fruchtbarer und freundlicher ist, der Schauplatz einer neuen Kultur werden würde, wenn man die Schlucht überqueren könnte. Er stellt sich selbst die Aufgabe, eine Brücke zu bauen. Es war angenommen worden, daß es unmöglich sei, eine Brücke über die Schlucht zu schlagen, und da die Leute auf dem tiefergelegenen Plateau die höhergelegene Ebene nicht sehen konnten, wurde die Existenz jener Ebene sogar verleugnet. Dem Ingenieur gelingt es durch die Entwicklung neuer Brückenbauprinzipien und die Entdekkung neuer Möglichkeiten seines Materials, eine Brücke über die Schlucht zu bauen. Er überquert sie und inspiziert das neue Plateau sorgfältig; andere überqueren seine Brücke und untersuchen das neue Terrain mit Entzücken. Immer mehr Leute überqueren die Brücke. Die Brücke ist stabil und kann, obwohl sie nicht breit ist, doch gefahrlos begangen werden. Sie wurde nicht für starken, schnellen Verkehr gebaut. Sie enthält jedoch die grundlegenden Prinzipien und Axiome, mit deren Hilfe die Schlucht immer wieder überspannt werden kann. Viele Menschen beginnen, sich der Schlucht zu nähern, und schauen nach oben.

Welche Meinung hätten Sie von der Gesellschaft auf dem unteren Plateau, wenn sie nur jammerte und weinte und stritte und überhaupt nicht mit Hand anlegte, die Brücke zu erweitern oder neue Brücken zu bauen?

* * *

In diesem Handbuch haben wir die grundlegenden Axiome und eine wirksame Therapie.

Fassen Sie in Gottes Namen an und bauen Sie eine bessere Brücke!

Dianetik: Die Brücke in die Zukunft

Wie der ausbrechende Vulkan auf seinem mittlerweile klassischen Umschlag – ebenso mächtig war die Hoffnung für die Menschheit, die das Buch *Dianetik* im Jahre 1950 einer sorgenerfüllten Welt darbot.

Für Millionen Menschen, die sich von den Verheerungen des Zweiten Weltkriegs erholten, bot dieses Buch vernünftige Antworten, eine Hoffnung für ein Vorwärtskommen, eine Chance, ihr Leben wieder in Ordnung zu bringen.

Der Mensch war offensichtlich in der Lage, sich seine eigenen Monster zu erschaffen – die Atombombe war zum Symbol seiner Fähigkeit geworden, sich selbst und alles Leben um ihn herum zu vernichten. In den komplizierten Fachbüchern der Psychiatrie, hervorgegangen aus ihren Forschungen in den Konzentrationslagern Nazi-Deutschlands, war gewiß keine Hilfe zu finden. Die Gehirnstocher und Elektroschockmaschinen der Psychiater waren nur ein weiterer Beweis für die Unmenschlichkeit des Menschen gegen den Menschen.

Dianetik bot die Möglichkeit persönlichen Triumphes – eine Chance, die Kräfte des Bösen zu besiegen, sei es nun im globalen Zusammenhang oder in bezug auf das eigene, persönliche Universum jedes einzelnen Individuums in seinem Versuch, seine Ziele der Selbstverbesserung zu erreichen.

Über Nacht war das Buch vergriffen. Es war ein durchschlagender Erfolg – denn es beantwortete nicht nur die Suche des Menschen nach innerem Frieden und Glück, sondern konfrontierte den Einzelnen auch geradeheraus mit seiner Verantwortung seinen Mitmenschen gegenüber, und es vermittelte praktische Methoden, wie man die scheinbar hoffnungslose Aufgabe, den Menschen wieder auf den Weg zu einer besseren Welt zu führen, bewältigen konnte.

Neununddreißig Jahre später ist sein bedeutender Einfluß auf die Welt immer noch und weiterhin vorhanden und verstärkt sich. In diesem Jahr war *Dianetik* wiederum auf der Bestseller-Liste der New York Times, neununddreißig Jahre nach ihrem ersten Erscheinen. Dies ist ein beispielloses Phänomen im Verlagswesen. Nachdem sie 1950 nationales Aufsehen verursachte, als sie sechsundzwanzig Wochen auf der Bestseller-Liste blieb, ist *Dianetik* heute in den USA immer noch eines der am meisten diskutierten Bücher. Kann man die Welt mit einem Buch verändern? In L. Ron Hubbards eigenen Worten: »Ideen, nicht Schlachten, markieren den Fortschritt der Menschheit.« Und dies ist die Mission des Buches *Dianetik: Die moderne Wissenschaft der geistigen Gesundheit* – eine Brücke zu bauen zwischen dem Leiden und den Schmerzen einer aus den Fugen geratenen Welt, hin zu einer Besseren: »Eine Welt ohne Wahnsinn, ohne Verbrecher und ohne Krieg – das ist das Ziel der Dianetik.«

Diese Brücke wurde während der vergangenen neununddreißig Jahre mit jedem gekauften Buch verstärkt und erweitert – mit jeder Person, die es gelesen und es auf ihr eigenes Leben als auch das Leben der Mitmenschen in ihrem Umfeld angewendet hat. Der Fortschritt von Millionen Individuen war es, der die Dianetik zu dem Phänomen gemacht hat, das sie ist.

Denn das ist die Leserschaft, die das Buch anspricht – nicht die Kreise der Rüstungsindustrie, die die Zerstörung eines Landes vorantreiben würden, um den Wert ihrer Aktien und Wertpapiere zu steigern, sondern der einfache, gewöhnliche Mensch, der ehrliche Werte anstrebt: das zukünftige Überleben seiner Umgebung, seiner Familie und seiner Mitmenschen.

Die Wahrheit dieses Versprechens wird von Millionen Menschen in aller Welt bestätigt. Die Erfolgsberichte reichen aus, um einen Berg der Hoffnung aufzuschichten, und jede einzelne Geschichte ist der Beweis für einen persönlichen Berg, den ein Individuum erklommen hat.

Um die Erregung und Erwartung aus erster Hand zu erleben, wollen wir uns jenen Berichten zuwenden, die von den ersten Lesern dieses Werkes mitgeteilt wurden, das mit der schlichten Bezeichnung »Das Buch« gekrönt wurde.

In der Mai-Ausgabe der Zeitschrift *Astounding Science Fiction* im Jahre 1950 vermittelte L. Ron Hubbard in einem Aufsatz unter dem Titel »Dianetik – Die Entwicklung einer Wissenschaft« eine kleine Vorschau auf die Dianetik.

Im Laufe weniger Tage war die Zeitschrift vergriffen. Gleich in den folgenden zwei Wochen kamen rund zweitausend Briefe an, und fast alle waren Bestellungen für das demnächst erscheinende Buch. Der Herausgeber von *Astounding Science Fiction* schrieb: »Wir haben hier ein kleines Problem. Die meisten Briefe dieses Monats befaßten sich, wie nicht anders zu erwarten, mit der Dianetik.«

Ein Leser schrieb:

»Eine wirklich erstaunliche Sache, diese Dianetik!

An einem sonnigen Nachmittag, in zweitausend Meter Höhe in der vom Flakfeuer durchsiebten Luft über Dieppe[1], schaute ich über meine linke Schulter und sah zweihundert Meter hinter mir am Tragflächenrand einer FW-190[2] die tanzenden Teufel des Mündungsfeuers flackern. Und während ich mich darum bemühte, mit meiner kleinen Spitfire[3] aus der Schußlinie zu kommen, wußte ich, daß jedes Flackern mein letzter Eindruck von diesem Leben sein konnte.

Und an einem anderen sonnigen Morgen, in Französisch-Marokko, schoß ich in meiner P-39[4] mit annähernd fünfhundert Stundenkilometern über den Abhang eines kleinen Berges, richtete die Nase nach unten und hatte plötzlich, direkt in meiner Fluglinie, eine Hochspannungsleitung vor mir, die auf der Karte nicht eingezeichnet war. In dem gleich darauffolgenden Schock und Aufblitzen streifte mich der heiße Atem der Hölle, und noch als es vorbei war, fragte ich mich ernsthaft, ob ich dieses Geschehnis tatsächlich überlebt hatte.

Im Zickzack durchflog ich das schreckliche und unerbittliche Flakfeuer über Frankreich und über dem Ärmelkanal und wich ihm aus, und immer versuchte ich, mich nicht zu fragen, wann oder ob die Jungs da unten eine Granate mit meiner Flugzeugnummer versehen würden.

Aber nichts, was ich jemals getan, gelesen, gehört, gesehen, gefühlt oder gespürt habe, hat eine derart tiefgreifende Einwirkung auf mich gehabt wie diese Unterlagen über die Dianetik. Zum allerersten Mal erlebe ich, daß meine Verwendung von Worten wie *ehrfurchtgebietend, elektrisierend, welterschütternd* voll gerechtfertigt ist.« – H. J. Robb.

Der Herausgeber fügte dem Brief von Mr. Robb am Ende hinzu: »Die Geschichte wird es bezeugen.« Neununddreißig Jahre später ist dieses Versprechen eingelöst. Seit dem Augenblick, da diese Briefe den Verlag davon überzeugten, daß das Buch *schnellstens*, noch vor der geplanten Zeit, veröffentlicht werden mußte, um das Verlangen des wartenden Publikums zu stillen, war *Dianetik* auf den Bestsellerlisten.

Als *Dianetik* am 9. Mai 1950 in die Buchhandlungen kam, verbreitete sie sich wie ein Steppenbrand. Die Schlagzeilen der Tageszeitung *Los Angeles Daily News* nannten *Dianetik* »DAS BUCH« und verkündeten, daß es »die USA im Sturm erobert« und »die am schnellsten wachsende Bewegung in den Vereinigten Staaten« ins Leben gerufen habe. Ein Reporter der Zeitung schrieb einen täglichen Bericht über

[1] Dieppe: nordfranzösische Stadt am Ärmelkanal.
[2] FW-190: deutsches Jagdflugzeug des Zweiten Weltkriegs.
[3] Spitfire: britisches Jagdflugzeug des Zweiten Weltkriegs.
[4] P-39: amerikanisches Jagdflugzeug des Zweiten Weltkriegs.

Dianetik, als das Buch sich atemberaubend übers ganze Land verbreitete. »DAS BUCH« stieg rasch an die Spitze der Bestsellerliste der *New York Times* und anderer solcher Listen und hielt sich dort über Monate hinweg. In nur sieben Monaten wurden sechs Auflagen gedruckt.

Mr. Hubbard wurde mit Bitten um Ausbildung in den Dianetik-Techniken überhäuft. In seinem Haus in Elizabeth, New Jersey begann er damit, Unterricht zu erteilen. Und dies begründete die erste Hubbard Dianetik-Forschungsstiftung.

Ann Saunders beschreibt diesen Anfang: »‚Dianetik – Die Entwicklung einer Wissenschaft' ... veränderte mein Leben von Grund auf. Diese Abhandlung erschien einen Monat, bevor das Buch *Dianetik* in den Buchhandlungen erhältlich war. Ich ging jeden Tag in die Buchhandlung, um festzustellen, ob das Buch bereits zu bekommen war. Ich las das *Dianetik*-Buch dann von vorn bis hinten durch und bestand darauf, daß meine Freunde das gleiche taten. Einer meiner Freunde auditierte mich wortwörtlich aus dem Buch.

Die erste Sitzung war phantastisch. Zum ersten Mal in meinem Leben wurde ich mir der Tatsache bewußt, daß ich da bin und daß ich von dem ganzen Kuddelmuddel an Schmerzen und Verwirrungen vollkommen frei sein und wirklich hundertprozentig leben kann. Als Nebenwirkung wurde ich auch meine Migräne los, die mich vorher geplagt und mir regelrecht das Leben ruiniert hatte.«

Ann rief den Verlag an, um herauszufinden, wo L. Ron Hubbard sich aufhielt. So gelangte sie an seine Privatadresse in Elizabeth, New Jersey. Kaum war sie an seiner Türschwelle angelangt, begann sie auch schon, für die Hubbard Dianetik-Forschungsstiftung zu arbeiten. Sie war als Empfangsdame tätig, als Telefonistin, bei der Einschreibung von Studenten und Preclears, als Schreibdame und alles andere, was gebraucht wurde, während sie zur gleichen Zeit lernte, wie man die Techniken der Dianetik auditiert.

Mit der unglaublich steigenden Popularität des Buches entstanden sechs Dianetik-Zentren, von der Atlantikküste bis nach Hawaii. Hubbard verbrachte den größten Teil des Jahres 1950 auf Reisen durchs ganze Land. Er hielt Vorträge und gab Demonstrationen des Dianetik-Auditings, um der steigenden Nachfrage gerecht zu werden.

Im August sprach er im Shrine Auditorium in Los Angeles vor mehr als sechstausend Zuhörern, und innerhalb weniger Tage wurde die Hubbard Dianetik-Forschungsstiftung von Los Angeles gegründet. Im Dezember hielt er eine Reihe von 15minütigen Vorträgen, die über 126 Radiostationen ausgestrahlt wurden. An der Westküste wurden sie täglich ausgestrahlt, von Montag bis Freitag. Es ging dabei um die »Gruppen-Dianetik« und um die Thematik, wie man die Technologie der Dianetik verwenden kann, um die Probleme des Einzelnen, der Stadt- und Landgemeinden und der ganzen Nation zu lösen.

John McCormick, der den Vortrag im Shrine Auditorium sowie auch die regelmäßig am Sonntagmorgen in einem Theater in Hollywood stattfindenden Vorträge Mr. Hubbards besuchte, sagte: »An einem einzigen Wochenende las ich das Buch *Dianetik* dreimal durch. Ich war vollkommen neubelebt und wußte, daß dies die Informationen waren, die mir bei meinen bisherigen Versuchen, das Leben zu bewältigen, gefehlt hatten ... Ich konnte es kaum erwarten, sie einzusetzen.«

Die erste Person, die John auditierte, war eine junge Dame, die ein Jahr später zu seiner Ehefrau wurde (und es heute noch ist).

Heute, neununddreißig Jahre später, sind Ann und John immer noch vom Abenteuer der Dianetik-Technologie gefesselt. Sie teilen sie mit Freunden, mit der Familie - mit jedem, dem sie begegnen.

Dianetik wurde nicht nur in den USA zum Bestseller, sondern auf der ganzen Welt. Das Buch wurde bereits in dreizehn Sprachen veröffentlicht und wird zur Zeit in viele weitere übersetzt, von Südamerika bis Asien, um mit der Ausweitung der Nachfrage Schritt zu halten. Mehr als 12 Millionen Exemplare wurden verkauft. Unlängst gingen während eines Zeitraums von nur acht Monaten mehr als eine Million Stück über den Ladentisch.

Es gibt die Dianetik jetzt seit neununddreißig Jahren, aber für den Großteil der Weltbevölkerung stellt sie noch immer etwas Neues dar. Obwohl es immer noch viele Millionen Menschen gibt, die das Buch nicht persönlich gelesen haben, hat das Fachgebiet doch ihr Leben auf andere Art berührt.

Die Technologie der Dianetik wurde Schritt für Schritt zur anerkannten Methode auf vielen Gebieten. In Tageszeitungen, nationalen Zeitschriften und wissenschaftlichen Publikationen kann man ihrem Einfluß täglich begegnen.

Vor der Dianetik hörte man zum Beispiel nichts davon, daß bestimmte Krankheiten vorgeburtlichen Einflüssen zuzuschreiben sind. Aber als unmittelbares Ergebnis des Buches erschienen in den frühen fünfziger Jahren mehr als vierzig Artikel, die die Vorstellung von Einflüssen aus der vorgeburtlichen Zeit unterstützten. Ärzte akzeptieren zum Beispiel jetzt die Tatsache vollkommen, daß vorgeburtliche Erlebnisse eine Reihe von Zuständen beeinflussen, unter anderem »körperliche« Krankheiten, Alkoholmißbrauch und Drogensucht.

In Hospitälern auf aller Welt wurde Hubbards Richtlinie, während Operationen ruhig zu sein, eingeführt. Eine britische Zeitschrift berichtet, daß drei Wissenschaftler führender Universitäten festgestellt haben, daß das, was Patienten unter Narkose hören, eine Auswirkung auf sie haben kann. In nationalen Schlagzeilen wurde verbreitet, daß Patienten *alles* hören, was während der Zeitdauer einer Narkose um sie herum gesprochen wird, und daß während dieser Zeit gemachte Bemerkungen schlimme Folgen für sie haben können.

Um einem Kind Schocks zu ersparen, die einen dauerhaften Schaden hinterlassen könnten, der nur durch dianetische Therapie beseitigt werden kann, empfahl Hubbard 1951, daß im Kreißsaal Ruhe herrschen soll und daß man das Neugeborene der Mutter auf den Bauch legen sollte, bevor man die Nabelschnur durchtrennt.

Einer der führenden Geburtshelfer der Welt, Frederick Leboyer, schrieb 1974: »Bezüglich des Hörens gibt es nichts einfacheres: Seien Sie still ... Diese Schulung im Stillsein – die für Mütter so unabkömmlich ist – ist für diejenigen, die bei der Entbindung helfen, ebenso wichtig: für die Geburtshelfer und die anderen Anwesenden.«

Bei einer natürlichen Geburt, so sagte Leboyer, »kommt das Baby ... und wir legen das Kind sofort auf den Bauch der Mutter. Welch besseren Ort könnte es geben? ... Die Nabelschnur zu durchtrennen, wenn das Kind gerade erst den Mutterleib verlassen hat, ist ein Akt der Grausamkeit, dessen schädliche Auswirkungen gar nicht abzusehen sind.«[5]

Als eine Dianetikerin, die ein Buch über Schwangerschaft und Geburt veröffentlichte, Leboyer fragte, ob sie ihn in ihrem Buch zitieren dürfe, antwortete Leboyer: »Ich werde mich höchst geehrt fühlen, zusammen mit Hubbard zitiert zu werden, den ich für seine Arbeit außerordentlich bewundere.«

Zum Glück für die Gesundheit unzähliger Kinder war Hubbard nicht nur der Pionier dieser Forschungsarbeit, sondern entdeckte auch, wie man die aberrierenden Auswirkungen vor und während der Geburt erlittener Schocks verhindern und beheben kann. Tausende von Eltern setzen die »vorbeugende Dianetik« heute in die Tat um, was in glücklichen Kindern resultiert, ein Zeugnis von Hubbards schriftstellerischer Tätigkeit vor neununddreißig Jahren. Eine neue Generation von »Dianetik-Kindern« wird geboren.

Im Laufe der vergangenen neununddreißig Jahre wurden Beweise über die Resultate der Dianetik gesammelt, Bericht um Bericht, und Tausende von Dokumenten füllen heute ganze Räume, Aktenschränke und Archive an den verschiedensten Orten der Welt. Die Nachweise für

[5] Frederick Leboyer, Birth Without Violence (Gewaltlose Geburt), Paris 1974.

die Dianetik existieren in Form von graphischen Darstellungen, Testergebnissen, Bestätigungen durch Einzelpersonen, in Filmen, auf Tonbändern und in Form persönlicher Schilderungen.

Im Ersten Teil, Kapitel 2, beschreibt Hubbard den Zustand, der Clear genannt wird - »das optimale Individuum«. Clears legen die Fähigkeit an den Tag, klar denken zu können und ihre Ziele aktiv zu erreichen. Die ersten Leute, die in Hubbards Haus in Elizabeth, New Jersey ankamen, verlangten zu erfahren: »Wo sind die Clears?«

Heute, dokumentiert durch ihre strahlenden Erfolgsberichte, gibt es Zehntausende von Clears. Ihr Einfluß ist spürbar, in der Geschäftswelt, im Rechtswesen, in der Wirtschaft, der Kunst, der Betreuung von Kindern, im Gesundheitswesen - ja, in jedem Bereich der Gesellschaft. An jedem Tag ihres Lebens können Clears einen Zustand geistigen Wohlbefindens, des Glücks und des Selbstvertrauens verspüren, den der Mensch jahrhundertelang zu erreichen suchte.

Die Zahlenangabe »Zehntausende« bezieht sich jedoch nur auf diejenigen Clears, die tatsächlich »bestätigt« sind, was bedeutet, daß sie sich bei einem Hubbard-Beratungszentrum (einem Auditing-Zentrum) gemeldet haben und daher heute Unterlagen darüber existieren. Vermutlich gibt es noch Tausende weitere, die diesen Zustand durch Auditing auf der Grundlage des Buches *Dianetik* erreicht haben, die aber noch keine offizielle Bestätigung erhalten haben.

Da die Dianetik grundlegende Wahrheiten über den menschlichen Verstand und ein Verständnis des Menschen vermittelt, spricht sie Menschen jeglicher Nationalität, Kultur und sozialen Herkunft an.

Ein Unternehmensberater in der Computerbranche entschloß sich, von Florida aus durch das Land und durch die ganze Welt zu reisen und Workshops (praktische Seminare) anzubieten, die die Techniken des Buches zur Grundlage hatten. Als er in Simbabwe war, hielt er einen Workshop ab, wo Dianetik-Beratung unter Verwendung des *Dianetik*-Buches gleichzeitig in drei Sprachen angeboten wurde - Urdu, Swahili und Englisch -, alles in einem großen Raum. Der Generalsekretär einer achttausend Mitglieder starken Gesellschaft traditioneller Heilkünstler - ehemals »Medizinmänner« genannt - nahm an diesem Workshop teil und war von der Funktionsfähigkeit der Dianetik so sehr beeindruckt, daß er entschied, daß alle seine Mitglieder in den Techniken der Dianetik ausgebildet werden sollen. Menschen in so unterschiedlichen Ländern wie Somalia, Nigeria und Pakistan haben die Wunder der Dianetik-Technologie ebenfalls entdeckt.

Eine Mutter von sechs Kindern, die Clear ist, überwand ihre eigenen kulturellen Barrieren - und Ängste - und entschloß sich, als freiwillige Mitarbeiterin bei einer Jugendstrafanstalt mit Mitgliedern einer gewalttätigen Bande zu arbeiten. Sie hat Auszeichnungen erhalten, war Gast bei Talk-Shows, und in einer lokalen Tageszeitung wurde darüber berichtet, welches Mitgefühl und welchen Einsatz sie bei ihrer Arbeit leistet. Einer der Jugendlichen, die sie beriet, erzählte ihr, daß er einen anderen Jungen umbringen wollte, der seinen Bruder erschossen hatte. Sie wandte die Dianetik-Techniken an, um ihm zu helfen, die Wurzel seines Verlangens nach Rache zu finden und zu überwinden. Das Resultat war, daß sie half, einen Mord zu verhindern – und zweifelsohne noch weitere. Vier ihrer eigenen Kinder sind inzwischen Clear.

Persönliche Leiden müssen keine Gewalt beinhalten, um Schmerzen zu verursachen. Personen, die über ihre Erfolge mit der *Dianetik* schreiben und berichten, erinnern einen in der Tat an jenen ersten Briefschreiber, Harry Robb, der die »tanzenden Teufel des Mündungsfeuers« an den Flügeln des angreifenden Jägers beschrieb. »Tanzende Teufel« können viele Gestalten annehmen – Ängste, traumatische Erlebnisse, Fehlschläge, Verluste. Ein Mann aus Dallas, der schon lange in Angelegenheiten der Gemeinde aktiv war und an den sich die Menschen in der Umgebung immer um Rat wandten, verlor schließlich sein Vertrauen in sich selbst und empfand daher Schuldgefühle, wenn andere weiter zu ihm kamen, um Hilfe zu erhalten. Als Ergebnis der Dianetik-Beratung hat er jetzt nicht nur neuen Glauben an sich selbst gefunden, sondern er spürt auch, daß er für *andere* Menschen bessere Antworten hat. »Jetzt habe ich das Gefühl, daß ich ihnen wirklich helfen kann.« Er möchte mit anderen die Vorstellung teilen, daß es wirklich noch eine weitere Dimension des Lebens gibt.

Wenn man in diesem und anderen Erfolgsberichten einen gemeinsamen Nenner erkennen will, der immer wieder auftaucht, dann wäre es wahrscheinlich der folgende Punkt: das Erreichen persönlicher Ziele, ob nun im Sport, in der Kunst oder in der Geschäftswelt.

Einem Fußballspieler in Australien war gesagt worden, er werde aufgrund einer ernsten Nackenverletzung nie wieder spielen können. Nach drei Jahren mit Schmerzmitteln, Röntgenuntersuchungen und teuren Behandlungen hatte er seine Motivation und seine Begeisterung für das Leben verloren. Dann erhielt er Dianetik-Beratung, und innerhalb von neun Monaten war er wieder bei seinem alten Team und wurde dort wieder zu einem der besten Spieler.

Die Werke, die Künstler hervorgebracht haben, die die Techniken der Dianetik benutzten, würden Hunderte von Studios, Galerien und Konzertsälen füllen. In ihren Erfolgsberichten sagen diese Künstler oft, daß das Lesen der *Dianetik*, die Anwendung ihrer Techniken oder das

Clearwerden eine dramatische Steigerung ihrer Fähigkeit bei Auftritten, ihrer Stabilität und ihrer schöpferischen und geistigen Kräfte mit sich gebracht habe.

Ein Konzertpianist, der die Welt bereist, schreibt darüber, wie er 1950 in Paris ein Exemplar von *Dianetik* erhielt: »Als ich das Buch las, las ich es wieder und wieder und wieder. Ganze Abschnitte konnte ich fast auswendig.« Er begann, einige seiner Freunde zu auditieren, und wurde selbst einer der ersten Clears. »Ich wußte, daß auf der ganzen Strecke Veränderungen eingetreten waren. Während der ganzen Zeit hatte ich Gewinne. Ich wurde mehr ich selbst, war mehr der Herr meines eigenen Lebens; ich traf Entscheidungen, wo ich früher nicht dazu imstande war.« Neununddreißig Jahre später benutzt er die Dianetik-Technologie immer noch.

Hubbard schrieb: »Eine Kultur ist nur so groß wie ihre Träume, und ihre Träume werden von Künstlern geträumt.« Durch immer mehr kreative Künstler, die die Dianetik-Technologie einsetzen, wurde tatsächlich ein Wiederaufleben der Künste eingeleitet.

Im Bereich der Geschäftswelt sagt die Direktorin einer großen Firma für Computer-Software, daß die Dianetik ihr geholfen hat, ihre Fähigkeiten zu entfalten. Sie führt ihr Unternehmen und nimmt *außerdem* ihre Verantwortung als Ehefrau und Mutter zweier Söhne wahr und wirkt in Wohltätigkeits- und Schulaktivitäten mit. »Hätte ich das ohne Dianetik geschafft? Durchaus möglich, aber wahrscheinlich wäre ich jetzt ‚ausgebrannt'. Mit der Verantwortung, die ich in verschiedenen Bereichen trage, muß ich immer voll ‚da' sein. Durch das Lesen des *Dianetik*-Buches gelangte ich zum Verständnis der dynamischen Kräfte des eigenen Selbst und der Familien- und Gruppenbeziehungen. Jetzt kann ich optimal handeln, ohne Engstirnigkeiten zum Opfer zu fallen oder ‚auszubrennen'. Durch die Anwendung der Dianetik-Techniken ist es mir auch gelungen, enorm viel Energie freizusetzen und meine eigenen ruhenden Kräfte zum Einsatz zu bringen. Ich führe ein ausgeglichenes, glückliches und produktives Leben.«

Der Aufsichtsratsvorsitzende eines Unternehmens, das nach der Zeitschrift *Inc. Magazine* zu den größten fünfhundert Firmen gehört, schreibt einen Großteil seines Erfolges der Anwendung der Dianetik zu. Er erklärte: »Ich verdanke es der Dianetik-Technologie, daß ich erstmals einen Einblick in die Funktionsweise des menschlichen Verstandes gewonnen habe. Und nachdem ich das verstanden hatte, war das übrige ein leichtes. Die Technologie hat mir in meinen Beziehungen zu meiner Familie, meinen Freunden und Angestellten geholfen. Der Lohn war übergroß.«

Indem sie das Individuum selbst ansprechen, indem sie das ungeheure Potential des menschlichen Geistes und dessen Entwicklungsfähigkeit kennen und verstehen, haben Dianetik-Auditoren in aller Welt Ergebnisse erzielt, die nur als unglaublich bezeichnet werden können.

Eines Abends erhielt ein junger Schauspieler, als er in Manhattan die Dianetik-Technologie studierte, einen Anruf von seiner Mutter: »Dein Schwager ist ertrunken. In einem kleinen Krankenhaus im nördlichen Teil des Staates New York wurde er bei der Ankunft für tot erklärt. Sie haben ihn an Schläuche angeschlossen ...«

Zweieinhalb Stunden später traf er zusammen mit einem Freund in dem kleinen Krankenhaus in den Catskill-Bergen[6] ein. Er stellte sich der Krankenschwester vor, die in der Intensivstation Dienst hatte, und erklärte, daß er ein ausgebildeter Dianetik-Berater sei und seinem Schwager Ricky helfen wolle. Die Aussichten standen schlecht. Ricky war mehr als fünf Minuten unter Wasser gewesen, und er hatte nur geringe Überlebenschancen. Der Auditor begann mit der Anwendung der Dianetik-Techniken, und im Lauf der langen, dunklen Nacht begann Ricky sich Stück für Stück zu erholen. Zunächst konnte er nur durch ein schwaches Zittern der Augenlider antworten. Dann wurde das Blinzeln stärker.

»Dann begann er Zornausbrüche zu bekommen. Das war gegen drei Uhr morgens. Ich hatte Angst, daß er die Schläuche abreißen würde. Aber ich machte weiter.«

Und schließlich war Ricky in der Lage, die Hand seines Schwagers zu drücken, so fest, daß es schmerzte. Die Dianetik-Beratung wurde bis um 6:30 Uhr fortgeführt. »Er öffnete die Augen, ohne daß sie glasig waren, und er war ruhig. Ich schaute auf ihn hinunter und sagte: ‚Du siehst mich, nicht wahr?' Kräftig nickte er mit dem Kopf, als wollte er sagen: ‚Darauf kannst du wetten.' Und ich sagte: ‚Gut, daß du mich siehst. Ich sitze nämlich schon seit Stunden hier.' Ricky lachte, und ich weinte.«

Ricky erholte sich vollständig und führt heute ein normales Leben. Und sein Auditor, der junge Schauspieler, sagt: »Ich wurde von der vollkommenen Funktionsfähigkeit der Dianetik-Technologie überzeugt. Ich hatte andere Philosophien studiert, aber hier war etwas, das real war, das funktionierte. Nicht nur gelegentlich, sondern jedes Mal, wenn man es exakt anwendet.«

Ob sie Leben gerettet haben, Ehen in Ordnung brachten, das Selbstvertrauen stärkten oder einem Menschen durch die Dianetik-

[6] Catskill-Berge: größerer Gebirgszug im Staate New York mit Erhebungen bis 1281m.

Technologie geholfen haben, ein zeitlebens gehegtes Ziel zu erreichen – diese Menschen, die die Wahrheiten und Prinzipien der Dianetik verwenden, sind Abenteurer. »Sie gehen gern hinaus und unternehmen etwas«, sagt ein Ingenieur, der zur Dianetik kam, weil er es liebt, »das Messer zwischen den Zähnen zu haben, am Bug des Schiffes zu stehen, zwischen Eisbergen hindurchzufahren und Eiszapfen im Bart zu haben.« Und er fährt fort: »Diese Menschen lösen ihre Barrieren und Ängste auf. Man weitet einfach die Sphäre seiner Lebendigkeit immer weiter aus.«

Etwa vierunddreißig Jahre nach dem ersten berühmten Vortrag in Los Angeles wurde im Shrine Auditorium ein Workshop abgehalten. Mit der gleichen Erwartungshaltung wie das Publikum von damals lernten die Anwesenden in zwei Tagen intensiven Studiums, wie man auditiert. Sie verbrachten Stunden mit dem Auditieren von Freunden und Familienangehörigen und sprachen offen über die erzielten Ergebnisse: »Ich fühle mich persönlich viel ruhiger, viel entspannter und sicherer über die Zukunft, als je zuvor in meinem Leben. Eine schwere Last ist von mir abgefallen.«

Am gleichen Tag schrieb eine andere Person: »Ich verbessere mich. Ich spüre, daß jeder neue Tag ein besserer Tag ist.«

Sie wußte noch gar nicht, wie sehr sie damit recht hatte. Mit der Dianetik-Technologie ist jeder neue Tag wahrhaft ein besserer Tag. Und jedesmal, wenn jemand das *Dianetik*-Buch liest, wird er auf der letzten Seite vom Autor herausgefordert: »Fassen Sie in Gottes Namen an und bauen Sie eine bessere Brücke!« Mit jeder neuen Person, die das Buch hernimmt und sich entscheidet, es zu benutzen, um nicht nur ihr eigenes Leben, sondern auch das ihrer Mitmenschen zu verbessern, wird diese Brücke stärker und besser.

Und der Vergleich aus dem Brückenbau, den L. Ron Hubbard damals heranzog – das Bild einer Brücke über die Schlucht, die jene, die sie überqueren, auf eine höhere Ebene führt, die von den Leuten unten nicht gesehen werden konnte und ihre Vorstellungskraft übersteigt –, dieser Vergleich wird zu einer immer greifbareren Realität.

Denn die Höhen, zu denen der Mensch heute emporsteigen kann, wurden nur angedeutet.

Das Abenteuer geht jetzt erst los.

Die Herausgeber

Über den Autor

L. Ron Hubbard wird weltweit von Millionen Menschen als der führende zeitgenössische Autor von Büchern zum Thema Selbstverbesserung anerkannt. Allein seine Sachbücher wurden in Millionenauflage verkauft. Ein Hauptgrund dafür ist, daß er darin sein selbstgewonnenes Wissen über die Grundlagen des Lebens und der menschlichen Fähigkeiten ausdrückt — ein Wissen, das nicht auf den Nebengeleisen des Lebens gewonnen worden ist, sondern indem es voll und ganz miterlebt wurde.

»Um das Leben wirklich zu kennen, muß man am Leben teilhaben«, sagte L. Ron Hubbard. »Man muß tatsächlich hinschauen; man muß die Winkel und Ecken des Daseins ausforschen; man muß mit allen möglichen Menschentypen Tuchfühlung aufnehmen, bevor man schließlich und endlich feststellen kann, was der Mensch ist.«

Er machte genau das. Von den Weiten seines Heimatstaates Montana bis ins chinesische Hügelland, von den eisigen Küsten Alaskas bis in die Dschungel südpazifischer Inseln — ob er nun auf Forschungsexpeditionen mit Menschen zusammenarbeitete oder unerfahrenen Marinemannschaften beibrachte, die Verheerungen eines Weltkriegs zu überleben — Hubbard lernte wahrhaft, was es mit dem Menschen und mit dem Leben eigentlich auf sich hat.

Bereits in seinen Teenagerjahren machte er sich daran, das Leben und seine Mysterien zu studieren — ausgerüstet mit einem scharfen Verstand, unbändiger Energie, grenzenloser Wißbegierde und einem einzigartigen Ansatz zur Philosophie und zur Wissenschaft, der Funktionsfähigkeit und praktische Durchführbarkeit über alles andere stellte.

Auf seinen weiten Reisen durch Asien und den Pazifik sah er die Praxis der fernöstlichen Philosophien aus nächster Nähe. Und bei einer Reise von Seattle nach Washington D.C. freundete er sich auch mit einem Schüler Sigmund Freuds an, der ihm anschließend vermittelte, was in den westlichen Schulen der geistigen Heilung an magerem Wissen vorhanden war.

Als Hubbard später in den Vereinigten Staaten das College besuchte, sah er, daß der Mensch kein brauchbares Wissen über den

Verstand besaß — keine Methode, um einen Menschen besser zu befähigen, die mentalen Barrieren in seinem Leben zu überwinden. Er beobachtete, wie die westliche Welt in den Naturwissenschaften voranmarschierte, ohne daß die Geisteswissenschaften damit Schritt hielten. Das Selbstverständnis des Menschen und sein Wissen über den menschlichen Geist hatten sich nicht über die Stufe des »Wissens« hinausgehoben, das ein Medizinmann in den Dschungeln von Nord-Borneo besitzt.

Hubbard begann, diese ernste Wissenslücke des Menschen, den Bereich der grundlegenden Prinzipien des Lebens, zu untersuchen, wobei er seine Forschungsarbeit durch Romane finanzierte.

Er wurde zu einem der produktivsten und bekanntesten Schriftsteller in der Blütezeit der populären Abenteuer- und Science-fiction-Romane in den 30er und 40er Jahren, unterbrochen nur durch seinen Dienst bei der US-Marine im zweiten Weltkrieg.

Als Teilinvalide bei Kriegsende setzte Hubbard seine Forschungsarbeit fort, erzielte Durchbrüche und entwickelte Techniken, die es ihm und anderen ermöglichten, ihre Gesundheit wiederzuerlangen und glücklicher und fähiger zu werden. Von dieser Forschung ausgehend wurden die grundlegenden Lehrsätze der Dianetik-Technologie formuliert.

1948 schrieb er *Dianetik: Die ursprüngliche These.* Dieses Manuskript lieferte eine Zusammenfassung über das bislang unerschlossene Feld des menschlichen Verstandes. Hier war etwas vollkommen Neues — eine funktionierende Technologie des Verstandes, die Ergebnisse hervorbringen konnte, wo andere es nicht für möglich hielten.

Hubbards erste Beschreibung seiner Entdeckungen wurde vervielfältigt und von Hand zu Hand weitergereicht. Während die Kopien dieses Manuskripts zirkulierten, begann Hubbard einen ständig wachsenden Strom von Briefen zu erhalten, in denen er um weitere Informationen und Anwendungen seines neuen Fachgebiets gebeten wurde. Schon bald mußte er feststellen, daß er all seine Zeit damit verbrachte, Briefe zu beantworten, und er entschied sich, ein umfassendes Lehrbuch über das Gebiet zu schreiben.

Das Erscheinen des Buches *Dianetik: Die moderne Wissenschaft der geistigen Gesundheit* im Mai 1950 war ein Meilenstein, der den Beginn einer neuen Ära für die Menschheit markierte. Es war das erste Buch seiner Art — ein praktisches Lehrbuch über den Verstand, das jeder Laie lesen, anwenden und unmittelbar benutzen konnte, um erhöhtes Bewußtsein, Befreiung von unerwünschten körperlichen Zuständen und ein neues Leben zu erreichen. Ein begeistertes Publikum begann die erstaunliche Technologie des Dianetik-Auditings täglich zu verwenden. Die Leute begannen einander mit beständigen Erfolgen und Resultaten zu auditieren. Dies war tatsächlich eine praktische Technologie, die jedermann verwenden konnte, um Resultate zu erzielen, was allen früheren Praktiken »geistiger Heilung« kläglich abging.

Schon bald nach der Veröffentlichung dieses phänomenalen Bestsellers sah Hubbard sich vor eine starke Nachfrage nach weiteren Vorträgen und Unterweisungen über die Dianetik gestellt.

Er wurde gebeten, das Gebiet weiter auszuführen und einen stetig schwellenden Strom von Fragen zu beantworten. Hubbard machte sich an weitere Forschungen und hielt die Öffentlichkeit über seine neuen Entdeckungen informiert, indem er eine lange Reihe von Vorträgen hielt und eine enorme Zahl von Bulletins, Magazinen und Büchern veröffentlichte.

Bis auf den heutigen Tag ist *Dianetik: Die moderne Wissenschaft der geistigen Gesundheit* ein Bestseller geblieben. Seit seiner Erstveröffentlichung im Jahre 1950 wurden über zwölf Millionen Exemplare verkauft.

Rons Zielsetzung war zeit seines Lebens, die Erforschung der Natur des Menschen und seiner Beziehung zum Leben zum Abschluß zu bringen — ein Ziel, das er vollständig erreicht hat. Jedoch war Hubbard immer der Ansicht, daß es nicht ausreiche, wenn er allein den Nutzen aus den Ergebnissen seiner Forschung ziehe. Er verwandte große Sorgfalt darauf, jedes Detail seiner Entdeckungen in verständlicher und anwendbarer Form aufzuzeichnen, so daß andere an dem Reichtum des Wissens würden teilhaben können, den er allein ans Licht gebracht hat.

»Ich helfe anderen gern«, hat L. Ron Hubbard gesagt, »und empfinde es als meine größte Freude im Leben, zu sehen, wie ein Mensch sich von den Schatten befreit, die seine Tage verdunkeln.

Diese Schatten erscheinen ihm so undurchdringlich und drücken ihn so sehr nieder, daß er schließlich, wenn er feststellt, daß es nur Schatten sind und er durch sie hindurchschauen, hindurchgehen und wieder im Sonnenlicht stehen kann, außerordentlich begeistert ist. Und ich bin wohl ganz genauso begeistert wie er.«

Die nächsten sechsunddreißig Jahre widmete er sich der Aufgabe, anderen zu helfen und Techniken zu entwickeln, um sicherzustellen, daß der Weg zu einer höheren Ebene des Verstehens für alle gangbar ist. Er forderte, daß die Technologie, die er entwickelte, verfügbar gemacht wird. Tausende seiner auf Tonband aufgenommenen Vorträge und seine vielen Schriften, die diese unbezahlbare Technologie und ihre Anwendung auf Individuen und Organisationen beschreiben, füllen die Bücherregale auf jedem Kontinent. Er schuf und verbreitete das Wissen und die Technologie, die notwendig sind, um das Antlitz der Zivilisation auf Erden zu verändern.

»Eine Zivilisation ohne Kriminalität, ohne Krieg und ohne Wahnsinn, eine Zivilisation, in der tüchtige Menschen erfolgreich sein und ehrliche Wesen Rechte haben können, eine Zivilisation, in der der Mensch die Freiheit hat, zu höheren Ebenen aufzusteigen« — auf diese Weise beschreibt Hubbard seinen Traum für die Gesellschaft.

Die Technologie, die L. Ron Hubbard durch seine Forschungen zur Verfügung gestellt hat, macht diesen Traum erreichbar. Diese Technologie anzuwenden — das ist alles, was getan werden muß, um ihn zu verwirklichen.

Nachdem er seine Forschungsarbeit vollendet hatte, legte L. Ron Hubbard am 24. Januar 1986 seine irdische Hülle ab. Sein körperliches Ableben hat in keiner Weise seinem Werk ein Ende gesetzt; im Gegenteil, es markiert den Beginn einer neuen, beispiellosen Ausweitung der Errungenschaften seines Lebens durch die Anstrengungen von Millionen seiner Freunde, die seinen Traum zur Verwirklichung voranführen.

Fachwortverzeichnis

A=A=A: Alles gleicht allem gleicht allem. Das ist die Denkweise des reaktiven Minds; auf irrationale Weise identifiziert er Gedanken, Leute, Gegenstände, Erfahrungen, Aussagen usw. eines mit dem anderen, während in Wirklichkeit wenig oder gar keine Ähnlichkeit vorhanden ist.

ABERRATION (lat. *ab* = weg, fort, *errare* = wandern, schweifen; *aberrare* = abirren, fortwandern): ein Abweichen vom vernünftigen Denken oder Verhalten. Im wesentlichen bedeutet es, sich zu irren, Fehler zu machen oder fixe Ideen zu haben, die nicht wahr sind.

ABERRIERTER: eine nicht geklärte Person; jemand mit Aberrationen.

ABSPERRUNG: Etwas liegt verborgen, ist vergessen, ist für die bewußte Erinnerung nicht verfügbar.

AFFINITÄT: Anziehung zwischen zwei Menschen oder zwischen einem Menschen und einem anderen Lebensorganismus.

AFFINITÄTSGESETZ (Gesetz der Affinität): Das Gesetz der Affinität könnte als Kohäsionsgesetz interpretiert werden; Affinität könnte als »Liebe« in ihren beiden Bedeutungen definiert werden. Der Entzug oder das Fehlen von Zuneigung wäre als eine Verletzung des Affinitätsgesetzes zu betrachten. Der Mensch muß zum Menschen eine Beziehung der Zuneigung haben, um überleben zu können.

ANALYSATOR: analytischer Mind.

ANALYTISCHER MIND: jener Teil des Minds, der Erfahrungsdaten wahrnimmt und behält, um Probleme aufzustellen und zu lösen und um den Organismus die vier Dynamiken entlang zu führen. Er denkt in Unterschieden und Ähnlichkeiten.

ANATEN (Abk. für engl. *ana*lytical at*ten*uation = Verminderung der analytischen Denkfähigkeit): eine Minderung oder Schwächung der analytischen Bewußtheit einer Person über einen kurzen oder längeren Zeitraum. Sie entsteht durch Restimulation eines En-

gramms, welches Schmerz und Bewußtlosigkeit enthält.
ANFÄLLIGKEIT: die Faktoren, die den Körper für die Krankheit vorbereiten.
ARCHIVAR: Dieser Ausdruck klingt nicht besonders würdevoll und erinnert sehr an einen Menschen. Es gibt da drinnen natürlich weder einen kleinen Mann noch eine kleine Frau mit einem grünen Augenschirm. Aber die Handlung, die stattfindet, ähnelt sehr dem, was geschähe, wenn tatsächlich ein solches Wesen im menschlichen Mind wohnen würde. Eine große Datenverarbeitungsanlage modernster Bauart müßte einen »Datenspeicher« mit Lochkarten oder dergleichen haben und über eine Auswahl– und Eingabevorrichtung verfügen, um die Daten auszustoßen, die die Anlage braucht. Das Gehirn besitzt so eine Vorrichtung – es könnte ohne sie nicht arbeiten. Dies ist die Steuereinheit der Bank: der Archivar. Der Archivar steuert die Bank. »Er« steuert sowohl die reaktive Engrammbank als auch die Standardbanken. Wenn ihn der Auditor oder das »Ich« nach einer Information fragt, wird er sie dem Auditor über das »Ich« aushändigen.
AUDITOR: Darunter verstehen wir in der Dianetik jeden, der in der Ausübung der dianetischen Therapie geschult ist. Auditieren bedeutet sowohl *zuhören* als auch Berechnungen anstellen.
AUSKEYEN: der Vorgang, daß ein Engramm oder Secondary wegfällt, ohne ausgelöscht worden zu sein. (Hauptwort: *Key-out*)
AUSLÖSCHEN: Ein Engramm »auslöschen« bedeutet, es wiedererzählen zu lassen, bis es vollständig verschwunden ist. Wenn es sich um ein frühes Engramm handelt und es kein noch früheres Material dazu gibt, das es festhält, wird dieses Engramm »verlöschen« (sich auslöschen lassen, d.h. verschwinden und danach – was die Engrammbank betrifft – aufgehört haben zu existieren).
AUSLÖSUNG: die Faktoren, die die Krankheit in Erscheinung bringen.
BASIK: das erste Geschehnis auf irgendeiner Kette.
BASIK-BASIK: das früheste Ereignis von Schmerz oder Bewußtlosigkeit im Leben des Preclears.
»BEWUSSTLOSIGKEIT«: bedeutet in diesem Buch durchwegs eine mehr oder weniger starke Verminderung des Bewußtseins des »Ich« – eine Schwächung der Funktionskraft des analytischen Minds.
BLITZANTWORT: ist das erste, was einer Person in den Sinn kommt, wenn ihr eine Frage gestellt wird. Sie kommt gewöhnlich aus der Engrammbank und ist nützlich.

BOIL-OFF (»Verdampfen, Abkochen«): Während der Preclear auf dem Time-Track zurückgeht und mit Engrammen in Kontakt kommt, gerät er in Bereiche von »Bewußtlosigkeit«, die durch die »Bewußtlosigkeit« oder durch Emotion abgesperrt sind. Bei den meisten frühen Engrammen kann man erwarten, daß der Preclear gähnt und gähnt. Es ist nicht der Befehl »zu schlafen«, der dafür verantwortlich wäre; vielmehr wird die »Bewußtlosigkeit« frei (was in der Fachsprache als *Boil-off* bezeichnet wird). Ganze zwei Stunden kann ein Preclear herumsuchen, in »Bewußtlosigkeit« fallen, wie betäubt erscheinen und einschlafen, ohne daß es einen entsprechenden Befehl gäbe.

BOUNCER (»Rausschmeißer«): Der Preclear kann sich in einem Engramm befinden und dennoch wieder in die Gegenwart zurückprallen. So befindet er sich scheinbar in der Gegenwart, in Wirklichkeit jedoch steht er unter beträchtlicher Spannung, da er in einem Engramm feststeckt. – Ein Satz der Art »kann hier nicht bleiben« oder »Raus mit dir!« (Aussprache: baunßer)

BRECHEN EINER DRAMATISATION: jemanden daran hindern, die Befehle eines durch gegenwärtige Umweltwahrnehmungen restimulierten Engramms auszuführen.

CLEAR: eine nicht aberrierte Person. Er ist vernünftig, da er mit den ihm zur Verfügung stehenden Daten die von seinem Standpunkt aus bestmöglichen Lösungen aufstellt. Er erreicht für den Organismus in Gegenwart und Zukunft sowie für die Wesen auf den anderen Dynamiken so viel Vergnügen wie nur irgend möglich. Der Clear hat keine Engramme, die restimuliert werden können, um die Richtigkeit der Berechnungen durch die Einführung von verborgenen und falschen Daten umzustoßen. – Ein Clear ist ein Wesen, das seinen eigenen reaktiven Mind nicht mehr hat.

DÄMON: Ein dianetischer Dämon ist ein parasitärer Schaltkreis. Er agiert im Mind, als ob er ein eigenständiges Wesen neben dem Selbst wäre. Und sein Ursprung liegt ganz und gar in Worten, die in Engrammen enthalten sind. – Es gibt eine weitere vollständige Kategorie von Dämonen, die Absperrdämonen, also solche, die Dinge aussperren. Eigentlich sind das keine richtigen »Dämonen«, denn sie reden nicht. Ein »echter« Dämon ist einer, der Gedanken Stimme verleiht, der das gesprochene Wort innerlich echot oder der wie eine echte, lebendige Stimme von außen alle möglichen komplizierten Ratschläge erteilt.

DÄMONENSCHALTKREIS (engl. *demon circuit*): stark geladene Teile des analytischen Minds, die der reaktive Mind weggenommen hat und die ihm nun gehorchen, nachdem sie durch Ladung in getrennte Einheiten abgekapselt worden sind.

DENYER (»Verleugner«): verleugnet die Existenz eines Satzes oder Geschehnisses. Zum Beispiel »nein«, »nicht«, »ich will nicht«, »ich kann es nicht sagen«, »das darfst du nicht«, »es ist nicht hier«, »niemals«, »unmöglich«, »keine Ahnung«, »unvorstellbar«. (Aussprache: di-nei-er)

DIANETIK (griech. *dia* = durch, *nous* = Seele, Denken): ein System zur Analyse, Kontrolle und Entwicklung des menschlichen Denkens, welches auch Techniken zur Erhöhung von Fähigkeit und Vernunft und zur Befreiung von der entdeckten alleinigen Quelle von Aberrationen und psychosomatischen Krankheiten liefert.

DRAMATISATION: Denken oder Handeln, das durch den Inhalt des reaktiven Minds bestimmt wird. Wenn jemand dramatisiert, dann spielt er wie ein Schauspieler seine ihm zugewiesene Rolle und geht durch eine Reihe unvernünftiger Handlungen.

DUB-IN (»Fehlnachbildung«): ein unwissentlich geschaffenes geistiges Bild, das eine Aufzeichnung des materiellen Universums zu sein scheint, in Wirklichkeit aber nur eine abgeänderte Kopie des Time-Tracks ist; eingebildete Erinnerung. (Aussprache: dabb-in)

DYNAMIK: 1. das zähe Festhalten am Leben, Kraft und Beharrlichkeit im Überleben. 2. eine der vier Kräfte des gesamten dynamischen Prinzips. Die vier Dynamiken sind keine neuen Kräfte, sie sind Unterteilungen der Hauptkraft.

DYNAMIKEN: Das dynamische Prinzip des Daseins ist: ÜBERLEBE! Überleben, das als das einzig und allein angestrebte Ziel betrachtet wird, teilt sich in vier Dynamiken ein.

Die *Erste Dynamik* ist der Drang des Einzelwesens zum Überleben für sich selbst und seine Symbionten. (Unter Symbionten sind alle Lebewesen, Dinge, Ideale und Energien zu verstehen, die das Überleben unterstützen.)

Die *Zweite Dynamik* ist der Drang des Einzelwesens zum Überleben durch die Fortpflanzung. Sie schließt sowohl den Geschlechtsakt als auch das Aufziehen der Nachkommen, die Sorge für die Kinder sowie deren Symbionten ein.

Die *Dritte Dynamik* ist der Drang des Einzelwesens zum Überleben der Gruppe oder der Drang der Gruppe zum Überleben der Gruppe. Sie schließt die Symbionten der jeweiligen Gruppe ein.

Die *Vierte Dynamik* ist der Drang des Einzelwesens, Überleben für die Menschheit zu erreichen, oder der Drang der Menschheit zum Überleben für die Menschheit sowie der Gruppe für die Menschheit usw. Sie schließt die Symbionten der Menschheit ein.

DYNAMISCHES PRINZIP DES DASEINS: Das dynamische Prinzip des Daseins ist Überleben.

EINKEYEN (»einrasten«): (in bezug auf ein Engramm:) zum ersten Mal restimuliert werden.

EMOTION: Unter Emotion versteht man drei Dinge: die engrammatische Reaktion auf Situationen, die endokrine Regulierung des Körpers, mit der er Situationen auf analytischer Ebene begegnet, und schließlich die Behinderung oder Förderung der Lebenskraft.

ENGRAMM: ein Augenblick der »Bewußtlosigkeit«, der körperlichen Schmerz oder schmerzliche Emotion und alle damit verbundenen Wahrnehmungen enthält und der dem analytischen Mind als Erfahrung nicht zugänglich ist. Engramme sind die einzige Ursache von Aberrationen und psychosomatischen Krankheiten.

ENGRAMMBANK: das Datenreservoir, das dem reaktiven Mind dient.

ENGRAMM MIT SCHMERZLICHER EMOTION: ist den anderen Engrammen ähnlich. Es wird durch den Schock plötzlichen Verlustes verursacht, beispielsweise durch den Tod einer geliebten Person.

ENTGLEISER (engl. *derailer*): eine Art Redewendung in einem Engramm, die bewirkt, daß der Preclear »vom Time-Track herunter« ist und den Kontakt mit seinem Time-Track verliert. Das ist eine sehr gefährliche Redewendung, da sie Schizophrenie erzeugen kann. Etwas Derartiges ist bei Schizophrenie immer zu finden. Einige dieser Redewendungen stoßen den Patienten in andere Valenzen, die keinen richtigen Time-Track haben; manche entfernen nur die Zeit, andere werfen ihn ganz und gar aus der Zeit hinaus. »Ich habe keine Zeit« ist sowohl ein Entgleiser als auch ein Grouper.

ERINNERUNG: In der Dianetik betrachtet man als eine Erinnerung jeden Wahrnehmungsinhalt, der in den Standard-Gedächtnisbanken gespeichert ist und vom »Ich« potentiell zurückgerufen werden kann. Eine Szene, die man mit den Augen und den anderen Sinnesorganen wahrnimmt, wird zu einer Aufzeichnung in den Standard-Gedächtnisbanken und kann später vom »Ich« zurückgerufen werden.

ERINNERUNGSMERKMAL: die Gegenstände und Gewohnheiten, die ein Mensch oder eine Gesellschaft behält bzw. beibehält, indem sie nicht wissen, daß es sich um Erweiterungen eines Verbündeten handelt.

EXTERIORISATION: Schmerzliche Emotion ist hierbei in so

großer Menge vorhanden, daß der Patient nicht in seinem eigenen Körper sein kann. Diese schmerzliche Emotion kann von vergangenen oder zukünftigen (früheren oder späteren) Geschehnissen stammen, von dem Augenblick aus gesehen, in dem der Patient eine Szene, zu der er dianetisch zurückgekehrt ist, beobachtet. Durch mehrmaliges Wiedererzählen dieser Szene wird der Patient immer näher daran herankommen, den Blickpunkt seines eigenen Körpers einzunehmen, bis er die Situation schließlich von innerhalb des Körpers aus beobachtet.

FORTDAUER: die Faktoren, die das Andauern der Krankheit bewirken.

GESETZ DER AFFINITÄT: siehe *Affinitätsgesetz*.

GEWOHNHEIT: das Reiz-Reaktionsverhalten, das der reaktive Mind gemäß dem Inhalt von Engrammen erzwingt und durch den somatischen Mind zur Wirkung bringt. Sie kann nur durch jene Dinge verändert werden, die Engramme verändern.

GLÜCKLICHSEIN: die Überwindung von Hindernissen, die nicht unbekannt sind, in Richtung auf ein bekanntes Ziel sowie, vorübergehend, das Denken an Vergnügen oder der Genuß von Vergnügen.

GROUPER (»Zusammenpacker«): ein Befehlstyp, der wörtlich genommen bedeutet, daß sich alle Geschehnisse an einer einzigen Stelle auf dem Time-Track befinden: »Alles klebt zusammen«, »Alles geschieht auf einmal«, »Alles stürzt gleichzeitig auf mich ein« usw. – Auch *Engramm-Grouper* genannt.

GRUNDPERSÖNLICHKEIT: 1. Die Grundpersönlichkeit, der Archivar, der Kern des »Ichs«, der den Organismus beherrschen möchte, und die grundlegendsten Wünsche der Persönlichkeit können für unsere Zwecke als gleichbedeutend angesehen werden. 2. die Person selbst. 3. Die Grundpersönlichkeit ist kein vergrabenes Unbekanntes oder eine andere Person, sondern eine Fülle all dessen, was wirklich gut und fähig in einem Menschen ist. Die Grundpersönlichkeit ist dieselbe Person abzüglich ihrer Schmerzen und Dramatisationen.

GRUNDZONE: die frühe vorgeburtliche Zeit.

HOLDER (»Festhalter«): jeder Engrammbefehl, der zur Folge hat, daß der Preclear in einem Engramm festgehalten wird oder auch an einem beliebigen Punkt auf dem Time-Track steckenbleibt. Ein Holder ist z.B. ein Satz wie »Bleib hier«, »Komm zurück und setz dich hin«, »Ich kann nicht gehen« usw.

INTELLIGENZ: die Fähigkeit, Probleme wahrzunehmen, aufzustellen und zu lösen.

JUNIOR-FALL: Wenn der Vater Georg hieß und der Patient auch, müssen Sie mit Schwierigkeiten rechnen. Die Engrammbank versteht Georg als Georg, und das ist Identitätsdenken sondergleichen. Ein Junior-Fall ist selten einfach.

KETTE: eine Reihe von Geschehnissen ähnlicher Art oder ähnlicher Thematik.

KEY-IN (»Einrastung«): Die erste Restimulation eines Engramms wird als Key-in bezeichnet. Ein Key-in ist einfach eine besondere Art von Lock, nämlich das erste Lock auf einem bestimmten Engramm.

KEY-OUT: 1. Das Lock verschwand bei der Person, ohne daß sie wußte, was das frühere Vorkommnis war. Das ist ein Key-out. 2. eine Befreiung oder Trennung vom reaktiven Mind oder einem Teil davon. (Verb: *auskeyen*)

KLÄREN: bedeutet, das Leben eines Menschen von allen körperlichen Schmerzen und schmerzlichen Emotionen zu befreien. (Anm. d. Übers.: auch generell als Verb zu *Clear* in der Bedeutung »zum Clear machen«; wenn jemand »geklärt« ist, ist er Clear.)

LOCK (»Einhakung«): ist ein analytischer Moment, der den Wahrnehmungen des Engramms nahekommt und dadurch das Engramm restimuliert bzw. in Tätigkeit versetzt. Dabei werden die Wahrnehmungen der Gegenwart vom reaktiven Mind fälschlicherweise als dieselbe Situation interpretiert, die früher einmal körperlichen Schmerz verursacht hat. Locks enthalten zur Hauptsache Wahrnehmungen, keine körperlichen Schmerzen und sehr wenig Mißemotion.

LÖSCHER: die Übereinkunft mit dem Patienten, daß alles, was der Auditor sagt, vom Patienten weder buchstäblich gedeutet noch sonst irgendwie benutzt werden wird. Der Löscher verhindert zufällige positive Suggestionen. Er wird eingerichtet, unmittelbar nachdem der Zustand der Reverie hergestellt ist, und zwar etwa mit folgenden Worten: »Wenn ich in Zukunft das Wort *gelöscht* ausspreche, wird alles, was ich zu dir während der Sitzung gesagt habe, gelöscht sein und keine Macht über dich haben. Jede Suggestion, die ich dir gegeben habe, wird ohne Kraft sein, wenn ich das Wort *gelöscht* sage. Verstehst du?« – Das Wort »gelöscht« wird dann unmittelbar, bevor der Patient am Sitzungsende die Augen öffnen darf, ausgesprochen. Es wird nichts weiter hinzugefügt, man benutzt nur dieses eine Wort.

LÜGENFABRIK: technisch gesehen eine Redewendung oder ein Satz in einem Engramm, die Tatsachenverdrehung fordern.

MIND (Geist, Verstand): In der Dianetik wird der menschliche Geist bzw. Verstand als »Mind« bezeichnet und als eine Art Computer verstanden, dessen Zweck darin besteht, Probleme in bezug auf Überleben aufzustellen und zu lösen und die Anstrengungen des Organis-

mus gemäß diesen Lösungen zu lenken. Er ist ein Beobachter, Vorhersager und Erschaffer von Wissen und eine Speicherstelle für Wissen (Daten, Informationen, Erfahrungen). Der Mind umfaßt die angesammelten Aufzeichnungen der Gedanken, Schlußfolgerungen, Entscheidungen, Beobachtungen und Wahrnehmungen einer Person aus ihrem gesamten Dasein. (Aussprache: maind)
MISDIRECTOR (»Mißweiser«): ein Befehlstyp, der den Preclear in die falsche Richtung lenkt – zeitlich zurück (d.h. früher), wenn er vorangehen soll, zeitlich voraus, wenn er zurückgehen soll, usw.: »Hier gibt es kein zurück mehr«, »Bei dir ist alles anders herum« usw. – Auch *Patienten-Misdirector* genannt.
MITGEFÜHLSENGRAMM: Ein Mitgefühlsengramm würde etwa so aussehen: Ein kleiner Junge, der von seinen Eltern sehr übel behandelt wird, ist schwer krank. Seine Großmutter pflegt ihn. Während er im Fieber phantasiert, tröstet sie ihn und sagt, daß sie für ihn sorgen und bis zu seiner Genesung bei ihm bleiben wird. Das gibt dem Kranksein einen hohen »Überlebens«-Wert. In der Gegenwart seiner Eltern fühlt er sich nicht sicher; er möchte, daß seine Großmutter anwesend ist (sie ist eine gewinnende Valenz, weil sie die Eltern herumkommandiert). Nun hat er ein Engramm. Ohne das Engramm gäbe es kein psychosomatisches Leiden.
MONITOR: kann als Teil des analytischen Minds angesehen werden. Man könnte ihn das Bewußtseinszentrum der Person nennen. Er *ist*, ungenau gesprochen, die Person. Seit Jahrtausenden hat man ihn mit mehr oder weniger treffenden Bezeichnungen zu erfassen versucht, wobei eine jede auf das »Ich« hinausläuft. Der Monitor übt die Kontrolle über den analytischen Mind aus.
MÜLL: 1. bedeutet *Dub-in* (siehe dort). 2. wurde in der Philosophie der Dianetik technisch als »Wahnvorstellung« bezeichnet, doch ist der Ausdruck zu hart und zu kritisch; denn wer hat nicht eine *etwas* falsche Auffassung von einem früheren Geschehnis?
NEBENRESTIMULATOR: ein Wahrnehmungseindruck in der Umgebung, der mit einem wirklichen Restimulator verwechselt wird.
NEUROSE: eine emotionelle Verfassung, die Konflikte und gefühlsmäßige Gegebenheiten enthält, welche die Fähigkeiten oder das Wohlergehen des Menschen beeinträchtigen.
NEUROTIKER: eine Person, die infolge ihrer Aberrationen hauptsächlich sich selbst schadet, aber nicht in solchem Maße, daß sie Selbstmord begehen würde.
OPTIMALE LÖSUNG: Die Formel der optimalen Lösung lautet: Die Lösung eines Problems ist gut, wenn sie das Maximum an Gutem

für die größtmögliche Zahl an Dynamiken enthält.

PRECLEAR: allgemein jeder Mensch, der dianetische Therapie begonnen hat und durchläuft. Das Wort *Patient* gibt eine weniger gute Beschreibung, weil es Krankheit andeutet, wird aber gelegentlich auch benutzt. (Aussprache: prihklihr)

PSEUDOVERBÜNDETER: eine Person, die der reaktive Mind mit dem wirklichen Verbündeten verwechselt hat.

PSYCHOSE: ein Widerstreit von engrammatischen Befehlen, durch den die Fähigkeit eines Menschen, seine Probleme in seiner Umgebung zu lösen, ernsthaft herabgesetzt wird – und zwar bis zu einem Punkt, wo er in seiner Umweltbeziehung für einen lebenswichtigen Teil seiner Bedürfnisse nicht mehr sorgen kann.

PSYCHOSOMATISCH: *Psycho* bezieht sich auf den Geist, *somatisch* auf den Körper. Der Ausdruck »psychosomatisch« bedeutet daher, daß der Geist den Körper krank macht oder daß Krankheiten aufgrund von geistigen Störungen physisch im Körper erzeugt werden.

PSYCHOSOMATISCHE KRANKHEITEN (griech. *psyche* = Seele, Geist, und *soma* = Körper): Leiden, die seelisch-geistigen Ursprung haben, aber organische Symptome äußern.

PSYCHOTIKER: jemand, der mit sich selbst oder seiner Umgebung nicht gut genug fertig werden kann, um zu überleben, und um den man sich kümmern muß, um andere vor ihm zu schützen oder um ihn vor sich selbst zu schützen.

REAKTIVER MIND: jener Teil des Minds, der körperlichen Schmerz und schmerzliche Emotion einordnet und speichert und den Organismus einzig und allein nach dem Reiz-Reaktionsprinzip zu lenken sucht. Er »denkt« nur in Identitäten, d.h. in Gleichsetzungen.

RECHTFERTIGENDES DENKEN: Ein Engramm kann all das diktieren, was es enthält, und Engramme können alle Wortkombinationen der ganzen Sprache enthalten. Der analytische Mind ist dann angesichts unvernünftigen Verhaltens oder irrationaler Überzeugungen gezwungen, die Handlungen und Zustände des Organismus zu *rechtfertigen*, und ebenso seine eigenen merkwürdigen Schnitzer. Das ist *rechtfertigendes Denken*.

REDUZIEREN: bedeutet, alle Ladung oder allen Schmerz aus einem Geschehnis zu entfernen. Reduzieren bedeutet technisch, aberrierendes Material soweit wie möglich abzuräumen, damit der Fall voranschreitet.

RELEASE: 1. jemand, der von den gegenwärtigen oder chronischen geistigen und körperlichen Schwierigkeiten und schmerzlicher Emotion weitgehend befreit worden ist. 2. Der *Release* ist eine etwas veränderliche Größe. Jeder, der auf dem Wege zum Clear ein gutes Stück vorangekommen ist, ist ein Release. Einen Release kann man in ein paar Wochen zustande bringen. Er fällt nicht in ein Verhaltensmuster zurück, von dem er einmal befreit wurde. (Aussprache: rilihß)

RESTIMULATION (lat. *re* = wieder, *stimulare* = antreiben, reizen): bedeutet das Reaktivieren eines vorhanden Geschehnisses, wenn die Wahrnehmungen der Umgebung in der Gegenwart denjenigen des Engramms nahekommen. – Verb: *restimulieren.*

RESTIMULATOREN: diejenigen Dinge in der Umwelt eines Individuums, die dem Inhalt eines Engramms annähernd entsprechen.

REVERIE: In der Reverie ist der Preclear in einen Zustand leichter »Konzentration« versetzt, welche nicht mit Hypnose verwechselt werden darf. Man wird feststellen, daß der Mind des Preclears in gewissem Grad von seiner Umgebung ablösbar ist und unter innerer Lenkung steht.

RÜCKKEHR: Der Mensch kann einen Teil seines Geistes in eine vergangene Periode »senden«, und zwar auf einer rein geistigen oder auf einer kombiniert geistig-körperlichen Grundlage, und er kann Geschehnisse, die damals stattgefunden haben, in der gleichen Weise und mit den gleichen Empfindungen wie früher wiedererleben.

RÜCKRUF: der Vorgang der Wiedergewinnung von Wahrnehmungen. (Anm. d. Übers.: Dieses Wort wird in der Dianetik als Hauptwortform für »zurückrufen« gebraucht und bezeichnet in diesem Buch auch das Produkt oder die Fähigkeit der Wiedergewinnung von Wahrnehmungen.)

SCHABLONENABLAUF: ein Reiz-Reaktionsmechanismus, den der analytische Mind zur Erledigung von Routine- oder Notfalltätigkeiten programmiert hat. Er befindet sich im somatischen Mind und kann vom analytischen Mind willentlich geändert werden.

SCIENTOLOGY: eine angewandte religiöse Philosophie und Technologie, die Probleme des Geistes, des Lebens und des Denkens löst; sie wurde von L. Ron Hubbard als Folge seiner früheren Entdeckungen in der Dianetik entdeckt, entwickelt und aufgebaut. Das Wort kommt von lat. *scire* (wissen) und griech. *logos* (Wort, Lehre) und bedeutet also »wissen, wie man weiß« oder »die Lehre von der Weisheit«.

SOMATIK (griech. *soma* = Körper): ein allgemeines Wort für unangenehme körperliche Wahrnehmungen, die aus dem reaktiven Mind stammen. Das Wort »Somatik« wird in der Dianetik benutzt, um körperlichen Schmerz oder körperliches Unbehagen jeglicher Art zu bezeichnen.

SOMATIKSTREIFEN: anscheinend ein physischer Anzeigemechanismus, der mit Zeit zu tun hat; auf Befehl wird er zu jedem beliebigen Punkt im Leben des Preclears gehen, außer wenn das auf dem Fall lastende *Entheta* so massiv ist, daß der Somatikstreifen an einer Stelle festsitzt. Das »Ich« des Preclears kann in der Gegenwart bleiben, während der Somatikstreifen in frühere Perioden seines Lebens zurückgeschickt wird. – *Entheta*: enturbuliertes (in einen turbulenten, aufgewühlten, gestörten Zustand versetztes) Theta (Denken oder Leben).

SOMATISCHER MIND: jener Mind, der, gelenkt durch den analytischen oder reaktiven Mind, Lösungen auf körperlicher Ebene verwirklicht.

STANDARDBANKEN: siehe *Standard-Gedächtnisbanken.*

STANDARD-GEDÄCHTNISBANKEN: Der analytische Mind hat seine Standard-Gedächtnisbanken. Um arbeiten zu können, muß der analytische Mind Wahrnehmungen haben (Daten), Erinnerungen (Daten) und Phantasie (ebenfalls Daten). Ob die Daten, die in den Standard-Gedächtnisbanken enthalten sind, nun richtig ausgewertet werden oder nicht – sie sind auf jeden Fall vollständig vorhanden. Die verschiedenen Sinne nehmen Informationen auf, und diese werden geradewegs in die Standard-Gedächtnisbanken eingespeichert.

SYMBIONT (Adjektiv: symbiotisch): bedeutet in der Dianetik, über die Wörterbuchdefinition hinaus, alle Lebens- oder Energieformen, die, um zu überleben, voneinander abhängen. Das Atom hängt vom Universum ab, das Universum vom Atom.

THETA: griechisches Symbol für Gedanke, Lebenskraft, *élan vital*, Geist, Seele.

TIME-TRACK (»Zeitspur«): besteht aus allen aufeinanderfolgenden Augenblicken des »Jetzt«, vom ersten Augenblick im Leben des Organismus an bis zur Gegenwart. Alle Wahrnehmungen der Umwelt und des Organismus werden – ob nun schwach oder sehr deutlich – während des ganzen Lebens bis zum jetzigen Zeitpunkt, d.h. bis in die Gegenwart, auf dem Time-Track aufgezeichnet.

TON: der emotionelle Zustand eines Engramms oder der allgemeine Zustand eines Individuums (von engl. *tone* = Stimmung, Gemütsverfassung).

TONSKALA: eine tabellarische Darstellung der Abwärtsspirale des Lebens, ausgehend von voller Lebenskraft und vollem Bewußtsein über halbe Lebenskraft und Halbbewußtsein bis hinunter zum Tod. –

Siehe auch *Ton.*

ÜBERLEBENSDYNAMIK: der grundlegende Befehl »ÜBERLEBE!«, der aller Aktivität zugrunde liegt.

ÜBERLEBENSFEINDLICHES ENGRAMM: enthält körperlichen Schmerz, schmerzliche Emotion, alle anderen Wahrnehmungen und eine Bedrohung des Organismus. Es enthält scheinbare oder wirkliche Feindseligkeit gegen den Organismus.

ÜBERLEBENSFREUNDLICHES ENGRAMM: jedes Engramm, das aufgrund des Inhalts den Anschein erweckt, das Überleben zu fördern, wobei überlebensfreundlich nicht heißt, daß es für jemanden, der das Engramm hat, irgendeinen wirklichen Nutzen hat.

ÜBERLEBENSUNTERDRÜCKER: die Summe der wechselnden Bedrohungen des Überlebens für die Rasse oder den Organismus. Diese Bedrohungen gehen von anderen Arten, von der Zeit und von anderen Energien aus.

ÜBERTREIBER: diejenigen engrammatischen Befehle, die den Eindruck von zuviel Schmerz und zuviel Emotion erwecken.

UNTERDRÜCKER: siehe *Überlebensunterdrücker.*

VALENZ: *Valens* bedeutet lateinisch »stark, kraftvoll«. Valenz ist ein guter Ausdruck, weil er die zweite Hälfte des Wortes »Ambivalenz« (Kraft in zwei Richtungen) bildet und in jedem guten Wörterbuch zu finden ist. Es ist ein guter Ausdruck, weil er (auch wenn das Wörterbuch es nicht so meinte) die Absicht des Organismus beschreibt, wenn dieser ein Engramm dramatisiert. *Multivalenz* würde »viele Kräfte« bedeuten. Dies umfaßt das Phänomen der gespaltenen Persönlichkeit, also die merkwürdigen Persönlichkeitsunterschiede, die manche Menschen in unterschiedlichen Situationen an den Tag legen. *In der Dianetik bedeutet »Valenz«: die Persönlichkeit eines der Akteure in einem Engramm.*

VERBÜNDETENBERECHNUNG: etwas mehr als die bloße Schwachkopfkalkulation, daß jeder, der ein Freund ist, nur dadurch als Freund erhalten werden kann, daß man sich den Umständen nähert, unter denen die Freundschaft erkannt wurde. Es handelt sich um eine Berechnung auf der Grundlage, daß man nur in der Nähe bestimmter Leute sicher ist und man nur dadurch in der Nähe dieser Leute sein kann, daß man krank, verrückt oder arm und allgemein unfähig ist.

VERBÜNDETER: 1. bedeutet in der Dianetik jemanden, der eine andere Person beschützt, die in schwachem Zustand ist und schließlich einem sehr starken Einfluß von seiner Seite unterworfen ist. Die schwächere Person, zum Beispiel ein Kind, übernimmt sogar die

Merkmale des Verbündeten. So kann man feststellen, daß jemand beispielsweise deshalb ein schlimmes Bein hat, weil ein Beschützer oder Verbündeter seiner jungen Jahre eines hatte. 2. eine im reaktiven Mind des Preclears aufgezeichnete Person, über die der Preclear die reaktive Berechnung anstellt, sie sei für sein Überleben notwendig.

WAHRNEHMUNGSINHALT: eine gespeicherte Sinneswahrnehmung. Jede einzelne Sinneswahrnehmung wird als Wahrnehmungsinhalt gespeichert.

WIEDERABSPIELEN: die schlechte Angewohnheit mancher Preclears, noch einmal wiederzugeben, was sie ihrer Erinnerung nach beim letzten Mal sagten, anstatt bei jedem Wiedererzählen neu durch das Engramm voranzuschreiten und mit dem Inhalt des Engramms selbst Kontakt aufzunehmen.

WIEDERDURCHLEBEN (engl. *reliving*): Die Person ist in dem betreffenden Augenblick so vollständig in der Vergangenheit, daß sie, beim Rückruf eines Erlebnisses aus dem Säuglingsalter aufgeschreckt, genau so reagieren würde, wie sie es als Baby getan hätte.

WIEDERHOLUNGSTECHNIK: Sagt der Patient beispielsweise ständig, daß er »nichts erreicht«, läßt ihn der Auditor diese Redewendung wiederholen, nachdem er ihn in Reverie versetzt hat. Die oftmalige Wiederholung einer solchen Redewendung saugt den Patienten auf dem Time-Track hinab und bringt ihn in Kontakt mit einem Engramm, das diese Redewendung enthält. Es kann sein, daß dieses Engramm sich nicht freisetzen läßt, da zu viele davor liegen; das wird allerdings nur geschehen, wenn dieselbe Redewendung in einem früheren Engramm auch vorhanden ist. Also wird die Wiederholungstechnik fortgesetzt, wobei der Auditor den Patienten veranlaßt, früher und früher nach der Redewendung zu suchen. Wenn alles planmäßig abläuft, wird der Patient sehr oft glucksen oder erleichtert lachen. Die Redewendung wurde geknackt.

ZEITLICHE VERSCHIEBUNG: Mit ihrer Hilfe kann der Preclear über kurze oder lange Entfernungen auf dem Time-Track bewegt werden, und zwar durch konkrete Angabe der Zeitdauer, um die er sich vorwärts- oder rückwärtsbewegen soll, oder der Zeitintervalle, um die er zurückkehren bzw. sich vorwärtsbewegen soll.

ZURÜCKWEICHEN: heißt, daß das Engramm nach mehrfachem Wiedererzählen lediglich außer Sicht gerät. In wenigen Tagen wird dieses Geschehnis wieder in Kraft sein, und fast so stark wie vorher. Es liegt Material davor und emotionelle Ladung dahinter, so daß es nicht nachgibt.

Stichwortverzeichnis

Weitere *Dianetik*®-Bücher von L. Ron Hubbard

DIANETIK: DIE ENTWICKLUNG EINER WISSENSCHAFT

Brillant und enthusiastisch geschrieben, erzählt Ihnen *Die Entwicklung einer Wissenschaft*, wie L. Ron Hubbard zu den Erkenntnissen der *Dianetik* gekommen ist, die Millionen Menschen geholfen haben, durch Erkenntnis der in ihnen liegenden Wahrheiten wieder Zuversicht und Selbstvertrauen zu gewinnen. Wenn es Sie interessiert, wie die *Dianetik*-Technologie entstand, was sie Ihnen geben kann, um Ihnen zu helfen, Ihre langgehegten konstruktiven Ziele im Leben zu verwirklichen, dann ist dies ein Buch für Sie.
135 Seiten.

DIE WISSENSCHAFT DES ÜBERLEBENS

Dieses Buch basiert auf einer Tabelle von Hubbard über die Einschätzung des Menschen. In diesem Zusammenhang behandelt L. Ron Hubbard jene Gesetze, nach denen die Wechselwirkung zwischen Geist und Materie in unserem Universum abläuft und sich das geistige Überlebenspotential in uns bestimmt. *Die Wissenschaft des Überlebens* ist ein gewaltiges Buch mit einer Fülle an Informationen, die Ihnen helfen werden, die Beziehungen zu Ihren Mitmenschen in Richtung auf gegenseitiges Verstehen hin ursächlich zu entfalten.
556 Seiten.

SELBSTANALYSE

Sind Sie sich selbst ein Freund? Wahrscheinlich haben Sie keinen Freund, den Sie mehr vernachlässigen als sich selbst. Und doch muß man ein Freund seiner selbst werden, bevor man der Welt gegenüber ein wahrer Freund sein kann. Der erste Schritt beim Schließen dieser Freundschaft besteht darin, daß Sie Bekanntschaft damit machen, was Sie sind und was Sie werden könnten. »Erkenne Dich selbst!« - das sagten schon die alten Griechen. *Selbstanalyse* ist ein einfaches Handbuch, das jedermann täglich ein paar Minuten anwenden kann und Ihnen helfen wird, sich selbst zu erkennen, damit Sie sich selbst und dann der Welt ein Freund sein können.
232 Seiten.

DIANETIK: DIE URSPRÜNGLICHE THESE

L. Ron Hubbards bündige Einführung zum Thema *Dianetik*-Technologie. Er beschreibt die Faktoren, die das Leben bestimmmen; was als *gut* oder konstruktiv beziehungsweise *böse* oder destruktiv klassifiziert werden kann; definiert die grundlegende Persönlichkeit des Menschen; zeigt auf, wie diese durch schmerzhafte Erlebnisse zu irrationalem Denken und Handeln verleitet wird und wie unsere grundlegende Persönlichkeit revitalisiert werden kann, um über die Schlucht des Irrationalen und der Unvernunft eine höhere Ebene des Seins in Richtung auf den gemeinsamen Impuls allen Lebens - dem Überleben - zu betreten.
164 Seiten.

KINDER-DIANETIK

Die Zukunft der Welt liegt in unseren Händen, denn wenn wir unsere Kinder erziehen, formen wir in ihnen das Muster der Dinge, die da kommen werden. Die Freundlichkeit und Liebe eines Kindes währt nur so lange, wie es seine Selbstbestimmung ausüben kann. Greifen Sie störend in diesse ein, so beeinträchtigen Sie in gewissem

Maße das Leben des Kindes. Das ganze Dasein und Leben des Kindes hängt von seinem Recht ab, über seine Bewegungen, seinen Besitz und seinen Körper selbst entscheiden zu können. Freiheit für das Kind bedeutet Freiheit für Sie. Das Buch *Kinder-Dianetik* gibt Ihnen Antworten und Anleitungen, wie Sie Ihre Kinder mit Hilfe der an den Grundsätzen von L. Ron Hubbard orientierten Auditing-Übungen auf der Basis von Toleranz, Respekt und Liebe großziehen können.
235 Seiten.

Bestellen Sie die Bücher direkt vom Verlag:

NEW ERA Publications International ApS
Store Kongensgade 55
DK-1264 Kopenhagen K
Dänemark

oder

NEW ERA Publications Deutschland GmbH
Bahnhofsstraße 40
D-2153 Neu Wulmstorf
Deutschland

Bücher können auch direkt vom Buchladen eines *Dianetik*-Zentrums bezogen werden (siehe Adreß-Liste auf den folgenden Seiten).

»ICH FREUE MICH IMMER, VON MEINEN LESERN ZU HÖREN.«

L. Ron Hubbard

Dies waren die Worte L. Ron Hubbards, der zu allen Zeiten sehr daran interessiert war, von seinen Freunden und Lesern zu hören.

Er machte es sich zur Regel, mit allen, die er im Lauf seiner fünfzigjährigen Karriere als professioneller Schriftsteller kennenlernte, in Kommunikation zu bleiben, und korrespondierte mit Tausenden von Fans und Freunden auf aller Welt.

Der Verleger der Werke L. Ron Hubbards wünscht diese Tradition fortzusetzen, und Briefe und Kommentare von Ihnen, seinen Lesern, sowohl von alten als auch neuen Lesern, wären ihm sehr willkommen.

Jede an den Direktor für Autorenangelegenheiten (Author's Affairs Director) bei der untenstehenden Adresse gerichtete Mitteilung wird sofortige und volle Aufmerksamkeit erhalten.

NEW ERA Publications Deutschland GmbH
Bahnhofsstraße 40
D-2153 Neu Wulmstorf
Deutschland

Lernen Sie mehr über *Dianetik* und wie sie Ihnen helfen kann.

Die *Dianetik*-Methoden, wie sie in diesem Buch beschrieben sind, werden jeden Tag von Tausenden von Menschen auf der ganzen Welt angewendet, um ein erfüllteres und glücklicheres Leben zu führen und anderen zu helfen. Die Grundsätze der *Dianetik* haben sich über Jahre der Anwendung als erfolgreich in Richtung auf ein erfüllteres geistiges Leben erwiesen.

Es gibt in den meisten größeren Städten der ganzen Welt Zentren, in denen Sie mehr über Anwendungsmethoden der *Dianetik*-Technologie erlernen können. Eine vollständige Liste solcher Zentren finden Sie am Ende dieses Buches. Sie können sich dort Vorträge von in der *Dianetik*-Technologie ausgebildeten Personen anhören, sich alle Ihre Fragen beantworten lassen, andere interessierte Personen treffen und selbst *Dianetik*-Beratung erhalten.

Die in diesen Zentren vermittelten *Dianetik*-Dienste umfassen folgendes:

Beitragsfreies einführendes *Dianetik*-Auditing

Erfahren Sie selbst *Dianetik*-Auditing, wie es in diesem Buch beschrieben ist und finden Sie für sich selbst heraus, wie es Ihnen zu einem glücklicheren und bedeutungsvolleren Leben verhelfen kann.

Vorträge über die *Dianetik*-Technologie

Hören Sie sich einen Vortrag einer in der *Dianetik*-Technologie erfahrenen Person an und lassen Sie sich alle Ihre Fragen beantworten. Lernen Sie mehr über die Grundprinzipien der praktischen Ausübung der *Dianetik*-Technologie und wie diese helfen kann, den Menschen die in ihnen liegenden verborgenen Kräfte freizusetzen und zu innerer Zuversicht zu verhelfen.

Besuch eines beitragsfreien *Dianetik*-Films

Sehen Sie sich *Dianetik*-Auditing an, wie es ausgeübt wird und welche eindrucksvollen Erkenntnisse es Ihnen vermitteln kann. Ein halbstündiger Film führt Sie in die Grundlagen der *Dianetik*-Technologie ein und zeigt Ihnen deren Anwendung auf das Leben.

Beitragsfreier *Dianetik*-Persönlichkeitstest

Sind Sie sich selbst ein Freund? Ein beitragsfreier Persönlichkeitstest wird Ihnen helfen, mehr über Sie selbst herauszufinden und kann Ihr erster Schritt zu geistiger Befreiung sein.

***Dianetik*-Heimkurs**

Mit diesem Kurs können Sie mehr über *Dianetik* bei sich zu Hause erlernen. Ausgebildete Kursleiter werden Ihre eingesandten Lektionen durchsehen und Ihnen helfen, *Dianetik* besser zu verstehen und auf Ihr Leben anwenden zu können.

***Hubbard®-Dianetik*-Seminar**

Jetzt können Sie in nur einem Wochenende oder fünf Abenden die Ausübung der *Dianetik*-Technologie erlernen, um anderen Menschen damit zu helfen. Das *Hubbard-Dianetik*-Seminar ist dazu gedacht, Ihnen eine Einführung in die Grundsätze und Methoden der *Dianetik*-Technologie in einfacher Weise zu vermitteln.

Wie Sie einen *Dianetik*-Auditor finden

Wenn Sie mehr Information über die *Dianetik*-Methode haben möchten, nehmen Sie Kontakt mit einem der untenstehenden Zentren auf. Erfahrene *Dianetik*-Auditoren werden gerne Ihre Fragen beantworten.

Zentren im deutschen Sprachraum:

DEUTSCHLAND

Fuggerstr. 11
86150 Augsburg

Sponholzstraße 51-52
12159 Berlin

Osterdeich 27
28203 Bremen

Bischofsweg 46
01099 Dresden

Gruppellostr. 28
40210 Düsseldorf

Friedrich-Str. 28
40217 Düsseldorf

Sulzgriesersteige 20
73728 Esslingen

Darmstädter Landstr. 213
60598 Frankfurt

Petersweg 29
83395 Freilassing

Geislingerstrasse 21
73033 Göppingen

Hubertusstraße 2
30163 Hannover

Steindamm 63
20099 Hamburg

Eppendorfer Landstr. 35
20249 Hamburg

Sechslingspforte 6
22089 Hamburg

Frankfurterstrasse 47
74072 Heilbronn

Kaiserstrasse 163
76133 Karlsruhe

Kaiserallee 36
76185 Karlsruhe

Schwabenheimerstr. 13
68219 Mannheim

Beichstraße 12
80802 München

Arnulfstr. 197
80634 München

Müllerstrasse 33
80469 München

Nymphenburgerstr. 186
80634 München

Bernhard-Ernst-Strasse 7
48155 Münster

Farberstr. 5
90449 Nürnberg

Heinestrasse 9
72762 Reutlingen

Urbanstr. 70
70182 Stuttgart

Eythstr. 2
89075 Ulm

Kaiser-Friedrich-Ring 70
65185 Weisbaden

SCHWEIZ

Herrengrabenweg 56
4054 Basel

Haldenstrasse 37
6006 Luzern

Sentimattstrasse 7
6003 Luzern

Schulhausgasse 12
3113 Rubigen, Bern

Katharinengasse 4
9000 St. Gallen

Industriestr. 16
6300 Zug

Badenerstrasse 141
8004 Zürich

Regensbergerstr. 89
8050 Zürich

ÖSTERREICH

Rupertgasse 21
5020 Salzburg

Schottenfeldgasse 13-15
1070 Wien

Celebrity Centre
Senefeldergasse 11/5
1100 Wien

ITALIEN

Beda-Weber-Strasse 19
39051 Bruneck

BELGIEN

61, rue du Prince Royal
1050 Bruxelles

FRANKREICH

10-12 rue Max Richard
49100 Angers

1, rue Ballainvilliers
63000 Clermont-Ferrand

3, place des Capucins
69001 Lyon

65, rue de Dunkerque
75009 Paris

Celebrity Centre
69, rue Legendre
75017 Paris

24, rue Marengo
42000 St. Etienne

SCHWEIZ

Route de Saint-Julien 7-9
1227 Carouge, Genève

Rue de Genève 88
1225 Chêne-Bourg

10, rue de la Madeleine
1003 Lausanne

Rue d'Italie, 21
1800 Vevey

Route de Moncor, 14,
1752 Villars-sur-Glâne

GRIECHENLAND

Patision 200
11256 Athens

HOLLAND

Nieuwezijds Voorburgwal 271
1012 RL Amsterdam

ISRAEL

42 Gordon Street, 2nd floor
Tel Aviv 66023

ITALIEN

Via F.lli Bronzetti, 20
25125 Brescia

Via G. Garibaldi, 9
95121 Catania

Via Abetone, 10
20127 Milano

Corso V. Emanuele, 4
20122 Milano

Via Cavour, 5
20052 Monza

Via Tornielli, 12
28100 Novara

Via Lamarmora, 115
00784 Nuoro

Via Mameli, 1/5
35121 Padova

Via Montereale, 10/C
33170 Pordenone

Via della Pineta Sacchetti, 201
00185 Roma

Via Guarini, 4
10121 Torino

Vicolo Chiodo, 4/A
37121 Verona

GROSSBRITANIEN

Saint Hill Manor
East Grinstead, West Sussex,
England RH19 4JY

68 Tottenham Court Road
London, England W1P OBB

258 Deansgate, Manchester,
England M3 4BG

41 Ebrington Street,
Plymouth, Devon
England PL4 9AA

Celebrity Centre
27 Westbourne Grove
London, England W2

60-62 Constitution Hill
Birmingham, England B19 3JT

51 Fawcett Street, Sunderland,
England SR1 1RS

NORWEGEN

Storgata 9
0155 Oslo 1

RUSSLAND

48 Vavilova Street, Build. 4
Suite 169, Moscow 117333

PORTUGAL

Rua Actor Taborda N° 39-5°
1000 Lisboa

SPANIEN

c/Montera, 20 Piso, 1.° dcha
28013 Madrid

Calle Pau Claris 85, Principal
dcha, 08010 Barcelona

SCHWEDEN

St. Eriksgatan 56
11234 Stockholm

Odinsgatan 8, 2tr
41103 Göteborg

Simrishamnsgatan 10
21423 Malmö

AUSTRALIEN

24-28 Waymouth Street
Adelaide S.A. 5000

42-44 Russell Street
Melbourne, Victoria 3000

39-41 King Street
Perth W.A. 6000

108 Bunda Street, Suite 16
Civic Canberra, A.C.T. 2601

106 Edward Street
Brisbane, Queensland 4000

201 Castlereagh Street
Sydney, N.S.W. 2000

NEUSEELAND

32 Lorne Street
Auckland 1

JAPAN

1-23-1 Higashi-Gotanda
Shinagawa-ku
Tokyo, Japan 141

SÜDAFRIKA

St. George Centre, 2nd floor
13 Hout Street, Cape Town 8001

57 College Lane
Durban 4001

Security Building 2nd Floor
95 Commissioner Street
Johannesburg 2001

2 St. Christopher Place
27 Westbourne Road Central
Port Elizabeth 6001

City Center 1st Floor
252 Pretorious Street
Pretoria 0002

101 Huntford Building
Corner Hunter and
Fortesque Roads
Yeoville, Johannesburg 2198

ZIMBABWE

State Lottery Building 1st fl.
Corner Speke Avenue and
Julius Nyerere Way, Harare

Southhampton House, Suite 202,
Main Street and 9th Avenue,
Bulawayo

NORDAMERIKA

8106 Menaul Boulevard N.E.
Albuquerque, New Mexico 87110

22 S. Main, Suite 160
Ann Arbor, Michigan 48106

2632 Piedmont Road N.E.
Atlanta, Georgia 30324

2200 Guadalupe
Austin,Texas 78705

448 Beacon Street
Boston, Massachusetts 02115

47 West Huron Street
Buffalo,New York 14202

3619 West Magnolia Boulevard
Burbank, California 91506

3011 North Lincoln Avenue
Chicago, Illinois 60657

215 West 4th Street, 5th floor,
Cincinnati, Ohio 45202

167 East State Street
Columbus, Ohio 43215

120 Giralda Avenue
Coral Gables, Florida 33134

Celebrity Centre
8501 Maunderville Lane
Dallas, Texas 75 231

375 South Navajo Street
Denver, Colorado 80223

Celebrity Centre
5930 Franklin Avenue
Hollywood, California 90028

1146 Bethel Street
Honolulu, Hawaii 96817

99 Railroad Station Plaza
Hicksville New York 11801

3619 Broadway
Kansas City,Missouri 64111

Celebrity Centre
1100 S. 10th Street
Las Vegas, Nevada 89104

846 East Sahara Avenue
Las Vegas, Nevada 89104

4810 Sunset Boulevard
Los Angeles, California 90027

1011 Nicollet Mall
Minneapolis, Minnesota 55403

2483 Old Middlefield Way
Mountain View, California 94043

Celebrity Centre
1212 16th Avenue
Nashville Tennessee 37721

909 Whalley Avenue
New Haven, Connecticut 06515

227 West 46th Street
New York , New York 10036

Celebrity Centre
65 East 82nd Street
New York, N.Y. 10036

1830 East Colonial Drive
Orlando, Florida 31802

263 East Colorado Boulevard,
Pasadena, California 91101

1315 Race Street
Philadelphia, Pennsylvania 19107

4450 N. Central Avenue, Suite
102, Phoenix, Arizona 85012

323 South West Washington
Portland, Oregon 97214

272 Avenue Central
Hyde Park, Hato Rey
Porto Rico 00918

Celebrity Centre
709 South West Salmon Street,
Portland, Oregon 97205

321 Williams Street
Royal Oak, Michigan 48067

825 15th Street
Sacramento, California 95814

1931 S. 100 East
Salt Lake City , Utah 84106

635 "C" Street, Suite 200
San Diego, California 92101

83 McAllister Street
San Francisco, California 94102

80 E. Rosemary
San Jose, California 95112

524 State Street
Santa Barbara, California 93101

2603 3rd Avenue
Seattle, Washington 98121

9510 Page Boulevard
St. Louis, Missouri 63132

3617 Henderson Boulevard
Tampa, Florida 33609

1451 Irvine Boulevard
Tustin, California 92680

2125 "S" Street, N.W.
Washington D.C. 20008

Celebrity Centre
4214 16th Street N.W.
Washington, DC 20011

KANADA

696 Yonge Street, 2nd floor
Toronto, Ontario
Canada M4Y 2A7

4489, Papineau Street
Montréal, Québec
Canada H2H 1T7

150 Riodeau Street, 2nd floor
Ottawa, Ontario
Canada K1N 5X6

401 West Hastings Street
Vancouver, B.C.
Canada V6B 1L5

10187 112th Street
Edmonton, Alberta
Canada 75K 1M1

104 King Street W.
Kitchener, Ontario
Canada N2G 2K6

Donald Street, Suite 125-388
Winnipeg, Manitoba
Canada R3B 2J4

350 Bd Chareste Est
Québec, Québec
Canada G1K 3H5

SÜDAMERIKA

Pedro Moreno N° 1078 Int 3
Sector Juárez, 44680
Guadalajara, Jalisco, Mexico

Nicolás San Juan No 1734
Col. Del Valle, 03100 Mexico D.F.

Ave Revolución N° 1359
Col. Campestre, 01040 Mexico D.F.

Calle 95 No. 19-A-28
Bogota, Columbia

Durango No 105, Colonia Roma
06700 Mexico D.F.

Anaxágoras No 231, Col.
Narvarte, 03020 Mexico D.F.

Avenida Nueva León 238
Colonia Hopódromo Condesa
06170 Mexico D.F.

Sánchez Azcona 403 4°. Piso
Col. Narvarte, 03020 Mexico D.F.

Ave 101 No. 150-23,Urbanización
La Alegria, Apartado Postal 833
833 Valencia, Venezuela

Ave Principal de las Palmas
Cruce con Ave Carupano
Quinta Suha, Las Palmas
Caracas, Venezuela

Um Bücher von L. Ron Hubbard zu erhalten, die nicht bei Ihrer örtlichen Organisation erhältlich sind, wenden Sie sich direkt an eine der folgenden Verlagsstellen:

NEW ERA Publications Deutschland GmbH
Bahnhofstr. 40
21629 Neu Wulmstorf - Deutschland

NEW ERA Publications International ApS
Store Kongensgade 55
1264 København K, Dänemark

Bridge Publications, Inc.
4751 Fountain Avenue
Los Angeles, Ca 90029, USA

NUEVA ERA DINÁMICA, S.A.
C/de la Paz, 4/1° dcha
28012 Madrid - Spanien

ERA DINÁMICA EDITORS, S.A. de C.V.
Nicolás San Juan N° 208, C.P.
03020 Messico, D.F.

NEW ERA Publications UK Ltd
78 Holmethorpe Avenue
Redhill, Surrey RH1 2NL - England

NEW ERA Publications Italia Srl
Via L. G. Columella, 12, I-20128 Milano

NEW ERA Publications France E.U.R.L.
111, Boulevard de Magenta, F-75010 Paris,

NEW ERA Publications Australia Pty. Ltd
Level 3 Ballarat House, 68-72 Wentworth Avenue
Sunny Hills, NSW, 2010 Australien

NEW ERA Publications Japan, Inc
5-4-5-803 Nishi-Gotanda, Shinagawa-ku
141 Tokyo, Japan

Continental Publications Pty. Ltd.
P.O. Box 27080, Benrose, 2011 Transvaal - SA

Continental Publications Liasion Office
696 Yonge Street, Toronto
Ontario, Kanada M4Y 2A7

NEW ERA Publications Group
B. Pereyaslavskaya, 50, Suite 511
Moskau,129041